ग्रंथमाला के बारे में

हम अपनी ज्ञानात्मक परम्पराओं का विउपनिवेशीकरण कैसे करें? यह हमारे समय के सबसे बड़े सवालों में से एक है। उन्मोचन शृंखला का प्रकाशन एक ऐसी महत्त्वपूर्ण घटना है जिससे तत्सम्बन्धित आलोचनात्मक चिन्तन के दायरे में एक नयी ज़मीन हासिल की जा सकती है। यह एक भगीरथ प्रयास है जिसके दो अंग हैं और दोनों की बराबर अहमियत है। एक तरफ़ इसे इतिहास और समाज-विज्ञान के क्षेत्र में उपनिवेशीकृत ज्ञान द्वारा किये जाने वाले सम्प्रभुता के दावों की गहन आलोचना करनी है, और दूसरी तरफ़ एक नयी भाष्यात्मक प्रतिबद्धता के ज़रिये इसे उन ज्ञान-परम्पराओं के आन्तरिक संसाधनों पर प्रकाश डालना है जिन्हें औपनिवेशिक शिक्षा के प्रभुत्व ने गतिहीनता, बिखराव और विनाश का शिकार बना दिया है। साथ ही, इस उद्यम को इंडिक वैचारिकता की कुछ बुनियादी धाराओं, जैसे अहिंसा, का भी अध्ययन-अनुशीलन करना है।

उन्मोचन ग्रंथमाला ज्ञानात्मक विउपनिवेशीकरण के लिए ज़रूरी इन तीनों कार्यभारों का संधान करती है। इसके ग्रंथ औपनिवेशिक ज्ञान-प्रणालियों के अलौकिक साम्राज्य की आलोचनात्मक जाँच करते हैं। उन्होंने भारत के प्राक्-औपनिवेशिक दार्शनिक चिन्तन के अक्षय कोषों की गहराइयों में झाँका है, और कुछ कृतियाँ परम्परा-प्रदत्त बीजविचारों के तात्पर्यनिरूपण का प्रयास हैं। ये यात्राएँ हमारे अपने आत्म की खोज के लिए की गयी हैं। ये हमारी अपनी भाषाओं में से किसी एक में ही हो सकती थीं। इस जटिल और अनिवार्य समस्या से जो जूझना चाहता है उसे औपनिवेशिक ज्ञान की प्रचलित आलोचनाओं को इस उद्यम से मिलने वाली चुनौतियों पर अनुक्रिया करनी ही होगी।

—सुदीप्त कविराज

दक्षिण एशियायी राजनीति और बौद्धिक इतिहास
के विद्वान, कोलम्बिया विश्वविद्यालय

भारतीय ज्ञान-परम्परा

सातत्य और संवर्धन

रज़ा फ़ाउण्डेशन | THE RAZA FOUNDATION®

भारतीय ज्ञान-परम्परा

सातत्य और संवर्धन

बलराम शुक्ल

वाणी प्रकाशन

प्रकाशन के उत्कृष्टतम 63 वर्ष

ग्रंथमाला

vaniprakashan.com

सजिल्द प्रथम संस्करण : 2026

उन्मोचन ग्रन्थमाला

सम्पादक : अभय कुमार दुबे

वाणी प्रकाशन

4695, 21-ए, दरियागंज, नयी दिल्ली-110 002

फ़ोन : + 91 11 23273167, 23275710

शाखाएँ

अशोक राजपथ, पटना-800 004, बिहार

कॉफ़ी हाउस कैम्पस, महात्मा गांधी मार्ग, प्रयागराज-211 001, उत्तर प्रदेश

महात्मा गांधी अन्तरराष्ट्रीय हिन्दी विश्वविद्यालय, वर्धा-442 001, महाराष्ट्र

sales@vaniprakashan.in
vaniprakashan@gmail.com

Bharatiya Gyan-Parampara : Saatatya aur Samvardhan
by Balram Shukla

ISBN : 978-93-7348-227-9

Social Studies

मूल्य : ₹ 1200

आर. टेक ऑफ़सेट, दिल्ली-110 032 में मुद्रित

वाणी प्रकाशन का लोगो मक़बूल फ़िदा हुसैन की कूची से

इस पुस्तक की संघटना-संरचना
के प्रेरणाभूत भारतीय
मनोविज्ञान के प्रख्यात विद्वान्,
गुरुवर प्रोफ़ेसर गिरीश्वर मिश्र को
सादर, सश्रद्ध समर्पित

अनुक्रम

प्रथम परिच्छेद
स्वतः नवीनीकरण की प्रविधियाँ

द्वितीय परिच्छेद
अर्वाचीन विकास

तृतीय परिच्छेद
पुनरुत्थान के वर्तमानकालिक आयाम

चतुर्थ परिच्छेद
परम्परा के प्रायोगिक प्रमाण

पञ्चम परिच्छेद
भारतीय परम्परा की विश्वदृष्टि

आमुख

भारत में इस समय ज्ञान की स्थिति कई तरह की विडम्बनाओं से घिरी हुई है। सामाजिक-राजनीतिक व्यवस्था में ज्ञान की लगातार अवमानना और अज्ञान का नित्यप्रति महिमा-मण्डन हो रहा है। संकीर्ण और विभाजक राष्ट्रवाद की धुन में भारत की ज्ञान-परम्परा को उद्‌बुद्ध करने की चेष्टा किसी गहरी समझ और अध्यवसाय से नहीं, एक तरह के सतही वैचारिक अनुष्ठान के रूप में की जा रही है। हमारा पारम्परिक ज्ञान, जैसी कि हमारी व्यापक परम्परा भी, एकरूप नहीं रहा है— उसकी बहुलता और जटिलता, उसमें सहमति-असहमति का द्वन्द्व, उसकी अथक प्रश्नाकुलता, उसकी जिज्ञासा का अपरिमित वितान, उसे व्यवस्थित और विन्यस्त करने की अनेक विधियाँ हमारे समय में जिस तरह की बौद्धिक संरचना की माँग करती हैं— वह प्राय: अनुपस्थित है। औपनिवेशिक ज़हनियत, विउपनिवेशीकरण और स्व-उपनिवेशन की अवधारणाएँ प्रचलित तो हैं, पर इन वृत्तियों से सम्भव विश्लेषण को समग्र और समावेशी करने की कोशिश कम नज़र आती है। ज्ञान किसी शून्य में नहीं उपजता, उसकी ऐतिहासिक, सामाजिक और सांस्कृतिक आधार-भूमि होती है जिसे अलक्षित कर ज्ञान को किसी कल्पित या वांछनीय सार्वभौमिकता में नहीं घटाया जा सकता। साहित्य और कलाओं में ही नहीं, ज्ञान में भी देश-काल के आयाम होते हैं।

'उन्मोचन' के माध्यम से रज़ा फाउण्डेशन हिन्दी में ऐसी वैचारिक और उत्तेजक सामग्री एकत्र करने की चेष्टा कर रहा है जो हमारे समय में, लगभग ज्ञान-विरोधी समय में, ज्ञान के गंभीर अवगाहन, उसके पुनराविष्कार, उसके वस्तुनिष्ठ आकलन और विश्लेषण को व्यापक वैचारिक आधार उपलब्ध करा सके। यह भी कोशिश है कि ज्ञान को पूजा, अनुष्ठान, प्रशंसा, निन्दा में घटाने के समकालीन माहौल में ज्ञान की मीमांसा गहन हो सके, उसमें अपने नियोजन और दुरुपयोग के प्रति सजगता हो, और उसे निर्भयता और मुनासिब वस्तुनिष्ठता के साथ किया जा सके।

यह भी याद रखना चाहिए कि कहीं भी ज्ञान सिर्फ़ विद्वानों या ज्ञानियों द्वारा ही नहीं रचा जाता। सर्जनात्मक अभिव्यक्ति के अनेक प्रकार; जैसे साहित्य और कलाएँ भी ज्ञान रचने में, उसे संग्रथित करने में और किसी हद तक उसे, एन्द्रिय काया में प्रगट होने में अपना योगदान करते हैं।

'उन्मोचन' के रूप में हमारी उम्मीद है कि इस प्रयत्न को हिन्दी जगत् का समर्थन मिलेगा ।

—अशोक वाजपेयी

रज़ा फाउण्डेशन
नयी दिल्ली

प्रोचना

उन्मोचन की कामना

'स्व-उपनिवेशन' और 'अधीनस्थता की वांछनीयता' के प्रश्न

रज़ा फ़ाउंडेशन द्वारा प्रायोजित उन्मोचन ग्रन्थमाला के मर्म में दो उद्देश्यगत मान्यताएँ हैं। इनमें पहली विमर्शी, और दूसरी संरचनागत है। दोनों परस्पर पूरक हैं। इन पर निगाह डालने से स्पष्ट होगा कि इनके अल्पकालीन और दीर्घकालीन लक्ष्य और परिप्रेक्ष्य क्या हैं। **विमर्शी मान्यता** का आग्रह है कि औपनिवेशिक शासन के ख़त्म हो जाने के बाद भी भाषा, ज्ञान और संस्कृति के सतत उपनिवेशन की मुख्य प्रवृत्ति दरअसल 'स्व-उपनिवेशन' है। हमारा उपनिवेशन हमारे ही हाथ से तभी हो सकता था जब बुद्धिजीवियों के बीच 'अधीनस्थता की वांछनीयता' के प्रति एक मौन सहमति होती। राजनीतिक दायरे में भले ही 'अधीनस्थता की वांछनीयता' का यह आग्रह प्रभावी न रहा गया हो, लेकिन भाषा, ज्ञान और संस्कृति के दायरे में अधिक प्रभावी और टिकाऊ साबित हुआ है। **संरचनागत मान्यता** ज़ोर देती है कि अगर धर्म, भाषा, इतिहास, संस्कृति, दर्शन, सौन्दर्यशास्त्र के क्षेत्र में बड़े पैमाने पर किसी बौद्धिक रूपान्तरण को अंजाम देना है तो उसके लिए विद्वानों, चिन्तकों, विमर्शकारों, शोधकर्ताओं, वक्ताओं, प्रकाशकों, प्रसारणकर्ताओं और अभिलेखागारों के विस्तृत व टिकाऊ नेटवर्क बनाने पड़ेंगे। इनके लिए अनुकूल, प्रतिबद्ध और दीर्घकालीन संस्थागत समर्थन एक ज़रूरी शर्त है। उन्मोचन ग्रन्थमाला एक इसी तरह के उभरते हुए नेटवर्क की प्रमुख अभिव्यक्ति है।

विमर्शी मान्यता

हाल ही में आचार्य वागीश शुक्ल ने भारतीय पेगन परम्परा के सन्दर्भ में हमारा ध्यान 'स्व-उपनिवेशन' की ओर दिलाया है। सबाल्टर्न इतिहास-लेखन का उद्घाटन करने वाले रणजीत गुहा ने अंग्रेज़ी शिक्षा के सन्दर्भ में जो कहा था, उसका तात्पर्य भी यही था। सुदीप्त कविराज ने संस्कृत का पारम्परिक ज्ञान चलन से बाहर कर दिये जाने के जिन परिणामों की तरफ़ इशारा किया है उनके तहत केवल पश्चिम-प्रदत्त ज्ञान पर निर्भरता इसी तरह के हालात पैदा करती चली जाती है। एस.एन. बालगंगाधर 'औपनिवेशिक चेतना' की संरचना उजागर करते हुए इसी निष्कर्ष तक पहुँचे हैं। आशिस नंदी ने भी उपनिवेशक और उपनिवेशित के बीच पनपी साझा संस्कृति पर उँगली रख कर स्व-उपनिवेशन की सतत प्रक्रिया को ही रेखांकित किया है। पाँच अलग-अलग तरह के विद्वानों द्वारा भिन्न सन्दर्भों और परिप्रेक्ष्यों से निकलने वाले एक ही नतीजे के पीछे कोई न कोई सच्चाई तो ज़रूर ही होगी।

स्व-उपनिवेशकरण का पहला सूत्रीकरण मेरी सीमित निगाह में उस समय आया जब मैं जापानी विमर्शकार हिरोशी योशियोका का लेख 'समुराई ऐंड सेल्फ़-कोलोनाइज़ेशन ऑफ़ जापान' पढ़ रहा था। ज़ाहिर है कि जापान के हालात भारत से काफ़ी अलग हैं। जापानी समाज में ऐसे कई संस्थागत और मनोगत प्रावधान हैं जिनके असर में वहाँ के लोग स्वयं को विदेशियों से कमोबेश असंपृक्त रखते रहे हैं। ऐतिहासिक रूप से जापान कभी पश्चिमी उपनिवेशवाद की जकड़ में भी नहीं रहा। लेकिन, युरोकेन्द्रीयता पर आधारित औपनिवेशिक राज्य की अनुपस्थिति के बावजूद जापान ने आधुनिकीकरण के ज़रिये अपने पारम्परिक समाज का रूपान्तरण इतनी तेज़ी से किया कि वह उपनिवेशक बन कर अपने ही हाथों अपना उपनिवेशन करता चला गया। योशियोका की नज़र में हर जापानी उपनिवेशक है और उपनिवेशित भी। जापान की मिसाल बताती है कि युरोकेन्द्रीयता उपनिवेशित समाजों तक ही सीमित नहीं रह गयी है। लेकिन, क्या यह धारणा भारत पर लागू करना उचित होगा? आख़िरकार भारत 190 वर्ष तक ब्रिटिश उपनिवेशवाद के अधीन रह चुका है, और इस दौरान अंग्रेज़ भारत को युरोप की अनुकृति बनाने की सतत परियोजना चलाते रहे। इस प्रश्न का उत्तर तभी मिल सकता है जब हम विचार करें कि वागीश शुक्ल, गुहा, कविराज, नंदी और बालगंगाधर के विमर्श हमारी 'पोस्टकोलोनियलिटी' को स्व-उपनिवेशन की दिशा में परिभाषित करने की दिशा में क्यों और कैसे ले जा रहे हैं ?

गणित के उस्ताद होने के नाते वागीशजी बताते हैं कि यह स्व-उपनिवेशीकरण हमेशा ख़ुद को संख्यात्मकता पर टिकाता है। वह एक को मूल की तरह स्थापित करते हुए उसमें से दो, तीन, चार और फिर अन्य संख्याओं को प्राप्त करता चला जाता है। वह शून्य को संख्यात्मकता का बुनियादी स्रोत मानने की जानबूझ कर उपेक्षा करता है। शून्य उसके लिए एक गणितीय दृष्टि से उपयोगी है, पर दार्शनिक दृष्टि से नहीं। एक को मूल बना कर ही पश्चिम एक भाषा, एक राष्ट्र, एक संस्कृति, एक नस्ल, एक ईश्वर, एक मज़हब को परिकल्पित करता रहा है। कुल मिला कर वागीशजी की दलील यह है कि बहुपूज्यवाद की जगह एकपूज्यवाद की स्थापना का आग्रह स्व-उपनिवेशीकरण के मूल में है। वे पण्डित देवेन्द्रनाथ ठाकुर और राममोहन राय से लेकर महर्षि दयानन्द, स्वामी विवेकानन्द और महर्षि अरविन्द द्वारा व्याख्यायित वैदिक और औपनिषदिक विमर्श में निहित एकपूज्यवाद को इसका ज़िम्मेदार मानते हैं। रणजीत गुहा अपने विमर्श को भारत में अंग्रेज़ी शिक्षा की संकल्पना पर केंद्रित करते हैं। उनके विचार से इस शिक्षा की डिज़ाइन नौकर को दी जाने वाली तालीम के तौर पर तैयार की गई थी, ताकि नौकर इसके प्रभाव में अपने इतिहास को हमेशा मालिक की निगाह से ही देख सकें। गुहा के अनुसार भारतीयों को उनके इतिहास से काट दिया गया है, और अंग्रेज़ी शिक्षा के नश्तर से उनके मानस की शल्यक्रिया कर दी गई। इसे गुहा ने अपनी भाषा में 'अ स्पिरिचुअल ऑपरेशन ऑन द नेटिव माइंड' कहा है। गुहा ने शल्यक्रिया के जिस रूपक का प्रयोग किया है वह कोलोनियल स्टडीज़ के उस उद्घाटन-क्षण की याद दिला देता है जब जार्ज बेलैंडियर और ई. चैंसेले जैसे फ्रांसीसी विद्वानों ने उपनिवेशीकरण को 'सोशल सर्जरी' करार दिया था।

कविराज ने 'सडन डेथ ऑफ़ संस्कृत नॉलेज' की परिघटना पर रोशनी डालते हुए बताया है कि अंग्रेज़ों ने भारतीय ज्ञान-परम्परा को ख़ारिज करते समय अपनी ही बनायी हुई उन पद्धतियों का अनुप्रयोग नहीं किया जो पश्चिमी परम्परा में ज्ञान के किसी रूप को स्वीकृत या अस्वीकृत करने के लिए इस्तेमाल की जाती रही हैं। बजाय इसके, उन्होंने औपनिवेशिक सत्ता के आदेशों के ज़रिये ऐसा करके मानवीय इतिहास की सबसे बड़ी ज्ञानात्मक विच्छिन्नता को अंजाम दिया। हालाँकि कविराज ने 'नॉलेज जीनोसाइड' जैसे पद का इस्तेमाल नहीं किया है, पर उनकी बातों का स्वाभाविक अर्थ यह निकलता है कि उपनिवेशवाद के इस ज्ञानात्मक पक्षपात /अत्याचार के कारण सहस्राब्दियों से विकसित हो रही संस्कृत ज्ञान-परम्परा बहुत थोड़े ही समय में चलन से बाहर होने पर मजबूर हो गई। उसकी जगह पश्चिमी सामाजिक सिद्धान्त का राज्य-प्रायोजित अनुप्रयोग होता चला गया।

दो तरह की ज्ञान-परम्पराओं के बीच अन्योन्यक्रिया के लिए ज़रूरी सीखने और सिखाने का समीकरण केवल पश्चिम से सीखने तक ही सीमित रह गया। इसने हमें स्व-उपनिवेशीकरण के प्रारब्ध के लिए अभिशप्त कर दिया।

बालगंगाधर के विमर्श में यह स्व-उपनिवेशीकरण 'कोलोनियल कांशसनेस' के सूत्रीकरण में दिखायी पड़ता है जो उनके मुताबिक़ हमारी उत्तर-औपनिवेशिकता के मूल में है। वे बताते हैं कि भारतीय बुद्धिजीवियों की औपनिवेशिक चेतना केवल विदेशी शासकों की साभ्यतिक श्रेष्ठता की दावेदारी को स्वीकार करने का परिणाम नहीं है। इसके लिए उपनिवेशित को एक समूचे सैद्धान्तिक परिप्रेक्ष्य से प्रतिबद्ध किया जाना ज़रूरी था। उपनिवेशित के मानस में एक ऐसी सैद्धान्तिक निष्ठा पैदा होनी थी जो उसे अपने सामाजिक-सांस्कृतिक जगत को उपनिवेशक की तरह देखने-समझने की तरफ़ ले जाए। नतीजा यह निकला कि उपनिवेशित बुद्धिजीवी देशज अनुभव से पूरी तरह कट गया। नंदी ने कहा है कि 'असहमति के आधिकारिक मॉडल' पर आधारित उपनिवेशवाद की आलोचनाएँ 'विजेताओं के लिए श्रद्धांजलि जैसी लगती हैं।' उन्होंने व्याख्या की है कि 'आज आधुनिक विश्व द्वारा सुनिश्चित और प्रोत्साहित शैली में उपनिवेशवाद-विरोधी होना सम्भव है। ऐसे उपनिवेशवाद-विरोध को 'समुचित', स्वस्थचित्त' और 'तर्कपरक' करार दिया जाता है। विरोध में दिखने के बावजूद यह असहमति नियन्त्रित और पूर्वानुमानित होती है।' नंदी ने निष्कर्ष निकाला कि 'पश्चिम ने न केवल आधुनिक उपनिवेशवाद पैदा किया है, वह उपनिवेशवाद की सभी व्याख्याओं में भी व्याप्त है। यहाँ तक कि व्याख्याओं की व्याख्याओं पर भी उसकी छाप है।' यानी, पश्चिम की शैली में पश्चिम की आलोचना स्व-उपनिवेशन से गुज़रना ही है।

पाँचों विद्वानों ने, वागीशजी को छोड़ कर, एक पद के रूप में स्व-उपनिवेशीकरण का इस्तेमाल नहीं किया है। अधीनस्थता की वांछनीयता गुहा की अभिव्यक्ति है। उपनिवेशितों के मानस में अधीनस्थता की घोषित या अघोषित वांछनीयता और उसके कारण होने वाला स्व-उपनिवेशन युरोपीय साम्राज्यिकता को मानवीय इतिहास की दूसरी साम्राज्यिकताओं से अलग कर देती है। अंग्रेज़ जब भारत आये, तो वे स्वयं रोमनों की अधीनस्थता को वांछनीय मानते थे, और स्व-उपनिवेशन के तहत उनके बताये गये रास्ते पर चलते हुए उन्होंने स्वयं अपने हाथ से अपना संस्कृति-अन्तरण किया। 1757 में अंग्रेज़ों ने जब सिराजुद्दौला को हरा कर बंगाल की दीवानी जीती, और जब इस विजय के बाद भारत पर शासन करने की योजना पर सोचना शुरू किया तो उनके पास रोमनों द्वारा किया गया उनके ही उपनिवेशन का

अनुभव था। ईसा से 54 वर्ष पहले जूलियस सीज़र ने तत्कालीन बरतानिया को जीत कर उसके उपनिवेशन की शुरुआत की थी। रोमन सेनापति और गवर्नर एग्रीकोला ने बरतानियावासियों को संस्कृति-अन्तरण की एक गहन और अपरिवर्तनीय प्रक्रिया से गुज़ारा। एग्रीकोला के भतीजे रोमन इतिहासकार टेसिटस ने बताया है कि किस तरह तत्कालीन ब्रिटिशपन का रोमनीकरण किया गया :

> क़बीलाई-सरदारों के बेटों ..... में लातिन भाषा के प्रति अरुचि के बजाय उस पर अधिकार करने की गहरी तमन्ना पैदा हो गई। वे हमारी राष्ट्रीय पोशाक को भी पसंद करने लगे। रोमन टोगा हर जगह दिखने लगा। इस प्रक्रिया ने बरतानिया के लोगों को धीरे-धीरे उन सुविधाओं का अभ्यस्त कर दिया जो उन्हें आरकेडों, सामूहिक स्नानागारों और भव्य दावतों में निहित अनैतिकताओं को स्वीकार करने की तरफ़ ले गईं। उनके बीच 'सिविलाइज़ेशन' जैसे नये पदों की चर्चा होने लगी, जो वास्तव में उनकी गुलामी के ही परिचायक थे।

बरतानिया वाले रोमनों की निगाह में बर्बर थे। उनका रोमनीकरण पहले ज़ोर-ज़बरदस्ती से किया गया, और फिर वे स्वयं अपना रोमनीकरण करने लगे। अंग्रेज़ भारत को प्राचीनकाल की श्रेष्ठ, लेकिन वर्तमान की पतित सभ्यता के रूप में देखते थे। इसलिए उन्होंने हमारे संस्कृति-अंतरण के लिए नाना प्रकार की नरम-गरम युक्तियाँ अपनायीं। ज़ोर-ज़बरदस्ती भी की, और अप्रत्यक्ष शासन द्वारा अपने साभ्यतिक प्रोजेक्ट में भारतवासियों के एक हिस्से का विनियोग भी किया। बौद्धिक युक्तियों के ज़रिये 'ट्रैडिशन' का 'मॉडर्नाइज़ेशन' किया गया। कुल मिला कर उनका बुनियादी प्रारूप वही था जो एग्रीकोला ने बरतानिया में अपनाया था। बंगाल में ईस्ट इण्डिया कम्पनी की शिक्षा-व्यवस्था के एक प्रमुख प्रभारी चार्ल्स ट्रेवेलियन (मैकॉले के बहनोई) ने 1838 में इस प्रारूप के बारे में स्पष्ट रूप से लिखा है :

> मुझे उम्मीद है कि जिस तरह हम कभी रोमनों के साथ खड़े थे, उसी तरह भारतीय भी जल्दी ही हमारे साथ खड़े नज़र आयेंगे। टेसिटस ने हमें जानकारी दी है कि जूलियस एग्रीकोला ने बर्तानिया के प्रमुख लोगों की सन्तानों को रोम के साहित्य और विज्ञान की शिक्षा देने और रोमन सभ्यता की नफ़ासत से उनका परिचय कराने की नीति अपनायी थी। हम जानते हैं कि यह योजना कितनी सफल रही।

लातिन की जगह लातिनमय अंग्रेज़ी आ गयी। सिसेरो, एग्रिप्पा, वरजिल और टेसिटस की जगह ग्रीको-रोमन संस्कृति को अपनी प्राचीन विरासत के रूप में हड़पने वाले युरोपीय पुनर्जागरण और प्रबोधन द्वारा संसाधित पश्चिमी सामाजिक सिद्धांत आ गया। भारत का उदाहरण बताता है कि युरोपीय उपनिवेशक येनकेनेप्रकारेण

अधीनस्थों के सांस्कृतिक और साभ्यतिक प्रारब्ध को अपनी भाषा और ज्ञान के ज़रिये बदल डालने की परियोजना चलाते हैं। राष्ट्रवाद के हाथों उनकी कथित पराजय हो जाने के बाद सत्ता की ताक़त से किया जाने वाला उपनिवेशन स्व-उपनिवेशन के चरण में पहुँच जाता है। स्वतन्त्र हो चुके राष्ट्र के नेताओं, निर्माताओं और बुद्धिजीवियों के मन में अधीनस्थता की वांछनीयता के प्रति कभी मुखर और अक्सर मौन सहमति स्थापित कर दी जाती है। जो लोग कभी उपनिवेशवाद के ख़िलाफ़ सोच रहे थे और कमोबेश सक्रिय भी थे, उनमें से कई आज स्व-उपनिवेशन के अनभिप्रेत अग्रदूत नज़र आते हैं। स्व-उपनिवेशन करते समय उनकी आत्मछवि अपने देश और समाज को प्रगति, एकता और समृद्धि की नयी मंज़िलों की तरफ़ ले जाने वाली होती है। अंग्रेज़ी और पश्चिमी सामाजिक सिद्धान्त के प्रभाव में वे अपने जिस चिन्तन को मौलिक समझने का मुग़ालता पालते हैं, वह अक्सर पश्चिमी विचार श्रेणियों पर आधारित उच्छिष्ट ही निकलता है।

युरोपीय साम्राज्यवाद का ज्ञानात्मक दुष्चक्र अकल्पनीय रूप से जटिल था। गायत्री चक्रवर्ती स्पिवाक ने इसीलिए इसे 'सीक्रेट एजेंट ऑफ़ नॉलेज' की संज्ञा दी है। इसकी पेचीदगियों को समझने और पश्चिमी सामाजिक सिद्धान्त के समान्तर देशज विमर्श की मदद से एक नया विमर्श रचने का कार्यभार बहुत बड़े पैमाने पर एक दीर्घकालीन बौद्धिक रूपान्तरण की माँग करता है। रज़ा फ़ाउंडेशन की उन्मोचक ग्रन्थमाला इसी लक्ष्य की दिशा में उठाये जा रहे कई छोटे-छोटे क़दमों में से एक है।

वागीशजी, गुहा, कविराज, नंदी और बालगंगाधर के अवलोकनों से स्पष्ट है कि वे स्व-उपनिवेशन का उन्मूलन किन-किन दायरों में सम्पन्न करना चाहते हैं। वागीशजी द्वारा प्रवर्तित एकपूज्यवाद और बहुपूज्यवाद का द्विभाजन ग्रीक और रोमन पेगनिज़्म के ऊपर स्थापित ऑगस्तीन के इंजीली एकेश्वरवाद पर दूसरी निगाह डालने के अलावा कुछ और भी कहता है। मेरी नज़र में वह पुनर्जागरण और प्रबोधन की सदियों में संसाधित हुई एक ख़ास तरह की युरो-अमेरिकी ईसाइयत को समझने की दावत है। ईसाइयत का यह संस्करण मज़हब बदलने की विवादास्पद मुहिमों को चलाने के झंझट में कम ही पड़ता है। वह रैशनलिटी, सेकुलरवाद, कथित विज्ञानसम्मत चिन्तन, क्रान्ति, समाज-परिवर्तन और वैयक्तीयन के मुलम्मे में छिप कर आधुनिकता के नाम पर पेगन समाजों का संस्कृति-अन्तरण करने की मुहिम सफलतापूर्वक चला रहा है। यही नहीं, इस मुलम्मे में समानता, भाईचारे और आज़ादी के पश्चिमी संस्करण की चमक भी है। ईसाइयत के मज़हबी इतिहासकार इस बात

को खुल कर कहते हैं। उनका दावा तो यहाँ तक है कि सेकुलरवाद के ज़रिये एक न एक दिन 'सनातन' के साथ-साथ वे 'शरियत' का भी अघोषित ईसाईकरण कर देंगे। अंग्रेज़ी और पश्चिमी सोशल थियरी के पैरोकार इसे या तो छिपाते हैं, या फ़िर इस हक़ीक़त को थोड़ा बहुत स्वीकार करके पतली गली से निकल जाते हैं।

रणजीत गुहा ने अपनी ये बातें गणेश देउस्कर स्मृति व्याख्यान देते हुए कही थीं। देउस्कर को उनकी विख्यात रचना *देश की बात* (देशेर कथा) के लिए जाना जाता है जो 'नॉन-एकैडेमिक ' इतिहास-लेखन का चमकदार उदाहरण है। ऐसे उदाहरण और भी हैं। पण्डित सुन्दर लाल की विख्यात रचना *भारत में अंग्रेज़ी राज* इसका दूसरा प्रख्यात उदाहरण है। रामविलास शर्मा और भगवान सिंह का इतिहास-लेखन भी इसी श्रेणी में आता है। गुहा के विमर्श से सन्देश निकलता है कि भारतीय भाषाओं में ग़ैर-युरोकेन्द्रित दृष्टि से नया इतिहास लिखा जाये और भाषा और ज्ञानोत्पादन की जोड़ी को एक ग़ैर-पश्चिमी ढाँचा दिया जाये। भले ही रिसर्च इंस्टीट्यूटों और विश्वविद्यालयों में बैठे हुए मठाधीश उसे इतिहास न माने।

कविराज का विमर्श संस्कृत की विपुल ज्ञानराशि की नियोजित और संस्थागत वापिसी के लिए रास्ता खोलता है। अपनी एक अन्य रचना में उन्होंने इस वापिसी के एक बौद्धिक प्रोटोकोल की नक़्शानवीसी करने का प्रयास किया है। मेरी समझ यह है कि वे सदियों पुराने संस्कृत के ज्ञान की प्रासंगिकता जाँचने की एक विशाल परियोजना चलाने का निमन्त्रण दे रहे हैं। वस्तुत: इस तरह की परियोजना भारत में ज्ञानोत्पादन के विउपनिवेशीकरण की पहली शर्त बन सकती है। प्राचीन ज्ञानराशि की प्रासंगिकता पर चर्चा करने से हमें अपने वर्तमान और भविष्य के लिए प्राथमिकताओं की संहिता तैयार करने में भी मदद मिलेगी। कविराज अपनी कई रचनाओं में भारतीय भाषाओं की ज्ञानोत्पादन में वापिसी का सवाल उठा चुके हैं। वे इतिहास ही नहीं, बल्कि विभिन्न ज्ञानानुशासनों में भाषाओं की विधेयक भूमिका पर ज़ोर देते हैं।

बालगंगाधर ने पश्चिमी सामाजिक सिद्धान्त और युरो-अमेरिकी क्रिश्चियनिटी के साथ उसके विधेयक और अनुलंघनीय ज्ञानमीमांसक रिश्तों को रेखांकित करते हुए इस विचारतन्त्र के प्रति भारत के बुद्धिजीवियों की निष्ठा को औपनिवेशिक चेतना की संज्ञा दी है। उनका विमर्श हिन्दू और बौद्ध जैसी धार्मिक परम्पराओं की उपनिवेशवादियों के हाथों पुनर्रचना की आलोचनात्मक समझ बनाने की प्रेरणा देता है। नंदी अपनी महान कृति *जिगरी दुश्मन* में जिस अकादमीय विधि से अपने अनूठे निष्कर्षों पर पहुँचे हैं वह भारत की पोस्ट-कोलोनियलिटी पर हावी मार्क्सवाद, उदारतावाद, नारीवाद और ऐतिहासिकतावाद की किनाराकशी पर टिकी है। इस पद्धति की विशेषता यह है कि यह भारत के संस्कृति-अन्तरण (नंदी की भाषा में

'संस्कृति का औपनिवेशिक सिद्धान्त') की तरफ़ अपने ढंग से ध्यान खींचने के उद्देश्य से अनुप्राणित है।

संरचनागत मान्यता

रज़ा फ़ाउंडेशन ने उन्मोचन परियोजना शुरू करके भारतीय भाषाओं में विउपनिवेशीकरण की विमर्शी संस्कृति का विकास करने के लिए एक नयी पहल की है। यह अनूठी संस्था दो विख्यात हस्तियों (आधुनिक भारतीय चित्रकला के महान हस्ताक्षर सैयद हैदर रज़ा एवं कवि-गद्यकार-कलापारखी अशोक वाजपेयी) की जुगलबंदी के परिणामस्वरूप पिछले 25 वर्ष से विभिन्न कला-रूपों, कविता और विचार के बीच रचनात्मक संवाद के दायरों की अहर्निश रचना कर रही है। रज़ा फ़ाउंडेशन एक अत्यंत प्रतिष्ठित नेटवर्क है जिसके भीतर इस नए विमर्शी आयाम के प्रति रुचि की आहट काफ़ी पहले से मिलने लगी थी। चार साल पहले सीएसडीएस के भारतीय भाषा कार्यक्रम के लिए फ़ाउंडेशन अंग्रेज़ी-वर्चस्व के सांस्कृतिक पहलुओं पर अनुसंधान हेतु एक शोधयोजना का वित्तपोषण कर चुका है।

ऐसे चार और नेटवर्कों का ज़िक्र यहाँ किया जा सकता है। इनमें से एक है कई दशकों से सक्रिय जयपुर केन्द्रित दार्शनिकों का वह नेटवर्क जिसके ज़रिये दयाकृष्ण, यशदेव शल्य, मुकंद लाठ, नंदकिशोर आचार्य, अम्बिकादत्त शर्मा और विश्वनाथ मिश्र जैसी कई नामीगिरामी हस्तियों का विमर्श हम तक पहुँचा। यह विमर्श *उन्मीलन* जैसी असाधारण पत्रिका और स्मृति-व्याख्यानों के ज़रिये लगातार दस्तावेज़बन्द हो रहा है। दूसरे नेटवर्क के केन्द्र में लखनऊ स्थित कुमारस्वामी फ़ाउण्डेशन है। अपनी अनौपचारिक सांगठनिक संरचना के लिए प्रशंसनीय इस संस्था ने समाजशास्त्र के लखनऊ स्कूल के नामवर हस्ताक्षर अवध किशोर सरन के विचारों को केन्द्रस्थ किया है। प्रोफ़ेसर सरन आधुनिक समाज-विज्ञानों को परम्परा की रोशनी में परखने के लिए जाने जाते हैं, न कि परम्परा को पश्चिमी सोशल थियरी की रोशनी में। इस फ़ाउण्डेशन की स्थापना प्रोफ़ेसर भुवनेश चन्द्र मिश्र ने की थी, और आज प्रोफ़ेसर आर.के. मिश्र व डॉ. बृजेंद्र पाण्डेय के प्रयासों से इसने युरोकेन्द्रीयता से अपेक्षाकृत मुक्त भारतीय दृष्टि का एक डिजिटल आर्काइव और *तत्त्व-सिंधु* जैसी पत्रिका का मुद्रित कोष तैयार कर दिया है। तीसरे नेटवर्क को कल्पित करने का मुख्य श्रेय दिल्ली स्थित विकासशील समाज अध्ययन पीठ (सीएसडीएस) के संस्थापक विद्वानों में से एक प्रोफ़ेसर धीरूभाई शेठ को जाता है। भारतीय भाषा कार्यक्रम के रूप में पच्चीस साल पहले शुरू हुए इस नेटवर्क ने अपनी विस्तृत प्रकाशन श्रृंखलाओं और *प्रतिमान समय समाज संस्कृति* जैसी बहुचर्चित

पत्रिका के ज़रिये पहली बार यह साबित करने में कामयाबी हासिल की कि हिंदी में एक समृद्ध विमर्शी संस्कृति विकसित की जा सकती है। मैंने ख़ुद अपनी बौद्धिक मंज़िल भारतीय भाषा कार्यक्रम का संचालन करते हुए ही प्राप्त की है। इस भाषा के विशाल संसार में न अध्येताओं की कमी है, न चिन्तकों की और न ही उनके पाठकों की। चौथा नेटवर्क अम्बेडकर विश्वविद्यालय दिल्ली में 2021 में शुरु हुआ देशिक अभिलेख-अनुसंधान केन्द्र है जिसे अपने शुरुआती दौर में इन नेटवर्कों द्वारा तैयार की गयी ज़मीन पर खड़े होने का संचित लाभ हुआ है।

ये पहली पाँच पुस्तकें

उन्मोचन ग्रन्थमाला की ये पहली पाँच पुस्तकें इसी विमर्शी और संरचनागत योजना की नुमाइंदगी करती हैं। पिछले पाँच वर्ष में लिखा गया मेरा बृहद ग्रन्थ *उपनिवेशवाद का अलौकिक साम्राज्य* कुछ नये प्रत्ययों का प्रतिपादन करता है। इन्हीं में से दो हैं 'प्रत्यक्ष का अप्रत्यक्षीकरण' और 'उपनिवेशवाद की भाषाई विचारधारा'। पश्चिमी ज्ञान-परम्परा के डिकोलोनियल इतिहास को उकेरते हुए यह रचना दिखाती है कि रिनैसॉज़ और इनलाइटेनमेंट की ज्ञानमीमांसक बुनियाद में युरोअमेरिकी क्रिश्चियनिटी के आग्रह हैं। इससे पहले ईसाइयत का यह संस्करण मंच पर प्रत्यक्ष रह कर समाज और राज्य को नियंत्रित करता था। इन सदियों में इसे पृष्ठभूमि में धकेल कर अप्रत्यक्ष कर दिया गया जिससे यह पहले से ज़्यादा प्रभावी हो गया। नज़र के सामने से हट जाने के कारण यह क्रिश्चियनिटी अब अपने खिलाफ विद्रोह किये जाने के लिए उपलब्ध ही नहीं रह गयी है। युरोप के 'थियोक्रेटिक' (यथार्थ की वह समझ जिसके मुताबिक़ ईश्वर सृष्टि का रचनाकार है) राज्यों और सभ्यता को भारत जैसे 'एंटोक्रेटिक' (ब्रह्मांडीय समग्रता यानी अलौकिक और लौकिक, दैवी और मानवीय में सम्पूर्ण समरसता पर विश्वास करने वाले) समाजों (एशिया के अन्य समाजों समेत जिनमें इस्लामिक समाज भी शामिल हैं) का अन्तरण करने के लिए अब प्रोसिलाइटिज़ेशन की ज़रूरत नहीं रह गई है। पूजा-पद्धतियाँ वही रह सकती हैं, पर भाषा और ज्ञान के औज़ारों के सतत इस्तेमाल से समाजों का सारतत्त्व थियोक्रेटिक होता चला जाता है।

मैक्स वेबर ने युरोईसाइयत द्वारा किये जाने वाले अत्यधिक प्रभावी नियन्त्रण की ज़मीन तैयार करने का श्रेय प्रोटेस्टेंट सुधार को दिया है। वे कहते हैं, 'जो बात अक्सर भुला दी जाती है, उसे यहाँ नोट करना ज़रूरी है। प्रोटेस्टेंट सुधार का मतलब रोज़ाना की ज़िन्दगी पर चर्च के नियन्त्रण को ख़त्म करना नहीं था; बल्कि, नियन्त्रण के

पुराने रूप की जगह नये रूप की स्थापना करना था।' वेबर के अनुसार नियन्त्रण का पहला रूप ढीला-ढाला, महज़ औपचारिक और व्यावहारिक रूप से नामौजूद था। लेकिन यह दूसरा रूप पब्लिक हो या प्राइवेट, जीवन के हर क्षेत्र को न केवल अपने दायरे में ले लेता था, बल्कि उस नियन्त्रण की प्रकृति गहन थी और उसे बाक़ायदा लागू किया जा सकता था। युरोईसाइयत का नया नियन्त्रणकारी रूप केवल ईसाइयों के दैनंदिन जीवन को नियन्त्रित करने वाला साबित नहीं हुआ– बल्कि, यह ग़ैर-ईसाई समाजों का सांस्कृतिक युरोपीयकरण करने के ज़रिये अप्रत्यक्ष ईसाईकरण करने की क्षमता से सम्पन्न निकला। हैंस ब्लूमेनबर्ग ने वेबर के इस अवलोकन की यह कह कर तस्दीक़ की है कि 'आधुनिक युग वस्तुतः ईश्वर की मृत्यु के युग की तरह शुरू नहीं होता, बल्कि वह ईश्वर को प्रच्छन्न कर देने वाले युग के रूप में अपना प्रारम्भ करता है।' युरोकेन्द्रीयता के अध्येता वासिलिस लैम्ब्रोपोलॅस के मुताबिक़ निगाहों से छिपे हुए ईश्वर को मृत घोषित करना एक व्यावहारिक युक्ति थी। प्रबोधन को विवेक के युग की मिथकीय आभा से सम्पन्न करने के लिए यह घोषणा काफ़ी उपयोगी हुई।

उपनिवेशवाद के लौकिक साम्राज्य के पराभव के बाद भाषा-ज्ञान और साहित्य पर आधारित उसका अलौकिक साम्राज्य मज़हब नहीं बल्कि संस्कृति के अन्तरण पर आधारित हो चुका है। अलौकिक साम्राज्य की यह थीसिस उपनिवेशवाद की भाषाई विचारधारा के आधार पर अठारहवीं सदी के इंग्लैंड में तैयार की गई थी। यह विचारधारा अकादमीय दायरों में तो कभी सूत्रबद्ध नहीं हुई, पर इसकी बुनियाद उस समय पड़ी थी जब यूनानियों की विकट भाषाई स्वजातिउत्कृष्टता और ओल्ड टेस्टामेंट के मोनोलिंगुअलिज़म के बीच गठजोड़ हुआ था। यूनानी पेगन थे, लेकिन भारतीय बहुदेववाद से भिन्न उनके पेगन संसार में क्रिश्चियन ईश्वरीय तत्त्वमीमांसा के लिए काफ़ी जगह थी। रिनैसॉज़ और इनलाइटेनमेंट के ज़मानों में इसी गठजोड़ के आधार पर भाषाई विचारधारा का शीराज़ा खड़ा किया गया। 'भाषा साम्राज्य की जोड़ीदार होती है' और 'विजेता को विजित पर अपनी भाषा थोपने का अधिकार है' जैसे सिद्धान्त गढ़े गये। एक विश्वव्यापी ग्रामर फैक्ट्री खड़ी की गई। भाषाओं के कारखाने बनाये गये। या तो भाषाओं का संहार करके उनकी जगह युरोपीय भाषाएँ स्थापित कर दी गईं, या फिर जहाँ यह नहीं हो सका, वहाँ भाषाओं का योजनापूर्वक लातिनीकरण किया गया। या तो एकभाषिता स्थापित की गई, या बहु-एकभाषिता (बहुभाषी परिदृश्य में कुछ भाषाओं को चुन कर प्रभुभाषा बनाना) को बढ़ावा दिया गया। यह प्रक्रिया ग़ैर-पश्चिम के कला, साहित्य और ज्ञान पर पश्चिमी या

आधुनिक छाप पड़ने में निकली। एशिया के सन्दर्भ में आनन्द कुमारस्वामी ने इसे 'एंग्लिसाइज़ेशन ऑफ़ ईस्ट' कहा है। 2006 में लिखे गए अपने इस कालजयी लेख में कुमास्वामी स्पष्ट रूप से कहते हैं कि अंग्रेज़ीकरण की प्रक्रिया के तहत 'हमें एक सभ्यता के दूसरी सभ्यता पर प्रभाव का सामना करने के बजाय एक सभ्यता के उन्मूलन और उसकी जगह दूसरी के प्रतिस्थापना की समस्या से निबटना है। इसे दोनों सभ्यताओं के श्रेष्ठ तत्त्वों को प्रोत्साहित करने वाली प्रक्रिया के तौर पर नहीं देखना चाहिए।' उपनिवेशवाद की भाषाई विचारधारा के इस औज़ार से ही पिछली शताब्दियों में ग़ैर-पश्चिम का संस्कृति-अन्तरण हुआ। यह प्रक्रिया आज तक जारी है। युरोपीय साम्राज्यिकता के पहले अतीत की किसी भी साम्राज्यिकता के पास भाषाई विचारधारा और उसके ज़रिये संस्कृति-अन्तरण का कार्यक्रम नहीं था।

मेरी यह पुस्तक कम से कम डेढ़ वर्ष से लिखी हुई तैयार रखी हुई थी। लेकिन, अलग से प्रकाशित करने के बजाय मैं इसी विचार-भूमि पर खड़ी अन्य रचनाओं के साथ प्रकाशित करना चाहता था। इसलिए मैंने इन्तज़ार किया, और अतत: मुझे ज्ञानोत्पादन के विउपनिवेशीकरण की तरफ ले जाने वाली चार अन्य कृतियाँ मिल गईं। इन्हीं में से एक है आचार्य राधावल्लभ त्रिपाठी का बृहद ग्रन्थ *भारत की सारस्वत साधना,* जो उस आवश्यकता को पूरा करता है जो हमारे प्राचीन ज्ञान को प्रासंगकिता की कसौटी पर कसने से जुड़ी है। इस कृति में आचार्य त्रिपाठी के 19 लेख संकलित हैं। कालक्रमानुसार देखें तो इसमें ऐतरेय महीदास, पाणिनि, कौटिल्य, वात्स्यायन, भरत, भर्तृहरि, आदि शंकर, वामन, आनन्दवर्धन, कुन्तक, अभिनवगुप्त, पण्डितराज जगन्नाथ, गोपीनाथ कविराज, रामावतार शर्मा और रेवाप्रसाद द्विवेदी के विमर्श की अनूठी प्रस्तुति तो है ही, साथ ही साथ पुराणों, भारतीय परम्परा में कला और काव्य की सर्जना प्रक्रिया, भारत की पण्डित-परम्परा, प्राच्यविद्या और विउपनिवेशीकरण के सम्बन्धों पर गहन, सहज और विस्तृत विचार किया गया है। इनमें अधिकतर लेख आचार्य त्रिपाठी ने मेरे अनुरोध पर उस समय लिखे थे जब मैं *प्रतिमान* का सम्पादक था। जब इस सामग्री को पुस्तक के रूप में लाने की बात चली तो उन्होंने नौ विमर्शकारों पर नये लेख तैयार किये ताकि भारतीय ज्ञान-परम्परा में पिछले तीन हज़ार साल के इन महारथियों के प्रतिनिधित्व में कुछ छूट न जाए। इस तरह उन्होंने ईसापूर्व 1000 से लेकर बीसवीं सदी तक की इस अक्षुण्ण परम्परा के वाहकों के विमर्शी चित्र उपस्थित कर दिये हैं।

इसमें कोई शक नहीं कि उपनिवेशवाद के ज्ञानात्मक अत्याचार के कारण हमारे पारम्परिक ज्ञान के नवीकरण की प्रक्रिया और उसकी गतिशीलता बहुत सीमित हो

गयी है। आचार्य त्रिपाठी का यह भगीरथ प्रयास इसी की भरपायी की शुरुआत है। भर्तृहरि के भाषा-विमर्श से उठाया गया इसका एक नमूना दृष्टव्य है :

> *वाक्यपदीयम्* के तीसरे काण्ड के अंतर्गत तृतीय समुद्देश में भर्तृहरि शब्द और अर्थ के सम्बन्धों पर विचार करते हैं, तथा शब्द या भाषा से निर्मित संसार और हमारे रोज़मर्रा के संसार के सम्बन्धों पर भी विचार करते हैं। ... रोज़मर्रा की दुनिया में हम आँखों से दिखने वाली वस्तुओं को, जो हमारे वर्तमान में हैं, देख पाते हैं। शब्दों के विवर्त में हम भूत और भविष्य को भी देख पाते हैं। यह एक स्वायत्त संसार है। यह बाहर के संसार से सर्वथा अछूता रह सकता है। इस संसार में वह सहज सम्भव है, जो हमारे भौतिक संसार में सम्भाव्य नहीं है। इसका सबसे उम्दा उदाहरण अभाव या अनुपस्थिति के विमर्श को दिया जाता है। ... अभाव का भाषा में विमर्श कैसे होता है इसके लिए शशविषाण (खरगोश का सींग), मृगतृष्णा का जल आदि उदाहरण दिये जाते हैं। जो संसार में असम्भव है, भाषा उसे सम्भव कर देती है। भाषा निराकार को साकार और अमूर्त को मूर्त कर देती है। शास्त्रों में इसका एक उदाहरण यह दिया जाता रहा है– एष वन्ध्यासुतो याति खपुष्पकृतशेखरः। कूर्मक्षीरचये स्नातः शशशृङ्गधनुर्धरः॥ (आकाशकुसुम की माला सिर पर गूँथे हुए, कछवी के दूध के तालाब में नहाया हुआ, खरगोश के सींग का धनुष धारण किये हुए यह बाँझ का बेटा चला जा रहा है।) कछुवा स्तनपायी जीव नहीं है, खरगोश के सींग नहीं होते, आकाश में फूल नहीं खिलते और वंध्या के पुत्र नहीं हो सकता। अतः इस पद्य में सारी असम्भावनाओं का बख़ान है, फिर भी इनका बिम्ब तो बनता ही है। जितनी भी असम्भाव्य स्थितियाँ हैं, भाषा उन्हें अपने संसार में सम्भव बना सकती है।

अनुपस्थिति के विमर्श का यह प्रतिपादन मुझे बहुत पसन्द है। ऐसे नमूने नगीनों की तरह आचार्य त्रिपाठी की इस अविस्मरणीय कृति में भरे पड़े हैं।

तीसरी कृति संस्कृत और फ़ारसी के अनूठे विद्वान प्रोफ़ेसर बलराम शुक्ल की रचना *भारतीय ज्ञान-परम्परा : सातत्य और संवर्धन* है। हज़ारों साल लम्बी और अत्यन्त विविध ज्ञान-परम्परा का इससे अधिक संक्षिप्त, सरल, सारगर्भित और सांगोपांग मानचित्र बनाया ही नहीं जा सकता। भारतीय ज्ञान-परम्परा के सातत्य और संवर्धन के इतिहास और वर्तमान का विवरण देने वाली इस पुस्तक के लगभग प्रत्येक पृष्ठ पर ऐसी जानकारियाँ अंकित हैं जो अन्यत्र दुर्लभ साबित होंगी। बलराम शुक्ल ने भारतीय ज्ञान-परम्परा का भाष्य करते समय कुछ ऐसे सूत्रीकरण किये हैं जो पहले मेरी निगाह से नहीं गुज़रे थे। एक जगह यास्क रचित *निरुक्त* के हवाले से बताया गया है कि इस ज्ञान-परम्परा के तहत कलियुग में ऋषियों के न रहने से तर्क को ही ऋषि की संज्ञा दे दी गई है। इसी की तस्दीक़ करते हुए एक दूसरी

जगह कहा गया है कि यह परम्परा 'सोला स्क्रिप्तुरा' (एक पवित्र ग्रन्थ में ही सारे सत्य निहित हैं) न हो कर 'फ्रोनेमा' (दृष्टिकोण आधारित) है। यह उस सामी आग्रह को नहीं मानती जिसके तहत अपरिवर्तनीय वस्तु को ही प्रामाणिक और शुद्ध माना जाता है। आनन्द कुमारस्वामी सरीखे इस परम्परा के व्याख्याताओं के लिए मिथ ही इतिहास की भूमिका निभाती है। सृष्टि-निर्माण की थियोक्रेटिक डिज़ाइन के विपरीत यह परम्परा मानती है कि हर सृष्टि से पहले एक सृष्टि है। आदि सृष्टि कोई नहीं है। इसमें ईश्वरीय निरंकुशता की कोई जगह नहीं है।

बलराम शुक्ल के मुताबिक़ जिन बातों को अतार्किक माना जाता है, वे भारतीय ज्ञान-परम्परा के लिए दरअसल संसार को समझने की युक्तियाँ हैं। मसलन, पुनर्जन्म को माने बिना संसार की विचित्रता की व्याख्या नहीं हो सकती। इस परम्परा में समय चक्रीय और कल्पीय है। इस नाते आचार्यों, संतों, गुरुओं और आध्यात्मिक नायकों के अनुयायियों को सुविधा मिल जाती है कि वे हर युग में उनकी विद्यमानता की कल्पना कर लें। यही कारण है कि शंकराचार्य, कबीर और नानक जैसी हस्तियाँ हर युग में और हर जगह होने की अनुभूति देती हैं। यही कारण है कि शंकर को उनके अपने युग के ही नहीं बल्कि अतीत के विद्वानों से शास्त्रार्थ में भी विजयी बताया जाता है। यह परम्परा इतनी समावेशी है कि सत्रहवीं सदी में महामति प्राणनाथ इस्लाम को भी भारतीय परम्परा में शास्त्रोक्त तरीक़े से शामिल करने का प्रयास करते हुए दिखते हैं। बलराम शुक्ल ने भारतीय भाषा-विश्लेषण के बारे में तो इस कृति में कमाल ही कर दिया है। लेखन और वाचिकता का सम्बन्ध, लिपि और वाचिकता का सम्बन्ध और भर्तृहरि जैसे जटिल शास्त्र को सरलता से समझा सकने वाला अनूठापन इसकी विशेषता है।

चौथी और पाँचवीं कृतियाँ एक ही सिक्के के दो पहलुओं के समान हैं। दर्शनशास्त्र के आचार्य अम्बिकादत्त शर्मा और राजनीतिक सिद्धान्त के अध्येता विश्वनाथ मिश्र एक अरसे से वैचारिक स्वराज के विमर्शी रास्तों की खोज में लगे हुए हैं। दोनों कृतियाँ *अनागत गांधी : बापू से वैश्विक संवाद* और *हन्ना आरेंट : हिंसा का स्थापत्य* अपने आप में स्वायत्त रचनाएँ होते हुए भी परस्परव्यापी हैं। हिंसा, सर्वाधिकारवाद, मानवीय गरिमा, राजनीतिक कार्रवाई, चेतना की व्यक्तिगत और सामूहिक अभिव्यक्तियों के प्रश्न पर गांधी और आरेंट के बीच नज़दीकियों और दूरियों से बनी अंतर्व्याप्ति पर कई विद्वान ग़ौर कर चुके हैं। लेकिन, पश्चिमी समाज-विज्ञान की स्थापित शैलियों में हुआ यह विविध ऊहापोह युरोकेन्द्रीय दृष्टि से मुक्त नहीं है। यही है वह मुकाम जो शर्मा-मिश्र की जोड़ी को इन प्रयासों से अलग

करके एक सर्वथा नयी ज़मीन तोड़ने वाले विद्वानों के रूप में प्रतिष्ठित कर देता है।

दोनों रचनाओं के सघन और सुलिखित पृष्ठों पर बापू और आरेंट के साथ मार्क्स, माओ, वेबर, हाइडेगर, फ़ूको और हैबरमास, फुले, तिलक और अम्बेडकर जैसी हस्तियाँ ऐसे अर्थ-सन्दर्भों में मुखामुखम हो रही हैं जो पश्चिम-प्रदत्त ज्ञानात्मक श्रेणियों से भिन्न हैं। ये अर्थ-सन्दर्भ एकदम नये हैं, और उनका उद्गम भारतीय ज्ञान-परम्परा में निहित है। मसलन, यहाँ गांधी का ज्ञानमीमांसीय और तत्त्वमीमांसीय भाष्य अद्वैत सभ्यता के प्रतिपादक के तौर पर किया गया है। गांधी पश्चिम के कई विद्वानों से बहुत-कुछ लेने के बावजूद स्वयं को युरोकेन्द्रीयता से अछूता बनाये रखते हैं। *अनागत गांधी* में गांधी द्वारा गिनाये गये 'सात महापाप' न केवल पश्चिमी सभ्यता की समझौताविहीन आलोचना का परिप्रेक्ष्य पेश करते हैं, बल्कि इनके भीतर एक समान्तर सभ्यता की सृष्टि का कार्यक्रम भी प्रस्तावित होता हुआ दिखता है। ये सात महापाप हैं : श्रम रहित धन, विवेक रहित आनन्द, चरित्र रहित ज्ञान, नैतिकता रहित व्यापार, मानवता रहित विज्ञान, त्याग रहित धर्म और सिद्धान्त रहित राजनीति। रहित की जगह युक्त का प्रयोग करते ही सात महापापों की जगह सात महावांछनीयताओं का ख़ाका तैयार हो जाता है।

हन्ना आरेंट : हिंसा का स्थापत्य में गांधी के साथ परस्परव्याप्ति के बावजूद आरेंट उनसे सौ फ़ीसदी सहमत नहीं हैं, पर वे हिंसा और सर्वाधिकारवाद के उत्खनन के ज़रिये राजनीति की परिभाषा में एक बुनियादी संशोधन तज्वीज़ करती नज़र आती हैं। वे कहती हैं कि युद्धों और क्रान्तियों में हिंसा ने ऐतिहासिक रूप से प्रधान ही नहीं बल्कि विधेयक भूमिका निभायी है। राजनीति के जिस आदर्श रूप को आरेंट कल्पित करती हैं, उसका युद्ध और क्रांति से कोई ताल्लुक़ हो ही नहीं सकता। आरेंट के इस अभूतपूर्व दावे का आधार उन्हीं के विमर्शी आधार में निहित है। आरेंट के मुताबिक़ मनुष्य के क्रियाकलाप मुख्यतः लेबर (जैविक ज़रूरतों की पूर्ति के लिए किया जाने वाला मनुष्य का एकाकी प्रयत्न), वर्क (भौतिक ज़रूरतों की पूर्ति के लिए किया जाने वाला एकाकी और सीमित सहयोग पर आधारित प्रयत्न) और एक्शन (व्यापक सामूहिक सहभागिता के ज़रिये पूर्णता प्राप्त करने के लिए किया जाने वाला प्रयत्न) में बँटे हुए हैं। एक्शन को वे 'वीटा एक्टिवा 'की संज्ञा देते हुए श्रेयस्कर राजनीति का पर्याय मानती हैं। इसमें शक्ति का वह रूप प्रतिष्ठित है जो उच्च मानवीय और सांस्कृतिक लक्ष्यों को प्राप्त करने की सामूहिकता और प्रतिबद्धता की ओर ले जाता है। राजनीति का यही रूप यूनानी दार्शनिकों के लिए सभ्यता-निर्माण की कला और सर्वोत्तम सद्गुण के रूप में प्रतिष्ठित रहा है। इसी को कौटिल्य ने 'सर्वे धर्मा: राजधर्मे

प्रविष्टा:' की तरह प्रस्तुत किया है। राजनीति के इस आदर्श में युद्ध और क्रांति का शुमार नहीं हो सकता। गांधी और आरेंट, दोनों इस समस्या से जूझते नज़र आते हैं कि हिंसा के बिना शक्ति की उपलब्धि कैसे हो। इन दोनों ग्रन्थों में यह विमर्शी जद्दोजहद निहायत ख़ूबसूरती से बुनी गयी है।

शर्मा-मिश्र की जोड़ी ने इन दोनों ग्रन्थों में एक काम ऐसा किया है जो कम से कम मैंने तो पहली बार देखा है। जब भी ग़ैर-पश्चिमी ज्ञान-परम्पराओं का कोई दावा पश्चिम द्वारा थमायी गयी बुद्धि और पद्धतिमूलकता को ठुकराते हुए प्रस्तुत किया जाता है, तो हमेशा उसके ख़िलाफ़ सबसे बड़ा सवाल यह लगाया जाता है कि इसकी आज के ज़माने में व्यावहारिकता क्या है? यह भी कहा जाता है कि आधुनिकता-पूर्व ज्ञान तो केवल वैचारिक ऊहापोह या महज़ ख़यालगोई है जो सौंदर्यमूलक आनन्द देने से आगे नहीं जा सकता। पूछा जाता है कि उसमें अनुप्रयुक्तता या एप्लायडनेस कहाँ है? पश्चिमी सभ्यता को एक 'एप्लायड सिविलाइज़ेशन' के रूप में पेश करना उसके बचावकर्ताओं का मुख्य शगल है। उनके लिहाज़ से आधुनिकता की आधारशिला सिद्धान्त और व्यवहार के कारगर समिश्रण से कुछ इस तरह बनायी गयी है कि आधुनिकताजन्य पीड़ाओं को संशोधनकारी आधुनिकता से दूर किया जा सकता है। यानी, आधुनिकता का इलाज आधुनिकता में ही है, उससे बाहर नहीं। अगर इस दलील के सामने घुटने टेक दिये जाएँ तो फिर ज्ञानोत्पादन का विउपनिवेशीकरण अरण्यरोदन के अलावा कुछ नहीं रह जायेगा। इन दो लेखकों का इस बारे में रवैया कुछ इस तरह का है :

> यहाँ अनेक तथ्यान्वेषी यह प्रश्न कर सकते हैं कि और प्राय: किया भी जाता है कि क्या यह व्यावहारिक है? उन्हें इस तथ्य पर भी ध्यान देना चाहिए कि जिसे हम व्यावहारिक कहते हैं उसके कई पहलू एक ज़माने में नितान्त अव्यावहारिक माने जाते थे, लेकिन विशिष्ट ज्ञान, सैकड़ों वर्षों की हिंसा और ऐसे ही अनेक उपायों द्वारा उन्हें व्यावहारिक बनाया गया है। उन्हें आज भी निर्दोष नहीं कहा जा सकता। अनुमानों के अनुसार पृथ्वी पर सकल सम्पदा पचास क्वाड्रिलियन से अधिक नहीं है। वर्तमान समय में दुनिया की सकल जीडीपी डेढ़ सौ खरब से अधिक नहीं है। यदि प्रति व्यक्ति आय में अमेरिका को प्रतिमान मान लें और भारत को अतीत का गौरव दिलाने के मार्ग पर चलें तो आर्थिक रूप से अमेरिका के बराबर आने में उसकी अर्थव्यवस्था की अपेक्षा छह गुनी अधिक बड़ी अर्थव्यवस्था बनना होगा, क्योंकि हमारी आबादी उससे छह गुनी अधिक है। वर्तमान में यदि उसकी अर्थव्यवस्था को हम पच्चीस खरब भी मान लें तो इसका आशय यह हुआ कि हमें तब अकेले ही आज की पूरी दुनिया की अर्थव्यवस्था के बराबर यानी डेढ़

> सौ खरब का होना होगा। ज़ाहिर है कि इस खेल में हम अकेले नहीं हैं और सबकी साझेदारी से हम यदि किसी समय दुनिया के सकल घरेलू उत्पाद को एक हज़ार खरब मान लें तो दुनिया के संसाधन पचास साल में ही चुक जाएँगे। इस तथ्यात्मकता के बावजूद हम विकास के आधुनिक प्रारूप को ही सबसे अधिक व्यवहारसौकर्य साबित करने में लगे हुए हैं। उसे ही औचित्यपूर्ण प्रमाणित करने के लिए हर तरह के असत्य का प्रयोग कर रहे हैं। परन्तु, मनुष्य यदि तात्त्विक रूप से आत्मचेतन प्राणी है, तो उसकी आत्मचेतना कभी न कभी आधुनिकता के चक्रीय दुष्चक्र के प्रति अवश्य ही आत्मचेतन होगी, और इस रह आधुनिकता के प्रति एक नवीन मोहभंग से उत्पन्न हुए युग का शुभारम्भ होगा।

एक ज़माने में किसी दीवार पर मैंने गाँधी का एक महावाक्य लिखा देखा था : 'पृथ्वी के पास मनुष्य की प्रत्येक आवश्यकता पूरी करने के लिए पर्याप्त संसाधन हैं, पर मनुष्य के लालच को वह सन्तुष्ट नहीं कर सकती।' तब मार्क्सवादी बौद्धिक प्रशिक्षण से आत्मतुष्ट हो कर मैं मानता था कि साम्यवाद लाने के लिए हमें असीमित उत्पादन करके उसे हर व्यक्ति के लिए उपलब्ध कराना होगा। लेकिन इस महावाक्य ने मेरी मार्क्सवादी चेतना पर एक सवालिया निशान लगाया। मैं जानकारों से पूछता रहा कि गांधी के दिमाग में यह बात आयी कहाँ से होगी?

जवाब आशिस नंदी से बातें करते हुए मिला कि ऐसा चिन्तन शायद गांधी को अपनी माँ से प्राप्त वैष्णव आधारभूमि पर ही पनप सकता था। (बलराम शुक्ल ने *भारतीय ज्ञान-परम्परा* में बताया है कि गांधी का यह महाकथन *महाभारत* के द्रोणपर्व में इस प्रकार मौजूद है : 'यत्पृथिव्यां व्रीहियवं हिरण्यं पशवः स्त्रियः। नालमेकस्य तत् सर्वमिति मत्वा शमं व्रजेत्॥' अर्थात, पृथ्वी पर जितना धान, सोना, जौ, पशु, स्त्रियाँ हैं, वह एक लोभी व्यक्ति के लिए पर्याप्त नहीं है, यह समझ कर हमें शांत हो जाना चाहिए।) इसी भावभूमि पर गांधी ने अद्वैत सभ्यता का वेदान्ती वृक्ष खड़ा किया होगा। यही है वह भावभूमि जो संशोधनकारी आधुनिकता के छल से हमें बचा सकती है।

प्ररोचना सम्पन्न हुई। इसके साथ ही मैं उन्मोचन ग्रन्थमाला के विद्वान विमर्शकारों के साथ सुधी पाठकों-श्रोताओं का इस नये संसार में स्वागत करता हूँ। रास्ता बहुत लम्बा और कंटकाकीर्ण है, लेकिन चलने लायक है।

आभार

इन पाँच ग्रन्थों के प्रकाशन में जाने के साथ ही अगले सेट के लिए तैयारियाँ शुरू हो गई हैं। इसमें वाल्टर मिन्योलो, सुदीप्त कविराज, पार्थ चटर्जी, बरनार्ड कॉन, एनिबाल क़िहानो, रणजीत गुहा, सैयद मुहम्मद अलतास, अली शरियती,

वासुदेव शरण अग्रवाल, काशी प्रसाद जायसवाल, चन्द्रकान्त राजू और शम्सुर्रहमान फ़ारूक़ी की रचनाओं के साथ-साथ विनय लाल द्वारा सम्पादित विश्वविख्यात डिसेंटिंग नॉलेज पेम्फ़लेट सीरीज़ और उपनिवेशन के मर्म का अनावरण करने वाली *ब्लाइंडिड आई* जैसी अनूठी रचना का प्रकाशन प्रस्तावित है। प्रयास किया जायेगा कि इस सेट में रज़ा फ़ाउण्डेशन द्वारा वित्तपोषित उस सर्वेक्षण पर आधारित पुस्तक भी प्रकाशित की जाये जिसका केन्द्रीय प्रश्न यह है कि क्या अंग्रेज़ी भाषा भारत के संस्कृति-अन्तरण के उपकरण के तौर पर काम करती है।

इस पुस्तक शृंखला का वर्तमान रूप कई विद्वानों, विभूतियों और गुणी साथियों की सहायता के बिना संभव नहीं हो सकता था। ख़ासकर मेरी किताब उपनिवेशवाद का अलौकिक साम्राज्य की समूची पांडुलिपि या कुछ हिस्से तो कई विद्वानों ने पढ़े और अपनी टिप्पणियों से मेरा मार्गदर्शन किया। इनमें नंदकिशोर आचार्य, वागीश शुक्ल, अशोक वाजपेयी, भगवान सिंह, आशुतोष भारद्वाज के साथ-साथ देशिक केंद्र के मेरे कुछ साथियों (नरेश गोस्वामी, तृप्ति श्रीवास्तव, रमाशंकर सिंह, कंचन शर्मा, सैयद शाहिद अशरफ़, सुमेल सिंह सिद्धू और विजय झा) के नाम उल्लेखनीय हैं। बहुत पहले मनोज मोहन ने इसकी पांडुलिपि का पहला प्रूफ़ पढ़ा था। वाणी प्रकाशन के प्रबन्ध निदेशक अरुण माहेश्वरी और कार्यकारी निदेशक अदिति माहेश्वरी गोयल ने विशेष रुचि लेकर इस शृंखला को पाठकों तक सुंदर रूप में पहुँचाया है। रज़ा फ़ाउंडेशन के प्रबंध न्यासी श्री अशोक वाजपेयी ने इस शृंखला को प्रायोजित करके इसे संस्थागत आधार प्रदान किया है। मैं इन सभी का कृतज्ञ हूँ और रहूँगा।

कहना न होगा कि न केवल मैं अपनी किताब की सभी तरह की कमियों का उत्तरदायी हूँ, बल्कि शृंखला संपादक के रूप में बाक़ी चार रचनाओं की पुस्तकाकार निर्मिति में रह गयी कमियों का भी ज़िम्मेदार हूँ।

वैशाख शुक्ल पंचमी
2082, विक्रम संवत (2 मई, 2025)

— अभय कुमार दुबे
शृंखला सम्पादक

प्रस्तावना

आधुनिक सभ्यता ने आज एक प्रबल विश्व-सभ्यता का रूप धारण कर लिया है। यहूदी-ख्रिस्तीय ज्ञान-परम्परा और पश्चिमी विज्ञान-तकनीकी के आपसी गठबन्धन से बनी और विकसित ज्ञान-परम्परा की यह आवश्यक साभ्यतिक निर्मिति है। जीवन और जगत् के दिव्य और दैवी लंगरों को काट कर विश्व के उत्तरोत्तर लौकिकीकरण और निर्दैवीकरण की यह एक सार्वभौम कार्ययोजना है। समूची दुनिया को इसके माध्यम से नेतृत्व मिले, और पूरी मानव जाति को इस एकरेखीय जीवन शैली में नियोजित करना इस कार्ययोजना का अघोषित लक्ष्य है। इस कार्ययोजना में विगत दो सहस्राब्दियों तक एक दूसरे की हमवज़न बनी रहीं दुनिया की तमाम संस्कृतियाँ और सभ्यताएँ वैसे ही शामिल और अन्तर्भुक्त होती जा रही हैं जैसे 'ब्लैक होल' के सम्पर्क में आने वाली हर एक वस्तु अपनी इयत्ता समाप्त कर उसमें विलीन हो जाया करती है। सम्प्रति पूरी दुनिया में देशजता और अपनी-अपनी ज्ञान-परम्पराओं से जुड़ने की जो चेतना उभर रही है वह वास्तव में आधुनिक सभ्यता के वर्चस्ववादी सर्वग्रासी पूर्वपक्ष की प्रतिक्रिया में उत्पन्न एक प्रतिचेतना ही है। भारत में भी यह प्रतिचेतना भारतीय ज्ञान-परम्परा के उद्धार और प्रसार में क्रियाशील हो उठी है। यह बात अलग है कि सजगता के इस विस्फार में पहचान की राजनीति भी संलग्न है। ऐसे में बलराम शुक्ल की *भारतीय ज्ञान-परम्परा : सातत्य और संवर्द्धन* नामधेय यह कृति एक महत्त्वपूर्ण हस्तक्षेप है जो पहचान आधारित ज्ञान की राजनीति को दरकिनार करते हुए औपनिवेशिक आवरणों से आवृत भारतीय ज्ञान-परम्परा के सर्वसमावेशी, जीवन्त और संवर्धनशील स्वरूप को प्रकट करती है।

इस पुस्तक में भारतीय ज्ञान-परम्परा के उत्कर्ष-अपकर्ष को समझने का एक ऐसा उपक्रम साधा गया है जिसके आधार पर किसी भी ज्ञान-परम्परा की ऋजु-कुटिल गतिशीलता और गतिरोध की प्रक्रिया को भली-भाँति समझा जा सकता है। यह अतीत और वर्तमान में जो भविष्य गुंफित रहता है, उसके बीच के मौलिक अचेतन सम्बन्ध को सचेत स्वातन्त्र्य और सर्जना का साधन बना सकने की अभियान्त्रिकी है। इसमें परम्परा स्वत:गृहीत होती है, पर उसकी अश्मीभूत जड़ता को तरल करके, कल-पुर्ज़े खोल कर, उसे विघटित करके और उसे आत्मसात् करने योग्य परिष्कृत रूप देकर वर्तमान की चेतना के आलोक में प्राणवान् बनाया जाता है। ज्ञान-परम्परा की इस गतिशीलता में विस्तार, संकोच, संक्षेपण, कलिवर्ज्य, विरोध, संस्करण, स्वीकृति और सर्जना की प्रक्रियाएँ साथ-साथ चलती हैं। अन्तत: यह सब कुछ भाषिक वाङ्मय में मूर्तिमान् होता है। इसमें दो राय नहीं कि इस पुस्तक के पाँचों परिच्छेद पुरातन काल से लेकर समकाल पर्यन्त भारतीय ज्ञान-परम्परा के सातत्य और संवर्धनशील बने रहने की सैद्धान्तिकी और उसमें अनुप्रयुक्त प्रविधियों को बहुत अच्छी तरह निरूपित करते हैं; परन्तु उस ज्ञान-परम्परा की आधार संरचना इस समूचे उपक्रम में पूर्वगृहीत रूप से अनुद्भिन्न ही रही है। अत: हम इस पुस्तक की प्रस्तावना में भारतीय ज्ञान-परम्परा की आधार-संरचना को उपस्थित करना ही उचित समझते हैं।

किसी भी सभ्यता और संस्कृति के पुष्पित और पल्लवित होने तथा बने रहने के पीछे उसकी ज्ञान-परम्परा की विशेष भूमिका होती है। वस्तुत: एक विशेष प्रकार की ज्ञान-परम्परा ही एक विशेष प्रकार की सभ्यता और संस्कृति की धारक होती है। सभ्यता और संस्कृतियों का अधिष्ठान भूगोल नहीं अपितु ज्ञान-परम्परा में ही होता है। यह बात अलग है कि कोई भी सभ्यता और संस्कृति एक भौगोलिक परिवेश में ही मूर्त रूप पाती है। किसी भी ज्ञान-परम्परा का भौगोलिक परिवेश में अवतरण और मानवीय अभीप्साओं की अनुरूपता में विकास एकरेखीय न होकर बहुआयामी होता है। इसीलिए सभ्यता और संस्कृतियों का रूपायन भी बहुआयामी होता है। हाँ, किसी सभ्यता और संस्कृति की पहचान इस बात पर निर्भर करती है कि वह किस प्रकार के ज्ञान का मानकीकरण और आदर्शीकरण करती है। आदर्शीकृत ज्ञान ही वास्तव में पुरुषार्थ-साधना में फलित होता है। भारतीय सभ्यता और संस्कृति दुनिया की प्रचीनतम, समृद्धतम और अद्यतन सभ्यता और संस्कृति है। इसकी निरन्तरता का सानी तो दुनिया की और कोई सभ्यता और संस्कृति है

ही नहीं। अत: यह स्वाभाविक है कि इसके अपने सुदीर्घ जीवनकाल में उन सभी प्रकार के ज्ञान-विज्ञान, कला और कौशलपरक अनुशासनों का विकास हुआ होगा जो इसे अब तक तमाम उतार-चढ़ावों के बावजूद धारण किये हुए हैं। वास्तव में जब हम भारतीय ज्ञान-परम्परा की बात करते हैं तो उसका आशय उन सभी प्रकार के ज्ञानात्मक उपक्रमों से है जिन्होंने भारतीय सभ्यता और संस्कृति की गतिशीलता को एक विशेष प्रकार की विश्वदृष्टि की ओर उन्मुख किये रखा है। सम्भावना बतौर ही सही, लेकिन यह बात सोची जा सकती है कि सिन्धु घाटी की अतिनगरीय सभ्यता के विनाश का प्रतिस्मरण हमारे वैदिक ऋषियों को रहा होगा। सम्भवत: इसी कारण गंगा के समतल मैदानों और उष्णकटिबन्धीय जलवायु वाले परिक्षेत्र में ग्राम्य-सभ्यता और आरण्य जीवन शैली के निर्माण के लिए एक विशेष प्रकार की अन्तर्दृष्टि और ज्ञान का मानकीकरण और आदर्शीकरण किया गया होगा। वास्तव में वह विश्व की नैतिक व्यवस्था की नियामक ऋत केन्द्रित अन्तर्दृष्टि थी जो भारतीय ज्ञान-परम्परा में ज्ञान के विनिर्माण और मानकीकरण का नीति निदेशक तत्त्व बनी। इसी अन्तर्दृष्टि और ज्ञान का अनुवाद जिस सभ्यता और संस्कृति में हुआ है, वही भारतीय सभ्यता और संस्कृति है।

भौगोलिक परिवेश

भारतीय ज्ञान-परम्परा को भूगोलवाची अर्थ में हिन्दू ज्ञान-परम्परा भी कहते हैं। यह सिन्धु नदी के उस पार के परिक्षेत्र में रहने वाले निवासियों और उनकी भौगोलिक एकता की वाचक ज्ञान-परम्परा है। यह बात अलग है कि 'हिन्दू' शब्द ईरानियों द्वारा सिन्धु शब्द के अपभ्रंश उच्चारण के कारण प्रचलन में आया हुआ एक रूढ़ लेकिन स्वीकृत पद है। इससे जिस भूभाग को संकेतित किया जाता है उसे ही 'हिन्दुस्तान' कहते हैं। इसका प्राचीन नाम आर्यावर्त भी था, लेकिन दोनों के भौगोलिक विस्तार में थोड़ा ही सही, अन्तर अवश्य है। आर्यावर्त पूर्वी समुद्र से लेकर पश्चिमी समुद्र तक और हिमालय से लेकर विन्ध्याचल तक के परिक्षेत्र को कहा जाता है, परन्तु हिन्दुस्तान की दक्षिणी सीमा विंध्यपर्वत से आगे कन्याकुमारी तक जाती है। इस व्यापक भूभाग की सभ्यता और संस्कृति के पीछे जिस ज्ञान-परम्परा की सक्रिय भूमिका रही है उसे ही भारतीय ज्ञान-परम्परा से अभिहित किया जाता है। यह बात अलग है कि किसी भी ज्ञान-परम्परा के भौगोलिक मानचित्र की कोई स्थिर अवधारणा नहीं होती है। उसमें विस्तार और संकोच दोनों ही होते रहते हैं।

ज्ञान-परम्परा के भौगोलिक मानचित्र में भाषाई भूगोल, सांस्कृतिक भूगोल और राजनीतिक भूगोल भी सम्मिलित हुआ करते हैं। इसी कारण किसी भी ज्ञान-परम्परा के भौगोलिक मानचित्र का विचार उसकी संक्रान्तिक सीमाओं के आधार पर भी किया जाता है। ज्ञान-परम्परा की संक्रान्तिक सीमा प्राय: भाषाई, सांस्कृतिक और राजनीतिक भूगोल का अतिक्रमण भी करती है। इस दृष्टि से भारतीय ज्ञान-परम्परा की संक्रान्तिक सीमा को पश्चिम में मध्यपूर्व से लेकर पूर्व में सुदूर पूर्व तक और उत्तर में हिमालय के पार से दक्षिण में हिन्द महासागर तक विस्तृत माना जा सकता है।

सनातन अर्थ-सन्दर्भ

भारतीय ज्ञान-परम्परा के उपर्युक्त भूगोलवाची अर्थ से भिन्न उसके स्वरूप को बताने वाला दूसरा पद है– सनातन ज्ञान-परम्परा। साधारण तौर पर इसके सनातन होने का अर्थ इसकी प्राचीनता से लिया जाता है। यह सही भी है, क्योंकि ज्ञात इतिहास में उससे प्राचीन कोई दूसरी ज्ञान-परम्परा नहीं रही है। पुन: इसे सनातन इसलिए भी कहा जाता है कि इसका आरम्भ इतिहास के किसी निश्चित काल-खण्ड से नहीं हुआ है, जबकि विश्व की अन्य प्रमुख ज्ञान-परम्पराओं का ऐतिहासिक प्रारम्भ सुविदित है। भारतीय ज्ञान-परम्परा को सनातन कहे जाने के कालवाची अर्थों से भिन्न उसका एक गहरा अर्थ भी है।

वह यह कि भारतीय ज्ञान-परम्परा का अनुवाद कर्तव्याकर्तव्य के जिन विधि-निषेधों की सांस्कृतिक अथवा धार्मिक व्यवस्था के सन्दर्भ में हुआ है वह किसी शास्ता अथवा किन्हीं देवदूतों के माध्यम से प्राप्त ईश्वरीय आदेश अथवा परामर्श से नहीं हुआ, बल्कि स्वतन्त्र मानवीय विवेक की सार्वभौमिक गवेषणाएँ हैं। इनका निर्धारण या तो संसार के वास्तविक स्वरूप और उसे धारण करने वाले नियमों (ऋत) या फिर मनुष्य की अन्तरात्मा, जहाँ प्राणिमात्र की आत्मौपम्यता का स्वाभाविक विवेक जागता है; को सन्दर्भ बनाकर किया गया है। वस्तुत: औचित्य अथवा श्रेय के निर्धारण के यही दो मौलिक प्रतिमान हैं। इसलिए भारतीय ज्ञान-परम्परा धार्मिक पोथियों में सदा-सर्वदा के लिए निबद्ध कोई अनुल्लंघ्य आदेश नहीं, बल्कि संसार की वास्तविकता और मनुष्य की अन्तरात्मा के बीच आदर्शतम ताल-मेल के साथ जीवन का सर्वोत्तम विनियोग है।

आत्म-प्रतिमा

जगत् के वास्तविक स्वरूप को ध्यान में रखकर जब किसी ज्ञान-परम्परा का अनुवाद जीवन-लोक में होता है तो प्रवृत्तिमूलक लोकसिद्धि उसका जीवनादर्श बनता है। उसी तरह अन्तरात्मा को संदर्श बनाकर जब ज्ञान-परम्परा जीवन-लोक में अनूदित होती है तो निवृत्तिमूलक स्वरूपसिद्धि उसका जीवनादर्श बनता है। भारतीय ज्ञान-परम्परा की आत्मप्रतिमा इन्हीं दोनों प्रकार के जीवनादर्शों के सहभाव से निर्मित हुई है। इसलिए इसके अन्तर्गत विकसित ज्ञान-विज्ञान की समस्त शाखाएँ लोकसिद्धि और स्वरूपसिद्धि के जीवनादर्श को ही अपने-अपने तरीकों से पुष्ट करती हैं। ऐसा माना जाता है कि भारतीय ज्ञान-परम्परा में लोकभावना, जगद्भावना की प्रवृत्तिमूलक प्रधानता आर्य परम्परा से आई है और लोकजीवन का अतिक्रमण करते हुए स्वरूपसिद्धि (मोक्ष) को ही श्रेय समझने का विचार द्राविड़ परम्परा की देन है। इतिहास के गर्भ में छिपी इस बात को लेकर कितना भी विवाद क्यों न हो, परन्तु इतना तो निर्विवाद है कि भारतीय ज्ञान-परम्परा की आत्मप्रतिमा लोकसिद्धि (धर्म) और स्वरूपसिद्धि (मोक्ष) के आदर्श से ही लक्षित होती है। इन दोनों जीवनादर्शों को भारतीय ज्ञान-परम्परा का मौलिक प्रतीक कहा जाना अधिक उचित है। दूसरे शब्दों में, अभ्युदयकारक धर्म और निःश्रेयसकारक मोक्ष से ही भारतीय ज्ञान-परम्परा की आत्मप्रतिमा मूलगामी रूप से परिभाषित होती है। इस परिभाषा में अभ्युदय का अर्थ लोकसिद्धि और निःश्रेयस का अर्थ स्वरूपसिद्धि है। महाभारतकार ने भी 'धर्मार्थकामोक्षाणाम् उपदेशसमन्वितम्...' कहते हुए भारतीय ज्ञान-परम्परा की इसी (प्रयोजनमूलकता टेलियोलॉजी) को संकेतित किया है। भारतीय ज्ञान-परम्परा की आत्मप्रतिमा के इन दोनों मूल प्रतीकों ने सम्पूर्ण भारतीय काव्यों, कलाओं, धर्म, दर्शन, इतिहास, साहित्य और पुराकथाओं के साथ-साथ वैयक्तिक एवं सामाजिक आचरण के विधानों को किस तरह प्रभावित और अनुप्राणित किया है, यह खुली आँख से देखने की चीज़ है। यहाँ तक कि कामशास्त्र भी इसका अपवाद नहीं रहा। इस प्रवृत्ति ने भारतीय सभ्यता और संस्कृति तथा उसकी धार्मिक चेतना को इतना समन्वयात्मक चरित्र और आत्मसीमन की क्षमता प्रदान किया है कि प्रश्न और प्रतिप्रश्न, पूर्वपक्ष और उत्तरपक्ष दोनों ही इसके अंगभूत हो जाते हैं। विरोधों और विचित्रताओं को आत्मसात् कर लेने की इसमें अद्भुत क्षमता विद्यमान है।

वाङ्मय संस्थान

भारतीय ज्ञान-परम्परा कोरी आस्थाओं की संहिता न होकर जीवन और जगत् के प्रति आत्मचेतस विवेक से उपजा हुआ एक औचित्यविधान है। इसके पार्श्व में जो आत्मचेतस विवेक की परम्परा रही है उसी की अभिव्यक्ति ऋषियों, मुनियों और व्यास परम्परा के माध्यम से श्रुति, स्मृति, शास्त्र, पुराण, दर्शन, नीति और महाकाव्यों के रूप में अवतरित हुई है। इन सब का सम्मिलित रूप ही भारतीय ज्ञान-परम्परा का लिपिबद्ध वैचारिक संस्थान है।

'श्रुति' का अर्थ वेद है जिसमें *ऋग्वेद, सामवेद, अथर्ववेद* और *यजुर्वेद* समाविष्ट हैं। भारतीय ज्ञान-परम्परा के आद्य स्रोत के रूप में वेदों को अपौरुषेय और पौरुषेय दोनों माना जाता है, लेकिन इससे उनकी सर्वोपरि प्रामाणिकता पर कोई आँच नहीं आती। यद्यपि वैदिक सूक्तों एवं मन्त्रों के उपस्थापक ऋषि ही होते हैं लेकिन उन्हें मन्त्रकर्त्ता नहीं अपितु मन्त्रद्रष्टा (ऋषयो मन्त्रद्रष्टार:) कहा गया है। प्रत्येक वेद की बहुत सी शाखाएँ हैं जिनमें कुछ प्राप्त हैं और शेष लुप्त हो गयी हैं। मुख्य रूप से वेदों के चार भाग होते हैं जिन्हें मन्त्र, ब्राह्मण, आरण्यक और उपनिषद् कहा जाता है। प्रमुख स्मृतियों की संख्या भी चार मानी जाती है। इन्हें मनुस्मृति, याज्ञवल्क्य स्मृति, शंख स्मृति और पाराशर स्मृति के नाम से जाना जाता है। शास्त्र छह हैं जो वास्तव में विशिष्ट विद्याएँ हैं। इन्हें शिक्षा, कल्प, निरुक्त, छन्द, व्याकरण और ज्योतिष के रूप में परिगणित किया गया है। इनको वेदांग भी कहा जाता है। देखने लायक़ बात यह है कि छह वेदांगों में चार (शिक्षा, व्याकरण, निरुक्त, छन्द) भाषा विषयक हैं। शिक्षा भाषा को उसके ध्वन्यात्मक रूप में विचारती है। निरुक्त उसे अर्थविज्ञान के परिवेश में देखता है। व्याकरण भाषा को संरचना के रूप में देखता है और छन्द उसे एक लय के रूप में देखता है। शेष दो शास्त्र कल्प और ज्योतिष क्रमश: धर्म विज्ञान और खगोल विज्ञान और गणित विद्या से जुड़े हैं। इसके अतिरिक्त वैदिक वाङ्मय में उपवेदों का भी उल्लेख आता है। वेदांगों का उल्लेख तो उत्तरवैदिक साहित्य में मिलता है, परन्तु उपवेदों की चर्चा बाद की घटना प्रतीत होती है। किन्तु इसका अर्थ यह भी नहीं कि जो विद्याएँ उपवेदों में निहित हैं वे वैदिक युग में नहीं थीं। आयुर्वेद, शिल्पशास्त्र, धनुर्वेद और दण्डनीति ये सभी विद्यायें अपनी परम्परा का मूल वैदिक ऋषियों से ही बताती है।

पुराण अठारह हैं जिनमें इतिहास, कथा, वंशावली और दृष्टान्तों-आख्यानों के माध्यम से वैदिक अन्तर्दृष्टियों का लोकजीवन में संस्थानीकरण किया गया है।

भारतीय ज्ञान-परम्परा के दार्शनिक पक्ष को प्रस्तुत करने वाले छह आस्तिक दर्शन हैं जिन्हें सांख्य, योग, न्याय, वैशेषिक, मीमांसा और वेदान्त के नाम से जाना जाता है। चार्वाक, बौद्ध और जैन दर्शन को नास्तिक कोटि में रखा गया है। वेद के प्रामाण्य को स्वीकार नहीं करने के कारण ही इन्हें नास्तिक कहा गया है (नास्तिको वेदनिन्दक:)। यद्यपि भारतीय दर्शनों का यह विभाजन पर्याप्त नहीं है। यदि इसे अद्यतन किया जाये तो दार्शनिक सम्प्रदायों को निम्न रूप में परिगणित किया जा सकती है– बौद्ध, मीमांसा, वेदान्त, सांख्य, वैशेषिक, न्याय, जैन, योग, व्याकरण दर्शन, चार्वाक, शैव सिद्धांत, काश्मीर शैव, अद्वैत वेदान्त, विशिष्टाद्वैत, वीर शैव, न्याय वैशेषिक, निम्बार्क वेदान्त, विशिष्टशैवाद्वैत, हठ योग, भक्ति दर्शन, वल्लभ वेदान्त, द्वैताद्वैत, योगवासिष्ठ, अचिंत्यभेदाभेद। सर्वदर्शनसंग्रहकार मध्वाचार्य ने भारतीय दार्शनिक सम्प्रदायों की संख्या बारह मानी है। भारतीय ज्ञान-परम्परा में इन सभी दर्शन-प्रस्थानों की बड़ी महिमा रही है और इनके साहित्य का भण्डार भी उतना ही विपुल है। वास्तव में देखा जाये तो भारत में 'दर्शन' की प्रस्थिति और भूमिका ज्ञान की अन्य विधाओं की तरह कोई एक विषयमूलक-ज्ञानव्यवस्था न होकर एक आत्मोन्मुख ज्ञान-व्यापार है जो ज्ञान की अन्तर्वस्तु की ही अनुवीक्षा या विमर्श करता है। यही कारण है कि 'दर्शन' मूलगामी रूप से विश्वदृष्टि के सैद्धान्तिक परिप्रेक्ष्यों के उद्घाटन में फलित होता है जो विभिन्न विद्यास्थानों के आदेशों, परामर्शों, निर्धारणों, व्यवहार के विधि-निषेधों, आदर्शों एवं मूल्यों को प्रामाणिकता के साथ-साथ औचित्य प्रदान करता है। अपनी इसी भूमिका में 'दर्शन' भारतीय ज्ञान-परम्परा के सभी विद्यास्थानों के पुरुषार्थों को एक विश्वदृष्टि में आदर्श नियामक समायोजन भी करता है। इसीलिए भारतीय परम्परा में 'दर्शन' को 'प्रदीप: सर्वविद्यानां' कहा गया है। नीति ग्रंथों में शुक्र नीति, विदुर नीति और कामंदक नीति का भारतीय ज्ञान-परम्परा में बड़ा आदर है।

अंत में महाकाव्यों की परम्परा में *रामायण, महाभारत, रामचरितमानस* और अश्वघोष रचित *बुद्धचरित* महत्त्वपूर्ण माने जाते हैं। ये महाकाव्य कथानक के माध्यम से एक सम्पूर्ण संसार और संसार में भारतीय जीवन-दृष्टि के आदर्श स्वरूप को चरितार्थ हुआ दिखाते हैं। वास्तव में इन महाकाव्यों को धर्ममय जीवन की गाथा कहना अधिक उचित है। यद्यपि इन चारों महाकाव्यों की मूल-दृष्टि के प्रस्थान-भेद की अनदेखी नहीं की जा सकती, फिर भी माना जाता है कि भारतीय ज्ञान-परम्परा का निचोड़ इन महाकाव्यों में मानव जीवन के समस्त अन्तर्द्वन्द्वों के साथ, उनका

समाधान करते हुए प्रस्तुत किया गया है। महाकाव्यों की परम्परा में संस्कृत परम्परा के पाँच महाकाव्यों को भी भारतीय ज्ञान-परम्परा को उत्तर-समृद्धि प्रदान करने वाला माना जाता है। ये हैं– कालिदास कृत *रघुवंशम्* और *कुमारसम्भवम्*, भारवि कृत *किरातार्जुनीयम्*, माघ कृत *शिशुपालवध* और श्रीहर्ष प्रणीत *नैषधचरित*। भारतीय ज्ञान-परम्परा के इस विशाल परिसर में जीवन और जगत् के परमार्थ से लेकर व्यवहार तक सभी प्रेरणाओं, अभीप्साओं और लोक जीवन के बहुविध रूपों का समावेश किया गया है। परा और अपरा विद्या के रूप में सम्भवत ज्ञान के समस्त अनुशासनों का विकास इसके अन्तर्गत न्यूनाधिक रूप में सम्भव हुआ है। इनमें विविधता बहुत है, पक्ष और विपक्षों की भरमार है, फिर भी सबके सब निगमागमों के ही अर्थ विस्तार हैं। *महाभारत* में भी कहा गया है– इतिहासपुराणाभ्यां वेदं समुपबृंहयेत्। किसी भी ज्ञान-परम्परा का वैचारिक संस्थान उसके अन्तर्गत विकसित जिन विद्यास्थानों के संकुल से बनता है, उनमें एक लक्ष्योन्मुखी एकवाक्यता आवश्यक होती है। ऐसा होने से ही सभ्यता और संस्कृति में उनका अधिकतम विनियोग हो पाता है। इसी प्रक्रिया में ज्ञान-परम्पराएँ सभ्यता और संस्कृति को सुगठित कर सौष्ठव प्रदान करती हैं। भारतीय ज्ञान-परम्परा के समस्त विद्यास्थानों की लक्ष्योन्मुखी एकवाक्यता ही उसके वैचारिक संस्थान की अत्युच्च विशेषता है। यह परम्परा कोई स्थावर हो गयी रूढ़ विचार-परम्परा न होकर बहुविध व्याख्या ग्रन्थों के माध्यम से उत्तरोत्तर अपना आलोचनात्मक परिष्कार और अपनी अर्थ-चेतना के विस्तार में सतत संलग्न जीवन्त विचार-परम्परा है।

व्याख्या-पद्धति

भारत में विभिन्न विद्या-स्थानों और बौद्धिक परम्पराओं का अस्तित्व आरम्भ से ही रहा है जो अपनी कुछ आधारभूत एवं मूलगामी मान्यताओं के साथ विकसित होती रही हैं। विकास की ऐसी बहुध्रुवीय गतिशीलता में भारतीय ज्ञान-परम्परा की विकासमानता ऊपर से प्रकट रूप में दिखाई नहीं पड़ती। इसी कारण कुछ लोग इसे स्थावर मान बैठते हैं। जबकि वास्तविकता यह है कि भारतीय ज्ञान-परम्परा में व्याख्याओं, पुनर्व्याख्याओं, यहाँ तक कि वैकल्पिक दृष्टियों के विकास की अन्तर्धारा अनवरत प्रवहमान रही है। द्रष्टव्य है कि भारतीय पुराकथा में 'ब्रह्मा' आदि देव के नाम से प्रसिद्ध हैं और उन्हें ही समस्त मुख्य शास्त्रों, विद्या-स्थानों का आद्य शास्ता कहा जाता है। शास्ता का अर्थ शासनकर्त्ता होता है। इसीलिए समस्त

विद्याओं के मूल ग्रंथ शास्त्र अथवा शासन कहे जाते हैं। ब्रह्मा के द्वारा उपदिष्ट शास्त्रों के अतिविस्तीर्ण होने के कारण इन्हें तन्त्र भी कहते हैं। उत्तरवर्ती ऋषि-मुनियों ने ब्रह्मोपदिष्ट शास्त्रों को ही संक्षिप्त और लोकोपयोगी बनाया है। भारतीय परम्परा में विविध शास्त्रों को विभिन्न ऋषियों द्वारा प्रोक्त कहे जाने के पीछे यही आशय रहा है। प्रोक्त का लक्षण है– यत्तेन प्रोक्तं न च तेन कृतम्। अर्थात्, अन्य द्वारा उपदिष्ट अथवा कृत का विशेष प्रवचन। ब्रह्मा द्वारा उपदिष्ट वाङ्मय शास्त्र, शासन और तन्त्र नाम से अभिहित होने के कारण ही बाद में ऋषि-मुनियों द्वारा प्रोक्त वाङ्मय को अनुशास्त्र, अनुशासन और अनुतन्त्र कहा गया है।

भारतीय ज्ञान-परम्परा में अनुशास्त्रों को सूत्र, वृत्ति, भाष्य, वार्तिक, टीका और प्रकरण आदि ग्रन्थों के माध्यम से विस्तार को बड़े ही रोचक ढंग से पराशरोपपुराण के अठारहवें अध्याय में निरूपित किया गया है। इसमें अल्पाक्षर और असंदिग्ध पदों से युक्त सारवत् और विश्वतोमुख ज्ञान-राशि को सूत्र कहा गया है, जिसमें पुनरावृत्ति और क्रमभंग की सम्भावना नहीं रहती है। वास्तव में सूत्र अपने मूल स्वरूप में ज्ञान के घनीभूत रूप को धारण करने वाली अत्यन्त संश्लिष्ट शब्द-राशि होते हैं। सूत्रों की संश्लिष्टता भाषाई संक्षेपीकरण ही नहीं होती, बल्कि वह किसी विचार को उसके मूल प्रत्यय में प्रत्याहृत भी करते हैं। व्याकरण परम्परा में संज्ञा, परिभाषा, विधि, नियम और अधिकार नामक सूत्रों के प्रकारभेद स्वीकार किये गये हैं। आयुर्वेद परम्परा के तहत डल्हण ने सूत्रों के गुरुसूत्र, एकीयसूत्र, प्रतिसंस्कृत सूत्र इत्यादि के रूप में प्रकार भेद बताए हैं। इसी तरह न्याय परम्परा में उद्देश, लक्षण और परीक्षा नामक भेदों में सूत्रों को परिगणित किया गया है। श्री लक्ष्मीपुरम श्रीनिवासाचार्य ने *श्रुतिप्रकाशिका* नामक ग्रन्थ को उद्धृत करते हुए उपदेशनात्मक, व्याख्यानात्मक और उपपादानात्मक नामक सूत्रों के तीन प्रकार बताए हैं। जब कोई शास्त्र परम्परा अपनी सम्पूर्ण वैचारिक योजना के साथ सूत्रसंहति में प्रस्तुत होती है तो वास्तव में वह विचार की अत्यन्त सघन संरचना होती है। इसलिए सूत्रों को बाद में उसके निहितार्थ को उद्घाटित करने के लिए व्याख्यायित करना पड़ता है। इसके लिए षट्तन्त्रीय और पंचसूत्रीय व्याख्या पद्धतियाँ भारतीय ज्ञान-परम्परा में प्रसिद्ध रही हैं। इन्हीं व्याख्या पद्धतियों का विनियोग करते हुए सूत्रों पर वृत्ति नामक ग्रन्थ के द्वारा सूत्र के तात्पर्य को विस्तार और संक्षेप दोनों से बचते हुए उसके यथातथ को प्रकाशित किया जाता है। सूत्रों पर भाष्य लिखने की बड़ी समृद्ध परम्परा भारतीय ज्ञान-परम्परा में रही है। सूत्रानुसारी वाक्यों द्वारा सूत्र के आशय को प्रकट करते

हुए अपने वाक्यों का तात्पर्य भी जहाँ कहा जाता है उसे भाष्य कहते हैं। भाष्य के पश्चात् वार्तिक ग्रन्थ के माध्यम से किसी अनुशास्त्र का लोकविस्तरण अपने परम आलोचनात्मक स्वरूप को प्राप्त करता है। वार्तिककार वृत्ति एवं भाष्य में उक्त, अनुक्त और दुरुक्त तीनों पक्षों की व्याख्या करते हुए शास्त्र के तात्पर्य को निरूपित करता है। भारतीय ज्ञान-परम्परा में अनुशास्त्रों का अवान्तर लोकविस्तरण संग्रह एवं अन्यान्य प्रकार की टीका एवं प्रकरण ग्रन्थों के माध्यम से होता रहा है। अत: यह कहना कोई अतिशयोक्ति नहीं कि भारतीय ज्ञान-परम्परा संग्रहालय में पड़ी कोई पुरानी वस्तु नहीं, बल्कि उत्तरोत्तर आलोचनात्मक होती हुई विचारों की एक जीवन्त परम्परा है जिसमें अतीत वर्तमान की प्रतीक व्यवस्था में अपने को समायोजित करता जाता है। इसीलिए भारतीय ज्ञान-परम्परा की इतिहास-दृष्टि इतिहास की आधुनिक अवधारणा से भिन्न रही है।

विद्या-स्थानों की लक्ष्योन्मुखी एकता

भारतीय ज्ञान-परम्परा में किसी भी विद्या का मूल्य स्वरूपत: उतना नहीं है, जितना ब्रह्मविद्या का अंश होने के नाते है। इसीलिए प्राचीन प्रधान विज्ञानों का नाम 'उपवेद' रखा गया, जिससे स्पष्ट होता है कि वेदमूलक होने से ही उनका मूल्य है, न कि स्वतन्त्र होने से। आयुर्वेद, धनुर्वेद, गन्धर्ववेद आदि को इसी कोटि में रखा जा सकता है। यही बात कलाओं के विषय में भी लागू होती है, क्योंकि कला प्रतीकों का आधार है एवं ध्यान आदि का आश्रय प्रतीक होता है। कलाओं के नियमादि भी अन्य विद्याओं के नियमों की तरह प्रकृति के आधारभूत धर्म के आभास हैं। इस प्रकार सनातनी विद्याओं-विज्ञानों के साथ सनातनी कलाएँ भी हैं। मध्यकालीन शिल्प-कला सनातनी कलाओं का एक अनुपम नमूना है। इसमें शिल्प-सम्बन्धी प्रत्येक विद्या या विज्ञान का स्पष्ट संकेत है।

प्राकृतिक विज्ञान, या फिर अपरा विद्याएँ अपने-अपने क्षेत्र में उपयोगी होने से अपने स्थान में स्थित रहती हैं। यह सुगमता से समझ में आ सकता है कि जो व्यक्ति ज्ञान की उच्च भूमिका पर पहुँच चुका है, उसके लिए निम्न श्रेणी के साधारण विज्ञानों का विशेष मूल्य नहीं रहता। यह भी कहा जा सकता है कि वास्तविक विद्या अर्थात् ब्रह्मविद्या के इच्छुक व्यक्ति के लिए विज्ञानों का मूल्य वहीं तक है, जहाँ तक उनका ब्रह्मविद्या से सम्बन्ध है। अर्थात् जब तक वे अपने-अपने क्षेत्र में तत्त्व-दृष्टि रखते हैं एवं जिज्ञासुओं के लिए ब्रह्मविद्या की प्राप्ति का मार्ग बन सकते हैं। इस प्रकार, परम्परागत विज्ञानों के दो परस्पर सहकारी कार्य हैं। प्रथम तो तत्त्व-विद्या के अंश एवं

विशेष अंग होने से संसार के समस्त क्षेत्रों की आधारभूत एकता इनके द्वारा प्रकट होती है। इनका दूसरा कार्य यह है कि विशेष व्यक्तियों के लिए उनकी मानसिक शक्ति एवं अधिकार, समय, स्थान आदि के अनुसार ये विज्ञान ब्रह्मविद्या की ओर ले जाने वाले मार्ग बन सकते हैं। वे ऐसी सीढ़ियों का काम देते हैं, जिनके द्वारा बुद्धि क्रमशः जड़ संसार को छोड़ कर ब्रह्मविद्या की ओर अग्रसर हो सकती है। इसलिए भारतीय ज्ञान-परम्परा में ज्ञान के समस्त अनुशासनों की प्रयोजनीयता ब्रह्मविद्या के अनुषंगी होने में है और ब्रह्मविद्या की फलश्रुति 'आत्मज्ञान' है। यही कारण है कि भारत में ज्ञानी होने का मतलब आत्मज्ञानी होना है।

जब विद्या के किसी रूप की स्थापना ऊपर से नीचे के क्रम में हुई हो, तब उसकी शिक्षा नीचे से ऊपर के क्रम में हो सकती है। इस प्रकार अनेक विद्याएँ एक तत्त्व के दर्शन में दृष्टान्त-रूप बन जाती हैं, जिनकी सहायता से विविध प्रकार की बुद्धियों का तत्त्वदर्शन करने में सुविधा हो। बहुविध प्रकृति के वश में रहते हुए मनुष्य की बुद्धि बहुत्व में लीन रहती है, इसलिए उसको एकत्व की ओर ले जाने के लिए बहुविध रूपों की सहायता लेनी पड़ती है। सर्वोच्च ज्ञान के मार्ग की प्रारम्भिक भूमिकाएँ अनेक प्रकार की हैं। परन्तु व्यक्ति लक्ष्य के जितना समीप पहुँचता है, विभिन्न मार्ग उतने ही अधिक एक-दूसरे में लीन होते जाते हैं। कुछ व्यक्ति ऐसे भी होते हैं, जिनमें भक्ति की सघनता होने के कारण ऐसे साधनों की आवश्यकता नहीं होती। उनको सीधे ही तत्त्वदर्शन का सौभाग्य मिल जाता है। परन्तु यह असाधारण बात है। साधारण व्यक्तियों को क्रमशः उन्नत अवस्था की ओर सोपान क्रम से चलना पड़ता है। इसीलिए आचार्यों ने भक्ति को परम 'विज्ञान' कहा है। वस्तुतः वस्तुओं की तात्त्विक एकता के कारण जड़ वस्तु भी तत्त्व की प्रतिमा एवं तत्त्वदर्शन का आधार बन सकती है। यही बात प्रत्येक विद्या या विज्ञान के बारे में सत्य है। ज्योतिष विद्या और गणित विद्या का इसी प्रकार का उपयोग अनेक सम्प्रदायों ने परम्परा में किया है। इसी से प्राचीन ज्योतिष और गणित की गरिमा और महत्ता को समझा जा सकता है।

समवेत विश्व-दृष्टि

भारतीय ज्ञान-परम्परा अपने स्वरूप में एक सावयवी विचार-परम्परा है। इसलिए भारतमूलक ज्ञान की विभिन्न विधाओं, शाखाओं और विद्यास्थानों को एकबारगी एक दूसरे से अलग करके नहीं देखा-समझा जा सकता। सभी शास्त्र और विद्याएँ एक समग्र विश्वदृष्टि की अनुशयी होकर ही भारतीय ज्ञान-परम्परा में अपनी-अपनी

भूमिका और प्रस्थिति में फलवती होती हैं। अतः भारतीय ज्ञान-परम्परा समवेत रूप में जिस विश्वदृष्टि के साथ फलित होती है उसे समझे बिना भारतीय ज्ञान-परम्परा के स्वरूप और उसकी विशेषता को नहीं समझा जा सकता। इस विश्वदृष्टि का एक आधारभूत मौलिक पहलू यह है कि समस्त सृष्टि ही अपने आप में एक समग्र नैतिक-व्यवस्था है। सम्पूर्ण प्रकृति की गतिशीलता कोई अस्त-व्यस्त और बेमेल स्वच्छंदता नहीं बल्कि उसमें एक लय और छंदबद्धता है। ऋत, सत्य और यज्ञ की वैदिक अवधारणा के मूल में यही दृष्टि रही है। ऋत ही विश्व-व्यवस्था का नियामक और धारक है। जड़, चेतन, स्थावर, जंगम, उद्भिज्ज, सूर्य, चन्द्रमा, ग्रह, नक्षत्र, देवता और तीनों भुवन, यहाँ तक कि ऋतुएँ भी ऋत से ही अधिशासित होकर अपनी-अपनी प्रस्थिति और भूमिका में नियोजित हैं। धर्म के विधि-निषेध और नैतिक विधान भी ऋत की सामाजिक स्तर पर अभिव्यक्तियाँ है। भारतीय ज्ञान-परम्परा में मनुष्य के आचार और व्यवहार, सामाजिक सम्बन्ध और कर्तव्य न तो उसकी निरंकुश इच्छा पर निर्भर है, न ही कार्यकारणात्मक प्रवृत्तियों से उद्भूत हैं और न वे ऐतिहासिक संयोग से उत्पन्न हैं। आचार और व्यवहार के आदर्श प्रतिमान अन्ततः ऋत में ही निहित हैं जो मनुष्य के हृदय में प्रकाशित और शिष्ट परम्परा से सुनिश्चित होते हैं। इसीलिए 'ऋतम्भरा प्रज्ञा' अर्थात् ऋत को धारण करने वाली, उसके साथ प्रेरणा देने वाली प्रज्ञा को मानव-बुद्धि का आदर्श माना गया है (धियो यो नः प्रचोदयात्)। *ऋग्वेद* के सर्वाधिक निगूढ़ मन्त्र 'गायत्री' का निहितार्थ भी यही है कि मनुष्य की बुद्धि ऋतानुगामी हो, ऋत और मानवीय बुद्धि में प्रेरक-प्रेर्य भाव हो। इसी विश्वदृष्टि को ध्यान में रखते हुए आर्ष संस्कृति का जीवनादर्श 'देवो भूत्वा देवं यजेत' के रूप में निरूपित हुआ है। मनुष्य द्वारा देवयजन का उद्देश्य देव बनना है, क्योंकि देवता ऋत का उल्लंघन नहीं करते, जबकि साधारण चेतना के धरातल पर मनुष्य ऋत का उल्लंघन भी करता है। अनेकों वैदिक ऋचाओं में ऋत के उल्लंघन से उत्पन्न पाप के लिए मनुष्य को वरुण देव से क्षमा-याचना करते हुए देखा जा सकता है।

भारतीय ज्ञान-परम्परा की विश्वदृष्टि में मनुष्य को सृष्टि का स्वामी नहीं अपितु न्यासी माना जाता। मनुष्य भी चराचर में तमाम जीवित प्राणियों के बीच महज एक प्राणी ही है। इसलिए यह अतिशय मानव-केन्द्रित (एन्थ्रोपोसेन्ट्रिक) नहीं अपितु चराचर-केन्द्रित विश्वदृष्टि है। इस विश्वदृष्टि में मनुष्य की अवधारणा 'प्रकृतिजयी' रूप में अवधारित न होकर 'आत्मजयी' रूप में साकार हुई है। इसके विपरीत यूरोपीय विश्वदृष्टि में *बाइबिल* (गॉड हैज़ क्रियेटिड मैन इन इट्स मिनी इमेज टू रूल ओवर अर्थ ...) से लेकर विज्ञान (प्रकृतिजयी मनुष्य) तक मनुष्य के स्वामिवादी

वर्चस्व को बनाए रखा गया है। यही वह अन्तर है जिसके चलते इतिहास की भारतीय दृष्टि मानव और मानवीय अतीत की अवधारणा के घेरे में बँधी नहीं रह जाती, बल्कि समस्त चराचर से जुड़ जाती है। आश्चर्य है कि यूरोप द्वारा विकसित विज्ञान जो माइण्ड एण्ड मैटर एवं मनुष्य और प्रकृति के अन्तहीन द्वैत पर आधारित है और यूरोप जिसे अपने गौरव की ललामभूत उपलब्धि मानता है, वह आज तक इस विशाल, जीवन्त और रहस्यपूर्ण मानवेतर संसार से 'आत्मीय सम्प्रेषण' की भाषा खोजने में विफल रहा है। वस्तुत: मानवीय संसार का मानवेतर संसार से अलगाव-दुराव यूरोपीय सभ्यता का सबसे त्रासद आयाम रहा है, जिसने गोएथे को यह कहने के लिए विवश किया कि हर अलगाव-दुराव में विक्षिप्तता के बीज होते हैं और हमें यह ध्यान रखना चाहिए कि उन्हें पनपने न दिया जाये। इस अलगाव-दुराव से यूरोपीय आत्मा की लहू-लुहान विक्षिप्तता ही होल्डरीन और रिल्के के काव्य और कलाकृतियों में दिखाई पड़ती है।

इसके विपरीत भारतीय जीवन-दृष्टि को इस अलगाव-दुराव का सामना इसलिए नहीं करना पड़ा कि उसने मानवेतर संसार से अपने सम्बन्धों को कभी त्यागा नहीं। सचमुच उस जीवन-दृष्टि के लिए इस अलगाव-दुराव पर विश्वास करना ही मुश्किल है जिसमें जीवन के एक रूप से दूसरे रूप के बीच पुनर्जन्मों और कायान्तरों की एक अटूट शृंखला है और जहाँ हर जीव के भीतर दूसरे के रहस्योद्घाटन की कुंजी छिपी हुई है। भारतीय दर्शन, धर्म और नीति इत्यादि द्वारा मनुष्य और प्रकृति, मानवीय और मानवेतर संसार के बीच के सम्बन्धों के रहस्यों को खोलने के बहुविध प्रयास किये गये हैं। 'देवो भूत्वा देवं यजेत्' से लेकर 'आत्मवत् सर्वभूतेषु' के आदर्श में यही भाव गहरे में प्रतिध्वनित होता है। प्रत्येक भारतीय के लिए अपने जीवन में तीन ऋणों (पितृ-ऋण, ऋषि-ऋण और देव-ऋण) को चुकाना और प्रतिदिन पंच महायज्ञों (भूतयज्ञ, नृयज्ञ, पितृयज्ञ, देवयज्ञ और ब्रह्मयज्ञ) की सम्पादन व्यवस्था मानवीय और मानवेतर संसार के बीच आत्मीय सम्बन्ध बनाए रखने की ही व्यवस्था है। इस भारतीय दृष्टि का निचोड़ प्रस्तुत करते हुए उचित ही कहा गया है कि 'प्रकृति रहस्यपूर्ण है, जैसा कि हर अन्य सत्ता होती है, लेकिन उससे आतंकित होने का कोई कारण नहीं, क्योंकि वह मनुष्य का एक अंश भी है– मानवीय प्रकृति, उसका स्व-स्वभाव।' वास्तव में यूरोप ने सर्वप्रथम प्रकृति को ही 'अन्य' के रूप में देखा और इसी कारण वहाँ एक ऐसे विज्ञान का विकास हुआ जिसका लक्ष्य प्रकृति को समझना नहीं, बल्कि प्रकृति को इस तरह समझना है ताकि उसे मनुष्य की देह-वासना के हित में बदला जा सके। अन्यथा प्रकृति की आत्मीय समझ के आधार पर

किसी भिन्न प्रकार के विज्ञान की भी कल्पना की जा सकती है। ऐतरेय उपनिषद् में मनुष्य और प्रकृति, बाह्य और आन्तर की स्वभावगत एकता को ही तो यह कहते हुए प्रतिध्वनित किया गया है कि–

अग्निर्वाग् भूत्वा मुखं प्राविशत्। वायुः प्राणो भूत्वा नासिके प्राविशत्। आदित्यश्चक्षुषी भूत्वाक्षिणी प्रविशत्। दिशः श्रोत्रं भूत्वा कर्णौ प्राविशत्। औषधिर्वनस्पतयो भूत्वा त्वचं प्राविशन्। चन्द्रमा मनो भूत्वा हृदयं प्राविशत्। मृत्युरपानो भूत्वा नाभिं प्राविशत्। आपो रेतो भूत्वा शिश्नं प्राविशत्।

भागवत पुराण में भी इस चराचर सृष्टि के अविरोध को उद्घाटित करते हुए कहा गया है– अहस्तानि सहस्तानां अपदानि चतुष्पदाम्। फल्गूनि तत्र महतां, जीवो जीवस्य जीवनम्॥

लेवी स्त्रॉत ने भारतीय परम्परा के ऐसे ही मिथकीय स्रोतों को पूर्वी संस्कृतियों के सम्पर्क-सूत्र (एंकर पाइंट्स ऑफ़ ईस्टर्न कल्चर) कहा है। यह पश्चिमी मन का अहंकार या दम्भ ही है कि वह पौरस्त्य अनुभव के सहयोग से अपने परिष्कार के लिए कभी तैयार नहीं होता। स्वामी विवेकानन्द ने भारतीय और यूरोपीय सभ्यता की तुलना करते हुए उचित ही कहा है कि एशिया की सम्पूर्ण सभ्यता का विकास प्रथमतः बड़ी नदियों के समीप के मैदानों और उपजाऊ भूमियों में– गंगा, यांगसी कियांग और यूफ्रेटिज नदियों के कछारों में हुआ। इन सभ्यताओं का मूल आधार कृषिकर्म ही है, और इन सब में दैवी प्रकृति की प्रधानता है। दूसरी ओर, अधिकांश यूरोपीय सभ्यता का उद्भव पर्वत-प्रदेशों या समुद्र-तटों में हुआ– जल और स्थल में लूटमार ही इस सभ्यता का आधार रहा है, उसमें आसुरी प्रकृति की प्रधानता है। अतएव यूरोपीय सभ्यता की तुलना उस वस्त्रखण्ड से की जा सकती है, जो इन उपादानों से बना है– उसे बुनने का 'करघा' समुद्रतट का विस्तृत समशीतोष्ण पहाड़ी प्रदेश है; उसकी 'रुई' विभिन्न जातियों की वर्णसंकरता से उत्पन्न प्रबल युद्धप्रिय जाति है; उसका 'ताना' अपने शरीर और अपने धर्म की रक्षा के लिए लड़ा जाने वाला युद्ध है ... और उसका 'बाना' वाणिज्य है। उस सभ्यता का साधन तलवार है; उसके सहायक साहस और शक्ति हैं और उसके उद्देश्य ऐहिक और पारलौकिक सुखोपभोग हैं। इसके विपरीत आर्य-सभ्यता रूपी वस्त्र का 'करघा' विस्तृत गरम, समधरातल प्रदेश है, जिसमें स्थान-स्थान पर चौड़ी, जहाज चलने लायक नदियाँ प्रवाहित हो रही हैं। इस वस्त्र की 'रुई' है अतिसभ्य, अर्द्धसभ्य और जंगली जातियाँ, जिनमें अधिकांश आर्य हैं। उसका 'ताना' है वर्णाश्रम-धर्म और उसका 'बाना' है

प्रकृतिगत कलह और प्रतियोगिता पर विजय-प्राप्ति। यूरोप के निवासियों का उद्‌देश्य है अपने जीने के लिए अन्य सबका अन्त कर देना, और आर्यों का उद्‌देश्य है सभी को ऊपर उठाकर अपने समकक्ष बनाना। यही नहीं; बल्कि अपने से भी ऊँचे स्तर पर पहुँचाना।

उपसंहार

इस प्रकार भारतीय ज्ञान-परम्परा और उसकी समवेत विश्वदृष्टि की रूपरेखा का उपसंहार करते हुए कहा जा सकता है कि भारतीय ज्ञान-परम्परा का विनियोग एक ऐसी सभ्यता और संस्कृति में हुआ है जिसके लिए उन सभी मानव प्रवृत्तियों (ईर्ष्या, द्वेष, काम, क्रोध, लोभ, मान, मोह और मद-मत्सरादि) से भी मुक्ति वांछित है जिन्हें आधुनिक सभ्यता और सामजिक डार्विनवाद न्यूनाधिक रूप से मानव-स्वभाव अथवा मनुष्य का सत्य समझती है। आधुनिक सभ्यता जो आज विश्वसभ्यता का रूप धारण करती जा रही है वह मानव-सत्य के ऐसे ही दृष्टिकोण पर टिकी हुई दुनिया की तमाम सभ्यताओं में अग्रगण्य है तथा भारतीय सभ्यता और संस्कृति आज इसी 'ऐन्द्रिक सभ्यता' की ज्ञानमीमांसा को अपने ऊपर उत्तरोत्तर आरोपित करती जा रही है। इसके बावजूद भी भारतीय ज्ञान-परम्परा की दीप्ति अभी भी पूरी तरह समाप्त नहीं हुई है और भारतीय संस्कृति की मूल्य चेतना से उसकी संलग्नता अभी भी प्राणवंत है। ऐसा भी नहीं कि इसके अभिव्यक्ति पक्ष में समय-समय पर विकार उत्पन्न न हुए हों, जैसा किसी भी ज्ञान-परम्परा के गतिशील जीवन में स्वाभाविक ही होता है। परन्तु भारतीय ज्ञान-परम्परा में अपने विकारों के परिमार्जन की आत्मचेतना सदैव प्रज्ज्वलित रही है। अपने अभिव्यक्ति पक्ष में आक्षिप्त हुए विकारों को अपना स्वरूप समझने की भूल भारतीय ज्ञान-परम्परा ने कभी नहीं की है। मूलगामी रूप से भारतीय ज्ञान-परम्परा का जिस सभ्यता और संस्कृति में विनियोग हुआ है और जिसे हम भारतीय सभ्यता और संस्कृति कहते हैं उसका भौगोलिक परिक्षेत्र भोग-भूमि नहीं अपितु योग-भूमि है। वह सभ्यता ज्ञानकेन्द्रित है, संस्कृति मूल्याधारित है, समाज धर्म केन्द्रित/कर्त्तव्य केन्द्रित है और वह समवेत रूप से चैतन्य की एकात्मता से आपूरित है।

—अम्बिकादत्त शर्मा

शारदीय नवरात्र, 15 अक्टूबर 2023, सागर

भूमिका

भारतीय परम्परा की जब चर्चा होती है तो उसका सम्बन्ध भूतकाल या अतीत से मान लिया जाता है। भूतकाल से सम्बन्धित किये जाते ही यह सामान्य धारणा बनने लगती है कि वर्तमान में उसकी व्याप्ति नहीं है, अथवा उसका समसामयिक उपयोग नहीं है। इसका तात्पर्य यह भी लिया जाने लगता है कि इस ज्ञान परम्परा का कोई भविष्य भी नहीं है। स्मरणीय है कि भारतीय विचार प्रणाली में 'परम्परा' भूतकाल में घटित हो चुकी कोई बनी बनायी वस्तु नहीं है जिसकी चर्चा अतीतपूजा कही जा सके। वह तो एक प्रक्रिया है जिसमें बनने और मिटने की घटनाएँ सतत चलती रहती हैं।[1] यह कोई ऐसी 'सिद्ध' वस्तु नहीं है जिसमें परिहार या ग्रहण की गुंजाइश ही हो। यह एक 'साध्य' परिघटना है जिसका स्वरूप है– निरन्तर परिवर्धन और उन्नततर ज्ञान का समावेशीकरण। परम्परा में अंशतः स्वीकार और अंशतः परिहार का विवेक हमेशा जागृत रहता है। परम्परा के तात्पर्य के विषय में यह भ्रान्ति सम्भवतः उसे 'ट्रैडिशन' शब्द के समानान्तर अनुवाद के रूप में ग्रहण करने के फलस्वरूप हुआ है। 'ट्रैडिशन' शब्द का भाव वह नहीं है जो परम्परा द्वारा व्यक्त होता है। 'ट्रैडिशन का अर्थ है 'ज्यों का त्यों हस्तान्तरण' जबकि परम्परा का अर्थ है 'उत्तरवर्ती का उत्तरवर्ती', 'आगे के आगे', या 'श्रेष्ठ से श्रेष्ठ'। इसलिए परम्परा में पूर्ववर्ती का समावेश तो है, पर उससे आगे जाने की बात भी है, पूर्ववर्ती का केवल सातत्य है; उसका आधिपत्य नहीं है। उसमें पूर्ववर्ती की परीक्षा भी सम्मिलित है'।[2]

---

1. विद्यानिवास मिश्र, गिरीश्वर मिश्र (सं.) (2019), *भारत की पहचान*, राष्ट्रीय पुस्तक न्यास, नयी दिल्ली : 63।

2. आधुनिक विमर्शों में संस्कृत शब्दों के अपूर्ण अंग्रेज़ी अनुवादों के कारण भ्रम की बहुत सी स्थितियाँ बनी हैं। पाश्चात्य भावभूमि में विकसित हुए शब्दों से होने वाले अनुवाद प्रायः भारतीय संप्रत्ययों को पूरी तरह से व्यक्त नहीं कर पाते। कई बार तो वे उल्टा अर्थ ही दे देते हैं। जैसे-जैसे भारतीयों का अंग्रेज़ी पर आश्रय बढ़ता जा रहा है वैसे-वैसे उनकी संस्कृति की समझ और अधिक भ्रान्त होती जा रही है। इस प्रकार के और उदाहरणों के संग्रह

इसलिए यह समझना ज़रूरी है कि परम्परा शब्द अपने मूल अर्थ में न तो अतीत तक सीमित है और न ही उसकी पूजा-अर्चना मात्र है।

भारतीय चिन्तन में परम्परा तथा आधुनिकता के बोध में इस प्रकार का कालबद्ध भेद नहीं किया जाता कि उसके एक हिस्से का सम्बन्ध भूतकाल से हो जाये और दूसरे का वर्तमान काल से। यही कारण है कि भारत में अतीत तथा वर्तमान में पारस्परिक द्वेष भी नहीं दिखता। यह तो आयातित और आरोपित औपनिवेशिक संस्कार है जिसके कारण आज हम प्राचीन तथा नवीन को एक दूसरे का विरोधी या प्रतिद्वन्द्वी समझने लगे हैं। भारतीय समझ ऐसी नहीं रही है। इसके अकाट्य प्रमाण हैं प्रभूत मात्रा में उपलब्ध भारतीय वाङ्मय और उसमें प्राप्त परम्परा के प्रति दृष्टि। भारतीय वाङ्मय का ध्यान से अवलोकन करने पर हमें ऐसी बहुत सी अभिव्यक्तियाँ मिल जाती हैं जिनमें प्राचीन तथा नवीन इन दोनों पदों का प्रयोग एक साथ एक ही वस्तु के लिए किया गया है।[3] 'पुराना' शब्द जिस मूल 'पुराण' शब्द से बना है, वह अतीत की ऐसी वस्तु है जो वर्तमान में भी नवीन होती रहे।[4] भारत की चेतना को अतीत तथा वर्तमान की स्थिर कोटियों में इस प्रकार द्विखण्डित करके देखना भारत में यूरोप के उपनिवेशवाद का सुविचारित लक्ष्य रहा है।[5] नियतिवश यह लक्ष्य फलीभूत हुआ। यह वस्तुतः भारत को सुदीर्घकाल तक राजनीतिक रूप से और फिर हमेशा के लिए मानसिक तौर से ग़ुलाम बनाये रखने का सुनियोजित षड्यन्त्र था। 'भारत में यूरोप का उपनिवेशवाद सिर्फ़ भौगोलिक सीमाओं तक ही सीमित नहीं था, बल्कि उसकी जड़ें गहराई तक जाती हैं। इसने भारत के कालबोध को भी अपना

के लिए देखें, सत्यनारायणदास बाबाजी और राजीव मलहोत्रा (2020), *संस्कृत नॉन-ट्रांसलेटेबिल्स : द इम्पोर्टेंस ऑफ़ संस्कृताइज़िंग इंग्लिश,* एमेरिलिस।

3. उदाहरण के लिए *ऋग्वेद* (3.61.1) में उषा के लिए एक ही साथ 'पुराणी' तथा 'युवति' दोनों शब्द आये हैं– पुराणी देवि युवतिः पुरन्धिः। *अथर्ववेद* (18.08.23) में इस सम्प्रत्यय को 'सनातन' शब्द से कहा गया है तथा उसकी पुनर्नवीनता उपर्युक्त शब्दों में कही गयी है– सनातनमेनमाहुरुताद्यः स्यात् पुनर्णवः। अहोरात्रे प्रजायेते अन्यो अन्यस्य रूपयोः॥ इसी प्रकार सरस्वती के लिए *सिद्धसरस्वतीस्तोत्र* में नूतन और पुराण दोनों शब्द एक साथ आये हैं–नित्येऽनित्ये निमित्ते मुनिगणनमिते नूतने वै पुराणे।

4. पुराणं कस्मात्? पुरा अपि नवं भवति। (*निरुक्त* 3.4.19)

5. यह विखण्डन स्वतन्त्र भारत में उपनिवेशवाद द्वारा प्रेरित समाज विज्ञान के अध्ययन-अध्यापन में भरपूर दिखाई पड़ता है। मणीन्द्र नाथ ठाकुर के अनुसार– 'आधुनिक समाज-अध्ययन ने इन (देशज) परम्पराओं को पूरी तरह से ख़ारिज कर दिया है। ... इस नयी परम्परा ने भारत के वर्तमान से भूत का पूरा सम्बन्ध विच्छेद कर दिया। सम्बन्ध विच्छेद की पीड़ा ज्ञान की लगभग हर विधा में आपको देखने को मिल जायेगी।' देखें इनकी रचना, *ज्ञान की राजनीति : समाज-अध्ययन और भारतीय चिन्तन,* सेतु प्रकाशन, नयी दिल्ली : x

बन्धक बनाने की चेष्टा की। उपनिवेशकों ने भारत के वर्तमान को उसके अतीत के विखण्डन के रूप में रखा। उनके अनुसार और अतीत भले ही गौरवपूर्ण रहा हो, अब उसे मृत और बीत चुकी चीज़ मान लिया गया जो व्यर्थ या अनुपादेय थी।[6]' उपनिवेश करने वालों ने भारत को अतीत तथा वर्तमान में इसलिए विभाजित करना चाहा ताकि उसकी आत्मा खंडित हो जाये। भारत के आत्मविभाजन के बिना वे वैसे ही सफल नहीं हो सकते थे, जैसे उनके पहले आये शक, हूण, यवन और मुग़ल सफल नहीं हो सके थे।[7] इस कारण उपनिवेशीकरण अंग्रेज़ों के जाने के साथ समाप्त हो गया हो ऐसा नहीं है। भारत में उपनिवेशीकरण के अनिवार्य दुष्प्रभाव के रूप में यूरोपीकरण की प्रक्रिया राजनैतिक स्वतन्त्रता मिलने के बाद से कदाचित् और अधिक तीव्रता से जारी रही है। पिछले दशकों में यह प्रयास और तीव्र हो गया है जब भारतविद्या के पश्चिमी शोधकर्ताओं द्वारा भारतीय ज्ञान-परम्परा को नये सिरे से अतीत-वर्तमान में बांटकर भारतीय अतीत की अपेक्षा वर्तमान को पिछले कई सौ वर्षों से अनुत्पादक और क्षीण सिद्ध करने चेष्टा की गयी।[8] वस्तुतः, यह एक प्रकार का बौद्धिक षड्यन्त्र है जो पाश्चात्त्य अध्येताओं की पिछली पीढ़ियों के द्वारा रोपी गयी रीति का उनकी नयी पौध के द्वारा नये सिरे से किया जा रहा निर्वाह है। इस षड्यन्त्र के तहत पिछली शताब्दियों में विकसित तथा प्रसृत भारतीय ज्ञान-परम्परा की तथा इसके सबसे प्रखर प्रवक्ता के रूप में विद्यमान पाण्डित्य परम्परा की जान बूझ कर, न केवल उपेक्षा की गयी बल्कि उसे हीन कोटि का अज्ञान सिद्ध किया गया। ऐसा कभी तो भारतीय परम्परा की वर्तमान उपलब्धियों के विषय में चुप रह कर किया गया, तो कभी उसे कमतर आँक करके किया गया और ज़्यादातर उसकी भ्रामक कुप्रस्तुति करके। वास्तविकता यह है कि यदि इस कालखण्ड का ठीक से अध्ययन किया जाये तो यह बात स्पष्ट हो सकेगी कि ये शताब्दियाँ भारतीय ज्ञान-

6. निर्मल वर्मा (1981), *भारत और यूरोप : प्रतिश्रुति के क्षेत्र*, राजकमल प्रकाशन, नई दिल्ली : 35.

7. अम्बिका दत्त शर्मा (2018), 'भारतीय मानस का वि-औपनिवेशीकरण', *प्रतिमान समय समाज संस्कृति*, जुलाई दिसम्बर : 53-68.

8. उदाहरण के लिए अमेरिकन ओरिएंटलिज़्म के माध्यम से पिछले दशकों में किया जाने वाला अपप्रचार। उदाहरणार्थ, शेल्डन पोलोक की मान्यता– शेल्डन पोलोक के अनुसार, 'हालाँकि, यूरोपीय शक्ति के प्रसार के साथ, यह गतिशीलता इतनी कम हो गई कि 1800 तक, संस्कृत विचार प्रणाली में इतिहास बनाने की क्षमता गायब हो गई।' देखें, शेल्डन पोलोक (2001), 'द डेथ ऑफ़ संस्कृत', *कॉम्परेटिव स्टडीज़ इन सोसाइटी ऐंड हिस्ट्री*, खण्ड 43, अंक 2 : 394.

परम्परा के नवोन्मेष और पल्लवन का काल रही हैं।[9]

परम्परा के अतीत तथा वर्तमान ये दोनों छोर भारत में किस प्रकार एकमेक होते हैं, इसके बहुत सारे उदाहरण देखे जा सकते हैं। इस विशिष्ट परिघटना को हम भारत की चिरन्तन भाषिक चर्या के माध्यम से समझ सकते हैं। शताब्दियों तक इस भारतीय ज्ञान-परम्परा का विकास तथा पोषण अनेक भाषाओं के माध्यम से होता आ रहा है। ये भाषाएँ हैं– वैदिक संस्कृत, लौकिक संस्कृत, पालि, प्राकृत, अपभ्रंश तथा आधुनिक भारतीय भाषाएँ। भिन्न-भिन्न कालखण्डों और भौगोलिक तथा पारिस्थितिक क्षेत्रों की आवश्यकताओं के अनुसार इन भाषाओं की महत्ता और उनका प्रचलन अवश्य रहा, लेकिन सभी भाषाओं के माध्यम से भारतीय ज्ञान-परम्परा तथा समान सांस्कृतिक भावधारा का संवहन और पोषण होता रहा है। किसी एक भाषा के नेपथ्य में जाने से ऐसा नहीं हुआ कि उसमें निहित चिन्तन और ज्ञान की सारी सामग्री ही नष्ट हो जाये। बल्कि वही भावधारा उस समय प्रयुक्त विविध भाषाओं में मूल या रूपान्तर के साथ प्रवाहित होती रही है। यदि संस्कृत भाषा का उदाहरण लें तो स्पष्ट होगा कि उसकी भाषिक तथा साहित्यिक समृद्धि का कारण यह रहा कि वह सदैव क्षेत्रीय भाषाओं तथा साहित्य से पर्याप्त सामग्री लेती हुई विकसित होती रही है। इसी तरह अर्वाचीन काल में विभिन्न क्षेत्रीय भाषाएँ संस्कृत का सम्बल लेकर आगे बढ़ी हैं। इसलिए सरलीकरण करते हुए किसी एक भाषा के नेपथ्य में जाने का तात्पर्य ज्ञान परम्परा के समापन से नहीं लगाना चाहिए।

भारत में 'संस्कृत कल्चर' के नष्ट होने की जो बात कुछ पाश्चात्त्य अध्येताओं द्वारा कही जाती है[10] उसके दुराग्रहपूर्ण निहितार्थों और ग़ैर अकादमिक प्रयोजनों को समझना आवश्यक है। ध्यातव्य है कि 'संस्कृत कल्चर' भारतीय ज्ञान-परम्परा के अतिरिक्त और कुछ नहीं है। संस्कृत में कुछ नया नहीं हो पाने की बात कहते हुए वे वस्तुत: भारतीय ज्ञान-परम्परा को अनुत्पादक और कालबाह्य सिद्ध करना चाहते हैं। यह ध्यान रखना चाहिए कि भारतीय ज्ञान-परम्परा अपने आपको हमेशा से संस्कृत के साथ बहुत सारी स्थानीय भाषाओं में व्यक्त करती रही है। इस प्रकार

---

9. 'उन्नीसवीं सदी भारतीय इतिहास का अनोखा समय है। सामाजिक राजनीतिक, धार्मिक, आध्यात्मिक और साहित्यिक क्षेत्रों में जितने बड़े व्यक्तित्व इस सदी में जन्मे, उतने हमारे इतिहास के शायद ही किसी और दौर में जन्मे हों। संस्कृत की पाण्डित्य परम्परा पर यह बात विशेष रूप से लागू होती है ...' राधावल्लभ त्रिपाठी (2020), 'तारानाथ तर्कवाचस्पति का जीवन चरित्र', *मधुमती,* जून : 107

10. उदाहरण के लिए देखें, शेल्डन पोलोक (2001), पूर्वोद्धृत : 392-426

भारत जैसे बहुभाषी देश में संस्कृत भाषा, ज्ञान परम्परा को व्यक्त करने वाली अनेक भाषाओं में से एक भाषा के रूप में रही है। संस्कृत का आभासी ह्रास (जो पूर्वाग्रहग्रस्त दूषित दृष्टि से प्रेरित मत है) किसी भी प्रकार भारतीय ज्ञान-परम्परा (संस्कृत कल्चर) के नाश का पर्याय नहीं कहा जा सकता है। किसी युग विशेष में किसी भाषा विशेष का अधिक (या कम) प्रचलन तात्कालिक राजनीतिक अथवा सामाजिक कारणों या दबावों के नाते होता है। वर्तमान परिदृश्य में संस्कृत पहले की तरह चाहे विद्यमान न हो किन्तु, जिस तरह वह पूर्वकाल में भारतीय ज्ञान-परम्परा को क्षेत्रीय भाषाओं में संक्रमित करके उनके माध्यम से और अधिक ऊर्जस्वी रूप में प्रवाहित होती रही है, अब भी वह यही कार्य कर रही है (दे. परिच्छेद 3)। जिस तरह अतीत में क्षेत्रीय भाषाओं ने संस्कृत से सामग्री लेकर अपने को सबल बनाया था उसी तरह अर्वाचीन युग में देशभाषाओं की बहुत सी सामग्री संस्कृत में रूपान्तरित हुई है। अर्वाचीन युग में संस्कृत विषयक जितने कार्य संस्कृत में हुए उससे कहीं अधिक क्षेत्रीय भाषाओं में हुए हैं। आज देशभाषाएँ मिलकर संस्कृत का संरक्षण और पोषण कर रही हैं। देश में संस्कृत की संस्कृति तो सर्वथा उपस्थित है, चाहे उसकी उपस्थिति का प्रतिनिधि माध्यम संस्कृत भाषा न भी हो।

उल्लेखनीय है कि संस्कृत जब भारतीय ज्ञान-परम्परा की प्रमुख भाषा थी उस समय भी वह विभिन्न देशज भाषाओं की सामग्री को आगे ले आने के लिए साधन जैसी भाषा थी। देशभाषाओं को स्वर देने का काम संस्कृत के माध्यम से वैसे ही होता था जैसे कि आज संस्कृत के पारम्परिक ग्रन्थों की सामग्री और कथ्य का प्रवचन, अध्यापन तथा व्याख्यान आज अनेक क्षेत्रीय भाषाओं के माध्यम से होता है। इस प्रकार भारत के भाषिक इतिहास में संस्कृत तथा क्षेत्रीय भाषाओं के बीच पारस्परिक सामञ्जस्य सदैव रहा है। दोनों प्रकार की भाषिक प्रवृत्तियों के सहभाव ने भारतीय ज्ञान-परम्परा को शिखर पर पहुँचाया है। वस्तुत: भारतीय ज्ञान-परम्परा विविध भाषाओं को अपना माध्यम बना कर संवर्धित होती रही है। भारत में हमेशा से रहे इस भाषिक सातत्य तथा उसके द्वारा सम्भव हुए। सांस्कृतिक सातत्य की उपस्थिति को समझना बहुत आवश्यक है। भाषाओं की इस विशिष्ट सन्धि, रिक्थ के हस्तान्तरण तथा पारस्परिक पोषण द्वारा भारतीय ज्ञान-परम्परा को सरलता से समझा जा सकता है। भाषिक चर्या के अतिरिक्त विविध कलाओं, शास्त्रीय सिद्धान्तों, दैनन्दिन लौकिक व्यवहारों, लोकगीतों जैसे अन्यान्य सामाजिक-सांस्कृतिक घटकों के स्तर पर भी इस प्रवृत्ति को सरलता से देखा जा सकता है।

उपनिवेशवाद और उसके बाद यूरोपीकरण के निरन्तर आघातों द्वारा भारत की आत्मप्रतिमा, जो छिन्न-भिन्न (विरूपित) हो चुकी है, उसे परम्परा की अखण्डता और सातत्य के आलोक में समझ कर ही पुनःप्राप्त और प्रतिष्ठित किया जा सकता है।[11] इसी के माध्यम से 'भारत के सनातन मूल्य बोध का पुनराविष्कार' सम्भव है। हमें यह समझना होगा कि भारतीय परम्परा में अपने आपको निरन्तर नवीन और युगानुकूल बनाने की विलक्षण सामर्थ्य हमेशा से रही है। उसमें एक प्रकार की सतत जागरूकता देखी जा सकती है। अपनी इसी चिरनवीनता के कारण यह परम्परा आक्रामक आघातों के बीच भी सहस्राब्दियों तक टिकी रह सकी है। इसके पास अनेक ऐसी प्रविधियाँ हैं जिनका उपयोग करके वह अपने मूल स्वर को बिना छोड़े, बदलते हुए समाज, काल तथा भाषा के आलोक में अपने को ढाल लेती है, और स्वयं को लोकोपयोगी प्रमाणित करते हुए प्रासंगिक बनी रहती है। बहुत बार परम्परा के नवीन वर्तमानकालिक अवतार हमें स्पष्टतः नहीं दिखते क्योंकि वे लोक में इतने बद्धमूल हो चुके होते हैं कि उन्हें शब्दशः निर्देशित करना अपेक्षित नहीं होता है।[12]

परिवर्तन तथा परिवर्धन के कारण परम्परा के रूपान्तरण तथा उसके बदले हुए रूप को देख कर मात्र बाहरी स्वरूप देख पाने वाले लोग उसके 'लोप' की घोषणा कर देते हैं। लेकिन ध्यान से देखने पर हमें यह बात स्पष्ट हो जाती है कि परम्परा एक ही है जो नये-नये रूप धारण करके पुनः पुनः सामने आ रही है। परम्परा की अखण्डता ज्ञान के स्रोतों को हमेशा प्रासंगिक बनाये रखती है। यदि हमारी परम्परा अखण्ड है तो उसको समझने, उस पर स्वस्थ राय बनाने के लिए तथा उसका उपयोग करने के लिए उसके मूल बौद्धिक स्रोतों का बारम्बार परामर्श आवश्यक होता है। भारतीयों को यह बात हमेशा से ज्ञात थी कि अपने अस्तित्व की गम्भीरता और टिकाऊपन कायम रखने के लिए परम्परा के अतीत को वर्तमान में जीना आवश्यक है। स्मरणीय है कि भारत में परम्परा की सुरक्षा का तात्पर्य पुस्तकों की सुरक्षा नहीं है, बल्कि निरन्तर चले आ रहे सांस्कृतिक व्यवहारों को प्रयोग में लाना भी है।

वर्तमान आचरणों में परम्परा की निरन्तरता तथा अनुविद्धता का आग्रह भारतीय ज्ञान-परम्परा में इतना मुखर रहा है कि हर युग में नये-नये मार्गों की खोज करने के

11. 'भारत की वास्तविक और सम्पूर्ण आत्मप्रतिमा को अतीत के सातत्य में ही वर्तमान भारत को समझने और उसी के पुरातन लेकिन मूल्यवान् अर्थ–सन्दर्भों से सम्पुटित कर निर्मित किया जा सकता है'। अम्बिकादत्त शर्मा (2018), पूर्वोद्धृत : 60.

12. आचण्डालं मनुष्याणाम् अल्पं शास्त्रप्रयोजनम्॥ *वाक्यपदीय,* 1.40

बावजूद भारतीय विद्वान् उसका मूल हमेशा से परम्परा में खोजने का प्रयत्न करते रहे हैं। यहाँ ज्ञान के उस नवाचार को बहुत महत्त्व नहीं दिया जाता रहा है जो कि मूलोच्छेदी हो अथवा जिसका पहले से विद्यमान किसी ज्ञान परम्परा के साथ कोई सम्बन्ध न हो। 'वस्तुतः भारतीय ज्ञान-परम्परा में नयी बात कहना एक तरह से औद्धत्य है। जो भी उद्‌भावनाएँ की जाती हैं वे आप्तवाक्यों के विस्तार के रूप में पूर्वपुरुषों की मनन सम्पदा से ग्रहण करते हुए उसमें फेर बदल के साथ की जाती हैं। कारण यह है कि भारतीय परिपाटी 'पेगन' परिपाटी है और परम्परा के विरोध में नहीं उसके सातत्य में अपनी राह तलाशती है।'[13] इसी कारण नवीन से नवीन बात उद्‌भावित करने वाला ग्रन्थकार भी विनयवश इस परम्परा में नूतनता की घोषणा नहीं करता बल्कि वह अपनी खोजों को चिरन्तन चले आते हुए ज्ञान के ही विस्तार अथवा पुनर्व्याख्यान के रूप में देखता है।[14] सभी उद्विकासों को परम्परानुकूल पुनर्व्यवस्थापन के रूप में देखने का लाभ यह होता है कि परम्परा के अन्तर्गत विकसित ज्ञान के सभी रूप निरन्तर प्रासंगिक बने रहते हैं। संगीत में गायन के नये रूप के विकास के लिए 'उपज' शब्द के प्रयोग से यही साबित होता। भारतीय परम्परा स्वयं को पुनर्नव करते हुए हर देश-काल में विविध मतों, सम्प्रदायों, धारणाओं, जीवन मूल्यों तथा कभी कभी लोक वार्ताओं के माध्यम से अपनी चिरञ्जीविता तथा मूल के साथ सम्बद्धता को चरितार्थ करती हुई वाङ्मय सातत्य के द्वारा परिलक्षित होती है।

समय बदलने के साथ समाज की परिस्थितियाँ भी बदलती रहती हैं। इस नाते मनुष्य के प्रयोजनों में भी परिवर्तन आते हैं। नये प्रयोजनों की पूर्ति के लिए नये साधनों की आवश्यकता होती है। युग के बदलने के साथ सारे सांस्कृतिक संसाधन पूरी तरह से तत्काल उपयोगबाह्य हो जायें ऐसा नहीं होता है। परम्परा युग के अनुरूप प्रयोजनों के आधार पर अपनी परिधि का परिमार्जन, परिष्कार और पुनः रेखांकन करती है।

---

13. वागीश शुक्ल के अप्रकाशित लेख 'वाग्देवी सरस्वती की भारतीय परिकल्पना' से साभार।

14. इसके उदाहरण के रूप में जयन्त भट्ट (820-900) की विनयोक्ति को देखा जा सकता है जिन्होंने कहा है– कुतो वा नूतनं वस्तु वयमुत्प्रेक्षितुं क्षमाः। वचोविन्यासवैचित्र्यमात्रमत्र विचार्यताम्॥ (हममें कहाँ यह सामर्थ्य कि हम नयी वस्तु का चिन्तन कर पायें। इस ग्रन्थ में (चिरन्तन) सिद्धान्तों को विन्यास की नवीनता मात्र को देखा जाये।) (*न्यायमञ्जरी* प्रथम आह्निक, श्लोक 8)। इनसे भी एक पग आगे बढ़ते हुए शान्तिदेव (685-763) ने अपने *बोधिचर्यावतार* (1.2) में कहा है– न हि किञ्चिदपूर्वमत्र वाच्यं न च संग्रन्थनकौशलं ममास्ति। अत एव न मे परार्थचिन्ता स्वमनो वासयितुं कृतं मयेदम्॥ (मुझे अपने ग्रन्थ में कुछ भी नया नहीं कहना है, न ही इसमें प्रकरणों के सन्निवेश की कुछ भी नवीनता है। मुझे इसके माध्यम से किसी अन्य का उपकार भी नहीं करना है। बस यह सब मैं अपने मन को सुवासित करने के लिए कर रहा हूँ।)

परम्परा को परम्परा कहते ही इसी कारण से हैं क्योंकि वह वर्तमान के साथ संवाद बनाये रखती है, अन्यथा वह रूढ़ि बन जाती है। परम्परा में रूढियों के विपरीत जीवन्तता और प्रवाह रहता है। परम्परा पूरी तरह से अपने पुराने रूप में ही हमेशा स्वीकार्य रहे, ऐसा नहीं होता। उसे वर्तमान के साथ जुड़ने तथा उपयोगक्षम होने के लिए उसमें परिवर्तन तथा परिवर्धन करने होते हैं, और यही परम्परा का परम्परापन है।

वस्तुतः, परम्परा के दो छोर माने जा सकते हैं जिनके माध्यम से वह गतिशील होती है। इसका पहला छोर अतीत में और दूसरा छोर वर्तमान में होता है। परम्परा का जो छोर वर्तमान में होता है वह उसी के प्राचीन रूप का युगानुकूल संस्करण होता है। इसका अतीत ही इसके वर्तमान के रूप में परिवर्तित होता है। स्वयं अपने 'पूर्व' रूप को 'पर' रूप में परिवर्तित करने के लिए उसे अपना पुनरन्वेषण करना होता है। हर जीवन्त परम्परा में अपने आपको पुनरन्वेषित करने की क्षमता विद्यमान होती है। पुनरन्वेषण के साथ परम्परा में जो रूपान्तरण होता है वह कई बार वर्तमान की आवश्यकताओं के दबाव में और कई बार आत्ममन्थन के कारण सम्भव होता है। परम्परा के इस पुनराविष्कार के लिए वह अपने आपमें कम से कम चार तरह के रूपान्तरण करती है:

1. कई बार परम्परा की सीमाएँ पुरानी होने के कारण अपर्याप्त होने लगती हैं। वह इन सीमाओं का विस्तार कर लेती है।
2. परम्परा की परिधि वर्तमान आवश्यकताओं की दृष्टि में अतिव्यापक होने लगती हैं। उसे इन्हें संकुचित करना पड़ता है।
3. परम्परा अपनी सीमाओं को पुनः परिभाषित करके उसे नये अर्थों में ग्रहण करती है।
4. युगों से चले आ रहे अपने कुछ आचरणों का परित्याग कर उनको पूर्णतः भी छोड़ देती है।

सभ्यता की विकास यात्रा में जो नयी सांस्कृतिक चुनौतियाँ आती हैं उनके समाधान के लिए परम्परा अपनी **परिधि का विस्तार** करती है। समय के परिवर्तन के साथ जब किसी व्यवहार की आवश्यकता नहीं रहती है तब परम्परा उनकी **सीमाओं में संकोच** भी करती है। कई बार वह युगानुकूल प्रयोजनों के लिए पहले से विद्यमान कोटियों को केवल **पुनःपरिभाषित** करके ही अपनी सीमा को बढ़ा लेती है और किसी नयी समान्तर कोटि का आविष्कार नहीं करती। कई बार ऐसा भी होता है कि कालबाह्य हो चुके आचारों में कोई सार न देखकर तथा उनके चलते रहने से समाज

की हानि देखकर अथवा लोक में उनके प्रति प्रतिकूल जनमत बनता देखकर वह उन्हें स्वयं ही **त्याग** देती है। इन चार प्रकार की प्रवृत्तियों का उपयोग करके परम्परा स्वयं को वर्तमान के अनुकूल ढालती है और भविष्य के लिए अपने को तैयार करती है। दूसरे शब्दों में वह वर्तमान को अपना आधार देकर उसका पोषण करती है। परम्परा शब्द की व्युत्पत्ति इसी आधार पर दी गयी है कि वह अपने अनुभवों तथा आचार की श्रेणियों को प्रदान कर आधुनिकता का पोषण करती है– परम् पिपर्ति इति परम्परा। परम्परा शब्द 'पर+पर' दो शब्दों से बना है, अर्थात् जो आगे आने वाले समय–समाज के साथ अनुकूलता से जुड़ी रहे, वह है परम्परा। वह परम्परा, परम्परा नहीं हो सकती जो आगे आने वाले समय-समाज को कुछ दे न सके, अथवा उसका हित-साधन न कर सके। परम्परा अपने अतीत वाले हिस्से के माध्यम से वर्तमान वाले हिस्से (जिसे आधुनिकता कह सकते हैं) को दृढ़ आधार प्रदान करती है। साथ ही नये विचारों के आलोक में अपने अतीत वाले हिस्से को सुपरीक्षित, परिमार्जित और पुन:परिभाषित भी करती है। भारत की ज्ञान परम्परा उपर्युक्त प्रकार से अपने को संशोधित–संस्कारित करते हुए निरन्तर विकसित हो रही है। श्रुति अर्थात् अपौरुषेय वेद और उसके अपौरुषेय उपबृंहण जो स्मृतियों, पुराणों, काव्यों, लोकगीतों आदि में वैसे ही फैलते रहे हैं जैसे 'बिग बैंग' के बाद यह विश्व फैल रहा है।

इस पुस्तक में उपर्युक्त चार प्रविधियों का सोदाहरण विश्लेषण भारत की ज्ञान परम्परा के आलोक में प्रस्तुत किया गया है। पुस्तक पाँच परिच्छेदों में विभाजित है। इसके **पहले परिच्छेद** में परम्परा की निरन्तरता के लिए उपर्युक्त चार प्रविधियों की चर्चा की गयी है पुस्तक के **दूसरे परिच्छेद** में संस्कृत वाङ्मय को आधार (आर्कटाइप) के रूप में लेते हुए ज्ञान परम्परा की पूर्वापर व्यापकता को समझाया गया है। इसके लिए संस्कृत में विकसित वाङ्मय के भूतकालिक विस्तार का विहगावलोकन कराते हुए वर्तमान युग में उसकी निरन्तरता तथा नवीनीकरण की चर्चा की गयी है। इस कार्य में संस्कृत वाङ्मय को समस्त भारतीय ज्ञान-परम्परा के विकास और निरन्तरता के प्रतिनिधि के रूप में रखा गया है। संस्कृत के सम्बन्ध में कही गयी ये सारी प्रविधियाँ अन्य भाषाओं तथा उनके साहित्यों, कला अथवा अन्य लोक व्यवहारों के सम्बन्ध में भी कमोबेश सही है। संस्कृत को उदाहरण के रूप में लेने का कारण यह है कि इसका वाङ्मय प्राचीनतम अतीत से लेकर अर्वाचीनतम वर्तमान तक निरन्तर विद्यमान रहा है। साथ ही इसकी भौगोलिक व्याप्ति भी अन्य भाषाओं की अपेक्षा अधिक रही है। इसकी प्रवृत्तियों के निदर्शन से यह अधिक स्पष्ट

हो सकेगा कि किस प्रकार परम्परा अतीत तथा वर्तमान दोनों में समन्वय साधती है। संस्कृत प्राचीनता की समृद्धि को बिना छोड़े अपने आप को वर्तमान की संवेदनाओं तथा समस्याओं के लिए उपयोगी बनाती है। साथ ही संस्कृत में सृजित वाङ्मय औपनिवेशिक दुरभिसन्धियों के कारण सबसे अधिक उपेक्षा का शिकार भी हुआ है। इस लिहाज़ से भी वह विविध भारतीय भाषाओं में उत्पादित ज्ञान परम्परा की सबसे उपयुक्त प्रतिनिधि है। **तीसरे परिच्छेद** में उन आयामों की चर्चा की गयी है जिनके माध्यम से वर्तमान में परम्परा के पुनरुत्थान को परिलक्षित किया जा सकता है। **चतुर्थ परिच्छेद** में आधुनिक भारत की दो प्रमुखतम उत्क्रान्तियों की चर्चा की गयी है जिन्हें भारतीय ज्ञान-परम्परा के सफल प्रायोगिक प्रमाण के रूप में देखा जा सकता है। ये दो हैं–भारतीय नवजागरण तथा भारत का स्वतन्त्रता आन्दोलन। यह भारतीय ज्ञान-परम्परा का ही प्रभाव था जिसके मूल में होने के कारण स्वतन्त्र भारत का अभ्युदय एक आधुनिक लोकतन्त्र के साथ साथ नैतिक एवं सांस्कृतिक राष्ट्र के रूप में भी हो सका जिसमें सबके लिए जगह हो और केवल धार्मिक अथवा जातीय वैभिन्य के नाते उन्हें पृथक् न कर दिया जाये। **पञ्चम परिच्छेद** में भारतीय चेतना के कुछ ऐसे अभिलक्षणों की चर्चा की गयी है जो उसे विशिष्ट बनाते हैं। इन अभिलक्षणों का आचरण के स्तर पर सफल प्रयोग इस देश में शताब्दियों तक किया जाता रहा है। भारतीय ज्ञान-परम्परा के ये विचार समस्त विश्व और मानवता के कल्याण के लिए महत्त्वपूर्ण हो सकते हैं।

भारतीय ज्ञान-परम्परा के सातत्य तथा उसके समुपबृंहण में भारत के प्रत्येक समुदाय का योगदान रहा है। प्रस्तुत पुस्तक में इसकी रूपरेखा का प्रस्ताव मात्र किया गया है। केवल एक पुस्तक में इसका न्याय्य विवरण देना संभव नहीं है। यह पाठकों का भी दायित्व है कि वे परम्परा की इन विशेषताओं को समझें, अपनी दृष्टि से देखें, उसमें और नये आयामों को उन्मीलित करें और उसका संवर्धन करें। भारतीय ज्ञान-परम्परा में अस्तित्व मात्र के कल्याण-सूत्र हैं और इसलिए उसकी समझ और उसका संवर्धन समष्टि का धर्म है। इस समष्टिगत दायित्व की ओर पाठक समूह यदि थोड़ा भी प्रवृत्त हो सका तो यह इस पुस्तक की कृतकृत्यता होगी।

—बलराम शुक्ल

निदेशक, स्वामी विवेकानन्द संस्कृति केन्द्र

भारतीय दूतावास, तेहरान

आभार

प्रस्तुत पुस्तक को लिखने का विचार मन में तब आया जब मैं भारतीय समाज विज्ञान अनुसन्धान परिषद् की शोध परियोजना 'मानस, नैतिकता तथा प्रेरणाएँ : भारतीय परम्परा के आशय' पर कार्य कर रहा था। यह परियोजना तथा उसमें इस पुस्तक में विवेच्य विषय की अवधारणा गुरुवर प्रोफ़ेसर गिरीश्वर मिश्र जी की प्रेरणा तथा मार्गदर्शन का सुफल है। उन्होंने इस पुस्तक की तैयारी के हर सोपान में अपनी रुचि दिखायी तथा मनोयोग से प्रतिवाक्य पढ़कर इसका सम्पादन भी किया। यह पुस्तक उन्हीं को समर्पित करते हुए मुझे अपार सन्तोष है।

सुसंयोग रहा कि प्रोफ़ेसर अम्बिकादत्त शर्मा जी को इस विश्लेषण का प्रारूप रुचा और उन्होंने *उन्मीलन* (वर्ष 34, अंक 2) में इसे सहर्ष प्रकाशित भी किया। उस निबन्ध में प्रस्तावित परम्परा के साँचे को सम्भावनापूर्ण मानते हुए इसे और विस्तृत बनाने हेतु उन्होंने अनेक सुझाव दिये। मैं उनका हृदय से आभारी हूँ। इस बीच उन्मीलन में प्रकाशित मेरे निबन्ध पर अनेक विद्वानों की दृष्टि गयी और उनके सुझाव भी मिले। डॉ. भीमराव अम्बेडकर विश्वविद्यालय, दिल्ली में देशिक परियोजना के निदेशक प्रोफ़ेसर अभय कुमार दुबे ने इसे पुस्तकाकार प्रकाशित करने की इच्छा प्रकट की। यह पुस्तक उनकी सदिच्छा का परिणाम है। उसी मूल निबन्ध को मैंने परिवर्धित और परिमार्जित करके इस पुस्तक के रूप में प्रस्तुत किया है। अब जब यह निबन्ध विस्तृत रूप में पुस्तकाकार प्रकाशित हो रहा है तो प्रोफ़ेसर शर्मा ने इस पर एक सारगर्भित प्रस्तावना भी लिखी है जो पुस्तक तक पहुँचने के लिए सोपानवत् ही नहीं बल्कि उसके वर्ण्य विषय का आधार भी है। उनके स्नेह के लिए कृतज्ञता छोटा शब्द है।

इस पुस्तक में प्रतिपादित प्रमेयों के विवेचन के क्रम में अनेक महनीय विद्वानों के अवदान से प्रेरणा मिली है और उसका यथेष्ट उपयोग किया गया है। इनमें

पण्डित विद्यानिवास मिश्र, श्री निर्मल वर्मा, प्रो. वागीश शुक्ल तथा प्रो. राधा वल्लभ त्रिपाठी आदि प्रमुख हैं। प्रोफ़ेसर शुक्ल ने पुस्तक के पूर्वरूप को देखकर कई महत्त्वपूर्ण सुझाव दिये थे जिससे मेरे चिंतन को विस्तृत आधार मिला। प्रोफ़ेसर नवजीवन रस्तोगी ने परम्परा के सातत्य मात्र की पर्याप्तता को ले कर कई गम्भीर प्रश्न उठाये जिन्हें समाहित करने के क्रम में पुस्तक और अधिक पूर्ण हो सकी। मैं इन सभी मनीषियों के प्रति श्रद्धावनत हूँ।

भारतीय ज्ञान-परम्परा कालिक के साथ भौगोलिक दृष्टि से एक विराट् सम्प्रत्यय है। केवल एक भौगोलिक खण्ड, एक भाषा अथवा छोटे कालखण्ड के उदाहरणों से इसका ठीक-ठीक प्रतिनिधित्व सम्भव नहीं है। सौभाग्य से मुझे देश के विविध क्षेत्रों के अनेक विद्वानों से यथावसर सहयोग मिल सका। तभी प्रस्तावित प्रविधियों के उदाहरण विविध और व्यापक हो सके। संयोग से इन विद्वानों में से अधिकतर युवा हैं, और अपने अपने क्षेत्रों में महत्त्वपूर्ण कार्य कर रहे हैं। ये विद्वान् अपने आप में भारत की जीवन्त पांडित्य परम्परा के मूर्त उदाहरण हैं।

दक्षिण भारत सम्बन्धी सामग्री के लिए कर्नाटक के स्वनामधन्य शतावधानी कवि डॉ. रा. गणेश का कृतज्ञ हूँ। उन्होंने पुस्तक का पूर्वरूप पढ़ा और इसका अनुमोदन किया। महाराष्ट्र की प्रख्यात वक्त्री श्रीमती धनश्री लेले जी ने मराठी परम्परा के महत्त्वपूर्ण सूत्र प्रदान किये। पंजाब की परम्पराओं में परिनिष्ठित डॉ. अवतार सिंह जी से अनेक सूचनाएँ प्राप्त हुईं। हरयाणा क्षेत्र में गोरखनाथी सम्प्रदाय के विषय में तथा अन्यान्य जानकारियाँ डॉ. अंजलि दूहन से मिलीं। उत्तर भारत के भक्ति सम्प्रदायों पर डॉ. महेश शर्मा (शास्त्री कोसलेन्द्र दास) तथा डॉ. गिरिधरगोपाल शर्मा ने पर्याप्त सहायता की। सुहृद्वर डॉ. रामचन्द्र, डॉ. अवनीश कुमार तथा श्री ऋषिदेव ने आर्यसमाज की विद्वत्परम्परा पर सहायता प्रदान की। संस्कृत के कवि डॉ. महराजदीन पाण्डेय ने स्व. वीरभद्र मिश्र जी के अवदान पर सामग्री भेजी। आदरणीय अग्रजा श्रीमती आशा पाण्डेय ने गायत्री मिशन से सम्बन्धित जानकारियाँ दीं। क़ानूनविद् मेरी पत्नी सुनिधि शुक्ला ने अर्वाचीन कलिवर्ज्य के प्रकरण को लिखने में सहायता की। प्रो. माधव हाड़ा के कार्यों से भारतीय इतिहास दर्शन को समझने के सूत्र मिले। इसके अतिरिक्त अनेकानेक ज्येष्ठों तथा मित्रों से मैंने यदा तदा जानकारियाँ लीं जिनमें श्री चेतन पाण्डेय, श्री नित्यानन्द मिश्र, डॉ. शंकर राजारामन्, डॉ. प्रवीण पण्ड्या, प्रो. मनोज मिश्र, श्री यशोधन एकतारे, श्री युवराज भोगाँवकर, डॉ. अनीश मिश्र, डॉ. सुदीप्त मुंशी, आदि प्रमुख हैं। छात्रों– डॉ. आशुतोष सती, सुहासिनी

पाण्डेय, मोहित मिश्र आदि ने हर बार की भाँति विविध प्रकार से सहायता की। मैं इन सबके प्रति हृदय से आभार व्यक्त करता हूँ। पूज्य माता-पिता जी तथा परिवार के ज्येष्ठ जनों के प्रति प्रणत हूँ जिनका आशीर्वाद मेरे हर कार्य की सफलता में साधारण कारण है।

जैसा कि मैं पहले बता चुका हूँ, इस पुस्तक के एक बड़े अंश 'ज्ञान परम्परा का मूल आधार : भारतीय शब्द दर्शन' की सामग्री भी *उन्मीलन* (वर्ष 36, अंक 2) में प्रकाशित में प्रकाशित हो चुकी है। इसी प्रकार 'संस्कृत वाङ्मय : परिचय एवं विस्तार' का विस्तृत अंश डॉ. दयानिधि मिश्र के द्वारा सम्पादित ग्रन्थ *भारत की प्रमुख भाषाएँ : समकालीन प्रवृत्तियाँ* (उत्तर प्रदेश हिन्दी संस्थान, लखनऊ-2022) में प्रकाशित हो चुका है। इसके लिए इनके सम्पादकों का हार्दिक आभार।

इस पुस्तक के पूर्वरूप का प्रणयन भारतीय उच्च अध्ययन संस्थान, शिमला में तथा उसका पल्लवन-परिपोषण संस्कृत विभाग, दिल्ली विश्वविद्यालय में हुआ। अब जब इसका प्रकाशन हो रहा है तब मैं स्वामी विवेकानन्द भारतीय संस्कृति केन्द्र, भारतीय दूतावास, तेहरान (ईरान) में हूँ। इन सभी संस्थाओं, उनके पुस्तकालयों, शोधानुकूल उपकरणों और परिस्थितियों के लिए मैं इनका तथा इनसे सम्बद्ध पदाधिकारियों के प्रति धन्यवाद ज्ञापित करता हूँ।

–ब.शु.

संकेत-सूची

अनु.	अनुवाद
अष्टा.	अष्टाध्यायी
आर.	आरण्यक
उदा.	उदाहरण
ऋ.	*ऋग्वेद*
ज.	जन्म
तु.	तुलना
तै.	तैत्तिरीय
द.भा.	दयानन्दभाष्य
दे.	देखिये
नि.	निरुक्त
पुनः.	पुन:प्रकाशन
पुनर्.	पुनर्मुद्रण
पृ.सं.	पृष्ठ संख्या
भा.	भाष्य
मनु.	मनुस्मृति
महा.	*महाभारत*
रा.च.मा.	रामचरितमानस
वाक्य.	वाक्यपदीय
सं., संस्क.	संस्करण
स्वो.वृ.	स्वोपज्ञ वृत्ति
श्लो.सं.	श्लोक संख्या

प्रथम परिच्छेद

स्वतः नवीनीकरण की प्रविधियाँ

स्वतः नवीनीकरण की प्रविधियाँ

भारतीय ज्ञान-परम्परा अपने मूल स्रोतों की सुरक्षा को लेकर हमेशा सावधान रही है। ध्यातव्य है कि सुरक्षा का तात्पर्य उन्हें पुस्तक के रूप में बचाये रखना[1] अथवा केवल उसके अक्षरों को कण्ठस्थ करके बार-बार उनकी आवृत्ति करना ही नहीं है, बल्कि सुरक्षा का वास्तविक प्रकार है परम्परा को वर्तमान में जीवन का अंग बनाना और उसे काल विशेष में सीमित न रह जाने देना। भारतीय परम्परा अपने स्रोतों को केवल अतीत की वस्तु मान कर उन्हें संग्रहालयों में सुरक्षित नहीं रखती, बल्कि निरन्तर बदलते हुए समय और समाज के परिप्रेक्ष्य में उनका पुनःपरामर्श करते हुए उन्हें साम्प्रतिक चेतना के साथ जोड़े भी रखती है। यह बार-बार पलट कर सिंहावलोकन करके स्वयं अपना परीक्षण भी करती है ताकि अपने को उपयोगक्षम बना सके।

सिंहावलोकन के क्रम में यदि लगता है कि वर्तमान समय में समाज के साथ पारम्परिक परिघटनाओं की पूरी तरह से संगति नहीं है तो परम्परा यथासम्भव उनका विस्तार, संक्षेपण और पुनःपरिभाषण भी करती है। यहाँ तक कि असंगत और लोक-विद्विष्ट आचारों का परित्याग भी कर देती है। भारतीय परम्परा सामान्यतः, पारम्परिक आचारों के पूर्णतः त्याग की अपेक्षा स्वयं के पुनःपरिभाषीकरण तथा विद्यमान परिधियों के विस्तार को ही अधिक स्पृहणीय मानती है। इसका कारण यह है कि यह परम्परा अपने को अखण्ड मानती है तथा अपनी ज्ञानधारा को इब्राहीमी चिन्तन की तरह अन्धकारयुग (ज़माना-ए-जाहिलिय्यत) तथा प्रकाश युग के खण्डों में नहीं बाँटती। यही कारण है कि यहाँ कोई भी वर्तमान अतीतद्रोही बन कर नहीं

---

[1] भर्तृहरि ने *वाक्यपदीय* (2.481) में इस प्रवृत्ति को अरुचिप्रदर्शक वाक्यांश 'ग्रन्थमात्रव्यवस्थितः' से कहा है।

उभरता।[2] यहाँ तो अतीत वर्तमान का पोषण करता है और वर्तमान अतीत को आत्मसात् करते हुए उसे पुन:परिभाषित करता है। इस प्रकार भारतीय ज्ञान-परम्परा अपने स्रोतों की सुरक्षा के साथ उनके समुचित रूपान्तरण के लिए भी उल्लेखनीय है। अतीत के स्रोतों के अनुकूलन के बड़े पैमाने पर जो प्रयत्न होते हैं उनसे पता चलता है कि उन्हें मृत अथवा कालबाह्य नहीं माना जाता। यदि उन्हें बीती बात मान लिया जाता तो न तो उनमें विस्तार की आवश्यकता महसूस होती, न ही उनमें संकोच किया जाता और न उनके पुन:परिभाषण के बारे में ही सोचा जाता। ऐसा माना जाता है कि भारतीय परम्परा में प्रारम्भ से ही वैचारिक बीज सुप्त अवस्था में विद्यमान हैं जो समुचित अवसर आते ही अंकुरित और पल्लवित हो उठते हैं। अतीत व्यतीत होकर अव्यक्त कभी नहीं होता क्योंकि मूल किसी न किसी रूप में अवश्य उपस्थित रहता है। अस्तित्व में जो रहता है वह रहता ही है, जैसा गीता में कहा गया है– नासतो विद्यते भावो नाभावो विद्यते सत:। (2.16)

किसी भी जीवन्त सभ्यता में उसकी गतिशीलता के कारण रूपान्तरण की उपर्युक्त प्रक्रियाएँ स्वाभाविक रूप से घटित होती हैं। इन प्रक्रियाओं से उस परम्परा के बाह्य और आन्तरिक दोष नष्ट होते रहते हैं जिससे वह अविच्छिन्न रूप से टिकाऊ होकर प्रवाहित होती रहती है। भारतीय संस्कृति जैसी प्राचीन सुदीर्घ परम्परा के लिए किसी महानदी का रूपक अत्यन्त उचित है। जिस प्रकार नदी यदि गतिशील रहे तो उसमें स्थान स्थान पर मिलने वाले अपशिष्ट तत्त्व तथा समय समय पर उसके अन्दर पैदा होने वाले विजातीय तत्त्व विघटित होकर समाप्त हो जाते हैं और नदी शुद्ध होती रहती है[3] उसी प्रकार किसी गतिशील सभ्यता में भी अतीत की रूढियाँ

---

2. ग़ैर–पेगन (सनातन-भिन्न) विचारधाराओं के अतीतद्रोही होने की प्रणाली को वागीश शुक्ल ने निम्नोक्त प्रकार से समझाया है– 'जब ग़ैर-पेगन चेतना अपना एक अतीत गढ़ती है तो वह सबसे पहले उसे परम्परा से जो अतीत मिला है उसे ठुकरा कर एक 'वास्तविक अतीत' की रचना करती है। इस 'वास्तविक अतीत' में क्रमश: 'वांछित वर्तमान' के तत्त्वों की भरमार बढ़ती जाती है। जो मॉडल ईर्ष्या के लिए चुना जाता है उसके कल्पित सद्गुणों से भरपूर यह वास्तविक अतीत एक ऐसी पवित्र सम्पत्ति का सन्दूक बनता है जिसके सामानों में फेर बदल के अपराधी अपने गोचर समकालीन और स्मृति–गोचर पूर्वज होते हैं और सबसे बड़े शत्रु के रूप में इन्हीं की पहचान होती है। फिर यह स्मृति–गोचर अतीत संस्कृति के इतिहास में एक क्षेपक की हैसियत से इस योग्य होता है कि इसे उखाड़ फेंका जाय।' ('भारतीय पेगन परम्परा : जागरण और सुषुप्ति' नामक अप्रकाशित लेख से साभार)

3. नदी वेगेन शुद्ध्यति– *वशिष्ठस्मृति* 3.54, *आंगिरसस्मृति* 42, *अत्रिस्मृति* 5.38

और आगन्तुक अपसंस्कृतियाँ दोनों विलीन होती रहती हैं। आश्चर्य नहीं कि भारत में ज्ञान परम्परा की अधिष्ठात्री देवी (सरस्वती) का भौतिक स्वरूप एक विपुल जल वाली एक नदी का ही है। वैदिक काल से लेकर देवी सरस्वती का सम्प्रत्यय एक नदी के रूप में समझा जाता रहा है।[4] वेद के व्याख्याकारों, जैसे यास्क तथा सायण ने सरस्वतीपरक मन्त्रों में इसे नदी तथा देवता दोनों रूपों में स्वीकार किया है।[5] बाद के लौकिक कवियों ने तो दोनों प्रकार की सरस्वतियों में निर्मल, अजस्र प्रवाह को साधारण धर्म के रूप में देखकर उन दोनों में उपमान-उपमेय भाव भी वर्णित किया है।[6] सरस्वती को जब हम एक देवी के रूप में देखते हैं तो उसके स्वरूप में न केवल वे विद्याएँ समाविष्ट हैं जिन्हें हम वैदिक परम्परा के अन्तर्गत गिनते हैं अपितु वे विद्याएँ भी समाविष्ट हैं जिन्हें हम वैदिक परम्परा के बाहर गिनने के अभ्यासी हो गये हैं। चार्वाक सहित सभी दर्शन प्रस्थानों को उसी एक तत्त्व की विविध भूमिकाओं के रूप में माना गया है।[7] माँ की तरह सरस्वती विविध चित्तवृत्ति वाले अपने सभी आश्रितों को स्वर देती है। इसीलिए *ऋग्वेद* में दूसरी जगह सरस्वती को सबसे बड़ी देवी और सबसे उत्कृष्ट नदी के अतिरिक्त सबसे महीयसी माता के रूप में भी प्रतिष्ठित किया है।[8] माधवाचार्य संक्षेपशंकरविजय में कश्मीर की शारदापीठ का वर्णन करते हुए कहा गया है कि इस पीठ पर वही व्यक्ति आसीन हो सकता है जिसे जैन-बौद्ध समेत सभी भारतीय शास्त्रों का ज्ञान हो।[9] क्यों न हो, आख़िर ज्ञान

---

4. महो अर्णः सरस्वती प्रचेतयति केतुना। धियो विश्वा विराजति॥ (*ऋग्वेद* 1.3.12)

5. *निरुक्त* 2.23– तत्र सरस्वतीत्येतस्य नदीवद्देवतावच्च निगमा भवन्ति। सायणभाष्य 1.3.12– द्विविधा हि सरस्वती विग्रहवद्देवता नदीरूपा च। तत्र पूर्वाभ्यामृग्भ्यां विग्रहवती प्रतिपादिता। अनया तु नदीरूपा प्रतिपाद्यते।

6. उदाहरण के लिए संस्कृत के प्रसिद्ध गद्यकवि सुबन्धु (छठीं शताब्दी) ने श्लेष का प्रयोग करके सरस्वती नदी तथा वाग्देवी, दोनों का सुन्दर वर्णन किया है–

करबदरसदृशमखिलं भुवनतलं यत्प्रसादतः कवयः।
पश्यन्ति सूक्ष्ममतयः सा जयति सरस्वती देवी॥
(*वासवदत्ता*, मङ्गलश्लोक 1)

7. जैसा कि प्रत्यभिज्ञाहृदयम् (सूत्र 8)– तद्भूमिकाः सर्वदर्शनस्थितयः की व्याख्या में क्षेमराज कहते हैं– सर्वेषां चार्वाकादिदर्शनानाम् स्थितयः सिद्धान्ताः तस्य एतस्य आत्मनो नटस्यैव स्वेच्छावगृहीताः कृत्रिमा भूमिकाः। (पृ. 60–61)

8. अम्बितमे नदीतमे देवितमे सरस्वति। (*ऋग्वेद* 2.41.16)

9. *संक्षेपशङ्करविजय*, 16 वाँ सर्ग

की सरस्वती रूपी बृहद् परम्परा में सभी धाराओं का हिस्सा रहा है। कालिदास ने *कुमारसम्भव* में इस सरस्वती को संस्कृत और प्राकृत दोनों भाषाओं में बरतते हुए दिखाया है।[10] स्पष्ट है कि भारतीय ज्ञान-परम्परा यदि मानकीकृत संस्कृत भाषा में प्रकट हुई तो साथ ही विविध देशभाषाओं में भी उसका प्राकट्य होता रहा है। भारतीय ज्ञान-परम्परा के विनिर्माण तथा समृद्धीकरण में संस्कृत से इतर अन्य भाषाओं की महत्ता को किसी भी प्रकार से कम करके नहीं आँका गया है।[11] शंकराचार्य ने तो इन दोनों भाषिक रूपों को सरस्वती की दो शक्तियों के रूप में पूज्य माना है।[12] स्पष्ट है कि भारतीय ज्ञान-परम्परा का सम्प्रेषण इन्हीं दो प्रकार की भाषिक प्रवृत्ति रूपी शक्तियों के माध्यम से होता है।

किसी नदी की ही भाँति भारतीय परम्परा में विविध प्रकार की धाराएँ एक दूसरे के साथ प्रवहमान रहती हैं। कई बार, वे एक दूसरे से होड़ करती हुई लग सकती हैं, एक दूसरे पर हावी भी होती दिख सकती हैं पर वे एक दूसरे से बहुत कुछ लेती हैं और उन्हें देती भी हैं। अन्ततः, वे सब मिलकर एक महानदी का निर्माण करती हैं। इन धाराओं की पारस्परिक लाग-डाँट के कारण परम्परा की महानदी में गतिमत्ता बनी रहती है।

यहाँ पर एक महत्त्वपूर्ण प्रश्न उठता है कि भारत में दीखने वाले विविध मत मतान्तरों को स्वतन्त्र सत्ता रखने वाली बड़ी-छोटी कई परम्पराएँ मान लें या इन्हें

---

10. *कुमारसम्भव* 7.90. द्विधा प्रयुक्तेन च वाङ्मयेन सरस्वती तन्मिथुनं नुनाव। संस्कारपूतेन वरं वरेण्यं वधूं सुखग्राह्यनिबन्धनेन ॥ सुखग्राह्यनिबन्धनेन का मल्लिनाथ ने अर्थ लिया है– सुखेन ग्राह्यं सुबोधं निबन्धनं रचना यस्य तेन वाङ्मयेन, प्राकृतभाषयेत्यर्थः।

11. विशेष चर्चा के लिए देखें, बलराम शुक्ल की रचना *प्राकृतकविता के चारुत्व के भाषिक प्रयोजक* (शीघ्र प्रकाश्य)

12. *प्रपञ्चसारतन्त्र* तन्त्र का एक प्रमुख ग्रन्थ है जिसके रचनाकार शंकराचार्य माने जाते हैं। इसके आठवें पटल के 43वें श्लोक में संस्कृत तथा प्राकृत दोनों को सरस्वती की शक्तियों के रूप में माना गया है तथा उन दोनों की पूजा का विधान किया है– पूजायां पार्श्वयुगे ससंस्कृता प्राकृता च वाग्देव्याः। केवलवाङ्मयरूपे सम्पूज्याऽङ्गैश्च शक्तिभिस्तदनु॥ *प्रपञ्चसारतन्त्र* की आचार्य पद्मपाद के द्वारा की गयी टीका है *प्रपञ्चसारविवरण*। किसी अज्ञात विद्वान् ने *प्रयोगक्रमदीपिका* नाम से इसकी व्याख्या की है। इस अंश की व्याख्या उन्होंने निम्नलिखित प्रकार से की है (पृ.562)–*संस्कृता प्राकृता शक्ती भवतः। तदुक्तम्*– दक्षिणे संस्कृता पूज्या योगमुद्राकरद्वया। सन्ततं निःसरच्छब्दवदनान्या च वामतः॥ (संस्कृत और प्राकृत ये दो सरस्वती की शक्तियाँ हैं, सरस्वतीपूजन के समय दाहिनी ओर संस्कृत को प्रतिष्ठित करना चाहिए और बाँई ओर प्राकृत को।) [वागीश शुक्ल के अप्रकाशित लेख 'वाग्देवी सरस्वती की भारतीय परिकल्पना' से साभार।]

एक ही बृहद् भारतीय परम्परा की अनेक छोटी-बड़ी धाराओं के रूप में ग्रहण करें। आधुनिक विचारकों के लिए आकर्षक यही है कि वैदिक, बौद्ध, जैन आदि प्रत्येक धारा को अलग अलग परम्परा मान लिया जाये। जबकि अनेक परम्परावादियों का मानना है कि भारत में उत्पन्न धार्मिक, दार्शनिक मत-मतान्तरों में समानताएँ इतनी अधिक हैं कि उन्हें भिन्न परम्परा न कहकर एक परम्परा की विभिन्न धाराएँ मानना अधिक उचित होगा। कहना न होगा कि भेदवाद तथा अभेदवाद सम्बन्धी ये दोनों विचार वस्तुत: वैचारिक दृष्टिकोण की भिन्नता के कारण हैं। दोनों पक्ष अपनी दृष्टियों के लाभ बताते हैं और दूसरी दृष्टि को स्वीकार करने पर होने वाली हानियों का वर्णन भी करते हैं। वास्तविकता यह लगती है कि भारत में उपजी विचारधाराएँ एक दूसरे से इतना अधिक लेती और एक दूसरे को इतना अधिक देती हैं कि उन्हें नितान्त पृथक् मानना न्यायसंगत नहीं है।

हमें इस पर भी विचार करना होगा कि परम्परा की रूढ़ियों से खिन्न हो कर विजातीय संस्कृति को ग्रहण करने के लिए उद्यत विवेचकों और उनके प्रयत्नों को क्या भारतीय परम्परा के अन्तर्गत रखना समीचीन होगा? खिन्नतापूर्वक नयी संस्कृति का परिग्रह वस्तुत: दूसरी नयी रूढ़ियों को ग्रहण करना है। विचार करें तो उचित यही प्रतीत होता है कि परम्परा में रहकर उसमें आगत रूढियों को पहचान कर विरुद्ध संघर्ष करने को ही पारम्परिक माना जाना उपयुक्त होगा। परम्परा का पूर्णत: परित्याग तो एक आत्मघाती क़दम ही है।

आगे भारतीय परम्परा की पूर्वोक्त चार आत्मपरिष्कारक प्रवृत्तियों के स्वरूप पर विस्तार से विचार किया जा रहा है।

परम्परा का आत्मविस्तार

जब मानव सभ्यता विकसित होती है तो उसे बदली हुई परिस्थितियों का सामना करना पड़ता है। ऐसे में अपने भीतर चले आ रहे प्रचलित आचार-व्यवहारों को नयी परिस्थितियों में अपर्याप्त पड़ता देख परम्परा अपनी परिधि का विस्तार करती है। इसके माध्यम से वह पहले से चली आ रही प्रविधियों को बिना छोड़े, उन्हीं को विस्तृत करके नयी आवश्यकताओं की पूर्ति करती है। अनेक बार यह विस्तार शताब्दियों के चिन्तन के बाद उन आचारों के भौतिक स्वरूप से आगे बढ़कर उनके आध्यात्मिक तत्त्व की पहचान की ओर भी अग्रसर होता है। आत्मविस्तार के क्रम में परम्परा अपने पुराने आचार-व्यवहारों को पूर्ववत् रखते हुए उसे और व्यापक बनाकर अपने को सुसंगत कर लेती है।

आगे के पृष्ठों में लोकाचार तथा प्राचीन वाङ्मय दोनों में इस प्रवृत्ति पर सोदाहरण विचार किया जायेगा। दोनों को साथ लेने का कारण यह है कि भारतीय परम्परा लोकाचार और शास्त्रनिबन्धन दोनों को अलग या विरोधी नहीं मानती। यह फैशन सा चल पड़ा है कि लोग शास्त्र तथा लोक को परस्परविरोधी और विद्वेषयुक्त मानने लगे हैं। यह बात ठीक नहीं है। लोक के आचरण में विद्यमान व्यवहार ही बाद में शास्त्र के रूप में संहिताबद्ध होते हैं[13] और जनसामान्य के आचरणों को मार्ग दिखाते हैं। शास्त्र में निबद्ध विधियाँ इसी कारण प्रमाण होती हैं कि वे अपने समय में लोक की सच्ची प्रतिनिधि होती हैं। वे अपने समय के लोक की ईमानदारी से अनुवर्णना करती हैं, तभी उन्हें यह अधिकार प्राप्त हो पाता है कि वे आने वाले लोकाचारों को अनुशासित करें।[14] शास्त्रों में पुरानी पीढ़ियों के आचरणों का वर्णन होता है तथा साथ ही इसमें इस बात का प्रयोगसिद्ध उपदेश भी होता है कि कौन आचरण उदात्त फल देने के कारण हमारे लिए ग्राह्य है और कौन आचरण त्याज्य।[15] इसलिए जहाँ भी भारतीय ज्ञान-परम्परा की चर्चा आ रही है वहाँ परम्परा शब्द से लोक में प्रचलित आचार और शास्त्र में निबद्ध सिद्धान्त दोनों समझे जाने चाहिए। इस स्पष्टीकरण के साथ कुछ उदाहरण आगे प्रस्तुत हैं।

सबसे पहले उदाहरण वेद से। वेद को परम्परा अपौरुषेय मानती है। उनके मन्त्रों की व्याख्याओं का एक लम्बा इतिहास है। कई बार परम्परा ने एक ही मन्त्र के अनेक प्रकार के अर्थ किये हैं। भिन्न भिन्न परिस्थितियों में एक ही मन्त्र आध्यात्मिक, आधिभौतिक, आधियाज्ञिक, आधिदैविक, ऐतिहासिक आदि अनेक अर्थों को प्रदान करता है। यास्क ने अपने निरुक्तशास्त्र में कहा है कि 'यज्ञ तथा देवता या अध्यात्म और देवता वेद का क्रमशः फूल और फल हैं।'[16] यास्क के मन्त्रार्थ सम्बन्धी इस अभिप्राय को स्पष्ट करते हुए उनके भाष्यकार स्कन्दस्वामी ने

---

13. इस नाते महाभाष्यकार पतञ्जलि कहते हैं कि हमें लोक के पीछे पीछे चलना है– लोकः पृष्ठतोऽनुगन्तव्यः (*महाभाष्य* 1.2.64)

14. शास्त्र शब्द में परम्परा इन दोनों अर्थों का समावेश मानती है। इस कारण वह 'शास्त्र' को दो धातुओं 'शंसन' (वर्णन) तथा 'शासन' (अनुशासन) दोनों से व्युत्पन्न करती हैं– शंसनात् शास्त्रम्, शासनात् शास्त्रम्।

15. इसी कारण परम्परा में शास्त्रों की तुलना बार बार आँखों से की जाती है– अनेकसंशयोच्छेदि सर्वार्थस्य च दर्शकम्। सर्वस्य लोचनं शास्त्रं यस्य नास्त्यन्ध एव सः॥

16. यज्ञदैवते पुष्पफले देवताध्यात्मे वा। (*निरुक्त* 1.20)

कहा है कि प्रत्येक मन्त्र का अर्थ तीन प्रकार से होता है– आध्यात्मिक, आधिभौतिक और आधियाज्ञिक।[17] इसे और स्पष्ट करते हुए उनके व्याख्याकार दुर्गसिंह कहते हैं कि जब व्यक्ति का अभिप्राय अभ्युदयमूलक धर्म से होता है तो यज्ञ पुष्परूप और देवता उसका फल होता है और जब उसका अभिप्राय निःश्रेयस (मोक्ष) रूप धर्म होता है तो देवता पुष्प और अध्यात्म उसका फल बन जाता है। इस प्रकार, वेद के विविध अर्थों को समझने-समझाने का भी एक इतिहास है। यास्क के निरुक्त से पता चलता है कि वेद के उपर्युक्त अर्थविशेषों को मानने वाले विद्वानों का पृथक् सम्प्रदाय हुआ करता था।[18] दुर्गसिंह का कहना है कि समझने वाले के अभिप्राय से वेदों के अर्थ भी भिन्न होते जाते हैं। उन्होंने इस विषय में 'घुड़सवार' का उदाहरण दिया है। जिस प्रकार कोई घोड़ा घुड़सवार की विशिष्टता के कारण ठीक या और ठीक गति करता है, उसी प्रकार मन्त्र भी व्याख्याताओं की विशिष्टता के आधार पर उत्कृष्ट और उत्कृष्टतर अर्थों को प्रदान करते हैं।[19] अन्यत्र भी वे कहते हैं कि 'वैदिक शब्दों की अभिधानशक्ति क्षीण होने वाली नहीं है। पुरुषों की जैसी प्रज्ञाशक्ति होती है, वैदिक शब्द अर्थों में वैसे ही परिणत होते जाते हैं'।[20] वेदों को अपौरुषेय मानने में सम्भवतः यही कारण है। यदि वेद को किसी एक व्यक्ति की कृति मान ली जाये तो उसका अर्थ उस व्यक्ति के आशय तक सीमित हो जाये। वेदों के विविध अर्थ निकलते रहने की सम्भावना बनी रहे इसके लिए उसकी अपौरुषेयता का सिद्धान्त अनिवार्य है। ऐसा क्यों होता है कि वेद के अर्थ सर्वमुख होते हैं ? इस रहस्य का उद्घाटन विनोबा भावे ने इस प्रकार किया है :

---

17. सर्वदर्शनेषु च सर्वे मन्त्रा योजनीयाः। कुतः स्वयं भाष्यकारेण सर्वमन्त्राणां त्रिप्रकारस्य विषयस्य प्रदर्शनाय (अर्थं वाचः पुष्पफलमाह, निरु. 1.20) इति यज्ञादीनां पुष्पफलत्वेन प्रतिज्ञानात्। (निरुक्त स्कन्दवृत्ति 7.5)

18. उदाहरण के लिए यास्क अनेक मन्त्रों की व्याख्या करते हुए ऐतिहासिकाः (नि. 7.7 ,2.16), परिव्राजक (नि.5.2), नैदान (नि. 7.2 ,6.9) पूर्वयाज्ञिक (नि. 8.5 ,7.23) आदि के मतों को उद्धृत करते हैं।

19. त एते वक्तुरभिप्रायवशादन्यत्वमपि भजन्ते मन्त्राः। न हि एतेषु अर्थस्येयत्तावधारणमस्ति। महार्था ह्येवैते दुष्परिज्ञानाश्च। यथाश्वारोहवैशिष्ट्यादश्वः......साधुः साधुतरश्चावहति, एवमेते वक्तृवैशिष्ट्यात् साधून् साधुतरांश्चार्थान् स्रवन्ति॥ (दुर्ग. *निरुक्त* नैघण्टुककाण्ड, 2.8)

20. अनुपक्षीयमाणशक्तयो हि विभवा वेदशब्दा यथाप्रज्ञपुरुषाणामर्थाभिधानेषु विपरिणममानाः सर्वतोमुखा अनेकार्थान् प्रब्रुवन्तीति। (*निरुक्तटीका* 1.20.06)

नये-नये अर्थ मिलने का सामर्थ्य होता है आर्ष शब्दों में, जो रचित नहीं, अनुभूत हैं दर्शित हैं। जिसको ये शब्द सूझे, उसका उन पर काबू नहीं, यानी जहाँ तक उसको उनका अर्थ मालूम होता है, वहीं तक उनका अर्थ सीमित नहीं रहता। उनसे अलग और भी अर्थ किये जा सकते हैं। ये उन मन्त्रों की विशेषता है, जो स्फुरित होते है, जो परिनिष्ठित, साक्षात् अनुभूत होते हैं। जैसे-जैसे मानव के मन का विकास होता है, वैसे-वैसे वे शब्द भी परिपुष्ट होकर आगे बढ़ते हैं। उन अनुभूत शब्दों में अणुशक्ति होती है। वह प्रयोग से प्रस्फुटित हो सकती है। ऐसे कुछ अनुभूत शब्द हमें (वेदों के रूप में) मिले हैं। ... (*वेदामृत*, पश्चपृष्ठ)

स्पष्ट है कि अर्थों की यह विविधता परम्परा में खोजी गयी है तथा इनका क्रमिक विकास हुआ है। स्वयं *ऋग्वेद*[21] तथा *निरुक्त*[22] में इस प्रकार के प्रखर मेधासम्पन्न विद्वानों की 'ओहब्राह्मणा:' नाम से चर्चा की गयी है जो तर्क का आश्रय लेकर वेदार्थ का विचार करते थे। ध्यातव्य है कि बाद-बाद वाले अर्थों के विकसित होने पर पहले-पहले वाले अमान्य नहीं हो जाते, बल्कि वे सभी अर्थ एक साथ मान्य होते हैं। वेद के कई मन्त्र अपने विविध अर्थों के लिए प्रसिद्ध हैं। उन मन्त्रों में से केवल एक का उदाहरण पर्याप्त होगा–

चत्वारि शृङ्गा त्रयो अस्य पादा द्वे शीर्षे सप्त हस्तासो अस्य।
त्रिधा बद्धो वृषभो रोरवीति महो देवो मर्त्यां आविवेश॥

ऋग्वेद 4.58.3॥[23]

इस मन्त्र में किसी महान् देव का वर्णन है जो मरणधर्मा प्राणियों में आविष्ट हो गया है। विविध विद्वानों ने इस महान् देव को अलग अलग तरह से पहचान कर प्रस्तुत मन्त्र की व्याख्या की है। कुमारिल (*तन्त्रवार्तिक* 1.2.46) के अनुसार यह महान् देव सूर्य है। सायण ने इसमें यज्ञरूपी अग्नि का वर्णन माना है। पतञ्जलि के

21. अत्राह त्वं विजहुर्वेद्याभिरोहब्रह्माणो विचरन्त्यु त्वे। (*ऋग्वेद* 10.71.8)

22. पुरस्तान्मनुष्या वा ऋषिषूत्क्रामत्सु देवानब्रुवन्को न ऋषिर्भविष्यतीति । तेभ्य एतं तर्कमृषिं प्रायच्छन् मत्रार्थचिन्ताभ्यूहमभ्यूढम्। (*निरुक्त* 13.12)। कलियुग में ऋषियों के नहीं रहने पर तर्क को ही ऋषि के रूप में माना गया। ऋषियों के अभाव का कारण *आपस्तम्बधर्मसूत्र* (1.2.3) में बताया गया है कि कलियुग में ब्रह्मचर्य के नियमों का पालन ठीक से नहीं करने के कारण ऋषियों का अभाव हो गया– तस्मादृषयोऽवरेषु न जायन्ते नियमातिक्रमात्।

23. *गोरक्षशतक* (60) में इसका हठयौगिक सन्दर्भ में अर्थ लिया गया है।

अनुसार इस मन्त्र में शब्दरूपी ब्रह्म का वर्णन है (दे. *महाभाष्य,* पस्पशाह्निक)। नवीं शताब्दी के काव्यशास्त्री राजशेखर ने अपनी *काव्यमीमांसा* के तीसरे अध्याय में इस महान् देव को काव्यपुरुष माना है। शंकराचार्य ने *विष्णुसहस्रनाम* (श्लो.सं. 94) में *नैकशृङ्गः* नाम की व्याख्या करते हुए इस मन्त्र को उद्धृत किया है और इसे भगवान् विष्णु का वाचक मांना है।[24] इस प्रकार वेद के मन्त्रों को अधिकाधिक लोगों के लिए उपयोगी बनाने हेतु[25] उनके तात्पर्य की सीमाओं में विस्तार किया गया, तथा प्रायः सभी अर्थों को गौण-मुख्य भाव से स्वीकार कर लिया गया। अनेक मन्त्रों के अर्थों के स्वीकरण का सुन्दर उदाहरण है मध्वाचार्य (1238-1317) का *ऋग्भाष्य। ऋग्भाष्य* में मध्व *ऋग्वेद* में आये सभी देवतावाची पदों का तात्पर्य विष्णु लेते हैं। लेकिन अग्नि, इन्द्र आदि देवताओं को विष्णुवाची मानते हुए भी उनका गौण अर्थ देवतावाचक भी मानते हैं। विष्णुपरक अर्थों को वे जहाँ वे 'महातात्पर्य' मानते हैं वहीं उन पदों के देवतापरक अर्थों को 'अवान्तरतात्पर्य'। महातात्पर्य को वे मुख्य मानते हुए अवान्तरतात्पर्य को भी मोक्षातिरिक्त पुरुषार्थों के लिए उपयोगी मानते हैं और उनका खण्डन नहीं करते।[26]

परम्परा स्वयं मुक्तकण्ठ से कहती है कि हमें वेद के अर्थ की व्याख्या इतिहास तथा पुराण इत्यादि के परिप्रेक्ष्य में ही करनी चाहिए। इस प्रसंग में 'उपबृंहण' शब्द का प्रयोग किया गया है। यह शब्द बड़ा मूल्यवान् है। इसका अर्थ विस्तार अथवा विशदीकरण होता है।[27] पुरानी सूचना का नये युग में विकसित सूचनाओं के सन्दर्भ में जब प्रक्रमण होगा तो पूर्वज्ञान का विशदन तो होगा ही। इतिहास अदि की उ

---

24. चतुःशृङ्गो नैकशृङ्गः– चत्वारि शृङ्गाः– इत्यादि।

25. सर्वमुखत्वं वेदानाम्।

26. सर्वोत्कर्षे देवदेवस्य विष्णोर्महातात्पर्यं नैव चान्यत्र सत्यम्।
अवान्तरं तत्परत्वं तदन्यत् सर्वागमानां पुरुषार्थस्ततोऽत इति पैङ्गी श्रुतिः॥ विष्णुतत्त्वविनिर्णयः 100. इस विषय पर विस्तार के लिए देखें, वैलेरी स्टोकर (2007), 'वैदिक लैंग्वेज ऐंड वैष्णव थियोलॅजी : माध्व,ज़ यूज़ ऑफ़ निरुक्त इन हिज़ ऋग्भाष्य, *जर्नल ऑफ़ इण्डियन फ़िलॉसफ़ी'* खण्ड 35 : 169-199.

27. 1. इतिहासपुराणाभ्यां वेदं समुपबृंहयेत्।
बिभेत्यल्पश्रुताद् वेदो मामयं प्रहरिष्यति॥ (*महाभारत,* आदि पर्व 1.267.268)
2. यन्न दृष्टं हि वेदेषु तद्दृष्टं स्मृतिषु द्विजाः।
उभयोर्यन्न दृष्टं हि तत्पुराणैः प्रगीयते॥ (*स्कन्दपुराण,* प्रभासखण्ड 5.3.124॥)

पेक्षा करके वेदार्थ की व्याख्या करना तो वेदोत्तर युगों में विकसित ज्ञान की उपेक्षा करना होगा।

वेद की विविध व्याख्याओं की सनातन परम्परा आगे भी चलती रही। वेदार्थ का निरन्तर उपबृंहण होता रहा, उसमें संकोच नहीं हुआ। सायण, दयानन्द, अरविन्द, अनिर्वाण, सातवळेकर, गोविन्द चन्द्र पाण्डेय इत्यादि के माध्यम से यह प्रक्रिया सतत प्रवहमान है। परम्परा द्वारा विस्तृत करके उपयोग योग्य बनाने का यह सुन्दर उदाहरण है।

ऊपर वेद की व्याख्याओं के बहुमुखी होने की चर्चा की गयी थी। यदि स्वयं ध्यान से देखें तो पता चलता है कि वेद अपने आप में भी परिवर्धमान हैं जड़ नहीं। अपरिवर्तनीय वस्तु ही प्रामाणिक और शुद्ध होती है यह आग्रह सामी धर्मों का है। पिछली सदियों में अनेक भारतीय भी प्रभावातिरेक में आकर यही मानने लगे थे। वेदों के अनेक सूक्त प्राचीन संहिताओं के साथ बाद वाली संहिताओं में भी विकसित रूप में मिलते हैं। बाद वाली संहिताओं में सूक्तों का भाषिक सन्निवेश कहीं कहीं भिन्न भी है। दो उदाहरण यहाँ पर दिये जा सकते हैं। *ऋग्वेद* (10.90) के पुरुष सूक्त में केवल 16 मन्त्र हैं। यह सूक्त *शुक्लयजुर्वेद* की *वाजसनेयि संहिता* (31.1–6) में भी प्राप्त होता है। यहाँ पूर्वोक्त 16 मन्त्रों में थोड़े परिवर्तनों के साथ छह मन्त्र और प्राप्त होते हैं, जिन्हें *उत्तरनारायण* कहते हैं। इसके अतिरिक्त *यह तैत्तिरीय आरण्यक* (3.12,13), *अथर्ववेद* (19.6) और *सामवेद* में भी कुछ परिवर्तनों के साथ मिलता है। इसी तरह *ऋग्वेद* के 10वें मण्डल का 85वाँ सूक्त विवाहसूक्त के नाम से प्रसिद्ध है। इसका प्रयोग अभी भी वैवाहिक कार्य में होता है। *ऋग्वेद* में प्राप्त इस सूक्त में 47 मन्त्र हैं। यह सूक्त अनेक परिवर्तनों के साथ *अथर्ववेद* के 14वें काण्ड के दो अनुवाकों में भी आता है। पहले अनुवाक में 64 मन्त्र हैं जबकि दूसरे में 75।

यद्यपि वेदों के बारे में मान्यता है कि ये अपौरुषेय, अपरिवर्तित तथा अपरिवर्तनीय हैं, फिर भी इनके विविध पाठ प्राप्त होते हैं जो इनके कालिक तथा भौगोलिक विस्तार की सूचना देते हैं। इन्हें शाखाओं के वैविध्य के रूप में मान्यता दी गयी है। बाद में उपबृंहित नये सूक्तों को 'खिल पाठ' का नाम देकर उन्हें भी प्रामाणिक स्वीकार किया गया है। इन प्रवृत्तियों से यह प्रकट होता है कि वेदों में आन्तरिक उपबृंहण की भी परम्परा रही है जो बाद के वेदेतर वाङ्मय में और भी पुष्ट होती गयी है।

भौतिक विधियों का आध्यात्मिक विस्तार

मन्त्र तथा संहिता काल के बाद ब्राह्मण ग्रन्थों का कर्मकाण्ड-बहुल काल आता है। उस समय बड़े-बड़े यज्ञों की प्रधानता दिखायी देती है। परवर्ती ब्राह्मण काल में ही और विशेषत: उसके बाद उपनिषद् काल में, यज्ञों के भौतिक स्वरूप की सीमाओं को समझने के साथ उनके आध्यात्मिक स्वरूप को भी दृष्टिगत किया जाने लगा।[28] परम्परा में यह विस्तार बहुत मूल्यवान् है। सम्भवत: यह प्रवृत्ति हर आयाम से विकसित होती हुई सभ्यता को दृष्टि में रख कर कर्मकाण्डों को अधिक व्यापक और स्वीकार्य बनाने का उपक्रम था। अनुष्ठानों की सार्वदेशिकता के अतिरिक्त इनकी सार्वकालिकता को भी सुनिश्चित करने के लिए इन्हें भौतिक तल से उठा कर आध्यात्मिक तल पर रखना आवश्यक था। अपने भौतिक अस्तित्व में जो वस्तु सीमित होती है उसी को यदि आध्यात्मिक धरातल पर रख दिया जाये तो वह काल और भूगोल को अतिक्रान्त करके और अधिक विस्तृत हो जाती है।

इस प्रवृत्ति के कुछ रोचक उदाहरण प्रस्तुत हैं। *शतपथब्राह्मण* (11.3.1) में विदेहराज जनक के साथ चर्चा में याज्ञवल्क्य ने एक महत्त्वपूर्ण बात उठाई है कि विविध भौतिक सामग्रियों से होने वाले बाह्य यज्ञ तब किस प्रकार होंगे जब किसी ख़ास परिस्थिति में उन भौतिक सामग्रियों का अभाव हो जाये। लम्बी चर्चा के अनन्तर उन्होंने निर्णय दिया है कि 'श्रद्धा ही पवित्र अग्नि है और सत्य ही घृत है'। सृष्टि के आदि में भी जब कोई भौतिक वस्तु नहीं थी तब भी अग्निहोत्र श्रद्धा तथा सत्य के सहारे ही हुआ करता था। ऐसा मानने पर ही हवन सामग्री के नष्ट हो जाने पर भी अग्निहोत्र का लोप नहीं होगा।[29] आध्यात्मिक दृष्टि के साथ इसमें एक उपयोगितावादी दृष्टिकोण भी है। यह बात इसी प्रकरण में आगे पता चलती है जब प्राचीन श्लोकों का उद्धरण देते हुए प्रश्न उठाया जाता है कि नित्य अग्निहोत्र करने वाला व्यक्ति जब अपने घर को छोड़कर कहीं बाहर जाता है तो अग्नि के समीप नहीं रह पाने पर भी उसका व्रत खण्डित नहीं होता है, कैसे? इसके उत्तर में उनका कहना है कि प्राण ही अग्निहोत्र है। प्रवास अवस्था में भी प्राण में आहुति अर्पित करने के कारण अग्निहोत्री व्यक्ति का व्रत खण्डित नहीं होता। इसलिए

---

28. प्लवा ह्येते अदृढा यज्ञरूपा:। (*मुण्डकोपनिषद्* 1.2.7)

29. तेज एव श्रद्धा सत्यमाज्यम् (11.3.1.[1])।...न वा इह तर्हि किं चनासीदथैतदहूयतैव सत्यं श्रद्धायामिति (11.3.1.[4])।।

प्राण ही अग्निहोत्र है।[30] प्रवास की अवस्था में स्पष्ट ही भौतिक यज्ञों का अनुष्ठान कठिन है। *शतपथब्राह्मण* में ही यज्ञ की वेदी के प्रसंग में याज्ञवल्क्य का कहना है कि 'व्रतधारी यजमान ही वास्तविक वेदी है'।[31] इसी प्रकार के एक 'आन्तर अग्निहोत्र' का वर्णन कौषीतकी ब्राह्मणोपनिषद् में भी आता है। यह एक ऐसा कृत्य है जिसका अनुष्ठान निरन्तर किया जा सकता है। इसके अनुसार जब कोई व्यक्ति बोलता है तब वह पूरी साँस नहीं ले सकता। उस समय वह वाणी में प्राणों की आहुति दे रहा होता है। इसी प्रकार जब कोई व्यक्ति साँस लेता है उस समय वह पूरी तरह से बोल नहीं सकता। तब वह प्राण में वाणी की आहुति दे रहा होता है। ये दोनों अमृत-आहुतियाँ कभी नष्ट न होने वाली ऐसी आहुतियाँ हैं जिनका अनुष्ठान व्यक्ति सोते-जागते निरन्तर और सघन रूप से करता रहता है। वाणी और प्राण से भिन्न भौतिक द्रव्यों से सम्पन्न होने वाली आहुतियाँ कर्ममय (अर्थात् कृत्रिम) होने के कारण नष्ट हो जाने वाली होती हैं। इस रहस्य को जानने वाले प्राचीन विद्वान् केवल द्रव्यमय अग्निहोत्र न करके इस आध्यात्मिक अग्निहोत्र का भी अनुष्ठान करते थे।[32] *छान्दोग्य उपनिषद्* में देवकीपुत्र कृष्ण आंगिरस ऋषि के शिष्य बताये जाते हैं। आंगिरस ने कृष्ण को यह शिक्षा दी थी कि तप, दान, आर्जव, अहिंसा तथा सत्यवचन ही वास्तविक यज्ञ हैं।[33]

स्मृति वाङ्मय श्रुतियों अर्थात् वेदों के अर्थों के विस्तार के रूप में स्वीकृत हैं। पारम्परिक मान्यता है कि वेदों में जो बातें संकेत रूप में कही गयी हैं उन्हीं का वर्णन वेदज्ञ ऋषियों ने विस्तारपूर्वक स्मृतियों में किया है।[34] वेदों पर आधृत होने

---

30. यो जागार भुवनेषु। विश्वा जातानि योऽबिभः। तस्मिन्त्साऽस्य हुताऽऽहुतिर्गृहे यामस्य जुह्वतीति प्राणमेवैतदाह तस्मादाहुः प्राण एवाग्निहोत्रमिति– (11.3.1.[8])।।

31. ऋत्विजो हैव देवयजनम्। ये ब्राह्मणाः शुश्रुवांसोऽनूचाना विद्वांसो याजयन्ति सैवाह्वलैतन्नेदिष्ठतमामिव मन्यामहे इति॥ 3.1.1.4–5

32. अथातः सांयमनं प्रातर्दनमान्तरमग्निहोत्रमिति चाचक्षते यावद्वै पुरुषो भाषते न तावत्प्राणितुं शक्नोति प्राणं तदा वाचि जुहोति। यावद्वै पुरुषः प्राणिति न तावद्भाषितुं शक्नोति वाचं तदा प्राणे जुहोति। एते अनन्ते अमृताहुती जाग्रच्च स्वपंश्च संततमव्यवच्छिन्नं जुहोत्यथ या अन्याः आहुतयोऽन्तवत्यस्ताः कर्ममय्यो हि भवन्त्येतद्ध वै पूर्वे विद्वांसोऽग्निहोत्रं न जुहवांचक्रुः ॥ (*कौषीतकी ब्राह्मणोपनिषद्* 2.5)

33. छान्दोग्योपनिषद् 3.17

34. स्मृतयो बहुरूपाश्च दृष्टादृष्टप्रयोजनाः।
तमेवाश्रित्य लिङ्गेभ्यो वेदविद्भिः प्रकल्पिताः॥ (*वाक्यपदीयम्* 1.7)

के कारण ही स्मृतियों को प्रामाणिक माना जाता है। वस्तुतः, वे स्मृतियाँ जिनका संकेत वेद में नहीं मिलता, दो प्रकार की हो सकती हैं– वेद के अनुकूल और वेद की विरोधी। यदि वे वेद के अनुकूल हैं तो और उनके बाक़ी अंशों में वेदमूलक होने का संकेत मिलता है और वे स्थालीपुलाकन्याय से प्रामाणिक मानी जाती हैं।[35] यदि स्मृतियाँ वेद के साथ विरुद्धार्थक हैं तो उन्हें अप्रामाणिक मान कर त्याग दिया जाता है। क्योंकि वेदार्थ की विरोधी श्रुतियों के सम्बन्ध में यह सम्भव है कि किसी ने स्वार्थवश घालमेल किया हो।[36]

भगवद्गीता में श्रीकृष्ण ने बहुत से आध्यात्मिक यज्ञों को यज्ञ के प्रचलित भौतिक अर्थ के साथ जोड़ा है। ये हैं– द्रव्ययज्ञ, तपयज्ञ, योगयज्ञ, स्वाध्याययज्ञ तथा ज्ञानयज्ञ आदि। द्रव्यों से किये जाने वाले यज्ञों की अपेक्षा ज्ञानयज्ञ को वे अधिक प्रशस्त मानते हैं।[37] दूसरी जगह वे सभी प्रकार के यज्ञों में जपयज्ञ को अपना स्वरूप बताते हुए उसकी प्रशंसा करते हैं।[38] जपयज्ञ भी भौतिक द्रव्यों की सहायता से किये जाने वाले यज्ञों से भिन्न है। यहाँ यह ध्यान रखना चाहिए है कि श्रीकृष्ण भौतिक यज्ञों को कहीं भी नकारते नहीं हैं। वे तो इसका त्याग करने के विरुद्ध सावधान भी करते हैं।[39] यज्ञ के आध्यात्मिक स्वरूप को अधिक महत्त्व वाला मानते हुए भी वे उसके द्वारा भौतिक यज्ञों को स्थानापन्न नहीं करते बल्कि बस उसे जोड़ते हैं। उनके अनुसार व्यष्टि तथा समष्टि दोनों के लिए अधिक हितकारी होने के कारण आध्यात्मिक यज्ञ भौतिक यज्ञों से श्रेष्ठ है। इसी प्रकार अभिनवगुप्त ने भी *तन्त्रालोक* के 29वें अध्याय में कुलयाग की

---

35. यथैकोऽपि स्थालीपुलाको दृष्टस्तदन्येषां तुल्यकरणानामदृष्टानामपि तथात्वं गमयति, एवमदृष्टवेदलिङ्गाया अपि स्मृतेस्तेनैव स्मरणात् दृष्टवेदलिङ्गाया इव प्रामाण्यायालम्... (*पद्धती,* 1.7 : 30)

36. तत्रैतत् स्यात् यां कांचिल्लिङ्गप्रतिबद्धामुपलभ्य कपटप्रक्षेपोऽपि स्यादित्याह- श्रुत्यर्थाविरोधिन्य इति। या श्रुत्यर्थं न बाधते सा प्रमाणम्। कपटप्रक्षेपश्चावश्यं बाधते। (*पद्धती,* 1.7, पृ.30)

37. श्रेयान्द्रव्यमयाद्यज्ञाज्ज्ञानयज्ञः परन्तप।
सर्वं कर्माखिलं पार्थ ज्ञाने परिसमाप्यते।। 4.33।।

38. यज्ञानां जपयज्ञोऽस्मि॥ (*श्रीमद्भगवद्गीता* 10.125)

39. *भगवद्गीता* में अनेक जगह भौतिक यज्ञों को न छोड़ने की सलाह दी गयी है–
(i) न निरग्निर्न चाक्रियः। (6.1)
(ii) यज्ञदानतपःकर्म न त्याज्यं कार्यमेव तत्। (18.15)

चर्चा की है जो पारम्परिक यज्ञों के विकल्प रूप में उसकी परिधि को बढ़ाता हुआ प्रतीत होता है। इसी प्रकार शिवाद्वयवाद में यम नियम आदि अष्टांग योग की भी अपनी स्वतन्त्र व्याख्याएँ मिलती हैं।

भौतिक साधनों के आध्यात्मिकीकरण की यह प्रक्रिया भारतीय परम्परा में निरन्तर चलती ही रही है। तन्त्र के ग्रन्थों में द्रव्यात्मक पूजा के साथ मानसिक पूजा भी एक लोकप्रिय प्रविधि है। विविध देवताओं की मानसपूजा (जैसे शिवमानसपूजा आदि) पूजा पद्धतियों में प्रसिद्ध ही है।[40] गुरुग्रन्थसाहब में गुरु नानक की कही एक आरती संगृहीत है जिसमें भौतिक साधनों से की जाने वाली आरती के साथ वैश्विक तथा आध्यात्मिक उपादानों से निरन्तर हो सकने वाली आरती का सुन्दर

---

40. उदाहरण के लिए–

1. शिवमानसपूजा में आदि शंकराचार्य कहते हैं–

   आत्मा त्वं गिरिजा मतिः सहचराः प्राणाः शरीरं गृहं
   पूजा ते विषयोपभोगरचना निद्रा समाधिस्थितिः।
   संचारः पदयोः प्रदक्षिणविधिः स्तोत्राणि सर्वा गिरो
   यद्यत्कर्म करोमि तत्तदखिलं शम्भो तवाराधनम् ।।

   (हे शम्भो ! मेरी आत्मा तुम हो, बुद्धि पार्वती हैं, प्राण आपके गण हैं, शरीर आपका घर है, सम्पूर्ण विषय–भोग की रचना आप की पूजा है, निद्रा समाधि है, मेरे पाँवों का चलना-फिरना आप की परिक्रमा है तथा मेरी वाणी के सम्पूर्ण शब्द आप के स्तोत्र(स्तुति) हैं तथा मैं जो भी कर्म करता हूँ, वह सब आप अखिल-शिव-स्वरूप की आराधना ही है।)

2. अभिनवगुप्त कहते हैं कि–

   तव च का किल न स्तुतिरम्बिके! सकलशब्दमयी किल ते तनुः।
   निखिलमूर्तिषु मे भवदन्वयो मनसिजासु बहिःप्रसरासु च॥
   इति विचिन्त्य शिवे! शमिताशिवे! जगति जातमयत्नवशादिदम्।
   स्तुतिजपार्चनचिन्तनवर्जिता न खलु काचन कालकलास्ति मे॥

   (हे जगदम्बिके! संसार मे कौन-सा वाङ्मय ऐसा है, जो तुम्हारी स्तुति नहीं है; क्योकि तुम्हारा शरीर तो सकलशब्दमय है। हे देवि! अब मेरे मन में संकल्पविकल्पात्मक रूप उदित होने वाली एवं संसार मे दृश्य रूप से सामने आने वाली सम्पूर्ण आकृतियों में आपके स्वरूप का दर्शन होने लगा है। हे समस्त अमंगलध्वंसकारिणि कल्याणस्वरूपे शिवे! इस बात को सोचकर अब बिना किसी प्रयत्न के ही सम्पूर्ण चराचर जगत् में मेरी यह स्थिति हो गयी है कि मेरे समय का क्षुद्रतम अंश भी तुम्हारी स्तुति, जप, पूजा अथवा ध्यान से रहित नहीं है। अर्थात् मेरे सम्पूर्ण जागतिक आचार-व्यवहार तुम्हारे ही भिन्न-भिन्न रूपों के प्रति व्यवहृत होने के कारण तुम्हारी पूजा में परिणत हो गये है।)

वर्णन किया गया है।[41] उनसे भी पहले हुए मध्यकालीन महान् तत्त्वदर्शी गोरखनाथ की *गोरखबानी* के 62वें पद में *'नाथ निरंजन की आरती'* भी इसी प्रकार के आध्यात्मिकीकरण का सुन्दर उदाहरण है।[42]

सार्वकालिकता तथा सार्वदेशिकता की उपस्थापना

भारतीय परम्परा अतीत में घटी हुई घटनाओं तथा उससे सम्बद्ध व्यक्तियों को काल अथवा भूगोल के एक विशेष बिन्दु पर स्थिर करके या जीवाश्मीकृत न कर उन्हें अपने समय में और अपने स्थान पर ले आकर उनको जीती है। यही कारण है कि यहाँ किसी भी प्रमुख घटना अथवा व्यक्तित्व के समय तथा स्थान के विषय में विविध मत मिल जाते हैं। इतिहास के संकलन में केवल पाश्चात्त्य तरीक़ों को प्रामाणिक मानने वालों के लिए यह बात खटक सकती है, लेकिन यह भारतीय परम्परा की एक विशिष्ट प्रविधि है। इसके माध्यम से वह वर्तमान में अतीत की व्याप्ति और उसका विस्तार कर पाती है। साथ ही उनकी घटनाओं के भौगोलिक बिन्दु भी पूरे देश में फैले हुए मिलते हैं। इतिहास और भूगोल को इस प्रकार का विस्तार देना उसे जीवन्त रखने की ख़ास भारतीय प्रविधि है। इस प्रविधि का उपयोग उन सभी घटनाओं और व्यक्तियों को समकालीन विमर्शों में उपयोगी बनाए रखने के लिए किया जाता है।

---

41. गगन मै थालु रवि चंदु दीपक बने तारिका मंडल जनक मोती ॥ धूपु मलआनलो पवणु चवरो करे सगल बनराइ फूलंत जोती॥1॥ कैसी आरती होइ ॥ भव खण्डना तेरी आरती ॥ अनहता सबद वाजंत भेरी ॥1॥ रहाउ॥ सहस तव नैन नन नैन हहि तोहि कउ सहस मूरति नना एक तोही ॥ सहस पद बिमल नन एक पद गंध बिनु सहस तव गंध इव चलत मोही ॥2॥ सभ महि जोति जोति है सोइ ॥ तिस दै चानणि सभ महि चानणु होइ ॥ गुर साखी जोति परगटु होइ ॥ जो तिसु भावै सु आरती होइ ॥3॥ हरि चरण कवल मकरंद लोभित मनो अनदिनु मोहि आही पिआसा ॥ क्रिपा जलु देहि नानक सारिंग कउ होइ जा ते तेरै नाइ वासा ॥4॥3॥ (https://www.gurugranthdarpan.net/hindi/0013.html)

42. नाथ निरंजन आरती साजै। गुरु के सबदू झालरि बाजै॥ टेक॥ अनहद नाद गगन में गाजै। परम जोति तहँ आप बिराजै॥1॥ दीपक जोति अषंडत बाती। परम जोति जगै दिन राती॥2॥ सकल भवन उजियारा होई। देव निरंजन और न कोई॥3॥ अनँत कला जाके पार न पावै। संष, मृदंग, धुनि बेनि बजावै॥4॥ स्वाति बूँद लै कलस बँदाऊँ। निरति सुरति लै पहुप चढ़ाऊँ॥5॥ निज तत नाव अमूरति मूरति। सब देवा सिर उदबुदि सूरति॥5॥ आदिनाथ नाती मछेन्द्रनाथ पूता। आरति करै गोरष अवधूता॥6॥ देखें, विजयपाल सिंह (2049), *गोरखनाथ दर्शन*, गोरखनाथ मन्दिर, गोरखपुर : फ्लैप पर उद्धृत।

कालिक प्राचीनता, भौगोलिक उच्चावच तथा जातीय विभिन्नता आदि के आधार पर भारतवर्ष में इतिहास– संकलन हेतु स्वयं की विशिष्ट प्रविधियाँ विकसित हुईं हैं। ये प्रविधियाँ यूरोप की 'हिस्ट्री' लेखन की प्रविधियों से भिन्न हैं। यूरोपीय इतिहासकारों द्वारा तय की गयी सीमाएँ भारतीय ऐतिहासिक स्रोतों पर ठीक नहीं बैठतीं। इसलिए हमें 'इस अंधविश्वास का परित्याग कर देना चाहिए कि सभी देशों के इतिहास को एक समान होना चाहिए'।[43] सीमित इतिहास दृष्टि के आधार पर यूरोपीय इतिहासकारों ने भारतीय इतिहास ग्रन्थों को 'मिथ' अथवा 'पुराकथा' मात्र मान लिया है। इसी नाते वे एक मिथ्या धारणा पोषित करते हैं कि प्राचीन भारत में ऐतिहासिक सामग्री की कमी है। वस्तुतः ऐसा नहीं है। वस्तुतः भारत की इतिहास-दृष्टि उनकी इतिहास-दृष्टि से भिन्न है। यदि इतिहास के इस स्वरूप को पश्चिमी विद्वान् 'मिथ' मानते हैं तो वस्तुतः यह ध्यान रखना होगा कि हमारे परिप्रेक्ष्य में मिथ इतिहास का ही नामान्तर है। आनन्द कुमारस्वामी यह भी मानते हैं कि निरंतर व्यवहार के कारण मिथ का सत्य किसी समय और स्थान तक सीमित नहीं रहता। यह सार्वकालिक और सार्वदेशिक हो जाता है, लेकिन इसका मतलब यह नहीं है कि यह अपने मूल से सर्वथा अलग हो जाता है। भारत का इतिहास बोध ऐतिहासिक स्मृति नहीं है जिसे संग्रहालयों में तो रखा जाये लेकिन उसके द्वारा वर्तमान को सम्बोधित न किया जा सके। भारतीय सभ्यता अतीत को व्यतीत न मानकर उसे समकालीन जीवन की प्रतीक व्यवस्था में समायोजित करती रहती है। इसीलिए भारतीय जीवन-दृष्टि में अतीत उतना ही अर्थवान् और संस्कारशील बना रहता है जैसा कि वह अपने बीते हुए वर्तमान में रहा होगा।[44] 'भारतीय इतिहास में काल की धारणा पर इस बात का भी आरोप लगाया जाता है कि यह चक्रीय गति को मानता है तथा इसमें आरम्भ तथा अन्त जैसे सम्प्रत्यय नहीं है। वस्तुतः यह पूर्वाग्रह भी पाश्चात्त्य अध्येताओं में उनकी सामी दृष्टि के कारण आया है।' भारतीय परम्परा यदि अपने को इस दुश्चक्र से, पतन और उद्धार की त्रासद प्रक्रिया से मुक्त रख सकी तो इसलिए कि वहाँ 'आरम्भ' और 'अन्त' किसी ख़ास ऐतिहासिक बिन्दु पर अंकित नहीं किये जाते। ... पश्चिमी परम्परा में यह विचार असम्भव लगता है, कि समय का 'आरम्भ' उतना

---

43. रवीन्द्र नाथ टैगोर (अनु. 2003), *विज़न ऑफ़ हिस्ट्री*, शिमला : इण्डियन इंस्टीट्यूट ऑफ़ एडवांस्ड स्टडी, 28.

44. अम्बिकादत्त शर्मा (2018), पूर्वोद्धृत : 66.

ही आरम्भहीन हो सकता है जितना कि उसका 'अन्त' अन्तहीन'।[45]

अतीत के इस सार्वकालिक तथा सार्वक्षेत्रिक विस्तार की प्रवृत्ति के कारण ही भारत में *रामायण, महाभारत* आदि के पात्रों और घटनाओं को लेकर कितने ही मत-मतान्तर मिलते हैं। एक व्यक्ति भारत के किसी भी क्षेत्र में चला जाये उसे हर जगह राम-सीता अथवा पाण्डवों से जुड़े स्थान हर जगह मिल जाते हैं। बाद में उत्पन्न हुए महापुरुषों के बारे में भी यही सत्य है। महायोगी गोरखनाथ इस प्रवृत्ति के बहुत ही उपयुक्त उदाहरण हैं। मध्यकाल में भारत के किसी स्थान में विशेष में उत्पन्न हुए गोरखनाथ के देश-काल के विषय में प्रभूत विकल्प प्राप्त होते हैं। उनके जन्मस्थान के विषय में पश्चिम में काठियावाड़, पंजाब, उत्तर में नेपाल, गोरखपुर, जायस, पूरब में बंगाल, दक्षिण में चोल देश; इन सबसे सम्बन्धित मत मिलते हैं।[46] इतने विविध मतों का तात्पर्य भ्रम अथवा सन्देह नहीं अपितु महायोगी गोरखनाथ तथा उनकी चेतना का समस्त भारत में प्रचार तथा स्वीकृति है जिसके नाते हर क्षेत्र के लोग उन्हें अपने निकट का मानते हैं। यही कारण है कि भारत के हर छोटे से छोटे स्थान पर उनके मठ, उनकी धूनी, उनके तथा उनके शिष्यों के बारे में कथाएँ मिल जाती हैं। यही सब बातें उनके समय के बारे में भी कही जा सकती हैं। अधिकांश मत उनके 7वीं शताब्दी से लेकर 12वीं शताब्दी तक वर्तमान रहने के संकेत देते हैं। लोकमान्यताओं में वे पहली सदी ईसा पूर्व के सम्राट् विक्रमादित्य के भाई भर्तृहरि के गुरु हैं तो चौथी शताब्दी के नेपाल के राजा वसन्तदेव को सिंहासन पर बिठाने वाले हैं। वे 13वीं शताब्दी में वर्तमान ज्ञानेश्वर महाराज के दादागुरु गहिनीनाथ के गुरु हैं[47] और फ़ीरोज़शाह से युद्ध करने वाले पंजाब के वीर गूगा से भी सम्बद्ध हैं।[48] गुरु गोरख बप्पा रावल को खड्ग देते हैं[49] तो वे बाबा फ़रीद से भी मिलते

---

45. निर्मल वर्मा (2001), *आदि, अन्त और आरम्भ*, राजकमल प्रकाशन, नयी दिल्ली : 36.

46. विजयपाल सिंह (2049 वि.), पूर्वोद्धृत : 62, 59.

47. निम्नलिखित ओवियों में यह गुरु-शिष्य परम्परा इस प्रकार कही जाती है– आदिनाथ गुरु सकळ सिद्धांचा। मच्छिन्द्र तयाचा मुख्य शिष्य॥1॥ मच्छिन्द्राने बोध गोरखासी केला। गोरक्ष वोळला गहिणीप्रती॥2॥ गहिणीप्रसारे निवृत्ती दातार। ज्ञानदेवा सार चोजविले॥3॥

48. जॉर्ज वेस्टन ब्रिग्ज़ (1938), *गोरखनाथ ऐंड कनफटा योगीज,* ऑक्सफ़ार्ड युनिवर्सिटी प्रेस, लंदन : 186-187.

49. उपर्युक्त : 183-184.

हैं[50]। वे पंजाब के ही पूरन भगत को सूखे कुँए से निकाल उसे स्वस्थ करते हैं जो अपने हाथ-पाँव खो बैठा था।[51] सन्त कबीर के साथ उनकी गोष्ठियाँ प्रसिद्ध ही हैं जो प्रकाशित *गोरखबानी* में भी मिलती हैं। अनेक कथानकों में तो वे चारों युगों में स्थित हैं।[52] गोरखनाथ की इस परम्परासम्मत सार्वकालिकता का तात्पर्य यह है कि वे भारतीय चेतना से इस तरह एकमेक हो चुके हैं कि जनता किसी भी ऐसे समय अथवा क्षेत्र की कल्पना नहीं कर सकती जहाँ उनका अभाव हो।

प्राय: नवीं शताब्दी में उत्पन्न शंकराचार्य के जीवन से सम्बन्धित अनेक ग्रन्थ रचे गये। इन ग्रन्थों में से सबसे प्रमुख माधवरचित *शंकरदिग्विजय* है। इसमें आचार्य शंकर का शास्त्रार्थ ऐसे विद्वानों के साथ दिखाया गया है जो न तो उनके समय के हैं और न ही उन क्षेत्रों से जहाँ का इन्हें माना जाता है। इसमें शंकर से बहुत पहले हुए दण्डी, बाण, मयूर तथा शंकर के बहुत बाद में हुए अभिनवगुप्त, श्रीहर्ष, भट्टभास्कर तथा उदयन आदि के साथ उनके शास्त्रार्थों की चर्चा की गयी है जिसमें उनको विजयी दिखाया गया है।[53] इन सबका तात्पर्य शंकर मत का विविध भारतीय मतों के साथ सघन संघट्ट है। कबीरदास के अनुयायी ऐसे किसी भी समय की कल्पना नहीं कर सकते जब कि कबीर नहीं थे।[54] भट्ट कवियों ने नानक के बारे में भी यही कहा है कि उन्होंने गुरु नानक से अतिरिक्त किसी अन्य पुरातन पुरुष को नहीं देखा।[55]

अनेक विद्वान् इस प्रवृत्ति को इतिहास सम्बन्धी भ्रम कह सकते हैं[56]। लेकिन ऐसा नहीं है। इसे परम्परा की चेतना के सार्वदेशिक तथा सार्वकालिक संघट्ट के रूप में समझना अधिक उचित है। ऐसे ही उदाहरण अनेक महापुरुषों और घटनाओं के बारे में दिये जा सकते हैं। ये महापुरुष अपनी चेतना की सार्वकालिकता के कारण

---

50. उपर्युक्त : 230.

51. उपर्युक्त : 184-185.

52. उपर्युक्त : 228, विजयपाल सिंह (2049 वि.), पूर्वोद्धृत, 63-70)

53. देखें, *शंकरदिग्विजय* सर्ग 15.

54. इसके लिए कई बार वे अतिरञ्जित तर्क देने से भी नहीं चूकते। उदाहरण के लिए *ईशावास्योपनिषद्* के कविर्मनीषी परिभूः स्वयंभूः (मन्त्र 8) में कविर् (कविः) को वे 'कबीर' का संकेतक मानते हैं।

55. दूसर आन न अवरु पुरखु पउरातनु सुनिऐ।

56. जैसे कि (बलदेव उपाध्याय (1963), *श्रीशंकराचार्य*, हिन्दुस्थानी अकेडमी, प्रयागराज : 15) मानते हैं।

सभी कालों में विराजमान माने जाते हैं। मतलब यह है कि वह तत्त्व जिनके साथ वे एकमेक हो गये हैं वह सृष्टि के आदि में भी था और अन्त में भी रहेगा। इस नाते उनका कभी भी अभाव नहीं हो सकता। इस बहुलता सम्पन्न विस्तार का तात्पर्य यह नहीं है कि इन घटनाओं की ऐतिहासिक अथवा भौगोलिक वास्तविकता नहीं है। इनकी बहुशाखीयता तो इनकी जीवन्त निरन्तरता तथा प्रयोगयोग्यता का प्रमाण है। इस प्रकार भारत में इतिहास जीवन्त, निरन्तर, बहुशाखीय और प्रयोजनीय है।

विरुद्ध विकल्पों का युगपत् प्रमाणन : कल्पभेद

परम्परा अपने अतीत को वर्तमान में अवतारित करती है। इस कारण एक ही व्यक्ति अथवा एक ही घटनाक्रम अनेक कालखण्डों और भौगोलिक क्षेत्रों के साथ जुड़ जाता है। भारतीय बोध में जब अतीत बहुशाखीय बनकर वर्तमान में आता है तो इस विस्तारण के दौरान उसके पुराने स्तरों पर विकसित ज्ञान के प्रसंग न तो कालबाह्य माने जाते हैं और न ही उनमें घटित नये उद्विकासों को मिलावट ही माना जाता है। सनातन परम्परा में एक ऐसी विशेष तकनीक है जिसके आधार पर काल के प्रवाह में विकसित होते हुए ज्ञान के सभी स्तर एक साथ (युगपत्) प्रामाणिक माने जा सकते हैं। सभी स्तरों के एक साथ प्रामाणिक हो सकने का बड़ा लाभ यह होता है कि भारतीय संस्कृति में मार्गों और उपायों की विविधता स्वभावत: हो जाती है और यह बहुवैकल्पिक बन जाती है। यह बहुवैकल्पिकता भारतीय ज्ञान-परम्परा की बहुत बड़ी विशेषता है। इस बहुवैकल्पिकता में युगीन विस्तारों को प्रक्षेप मानकर उनकी निन्दा प्राय: नहीं की जाती है। इस परिघटना को हम भारत में विकसित ग्रन्थों के आधार पर भी देख सकते हैं। भारतीय परम्परा में ग्रन्थों की विविधरूपता अथवा एक ग्रन्थ के अन्दर पाठों के प्रभेदों की बहुलता को प्रामाणिकता का विरोधी नहीं माना जाता। 'किसी भी ग्रन्थ का केवल एक ही पाठ होने पर ही वह प्रामाणिक हो सकता है', यह एक अभारतीय दृष्टि है, जो अनेक कारणों से भारत में भी प्रविष्ट हो गयी। अनेक भारतीय विद्वान् बाह्य प्रभावों के नाते पाठों की इस बहुलता से लज्जित और इब्राहमी शुद्धता के मानकों से आतंकित से प्रतीत होते हैं।[57] भारतीय परम्परा के पास

57. '... हम देखते हैं कि हमारे विद्वान् लज्जित हैं और सिद्ध करना चाहते हैं कि हमारे ग्रन्थों में कुछ मिलावट हो गयी है। यह मिलावट का विचार भी अ-भारतीय विद्वत्ता की देन है जिसकी बुनियाद *बाइबिल* और *क़ुर्आन* का शुद्ध पाठ प्राप्त करने के लिए किये गये क्रूर प्रयासों में है।' (वागीश शुक्ल (2022), *समास* : 29)

इस परिवर्तन को सुसंगत करने की तथा उन्हें प्रामाणिक मानने की अनेक तकनीकें हैं। **कल्पभेद** की तकनीक इसका सुन्दर उदाहरण है।

कई बार ग्रन्थों में यह भी दिखाई पड़ सकता है कि एक ही प्रसंग अनेक प्रकार से व्याख्यात है। उदाहरण के लिए-रामकथा में चार भाइयों का वरीयता क्रम, विष्णु के अवतारों की संख्या तथा उनका क्रम आदि परिघटनाएँ अनेक स्थलों पर अनेक रूपों में प्राप्त होती हैं। प्रश्न उठता है कि यदि यह घटना हुई तो ऐसा कैसे हो सकता है कि उसके सम्बन्ध में प्राप्त सभी संस्करण सही हों। इस पर परम्परा का दृष्टिकोण यह है कि ये सभी इस प्रकार सही हो सकते हैं कि ये सभी घटनाएँ अलग अलग कल्पों में थोड़े थोड़े परिवर्तनों के साथ घटी हुई हैं। एक कल्प बीत जाने के बाद फिर दूसरा कल्प प्रारम्भ होता है। सनातन काल मर्यादा में यह माना जाता है कि हर एक कल्प के पीछे एक कल्प अवश्य रहा है।[58] प्रत्येक कल्प में प्राय: वही घटनाएँ कुछ अन्तरों के साथ दुहराई जाती हैं, इसलिए घटनाओं का परस्पर भिन्न होना कल्प के भेद के साथ समंजस हैं। इसमें अस्वाभाविकता जैसी कोई बात नहीं।[59] इस नाते वर्णित घटनाओं में भेद देखकर उनमें अप्रामाणिकता की आशंका नहीं करनी चाहिए। ज़ाहिर है कि कल्पभेद की यह तकनीक इब्राहमी धर्मों में कारगर नहीं हो सकती जहाँ काल का सम्प्रत्यय इस प्रकार का नहीं है जैसा कि भारत में है। इस कारण वहाँ ग्रन्थों के या घटनाओं के एकमात्र संस्करण पर ज़ोर दिया जाता है तथा किसी भी परिवर्धन को प्रामाणिकता का विरोधी मान लिया जाता है।[60]

कल्पभेद की इस तकनीक का उपयोग करके एक और दूसरी परिघटना को भी समंजस किया जाता है। बाद में होने वाली घटनाओं के लिए पुराने ग्रन्थों को भी इसके माध्यम से प्रमाण के रूप में उपस्थापित किया जा सकता है। उदाहरण के लिए राम अथवा कृष्ण की लीलाओं के संकेत अनेक विद्वानों ने *ऋग्वेद* से सिद्ध करना चाहा है। उदाहरण के लिए, नीलकण्ठ नामक विद्वान् ने *ऋग्वेद* के

---

58. य: कल्प: स कल्पपूर्व:। (*मीमांसान्यायप्रकाश,* पृ.3 पर न्याय के रूप में उद्धृत)

59. विविध ग्रन्थों में राम के अनेक प्रकार के चरित्र देखकर श्रद्धा हानि की आशंका के उत्तर में गोस्वामी तुलसीदास ने रामचरितमानस में कहा है– कलपभेद हरिचरित सुहाए। भाँति अनेक मुनीसन्ह गाए॥ करिअ न संसय अस उर आनी। सुनिअ कथा सादर रति मानी॥ (*रा.च.मा.*– बालकाण्ड.32.4)

60. इस्लाम मत में अपने पूर्ववर्ती यहूदी और ईसाई मतों के प्रति अरुचि दिखाने का बड़ा कारण उनके ग्रन्थों का तथाकथित परिवर्धन है।

250 मन्त्रों पर आधारित अपनी पुस्तक *मन्त्रभागवतम्* में श्रीकृष्ण की लीलाओं की व्याख्या की है। इतना ही नहीं शंकराचार्य[61] अथवा चैतन्य महाप्रभु[62] जैसे परवर्ती महापुरुषों के सम्बन्ध में भी उनके सम्प्रदाय के उत्साही समर्थकों द्वारा वेदों अथवा पुराणों से प्रमाण उपस्थापित किये जाते हैं। यदि समय को चक्राकार और कल्पों के आवर्तन के सिद्धान्त को न मानें तो इस प्रकार के प्रमाण उपस्थापित नहीं किये जा सकते। जो कुछ हो रहा है वह पहले भी हो चुका है। इसलिए सिद्धान्ततः राम, कृष्ण आदि *ऋग्वेद* से पहले हो चुके हैं, अतः *ऋग्वेद* से उनके प्रमाण प्राप्त करने में कोई आपत्ति नहीं है।

काल की भारतीय अवधारणा : पुनर्जन्म का सम्प्रत्यय तथा कालबोध

कल्पों की समान आवृत्ति को समझने के लिए काल की भारतीय अवधारणा को समझना आवश्यक है। भारतीय परम्परा उच्छेदवादी न होकर सातत्यवादी है। सातत्य का दर्शन भारत में इतना प्रगाढ़ है कि यहाँ तक माना जाता है कि सभी वस्तुएँ सभी कालों में उपस्थित रहती हैं। वस्तुओं का केवल रूप बदलता है उनका मूल तत्त्व अविच्छिन्न रहता है। इसके लिए शास्त्रों में दो प्रकार की नित्यता मानी गयी है। नित्य केवल वही वस्तु नहीं है जो ठूँठ की तरह स्थिर, अपरिवर्तित और अविकारी हो, बल्कि उसे भी नित्य माना जाता है, स्वरूप के बदलते जाने पर भी जिसका मूल

---

61. *शुक्लयजुर्वेद* के रुद्राध्याय में भगवान् रुद्र के लिए नमस्कार के मन्त्रों में से एक है– *नमो भवाय च रुद्राय च नमः शर्वाय च पशुपतये च नमो नीलग्रीवाय च शितिकण्ठाय च नमः कपर्दिने च व्युप्तकेशाय च नमः ॥* (*यजुर्वेद*)॥ यहाँ व्युप्तकेश (घुटे हुए सिर वाले) इस शब्द से वे लोग शंकराचार्य का संकेत लेते हैं। दक्षिण भारत में काञ्चीमठ की परम्परा में हुए आत्मबोधेन्द्र सरस्वती (1586–1638) नामक शंकराचार्य ने *रुद्राध्याय* के अपने भाष्य में यह विचार प्रस्तुत किया है।

62. *मन्त्रभागवतम्* के ही प्रारम्भ में गौड़ीय सम्प्रदाय के विद्वानों ने *ऋग्वेद* के कुछ ऐसे मन्त्रों को उद्धृत किया है जिनकी व्याख्या वे कृष्णचैतन्य परक कर लेते हैं। इसके अतिरिक्त *श्रीमद्भागवत* के श्लोकसंख्या 11.5.34 (जो कि रामावतार के वर्णन के प्रसंग में आया है) की व्याख्या भी चैतन्यपरक मानकर करते हैं। (इस श्लोक की विविध व्याख्याओं के विषय में देखें–https://vedabase.io/en/library/sb/11/5/34/)। इसके अतिरिक्त *श्रीमद्भागवत* के श्लोकसंख्या 11.5.32 (कृष्णवर्णं त्विषाकृष्णं साङ्गोपाङ्गास्त्रपार्षदम्। यज्ञैः सङ्कीर्तनप्रायैर्यजन्ति हि सुमेधसः ॥) को भी गौडीय सम्प्रदाय के आचार्य चैतन्य महाप्रभु से सम्बन्धित मानते हैं (दे. *भक्तिवेदान्तस्वामी प्रभुपाद भगवान् श्रीचैतन्य महाप्रभु का शिक्षामृत* (1989) : 130-131)।

तत्त्व शेष रहता है।[63] उदाहरण के लिए यह संसार, जिसे सब अनित्य कहते हैं उसमें भी एक प्रकार की नित्यता मानी जाती है। वह यद्यपि निरन्तर परिवर्तमान है लेकिन उसका तत्त्व (संसारपना) नष्ट नहीं होता। उसकी धारावाहिता नष्ट नहीं होती। अर्थात्, वह परिघटना नष्ट नहीं होती जिसके नाते संसार को हम संसार कहते हैं।

भगवद्गीता के 15वें अध्याय (पुरुषोत्तम योग) में इस बात को स्पष्ट किया गया है। वहाँ पर समस्त अस्तित्व को तीन वर्गों-क्षर-अक्षर तथा पुरुषोत्तम में बाँटा गया है[64] और तीनों को नित्य बताया गया है। संसार वृक्ष, जो देखने में प्रतिक्षण विनाशवान लगता है वह भी इस दृष्टि से नित्य है।[65] महाभाष्यकार पतञ्जलि ने अपने ग्रन्थ के प्रथम अध्याय 'पस्पशाह्निक' में इन दोनों प्रकार की नित्यताओं का स्पष्ट विवेचन किया है।[66] सभी वस्तुओं के सभी कालों में उपस्थित रहने के संकेत *भगवद्गीता* में और भी कई स्थानों पर आते हैं। उदाहरण के लिए, इसके द्वितीय अध्याय में अर्जुन के मोहग्रस्त हो जाने के बाद उपदेश प्रारम्भ करते हुए श्रीकृष्ण कहते हैं कि 'ऐसा कोई समय नहीं था जबकि मैं, तुम और उपस्थित राजागण नहीं थे और ऐसा कोई समय नहीं रहेगा जब हम सब नहीं रहेंगे'।[67] तात्पर्य यह है कि हम सभी बाह्य आवरणों के बदलने के बावजूद मूल तत्त्व के रूप में हमेशा से रहे हैं और रहेंगे भी। अन्यत्र भी श्रीकृष्ण का कहना है कि सृष्टि के बदलने पर भी प्राणियों

---

63. दे. *महाभाष्य पस्पशाह्निक*– अथ वा नेदमेव नित्यलक्षणम्- ध्रुवं कूटस्थमविचाल्यनपायोपजन विकार्यनुत्पत्त्यवृद्ध्यव्यययोगि यत्तन्नित्यम् इति। तदपि नित्यं यस्मिंस्तत्त्वं न विहन्यते।।

64. *विष्णुसहस्रनाम* (श्लो.सं. 64) में भगवान् के नामों में सत्–असत् तथा क्षर–अक्षर दोनों एक साथ आते हैं।

65. ऊर्ध्वमूलमध:शाखमश्वत्थं प्राहुरव्ययम्।
छन्दांसि यस्य पर्णानि यस्तं वेद स वेदवित्॥ (भगवद्गीता 15.1)

66. अथवा नेदमेव नित्यलक्षणम्– ध्रुवं कूटस्थमविचाल्यनपायोपजनविकार्यनुत्पत्त्यवृद्ध्यव्यययोगि यत्तन्नित्यमिति। तदपि नित्यं यस्मिंस्तत्त्वं न विहन्यते। (... नित्य का केवल इतना ही लक्षण नहीं है कि जो ध्रुव हो, कूटस्थ हो, स्थिर हो, एकरस तथा एकरूप हो अथवा जिसमें कोई हरकत अथवा विकार न हो तथा जो वृद्धि, विनाश और विकार से रहित हो और जो उत्पत्ति एवं घटना, बढ़ना आदि क्रियाओं से रहित हो वही नित्य होता है। हम तो उसको भी नित्य ही मानते हैं जिसमें वस्तु के 'तत्त्व' का विघात न हो)। (पस्पशाह्निक)

67. न त्वेवाहं जातु नासं न त्वं नेमे जनाधिपा:।
न चैव न भविष्याम: सर्वे वयमत: परम्॥ (*भगवद्गीता* 2.12)

का वही समूह बार बार पैदा होता है और मरता रहता है।[68]

पुनर्जन्म इस नित्यतावादी जीवनदृष्टि की एक सहगामी मान्यता है। पुनर्जन्म सभी भारतीय धर्मों की साझा विशेषता है। पुनर्जन्म को मानना आवश्यक क्यों है? क्योंकि पुनर्जन्म के स्वीकार करने से संसार की विचित्रता की व्याख्या ठीक-ठीक हो पाती है। जगत् में दिखाई पड़ने वाली विविधताओं को कर्मों पर आधृत मान लिया जाता है और इसके लिए पिछले जन्मों का होना अनिवार्य है। इससे व्यक्ति की अपनी जवाबदेही तो सुनिश्चित होती ही है साथ ही ईश्वरीय तत्त्व पर विषमता, पक्षपात तथा निर्दयता आरोप नहीं लग पाता।[69] ध्यातव्य है कि इब्राहीमी मत पुनर्जन्म को नहीं मानते।[70] इस नाते उन मतों में जीवन-जगत् परिस्थितियों की विषमता की व्याख्या के लिए पिछले जन्मों के कर्मों को ज़िम्मेदार नहीं ठहराया जा सकता क्योंकि वे तो उनके अनुसार होते ही नहीं। इस स्थिति में संसार की अच्छी-बुरी सभी परिस्थितियों को मुहैया कराने का उत्तरदायित्व एकमात्र ईश्वर पर आ जाता है, और वह एक तरह से निरंकुश सत्ता के रूप में स्थापित हो जाता है। निरंकुश ईश्वर और पुनर्जन्म का अभाव व्यक्ति को अपने वर्तमान के प्रति सचेत तो करता है लेकिन कहीं न कहीं उसमें भय व्याप्त करके आक्रामक भी बना देता है। भारतीय धर्मों तथा भारतीय मानस की अपेक्षाकृत अनाक्रामकता का एक बड़ा कारण कर्म तथा पुनर्जन्म में आस्था को भी माना जा सकता है।

पुनर्जन्म को स्वीकार करने से भारतीय धर्मों के सामने एक गम्भीर दार्शनिक

---

68. भूतग्रामः स एवायं भूत्वा भूत्वा प्रलीयते। (*भगवद्गीता* 8.19[क–ख])

69. वैषम्यनैर्घृण्ये न सापेक्षत्वात् (*ब्रह्मसूत्र* 2.1.34)।

70. यद्यपि इस्लाम के दायरे में रूमी जैसे महान् तत्त्वदर्शी हुए हैं जिनकी रचनाओं में स्पष्ट रूप से पुनर्जन्म पर विश्वास के संकेत मिलते हैं। उदाहरण के लिए रूमी की मस्नवी से निम्नलिखित उद्धरण–

अज़ जमादी मुर्दम् ओ नामी शुदम। व,ज़ नमा मुर्दम बे हैवान बर ज़दम॥
मुर्दम अज़ हैवानी ओ आदम शुदम। पस चे तर्सम कै ज़ मुर्दन कम शुदम॥ (*मस्नवी ए मानवी* 3.187)

(पत्थर–मिट्टी से मरकर मैं वनस्पति बना, और वनस्पति से मरा तो पशु योनि में गया। पशु के रूप में मरकर मैं आदमी बना। फिर मैं क्यों डरूँ? ऐसा कब हुआ कि मैं मरने से घाटे में गया होऊँ?)

निम्नोक्त शेर भी रूमी का ही बताया जाता है–

हमचू सब्ज़ा बार-हा रूयीदे अम। हफ़्त सद हफ़्ताद क़ालिब दीदे अम॥
(घास की तरह बार-बार उगे हैं हम लोग। सात सौ सत्तर शरीरों को धारण किया है हमने।)

प्रश्न उठता है कि यदि पुनर्जन्म के आधार पुराने कर्म ही हैं तो सबसे पहली सृष्टि के प्रारम्भ में जीवों को जो जन्म और उच्चावच परिस्थितियाँ दी गयी होंगी उनका आधार कौन से कर्म रहे होंगे? क्योंकि प्राथमिक सृष्टि के पहले तो कोई सृष्टि रही नहीं होगी जिसमें हुए पूर्ववर्ती कर्मों को कारण मान लिया जाये। इस प्रश्न का जो उत्तर सुझाया गया है वह बहुत महत्त्वपूर्ण है क्योंकि यह काल तथा ज्ञान के सातत्य से सम्बन्धित है। इसका उत्तर यह है कि कोई भी ऐसी सृष्टि नहीं थी जिसके पहले कोई सृष्टि न रही हो। अर्थात् 'सबसे पहली सृष्टि' जैसी कोई चीज़ नहीं होती। हर कल्प के पहले किसी एक कल्प के अवश्य होने की बात ऊपर कही जा चुकी है। *ऋग्वेद* के प्रसिद्ध अघमर्षण सूक्त (10.190) में यह बताया गया है कि ईश्वर ने इस सृष्टि (सूरज-चाँद) को पिछली सृष्टि की भाँति ही बनाया है।[71] इसका मतलब यह है कि हर सृष्टि के पहले एक सृष्टि अवश्य विद्यमान है। इस तर्क से हम काल की चक्रीयता को समझ पाते हैं। भारतीय परम्परा में काल की गति रैखिक अर्थात् एक बिन्दु से प्रारम्भ होकर किसी दूसरे बिन्दु पर समाप्त होने वाली नहीं है, बल्कि वह चक्रीय अर्थात् वृत्ताकार है। इसमें किसी एक प्रारम्भिक बिन्दु का निर्धारण नहीं किया जा सकता और न ही उसे पूर्व और पर में खण्डशः बाँटा जा सकता है। यह अनादि भी है और अनन्त भी। इस तथ्य को भारतीय तथा इतर काल चिन्तन की विभाजक रेखा समझना चाहिए। गोविन्द चन्द्र पाण्डेय के अनुसार–

> यहूदी, इसाई तथा आधुनिक पश्चिमी परम्पराओं में वास्तविक सार्वजनिक इतिहास उनके आत्मबोध में केन्द्रीय स्थान रखता है। उनमें आदर्श जीवन की कल्पना ऐतिहासिक काल में कर्म-जीवन की है, जिसके साथ शहादत और संघर्ष और जातीय भविष्य की चिन्ता जुड़ी हुई है। उनके लिए इतिहास अनिर्वचनीय क्रान्तियों से गुज़रता हुआ एक सुनहरे भविष्य की ओर बढ़ता है जिसमें आदर्श न्याय प्रतिष्ठित किया जा सकेगा। भारतीय चेतना में आदर्श जीवन एक प्रत्यात्म-नियत आन्तरिक साधना है जिसकी गति पुनरावर्ती और चक्राकार होती है।

गीता के चौथे अध्याय के प्रारम्भ में दिया गया संवाद काल की चक्राकारिता के समर्थन में उद्धृत किया जा सकता है। श्रीकृष्ण अर्जुन से कहते हैं कि जिस योग का

---

71. सूर्याचन्द्रमसौ धाता यथापूर्वमकल्पयत्।
दिवं च पृथिवीं चान्तरिक्षमथो स्वः॥ (*ऋग्वेद* 10.190.3)

उपदेश मैंने अभी तुमसे किया है उसे मैं बहुत पहले सूर्य को दे चुका हूँ (*भगवद्गीता* 4.1)। अर्जुन सन्देह करते हैं कि आपका जन्म तो अभी का है और सूर्य का जन्म तो बहुत पहले का है। यह बात कैसे समझी जाये कि आपने उन्हें उपदेश दिया?[72] अर्जुन यह प्रश्न इसलिए कर रहे हैं कि काल के सम्बन्ध में उनकी दृष्टि खण्डित है। उनका तात्पर्य यह है कि काल के विविध खण्डों में निरन्तरता कैसे हो सकती है? जो वस्तु वर्तमान में है वह भूतकाल में भी कैसे हो सकती है? श्रीकृष्ण उनका इस भेद दृष्टि का समाधान करते हैं, जैसा वे पीछे दूसरे अध्याय (2.12) में भी कर आये हैं। उनके उत्तर का निष्कर्ष यह है कि एक ही तत्त्व अनेक कालों में विविध रूप धारण करके व्याप्त रहता है। चेतना की यह समानता काल को एक सूत्र में बाँधकर रखती है।[73] भारतीय साहित्य और कला में भी हर जगह काल के आवर्ती रूप को ही महत्त्व दिया गया है। भारतीय कला के प्रमुख उपादान चक्र, पद्म, सर्पकुंडली, दक्षिणावर्त, स्वस्तिक, शंख, कल्पवल्ली, कमलवितान ये सब स्वभाव में आवर्ती ही हैं। (मिश्र 2016, 348) वस्तुतः, काल को रेखीय गति में देखना तात्कालिक अल्पदृष्टि के कारण होता है। तत्काल में रेखीय दीखने वाली गतियाँ भी समेकित रूप में देखने पर आवर्ती ही होती हैं।

इस प्रसंग में एक बात ध्यान रखने योग्य है। काल के वृत्ताकार होने का सिद्धान्त जो भारतीय चिन्तन पद्धति में दिया गया है उसका मतलब हमें यह नहीं समझना चाहिए कि यहाँ पिछले कालखण्ड की वही चीज़ें, वही घटनाएँ बिना परिवर्तन के बिलकुल ज्यों की त्यों दुहरा दी जाती हैं। भारतीय परम्परा में काल की गति को चक्राकार के साथ साथ ऊर्ध्वगामी भी माना गया है। इसलिए इसकी गति को चक्रीय के साथ शंखवलयाकार कहें तो अधिक उचित होगा। पण्डित विद्यानिवास मिश्र का कहना है–

> ... हमारी चेतना में पुनरावर्तन तो होता है, पर चक्राकार न होकर शंख वलयाकार होता है, केन्द्र के साथ परिधि भी खिसकती जाती है और उसी बिन्दु पर लौटना नहीं होता, उस बिन्दु की समान्तर बिन्दु पर आते आते फिर मुड़ जाना होता है।[74]

---

72. अपरं भवतो जन्म परं जन्म विवस्वतः।
    कथमेतद्विजानीयां त्वमादौ प्रोक्तवानिति॥ (*भगवद्गीता* 4.4)

73. प्रकृत प्रश्न पर श्रीकृष्ण के उत्तर *भगवद्गीता* 4.5 से 4.9 तक देखे जा सकते हैं।

74. विद्यानिवास मिश्र (2019), पूर्वोद्धृत : 82.

काल की चक्राकार अथवा शंखवलयाकार अवधारणा होने के नाते भारतीय चेतना एक ही समय चतुर्दिक् देखने में समर्थ हो पाती है, और इससे उसे देश और काल की परिधि के अतिक्रमण में सहायता मिलती है। जिस प्रकार देश में रहते हुए, देश का अतिक्रमण करते हुए, देश का स्मरण करते हुए अपने देश को अतिक्रमण करके देखना इस परम्परा ने ध्येय माना उसी प्रकार काल में रहते हुए, उसकी प्रवाहशीलता का प्रत्यक्ष अनुभव करते हुए भी काल का अतिक्रमण करना इस परम्परा का लक्ष्य रहा। भारतीय कालमान के अन्तर्गत जो चार युगों, 71 चतुर्युगों, 14 मन्वन्तरों, 27 कल्पों, वत्सरों, संवत्सरों और परिवत्सरों की बात की जाती है वह काल की आवर्तमानता पर बल देने के लिए ही है। काल का शंखवलयाकार आवर्तन इतिहास को उसकी सीमा से निरन्तर ऊपर ले जाने का प्रयास करता है। यह शंख वलय एक शिखर बिन्दु में विलीन भी हो जाता है। भारतीय चिन्तन में इतिहास काल की चौहद्दी में न बँधकर उसका अतिक्रमण करने में समर्थ हो जाता है।

समय के चक्राकार होने का तात्पर्य किसी भी तरह से पश्चगामिता अथवा यथास्थितिवाद नहीं है। भारतीयों की चिरन्तन मनोवृत्ति श्रेष्ठ परिस्थिति से श्रेष्ठतर की ओर अग्रसर रही है। इसलिए काल की गति को मात्र चक्राकार न मानकर शंखवलयाकार माना गया है जिसमें आवर्तन के साथ ऊर्ध्वगामिता भी जुड़ी होती है। वेदों में चेतना की यह ऊर्ध्वगामिता न केवल आदेश के रूप में[75] प्राप्त है बल्कि आर्य जनों की प्रबल आन्तरिक इच्छा भी इसी रूप में अभिव्यक्त हुई है।[76] काल की चक्राकारता का सबसे बड़ा लाभ यह है कि यह व्यक्तियों और घटनाओं की सारी विविधताओं को समान रूप से सही होने का अवसर देता है।

परम्परा का विस्तार : वाचिकता तथा संवादशीलता

भारतीय परम्परा के बहुत से गौरव ग्रन्थ अपने आप में परम्परा की परिधियों के परिवर्धन के मूर्त उदाहरण हैं। *महाभारत-रामायण* इत्यादि आर्ष ग्रन्थों से लेकर *पञ्चतन्त्र* आदि लौकिक साहित्य के बहुत से ग्रन्थ निरन्तर विकासशील रहे हैं।

---

75. 1. उद्यानं ते पुरुष नावयानम् *(अथर्ववेद 8.1.6)* हे मनुष्य, तुम्हें ऊपर बढ़ना है, नीचे नहीं जाना है। 2. आरोह तमसो ज्योतिः (*अथर्ववेद* 4.1.4) हे मनुष्य, अन्धकार से प्रकाश की ओर आरोहण करो।

76. असतो मा सद्गमय तमसो मा ज्योतिर्गमय मृत्योर्माऽमृतं गमय। (*बृहदारण्यकोपनिषद्* 1.3.28)हे प्रभु, हमें असत्य से सत्य की ओर, अन्धकार से प्रकाश की ओर, मृत्यु से अमरत्व की ओर ले चलें।

चरकसंहिता का किस प्रकार प्रतिसंस्कार किया गया यह प्रसिद्ध है। *नाट्यशास्त्र* आदि अन्य अनेक ग्रन्थों को इस संवादपूर्वक विकसनशीलता के उदाहरणों के रूप में रखा जा सकता है।

वस्तुतः भारत में ज्ञान को एक स्थिर वस्तु न मानकर हर युग में विकसित होती हुई एक वास्तविकता माना गया है। हर युग का जनसमूह इसे अपने साथ जोड़ कर देखता है और अपनी समझ और आवश्यकता के अनुसार वर्तमान में विकसित ज्ञान का कुछ न कुछ हिस्सा उसमें जोड़ता है। ज्ञान में नवीन आयामों को जोड़ा जाना पहले से विद्यमान ज्ञान राशि के प्रति किसी प्रकार के विरोधी कृत्य के रूप में नहीं देखा जाता। ग्रन्थों में इस प्रकार की निरन्तर विकासशीलता प्रस्तुत परम्परा की जीवन्तता को कम करता है। ध्यातव्य है कि इन ग्रन्थों का विकास एकालाप में नहीं हुआ है। भारतवर्ष के ये ज्ञान ग्रन्थ निरन्तर संवादशीलता के क्रम में विकसित हुए हैं। भारतीय समाज में 'लिखित भाषा के साक्ष्य भी कम से कम पाँच छह हजार वर्ष पुराने हैं और पोथी लिखने, लिखवाने, बाँटने, सहेजने और उनके निरन्तर अध्ययन की अनवच्छिन्न परम्परा बहुत पुरानी है। परन्तु जो लिखा भी गया है उसके पीछे वाचिक परम्पराएँ मूल में है। सभी पुराण, सभी कथाएँ, समस्त आगमशास्त्र, समस्त शिल्पशास्त्र, कलाशास्त्र, समस्त स्मृतियाँ, समस्त धार्मिक वाङ्मय (ब्राह्मण, बौद्ध या जैन जो भी हों) संवाद के रूप में यदि बोले गये हैं तो निश्चय ही संवादों की एक शृंखला ने इनकी रचना को प्रेरित किया होगा। साथ ही जो लिखा गया है वह वाचिक के द्वारा ही अधिक संप्रेषित होता रहा।'[77]

ध्यातव्य है कि भारत में साहित्य की अवधारणा वाचिक है, पश्चिम की भाँति लिखित नहीं। वेद का दूसरा नाम श्रुति है अर्थात् जिसे सुना गया है। वह नहीं कि जिसे लिखा गया है। सुनने में संवादात्मकता अनिवार्य रूप से आ जाती है क्योंकि कोई जीवन्त सुनाने वाला वहाँ विद्यमान है। लिखित और पठित होने में संवादात्मकता अनिवार्य नहीं है। भारतीय परम्परा हमेशा वचन अर्थात् कही हुई बात को प्रमाण मानती है।[78] 'इसके विपरीत इब्राहमीय सभ्यताओं में आसमान से किताब उतरती

---

77. विद्यानिवास मिश्र (2019) पूर्वोद्धृत : 103.

78. व्याकरण आदि शास्त्रों में वचनप्रामाण्य की बात बार बार आती है, जैसे *अपवादो वचनप्रामाण्यात्*। ऋषि का कहना प्रमाण है, उसका लिखना प्रामाणिक हो इस तरह की चर्चा शायद ही देखी जाती है।

है और संगीत भी लिखा जाता है।[79] पाश्चात्त्य शब्दावली में कहा जा सकता है कि भारतीय चिन्तन फ्रोनेमा (दृष्टिकोण आधारित) पर आधारित है जबकि इब्राहीमी मन सोला स्क्रिप्तूरा (एक पवित्र ग्रंथ में सभी सत्यों का समाहित होना) पर।'[80] पश्चिम ने वाङ्मय के लिखित होने की शर्त वहाँ प्रचलित अब्राहमी मूल के धर्मों से ग्रहण की है। वहाँ 'ईश्वरीय सन्देश की प्रामाणिकता उसके लिखित होने में थी। यह बात हज़रत मूसा को मिली उस तख़्ती में अधिक प्रकट हुई है जिसमें दस महा-आदेश लिखे हुए थे और जिसके चूर–चूर हो जाने पर उन्हें अपनी सारी पैग़म्बरी हैसियत के बावजूद उस तख़्ती की दूसरी प्रति लानी ही पड़ी थी। हज़रत इब्राहीम द्वारा लिखित एक पुस्तक भी है जिसमें इस संसार और हिब्रू वर्णमाला की सृष्टि ईश्वर द्वारा एक साथ की गयी बतायी गयी है।'[81]

भारतीय परम्परा लिखित न होकर वाचिक और श्रौत है। परम्परा में ऐसे पाठक को अधम पाठक कहा गया है जो लिखा हुआ देखकर पढ़ता है।[82] वाचिक होने के नाते भारतीय परम्परा स्वाभाविक रूप से संवादात्मक है[83] और संवादात्मक होने के कारण विकसनशील। संवाद मूलतः गतिमय होता है। अनुभव अथवा ज्ञान का घटित होना गति पर अनिवार्य रूप से निर्भर करता है। क्योंकि ज्ञान किसी कालविशेष अथवा स्थानविशेष में स्थिर वस्तु नहीं है, वह तो हर संवाद में उद्भूत होकर सामने आता है।[84] संवाद ही वाङ्मय की गतिमत्ता को सुनिश्चित करता है। संवाद के अन्तर्गत ज्ञान के प्रकट होने की सम्भावना अधिक होती है। संवाद से गुज़रते हुए वक्ता और श्रोता दोनों वहीं नहीं रह जाते जहाँ से उन्होंने बात प्रारम्भ की होती है।

---

79. इस्लाम में भी कहा जाता है कि देवदूत जिब्रील जब अल्लाह से सन्देश लेकर पैग़म्बर मुहम्मद के पास आया तो उसने कहा–पढ़ो। (दे. *क़ुर्आन* 96.1– इक़रा बि इस्मि रब्बिक अल्लज़ी ख़लक़– पढ़ो उस पालनहार के नाम के साथ जिसने पैदा किया।)

80. वागीश शुक्ल (2024) *आहोपुरुषिका,* सेतु प्रकाशन दिल्ली : 207.

81. वागीश शुक्ल (2024) पूर्वोद्धृत : 125.

82. *पाणिनीयशिक्षा* में बताये गये छह अधम पाठकों में से एक। बाक़ी इस प्रकार हैं– गीती शीघ्री शिरःकम्पी तथा लिखितपाठकः। अनर्थज्ञोऽल्पकण्ठश्च षडेते पाठकाधमाः॥

83. पण्डित विद्यानिवास मिश्र ने वाचिक परम्परा की तीन विशेषताएँ गिनायी हैं– 1. वाक् की अमोघ शक्ति में अटूट विश्वास, 2. वाक् की परिशुद्धता की चिन्ता, तथा 3. परस्पर हृदय संवाद। देखें, विद्यानिवास मिश्र (2019), पूर्वोद्धृत : 104-105.

84. वादे वादे जायते तत्त्वबोधः। (*रम्भाशुकसंवाद* 3)

वेदों से लेकर उपनिषद्, *रामायण, महाभारत* जैसे प्राचीनतम ज्ञान ग्रन्थ द्विपक्षीय अथवा अनेकपक्षीय संवाद के रूप हैं। वेदों के लिए प्रयुक्त श्रुति शब्द अपने आप में संवादात्मकता को सूचित करती है। *रामायण* कुशीलवों के द्वारा सुनाये गये संवाद हैं तो अकेले *महाभारत* में संवाद के अनेक स्तर हैं।[85] जैसे जैसे ग्रन्थों का विकास होता है वैसे वैसे उनमें संवाद के स्तर बढ़ते जाते हैं क्योंकि वे पिछले-पिछले संवादों को अपने में सम्मिलित करते चलते हैं। वैसे ही जैसे वृक्ष जितने पुराने होते जाते हैं उनकी लकड़ी के आन्तरिक भाग (हीरे) में छल्लों की संख्या अधिक होती जाती है। जैसे, रामचरित मानस की रामकथा में संवादों की संख्या पिछले *रामायणों* से कहीं अधिक है। इसमें पार्वती-शिव, काकभुशुण्डि-गरुड आदि के संवाद उपबृंहित हो गये हैं। इस प्रकार संवादों की बहुलता ग्रन्थ की प्राचीनता और उसके सुविकास को द्योतित करती है।

संवादशीलता का एक बहुत महत्त्वपूर्ण लाभ यह भी होता है कि इसके माध्यम से धर्म का वास्तविक स्वरूप विविक्त होकर हमारे सामने आ पाता है। *महाभारत* में कहा गया है कि धर्म वही है जो छल से अनुविद्ध न हो।[86] लेकिन विडम्बना यह है कि धर्म प्रायः छल से लिपटा हुआ होकर हमारे सामने आता है। हमारा वैयक्तिक स्वार्थ सत्य को कपटपूर्ण कर देता है। सत्य का मुँह प्रायः हिरण्यमय बर्तन से ढँका हुआ होता है (*ईशोपनिषद्* 15), इसलिए उसको ठीक ठीक समझने के लिए वाद-संवाद की आवश्यकता हमेशा बनी रहती है। क्योंकि हर युग में मनुष्य के स्वार्थों की प्रकृति के अलग हो जाने से उसके छल भी नये-नये होते जाते हैं। संवाद के द्वारा सत्य और छल के मध्य विवेक सम्भव हो पाता है। इसलिए हर युग में नये स्तर की संवादशीलता की आवश्यकता पड़ती है। संवादशीलता प्रायः वाद के रूप में होती है जो अपने पारिभाषिक रूप में आन्वीक्षिकी (न्याय शास्त्र) का विषय है। आन्वीक्षिकी विद्या भारत में हमेशा से पढ़ाये जाने वाले मूल विषयों में से एक रही है। इसके अन्तर्गत प्रमाणों के माध्यम से वस्तु के स्वरूप का निर्धारण किया जाता है।

---

85. व्यास-गणेश, वैशम्पायन-जनमेजय, उग्रश्रवा सौति–80 हज़ार ऋषि, कृष्ण-अर्जुन आदि।

86. न तत्सत्यं यच्छलेनानुविद्धम्। (महा. 5.35.49)

संवादशीलता का यह अर्थ बिलकुल नहीं कि एक व्यक्ति सुनाता जाये और दूसरा केवल हुँकारी भरता हुआ सुनता जाये।[87] संवाद में संलग्न दोनों पक्ष परस्पर मिलकर वस्तु के स्वरूप के निर्णय के लिए प्रयत्नरत रहते हैं।

संवादशीलता को सुनिश्चित बनाये रखने के लिए भारतवर्ष में गुरुमुख से सम्प्रदाय सिद्ध प्राप्त ज्ञान को ही प्रामाणिक माना गया है। इसलिए चाहे ज्ञान आध्यात्मिक हो या भौतिक, दोनों के लिए गुरु के पास जाने की सलाह दी गयी है।[88] जिस ज्ञान को गुरुमुख से प्राप्त न किया गया हो वह परम्परा-पुष्ट नहीं होता, इसलिए ऐसा ज्ञान जिस व्यक्ति के पास है उसे शिष्य को पढ़ाने का अधिकार भी नहीं होता।[89] इसका कारण यह है कि 'बिना गुरुमुख के शास्त्र का ज्ञान एक तो होता नहीं, यदि होता भी है तो बहुत अधूरा बहुत इकहरा'।[90] गुरु की अनिवार्यता ज्ञान की प्राप्ति में संवादात्मकता के अविच्छेद को सुनिश्चित करने के लिए बनायी गयी। जब तक सम्प्रेषित ज्ञान ठीक से स्वयं समझ कर फिर दूसरे को न समझाया जाय तब तक वह नया नहीं होता। जब तक प्राचीन ज्ञान नया नहीं होता तब तक उसे पारम्परिक कहे जाने का अधिकार प्राप्त नहीं होता। मनुष्य पर चढ़े तीन ऋणों में ऋषि ऋण को उतारने का साधन यही है कि गुरु से प्राप्त ज्ञान को शिष्यों में संक्रमित कर दिया जाये। इससे ज्ञान केवल सुरक्षित ही नहीं बल्कि परिवर्धित भी होता जाता है। पुस्तक पढ़कर आये ज्ञान की अपेक्षा गुरु के मुख से प्राप्त ज्ञान का अधिक महत्त्व इसलिए है कि शिष्य के सामने गुरु एक व्यक्ति मात्र के रूप में नहीं वरन् एक पूरी अटूट परम्परा के प्रतिनिधि के रूप में आता है। वह एक अकेला व्यक्ति मात्र नहीं होता

---

87. केवल हाँ-हाँ करने वाले को श्रोता नहीं कहते। परम्परा में उसके लिए तो 'अनुगरिता' तथा 'प्रतिगरिता' दो अलग शब्द प्रचलित हैं। (दे. *अष्टा.* 1.4.41)

88. इस प्रक्रिया को परम्परा 'गुरूपसत्ति' नाम देती है– 1. तद्विज्ञानार्थं स गुरुमेवाभिगच्छेत् समित्पाणि: श्रोत्रियं ब्रह्मनिष्ठम्॥ (*मुण्डकोपनिषद्* 1.2.12[ग–घ])। 2. तद्विद्धि प्रणिपातेन परिप्रश्नेन सेवया। उपदेक्ष्यन्ति ते ज्ञानं ज्ञानिनस्तत्त्वदर्शिन:॥ *भगवद्गीता* (4.34)

89. उदाहरण के लिए *चाणक्यनीति* (17.1) में पुस्तकीय ज्ञान को अशोभनीय बताते हुए कहा गया है– पुस्तकप्रत्ययाधीतं नाधीतं गुरुसन्निधौ। सभामध्ये न शोभन्ते जारगर्भा इव स्त्रिय:॥ जिसने अध्ययन गुरु के समीप नहीं किया, बल्कि पुस्तकें पढ़-पढ़कर ही ज्ञान प्राप्त किया है, वह व्यक्ति विद्वानों की सभा में वैसे ही सुशोभित नहीं होता है जैसे दुराचारिणी स्त्री गर्भधारण करके भी समाज में तिरस्कृत होती है।

90. विद्यानिवास मिश्र (2019), पूर्वोद्धृत : 103.

अपितु उसमें सारी परम्परा मूर्त होकर उपस्थित रहती है।[91] वह सारी परम्परा से प्राप्त ज्ञानराशि के साथ अपनी ऊहाओं और चिन्तनों को भी जोड़कर शिष्य के सामने प्रकट करता है। गुरु की इसी असामान्य महिमा के कारण भारत के सभी शास्त्रों में उसकी प्रचुर प्रशंसा मिलती है। *तैत्तिरीयोपनिषद्* में गुरु तथा शिष्य के बीच में घटित होने वाले सघन संवादात्मक गठजोड़ (संहिता) को सुन्दर रीति से बताया गया है।[92] गुरु से प्राप्त ज्ञान पुस्तकीय या सैद्धान्तिक मात्र न रहकर प्रायोगिक हो उठता है। प्रवचन भले ही वाणी के माध्यम से हो रहा हो, लेकिन शिष्य के सामने ऐसे अगणित गुरुओं की परम्परा उसके वर्तमान गुरु के माध्यम से जीवित हो उठती है जिन्होंने अपने जीवन में उस ज्ञान को व्यवहार रूप में उतारा है। शिष्य के सामने प्रकट करने के क्रम में गुरु को भी उस ज्ञान के नये आयामों का पता चलता होता है। इस प्रकार गुरु-शिष्य संवाद एक अद्भुत प्रकार की परिघटना होती है जिसमें ज्ञान बहुत ही सान्द्र और संघनित रूप में प्रकट होकर सामने आता है। ज्ञान संवाद की इस पूरी परिघटना से गुज़रते हुए स्वयं गुरु के प्रति उस विषय के और भी आयाम प्रकट हो जाते हैं।[93] शिष्य को पढ़ाते हुए गुरु भी पढ़ता है। इसी नाते तो उपनिषदों में पाठ के

---

91. भारत में प्राय: सभी ज्ञान सम्प्रदाय अध्ययन प्रारम्भ करते हुए एक श्लोक का पाठ करते हैं जिसमें गुरुओं की अविच्छिन्न शृंखला के माध्यम से ज्ञान के अटूट प्रवाह को वर्तमान गुरु तक आने को रेखांकित किया जाता है। उदाहरण के लिए अद्वैतवेदान्ती कहेंगे– सदाशिवसमारम्भां शंकराचार्यमध्यमाम्। अस्मदाचार्यपर्यन्तां वन्दे गुरुपरम्पराम्॥ (मैं गुरुओं की उस अटूट परम्परा को नमस्कार करता हूँ जो भगवान् शिव से प्रारम्भ हुई है, जिसके बीच में शंकराचार्य हैं और जो हमारे गुरु तक निरन्तर चली आ रही है।) इसी प्रकार विशिष्टाद्वैतियों का पाठ होगा– लक्ष्मीनाथसमारम्भां नाथयामुनमध्यमाम्। अस्मदाचार्यपर्यन्तां वन्दे गुरुपरम्पराम्॥ (मैं गुरुओं की उस अटूट परम्परा को नमस्कार करता हूँ जो भगवान् विष्णु से प्रारम्भ हुई है, जिसके बीच में यामुनाचार्य हैं और जो हमारे गुरु तक निरन्तर चली आ रही है।)। व्याकरण आदि अन्य शास्त्रों में भी इसी प्रकार के पाठ श्लोकों की परम्परा है जो गुरुओं की अविच्छिन्न परम्परा के माध्यम से ज्ञान की अटूट सततता को बताता है।

92. अथाधिविद्यम्। आचार्य: पूर्वरूपम्। अन्तेवास्युत्तररूपम्। विद्या सन्धि:। प्रवचनं सन्धानम्। इत्यधिविद्यम्॥ (*तैत्तिरीयोपनिषद्*, शिक्षावल्ली 3.1.) (विद्या-विषयक संहिता पर विचार किया जा रहा है। आचार्य इसका पूर्व-रूप है; अन्तेवासी (शिष्य) इसका उत्तर-रूप है; विद्या दोनों के बीच सन्धि है; अध्यापन क्रिया संयोजक (सन्धान) है॥)

93. कालिदास ने *विक्रमोर्वशीय* (1.5) में इस परिघटना को बहुत सुन्दर रीति से व्यक्त किया है। यहाँ गुरु गणदास अपनी शिष्या मालविका के बारे में कहते हैं– यद्यत्प्रयोगविषये भाविकमुपदिश्यते मया तस्यै। तत्तद्विशेषकरणात् प्रत्युपदिशतीव मे बाला॥ (अभिनय के विषय में जो जो भावपूर्ण नृत्य

शुरू और अन्त में की जाने वाली प्रार्थना है– तेजस्वि नावधीतमस्तु (गुरु तथा शिष्य दोनों का पढ़ा हुआ तेजस्वी हो)।

भारतीय परम्परा इस सीमा तक वाचिक है कि यहाँ जब वाणी लेखन में आती भी है तो भी वह एकायामी होकर सीमित नहीं रह जाती। वह अपनी बहु-आयामिता को उस अवस्था में भी नहीं छोड़ती। वाणी के अन्य अर्थों की गुंजाइश तब भी बाक़ी रहती है जब वह लिपि की सीमा में आबद्ध हो जाती है। इस महत्त्वपूर्ण तथ्य को वागीश शुक्ल (2023, 162-164) इस प्रकार रेखांकित किया है–

> हमारे यहाँ शारदातिलक में वाणी को लिपितनु कहा गया है, अर्थात् लिपि वाणी का शरीर है। तो जिस तरह एक ही आत्मा विभिन्न शरीर धारण करती है उसी प्रकार एक ही वाणी अलग अलग किताबों में अलग अलग रूप धारण करती है। वैभिन्य शरीरों का है, आत्मा एक ही है। हमें यहाँ बृहदारण्यकोपनिषद् (पाँचवाँ अध्याय) में दी गयी आख्यायिका याद कर लेनी चाहिए– दैवी वाक् केवल 'द' कहती है, उसका अर्थ देवों के लिए दाम्यत (दमन करो) है, मनुष्यों के लिए दत्त (दान करो) है, और असुरों के लिए दयध्वम् (दया करो), यह देवों, मनुष्यों और असुरों को ख़ुद ही समझना होता है। ... वाक् को किसी एक लिपि के शरीर में सीमित करना, शब्द को किसी एक अर्थ में सीमित करना, वैसे ही अहंकार को जन्म देता है जैसा उस गोपी को हुआ था जिसने यह समझा कि जिसने यह समझा कि रासक्रीडा में कृष्ण उसी के साथ क्रीडारत हैं, अन्य गोपियों के साथ नहीं। और इसका फल भी वही होता है– कृष्ण उसे छोड़कर चले जाते हैं। इसी अहंकार के नाते सोला स्क्रिप्तूरा में फ्रोनेमा को सीमित करने वाले सामरिक शक्तियों के उपयोग से अपनी किताब के अलावा सारी किताबों को मिटा देना चाहते हैं परिणामत: यह संसार एक स्थायी दार-उल-हर्ब (युद्ध क्षेत्र) बना रहता है।

भिन्नकालिक संवादशीलता : टीका सम्पत्ति

यह संवाद केवल **एककालिक** अर्थात् किसी समान कालखण्ड में वक्ता तथा श्रोता के मध्य घटित होने वाली क्रिया ही नहीं है। ज्ञान की अखण्ड परम्परा में यह परिघटना **भिन्नकालिक** भी हो सकती है। भारत जैसे अविच्छिन्न परम्परा वाले देश

विधियाँ मैं उसको सिखलाता हूँ, उस उसका और भी विशेष रूप से प्रयोग करके वह सुन्दरी मानो मुझे ही फिर से सिखा देती है।)

में तो यह नितान्त सम्भव भी है और इसकी प्रचुरता भी है। हमारे पुरातन ग्रन्थों पर सूत्र, वार्तिक, भाष्य तथा नाना प्रकार की टीकाएँ लिखी जाती रही हैं। इन ग्रन्थों की टीका सम्पत्ति आश्चर्य जनक है। ये सभी व्याख्यानात्मक उपबृंहण भी भिन्नकालिक **सांस्कृतिक संवाद** ही हैं जो अतीत में लिखे गये किसी एक ग्रन्थ के निरन्तरता में होने वाले प्रसार को द्योतित करते हैं। ये टीकाएँ दो अलग अलग कालखण्डों को सी देने जैसे सघन संवाद की अनुष्ठान सरीखी हैं।

इस सघन संवाद में बहुत बड़ा प्रमाण है इन टीकाओं का नाम। टीकाकार अपनी टीका का नाम इस प्रकार रखता है जिससे मूल ग्रन्थ तथा ग्रन्थकार के साथ उसका सघन संवाद द्योतित होता है। इससे मूल के प्रति टीका की उपकारकता तथा प्रस्तुत टीका की अनन्यथासिद्धि दोनों प्रकट होती हैं। उदाहरण के लिए ध्वनि सिद्धान्त को समझाने के लिए आनन्दवर्धन ने जो *ध्वन्यालोक* (ध्वनि का प्रकाश) ग्रन्थ लिखा उस पर अभिनवगुप्त ने *ध्वन्यालोकलोचन* (ध्वन्यालोक के लिए आँख) टीका लिखी। इसका तात्पर्य यह है कि यदि आँख जैसी यह टीका न हो तो ध्वनि का आलोक स्पष्ट नहीं होगा। हम जानते हैं कि ध्वन्यालोक के तात्पर्य को लोचन के बिना समझना दु:साध्य है।[94] बाद में लोचन पर एक अर्वाचीन टीका *उपलोचन* (चश्मा) लिखी गयी। इसके टीकाकार का तात्पर्य यह है कि यदि आँख हो भी और चश्मा न हो तो कमज़ोर आँख वालों को प्रकाश का पूरा लाभ नहीं मिल पायेगा। जैसे चश्मे से सभी वस्तुएँ स्पष्ट दिखाई पड़ती हैं उसी प्रकार इस टीका का भी महत्त्व है। *उपलोचन* पर भी एक टीका है जिसका नाम *अंजन* (काजल) है, उसके ऊपर तूलिका नामक टिप्पणी भी है। इसमें निहित भाव यह है कि *तूलिका* (सलाई) से लगाया गया अंजन *लोचन* का संस्कार करेगा जिससे वह *आलोक* के ग्रहण में समर्थ हो सकेगा। इसी प्रकार *मन्त्रमहोदधि* की *नौका* नामक टीका लिखी गयी है। इसका भाव यह है कि यह व्याख्या मन्त्र के महासमुद्र को पार करने के लिए नाव की तरह है। *नौका* टीका पर *अरित्र* (पतवार) नामक हिन्दी टीका उपलब्ध है। पतवार के बिना नाव भी समुद्र को पार नहीं कर सकती। मूल ग्रन्थ के भाव के साथ अपनी अनिवार्यता द्योतित करने के अतिरिक्त प्राय: टीकाएँ मूल के

---

94. विना लोचनेन केवलमालोकप्रकाशिते पथि संचरन्नन्ध एव परिगण्यते लोक:, तथाऽनेनापि लोचनेन विना ध्वनिमार्गं विहरन्तो महाकवयो भृशं क्लिश्येयु:। (*ध्वन्यालोकबालप्रिया* टीका, प्रस्तावना, पृ.15)

अर्थ का विकास करती हैं। परम्परा में बहुत सारी टीकाओं का अर्थ यही होता है। उदाहरण के लिए *रसमञ्जरी* पर *सुरभि* नामक टीका लिखी गयी– सुरभि (सुगन्ध) मञ्जरी का विस्तार अथवा प्राकट्य होता है। शब्दार्णव पर चन्द्रिका व्याख्या लिखी गयी– चन्द्रिका (चाँदनी) से अर्णव (समुद्र) और परिवर्धित होता है। चन्द्रालोक पर *शरदागम* टीका लिखी गयी। चन्द्रालोक (चन्द्रमा का प्रकाश) सबसे अधिक शरदागम (शरत् के आने) पर ही होता है। *चन्द्रालोक* पर *कुवलयानन्द* भी लिखा गया। कुवलयानन्द (कमलों के खिलने) पर चन्द्रालोक (चन्द्रमा का प्रकाश) और प्रथित होता है।

कुछ टीकाएँ तो मूल ग्रन्थ को ही जीवन देने वाली होने का उद्घोष करती हैं। यह प्रवृत्ति भिन्नकालिक संवाद का प्रखर उदाहरण है। कई बार व्याख्याकार पहले की व्याख्याओं की अपेक्षा कालिक दृष्टि से दूर होने पर भी अपने को मूल ग्रन्थ के अधिक निकट पाता है। कालिदास के प्रख्यात टीकाकार मल्लिनाथ ने अपनी टीका का नाम *सञ्जीवनी* अर्थात् जिलाने वाली रखा है। उनका मानना है कि 'बहुत से व्याख्याकारों ने कालिदास के भावों को अपनी बुरी व्याख्याओं से मार डाला है। मेरी इस संजीवनी व्याख्या से वह जी उठेगी'।[95] इसी तरह *नैषधमहाकाव्य* पर अपनी व्याख्या को उन्होंने जीवातु (जिलाने वाली औषधि) कहा है। कई बार तो यह भिन्नकालिक संवाद इतना प्रखर होता है कि वह समकालिक संवादों की तुलना में अधिक प्रामाणिक होने का दावा करता है। उदाहरण के लिए, *श्रीमद्भागवत* पर श्रीधर नाम के आचार्य की *भावार्थदीपिका* टीका बहुत ही प्रचलित है। इसे उन्हीं के नाम पर श्रीधरी टीका भी कहते हैं। इसके विषय में यह उक्ति प्रचलित है कि भागवत के रहस्य को या तो वेदव्यास जानते हैं या शुकदेव। कथा को सुनने वाले राजा परीक्षित् के बारे में निश्चित नहीं कि वे ठीक ठीक जानते हैं या नहीं, लेकिन टीकाकार श्रीधर भागवत के समस्त रहस्यों को जानते हैं।[96]

टीकाएँ इतनी महत्त्वपूर्ण हैं कि भारत की सारी ज्ञान परम्परा को यदि व्याख्यानप्रधान परम्परा कह दें तो इसमें कोई त्रुटि नहीं होगी। वेद के बाद आने वाले

---

95. भारती कालिदासस्य दुर्व्याख्याविषमूर्च्छिता।
एषा सञ्जीवनी व्याख्या तामद्योज्जीवयिष्यति॥ (*रघुवंशसञ्जीवनी*, प्रारम्भिकपद्य)

96. व्यासो वेत्ति शुको वेत्ति राजा वेत्ति न वेत्ति वा।
तत्सर्वं श्रीधरो वेत्ति श्रीनृसिंहप्रसादतः॥

समस्त साहित्य को वेद का तात्पर्य समझाने वाली व्याख्या के रूप में देखा गया है। वेदों के छह अंग (शिक्षा, व्याकरण, छंद, निरुक्त, ज्योतिष तथा कल्प) प्रकारान्तर से वेद के व्याख्यान ग्रन्थ ही हैं। ये उस व्यक्ति की सहायता करते हैं जो वेद के अर्थ को जानने के लिए प्रवृत्त हुआ है। शिक्षा द्वारा वर्ण का ज्ञान, व्याकरण के द्वारा पदों का सम्यक् बोध, छन्द के माध्यम से पाठ प्रकार की जानकारी, निरुक्त के माध्यम से अर्थ का सम्यक् विचार, ज्योतिष व कल्प के माध्यम से देशक्रम व कालक्रम का बोध होता है। इन सभी के एक साथ सहायक होने से वेद का यथार्थ ज्ञान होता है। इसके अतिरिक्त, सारे वेदांग वेद के एक एक अंग माने गये हैं (दे., *पाणिनीय शिक्षा,* 41–42), अतः यदि इनमें से किसी एक का भी अध्ययन न किया जाये तो वेद रूपी पुरुष विकलांग हो जाता है। वस्तुतः अंग शब्द व्याख्या का ही पुराना नाम है। वेदों की व्याख्या करने के कारण ही पुराण आदि भी वेद के उपांग कहे गये हैं। केवल पुराण ही नहीं *रामायण, महाभारत* भी वेदों के व्याख्या रूप माने गये हैं। परम्परा का मानना है कि *रामायण* , *महाभारत* , 18 पुराण, 18 उपपुराणों तथा स्मृतियों इत्यादि के द्वारा वेदार्थ का उपबृंहण (समीचीन उपायों से विस्तार) किया जाना चाहिए।[97] यह उपबृंहण अथवा विस्तारण व्याख्यान के अर्थ में ही प्रयुक्त हुआ है। *श्रीभाष्य* 1.1.1 में उपबृंहण के स्वरूप को बताते हुए रामानुजाचार्य कहते हैं– उपबृंहणं नाम विदितवेदतदर्थानां स्वयोगमहिमसाक्षात्कृतवेदतत्त्वार्थानां वाक्यैः स्वावगतवेदवाक्यार्थव्यक्तीकरणम्। (उपबृंहण का अर्थ है कि वेद और उसके अर्थों को जानकर अपने योग के बल पर वेद के तत्त्व का साक्षात्कार करने वाले लोगों के द्वारा अपने समझे हुए वाक्यों से वेद के अर्थ को अभिव्यक्त करना)।

व्याख्यान में मूल की सुरक्षा तथा उसका परिवर्धन ये दोनों ही दृष्टियाँ सम्मिलित होती हैं। टीका परम्परा भारतीय ज्ञान-परम्परा के सातत्य का प्रमुख अभिलक्षण है। व्याख्यानात्मक संवादों से भारतीय संस्कृति की जीवन्तता का प्रमाण तो मिलता ही है साथ ही यह एक प्रयास भी हैं कि संस्कृति अपने उदात्त रूप जीवित रहे।

वेदों में वैदिक साहित्य के संहिता, ब्राह्मण आदि भागों में अनेक ऐसे वाक्य आते हैं जिनका सम्बन्ध सीधे विधि (कर्तव्यविधान) से नहीं होता है। उनमें किसी

---

97. इतिहासपुराणाभ्यां वेदं समुपबृंहयेत्।
बिभेत्यल्पश्रुताद्वेदो मामयं प्रहरिष्यति॥ (महा. 1.267.268)।

कर्म की प्रशंसा अथवा निन्दा होती है। ऐसे वाक्यों को अर्थवाद वाक्य कहते हैं।[98] यह स्वीकार किया जाता है कि अर्थवाद वाक्य जिस विधि की प्रशंसा या जिस निषेध वाक्य की निन्दा करते हैं, उसके अंग बन जाते हैं और इस तरह वे उस विधि को क्रमशः प्रेरित अथवा हतोत्साहित करते हैं। माना जाता है कि भारत के चार्वाक सहित सभी द्वैत-अद्वैत दर्शन जो विद्वानों की चिन्तन प्रक्रिया से उत्पन्न हैं, अपनी प्रामाणिकता के लिए इन्हीं अर्थवाद वाक्यों पर आश्रित होते हैं।[99] भर्तृहरि ने *वाक्यपदीय* के ब्रह्मकाण्ड की कारिका संख्या 1.8 की अपनी वृत्ति में बहुत रोचक ढंग से बताया है कि किस प्रकार वेदों के विविध वाक्यों का आश्रय लेकर विविध दर्शन अस्तित्व में आये हैं। इनमें केवल वैदिक ही नहीं अवैदिक दर्शन भी हैं।

भारतीय दर्शन भले ही वेदों से विकसित हुए हों, लेकिन परवर्ती युगों में उनमें बहुमुखी विकास हुए। विकास के प्रत्येक क्रम में वे अपने मूल से अविच्छेद का दावा करती हैं। उनमें हुई चर्चाएँ युगानुकूल अर्थविस्तार का सुन्दर उदाहरण प्रस्तुत करती हैं। उदाहरण के लिए, *ब्रह्मसूत्र* पर लिखे गये अद्वैत, विशिष्टाद्वैत, द्वैत, शुद्धाद्वैत, द्वैताद्वैत आदि विविध भाष्य वस्तुतः भिन्न देश तथा काल में जनसमूह की आवश्यकताओं का प्रतिनिधित्व करते हुए उनकी साधनापद्धति के प्रमाणीकरण का काम करते हैं। आचार्य शंकर का सीधा मुक़ाबला बौद्धों से था, इसलिए उन्होंने बौद्ध दार्शनिकों द्वारा विस्तारित तर्क के स्तर पर जाकर ऐसे ब्रह्मवाद की स्थापना की जो निर्विशेष था। जनसामान्य में ब्रह्म के सगुण रूप की उपासना करने वाला एक बड़ा जनसमूह इस व्याख्या से सहमत नहीं रहा। इसी कारण विशिष्टाद्वैत के रूप में इसका एक प्रखर प्रतिपक्ष उभर कर सामने आया। स्वयं शांकर वेदान्त में ही व्याख्याओं की भिन्नता के कारण भामती तथा विवरण नामक दो प्रस्थान निर्मित हो गये जो कि केवलाद्वैती होते हुए भी वेदान्त के चरम का स्पर्श करते हैं।

मध्यकाल की विषम तथा अवसादपूर्ण परिस्थिति में जनमानस को लोकरक्षक और लोकरञ्जक सगुण ईश्वर की विशेष आवश्यकता थी। ईश्वर के इस रूप की पूर्ति वेदान्त के विविध भक्ति सम्प्रदायों ने की और *ब्रह्मसूत्र* की व्याख्याओं द्वारा अपने मतों को प्रमाणित किया। ध्यातव्य है कि जनमानस में इन सभी आचार्यों के

---

98. दे. *अर्थसंग्रह*– प्राशस्त्यनिन्दान्यतरपरं वाक्यमर्थवादः।

99. तस्यार्थवादरूपाणि निश्रिताः स्वविकल्पजाः।
एकत्विनां द्वैतिनां च प्रवादा बहुधा मताः॥ (*वाक्य.*1.8)

प्रति समान श्रद्धा का भाव पाया जाता है। इन सम्प्रदायों ने एक दूसरे की जगह नहीं ली, बल्कि एक दूसरे के सहवर्ती बने। इन सम्प्रदायों के माध्यम से परम्परा को अनेक विकल्प प्राप्त हुए जिससे इसकी साधना-पद्धति, दर्शन और जीवन शैली समृद्ध हुईं। इसी तरह अन्य दर्शनों ने भी मूल सूत्र ग्रन्थों की अपेक्षा व्याख्याओं के माध्यम से अपने दर्शनों के आयाम विकसित किये। उन्होंने यह काम कई बार प्रतिपक्षियों का जवाब देने के लिए किया तो कई बार अन्तःसाम्प्रदायिक विचार मन्थन से सम्भव किया। उदाहरण के लिए, वैशेषिक सूत्रों में मूलतः 'अभाव' नामक पदार्थ नहीं है, लेकिन उसकी बाद की व्याख्याओं ने अभाव की दार्शनिक आवश्यकता का अनुभव किया तथा उसे अपने शास्त्र में जोड़ा। परवर्ती काल में न्याय तथा वैशेषिक दर्शनों का समन्वय, रामानुज आदि के द्वारा पूर्वमीमांसा एवं उत्तरमीमांसा को अखण्ड शास्त्र मान लेना आदि अपनी सीमाओं को दार्शनिक आवश्यकताओं के अनुरूप विस्तृत करना ही था। श्रमण दर्शनों ने भी शताब्दियों के संवाद के फलस्वरूप अपनी विचार पद्धति को विस्तार दिया तथा उसे कई बार परिमार्जित भी किया। उदाहरण के लिए, दिङ्नाग द्वारा प्रवर्तित अपोहवाद बाद में शान्तरक्षित तथा ज्ञानश्रीमित्र तक आते आते अधिक विशद और समावेशी कर दिया गया।[100] उनके इस कार्य में कई शताब्दियों तक प्रतिपक्षियों द्वारा उठाये गये प्रश्न सहायक हुए। ज्ञान के इस अभूतपूर्व विकास के लिए उसकी अविच्छिन्नता शर्त है।

कई बार परम्परा वर्तमान में अपने हित के लिए पीछे से चले आ रहे विरोधी मतों को समञ्जस करके प्रगतिशील निर्णय लेती है। उदाहरण के लिए, धर्मशास्त्र में अनेक विधियाँ ऐसी हैं जिसके सम्बन्ध में उनमें विवाद है। बाद के व्याख्याकारों ने प्रयत्न किया है कि इन सबकी व्याख्या सकारात्मकता की ओर जाये। उदाहरण के लिए, पुत्ररहित विधवा को पति का सम्पूर्ण भाग मिल सके इसके लिए विज्ञानेश्वर ने *याज्ञवल्क्यस्मृति* (2.133) की अपनी व्याख्या *मिताक्षरा* में पर्याप्त ऊहापोह किया है और अन्ततः निर्णय स्त्रियों के पक्ष में दिया है। यह प्रसंग भारतीय ज्ञान-परम्परा का एक उज्ज्वल पृष्ठ है। मध्यकालीन *देवलस्मृति* में विदेशियों, विशेषकर मुसलमानों के आतंक के कारण बल पूर्वक धर्मभ्रष्ट कर दिये गये लोगों की पुनःशुद्धि के लिए बहुत प्रगतिशील व्यवस्थाएँ दी गयी हैं। उदाहरण के लिए व्यवस्था दी गयी है कि

---

100. बलराम शुक्ल (2016), 'काश्मरिशैव बौद्ध दर्शन मीमांसा', हरेराम त्रिपाठी (सं.), श्री लालबहादुर शास्त्री राष्ट्रीय संस्कृतविद्यापीठ, अपोहस्तदपोहनं च, दिल्ली : 190-196.

किसी म्लेच्छ जाति के पुरुष द्वारा बलपूर्वक दूषित की गयी। स्त्री सान्तपन नामक प्रायश्चित्त से शुद्ध हो सकती है (*देवलस्मृति* 47- 49)।[101]

ग्रन्थों का उत्तरोत्तर नवीन अवतरण

भारतीय ज्ञान-परम्परा में परवर्ती महनीय ग्रन्थों को 'पञ्चम वेद', 'सप्तम वेदांग' अथवा 'पञ्चमी विद्या' कह देना भी आत्मविस्तार की एक प्रविधि है जो ज्ञान की पूर्ववर्ती धारा को परवर्ती धारा के साथ मिलाकर देखना चाहती है। हम जानते हैं कि वेद आस्तिक परम्परा के लिए परम प्रमाण समझे जाते हैं।[102] परम प्रामाणिक वेदों की प्रामाणिकता का लाभ दूसरे परवर्ती महत्त्वपूर्ण ग्रन्थों को भी मिल जाये इसके लिए भारतीय परम्परा इस विशेष तकनीक का उपयोग करते हुए उन महत्त्वपूर्ण ग्रन्थों पर वेदत्व को आरोपित कर देती है। इसके अन्तर्गत उन ग्रन्थों को 'पञ्चम वेद' की संज्ञा दे दी जाती है। इस उपाय से उन परवर्ती ग्रन्थों का महत्त्व तो ख्यापित होता ही है, साथ ही साथ वेदों के साथ उनकी वैचारिक सहमति भी द्योतित हो जाती है। बाद के ग्रन्थों में वर्णित अनेक विधियाँ, रीति रिवाज इस प्रविधि से प्रामाणिक हो जाते हैं जिनका प्रमाणन किसी और तरह से सम्भव नहीं था। वेद के पश्चाद्वर्ती ग्रन्थों- *रामायण, पुराण, महाभारत* यहाँ तक कि *नाट्यशास्त्र* तक को पाँचवाँ वेद कह देना प्रमाण के इसी विस्तार की प्रवृत्ति है[103]। वेदों के अलावा अन्य प्रामाणिक ग्रन्थों का

---

101. पाण्डुरंग वामन काणे (1946), पूर्वोद्धृत : 949.

102. धर्मं जिज्ञासमानानां प्रमाणं परमं श्रुतिः। (*मनुस्मृति* 2-13)

103. (अ) *महाभारत* पर वेदत्व का अतिदेश–1. इतिहासः पुराणं च पञ्चमो वेद उच्यते (*भागवतम्* 1.4.20)।

2. भारतं पञ्चमो वेदः सुपुत्रः सप्तमो रसः।
   दाता पञ्चदशं रत्नं जामातो दशमो ग्रहः॥ (*सुभाषित*)

महाभारत को वेद कहने की एक प्रविधि *महाभारत*कार व्यासदेव को साक्षात् नारायण का स्वरूप अथवा अवतार कहना भी है– *कृष्णद्वैपायनं व्यासं विद्धि नारायणं प्रभुम्। को ह्यन्यो भुवि मैत्रेय महाभारतकृद् भवेत्॥* (*विष्णुपुराण* 3.4.5)(हे मैत्रेय, कृष्ण द्वैपायन व्यास को तुम नारायण ही समझो, क्योंकि इस धरती पर (नारायण के अतिरिक्त) दूसरा कौन है जो *महाभारत* लिख सके)। ध्यातव्य है कि परम्परा वेद को परमेश्वर द्वारा कृत मानती है।

(आ) *पुराणों* पर वेदत्व का अतिदेश–1. भेदैरष्टादशैर्व्यासः पुराणं कृतवान् प्रभुः।
योऽयमेकश्चतुष्पादो वेदः पूर्वं पुरातनात्॥ (*कूर्मपुराण* अध्याय–49)

2. *इतिहासः पुराणं च पञ्चमो वेद उच्यते* (*भागवतम्* 1.4.20)

पुराणों को वेद कहने में सुविधा यह भी है कि वेदव्यास को विष्णु का अवतार मान लिया गया है। विष्णु के 24 अवतारों मे उनकी परिगणना होती है। (दे. *श्रीमद्भागवतपुराण*)

उपयोग भी इस प्रविधि के लिए किया गया है। उदाहरण के लिए, राजशेखर ने वेद के प्रसिद्ध छह अंगों के अतिरिक्त साहित्य को सातवाँ अंग माना है। उनके अनुसार वेदार्थ की सहायता करने के कारण साहित्यशास्त्र को भी वेदांग कहा जाना चाहिए।[104] कौटिल्य ने विद्याओं की संख्या चार बतायी है। राजशेखर ने *काव्यमीमांसा* में साहित्यविद्या को पाँचवीं विद्या कहा है। उनके अनुसार साहित्यविद्या सभी विद्याओं का सार रूप है। अन्य विद्याओं की तरह इनसे भी धर्म तथा अर्थ का ज्ञान होता है इसलिए इसे भी विद्याओं में गिनना चाहिए।[105] इस प्रकार प्राचीन काल से प्रसिद्ध तथा रूढ़ कोटियों को (व्याकरणगत) आकृति गण[106] की तरह दोनों सिरों पर खुला समझकर उसमें नये ग्रन्थों को शामिल करना परम्परा के आत्मविस्तार का रोचक उदाहरण है।

ग्रन्थों पर प्रमाणत्व का अतिदेश[107] करने का एक अन्य प्रकार उन्हें पूर्ववर्ती ग्रन्थ का अवतार मान लेना भी है। उदाहरण के लिए *रामायण* के विषय में इस अतिदेश का प्रकार रोचक है। कहा गया है कि वेद के प्रतिपाद्य परब्रह्म ने जब

(इ) *नाट्यशास्त्र* पर वेदत्व का अतिदेश– योऽयं भगवता सम्यग्ग्रथितो वेदसम्मितः। नाट्यवेदः कथं ब्रह्मन्नुत्पन्नः कस्य वा कृते ॥ (*नाट्यशास्त्र* 1–4)। नाट्यशास्त्र में कुल 15 बार इसके लिए नाट्यवेद का प्रयोग किया गया है। (त्रिपाठी (2014) : 512)

आधुनिक युग में भी महात्मा गाँधी ने तिरुवल्लुवर के प्रसिद्ध नीति ग्रन्थ *तिरुक्कुरळ* को तमिळवेद कह कर सम्मानित किया था। (*मराठी विश्वकोश*– 'तिरुक्कुरळ' प्रविष्टि के अन्तर्गत)

104. उपकारकत्वात् अलङ्कारः सप्तममङ्गम्–इति यायावरीयः। ऋते च तत्स्वरूपपरिज्ञानाद् वेदार्थानवगतिः। (*काव्यमीमांसा* 2, पृ. 12)

105. आन्वीक्षिकी त्रयी वार्ता दण्डनीतयश्चतस्रो विद्याः इति कौटल्यः। ... पञ्चमी साहित्यविद्या इति यायावरीयः। सा हि चतसृणामपि विद्यानां निःस्यन्दः। आभिर्धर्मार्थौ यद्विद्यात्तद्विद्यानां विद्यात्वम्॥ (*काव्यमीमांसा* 2, पृ. 18)

106. पाणिनि ने अपने शास्त्र में लाघव की दृष्टि से एक समान विधियों का अनुभव करने वाले शब्दों का एक समान वर्ग बनाया है, जिन्हें उन्होंने गणपाठ में पढ़ा है। गणपाठों में से कुछ में शब्दों की संख्या निश्चित रहती है जबकि कुछ में समान विधियों के अनुसार और भी शब्द जोड़े जा सकते हैं। दूसरे प्रकार के गणों को आकृति गण कहते हैं– आकृत्या गण्यन्ते इति आकृतिगणाः।

107. 'अतिदेश' मीमांसा, व्याकरण आदि शास्त्रों में प्रयुक्त होने वाला एक पारिभाषिक शब्द है। जब एक व्यक्ति या वस्तु में विद्यमान गुण-धर्म का सम्बन्ध किसी अन्य व्यक्ति में कर दिया जाता है तो इस प्रक्रिया को अतिदेश कहते हैं। अन्यत्रैव प्रणीतायाः कृत्स्नाया धर्मसन्ततेः। अन्यत्र कार्यतः प्राप्तिरतिदेशोऽभिधीयते॥ *(न्यायकोशः)*

दशरथ के पुत्र राम के रूप में जन्म लिया तब उनका वर्णन करने वाले वेदों ने भी वाल्मीकि के माध्यम से *रामायण* के रूप में अवतार ग्रहण किया– वेदवेद्ये परे पुंसि जाते दशरथात्मजे। वेदः प्राचेतसादासीत् साक्षाद् *रामायण*ात्मना। तस्माद् *रामायणं* देवि वेद एव न संशयः।।[108] इसका तात्पर्य यह है कि परम्परा *रामायण* को वेदों के समान ही महत्त्व देती है। यह अतिदेश केवल लाक्षणिक न रह जाये इसके लिए अनेक अन्य प्रकारों से उसे सिद्ध भी करने का यत्न परम्परा करती है। उदाहरण के लिए *रामायण* का वेदों के साथ घनिष्ठ सम्बन्ध एक दूसरे प्रकार से भी दर्शाया जाता है। गायत्री मन्त्र चारों वेदों के सार तथा उनकी माता[109] के रूप में सम्मत है। *रामायण* को गायत्री मन्त्र की व्याख्या माना जाता है, क्योंकि उसके 24000 श्लोकों में से हर हज़ारवाँ श्लोक क्रमशः गायत्री के वर्णों से प्रारम्भ होता है। उपर्युक्त रूपकों का तात्पर्य यह है कि वेद में वर्णित धर्म के सनातन तत्त्वों को ही *रामायण* के माध्यम से नया स्वर तथा नया कलेवर मिला है। वेदों के सैद्धान्तिक तत्त्वों को व्यवहार में अनूदित करने के लिए मानो धर्म ने ही *रामायण* के चरितनायक राम के रूप में मूर्त विग्रह धारण कर लिया हो– रामो विग्रहवान् धर्मः।[110] दया, दाक्षिण्य आदि उदार चारित्रिक गुणों के साथ राम में शौर्य तथा उत्साह का जो मर्यादित समन्वय दिखायी पड़ता है, वह वैदिक जीवन दृष्टि के आदर्श पुरुष की कल्पना के अनुकूल है। वाल्मीकि कृत *रामायण* का ही युगीन अवतार *रामचरितमानस* कहा गया है। उत्तरभारत में तो *रामायण* कहने से प्रथमतः तुलसीकृत मानस का ही ग्रहण होता है। इसकी प्रसिद्धि का यह आलम है कि ग्रियर्सन का कहना है कि उत्तर भारत में *मानस* का प्रचार इंग्लैंड में बाइबिल से कहीं अधिक है। इस ग्रन्थ रत्न को प्रामाणिकता देने के लिए इसे *रामायण* का युगावतार कहा गया है। इसके लिए गोस्वामी तुलसीदास को वाल्मीकि का अवतार भी कहा गया है। यह मान्यता पुराणों तथा *भक्तमाल* में भी प्रसिद्ध है।[111]

---

108. यह वचन *अगस्त्यसंहिता* नामक ग्रन्थ से सन्दर्भित किया जाता है।

109. स्तुता मया वरदा वेदमाता प्रचोदयन्ती पावमानी द्विजानाम्। आयुः प्राणं प्रजां पशुं कीर्तिं पृथिव्यां द्रविणं ब्रह्मवर्चसम्। मह्यं दत्वा व्रजत ब्रह्मलोकम्। *(अथर्व. 1/17/19)*

110. *रामायण* 3.37.13

111. 1. त्रेता काब्य निबन्ध करिव सतकोटि रमायन इक अच्छर उद्धरैं ब्रह्महत्यादि परायन।
अब भक्तन सुख देन बहुरि लीला बिस्तारी रामचरन रसमत्त रहत अहनिसि बिस्तारी॥

इसी तरह, कहते हैं कि चैतन्यदेव ने अपने मतानुकूल वेदान्तसूत्रों का कोई भाष्य नहीं किया। क्योंकि उनके अनुसार *श्रीमद्भागवत* ही व्याससूत्रों का वास्तविक तात्पर्य बताने वाले एक भाष्य ग्रन्थ की भाँति है।

महापुरुषों का उत्तरोत्तर नवीन अवतरण

अतिदेश की उपर्युक्त प्रक्रिया का प्रयोग केवल पुस्तकों को प्रामाणिक बताने के लिए ही नहीं किया जाता बल्कि इसे व्यक्तियों पर भी लागू किया जाता है। इस प्रक्रिया को हम उत्तरोत्तर नवीन अवतरण कह सकते हैं। बाद में आने वाले लोकोपकारी महान् व्यक्तियों को प्रामाणिक सिद्ध करने के लिए, उनके कार्यों को महत्त्व देने के लिए और ज्ञान परम्परा की निरन्तरता को सिद्ध करने के लिए उन्हें उनसे पहले हो चुके युगपुरुषों अथवा देवताओं के अवतारों के रूप में मान लिया जाता है। ऐसा करने से पूर्ववर्तियों की प्रामाणिकता को अनन्तरभावियों पर अतिदिष्ट कर दिया जाता है। साथ ही, इससे यह भी सिद्ध कर दिया जाता है कि इन व्यक्तित्वों में समान भावनात्मक धारा समग्र रूप में प्रवाहित हो रही है, तथा कार्यप्रणाली के जिस प्रतिदर्श को पूर्ववर्ती व्यक्ति ने अपने आचरण में उतारा था, वर्तमान व्यक्ति भी उसी प्रतिदर्श का पालन कर रहा है। उत्तरोत्तर अवतार की यह प्रविधि कई प्रकार की है। पहला प्रकार यह है कि युगप्रवर्तक महापुरुषों को ईश्वर अथवा देवताओं के अवतारों के रूप में मान लिया जाता है। दूसरा प्रकार यह है कि कुछ महापुरुषों को देवताओं के पार्षदों, उनके आयुधों या अन्य उपादानों के अवतार के रूप में देख लिया जाता है। तीसरा प्रकार यह है कि उत्तरवर्ती महापुरुषों को पूर्ववर्ती महापुरुषों के अवतार के रूप में देख लिया जाता है। ध्यातव्य यह है कि किसी एक उत्तरवर्ती पुरुष को विविध काल में हुए अनेकानेक महापुरुषों के अवतार के रूप में भी देखा जा सकता है। ऐसा उपर्युक्त चैतन्य धारा की अखण्डता को तीव्रतर करने के लिए किया जाता है। परम्परा में इस प्रविधि के बहुत से उदाहरण हैं। उपर्युक्त तीनों प्रकार के अवतारों के कुछ प्रमुख उदाहरण आगे प्रस्तुत किये जा रहे हैं।

संसार अपार के पार को सुगम रूप नौका लयौ
कलि कुटिल जीव निस्तार हित बाल्मीकि तुलसी भयौ॥ (*भक्तमाल* 129 पद)

2. वाल्मीकिस्तुलसीदासः कलौ देवि भविष्यति।
रामचन्द्रकथामेतां भाषाबद्धां करिष्यति॥ (*भविष्योत्तरपुराण*, प्रतिसर्ग पर्व 4.20)

उत्तरोत्तर अवतरण का प्रथम प्रकार

शंकराचार्य भारतीय परम्परा में बड़े धार्मिक नायक रहे। उनका समय प्रायः नवम शताब्दी ईस्वी माना जाता है। उन्होंने व्यासदेव द्वारा रचित ब्रह्मसूत्रों पर अद्वैतपरक भाष्य की रचना की जिसकी छाप भारतीय विचार पद्धति पर सर्वाधिक है। जिस प्रकार व्यास को विष्णु के 24 अवतारों में से एक माना जाता है,[112] उसी प्रकार उन्हें भी शिव के अवतार के रूप में प्रतिष्ठा मिली है। अग्रलिखित श्लोक अद्वैत वेदान्त सम्प्रदाय में ख़ूब प्रसिद्ध है– शंकरं शंकराचार्यं केशवं बादरायणम्। सूत्रभाष्यकृतौ वन्दे भगवन्तौ पुनः पुनः॥[113] संस्कृत में उनके जीवन से सम्बन्धित अनेक चरितकाव्य लिखे गये हैं। बलदेव उपाध्याय (1963) ने इस प्रकार के 22 ग्रन्थों का उल्लेख किया है। इन ग्रन्थों में शंकराचार्य के भगवान् शिव के अवतार होने की कथाएँ दी गयी हैं।[114] इसके अतिरिक्त *मार्कण्डेयपुराण, स्कन्दपुराण, कूर्मपुराण*[115] तथा *सौरपुराण*[116] में तीर्थों के वर्णन के अवसर पर शंकराचार्य का चरित वर्णित या संकेतित है। वहाँ उनके भगवान् शिव के अवतार होने की सूचना भी दी गयी है।[117] *शिवरहस्य* नामक ग्रन्थ के नवम अंश के 16वें अध्याय में 'शंकराचार्यावतार कथा' वर्णित है। इसमें शिव पार्वती से कहते हैं कि 'हे महेश्वरि, कलिकाल के समुद्र में डूबते लोगों पर कृपा करते हुए

---

112. दे. *श्रीमद्भागवत,* द्वितीयस्कन्ध।

113. *ब्रह्मसूत्र* रचने वाले विष्णु स्वरूप बादरायण व्यास तथा उस पर भाष्य लिखने वाले शिवस्वरूप शंकराचार्य दोनों महनीयों को मैं बार-बार नमस्कार करता हूँ।

114. उदा. के लिए माधवाचार्य कृत *शंकरदिग्विजय* का यह सुन्दर श्लोक बहुत प्रसिद्ध है-
अज्ञानान्तर्गहनपतितानात्मविद्योपदेशैस्त्रातुं लोकान् भवदवशिखातापपापच्यमानान्।
मौनं वटविटपिनो मूलतो निष्पतन्ती शम्भोर्मूर्तिश्चरति भुवने शंकराचार्यरूपा॥

115. कलौ रुद्रो महादेवो भक्तानामीश्वरः परः।
तदेव साधयेनॄणां देवतानां च दैवतम्॥
करियष्यत्यवतारं स्वं शंकरो नीललोहितः।
श्रौतस्मार्तप्रतिष्ठार्थे भक्तानां हितकाम्यया॥
कूर्मपुराण, अ.30, श्लोक 32–33; (बलदेव उपाध्याय (1963) : 19 पा.टि.) में उद्धृत।

116. चतुर्भिः सह शिष्यैश्च शंकरोऽवतरिष्यति।
व्याकुर्वन् व्याससूत्राणि श्रुतेरर्थं यथोचितम्॥
स एवार्थः श्रुतेर्ग्राह्यः शंकरः सविताननः॥ सौरपुराण, (उपरोक्त : 19 पा.टि.) में उद्धृत।

117. विशेष विवरण के लिए दे. (उपरोक्त : 19)।

मैं अपने अंश से केरल में एक तपस्वी विप्र को उत्पन्न करूँगा।[118]' आनन्दगिरि के *शंकरदिग्विजय* में यह बात आती है कि शंकराचार्य के पिता शिवगुरु को शिव ने वरदान दिया था जिसके फलस्वरूप वे स्वयं उनकी पत्नी के गर्भ में प्रविष्ट हुए और आचार्य शंकर के रूप में उत्पन्न हुए।[119] बाद के अनेक विद्वानों ने इसके प्रमाण वेद तक से भी ढूँढने का प्रयास किया है।[120] शंकराचार्य द्वारा स्थापित चार मठों (बदरिकाश्रम, जगन्नाथपुरी, शृङ्गेरी तथा द्वारिका) पर आसीन होने वाले संन्यासी भी शंकराचार्य कहे जाते हैं। यह सब कुछ यह सिद्ध करने के लिए है कि आदि पुरुष शिव से शंकराचार्य और शंकराचार्य से उनके सम्प्रदाय के समस्त शंकराचार्यों तक परम्परा में अर्जित ज्ञान का चैतन्य निरन्तरता से प्रवाहित हो रहा है।

शंकराचार्य के अद्वैतवाद के सबसे प्रबल प्रतिपक्षी विशिष्टाद्वैत के प्रतिष्ठापक रामानुजाचार्य को उनके सम्प्रदाय में रामानुज अर्थात् लक्ष्मण का अवतार माना गया है। मान्यता के अनुसार जो सत्ययुग में शेषनाग थे, त्रेता में लक्ष्मण थे, द्वापर में बलदेव बने वही कलियुग में रामानुजाचार्य के रूप में अवतीर्ण हुए।[121] सम्प्रदाय की प्रसिद्धि के अनुसार स्वयं नारायण ने वेदों के तात्पर्य को वेदव्यास के रूप में

---

118. वर्णाश्रमपरिभ्रष्टानधर्मप्रवणाञ्जनान्।
कल्यब्धौ मज्जमानांस्तान् दृष्ट्वानुक्रोशतोऽम्बिके ॥6 ॥
मदंशजातं देवेशि कलावपि तपोधनम्।
केरलेषु तदा विप्रं जनयामि तपोधनम् ॥7 ॥ (उपरोक्त : 20) पर उद्धृत।

119. ततस्सदाशिवश्शम्भुर्लोकानुग्रहतत्परः।
तपोमहिम्ना तत्पत्न्यां प्रविवेश स्वतेजसा॥
सा दधार सती गर्भमादित्यसमतेजसम्।
व्यजायत शुभे काले पञ्चोच्चग्रहसंयुते॥
आनन्दन् बान्धवास्सर्वे पुष्पवर्षैर्दिवश्च्युतैः।
शम्भोर्वरमनुस्मृत्य पिता शिवगुरुः किल।
आयुषो ह्रस्वतां जानन्नपि नोवाच किञ्चन॥ (उपरोक्त : 20–21 पा.टि.) में उद्धृत।)

120. नमो भवाय च रुद्राय च नमः शर्वाय च पशुपतये च नमो नीलग्रीवाय च शितिकण्ठाय च नमः कपर्दिने च व्युप्तकेशाय च नमः॥ (*यजुर्वेद*)॥ यहाँ व्युप्तकेश (घुटे हुए सिर वाले) इस शब्द से वे लोग शंकराचार्य का संकेत लेते हैं। दक्षिण भारत में काञ्चीमठ की परम्परा में हुए आत्मबोधेन्द्र सरस्वती (1586–1638) नामक शंकराचार्य ने उन्होंने रुद्राध्याय के अपने भाष्य में यह विचार प्रस्तुत किया है।

121. आदौ जगदाधारः शेषस्तदनु सुमित्रानन्दनवेषः।
तदुपरि धृतहलमुसलविशेषः तदनन्तर (?) मम गुरुवर एषः॥

ब्रह्मसूत्रों के रूप में संकलित किया लेकिन जब उसकी अपव्याख्यायें होने लगी तो वे उससे खिन्न हो उठे। अपने खेद को दूर करने के लिए उन्होंने अपने उत्तम सेवक शेष (नाग) को रामानुज के रूप में भेजा ताकि वे इन सूत्रों के वास्तविक अर्थों को प्रकाशित कर दें।[122]

मध्यकाल में किसी समय उत्पन्न महायोगी गोरखनाथ अपने युग के सबसे महान् धार्मिक नायक थे। उनके सम्प्रदाय में उन्हें शिव का अवतार बताया जाता है। माना जाता है कि स्वयं शिव ने ही योगमार्ग के प्रचार के लिए अपनी माया से गोरख रूप धारण किया।[123] उनका व्यक्तित्व इतना व्यापक है कि उसने भारत वर्ष में काल तथा देश दोनों का अतिक्रमण किया है। उनके बाद में आने वाले उनके अनेक पीठाधीश्वरों को भी गोरख का अवतार तथा प्रकारान्तर से शिव का अवतार कहा जाता रहा है। इसका प्रयोजन प्रज्ञा तथा चैतन्य की निरन्तरता की ओर संकेत करना होता है जो शिव तथा गोरक्ष के माध्यम से प्रवाहित-प्रसारित हुई थी। इसे अवतरण की तकनीक से बेहतर अन्य किसी प्रकार से नहीं बताया जा सकता।

सन्त ज्ञानेश्वर (1275-1296) मध्यकालीन महाराष्ट्र में उत्पन्न एक विलक्षण व्यक्तित्व हैं। शैव नाथ परम्परा से सम्बद्ध होते हुए भी उन्होंने वैष्णव सम्प्रदाय का अनुगमन किया तथा अपने अपूर्व चरित्र से इन दोनों धाराओं का एकीकरण किया। उनके द्वारा प्रवर्तित वारकरी वैष्णव सम्प्रदाय महाराष्ट्र का प्रमुख धार्मिक सम्प्रदाय है। उनके विषय में मान्यता है कि वे और उनके तीन बन्धु (बड़े भाई निवृत्तिनाथ, छोटे भाई सोपानदेव तथा बहन मुक्ताबाई) दिव्य अवतार थे। उनके सम्प्रदाय में एक श्लोक प्रचलित श्लोक है– ज्ञानेशो भगवान् विष्णुर्निवृत्तिर्भगवान् हरः। सोपानो भगवान् ब्रह्मा मुक्ताख्या ब्रह्मचित्कला॥ (ज्ञानेश्वर विष्णु हैं। निवृत्तिनाथ साक्षात् शिव हैं। सोपानदेव ब्रह्मा हैं तथा मुक्ताबाई परब्रह्म के चैतन्य का अंश हैं।)।

---

122. सदा सर्वथा च सर्वविधकैङ्कर्यकरणेन मोदमानं स्वपरिचर्याविदितस्वाशयं सहस्रवदनमादिशेषं स्वप्रवर्तितवेदार्थप्रदर्शनेन प्रजानामुज्जीवनार्थं श्रीभाष्यकाररूप यतिवरात्मना अवतारार्थमचूचुदत्॥ (*श्रीभाष्यम्* भूमिका पृ. 4)

123. इसके प्रमाण के रूप में कल्पद्रुमतन्त्र नामक किसी ग्रन्थ का निम्नलिखित श्लोक प्रमाणस्वरूप दिया जाता है–
अहमेवास्मि गोरक्षो मद्रूपं तन्निबोधत। योगमार्गप्रचाराय मायारूपमिदं धृतम्॥ (विजयपाल सिंह, पूर्वोद्धृत 71 पर उद्धृत)

ज्ञानेश्वर के परवर्ती सन्त नामदेव (1270-1350) ने भी इसी तरह के भाव व्यक्त किये हैं– पंचमहापातकी तारावया जन। आले नारायण मृत्युलोकी। नामा म्हणे पूर्णब्रह्म ज्ञानेश्वर। घेतसे अवतार अलंकापुरी॥ सन्त विसोबा खेचर आदि ने भी ज्ञानेश्वर महाराज के विष्णु अवतार होने को समर्थित किया है।[124]

चैतन्य महाप्रभु (1486-1534) द्वारा मध्यकाल में स्थापित संकीर्तन आन्दोलन अपनी स्थापना के बाद निरन्तर विकसित और विस्तृत होता जा रहा है। पिछली शताब्दी में इसी सम्प्रदाय से सम्बद्ध भक्तिवेदान्त स्वामी प्रभुपाद (1896-1977) ने श्रीकृष्णभावनामृत संघ (इस्कॉन) नाम से संस्था बनायी और उसके माध्यम से विदेशों में 'हरे कृष्ण आन्दोलन' का सघन प्रचार किया। इस सम्प्रदाय के मानने वाले गौडीय वैष्णव कहे जाते हैं और ये वेदान्त सूत्रों के अचिन्त्यभेदाभेदपरक व्याख्या को मानते हैं। ये चैतन्य महाप्रभु को श्रीकृष्ण का अवतार मानते हैं।[125] इसके लिए उन्होंने अनेक उपपत्तियाँ प्रस्तुत की हैं। इस सम्प्रदाय के आचार्यों का कहना है कि द्वापर युग के वृन्दावन में अवतार के समय श्रीकृष्ण की जो कुछ कामनाएँ अपूर्ण रह गयी थीं उन सबको उन्होंने गौरहरि चैतन्य देव के रूप में कलियुग में अवतरित होकर पूरा किया। श्रीकृष्ण के अवतार काल में गोपियों आदि ने उनके माधुर्य का अनुभव तो कर लिया था लेकिन स्वयं वे अपने प्रेम और अपने विरह का अनुभव नहीं कर सके थे। इन अपूर्ण वासनाओं की पूर्ति के लिए कृष्ण ने पुनः राधाभाव में अवतरित होकर अपने प्रति राधा के प्रेम का अनुभव चैतन्यरूप के माध्यम से किया।[126] ये अपूर्ण वासनाएँ, सम्प्रदाय के अनुसार, दो हैं– '1.राधा अपने प्रेम के

---

124. महाविष्णूचा अवतार। श्रीगुरु माझा ज्ञानेश्वर॥

125. चैतन्य को कृष्ण के अवतार मानने के विषय में मीराँबाई का निम्नोक्त पद परम्परा में प्रसिद्ध है–
अब तौ हरी नाम लौ लागी।
सब जग को यह माखनचोरा, धर्यो नाम बैरागी ॥1 ॥
कित छोड़ी वह मोहन मुरली, कित छोड़ी सब गोपी।
मूँड़ मुड़ाइ डोरि कटि बाँधी, माथे मोहन टोपी ॥2 ॥
मात जसोमति माखन-कारन बाँधे जाके पाँव।
स्यामकिसोर भयो नव गौरा, चैतन्य जाको नाँव ॥3 ॥
पीताम्बर को भाव दिखावै, कटि कौपीन कसै।
ग़ौरकृष्ण की दासी मीरा, रसना कृष्ण बसै ॥4 ॥ *(मीराँ पदावली)*

126. देखें, भक्तिवेदान्त स्वामी प्रभुपाद (1989), *भगवान् श्रीचैतन्य महाप्रभु का शिक्षामृत,* भक्तिवेदान्त बुक ट्रस्ट : 31

द्वारा मेरे जिस माधुर्य का आस्वादन करती हैं, वह मेरा माधुर्य कैसा है? तथा 2. उस मेरे माधुर्य के आस्वादन से राधा जिस सुख का अनुभव करती हैं वह सुख कैसा है?' कृष्ण की ये दोनों इच्छाएँ इस अवतार में पूर्ण हुईं।[127] चूँकि उपर्युक्त दोनों सुखों का पूर्णतः आस्वादन राधिका ही कर पाती हैं इसलिए इन सुखों को स्वयं को आस्वादित कराने के लिए कृष्ण को राधिकारूप में आना पड़ा और वही अवतार कृष्णचैतन्य महाप्रभु का है। इस प्रकार वे राधा तथा कृष्ण के समेकित रूप हैं।[128] उनके सम्प्रदाय के उत्साही आचार्य महाप्रभु के कृष्णावतार होने के सम्बन्ध में वेदों, उपनिषदों[129], *महाभारत*[130], भागवत पुराण आदि से प्रमाण भी उपस्थित करते हैं। ध्यातव्य है कि इस प्रकार के अवतार के दावे अन्य अनेक महापुरुषों की भाँति चैतन्य ने भी नहीं किये थे। उन्होंने कृष्ण को प्रेमास्पद के रूप में ही देखा और दूसरों को भी उनकी भक्ति का उपदेश किया। चैतन्य के कृष्णावतार होने के विषय में एक गम्भीर विप्रतिपत्ति यह हो सकती है कि यदि वे कृष्ण होते तो स्वयं कृष्ण की भक्ति करते हुए नहीं दीखते। इस आपत्ति का उत्तर देते हुए इस सम्प्रदाय के आचार्यों ने कहा है कि 'श्रीचैतन्य महाप्रभु कृष्णप्रेम का प्रचार करने को भी अवतीर्ण हुए थे। भाव यह है कि जीवों को कृष्णप्राप्ति की सच्ची पद्धति की शिक्षा प्रदान करने वाले वे स्वयं श्रीकृष्ण हैं। वे एक अध्यापक की भूमिका में हैं। विद्यार्थी को सिखाने के लिए अध्यापक स्वयं लेखनी से लिखता हुआ कहता है– ऐसे लिखो– क ख ग। इससे

---

127. श्रीराधायाः प्रणयमहिमा कीदृशो वाऽनयैवास्वाद्यो येनाद्भुतमधुरिमा कीदृशो वा मदीयः।
सौख्यं चास्या मदनुभवतः कीदृशं वेति लोभात् तद्भावाढ्यः समजनि शचीगर्भसिन्धौ हरीन्दुः॥ (*चैतन्यचरितामृतम्* 1.1.6)

128. इस सिद्धान्त की उपपत्ति के पूर्वपक्ष और सिद्धान्तपक्ष के सम्यक् विवेचन के लिए देखिये– चैतन्यमहाप्रभु की स्वयं भगवत्ता (श्रीकृष्णजन्मस्थान सेवासंस्थान, 1985)

129. उदाहरण के लिए मुण्डक (3.1.3) में रुक्मवर्ण (सोने के रंग वाले) आदि शब्दों को वे चैतन्य महाप्रभु का वाचक मानते हैं–
यदा पश्यः पश्यते रुक्मवर्णं कर्तारमीशं पुरुषं ब्रह्मयोनिम्।
तदा विद्वान् पुण्यपापे विधूय निरञ्जनः परमं साम्यमुपैति॥ (श्रीश्यामलाल हकीम 1985), *महाप्रभु श्री गौराङ्ग* (स्मरणिका), श्री हरिराम संकीर्त्तन मण्डल, वृन्दावन : 26.

130. *महाभारत* में प्रप्त विष्णुसहस्रनाम के निम्नोक्त श्लोक में आये हुए नामों को गौडीय वैष्णव सम्प्रदाय के विद्वान् चैतन्य महाप्रभु का वाचक मानते हैं–सुवर्णवर्णो हेमाङ्गो वराङ्गश्चन्दनाङ्गदी॥ (*विष्णुसहस्रनाम* 79), (उपरोक्त : 26-27)

मूर्खतावश यह नहीं समझना चाहिए कि अध्यापक लिखना सीख रहा है। वे भक्त के रूप में अवतीर्ण अवश्य हुए हैं, पर यह सदा स्मरण रखना चाहिए की श्रीकृष्ण चैतन्य महाप्रभु, कृष्णभावनाभावित होने की शिक्षा देने वाले साक्षात् भगवान् श्रीकृष्ण हैं' (*प्रभुपाद* 1989, 21)। इसमें कोई सन्देह नहीं कि श्रीकृष्ण की समस्त रसवत्ता और श्रीराधा का प्रगाढ विरहभाव चैतन्य महाप्रभु में पुनः प्रकट हुआ था। उनके कृष्णावतार होने का तात्पर्य यही है। उपर्युक्त दावे में केवल साम्प्रदायिक आग्रह ही कारण नहीं है, बल्कि यह प्रकट है कि उनके अवतारत्व से वैष्णव परम्परा तथा उसकी प्रणाली की निरन्तरता भी द्योतित होती है[131]।

विशिष्टाद्वैत की रामावत शाखा के आचार्य रामानन्द (1400-1476) को उनके सम्प्रदाय में स्वयं श्री राम का अवतार माना जाता है।[132] वल्लभाचार्य (1479-1531) को वैश्वानर अग्नि का अवतार बताया जाता है। चूँकि अग्नि को परमपुरुष के मुख से उत्पन्न माना जाता है (*ऋग्.* 10.90.12[ग]) इसलिए वल्लभाचार्य को भगवान् का मुखावतार भी कह दिया जाता है। यदुनाथ ने अपने *वल्लभदिग्विजय* ग्रन्थ में तीन कारणों का उल्लेख करते हुए वल्लभाचार्य को भगवान् कृष्ण का अवतार सिद्ध किया है। *चौरासी वैष्णवन की वार्ता* से यह पता चलता है कि उनके समय में भी उनके भक्त उनमें तथा कृष्ण में भेद नही रखते थे।[133] राधावल्लभ सम्प्रदाय के संस्थापकाचार्य हितहरिवंश को श्रीकृष्ण की मुरली का अवतार कहा जाता है। मध्वाचार्य को वायु का अवतार बताया जाता है जो केवल आदर की वस्तु न होकर

---

131. अपने सिद्धान्त को प्रामाणिक तथा अटूट सिद्ध करने के लिए गौडीय वैष्णव इस परम्परा का वंशवृक्ष प्रस्तुत करते हैं (दे. *गौरगणोद्देशदीपिका* 25-22)। पिछली शताब्दी में प्रसिद्ध हरेकृष्ण आन्दोलन इस परम्परा को श्रीकृष्ण से शुरू करके भक्तिवेदान्त स्वामी तक ले आता है। इसमें चैतन्य महाप्रभु का स्थान 22वाँ तथा प्रभुपाद 32 वें स्थान पर हैं। (प्रभुपाद, पूर्वोद्धृत)॥

132. उनके सम्प्रदाय में इससे सम्बन्धित एक श्लोक पाया जाता है जिसे *अगस्त्यसंहिता* का बताया जाता है– माघकृष्णस्य सप्तम्यां रामभक्तिप्रवर्तकः। रामानन्दः स्वयं रामः प्रादुर्भूतो महीतले॥ (रामभक्ति के प्रवर्तक स्वयं रामचन्द्र के स्वरूप रामानन्दाचार्य माघ मास की कृष्णपक्ष सप्तमी के दिन पृथ्वी पर उत्पन्न हुए)। इसी मान्यता का काव्यात्मक वर्णन नाभादास (17वीं सदी का मध्य) ने अपने भक्तमाल में इस प्रकार किया है– रामानन्द रघुनाथ ज्यों दुतिय सेतु जगतरण कियौ।

133. उदाहरण के लिए सूरदास की वार्ता में आया है– '...तब चत्रभुजदास ने कह्यौ जो सूरदास जी ने बहुत भगवद्जश वर्णन कीयौ परि आचार्यजी महाप्रभून को जस वर्णन नाहीं कीयौ तब यह वचन सुनिके सूरदास जी बोले जो मैं तो सब श्री आचार्य जी महाप्रभूनको ही जस वर्णन कीयौ है कछू न्यारौ देखूँ तो न्यारौ करूं'। (*चौरासी वैष्णवन की वार्ता* : 198)

उनकी दार्शनिक पद्धति के लिए भी बहुत महत्त्वपूर्ण है। मध्व वायु होने के कारण सीधे सीधे व्यास रूपी विष्णु के शिष्य हैं और इस नाते वे अनेक ऐसे मन्त्रों और उनकी निरुक्तियों को सुझा पाते हैं जो उनसे पहले अज्ञात हैं।[134]

आल्हा-ऊदल को लोक में *महाभारतकालीन* योद्धाओं का अवतार जाना जाता है। यहाँ तक कि *भविष्यपुराण* में अकबर के पुराने जन्म की चर्चा भी प्राप्त होती है। गुरु नानक (1469-1539) भारतीय ज्ञान-परम्परा की निरन्तरता के महत्तम वाहकों में से एक हैं। उन्हें अनेक स्रोतों में महाराज जनक का अवतार कहा गया है।[135] धर्म समन्वयन के अपूर्व साधक रामकृष्ण परमहंस (1836-1886) ने भी सभी सिख गुरुओं को महाराज जनक का अवतार माना है। सम्भवतः संसार तथा अध्यात्म दोनों को एक साथ साध लेने की उनकी कुशलता के कारण उन्हें विदेहराज जनक का अवतार कहा गया होगा। उन्हें ईश्वर का अवतार मानने की बात तो सिख मत के अन्दर के प्रामाणिक स्रोतों में भी मिलती है।[136] नानक के बाद आने वाले सभी गुरुओं ने अपने पदों में छाप के रूप में अपने नामों का प्रयोग न करते हुए 'नानक' शब्द का ही प्रयोग किया है। इससे पता चलता है कि वे एक ही भावनात्मक चेतना का निरन्तर प्रवाह पूरी परम्परा में देखते थे। निर्गुणमार्गी सन्त दादूदयाल के पन्थ में उन्हें चार सनत्कुमारों में से एक-सनक का अवतार माना जाता है।

उत्तरोत्तर अवतरण का द्वितीय प्रकार

युग प्रवर्तक महापुरुष अपने लोकसंग्राही गुणों और अद्भुत कार्यों के कारण समाज में अत्यधिक ग्राह्य हो जाते हैं। उनके चारों ओर समर्थकों तथा सहायकों का एक

---

134. मध्व के विपक्षियों ने उनकी इस प्रवृत्ति की निन्दा भी की है। दे. वैलेरी स्टोकर (2007), पूर्वोद्धृत।

135. तू ता जनिक राजा औतारु सबदु संसारि सारु। रहहि जगत्रि जलु पदम विचार। (भट्ट वाणी)

136. उदाहरण के लिए भाई गुरुदास जी के *बाराँ* का निम्नोक्त पद जिसमें गुरु नानक को विष्णु, कृष्ण, राम तथा गोविन्द के रूप में विद्यमान होने की चर्चा है। ध्यातव्य है कि यह बाराँ गुरुग्रन्थसाहब के अतिरिक्त वह ग्रन्थ है जिसका कीर्तन दरबार साहब में मान्य है–

सतिजुग वासदेव वावा विशना नाम जपावै। दुआपर सतिगुर हरीक्रिशन हाहा हरि हरि नाम धियावै॥
त्रेते सतिगुर राम जी रारा राम जपै सुख पावै। कलिजुग नानक गुर गोबिन्द गागा गोबिन्द नाम जपावै॥
चारे जागे चहु जुगी पंचाइण विच जाइ समावै। चारौ अच्छर इक कर वाहिगुरु मन्त्र जपावै॥
जहाँ ते उपजिआ फिर तहाँ समावै॥ (बाराँ 1.49)

बड़ा समूह एकत्र हो जाता है। इन सहायकों के माध्यम से उनके लोकहित का कार्य बहुत शीघ्र, तीव्र तथा प्रभावी हो जाता है। जब इन महापुरुषों को ईश्वर अथवा देव का अवतार मान लिया जाता है तो उनके सहायकों को भी उन ईश्वर अथवा देव के पार्षदों के अवतार के रूप में समझ लिया जाता है। इससे यह बात प्रकट होती है कि अतीत में घटित परिघटना अपने पूरे अंग-उपांग के साथ पुनः उपस्थित हो गयी है। अवतार के इस सम्प्रत्यय से उस पूर्ववर्ती परम्परा की गाढ़ी निरन्तरता को समझा जाता है। इसके बहुत से उदाहरण हमें दिखाई देते हैं।

ऊपर शंकराचार्य की शिव के अवतार के रूप में मान्यता की चर्चा की जा चुकी है। उनके चार सहायक चार पट्ट शिष्यों (तोटक, पद्मपाद, हस्तामलक तथा मण्डनमिश्र) को भी सनक, सनन्दन, सनातन तथा सनत्कुमार इन चार महर्षियों का अवतार बताया जाता है।[137] चैतन्य महाप्रभु (1486-1534) का संकीर्तन आन्दोलन तथा उनके मत का सैद्धान्तिक दृढ़ीकरण उनके सहायकों के माध्यम से चतुर्दिक् फैल सका था। उन्होंने अपने प्रेमपूर्ण मत को प्रवचनों के माध्यम से नहीं बल्कि स्वतः प्रयोग के द्वारा प्रदर्शित किया था। उन्होंने तो अपने मत के अनुकूल ब्रह्मसूत्र या कोई और भाष्य भी नहीं रचा। यह कार्य उनके अनुयायी आचार्यों ने किया जिनमें छह गोस्वामियों (सनातन, रूप, रघुनाथ, गोपाल, रघुनाथ भट्ट तथा जीव) का नाम मुख्यता से लिया जाता है। चैतन्य के कृष्णावतार होने की विशद चर्चा ऊपर आ चुकी है। उनके सम्प्रदाय में यह मान्यता है कि कृष्ण अकेले ही चैतन्य के रूप में अवतीर्ण नहीं हुए, बल्कि कृष्णावतार से सम्बन्धित अपने समस्त पार्षदों परिकरों के साथ नवद्वीप में अवतार ग्रहण किया था।[138] चैतन्य महाप्रभु के शिष्य कवि कर्णपूर (ज.1527) ने इस रहस्य का उद्घाटन अपनी कृति *गौरगणोद्देशदीपिका* में किया है। कवि कर्णपूर ने वृन्दावन तथा नादिया के इस समान्तर वंशवृक्ष का वर्णन करते हुए श्रीकृष्ण तथा चैतन्य के पितामह से प्रारम्भ किया है और उनके माता-पिता, भाई, ससुर, विभिन्न पार्षदों के तादात्म्य को पहचानने की चेष्टा की है। चैतन्यदेव के

---

137. चतुर्भिः सह शिष्यैश्च शंकरोऽवतरिष्यति।
व्याकुर्वन् व्याससूत्राणि श्रुतेरर्थं यथोचितम्॥
स एवार्थः श्रुतेर्ग्राह्यः शंकरः सविताननः॥ *सौरपुराण* (बलदेव उपाध्याय 1963,19 पा.टि.) में उद्धृत।

138. यद्वत्पुरा कृष्णचन्द्रः पञ्चतत्त्वात्मकोऽपि सन्।
यातः प्रकटतां तद्वद्गौरः प्रकटतामियात्॥ (*गौरगणोद्देशदीपिका* 6)

पार्षदों को उन्होंने द्वापर की कृष्णलीला के सदस्यों के अवतारों के साथ राम आदि अन्य अवतारों के सदस्यों के साथ भी पहचाना है। इसके लिए कई बार चैतन्यलीला के एक एक सदस्यों में अनेक पूर्ववर्तियों का समावेश दिखाया है। उदाहरण के लिए, चैतन्य महाप्रभु यदि कृष्ण के अवतार हैं तो उनके माता पिता यशोदा तथा नन्द के स्वरूप हैं। नित्यानन्द यदि बलराम हैं तो श्रीवास पण्डित नारद हैं। चैतन्यदेव में इन्होंने कृष्ण, राधाकृष्ण के अतिरिक्त सभी अन्य अवतारों का और इनके पिता जगन्नाथ में नन्द, कश्यप, दशरथ तथा वसुदेव, सबका समावेश किया है। इसी तरह के प्रयास इस सम्प्रदाय के विद्वान् कृष्णदास कविराज ने अपने प्रसिद्ध बांग्ला ग्रन्थ *चैतन्यचरितामृत* में तथा ध्यानचन्द्र गोस्वामी ने भी वंशवृक्ष में कुछ अन्तरों के साथ किया है। इस तरह के पूर्ववर्ती प्रयत्नों को स्वयं कवि कर्णपूर ने भी अपने ग्रन्थ में रेखांकित किया है। कृष्णलीला को चैतन्यलीला में पुनरवतीर्ण करके उसकी प्रामाणिकता तथा नैरन्तर्य दोनों एक साथ सिद्ध करने का यह अद्भुत उपक्रम है।

महामति प्राणनाथ (1618-1694) उत्तरमध्यकाल में उत्पन्न एक अद्भुत सन्त हैं। सगुण सम्प्रदाय से सम्बद्ध होने पर भी नितान्त निर्गुण इस्लाम की परम्परा को भी उन्होंने अपने मत में समाविष्ट करने का अपूर्व प्रयास किया। 'उन्होंने सभी धर्मों को विश्वनियन्ता की पूर्व संकल्पना का अनिवार्य अंग बताया तथा देश और काल के अनुरूप समस्त मानव जाति के लिए एक धर्म में आस्था व्यक्त करने का संकल्प बार-बार दोहराया। इसके साथ उन्होंने सभी धर्मों के आदर्शों और मूल्यों में निहित ऐक्य बताने का सफल प्रयास किया।' उनका धर्मदर्शन समन्वय की विराट् चेष्टा है।[139] उनके कृष्णप्रणामी सम्प्रदाय में उन्हें तथा उनके सद्गुरु देवचन्द्र (1581-1654) दोनों को ही श्रीकृष्ण कि विविध सखियों का अवतार बताया जाता है। उनकी मान्यता यह है कि श्रीकृष्ण क्षर तथा अक्षर दोनों से परे अक्षरातीत सच्चिदानन्द ब्रह्म हैं तथा परमधाम उनका निवास है। महामति प्राणनाथ के गुरु देवचन्द्र स्वयं श्रीकृष्ण की आनन्द अंग तथा उनकी अन्तरंग सखी 'श्यामा' की अवतार हैं। श्यामा पूर्ण ब्रह्म की अर्धांगिनी होने के कारण आनन्दस्वरूप हैं। देवचन्द्र (श्यामा) जैसी कृष्ण की दूसरी शक्तियाँ (सखियाँ) भी संसार की लीला देखने परमधाम से धरती पर उतरीं लेकिन वे सभी भ्रमजाल में फँस गयीं। उन्हें ज्ञान द्वारा उद्बोधित करने का महनीय दायित्व देवचन्द्र को सौंपा गया। क्योंकि वे कृष्ण की अभिन्न शक्ति का स्वरूप होने

---

139. रणजीत साहा (2003, 2011), *महामति प्राणनाथ*, साहित्य अकादमी, नयी दिल्ली : 10-11

के कारण कभी भी संसार से मोहित होने वाले नहीं थे। इसके अतिरिक्त महामति प्राणनाथ ने उन्हें कृष्ण की सखी सुन्दरबाई का अवतार भी बताया है।[140] सद्गुरु देवचन्द्र जी ने महामति प्राणनाथ में सखी इन्द्रावती की आत्मा के दर्शन किये थे। स्वयं प्राणनाथ अपने विरहप्रधान पदों में अपना नाम इन्द्रावती रखते हैं।[141] उदाहरण के लिए वे *खिलवत* नामक अपने ग्रन्थ में इन्द्रावती का अपने प्राण प्रियतम के साथ आन्तरिक संवाद प्रस्तुत करते हैं। राधावल्लभ सम्प्रदाय के प्रसिद्ध संगीतविद् भक्त हरिदास जी को राधिका जी की प्रमुख सखी ललिता का अवतार माना जाता है।

कई बार परवर्तियों को पूर्ववर्ती महापुरुषों के पार्षदों और शस्त्र-अस्त्रों के ही अवतार के रूप में रखकर काम चला लिया जाता है। उदाहरण के लिए हित हरिवंश को श्रीकृष्ण की मुरली का अवतार मानते हैं तो निम्बार्काचार्य को भगवान् के चक्र का अवतार। विशिष्टाद्वैत के महान् आचार्य वेदान्त देशिक को भगवान् विष्णु के घण्टा का अवतार माना गया है। शङ्कराचार्य आदि महनीय आचार्यों की परम्परा में आये हुए परवर्ती आचार्यों को मूल आचार्य का अवतार मानकर– *श्रीशंकराचार्यनवावतारम्* आदि कहा जाता है। और इसीलिए इन आचार्यों का नाम भी शंकर, निम्बार्क आदि ही होता है।

उत्तरोत्तर अवतरण का तीसरा प्रकार

कई बार एक ही व्यक्ति को पूर्ववर्ती अनेक व्यक्तित्वों के साथ जोड़कर अवतार के रूप में देखने का यत्न भी किया जाता है। अभी ऊपर हमने रामानुजाचार्य के प्रसंग में इस प्रवृत्ति का अवलोकन किया। परमहंस रामकृष्ण (1836-1886) ने स्वयं अपने को राम और कृष्ण दोनों एक साथ होने का निर्देश किया था। इसी प्रकार ओशो (1931-1990) भी अपने को लाओत्से के अतीव निकट पाते थे। श्रीराम शर्मा आचार्य (1911-1990) ने बताया है कि उनके गुरु ने उन्हें कबीर, स्वामी रामदास तथा परमहंस रामकृष्ण का अवतार होने का पता बताया था।[142] इस प्रवृत्ति का एक अन्य रुचिकर उदाहरण साहित्य जगत् से भी मिलता है। नवीं सदी के महान्

---

140. उपर्युक्त : 15.

141. रणजीत साहा (2011), पूर्वोद्धृत : 28.

142. आचार्य श्रीराम शर्मा (2022), *हमारी वसीयत और विरासत,* युग निर्माण योजना विस्तार ट्रस्ट, मथुरा : 13.

कवि एवं आलोचक राजशेखर अपने आपको वाल्मीकि, भर्तृमेण्ठ तथा भवभूति का अवतार मानते हैं।[143] इन सबका तात्पर्य है उस पूर्ववर्ती चैतन्यात्मक ऊर्जा का परवर्ती व्यक्तियों में समेकित सातत्य।

इसके अतिरिक्त अनेक बार परवर्ती महापुरुषों को उन महापुरुषों के अवतार के रूप में देखने का प्रयत्न होता है जो स्वयं किसी देवता के अवतार के रूप में स्वीकृत हो चुके होते हैं। एक रुचिकर उदाहरण प्रस्तुत है।

मस्तनाथ (1707-1807) पश्चिमी क्षेत्र में गोरखनाथ सम्प्रदाय के लोकप्रिय सन्त हुए हैं। इनका मठ रोहतक के अस्थल बोहर में है जो कि उत्तर-पश्चिम भारत में नाथों का सबसे महत्त्वपूर्ण मठ है।[144] उन्हें इस सम्प्रदाय में गोरखनाथ का अवतार माना जाता है।[145] इन पर लिखे गये चरितग्रन्थ *मस्तनाथचरितम्* के अनुसार सबला नामक एक व्यापारी यमुना के किनारे चला जा रहा था तभी उसे अपने देदीप्यमान रूप में गुरु गोरक्षनाथ दिखायी दिये। सबला ने उन्हें पहचान कर 'आदेश आदेश' शब्द का उच्चारण किया। गोरखनाथ ने प्रसन्न होकर उन्हें वरदान माँगने का आदेश दिया। निःसन्तान व्यापारी ने पुत्र का वर माँगा। गोरखनाथ ने उसे श्रेष्ठ पुत्र होने का आशीर्वाद तो दे दिया, लेकिन उस व्यक्ति की पत्नी बाँझ थी। ऐसे में गोरखनाथ स्वयं बालक मस्तनाथ के रूप में प्रकट हो गये।[146] इसी ग्रन्थ में अन्यत्र मस्तनाथ को शिव अथवा कृष्ण का स्वरूप भी कहा गया है। इस प्रकार अपने संस्थापकों के पुनः अवतीर्ण होने के विश्वास द्वारा भारत में विविध सम्प्रदाय अपने को पुनः पुनः नयी ऊर्जा, आस्था और विश्वास से संवलित कर पाते हैं।

ध्यातव्य है कि यह अतिदेश केवल आलंकारिक स्तर पर ही नहीं होता। परम्परा

143. बभूव वल्मीकभवः पुरा कविस्ततः प्रपेदे भुवि भर्तृमेण्ठताम्।
स्थितः पुनर्यो भवभूतिरेखया स राजते सम्प्रति राजशेखरः ।।

144. अंजलि दुहन-गुलिया (2019), 'द नाथ-योगीराज़ ऑफ़ बाबा यात्रानाथ मोमेस्ट्री : देयर रिलीजन ऐंड आर्ट', जगदीश प्रसार (सं.), अर्कियालॅजी ऐंड हेरीटेज : हरयाणा-कोर्ट ट्रेड्स, वी.आर. पब्लिशिंग कॉर्पोरेशन, नयी दिल्ली : 258.

145. वैक्रमे वेदषट्सप्तभूमिते वत्सरे शुभे। मस्तनाथावतारोऽभूत् सर्वेषां हितकारकः॥ (*मस्तनाथचरितम्* 2.69)

146. त्रिलोकी वशगा यस्य तदानीं मायया कृता।
मूर्तिर्निजा मात्रया च मात्राभिर्निर्मिता स्वयम्॥
तेजस्विनी बालरूपा तद्ग्रामसविधे तदा।
वने वटसमीपस्थाऽकारि मूर्तिर्मनोरमा॥ (*मस्तनाथचरितम्* 2.43–44)

इसे वास्तविक अर्थों में लेती है। इसी कारण बाद वाले व्यक्तित्वों में अवतार के अनेक प्रमाण खोज लिए जाते हैं। उदाहरण के लिए चैतन्यदेव का गोरे रंग वाला होने को उनके राधास्वरूप होने में एक प्रमाण के तौर पर उपस्थापित किया जाता है।

जान लेना चाहिए कि सनातन शास्त्र परम्परा उपर्युक्त सारी प्रविधियों को सम्भव बनाने के लिए पर्याप्त प्रमाण उपस्थापित करती है। यदि कोई भी व्यक्ति एकान्तिक रूप से सदाचारी, लोकोपकारी तथा प्रभावशाली है तो उसे ईश्वर या पूर्ववर्ती महापुरुष का अंश मान लेने में समस्या नहीं होती है। इसमें *भगवद्गीता* का वचन प्रामाणिक है जिसमें श्रीकृष्ण का कहना है कि 'इस संसार में जो कुछ भी वैभवसम्पन्न, शोभातिशय से युक्त तथा असाधारण ऊर्जावान् है, हे अर्जुन उन सबको तुम मेरे अंश से प्रकट हुआ मानो'।[147] परम्परा में यह एक सामान्य मान्यता है कि जिसने भी ब्रह्म के वास्तविक स्वरूप को जान लिया वह ब्रह्म ही हो गया– ब्रह्म वेद ब्रह्मैव भवति (*मुण्डक.* 3.2.9)। क्योंकि ब्रह्म हुए बिना ब्रह्म को कोई जान नहीं सकता। इसलिए उस व्यक्ति को ब्रह्म या परम सत्ता के विविध अवतारों के रूप में देख लेने में कोई दोष नहीं है। भगवद्गीता में भी कृष्ण ने ज्ञानी को अपना स्वरूप बताया है– ज्ञानी त्वात्मैव मे मतम्॥ ब्रह्मसूत्रशांकरभाष्य के 12/1/1 वें सूत्र के भाष्य में आनंद शब्द की व्याख्या करते हुए आचार्य शंकर कहते हैं कि यद्यपि एक ही आत्मा स्थावर और जंगम समस्त प्राणियों में गूढ़ है फिर भी चित्तरूपी उपाधिविशेष के भेद से उत्तरोत्तर प्रकट हुए कूटस्थ, नित्य, एकरूप आत्मा का ऐश्वर्यशक्ति विशेष से श्रुतियों में और स्मृतियों में भेद सुना जाता है।[148]

माध्व सम्प्रदाय के अनुसार कुछ महापुरुष हमेशा के लिए मुक्त नहीं होते। वे बार बार लोक हित के लिए जन्म लेते रहते हैं। आर्यसमाज में भी नित्यमुक्ति का

---

147. यद्यद्विभूतिमत्सत्त्वं श्रीमदूर्जितमेव वा।
तत्तदेवावगच्छ त्वं मम तेजोंऽशसंभवम्॥ 10.41॥

148. यद्यप्येक आत्मा सर्वभूतेषु स्थावरजङ्गमेषु गूढः, तथापि चित्तोपाधिविशेषतारतम्यादात्मनः कूटस्थनित्यस्यैकरूपस्याप्युत्तरोत्तरमाविष्कृतस्य तारतम्यमैश्वर्यशक्तिविशेषैः श्रूयते — 'तस्य य आत्मानमाविस्तरां वेद' (ऐ. आ. 2.3.2.1) इत्यत्र । स्मृतावपि — 'यद्यद्विभूतिमत्सत्त्वं श्रीमदूर्जितमेव वा । तत्तदेवावगच्छ त्वं मम तेजोंऽशसम्भवम्' (भ. गी. 10.41) इति यत्र यत्र विभूत्याद्यतिशयः, स स ईश्वर इत्युपास्यतया चोद्यते । एवमिहाप्यादित्यमण्डले हिरणमयः पुरुषः सर्वपाप्मोदयलिङ्गात्पर एवेति वक्ष्यति । *(ब्रह्मसूत्रशांकरभाष्य 12/1/1)*

सम्प्रत्यय नहीं है। भगवद्गीता में इस आशय के वचन हैं कि प्राणियों का वही समूह बार बार नष्ट होकर फिर फिर उत्पन्न होता रहता है।[149] यहाँ यह बात ध्यान रखने योग्य है कि इस प्रकरण में जिन अवतारों की चर्चा की गयी है वे विष्णु के 10 या 24 अवतारों से भिन्न हैं। परम्परा में यह बात कही गयी है कि हमें अवतारों की संख्या जितनी गिनायी गयी है अवतार उतने ही नहीं हैं। बल्कि भगवान् के अवतार तो असंख्य हैं। *श्रीमद्भागवत* (1.3.26) में एक महत्त्वपूर्ण श्लोक आया है– अवतारा ह्यसंख्येया: हरे: सत्त्वनिधेर्द्विजा: । यथाविदासिन: कुल्या: सरस: स्यु: सहस्रश:॥ समस्त शुभ गुणों के घर भगवान् के असंख्य अवतार वैसे ही होते रहते हैं जैसे किसी अक्षय सरोवर से हज़ारों नाले निकलते रहते हैं। नारदभक्तिसूत्र में एक महत्त्वपूर्ण सूत्र है– तस्मिंस्तज्जने भेदाभावात् (41)। इसके अनुसार भगवान् और उसके भक्त में भेद नहीं होता वे दोनों एक ही होते हैं।

भौगोलिक अवतरण

अनेक बार देखा जाता है कि किसी ऐतिहासिक तथा अति महत्त्व के धार्मिक सांस्कृतिक क्षेत्रों का अतिदेश करके देश के अन्यान्य क्षेत्रों को उनका अवतार बता दिया जाता है।

उदाहरण के लिए काशी को लें। यह स्थान प्राचीन काल से ही भारत की विद्या, धर्म तथा संस्कृति की राजधानी रही है। उसकी महत्ता को देश के विविध क्षेत्रों में प्रसारित करने के लिए अनेकानेक क्षेत्रों को काशी के रूप में पहचाना जाता रहा है। इन्हें काशी के भूगोल की अपेक्षा से उन्हें उत्तरकाशी या दक्षिण काशी का नाम दिया जाता रहा है। उदाहरण के लिए, पुणे को दक्षिण की काशी भी कहा जाता रहा है। उत्तराखण्ड में उत्तरकाशी एक भौगोलिक प्रदेश का नाम ही है। इसी प्रकार उत्तरप्रदेश के अनेक गावों को छोटी काशी (लहुरी कासी) कहा जाता रहा है जहाँ शास्त्राभ्यास में संलग्न विद्वानों की सघनता होती है।[150]

---

149. भूतग्राम: स एवायं भूत्वा भूत्वा प्रलीयते।
रात्र्यागमेऽवश: पार्थ प्रभवत्यहरागमे॥ 8.19॥

150. उदाहरण के लिए *वाक्यपदीय* की *अम्बाकर्त्री* टीका के रचयिता पं. रघुनाथ शर्मा के गाँव छाता को इस नाम से भी जाना जाता रहा है।

सुदूर दक्षिण में भौगोलिक अवतार की यह मान्यता और भी प्रबल है।[151] इस क्षेत्र में दक्षिणकाशी अथवा दक्षिणवाराणसी के नाम से अनेक स्थल प्रसिद्ध हैं। जैसे, पश्चिम समुद्र तट पर स्थित कर्नाटक का गोकर्ण क्षेत्र दक्षिणकाशी या दक्षिण कैलास कहलाता है। श्रीशैल ज्योतिर्लिङ्ग क्षेत्र को भी दक्षिणकाशी के नाम से जानते हैं। सुदूर उत्तर में विद्यमान बदरीनारायण दक्षिण कर्नाटक के मेलुकोटे में भी अवतीर्ण हैं। आन्ध्र प्रदेश में विद्यमान प्रसिद्ध तिरुपति मन्दिर के संस्करण कर्नाटक में चिक्क तिरुपति (लघु तिरुपति) तथा भंगारतिरुपति (स्वर्ण तिरुपति) के रूप में विद्यमान हैं। श्रीवैष्णवों के चार पुण्यक्षेत्रों[152] में से एक श्रीरंगम् को स्वयं वैकुण्ठ का ही अवतार माना जाता है। कावेरी को दक्षिण गंगा के रूप में मान्यता मिली है। जहाँ भी दो नदियों का संगम होता है वहाँ सब जगह सरस्वती की गुप्त उपस्थिति को मानते हैं। *रामायण* में राम के वनवास तथा *महाभारत* में पाण्डवों के वनवास तथा अज्ञातवास के स्थलों के दावे बहुतायत से पाये जाते हैं।

वेदों में आर्यों के मूल स्थान के रूप में सात नदियों वाले 'सप्त सैन्धव प्रदेश' को पहचाना गया है।[153] इसी सप्त सैन्धव प्रदेश को पुराणों ने मध्य भारत, पश्चिम भारत, पूर्व भारत के साथ दक्षिण भारत में भी पहचाना है। दक्षिण की सात नदियाँ जिनके नाते इसे सप्तसैन्धव प्रदेश कहा गया है वे हैं– कृष्णा, कावेरी, गोदावरी, तुंगा, भद्रा, क्षीरा तथा पाला। प्रात:कालीन स्नान के मन्त्र के समय सारे भारतवर्ष की जिन नदियों का स्मरण किया जाता है उनकी संख्या भी सात है[154]। यह सब उपक्रम उन्हीं वैदिक सप्त सिन्धुओं के कालिक तथा भौगोलिक निरन्तरीकरण का प्रयास है।

काशी के अतिरिक्त अयोध्या, मथुरा, वृन्दावन आदि की यही स्थिति है। वृन्दावन की मान्यता इतनी है कि देश में जिस स्थान पर भी तुलसी के पौधे बहुतायत

---

151. दक्षिण भारत से सम्बद्ध सूचनाओं के लिए लेखक कर्नाटक के प्रसिद्ध शतावधानी संस्कृत कवि श्री रा. गणेश का अधमर्ण है।

152. ये चार पुण्यक्षेत्र हैं– तिरुपति, श्रीरंगम्, मेलुकोटे तथा कांचीपुरम्।

153. उदा. के लिए दे. *ऋग्.* 1.35.8। सप्तसिन्धु प्रदेश का वर्णन आर्य भूमि के रूप में पारसियों के धर्मग्रन्थ *अवेस्ता* में भी आया है (दे. *विदेव्दाद* 1.18)। यह प्रदेश उन 16 भूमियों में से एक है जिन्हें अहुर मज़्दा ने अपने में दृढ विश्वास करने वालों के लिए बनाया था।

154. मन्त्र इस प्रकार है– गङ्गे च यमुने चैव गोदावरि सरस्वती। नर्मदे सिन्धु कावेरि जलेऽस्मिन् सन्निधिं कुरु॥

में लगा दिये जायें या पाये जायें उस स्थान को वृन्दावन कह दिया जाता है।[155] हम जानते हैं कि वे स्थल एक साथ सब जगह नहीं हो सकते लेकिन भारतीय एकात्मक चेतना इस तरह सर्वत्र विद्यमान है कि सभी पात्रों, और सभी घटनाओं की तरह सभी भौगोलिक स्थल भी सर्वत्र सम्भव हो पाते हैं।

सम्पूर्ण भारत वर्ष ने गंगा के साथ अपना तादात्म्य इतने स्तरों पर विकसित किया है कि उसका स्वरूप भौतिक होने के साथ आध्यात्मिक, बाह्य होने के साथ आभ्यन्तर[156], पार्थिव होने के साथ स्वार्गिक[157] भी हो चला है। गंगा के अर्थ का विस्तार इस सीमा तक हो चला है कि 'गंगा' शब्द नदी विशेष में सीमित न रहकर नदी सामान्य का वाचक हो गया है। इतना ही नहीं, भारत तथा भारतवंशी लोगों के समूहों में छोटा हो या बड़ा, स्थिर हो अथवा अस्थिर सभी प्रकार के जल संस्थान को गौण रूप में अथवा मुख्य रूप में गंगा शब्द से पुकारा जाता है[158]। इस प्रकार का अर्थ विस्तार वस्तुत: भाषिक व्यवहार की एक प्रविधि है। इस प्रविधि से लाभ यह होता है कि गंगा ने जो सहस्राब्दियों तक जनसामान्य में अलोकसामान्य महत्ता, दिव्यता तथा पवित्रता अर्जित की है उसे अन्य नदियों पर सरलता से आरोपित अथवा संक्रान्त कर दिया जाता है।[159] उपर्युक्त तथ्य से गंगा के प्रति जनसामान्य के मन में आदर की प्रगाढ़ता तो द्योतित ही है, साथ ही साथ यह बात भी हमें समझ में आती है कि वाङ्मय में वर्णित गंगा से सम्बद्ध माहात्म्यों तथा विधि निषेधों को केवल गंगा तक ही सीमित नहीं मान लेना चाहिए। ये सारी बातें विशेष रूप से गंगा से सन्दर्भित होने के साथ ही अन्य नदियों पर भी सामान्य रूप से अतिदिष्ट होती हैं। ध्यातव्य

---

155. सम्भवत: यह इसलिए भी है क्योंकि तुलसी का एक नाम वृन्दा है।

156. हठयोग में नाड़ियों को गंगा के समकक्ष रखा गया है।

157. बहि:स्थितं जलं यद्वन्नारिकेलान्तरे स्थितम्। तथा ब्रह्माण्डबाह्यस्थं परब्रह्माम्बु जाह्नवी॥ (*स्कन्दपुराण*, काशीखण्ड 27.29)

158. दक्षिण में गोदावरी को दक्षिण की गंगा अथवा गौतमी गंगा, कृष्णा को कृष्णगंगा, महानदी को चित्रोत्पला गंगा, वेणा को वेनगंगा कहा जाता है। गाँवों में जलाशयों अथवा किसी भी प्राकृतिक जलस्रोत अथवा जल स्थान को गंगाजी कह कर सम्मानित करते हैं।

159. प्राचीन भारत में यह शब्दों के संक्रमण की यह प्रविधि बहुत प्रचलित है जिसके द्वारा लक्षणया एक प्रसिद्ध शब्द अपने साथ जुड़े सभी अर्थायामों को दूसरे समान अभिधान से सम्बोध्य वस्तुओं में सरलता से संक्रान्त कर देता था। उदाहरण के लिए वेद शब्द का अन्यान्य पुस्तकों पर अतिदेश कर देना।

है कि लोक तथा शास्त्र दोनों ही स्थानों पर गंगा शब्द अपने सामान्य अर्थ में नदी मात्र का वाचक रहा है।

तीर्थों का यह भौगोलिक अवतार भारत की सांस्कृतिक एकता को तो बताता ही है, इसके साथ इसमें एक कारण उपयोगितावाद भी है। सुदूर दक्षिण में स्थित कोई व्यक्ति वाराणसी या बद्री नारायण नहीं जा पाता तो वह प्रतिनिधि रूप में इन स्थानीय तीर्थों में जाकर अपने आपको कृतकृत्य मानता है। उदाहरण के लिए, दक्षिण भारत में यह जनश्रुति है कि यदि कोई व्यक्ति काशी नहीं जा पाता तो वह तीन बार तिरुपति जाकर काशी गमन के पुण्य को प्राप्त कर सकता है।

उपबृंहण अथवा कपटप्रक्षेप?

यह नहीं समझना चाहिए कि भारतीय बौद्धिक मानस अपनी परम्परा में जान बूझकर किये जाने वाले अपमिश्रणों के प्रति सचेत नहीं था। भारतीय लोग अपने ग्रन्थों तथा समुदाचारों दोनों ही में हो जाने वाले दोषपूर्णप्रक्षेपों के प्रति सचेत तो थे लेकिन उन्होंने ध्यान रखा कि परम्परा में होने वाले सभी युगानुकूल विस्तारों को अपमिश्रण मानकर नकार न दिया जाये। इसलिए उन्होंने परम्परा में हो सकने वाले परिवर्तनों को दो रूपों में देखा है– 1. उपबृंहण तथा 2. कपटप्रक्षेप। इसमें जैसा कि ऊपर बताया गया है, उपबृंहण एक स्पृहणीय प्रकार का परिवर्धन है। इसमें मूल ग्रन्थ के स्वर के अनुकूल उसे और अधिक स्पष्ट करने की तथा उसे समय-समाज के और अनुरूप बनाने की प्रवृत्ति होती है। इसके द्वारा ज्ञानपरम्परा जीवन्त बनी रहती है। इसके विपरीत कपटप्रक्षेप एक अनिच्छित परिवर्तन होता है जिसे स्वार्थी तत्त्वों द्वारा अपने सीमित स्वार्थों को पूरा करने के लिए ग्रन्थों में कर दिया गया होता है। यह मूलग्रन्थ के अभिप्राय को बाधित करता है।[160]

इसलिए भारत में ग्रन्थों के संशोधन की बहुत पुरानी पद्धति रही है, जिन्हें आधुनिक शब्दावली में आलोचनात्मक संस्करण की प्रविधि कह सकते हैं। कपटप्रक्षेप को विशेष रूप से पहचान कर उन्हें दूर करने के बहुत से उदाहरण मिलते हैं। गौतम के न्यायसूत्रों को ही यदि देखें तो नवीं शताब्दी के सर्वतन्त्रस्वतन्त्र दार्शनिक वाचस्पति मिश्र ने *न्यायसूचीनिबन्ध* लिखकर इस सूत्रपाठ में आ रहे विकारों को दूर करने का यत्न किया तथा इसमें प्रकरणों का सर्वप्रथम निर्देश किया। 15वीं सदी के नैयायिक द्वितीय वाचस्पति मिश्र ने भी न्यायसूत्रोद्धार का प्रणयन कर ऐसा

---

160. *पद्धती*, 1.7 : 30.

ही कार्य किया। तर्काचार्य केशवमिश्र ने *गौतमीयसूत्रप्रकाश* तथा रामभद्र सार्वभौम ने *न्यायरहस्य* में ऐसी जागरूकता दिखायी है। मध्वाचार्य ने *महाभारततात्पर्यनिर्णय* नाम की अपनी टीका में बताया है कि मूल ग्रन्थ में कितने प्रकार के परिवर्तन हो सकते हैं जो उसके तात्पर्य की हानि करते हैं।[161] सन्त एकनाथ (1599–1533) ने अपने पूर्ववर्ती ज्ञानेश्वर महाराज (1275-1296) की गीता पर मराठी पद्यों में की गयी टीका *ज्ञानेश्वरी* को संशोधित किया क्योंकि उनके समय तक ज्ञानेश्वरी में अनेक अपपाठ घुस गये थे।[162] ऐसा करते हुए उन्होंने उसमें हुए अपमिश्रणों की चर्चा भी की है तथा भविष्य में भी *ज्ञानेश्वरी* में अपने पद्यों (ओवियों) को मिश्रित करने के प्रयासों की निन्दा की है। उनके वचन हैं– ज्ञानेश्वरीपाठीं। जो ओवी करील मर्हाटी। तेणें अमृताचे ताटी। जाण नरोटी ठेवली॥ अर्थात्, इस ज्ञानेश्वरी में जो व्यक्ति अपनी मराठी पद्य (ओवी) को मिलायेगा, मानों वह अमृत से भारी हुई थाली में भीख माँगने का बरतन रख देगा॥

हमारे टीकाकार प्राय: इस प्रकार के प्रक्षेपों के प्रति जागरूक रहते हैं। लेकिन उनकी अनिच्छा केवल कपटप्रक्षेपों के प्रति ही दिखाई देती है। अन्य परम्परानुकूल मिश्रणों को वे परिवर्धन मानते हुए भी उनके प्रति उपेक्षाभाव नहीं रखते। उदाहरण के लिए, मेघदूत की व्याख्या करते हुए मल्लिनाथ अनेक पद्यों को प्रक्षिप्त जानते और मानते हुए भी उनकी व्याख्या करते हैं।[163] ध्यातव्य है कि यह प्रवृत्ति अब्राहमिक अभिरुचि के विपरीत है। जैसा कि ऊपर कहा गया है कि वहाँ परम्परा लिखित की है वाचिक की नहीं है। इस अब्राहमिक दृष्टि ने ग्रन्थों के प्रति हमारी आधुनिक चेतना पर बहुत असर डाला है। वागीश शुक्ल की टिप्पणी इस विषय में महत्त्व की है–

> लिखित के इस (इब्राहमी) वर्चस्व का हमारी आधुनिक चेतना की निर्मिति में बहुत बुनियादी असर है। 'मूल पाठ' और 'प्रक्षेप' जैसी अवधारणाएँ इसी से विकसित

---

161. क्वचिद्ग्रन्थान् प्रक्षिपन्ति क्वचिदन्तरितानपि।
कुर्यु:, क्वचिच्च व्यत्यासं प्रमादादपि चान्यथा॥
अनुत्सन्ना अपि ग्रन्था व्याकुला इति सर्वश:।
उत्सन्ना: प्रायश: सर्वे कोट्यंशोऽपि न विद्यते॥

162. एकनाथ महाराज द्वारा किया गया यह संस्करण अनुपलब्ध है। इसे प्राप्त करने के प्रयत्न अभी भी जारी हैं। उनका उपर्युक्त पद्य परम्परा में प्रसिद्ध है। (*मराठी विश्वकोश* में 'ज्ञानेश्वरी' प्रविष्टि के अन्तर्गत प्राप्त)

163. दे. पूर्वमेघ पद्यसंख्या 31 के बाद की संजीवनी– इत: परं प्रक्षिप्तमपि श्लोकत्रयं व्याख्यायते।

हुई हैं तथा लेखक (ऑथर) और अधिकरण (अथॉरिटी) का घनिष्ठ पारस्पर्य हमारी आधुनिकता का प्रमुख घटक है। ... इसके बरअक्स हमारे यहाँ अपौरुषेय मन्त्रों का भी भिन्न भिन्न ऋषियों द्वारा भिन्न भिन्न प्रकार से दर्शन सम्भव है और वेदत्रयी में और विविध शाखाओं में उनका पाठ, अर्थ विचार, विनियोजन आदि भिन्न हो सकते हैं। यह लेखन वाचिकता का टंकण नहीं उसका जड़ीभवन था और इसके वर्चस्व स्थापन ने उपबृंहण तथा वैविध्य की सारी सम्भावनाओं को भी प्रदूषण ही माना।[164]

संक्षेप में, समस्त भारतीय ज्ञान-परम्परा ने वेद आदि मूल ग्रन्थों से प्राप्त सामग्री को अन्यान्य ग्रन्थों में विस्तार दिया। टीकाओं, व्याख्याओं, तथा निरन्तर चलते ऊहापोह के माध्यम से इन्होंने अपना अभूतपूर्व उपबृंहण किया। विविध शाखाओं-प्रशाखाओं के रूप में विकसित यह परम्परा शताब्दियों तक मानव जाति के सोचने और व्यवहार करने की पद्धति के परिमार्जन में हेतु बनती रही है।

ज्ञान परम्परा का मूल का आधार : भारतीय भाषा दर्शन

जैसा कि ऊपर बताया गया है– भारत की वाचिक ज्ञान परम्परा की प्रमुख विशेषताओं में से हैं– भाषा की अमोघ शक्ति में अटूट विश्वास तथा उसकी परिशुद्धता तथा संरक्षण की चिन्ता। भारतीय ज्ञान-परम्परा के परिवर्धन से सम्बन्धित जितनी भी प्रविधियाँ ऊपर बतायी गयी हैं उन सबके सम्भव होने में भारतीयों का शब्द के प्रति विशेष प्रकार का दृष्टिकोण कारण है। भारतीय परम्परा शब्दनिष्ठ परम्परा है। इसलिए परम्परा की नित्यता और सातत्य का आधार शब्द की नित्यता और उसकी सर्वोच्चता है। वेदों से लेकर गुरुग्रन्थसाहब तक शब्द की महिमा का निरन्तर गान मिलता है। प्राचीन काल से ही भारत में वैयाकरणों सहित विविध दार्शनिकों ने शब्द पर मौलिक चिन्तन प्रस्तुत किये हैं। शब्द को जो स्थान भारतीय ज्ञान-परम्परा में मिल सका है सम्भवत: वह अन्यत्र कहीं न हो। भारत के शब्दाधारित ज्ञान परम्परा को ठीक ठीक समझ पाने के लिए हम आगे के पृष्ठों में भारतीय शब्द दर्शन के प्रमुख प्रमेयों को संक्षेप में देखने का प्रयास करेंगे।

प्रवेश

मनुष्य के सारे छोटे-मोटे व्यवहार चाहे वे व्यक्तिगत हों या समाजिक, ज्ञान विज्ञान से संबद्ध हों या कलाओं से, सबकी सम्भावना भाषा के माध्यम से ही है। उनका

---

164. वागीश शुक्ल (2024) पूर्वोद्धृत : 130-131.

शिक्षण, उनके मध्य सूक्ष्म या स्थूल भेद का ज्ञान भाषा द्वारा ही हो पाता है।[165] सभी प्रकार के विचार, चाहे उनको अवधारणा की स्थिति से ले जाकर मूर्त करने जैसा वैयक्तिक उपक्रम हो, चाहे बृहत्तर समाज में सिद्धान्त के रूप में उनके प्रसार की चेष्टा हो, हर जगह भाषा ही काम आती है। भर्तृहरि का तो मत है कि इस संसार में किसी भी तरह के सम्प्रत्यय की कल्पना शब्द के बिना सम्भव ही नहीं है। प्राणिमात्र की सारी संवेदना भाषा से गुँथी हैं।[166] यहाँ तक कि मनुष्य अपना मानसिक चित्र भी भाषा के माध्यम से ही बनाता है। व्यक्ति जिस प्रकार की भाषा में अपने आप को व्यक्त कर पाता है उससे उसकी विचार सरणि ज्ञात होती ही है। यदि किसी वस्तु के लिए आपके पास शब्द नहीं है तो वह आपके लिए नहीं के बराबर है– सदपि वाग्व्यवहारेण अनुपगृहीतम् अर्थरूपं असता तुल्यम् (वा.प. स्वो.वृ. 1.121)। इसके उलट संसार में जो वस्तुएँ विद्यमान नहीं हैं उन्हें भी यदि शब्द के द्वारा कह दिया जाये तो वे विद्यमान की तरह हो जाती हैं और वे व्यवहार में आने योग्य हो जाती हैं, जैसे खरगोश की सींग, वन्ध्यापुत्र आदि शब्द (अत्यन्तासच्च प्रसिद्धं लोके शशविषाणादि प्राप्ताविर्भावतिरोभावं च गन्धर्वनगरादि वाचा समुत्थाप्यमानं मुख्यसत्तायुक्तमिव तेषु तेषु कार्येषु प्रत्यवभासते (वा.प. स्वो.वृ. 1,121)। भर्तृहरि का कथन है– अत्यन्तमतथाभूते निमित्ते श्रुत्युपाश्रयात्। दृश्यतेऽलातचक्रादौ वस्त्वाकारनिरूपणा॥ (वा.प.1.129) बौद्धिक व्यवहार में बाह्यवस्तु की सत्ता अथवा असत्ता भाषा के अधीन होती है– न च बाह्यवस्तुगतं सदसत्त्वं श्रुतिरपेक्षते॥ (वा.प. स्वो. वृ 1.129)। व्यक्ति के विचारों की पूँजी उसकी भाषा के समानुपाती होती है। क्योंकि, व्यक्ति का चिन्तन वस्तुतः उसकी भाषा का ही एक सूक्ष्म प्रकार है (यः क्रतुः शब्दसञ्ज्ञकः- वा.प. 1.152)। व्यक्त ध्वन्यात्मक भाषा यदि *वैखरी वाणी* है तो विचार अव्यक्त *मध्यमा भाषा* है। प्रायः देखा जाता है कि उत्तम विचारक उत्कृष्ट कोटि की भाषिक अभिव्यक्तियों के स्वामी होते हैं। इसमें उपर्युक्त बात कारण है।

कहा गया है कि सारा संसार अन्धकूप की तरह हो जाये अगर शब्द की ज्योति इसे प्रकाशित न करे।[167] कारण यह है कि चाहे चीज़ें स्वयं में प्रकाशयुक्त हों या

---

165. सा सर्वविद्याशिल्पानां कलानां चोपबन्धनी।
तद्वशादभिनिष्पन्नं सर्वं वस्तु विभज्यते॥ (*वाक्यपदीय* 1.116)

166. न सोऽस्ति प्रत्ययो लोके यः शब्दानुगमादृते।
अनुविद्धमिव ज्ञानं सर्वं शब्देन भासते॥ (*वाक्यपदीय* 1.131)

167. इदमन्धंतमः कृत्स्नं जायेत भुवनत्रयम्।
यदि शब्दाह्वयं ज्योतिरासंसारं न दीप्यते॥ (*काव्यादर्श* 1.3)

अप्रकाशित, हमारे प्रति वे तभी प्रकाशित हो पाती हैं जब हम उन्हें भाषा के माध्यम से जान पाते हैं। भर्तृहरि ने *वाक्यपदीय* 1.12 की वृत्ति में कहा है कि इस संसार में तीन प्रकार के प्रकाश हैं। **पहला** अग्नि, सूर्य आदि, **दूसरा** हमारा आन्तरिक ज्ञान का प्रकाश और **तीसरा** है इन दोनों को और सभी अप्रकाशमान वस्तुओं को प्रकाशित करने वाला शब्दात्मक प्रकाश।[168] भाषा एक सामाजिक संविदा की तरह है जिसे उपकरण बनाकर मनुष्य समाज को समझ पाता है और समाज के प्रति अपने आप को समझा भी पाता है। जो भी बात हम जान पाते हैं (चाहे बाहरी स्रोत से हो अथवा स्वत: अपने चिन्तन के द्वारा) वह सब भाषा के द्वारा ही सम्भव होता है। फिर, हमने क्या जाना है उसको भी हम भाषा के द्वारा ही समझ पाते हैं। इसलिए भर्तृहरि भाषा को प्रकाश का भी प्रकाशक कहते हैं। समस्त ज्ञानों को हम शब्द के स्वरूप में ही ग्रहण कर पाते हैं। ज्ञान हमारे प्रति प्रकट तभी हो पाता है जब वह वाग्–रूप में गृहीत होता है। यदि ऐसा न हो तो हमें ज्ञान होगा ही नहीं।[169] ज्ञान होने के बाद उसकी बाह्य प्रस्तुति भी भाषा के माध्यम से ही होती है। स्वयं अपनी समझ को दृढ़ करने के लिए हम **मानसिक भाषा** का आवर्ती इस्तेमाल करते हैं और जब वह दृढ़ हो जाती है तो दूसरों को समझाने के लिए **ध्वन्यात्मक भाषा** का प्रयोग करते हैं।

हमारी व्यक्तिगत तथा सामाजिक प्रतिष्ठाओं का आधार भाषा है। जैसे ठीक ठीक बोल पाना उत्तम वक्तृता है, उसी प्रकार सूक्ष्म और सम्यक् चिन्तन कर पाना मानसिक भाषा में दक्ष होना है। इसका मतलब है हम कितना जानते हैं और उस ज्ञान को कितना प्रस्तुत कर पाते हैं सब भाषा पर टिका है। हम सभी यह जानते हैं कि सांसारिक उपलब्धियों में इन दोनों योग्यताओं का कितना हाथ है। *ऋग्वेद* के दसवें मण्डल का 125वाँ सूक्त वाक्सूक्त कहलाता है। उसमें वाणी के वैश्विक सामर्थ्य तथा उदार दानशीलता का वर्णन स्वयं वाणी के शब्दों में प्राप्त होता है।[170] इसमें

---

168. इह त्रीणि ज्योतींषि त्रय: प्रकाशा: स्वरूपपररूपयोरवद्योतका: । तद्यथा...'योऽयं जातवेदा यश्च पुरुषेष्वान्तर: प्रकाशो यश्च प्रकाशाप्रकाशयो: प्रकाशयिता शब्दाख्य: प्रकाशस्तत्रैतत् सर्वमुपनिबद्धं यावत् स्थास्नु चरिष्णु च' इति।

169. वाग्रूपता चेदुत्क्रामेदवबोधस्य शाश्वती।
न प्रकाश: प्रकाशेत सा हि प्रत्यवमर्शिनी॥ (*वाक्यपदीय* 1.132)

170. यह सूक्त एक आध्यात्मिक प्रकार का सूक्त है जिसकी ऋषिका स्वयं आम्भृण ऋषि की पुत्री वाक् है। आध्यात्मिक सूक्त वे होते हैं जिसमें ऋषि स्वयं अपने बारे में बात करता है। (दे. अथाध्यात्मिक्य उत्तमपुरुषयोगा:। अहमिति चैतेन सर्वनाम्ना। *(निरुक्त* 7.2)

वाक् स्वयं घोषणा करती है– 'मैं जिसे भी चाहती हूँ उसे प्रतिष्ठित, ब्राह्मण, विद्धान् यहाँ तक कि ऋषि बना देती हूँ।[171] सभी प्रकार की समृद्धियों को प्राप्त कराने वाली मैं ही हूँ।[172] राष्ट्र का निर्माण तथा उसकी शत्रुओं से सुरक्षा, सुरक्षा हेतु भीषण युद्ध आदि उपक्रम सब की नायिका मैं ही हूँ।[173] ज्ञान विरोधी कुतार्किक अपसंस्कृति के विरुद्ध भी मैं वाणी ही धनुष तानती हूँ।[174] जो मेरे इस व्यापक महत्त्व को नहीं जानते हैं वे क्षीण हो जाते हैं।[175] भारत में वाक् के इस सर्वव्यापी महत्त्व को समझ कर इसकी उपासना चिरन्तन काल से ही प्रारम्भ हो गयी थी। अनादि काल से भारतीयों की स्पृहा यह रही है कि 'वाणी हमारे प्रति अपने आपको अनावृत कर दे।'[176] वैदिक पृष्ठभूमि में हमें यह याद रखना चाहिए कि ब्रह्म के साथ एकता और अद्वैत की सर्वप्रथम अनुभूति वाक् ने की थी और उस अनिर्वचनीय स्थिति को मानवीय वाणी में छन्दोबद्ध भी किया था (द्र. वाक्सूक्त, *ऋग्वेद* 10.125)। ब्रह्म को जानने वाली के रूप में वाक् सारे जगत् में व्याप्त है। जो भी वाक् की उपासना करता है वाक् उसी को सर्वश्रेष्ठ बना देती है। देवताओं को भी अतुलित बल और सामर्थ्य वाक् से ही मिला है। स्वयं वेद से अच्छा भाषा के सामर्थ्य के बारे में कौन बता सकता है जिसे ईश्वर की वाणी के रूप में मान्यता प्राप्त है।[177]

भारत में शब्द को समझने–समझाने वाले शास्त्रों का समृद्ध विकास यह दिखाता है कि भारतीयों ने शब्द के माहात्म्य को कितनी गहराई से समझ लिया था। वैदिक संहिताओं और उसके बाद उनके उच्चारण के लिए निर्मित प्रातिशाख्य ग्रन्थों, तथा अन्य वेदाङ्गों जैसे निरुक्त, व्याकरण आदि में भाषा सम्बन्धी चिरन्तन चर्चाएँ सुरक्षित हैं।

सामान्य व्यवहार की भाषा के अतिरिक्त भाषा का विशेष उपयोग सूक्ष्म भावनाओं के प्रकटीकरण तथा पारलौकिक साधनों के लिए भी होता रहा है। भाषा

---

171. अहमेव स्यमिदं वदामि जुष्टं देवेभिरुत मानुषेभिः।
यं कामये तं तमुग्रं कृणोमि तं ब्रह्माणं तमृषिं तं सुमेधाम्॥ (*ऋग्वेद* 10.125.5)

172. अहं दधामि द्रविणं/ संगमनी वसूनाम्। (वही 03 ,10.125.02)

173. अहं राष्ट्री/ अहं जनाय समदं कृणोमि। (वही 06 ,10.125.03)

174. अहं रुद्राय धनुरातनोमि ब्रह्मद्विषे शरवे हन्तवा उ। (वही 10.125.06)

175. अमन्तवो मां त उपक्षियन्ति श्रुधि श्रुत श्रद्धिवं ते वदामि॥ (वही 10.125.04)

176. वाङ् नो विवृणुयात् आत्मानम्। (*महाभाष्य पस्पशाह्निकम्*, पृ. 45)

177. पश्य देवस्य काव्यं न ममार न जीर्यति (*अथर्ववेद* 10.8.32)

के हर प्रकार के उपयोग में उसकी शैली तथा उसकी प्रस्तुति इस तरह भिन्न हो जाती है कि उसे समझने के लिए अलग शास्त्र की आवश्यकता होती है। इन शास्त्रों का विकास भारत में सदियों से होता रहा है। उदाहरण के लिए भाषा का रसानुकूल, सशक्त तथा सुललित प्रयोग साहित्य में होता है। इसमें प्रयुक्त शब्दों तथा अर्थों की विवेचना के लिए अलंकार शास्त्र के रूप में एक अलग ही शास्त्र का विकास सहस्राब्दियों तक होता रहा है। काव्य शास्त्र के सारे प्रमेयों की व्यापृति इस रहस्य का पता लगाने में होती है कि कवि द्वारा प्रयुक्त कविता की भाषा इतने रुचिर अर्थ देने में समर्थ कैसे हो पाती है। शब्दों के औचित्यपूर्ण प्रयोग उनसे प्राप्त विभिन्न अर्थों के साथ शब्दों के सम्बन्ध अर्थात् शब्द–शक्तियाँ उनकी लम्बी चर्चाओं का विषय रहे हैं। ये शक्तियाँ अभिधा, लक्षणा तथा व्यञ्जना इन नामों से जानी जाती हैं। तदनुरूप वाच्यार्थ, लक्ष्यार्थ तथा व्यंग्यार्थ की प्रकृतिगत विविधता के आधार पर अर्थ के स्तर पर व्यापृत होने वाली शक्तियाँ तीन प्रकार (अभिधा, लक्षणा तथा व्यञ्जना) की मानी गयी हैं। अर्थ का पदशः निर्धारण करके वाक्यार्थ तक पहुँचने का प्रथम स्तर **अभिधा** से सम्बद्ध है। इसके द्वारा प्राप्त अर्थ सर्वजन सामान्य होता है। **द्वितीय स्तर** का वाक्यार्थ निर्धारण वहाँ होता है जहाँ अभिधा से प्राप्त वाक्यार्थ का अवबोध श्रोता को हो तो जाता है लेकिन उस वाक्यार्थ से वक्ता का तात्पर्य बाधित हो जाता है। अर्थ ग्रहण में आई इस बाधा को पदार्थों से सम्बन्धित किसी अन्य अर्थ का ग्रहण करके वाक्यार्थ का संगतिपूर्ण निर्धारण किया जाता है। यह कार्य **लक्षणा शक्ति** से सम्पन्न होता है। पूर्वोक्त दोनों स्तरों पर वाक्यार्थ का निर्धारण हो जाने के बाद भी अनेक बार ऐसा होता है श्रोता को उसी वाक्यार्थ से एक अथवा अनेक दूसरे वाक्यार्थ प्रतीत होने लगते हैं। इन नये वाक्यार्थों की व्याख्या के लिए व्यञ्जना शक्ति उत्तरदायी होती है। कविता के सारे रससौन्दर्य की व्याख्या इसी शक्ति के द्वारा की जाती है। लेकिन ऐसा नहीं है कि **व्यञ्जना** शक्ति केवल काव्यात्मक वाक्यों तक ही सीमित है। वह भी अभिधा की भाँति समस्त भाषिक वाक्यों को अपना विषय बनाती है। वक्ता द्वारा प्रयुक्त वाक्य के आर्थ प्रतिरूपण तथा उससे समझे जा सकने वाले वाक्यार्थों में पारस्परिक अन्तर इतना अधिक होता है कि उसे पाटने के लिए व्यञ्जना को दैनन्दिन व्यवहार के सभी वाक्यों में मानना ही पड़ेगा।[178]

---

178. इस विषय के विस्तृत उपोद्बलन के लिए देखें, बलराम शुक्ल (2021), 'व्यञ्जनाया : सर्ववाक्यसाधारणत्वम् शब्दानुगमः' पीटर शार्फ़, सं.रा.अमेरिका (सं.), द *संस्कृत लाइब्रेरी* : 583-600.

इसी तरह मन्त्र, तन्त्र आदि पारलौकिक साधनों के लिए भी जिस भाषा का उपयोग होता है वह भाषा विशेष प्रकार की होती है। **मन्त्र** में वर्णों का विशिष्ट विन्यास होता है जो प्रायः देवता के शब्दात्मक स्वरूप माने जाते हैं। योग दर्शन में ओंकार को परमेश्वर का वाचक शब्द माना गया है तथा उसको अर्थभावना पूर्वक तैलधारवत् जपने की सलाह दी गयी है।[179] मन्त्र का निर्दिष्ट प्रकार से जाप मन को नियन्त्रित करता है। मन के नियन्त्रित होने से आत्मस्वरूप के भासन में सहायता मिलती है। इसीलिए जप को सिद्धिकारक माना गया है।[180] **तन्त्रशास्त्र** भाषा में प्रयुक्त मातृका के अक्षरों को समस्त सृष्टि का शाब्द प्रतिनिधि मानता है। *परात्रीशिका* आदि ग्रन्थों तथा उसके भाष्यों में अक्षरक्रम से सृष्टि प्रक्रिया का विशद वर्णन प्राप्त होता है।[181] हमारी संस्कृति में **वेद**–गत शब्दों को साक्षात् परमेश्वर का स्वरूप[182] और उसकी प्राप्ति का उपाय दोनों जाना गया है। भर्तृहरि ने वेद तथा ब्रह्म में अनेक समानताओं का वर्णन किया है।[183] वेदों के लिए जिन वेदाङ्गों का निर्माण हुआ उन्हीं के माध्यम से मानव समाज में विद्या की विभिन्न शाखाएँ प्रचलित हुई हैं।[184] प्रारम्भ में वेदाङ्ग वेदों को समझने के उद्यम के रूप में विकसित हुए थे। बाद में जब लौकिक ज्ञान के व्याख्यान में इनका प्रयोग होने लगा तब इनका अभूतपूर्व विकास हुआ। ध्यातव्य है कि इन सभी विद्यास्थानों की भाषिक प्रतिपादन की अपनी अपनी तकनीकें हैं।

संक्षेप में यह कहा जा सकता है भाषा एक ऐसे गर्भनाल की तरह है जो जीवनपर्यन्त हमारे बाह्य तथा आन्तरिक व्यक्तित्व का निर्माण और पोषण करती है। उससे अलग होकर कुछ भी सोचा नहीं जा सकता क्योंकि कुछ भी सोचना भाषिक रचना (शब्दावली) में ही सम्भव होता है। हम उससे अलग हो ही नहीं सकते। उससे अलग होना जैसे अचेतन होना है।[185] महाराष्ट्र के मध्यकालीन सन्त तुकाराम ने

---

179. तस्य वाचकः प्रणवः, तज्जपस्तदर्थभावनम् (*योगदर्शन* 1.27,28)

180. जप्येनैव तु संसिध्येद् ब्राह्मणो नात्र संशयः॥ (*मनुस्मृति* 2.87)

181. अ–मूला तत्क्रमाज्ज्ञेया क्षान्ता सृष्टिरुदाहृता। (*परात्रीशिका* 8)

182. वेदो नारायणः साक्षात् स्वयंभूरिति शुश्रुम॥ (*श्रीमद्भागवत* 6.1.40)

183. प्राप्त्युपायोऽनुकारश्च तस्य वेदो महर्षिभिः।
एकोऽप्यनेकवर्त्मेव समाम्नातः पृथक् पृथक्॥ (*वाक्यपदीय* 1.5)

184. विधातुस्तस्य लोकानामङ्गोपाङ्गनिबन्धनाः।
विद्याभेदाः प्रतायन्ते ज्ञानसंस्कार हेतवः॥ (*वाक्यपदीय* 1.10)

185. अर्थक्रियासु वाक् सर्वान् समीहयति देहिनः।
तदुत्क्रान्तौ विसंज्ञोऽयं दृश्यते काष्ठकुड्यवत्॥ (*वाक्यपदीय* 1.135)

अपने एक अभंग (सं. 3385) में शब्द की इस सर्वव्यापकता और सर्वसामर्थ्य का बहुत सुन्दर वर्णन किया है–

> आम्हा घरी धन शब्दांचीच रत्नें। शब्दांचीच शस्त्रें यत्न करूं॥
> शब्दचि आमुच्या जीवांचे जीवन। शब्दें वाटूँ धन जनलोकां॥
> तुका म्हणे पाहा शब्द चि हा देव। शब्द चि गौरव पूजा करूं॥

(हमारे घर में शब्दों के रत्नों की ही सम्पत्ति है। मेरे हथियार भी शब्दों के ही हैं जिनसे मैं विविध यत्न करता रहता हूँ। शब्द ही हमारे आत्मा को जिलाने वाला है। मैं लोगों को भी शब्द का ही वैभव बाँटता रहता हूँ। तुकाराम कहते हैं– देखो शब्द ही वह– परमात्मा– देवता है। मैं उसी का गुणगान, उसी की पूजा करता हूँ।)

उनके पहले के सिद्ध योगी गोरखनाथ का इस सम्बन्ध में कहना है–

> सबदहिं ताला सबदहिं कूंची सबदहिं सबद जगाया।
> सबदहिं सबद सूँ परचा हुआ, सबदहिं सबद समाया॥

प्रश्न यह उठता है कि जन्म से लेकर मृत्युपर्यन्त हम जिससे अपने आपको घिरा हुआ पाते हैं, जो हमारी सारी चेष्टाओं का आधार है उस भाषिक तत्त्व का मूल कहाँ है? वह गर्भनाल जिसका एक सिरा हमसे जुड़ा है उसका दूसरा छोर किधर है? इस प्रश्न पर विचार करते हुए हम पाते हैं कि वाणी अपनी विभिन्न अवस्थाओं और रूपों के माध्यम से हमें आदि से लेकर अन्त तक परिव्याप्त करके स्थित है। भारतीय मनीषियों ने वेद के समय से ही भाषा सम्बन्धी इन प्रश्नों पर ऊहापोहपूर्वक मौलिक विचार प्रस्तुत किये हैं। इनके कुछ महत्त्वपूर्ण आयामों पर आगे चर्चा प्रस्तुत की जा रही है।

भाषा के स्तर

भारतीय विद्वानों की भाषिक चर्चाओं से जो बातें स्पष्ट होकर सामने आयी हैं उनमें से सबसे प्रमुख यह है कि भाषा ने सम्पूर्ण प्राणिजगत् को इस तरह अन्दर-बाहर व्याप्त कर रखा है कि उसे केवल बाह्य उच्चारित और सुनी गयी (श्रुत) ध्वनियों (जिसे वे वैखरी कहते हैं) तक ही सीमित नहीं किया जा सकता। केवल सुनाई पड़ने वाली ध्वनियों को ही भाषा नहीं कहा जा सकता। यह कोई ऐसा तत्त्व है जो भौतिक रूप से मानवीय अस्तित्व के बाहर तो उपस्थित है ही, उसकी सत्ता इसके अन्दर भी है।[186] बल्कि यह कहें कि भाषा का बड़ा हिस्सा तो वस्तुतः

---

186. सैषा संसारिणां संज्ञा बहिरन्तश्च वर्तते। (*वाक्यपदीय* 1.134)

अन्दर ही है तो असमीचीन न होगा। *ऋग्वेद* (1.164.45) में वाणी के चार पादों (अवस्थाओं) की चर्चा है। इनमें मनुष्य केवल चौथे पाद वैखरी का प्रयोग करता है। शेष तीन पाद जो मानवीय अस्तित्व के अन्दर स्थित हैं, उनका तो सामान्य लोगों को भान तक नहीं होता।[187] सामान्य मनुष्य तो बाह्य दैनन्दिन व्यवहार को ध्वन्यात्मक भाषा से ही सिद्ध होता हुआ देखता है इसलिए वह उसी को भाषा मानता है। लेकिन भाषा का बाहरी उच्चरित रूप तो बस उसके आन्तरिक वैचारिक स्वरूप पर ध्वनियों का रंग चढ़ा कर बना दिया जाता है। नादात्मक भाषा तो केवल हमारे भाषिक सामर्थ्य (कॉम्पिटेंस) का निष्पादनमात्र (पर्फ़ोमैंस) है।[188] वस्तुतः बाहर सुनाई पड़ने वाले वाक्यों की सारी संघटना वक्ता के मानसिक स्तर पर पहले ही परिपूर्ण हो चुकी होती है। इस मनोगत भाषा को ही असली भाषा कहा जाना चाहिए। मानस अथवा बुद्धि के स्तर पर स्थित भाषा को मध्यमा वाणी का नाम दिया गया है। प्रश्न यह उठ सकता है कि जब भाषा बुद्धि के स्तर पर ही परिपूर्ण हो जाती है तो फिर ध्वनियों के रूप में उसका उच्चारण क्यों किया जाता है। इसका सीधा उत्तर यह है कि मानसिक भाषा को ध्वनियों का जामा इसलिए पहनाया जाता है ताकि वक्ता के मनोभाव श्रोता तक पहुँच सकें।[189] जब हम चिन्तन करते हैं और हमें उसे किसी को बताना नहीं होता है तो उस समय वैखरी के बिना भी हमारी भाषा अपना काम करती रहती है। इस तरह भाषा के श्रुत रूप के साथ एक अनसुना या अश्रुत रूप भी है, इस प्रकार का विवेक भारतीय शब्द दर्शन का आधारभूत विवेक है। भाषा के इन्हीं दोनों स्वरूपों को भर्तृहरि उपादान शब्द कहते हैं क्योंकि लोक में भाषिक व्यवहार हेतु शब्दतत्त्व के इन्हीं दो रूपों का उपयोग किया जाता है[190]–

द्वावुपादानशब्देषु शब्दौ शब्दविदो विदुः।
एको निमित्तं शब्दानामपरोऽर्थे प्रयुज्यते॥

(*वाक्यपदीय* 1.44)

---

187. चत्वारि वाक् परिमिता पदानि तानि विदुर्ब्राह्मणा ये मनीषिणः।
गुहा त्रीणि निहिता नेङ्गयन्ति तुरीयं वाचो मनुष्या वदन्ति॥ (*ऋग्वेद* 1.64.45)

188. ये शब्द पाश्चात्त्य भाषाविद् चॉम्स्की के हैं।

189. प्रत्यक्चैतन्येऽन्तःसन्निवेशितस्य परसंबोधनार्था व्यक्तिरभिष्यन्दते। (*वाक्यपदीय* 1.1, स्वोपज्ञवृत्ति)

190. उपादानो वाचकः। उपादीयते येनार्थः स्वरूपेऽध्यारोप्यते तद्भावमिवापद्यते स उपादानशब्दः। एवं हि संग्रहे पठितः- वाचक उपादानः। (*वाक्यपदीय* 1.44, स्वोपज्ञवृत्ति)

भाषा का परामानसिक स्वरूप

भाषा के ये दोनों रूप– उक्ति तथा विचार, व्यक्तिगत या सामाजिक वातावरण से सम्बद्ध हैं। भाषा के सामाजिक व्यवहार सम्बन्धी प्रयोजन प्रायः इन दोनों से पूरे हो जाते हैं। लेकिन भारतीय विचारकों का भाषिक चिन्तन यहीं नहीं रुकता है। पाश्चात्य भाषाविज्ञान प्रायः लांगे-पारोल अथवा कॅम्पिटेंस-पर्फ़ोमैंस तक भाषा के दो रूपों के वर्णन के बाद कृतकृत्य हो जाता है। भारतीय भाषातत्त्वज्ञ इस चर्चा को और भी आगे ले जाकर भाषा के निर्वैयक्तिक तथा सार्वभौम रूप को भी स्पष्ट करना चाहते हैं। वे हमें भाषा के उस साम्राज्य तक ले जाते हैं जहाँ हिन्दी, अंग्रेज़ी, चीनी आदि अलग-अलग भाषा-व्यक्तियों में दीख पड़ने वाले बाहरी भेद नहीं होते। जहाँ भाषा-मात्र भाषिक सामर्थ्य अथवा वक्ता की चैतन्य शक्ति के रूप में शेष रह जाती है। वे यह सिद्ध करते हैं कि भाषिक तत्त्व वह मूल है जिससे संसार की सारी भाषाएँ (अर्थात् पूर्वोक्त भाषा व्यक्तियाँ) उद्‌भूत होती हैं। वाच्य–वाचक रूपी सभी व्यवहारों के मूल में यही तत्त्व विद्यमान रहता है। वाणी का परम स्वरूप यही है जिसमें वक्ता, श्रोता तथा ज्ञान इत्यादि में कोई भेद नहीं रह जाता :

ग्रहीतृग्रहणग्राह्यमायापथपरिच्युताम्।
नमामः परमानन्दज्योतीरूपां सरस्वतीम्॥

–*शृंगारप्रकाश*

ज्ञाता, ज्ञान और ज्ञेय की त्रिपुटी जिसमें विगलित हो जाती है वह भाषा का वास्तविक एकात्मक रूप है। लेकिन जागतिक व्यवहार की सुविधा के लिए भाषा अपने आपको भिन्न-भिन्न आकारों में विवर्तित करती है।[191] कभी वाचक (शब्द) के रूप में तो कभी वाच्य (अर्थ) के रूप में, कहीं अंग्रेज़ी-फ्रेंच के तौर पर तो कहीं हिन्दी-भोजपुरी के वेश में। इस तरह यह सिद्ध होता है कि भाषा (अथवा, शब्दतत्त्व) के दो रूप हैं– संवर्त तथा विवर्त। शब्द तत्त्व जब वाच्य-वाचक आदि भेदों से रहित अपने वास्तविक स्वरूप में होता है तब उसकी वह अवस्था संवर्त कहलाती है। यही शब्द का वास्तविक स्वरूप है। अद्वैत वेदान्त के ढाँचे में जिस प्रकार सभी वस्तुएँ अपने मूल रूप में ब्रह्म ही हैं इसी प्रकार भाषा भी

---

191. विवर्ततेऽर्थभावेन प्रक्रिया जगतो यतः॥ (*वाक्यपदीय* 1.1)

अपने मूल रूप में ब्रह्म से भिन्न नहीं है।[192] वैयाकरण तो एक क़दम और आगे बढ़कर यह कहते हैं कि संसार का मूल तत्त्व जो भी है उसका स्वरूप शब्दात्मक ही है (शब्दतत्त्वं यदक्षरम्!)। भाषा को इससे बड़ा स्थान नहीं दिया जा सकता था और कदाचित् किसी संस्कृति में दिया भी नहीं गया है। यही शब्दतत्त्व जब अपने एकात्मक स्वरूप से भ्रष्ट हुए बिना भिन्न भिन्न रूपों में आता है तो उसकी यह अवस्था विवर्त कही जाती है।[193]

वैदिक वाङ्मय तथा प्राचीन ऋषियों की रचनाओं से प्राप्त संकेतों के आधार पर आचार्य भर्तृहरि ने *वाक्यपदीय* ग्रन्थ में इस सिद्धान्त को पल्लवित-पुष्पित किया है। **शब्दब्रह्म** तथा **भाषा की अन्तःस्थता** का यह सिद्धान्त भारतीय विचार सरणि के सर्वाधिक समालोचित सिद्धान्तों में से एक है। हमारी चर्चा भी मुख्य रूप से इसी बात पर केन्द्रित रहेगी कि किस प्रकार भाषा का जो स्वरूप हमारे दैनन्दिन **व्यवहार** में दिखाई देता है उसकी निर्मिति वस्तुतः हमारे मानस के स्तर पर **विचारों** के रूप में होती है। और भाषा यहीं तक सीमित नहीं है। विचारात्मक भाषा का भी मूल स्रोत कोई और तत्त्व है। यह मूल तत्त्व **वाक्** अथवा **शब्द** है जो केवल श्रव्य भाषा का ही नहीं बल्कि समस्त जगत् का भी कारण है जो हमारी और सबकी अन्तरात्मा में सन्निविष्ट है।[194] अन्तरात्मा में अवस्थित इसी शब्द से हमारा लौकिक व्यवहार भी होता है और इसी से मिल पाना हमारी इष्टतम उपलब्धि है।[195]

भारतीय शब्द चिन्तन के प्रमुख प्रमेय

शब्द की इस परिभाषा पर तो सब लोग एकमत हैं कि 'शब्द उसे कहा जाता है जिससे अर्थ की निष्पत्ति होती है।[196]' अब प्रश्न यह उठता है कि अर्थ का अभिधान

---

192. सर्वपरिकल्पातीततत्त्वं भेदसंसर्गसमतिक्रमेण समाविष्टं सर्वाभिः शक्तिभिर्विद्याऽविद्याप्रविभागरूपमप्रविभागं कालभेददर्शनाभ्यासेन मूर्तिविभागभावनया च व्यवहारानुपातिभिर्धर्माधर्मैः सर्वास्ववस्थास्वनाश्रितादिनिधनं ब्रह्मेति प्रतिज्ञायते॥ (*वाक्यपदीय* 1.1, स्वोपज्ञवृत्ति)

193. एकस्य तत्त्वादप्रच्युतस्य भेदानुकारेणासत्यविभक्तान्यरूपोपग्राहिता विवर्तः॥ (*वाक्यपदीय* 1.1, स्वोपज्ञवृत्ति)

194. प्रत्यक्चैतन्येऽन्तःसन्निवेशितस्य ... (*वाक्यपदीय* 1.1, स्वोपज्ञवृत्ति)

195. अपि प्रयोक्तुरात्मानं शब्दमन्तरवस्थितम्।
प्राहुर्महान्तमृषभं येन सायुज्यमिष्यते॥ (*वाक्यपदीय* 1.143)

196. (क) येनोच्चारितेन सास्नालाङ्गूलककुदखुरविषाण्यर्थसम्प्रत्ययो भवति स शब्दः। (*महाभाष्य, पस्पशाह्निकम्*, पृ. 17) (ख) अर्थावसायप्रसवनिमित्तं शब्द इष्यते। (*स्फोटसिद्धिः* 3, पृ. 11)

करने वाले उस 'शब्द' का क्या स्वरूप है? क्या यह केवल भौतिक ध्वनि है अथवा ध्वनियों की सहायता से अभिव्यक्त होने वाला, नाद से परे कोई और ही तत्त्व? साथ ही प्रश्न यह भी है कि इस शब्द से निकलने वाला जो अर्थ है उसका स्वरूप क्या है। क्या वह कोई भौतिक वस्तु है अथवा मानसिक सम्प्रत्यय? शब्द और अर्थ दोनों यदि मानस हैं तो इन दोनों में क्या सम्बन्ध है? इनके उत्तरों के प्रयास में और भी आनुषङ्गिक प्रश्न उभरते हैं। शब्द दर्शन के इन आधारभूत प्रश्नों पर भारतीय चिन्तन परम्परा में पर्याप्त मतभेद हैं। दार्शनिकों ने इन विषयों में अनेक अवधारणाएँ प्रस्तुत की हैं जो उनकी प्रस्थानगत आवश्यकताओं और विवशताओं से प्रभावित और प्रेरित हैं।[197] शब्द को लेकर विविध दार्शनिकों ने प्रायः वही अवधारणा सामने रखी है जो उनके दार्शनिक ढाँचे की मदद कर सके। इसीलिए बहुत बार ऐसा होता है कि एक दर्शन में जो बात मुख्य है वह अन्य दर्शन में गौण है। भर्तृहरि कहते हैं–

भिन्नं दर्शनमाश्रित्य व्यवहारोऽनुगम्यते।
तत्र यन्मुख्यमेकेषां तत्रान्येषां विपर्ययः॥

(*वा.प.* 1.75)

केवल वैयाकरणों ने ही किसी दार्शनिक पूर्वाग्रह की अपेक्षा किये बिना केवल सम्प्रेषण प्रक्रिया को दृष्टि में रखते हुए भाषा पर अपने विचार रखे हैं। इसका कारण यह है कि अन्य दार्शनिकों के लिए भाषा साधन है साध्य नहीं। भाषा के माध्यम से वे अपने दार्शनिक प्रमेयों को सिद्ध करते हैं। वैयाकरणों के लिए भाषा का विश्लेषण केवल साधन नहीं है बल्कि साध्य भी है। समस्त वस्तुओं के विश्लेषण का एकमात्र माध्यम भाषा है। साथ ही भाषा के विश्लेषण का भी माध्यम भाषा ही है। जिस भाषा के द्वारा वैयाकरण भाषा का अनुविधान एवं अन्वाख्यान करते हैं उसे हम भाषाविज्ञान की शब्दावली में पराभाषा अथवा मेटा-लैंग्वेज कह सकते हैं। इस पराभाषा के अन्तर्गत वे कोटियाँ सम्मिलित होती हैं जो केवल व्याकरण शास्त्र में विश्लेषण के लिए प्रयुक्त होती हैं। इसमें धातु, प्रातिपदिक तथा प्रत्यय इत्यादि सम्मिलित हैं। साधन तथा साध्य की एकरूपता होने के कारण वैयाकरणों को किसी दर्शनशास्त्रीय प्रागनुभविक सिद्धान्त के प्रति निष्ठावान् नहीं होना पड़ता। इस कारण भाषातत्त्व को लेकर वैयाकरणों द्वारा किया गया इस प्रकार का वैज्ञानिक

197. अविकल्पितवाक्यार्थे विकल्पा भावनाश्रयाः।
अत्राधिकरणे वादाः पूर्वेषां बहुधा मताः॥ (*वाक्यपदीय* 2.116)

चिन्तन भारतीय मनीषा की अपूर्व उपलब्धि है। इसकी महत्ता इससे भी स्पष्ट है कि आधुनिक विद्यास्थानों में भर्तृहरि के विचार विश्वस्तर पर आदर के विषय हैं। परम्परा तो भर्तृहरि को शब्दब्रह्मवेदी, सभी वेदान्तों के तत्त्वज्ञ, महाकवि, महाविद्वान् आदि मानती ही है।[198]

शब्द का वास्तविक स्वरूप (स्फोट)

शब्द वही नहीं है जिसका हम उच्चारण करते हैं, अथवा जिसे हम सुनते हैं। मुख्य या वास्तविक शब्द तो कुछ और ही है। ध्वनि रूप शब्दों के उच्चारण करने और सुनने के पहले भी शब्द की सत्ता मानस में भाषिक सामर्थ्य के रूप में विद्यमान होती है। इसका हम स्वयं भी अनुभव कर सकते हैं। हम जब अपने मन में विचार करते हैं या जब ख़ुद अपने से ही बातें करते हैं तो वह वाक्यात्मक ही तो होता है। हमें अपने भावों को जब दूसरों तक पहुँचाना होता है तब यही भाषिक सामर्थ्य अपने आपको वाचक तथा वाच्य दो रूपों में विभाजित कर लेता है। भर्तृहरि इस प्रक्रिया को अर्थ के रूप में विवर्तित होना कहते हैं। (वा.प.1.1) इसी के द्वारा सम्प्रेषण की प्रक्रिया सम्भव हो पाती है। इस मानसिक भाषा को ही वैयाकरणों ने शब्द कहा है। शब्द को **मानसिक** अथवा बुद्धिस्थ मानना उसे भौतिकता के धरातल से उठाकर नित्यता के सिंहासन पर बिठाना है। शब्द और अर्थ मानसिक होने के साथ-साथ अखण्ड भी हैं। इसका तात्पर्य यह है कि भाषा का वास्तविक रूप वाक्य एवं वाक्यार्थ में प्रतिष्ठित है। पद हों अथवा पदार्थ इनका स्वरूप अनिश्चित है। जब हम एक बार वाक्यार्थ को समझ लेते हैं तो पद अथवा पदार्थ का तात्पर्य स्पष्ट हो जाता है। इसलिए पद या पदार्थ को भाषा का वास्तविक घटक नहीं कहा जा सकता है। वाक्य पदों से संरचित न होकर **अखण्ड** तथा निरवयव होता है।[199] शब्द की सत्ता को बाह्य तथा भौतिक न मानकर आन्तरिक एवं मानसिक मानने का मतलब है शब्द को विचार अथवा सामर्थ्य के रूप में ग्रहण करना।[200] इस लिहाज़ से ध्वनि तथा शब्द में एक बड़ा

---

198. गुरवे भर्तृहरये शब्दब्रह्मविदे नमः।
सर्ववेदान्तसिद्धान्तसारामृतमयाय च॥
त्रैलोक्यगामिनी येन त्रिकाण्डी त्रिपदी कृता।
तस्मै समस्तविद्याश्रीकान्ताय हरये नमः॥ (पुण्यराज)

199. एकोऽनवयवः शब्दः। (*वाक्यपदीय* 2.1)

200. यः क्रतुः शब्दसंज्ञकः। (*वाक्यपदीय* 1.52)

अन्तर है। भौतिक ध्वनियाँ अभौतिक शब्द की अभिव्यञ्जक हैं (स्फोट: शब्द: ध्वनिस्तस्य व्यायाम उपजायते-संग्रह) तथा शब्द उन ध्वनियों से अभिव्यक्त होने वाला मानस तत्त्व है। अर्थात् इन दोनों में अभिव्यङ्ग्य अभिव्यञ्जक सम्बन्ध है। शब्द की अभिव्यञ्जना श्रोता तथा वक्ता दोनों की बुद्धि के स्तर पर निर्भर होती है।[201]

वस्तुत: शब्द हमारी भाषिक क्षमता (भर्तृहरि इसे **शब्दभावना** कहते हैं। वा.प. 1.130) का नाम है। यह भाषिक सामर्थ्य हमारे मस्तिष्क में जन्म से ही (अथवा, उससे भी पहले से) उपस्थित है। बाहरी सूचनाओं अथवा संकेतग्रह इत्यादि से केवल उसका परिष्कार हो सकता है उत्पादन नहीं। वक्ता द्वारा बोली गयी ध्वनियों को जब श्रोता सुनता है तब उसके मस्तिष्क में विद्यमान निराकार शब्द तत्त्व उन ध्वनियों के रंग में रँग कर प्रकट हो जाता है। इस प्रकार, निराकार शब्द को ध्वनियों का परिधान मिल जाता है। शब्द का यह रूप उसका वाचक (अर्थप्रद इकाई) स्वरूप होता है और उसी से वाच्य (अर्थ) ग्रहण किया जाता है। असल में, वाचक (शब्द) तथा वाच्य (अर्थ) एक ही शब्दतत्त्व के दो रूप हैं। अथवा यह कह लें कि उसके दो आयाम हैं। इस कारण दोनों की स्थिति अलग अलग नहीं हो सकती। दोनों बुद्धिस्थ ही नहीं हैं बल्कि दोनों एक ही बुद्धि तत्त्व (जिसे शब्द भी कहा जा सकता है,) की आवश्यकतानुसार दो भूमिकाएँ हैं। *वाक्यपदीय* के वाक्यकाण्ड में भर्तृहरि का स्पष्ट कथन है–

एकस्यैवात्मनो भेदौ शब्दार्थावपृथक्स्थितौ॥ (2.31)

शब्दतत्त्व अपने आपको इन दो रूपों में इसलिए सामने ले आता है ताकि संसार में भाषिक व्यवहार संभव हो सके (विवर्ततेऽर्थभावेन प्रक्रिया जगतो यत:)।[202] वाक् तत्त्व का जो वाचक स्वरूप है, उसे ही वैयाकरणों ने वास्तविक शब्द माना है, ध्वनियों को नहीं। उस वाचक शब्द के लिए उन्होंने एक नया नाम गढ़ा है, वह है– 'स्फोट'।[203] एक नया नाम 'स्फोट' रखने से लाभ यह होता है कि शब्द, ध्वनियों से

---

201. बुद्ध्यर्थादेव बुद्ध्यर्थे जाते तदपि दृश्यते। (*वाक्यपदीय* 3.3.33)

202. शब्दार्थयोरसम्भेदे व्यवहारे पृथक् क्रिया।
यत: शब्दार्थयोस्तत्त्वमेकं तत् समवस्थितम्॥ (*वाक्यपदीय* 1.26 स्वो. वृ. में संग्रह के नाम से उद्धृत)

203. नया नाम रखने के दो कारण प्रतीत होते हैं। पहला यह है कि 'शब्द' (अर्थवाचक इकाई) शब्द विभिन्न दर्शनों की अवधारणाओं से प्रदूषित हो गया था। उदाहरण के लिए मीमांसक वर्णों को तथा नैयायिक पदों को वाचक मानते हैं इसलिए उनके लिए वही शब्द हैं। दूसरा यह कि नये शब्द की व्युत्पत्ति मात्र से नवीन अवधारणा एक दम स्पष्ट हो जाये, जैसा कि ऊपर समझाया गया है।

भिन्न, मानसिक तथा अर्थ का वास्तविक वाचक है, यह स्पष्ट हो जाता है–

1. स्फुट्यते ध्वनिभिः इति स्फोटः जो ध्वनियों द्वारा अभिव्यञ्जित होता है।

2. स्फुटति अर्थः अस्माद् इति स्फोटः जिससे अर्थ निकलता है, अर्थात् वाचक शब्द।

उपर्युक्त दोनों व्युत्पत्तियाँ शब्द बोध की प्रक्रिया के दो चरणों के रूप में भी देखी जा सकती हैं। **पहले** चरण में बुद्धि में स्थित शब्दतत्त्व ध्वनियों द्वारा अभिव्यक्त होता है, फिर उसके बाद **दूसरे** चरण में वह अर्थ को प्रकट करता है। दोनों भूमिकाओं के कारण उसके लिए स्फोट शब्द का प्रयोग उचित है। इसी सिद्धान्त को ध्यान में रखते हुए महाभाष्य में शब्द के लिए प्रस्तुत परिभाषा (येनोच्चारितेन सास्नालाङ्गूलककुदखुरविषाण्यर्थसम्प्रत्ययो भवति स शब्दः) में स्थित **उच्चारित** शब्द का अर्थ महाभाष्य के कश्मीरी व्याख्याकार कैयट ने **अभिव्यक्त** किया है।

स्फोट–सिद्धान्त का सर्वप्रथम उल्लेख महाभाष्यकार पतञ्जलि में मिलता है। यद्यपि नागेशभट्ट के अनुसार यह सिद्धान्त पाणिनि से पूर्ववर्ती स्फोटायन नामक ऋषि के द्वारा प्रतिपादित है।[204] ध्यातव्य है कि पाणिनि ने अपने सूत्रों में स्फोटायन का उल्लेख किया है।[205] इस सिद्धान्त का पूर्ण विकास भर्तृहरि के *वाक्यपदीय* में दिखाई देता है। बाद की शताब्दियों में विपक्षियों के खण्डनों तथा समर्थकों के प्रत्युत्तरों से यह सिद्धान्त और अधिक स्पष्ट होकर हमारे सामने आता है। मण्डनमिश्र (स्फोटसिद्धि), शेषकृष्ण (स्फोटतत्त्वनिरूपण), भट्टोजि दीक्षित (वैयाकरणसिद्धान्तकारिका), कौण्डभट्ट (स्फोटनिर्णय) तथा नागेशभट्ट (स्फोटवाद) आदि विद्वानों के माध्यम से स्फोटसिद्धान्त भारतीय भाषा दर्शन के प्रमुख सिद्धान्त के रूप में व्यवस्थित हुआ है।

यहाँ प्रश्न यह उठता है कि शब्द के स्वरूप को मानसिक क्यों माना जाये? सीधे-सीधे ध्वनियों को ही अर्थ का वाहक क्यों न मान लिया जाये। हम देखते हैं कि वक्ता जब ध्वनियों का उच्चारण करता है तो श्रोता को अर्थ का ग्रहण होता है। इसके विपरीत, जब ध्वनि का उच्चारण नहीं किया जाता तब अर्थ का ग्रहण भी

---

204. (क) वैयाकरणनागेशः स्फोटायनऋषेर्मतम्।
परिष्कृत्योक्तवांस्तेन प्रीयतां जगदीश्वरः॥ (*स्फोटवाद*, उपान्त्यश्लोक : 102)
(ख) स्फोटोऽयनं परायणं यस्य सः स्फोटप्रतिपादनपरो वैयाकरणः। (*तत्त्वबोधिनी* 6.1.123, में उद्धृत)

205. अवङ् स्फोटायनस्य (*अष्टाध्यायी* 6.1.123)

नहीं होता। इस तरह ध्वनि के उच्चारण तथा अर्थ के बोध में एक तरह के अन्वय-व्यतिरेक[206] से कार्य कारण सम्बन्ध सिद्ध होता है। इसलिए ध्वनियों को ही अर्थ का वाचक मान लेना चाहिए। ऐसा मानने पर ध्वनियों को ही शब्द माना जा सकेगा। इससे लाभ यह होगा कि स्फोट जैसे अभौतिक तत्त्व की क्लिष्ट कल्पना नहीं करनी पड़ेगी। यह मत मुख्य रूप से नैयायिकों का है। वे ध्वनियों को ही वाचक समझते हैं और उन्हें ही शब्द कहते हैं।[207] वैयाकरण उनकी इस मान्यता में दोष दिखाते हुए उसका खण्डन करते हैं।

उनके अनुसार ध्वनियाँ अर्थ का बोध कराने में समर्थ नहीं हो सकती। इसमें सबसे बड़ा कारण यह है कि ध्वनियाँ **क्षणभंगुर** होती हैं। यह एक सार्वजनीन अनुभव है। उच्चारण के क्रम में अनेक ध्वनियाँ दूसरे या तीसरे क्षण नष्ट हो जाती है अत: उनका एक इकाई बनना सम्भव नहीं। नष्ट तथा अन्तिम विद्यमान ध्वनियों का कोई संघात नहीं बन सकता। उदाहरण के लिए कोई वक्ता 'कमल' बोलते हुए 'क्+अ+म्+अ+ल्+अ', इन ध्वनियों का उच्चारण करता है। यह उच्चारण क्रमिक ही होता है। कारण यह है कि ध्वनियों का उच्चारण एक साथ नहीं किया जा सकता। इस क्रिया में बाद बाद वाली ध्वनियों के उच्चारण के समय पहले पहले वाली ध्वनियाँ नष्ट होती जाती हैं। अन्तिम 'अ' ध्वनि के साथ उन पूर्ववर्ती नष्ट ध्वनियों का समुदाय नहीं बन सकता क्योंकि उपस्थित के साथ अनुपस्थितों का मेल ही असम्भव है। इस प्रकार एक इकाई के रूप में ग्रहण न हो पाने के कारण ध्वनियाँ शब्द नहीं बन सकतीं। एक इकाई में गृहीत न हो पाने के कारण उनसे एकात्मक अर्थ का वाचन भी नहीं हो पायेगा। फलत: उनको वाचक मानना अतार्किक है। इस समस्या से बचने के लिए नैयायिक एक युक्ति निकालते हैं। उनके अनुसार पूर्ववर्ती ध्वनियाँ चाहे नष्ट हो जाती हैं लेकिन नाश के साथ साथ श्रोता की बुद्धि में संस्कार छोड़ जाती हैं। अगर यह संस्कार न होता तो हम उनका स्मरण भी नहीं कर सकते थे। पूर्व–पूर्व ध्वनियों के ये संस्कार तथा अन्तिम ध्वनि का अनुभव मिलकर एक इकाई का निर्माण करते हैं। इस इकाई को अर्थ का वाचक माना जा सकता

---

206. किसी के होने पर दूसरे का होना अन्वय सम्बन्ध है। किसी के न होने पर दूसरे का न होना व्यतिरेक सम्बन्ध होता है। इन सम्बन्धों से कार्यकारण भाव सिद्ध होता है क्योंकि कार्य तथा कारण क्रमश: एक दूसरे के नियतपश्चाद्वृत्ति और नियतपूर्ववृत्ति होते हैं।

207. वर्णा: पदम्। (*साहित्यदर्पण* 2.1)

है। इसलिए हमें ध्वनि को ही वाचक मानना चाहिए। नैयायिकों की इस युक्ति में वैयाकरणों ने एक बड़ा दोष दिखाया है। उनके अनुसार यदि संस्कारों को ही वाचक माना जाये तो एक बड़ी समस्या रस–सर, नदी–दीन इत्यादि शब्दयुग्मों में आयेगी जिनमें ध्वनियाँ यद्यपि व्युत्क्रम हैं लेकिन समान हैं। उन समान ध्वनियों से उत्पन्न होने वाले संस्कार भी समान होंगे। समान संस्कार से घटित शब्दों का अर्थ एक ही मानना पड़ जायेगा। इन शब्दों में विद्यमान ध्वनियों का संस्कार (उनके समान होने के कारण) एक जैसा ही होगा। इस समस्या से भी बचने के लिए नैयायिक यदि यह कहें कि ध्वनियों का उपर्युक्त संस्कार भी एक क्रम विशेष के साथ होता है तो इस पर वैयाकरणों का उत्तर होगा कि संस्कारों में किसी प्रकार का क्रम होता है यह बात बुद्धिसापेक्ष नहीं है, क्योंकि ऐसा अनुभव नहीं होता। कारण यह है कि हमारी बुद्धि में पहले से वर्णों के संस्कार विद्यमान होते हैं। नये सुने गये वर्णों के संस्कार उनसे भिन्न नहीं होते। बल्कि उसी में समाहित हो जाते हैं। अगर हमारे द्वारा अभी सुने गये क– वर्ण का संस्कार मन में पहले से विद्यमान क– वर्ण के संस्कार से भिन्न होता तो हमें प्रतीति इस प्रकार की होती कि मैंने दूसरा या तीसरा क–वर्ण सुना है। जबकि हमारे प्रतीत होता है कि हमने उसी **क** को दोबारा या तीसरी बार सुना है। इस प्रतीति को प्रत्यभिज्ञात्मक प्रतीति कहते हैं। मन में पहले से विद्यमान वर्ण संस्कार के क्रम में पौर्वापर्य का निर्धारण करने का कोई निश्चायक तत्त्व हमारे पास नहीं है।

इस तरह ध्वनियाँ एक इकाई के रूप में उपस्थित नहीं हो सकती इसलिए वे वाचक भी नहीं हैं। ध्वनियों को सार्थक मानने में एक समस्या भी यह है कि सक्रम ध्वनियों द्वारा एक क्रमरहित अखण्ड अर्थ नहीं पाया जा सकता। हमारा अनुभव है कि हम अर्थ का साक्षात्कार एक इकाई में ही करते हैं। ध्वनियाँ कभी भी एक साथ उच्चरित नहीं होती हैं। सक्रम ध्वनियाँ अक्रम अर्थ को देने लगें तो इसमें 'कारणगुणप्रक्रमन्याय'[208] का व्याघात भी होगा।

सम्प्रेषण के एक छोर पर तो सक्रम तत्त्व ध्वनियाँ है जबकि दूसरे छोर पर अक्रम तत्त्व अर्थ है। इन दोनों पर्याप्त भिन्न तत्त्वों के बीच में जो एक रिक्ति है

---

208. कारण से कार्य उत्पन्न होता है, इसलिए कारण सामग्री के जो गुण होते हैं वे कार्य में संक्रमित होते हैं (कारणगुणा हि कार्यगुणान् प्रारभन्ते)। लाल सूत से लाल कपड़ा ही बन सकता है, पीला नहीं। इसे ही 'कारणगुणप्रक्रमन्याय' कहते हैं।

उसके समाधान के लिए एक ऐसे मानसिक तत्त्व की आवश्यकता है जो ध्वनियों को एकात्मक बना सके। ध्वनियाँ स्वतः एकात्मक नहीं हो सकतीं। वह स्वयं ध्वनियों का परिधान पहनकर अपनी एकात्मकता के बल पर उन्हें एक बनाता है। इसी प्रकार बोलचाल में अर्थ का वाचन हो पाता है। इस सम्बन्ध में को. अ. सुब्रह्मण्य अय्यर का कथन ध्यान देने योग्य है– 'स्फोटसिद्धान्त अर्थज्ञान की समस्या के समाधान के रूप में निकला था। समस्या यह थी कि जिन ध्वनियों को कालक्रम में बोला जाता है उनसे अर्थ को समझने की व्याख्या कैसे की जाये। चूँकि वे एककालिक नहीं होतीं तथा उनका अस्तित्व सम्भव नहीं है अतः अर्थ का ग्रहण कराने में वे सहयोग नहीं कर सकतीं। स्फोट का सिद्धान्त इस समस्या का वैयाकरणों द्वारा (प्रस्तुत) समाधान है। (अय्यर, पृ.171)'

इस प्रकार स्पष्ट है कि ध्वनियाँ शब्द तत्त्व को प्रकाशित करती हैं और फिर वही शब्द तत्त्व स्फोट रूप में आकर अर्थ का वाचक बनता है। ध्वनियाँ मानसिक स्तर पर ही इकाई को प्राप्त होती हैं। ध्वनियों के संस्कार निरवयव शब्दतत्त्व को स्फोट रूप में अभिव्यक्त करते हैं; फिर स्फोट भी क्रमिक तथा क्षणभंगुर ध्वनियों को एकात्मक बनाता है। इस प्रकार ध्वनि और स्फोट दोनों एक दूसरे से उपकृत होते हैं।

इस तरह स्पष्ट होता है कि ध्वनियाँ शब्द तत्त्व को प्रकाशित करती हैं फिर स्फोट रूप में आया हुआ शब्द तत्त्व अर्थ का बोध कराता है। अब यहाँ एक महत्त्वपूर्ण प्रश्न और उठता है। जब ऊपर बताई गयी प्रक्रिया के अनुसार ध्वनियों का एकीकरण हो गया है तो उन्हीं ध्वनियों को हम अर्थ का वाचक क्यों न मान लें? ऐसा करने से हम अभी भी स्फोट नामक किसी अतिरिक्त तत्त्व की कल्पना से बच जायेंगे। लेकिन मानसिक स्तर पर एकीभूत ध्वनियों को हम फिर से वाचक नहीं मान सकते ऐसे ही जैसे ध्वनियों को वाचक नहीं मानते। कारण यह है कि ध्वनियों का वह एकीभूत संस्कारात्मक रूप स्फोट को अभिव्यक्त करने में कृतकार्य हो जाता है। उन्हीं ध्वनियों को दूसरे (अर्थवाचन रूपी) कार्य में नियुक्त करना न्याय्य नहीं होगा। जैसे किसी अर्थ विशेष के वाचन के लिए वक्ता द्वारा प्रयुक्त ध्वनियाँ उसी अर्थ के बोध के प्रति कारण होती हैं। उनसे किसी अन्य अर्थ का बोध नहीं हो सकता। अर्थात् एक कार्य के लिए प्रयुक्त प्रयत्न उस कार्य में कृतकृत्य होता हुआ दूसरे कार्य को भी एक ही साथ सम्पादित नहीं कर सकता।[209] इसी प्रकार स्फोट को व्यक्त करने

---

209. शब्दबुद्धिकर्मणां विरम्य व्यापाराभावः। (*साहित्यदर्पण,* पञ्चम परिच्छेद : 297)

वाले कार्य के लिए प्रयुक्त ध्वनियों से अर्थ-वाचक रूप दूसरा प्रयोजन भी सिद्ध कर लिया जाये, यह सम्भव नहीं है।[210]

शब्द की वाचकता में ध्वनि की भूमिका

चूँकि ध्वनियाँ वाचक नहीं हैं, अतः उन्हें शब्द न कहकर किसी ऐसे तत्त्व को शब्द कहना चाहिए जो उनसे सम्बन्धित तो हों लेकिन स्वयं में क्षणभङ्गुर, सक्रम और विभाज्य न हों। वैयाकरणों ने शब्द के रूप में स्फोट को एक मानसिक तत्त्व के तौर पर प्रतिष्ठापित किया है जो ध्वनियों द्वारा अभिव्यक्त होता है तथा उनके रूप से आच्छादित होकर एक इकाई में प्रकट होता है। इससे सम्प्रेषण का कार्य तो सिद्ध हो जाता लेकिन साथ में एक विशेष प्रकार का अपमिश्रण प्रकट होता है। होता यह है कि ध्वनियों के दर्पण में संक्रान्त होने के कारण शब्द पर ध्वनियों की सारी विशेषताएँ आरोपित हो जाती हैं। जिस तरह हमें ज्ञान का भान शुद्ध रूप से नहीं हो पाता, बल्कि वह अपने विषय से मिश्रित होकर ही अनुभव में आता है, उसी प्रकार हम ध्वनियों से अमिश्रित अवस्था में शब्द का अनुभव भी नहीं कर पाते। भर्तृहरि के अनुसार यह अपमिश्रण सुनिश्चित है और शायद स्पृहणीय भी क्योंकि यदि ऐसा न हो तो हम उसका व्यवहार में प्रयोग ही न कर पायें।[211] यह अपमिश्रण व्यवहार के लिए ही होता है। यही कारण है कि हम प्रायः शब्द (स्फोट) तथा ध्वनियों में भेद नहीं कर पाते और ध्वनियों को ही शब्द मान बैठते हैं। **हमारे अन्दर जो भाषिक क्षमता है वस्तुतः वही भाषा है।** वह क्रमरहित तथा अविभाज्य है। उसमें सभी शब्दों तथा सभी अर्थों के रूप धारण कर लेने की क्षमता है। दूसरे शब्दों में, उस तत्त्व में सभी प्रकार के अर्थों को कहने तथा सभी शब्दों द्वारा कहे जाने जाने की योग्यता विद्यमान है। फिर भी सम्प्रेषण की प्रक्रिया में एक समय में हम किसी एक विशेष अर्थ को ही सम्प्रेषित करना चाहते हैं, सारे अर्थों को नहीं। सर्वसमर्थ शब्द तत्त्व एक सीमित अर्थ को प्रकट करे, यह बात सम्प्रेषण की अनिवार्य आवश्यकता होती है। ध्यातव्य है कि शब्दतत्त्व स्वयं में वाचक नहीं है। वह तो वाचक–वाच्य से अतीत कोई और

---

210. केचिन्मन्यन्ते। यो वायमुच्चार्यते क्रमवान् अवरः। कश्चिदन्यः अक्रमः शब्दात्मा बुद्धिस्थो विगाहते। तस्मादर्थप्रतिपत्तिः। कुतः। यथैवार्थान्तरनिबन्धनो नार्थान्तरं प्रत्याययति एवं स्वरूपनिबन्धनो नोत्सहते प्रत्याययितुम्॥ (भर्तृहरिकृता *महाभाष्यटीका दीपिका,* प्रथमाह्निक : 3)

211. भेदानुकारो ज्ञानस्य वाचश्चोपप्लवो ध्रुवः।
क्रमोपसृष्टरूपा वाक् ज्ञानं ज्ञेयव्यपाश्रयम्॥ (*वाक्यपदीय* 1.86)

ही तत्त्व है। उसे स्फोट अथवा वाचक की अवस्था तक ला खड़ा करने का यह कार्य ध्वनियाँ करती हैं। ध्वनियों की पोशाक पहन कर प्रकट हुआ शब्दतत्त्व स्फोट है और उसी से अर्थ निकलता है, इसलिए वही शब्द है।

शब्दतत्त्व अथवा भाषिक सामर्थ्य वक्ता तथा श्रोता दोनों के अन्तर में स्वभावत: विद्यमान होता है। साथ ही सम्भाषण के दौरान उन दोनों में एक गहरी समझ (मानसिक सामानाधिकरण्य) भी होती है। सम्प्रेषण की क्रिया में प्रवृत्त होता हुआ वक्ता अपने मानसिक शब्द का परामर्श करता है। वक्ता के स्तर पर शब्दतत्त्व का अर्थ वाला आयाम पहले परामृष्ट होता है। वह एक अर्थ विशेष का चयन करके उसकी अभिव्यञ्जना के अनुकूल ध्वनियों का उच्चारण करता है। ध्वनियाँ श्रोता के कानों द्वारा गृहीत होकर बुद्धिस्थ शब्द का संस्कार करती हैं। इस संस्कार का तात्पर्य यह है कि वे स्फोट को अपने रंग में रँग कर श्रोता के समक्ष प्रकट करती हैं–

वितर्कित: पुरा बुद्ध्या क्वचिदर्थे निवेशित:।
करणेभ्यो विवृत्तेन ध्वनिना सोऽनुगृह्यते॥

(*वा.प.* 1.47)

हमारी भाषिक क्षमता जो हमेशा से हमारे मन–मस्तिष्क में विद्यमान होती है, जब उच्चरित ध्वनियों द्वारा उसकी अभिव्यक्ति होती है तो उसे ही स्फोट कहा जाता है। इसी अभिव्यक्त स्फोट से अर्थ प्राप्त होता है, इसलिए उसे ही वास्तविक शब्द भी कहा जाता है। स्फोट नीरूप है। उसका प्रकाशन अभिव्यञ्जक ध्वनियों के माध्यम से होता है इस कारण स्फोट (शब्द) ध्वनियों के रूप में ही प्रकट हो पाता है। इस क्रम में ध्वनियाँ स्फोट को इस तरह आच्छादित कर लेती हैं कि हमें ध्वनियों तथा शब्द (स्फोट) के बीच भेद स्पष्ट नहीं हो पाता। भर्तृहरि *वाक्यपदीय* में अनेक उदाहरणों द्वारा हमें इस प्रक्रिया की स्वाभाविकता को समझाते हैं। उनके अनुसार प्रकाश्य वस्तुएँ प्रकाशकों के रूप, गुण आदि सभी धर्मों का स्वभावत: अनुगमन करती हैं।[212] हम ध्वनियों के सभी गुणों को वैसे ही शब्द पर आरोपित कर लेते हैं जैसे पानी में होती हुई हलचल को पानी में पड़े हुए चन्द्रमा के प्रतिबिम्ब में होता हुआ मान लेते हैं।[213] इस दृष्टान्त में ध्वनियाँ पानी हैं, आकाशस्थित चन्द्रमा शब्दतत्त्व है जबकि पानी में प्रतिबिम्बित चन्द्रमा स्फोट अथवा वाचक शब्द है।

---

212. प्रकाशकानाम् भेदांस्तु प्रकाश्योऽर्थोऽनुवर्तते। (*वाक्यपदीय* 1.99)

213. प्रतिबिम्बं यथाऽन्यत्र स्थितं तोयक्रियवशात्।
तत्प्रवृत्तिमिवान्वेति स धर्म: स्फोटनादयो:॥ (*वाक्यपदीय* 1.49)

इस प्रकार क्रमवान् तथा क्षणभङ्गुर होने पर भी ध्वनियाँ मानस में स्थित शब्दतत्त्व की सहायता से एकात्मकता को प्राप्त करके एक इकाई का रूप ले पाती हैं। इसके साथ ही वे सभी अर्थों के वाचन में समर्थ शब्दतत्त्व को एक अभीष्ट एवं विशिष्ट अर्थ को देने के लिए तैयार (सीमित या जागृत) करती हैं। शब्द (स्फोट) जिन ध्वनियों के रूप में प्रकट होता है श्रोता उन ध्वनियों का पहले से ही किसी अर्थ के साथ संकेतग्रहण किये हुए रहता है। यह संकेत ग्रहण वाच्य-वाचक रूप में होता है। इस कारण जब ध्वनियों से परिगृहीत होकर स्फोट प्रकट होता है तो अर्थ का तुरन्त ग्रहण हो जाता है। स्फोट के प्रकट या जागृत होने का तात्पर्य है ध्वनियों के स्वरूप का बुद्धि के साथ एकाकार होना। स्फोट का ध्वनियों के रूप में प्रकट होकर इस एकाकार रूप में गृहीत होना शब्द का सबसे पहला अर्थ होता है।[214] ध्वनियों का एकीकृत रूप में बुद्धि का विषय बन जाने के बिना बाद वाले (जाति, व्यक्ति आदि) अर्थों का भान होना असम्भव है।[215] वैयाकरणों ने शब्द के इस प्राथमिक अर्थ पर ज़ोर देते हुए इसे हर एक शब्द का सुनिश्चित अर्थ माना है। अगर किसी ने कोई ऐसा शब्द बोला जिसका अर्थ हमें पता नहीं है फिर भी उसकी बोली हुई ध्वनि शृङ्खला को हम शब्द कहते हैं, ऐसा क्यों है। जब उसका अर्थ ही नहीं तो वह शब्द कैसे है? वैयाकरण समझाते हैं कि हम बोली हुई चीज़ सुनते हैं तो मस्तिष्क में विद्यमान ध्वनियाँ एकीकृत रूप में प्रकट तो होती ही हैं। उसका यह अर्थ तो सभी को समझ में आता ही है। इसी कारण किसी शब्द का अर्थ नहीं आने पर भी उसे शब्द कहा ही जाता है। कोई और अर्थ आये न आये यह अर्थ तो आता ही है–

प्रतिपत्तुर्भवत्यर्थे ज्ञाने वा संशयः क्वचित्।
स्वरूपेषूपलब्धेषु व्यभिचारो न विद्यते॥

(वा.प. 3.3.2)

वाच्य अर्थों की शब्द के स्वरूप के साथ एकात्मकता हमें पता होती है[216]।

---

214. ... प्रयोक्तुर्बाह्योऽर्थः स्वरूपं च प्रतीयते। शब्दैरुच्चरितैः ... (*वाक्यपदीय* 3.3.1)

215. विषयत्वमनापन्नैः शब्दैर्नार्थः प्रकाश्यते।
न सत्तयैव तेऽर्थानामगृहीताः प्रकाशकाः॥ (*वाक्यपदीय* 1.56)

216. इसे भर्तृहरि पदार्थ सम्बन्धी अभिजल्पवाद कहते हैं–
सोऽयमित्यभिसम्बन्धाद् रूपमेकीकृतं यदा।
शब्दस्यार्थेन तं शब्दमभिजल्पं प्रचक्षते॥ (*वाक्यपदीय* 2.128)

इस एकात्मकता को संकेतग्रह भी कहते हैं। इसलिए जैसे ही शब्द के स्वरूप का अवबोध होता है वैसे ही हमें अर्थ ग्रहण हो जाता है। संक्षेप में यही भाषिक सम्प्रेषण तथा अवबोध की प्रक्रिया है।

ध्वनियों की अपेक्षा किसी अन्य तत्त्व (स्फोट) को वाचक सिद्ध करते ही वैयाकरण लोग नैयायिक आदि अन्यान्य विद्वानों की तीखी आलोचना के विषय बन जाते हैं। प्रतिपक्षियों ने ध्वनि के अतिरिक्त एक नये स्फोट जैसे तत्त्व के स्वीकार को कल्पनागौरव कहा है। भर्तृहरि ने ब्रह्मकाण्ड में इन आक्षेपों का सुन्दर रीति से उत्तर दिया है।

प्रतिपक्षी का **प्रमुख प्रश्न** स्फोट तथा ध्वनि के बीच सम्बन्ध के बारे में है। उसके अनुसार यदि स्फोट ध्वनियों से भिन्न है तो वह हमारे सामने हमेशा ध्वनियों के रूप में ही क्यों प्रकट होता है। यदि स्फोट की सत्ता वस्तुत: होती तो वह ध्वनियों से अमिश्रित रूप में भी प्रकट होता। भर्तृहरि इसका उत्तर देते हैं कि ऐसा इसलिए होता है कि स्फोट नीरूप है तथा वह ध्वनियों के माध्यम से ही प्रकाशित होता है। जिस प्रकार कोई वस्तु जब प्रतिबिम्बित होती है तो वह प्रतिबिम्बक द्रव्य अथवा सामग्री के आकार और क्रिया आदि विशेषताओं का अनुगमन करने लगती है। ठीक वैसे ही ध्वनियों द्वारा अभिव्यक्त होने के कारण ध्वनियों के क्रमवत्ता आदि गुण शब्द के रूप में ग्रहण कर लिये जाते हैं–

स्फोटस्याभिन्नकालस्य ध्वनिकालानुपातिन:।
ग्रहणोपाधिभेदेन बुद्धिभेदं प्रचक्षते ॥

(वा.प.1.75)

दूसरा प्रश्न यह है कि किसी शब्द के अर्थ को बताने के लिए अनेक ध्वनियों का उच्चारण किया जाता है। इन ध्वनियों में से हम किस ध्वनि को स्फोट का व्यञ्जक मानेंगे? इन सक्रम ध्वनियों में से कौन सी ध्वनि अखण्ड स्फोट को व्यक्त करती है। अगर यह कहा जाये कि **पहली** ध्वनि सारे स्फोट को व्यञ्जित कर देती है तो ऐसा कहने पर उसके बाद उच्चरित होने वाली बाक़ी सभी ध्वनियाँ निष्प्रयोजन होने लगेंगी। और इस अनिष्ट से बचने के लिए अगर यह कहा जाये कि **सभी ध्वनियाँ** मिलकर स्फोट को खण्डश: व्यक्त करती हैं तो ऐसा मानने पर स्फोट सखण्ड हो जायेगा। इससे न केवल केवल वैयाकरणों के अखण्ड स्फोट की मान्यता खण्डित होगी बल्कि सखण्ड होने के कारण स्फोट अनित्य भी हो जायेगा।

शब्द के अनित्य होने से वैयाकरणों का मूल सिद्धान्त **शब्दनित्यत्व वाद** ख़तरे में पड़ जायेगा। इस प्रश्न के उत्तर में वैयाकरणों का कहना है कि हर एक ध्वनि स्फोट को पूरा-पूरा ही अभिव्यक्त करती हैं। ऐसा करते हुए भी बाद बाद वाली ध्वनियाँ निष्प्रयोजन इसलिए नहीं होतीं क्योंकि वे पहले से अभिव्यक्त स्फोट को अधिक स्पष्ट करती चलती हैं। उत्तरोत्तर ध्वनियों की अभिव्यक्ति में क्रमशः स्पष्टीकरण की अधिकता होती है–

प्रत्ययैरनुपाख्येयैर्ग्रहणानुगुणैस्तथा।
ध्वनिप्रकाशिते शब्दे स्वरूपमवधार्यते॥

(वा.प. 1.83)

भर्तृहरि के अनुसार ध्वनियाँ दो प्रकार की हैं– प्राकृत ध्वनि तथा वैकृत ध्वनि। **प्राकृत ध्वनि** उच्चरणावयवों से उत्पन्न पहली ध्वनि है जिसके द्वारा श्रोता के मानस में स्फोट की अभिव्यक्ति होती है। **वैकृत ध्वनि** प्राकृत ध्वनि से उत्पन्न ध्वनियाँ हैं जो इसमें कारण बनती हैं कि शब्द कितनी देर तक स्थिर रहता है–

शब्दस्य ग्रहणे हेतुः प्राकृतो ध्वनिरिष्यते।
स्थितिभेदे निमित्तत्वं वैकृतः प्रतिपद्यते॥

(वा.प. 1.78)

शब्द जिस ध्वनि से उपहित होता है वह प्राकृत ध्वनि ही है। वैकृत ध्वनि तो स्फोट को छू भी नहीं पाती। इसीलिए प्राकृत ध्वनि के अभिलक्षण ही स्फोट पर आरोपित होते हैं वैकृत ध्वनि के नहीं।[217] वैकृत ध्वनियाँ प्राकृत से उत्पन्न होती हैं तथा वे स्फोट की निरन्तरता मात्र में साधन होती हैं। उनके गुण धर्म स्फोट पर आरोपित नहीं होते (स्फोटात्मा तैर्न भिद्यते।)। प्राकृत ध्वनि के गुण हैं ह्रस्व, दीर्घ, प्लुत, अल्पप्राण, महाप्राण आदि जिन्हें ध्वनिविज्ञान में अधिखण्डात्मक स्वनिम (सप्रा सेगमेंटल फ़ोनेम) कहते हैं। शब्द पर ये ही आरोपित होते हैं। इसीलिए तो हमें शब्द में ह्रस्व, दीर्घ आदि की भ्रान्ति होती है तथा किसी शब्द में अल्पप्राण की जगह महाप्राण रख देने से अर्थ में परिवर्तन होता दीखता है। उदाहरण के लिए–पटना में **प** की जगह **फ** रख दें तो अर्थ बदल जायेगा। द्रुत, मध्य या विलम्बित होना वैकृत

217. प्राकृतस्य ध्वनेः कालः स्फोटस्येत्युपचर्यते। (*वाक्यपदीय* 1.77)

ध्वनि के गुण हैं। ये शब्दों के स्वरूप में परिवर्तन नहीं कर पाते। किसी शब्द को अभिव्यक्त करने वाली ध्वनियों को धीरे से बोलें या तेज़ से, उनसे अभिव्यञ्जित शब्द स्वरूप या अर्थ को हम अन्यथा ग्रहण नहीं करते।

इसके अतिरिक्त स्फोटविरोधियों द्वारा और अनेक प्रश्न उठाए गये हैं जिनका विवरण तथा समाधान वाक्यपदीय के ब्रह्मकाण्ड में देखा जा सकता है।

स्फोट को शब्द के रूप में प्रस्तुत करके वैयाकरण भाषा–सम्बन्धी अपनी अनेक वैज्ञानिक मान्यताओं को आधार दे पाते हैं। उदाहरण के लिए इसके द्वारा वैयाकरण सरलतापूर्वक यह बता पाते हैं कि शब्द की सत्ता आन्तरिक, अभौतिक, मानसिक तथा अखण्ड है और वह वस्तुत: नित्य विद्यमान रहने वाला भाषिक सामर्थ्य है। इतना ही नहीं, वे स्फोट को जिस शब्दतत्त्व का अभिव्यक्त रूप बताते हैं वे उस शब्दतत्त्व को शब्दब्रह्म के रूप में व्यवस्थित भी कर पाते हैं।

शब्द का वास्तविक वाचक स्वरूप : वाक्य

भारत में प्राचीन काल से ही इस विषय में कई मत रहे हैं कि भाषा में अर्थ देने वाली मौलिक इकाई कौन है? कुछ लोग पद को अर्थ का वाहक मानते हैं, तो कुछ वाक्य को। इन मतों को क्रमश: '**पदवाद**' एवं '**वाक्यवाद**' कहा जा सकता है। इनमें भेद का प्रमुख आधार यह विवाद है कि प्रधानता किसकी है, पद की अथवा वाक्य की (पदप्रकृतिः संहिता)।[218] इन दो वादों का आधारभूत प्रश्न यह है कि भाषा की कौन सी इकाई अपने में सम्पूर्ण अर्थ देने वाली है? पदवादी वाक्य को विभाज्य मानते हैं, जबकि वाक्यवादी इसे अखण्ड मानते हैं। इस आधार पर उपर्युक्त मतों को **सखण्डवाद** तथा **अखण्डवाद** भी कहा जाता है। वाक्य के स्वरूप का वर्णन विद्वानों ने अपने-अपने दार्शनिक-सिद्धान्तों एव मान्यताओं के अनुरोध से भिन्न-भिन्न प्रकार से किया है। अपनी दार्शनिक अथवा तकनीकी ज़रूरतों के आलोक में पद तथा वाक्य में से किसी एक को गौण अथवा मुख्य मानते हैं–

भिन्नं दर्शनमाश्रित्य व्यवहारोऽनुगम्यते।
तत्र यन्मुख्यमेकेषां तत्रान्येषां विपर्ययः॥

(*वाक्यपदीय* 1.75)

---

218. (*ऋग्वेदप्रातिशाख्य* 2.1.105, *निरुक्त* 1.17)

(क) पदवाद

वैयाकरणों के अतिरिक्त प्राय: सभी चिन्तक वाक्य को पदों से संघटित मानते हैं। वाक्यपदीय के वाक्यकाण्ड में भर्तृहरि ने पदवादियों के पाँच मत प्रस्तुत किये हैं। इनकी मान्यता का आधार यह है कि वाक्य-संरचना में पृथक्-पृथक् शब्द एवं शब्दार्थ पहले से ही उपस्थित होते हैं। वाक्य इन्हीं से संघटित एक इकाई होती है। वाक्य की रचना के बाद शब्द को वाक्य का एवं शब्दार्थ को वाक्यार्थ का आधार मान लिया जाता है। अत: इस मत के अनुसार 'वाक्य' खण्डों से निर्मित एक सम्पूर्ण इकाई है।[219] वर्णों से पद बनता है और पदों से वाक्य। इस मत में उनका प्रबल तर्क यह है कि एक ही 'क' आदि वर्ण भिन्न भिन्न पदों (जैसे कौवा, कहना आदि) में दिखाई पड़ते हैं। इसी तरह एक ही 'कमल' आदि शब्द भिन्न भिन्न वाक्यों में मिलते हैं।[220] पदवादी पदसंघात के रूप में तो वाक्य की सत्ता मानते हैं परन्तु उनके अनुसार अर्थबोधकता वाक्य में नहीं पदों में होती है। वाक्यार्थ वाक्य से पैदा नहीं होता अपितु यह पद से प्राप्त अर्थों का समूह मात्र है। इनके अनुसार, सम्प्रेषण के समय वर्णों एवं पदों तथा उनके अर्थों का क्रमश: निश्चय होना एक सार्वजनिक अनुभव है, अत: वाक्य की अखण्डता को स्वीकार करना प्रत्यक्ष को झुठलाना है। मीमांसक सखण्डवाद के मुख्य पक्षधर हैं। उनके अनुसार पदों को एक इकाई में समन्वित एवं संघटित रखने वाले तत्त्व आकाङ्क्षा, योग्यता एवं सन्निधि हैं। ये वाक्यार्थ के सहकारी कारण भी होते हैं। मीमांसकों के अतिरिक्त नैयायिक एवं आलंकारिक भी अपने विभिन्न शास्त्रीय प्रयोजनों की पूर्ति के लिये सखण्डवाक्यवाद का समर्थन तथा अखण्ड पक्ष का खण्डन करते हैं। वाक्यपदीय के वाक्यकाण्ड में वाक्य सम्बन्धी आठ मतों में से सखण्ड पक्ष से सम्बन्धित पाँच मत हैं, जो क्रमश: **अभिहितान्वय वाद** तथा **अन्विताभिधान वाद** के अन्तर्गत वर्गीकृत किये जा सकते हैं। क्रम एवं संघात को '**अभिहितान्वयवाद**' तथा आख्यातशब्द, आद्यपद एवं साकांक्ष पृथक् सर्वपद, पक्षों को '**अन्विताभिधानवाद**' के अन्तर्गत रख सकते हैं।[221]

---

219. पदभेदेऽपि वर्णानामेकत्वं न निवर्तते।
वाक्येषु पदमेकं च भिन्नेष्वप्युपलभ्यते॥ (*वाक्यपदीय* 1.71)

220. न वर्णव्यतिरेकेण पदमन्यच्च विद्यते।
वाक्यं वर्णपदाभ्यां च व्यतिरिक्तं न किञ्चन॥ (*वाक्यपदीय* 1.72)

221. इन नामों के अन्तर्गत वर्गीकरण *वाक्यकाण्ड* के टीकाकार पुण्यराज द्वारा किया गया है।

(ख) वाक्यवाद

अखण्डवाक्यवादी पदवाद के विपक्ष में हैं। भर्तृहरि इस पक्ष के नायक हैं। उनके अनुसार वाक्य, तथ्य अथवा कल्पना के रूप में एक विचार है जो वक्ता के मन में एक इकाई के तौर पर ही स्थित रहता है और इसकी अभिव्यक्ति भी एक इकाई के रूप में ही होती है। वे ध्वनियाँ जिन्हें हम सुनते हैं वैयाकरणों के अनुसार शब्द नहीं हैं, जैसा कि ऊपर विस्तार से स्पष्ट किया जा चुका है। शब्द उन ध्वनियों से व्यक्त होने वाला आन्तर तत्त्व है। यह तत्त्व हमेशा वाक्य के ही रूप में अर्थ का वाचक होता है, वर्ण अथवा पद के रूप में नहीं। यह तत्त्वतः प्रकाश अथवा ज्ञान स्वरूप है क्योंकि यह प्रकाशित करता अर्थात् विषय को सूचित करता है (अय्यर, पृ.199)। अभिव्यक्ति होने के बाद श्रोता को वाक्य का अवगम भी एक इकाई में ही होता है। उसके वर्ण, पद आदि तथाकथित अंश उस समय इस तरह विलीन हो जाते हैं कि उनका भान भी नहीं होता। अखण्डवाक्यवाद में भर्तृहरि का सबसे बड़ा तर्क यह है कि सभी प्रकार के मानवीय सम्प्रेषण तथा अवबोध वाक्यों के माध्यम से ही होते हैं। वर्णों एवं पदों की उपस्थिति तो आभासी है। इस पर प्रश्न उठ सकता है कि वाक्य के अन्तर्गत हमें वर्ण या पद जैसे आन्तरिक अवयवों की प्रतीति फिर क्यों होती है? भर्तृहरि बताते हैं कि ध्वनियाँ किसी दूसरे तक अपने मनोभावों को सम्प्रेषित करने की अनिवार्य शर्त हैं (परसंवेदनार्था व्यक्तिरभिस्यन्दते)। चूँकि आन्तर शब्दतत्त्व वाक्यस्फोट के रूप में ध्वनियों के द्वारा जागृत किया जाता है और उससे उपहित होकर सामने आता है इसलिए ध्वनियों की क्रमवत्ता जो वर्ण या पद के रूप में सामने आती है वह वाक्य पर भी आरोपित कर दी जाती है। इसलिए वाक्य को हम पद या वर्ण से घटित मानने लगते हैं। यदि कमल आदि शब्द कई वाक्यों में मिलते हैं तो इससे यह सिद्ध नहीं होता कि वाक्य इन पदों से मिलकर बने हैं। भर्तृहरि के अनुसार– 'कमल खिलता है' और 'मैं कमल देखता हूँ', इन दो वाक्यों में कमल शब्द की समानता भ्रमात्मक है। ये दोनों वाक्य पूर्णतः भिन्न हैं। जब वाक्य में अंश ही नहीं है तो उनमें अंशतः समानता भी कैसे हो सकती है? यह ऐसे ही है जैसे दो मनुष्य के कानों को समान देख कर उन दोनों को एक मान लिया जाये। वाक्य के अन्तर्गत दिखने वाले वर्ण या पद वैसे ही अस्तित्वहीन हैं जिस प्रकार ए, ऐ आदि वर्णों में कल्पित किये गये (अ, इ, अ आदि) वर्णों के खण्ड–

पदे न वर्णा विद्यन्ते वर्णेष्ववयवा न च।
वाक्यात् पदानामत्यन्तं प्रविवेको न कश्चन॥

(*वा.प.* 1.73)

यद्यपि वाक्यार्थ को बुद्धिकृत विश्लेषण द्वारा खण्डों में तोड़ दिया जाता है। वे काल्पनिक खण्ड दूसरे वाक्य में विद्यमान खण्डों के समान लगने लगते हैं।[222] यह ऐसे ही भ्रमात्मक है जैसे किसी एक व्यक्ति की नाक दूसरे व्यक्ति के नाक की तरह लगने लगे। इस प्रतीति का तात्पर्य यह नहीं होता कि दोनों एक ही नाक है। भर्तृहरि ने गवय या नरसिंह के उदाहरण से यही बात समझाई है। (*वा.प.* 2.90)

इस प्रकार पदों में अर्थ कल्पित किये जाते हैं और वे अर्थ भी वाक्यार्थ पर आरोपित कर दिये जाते हैं।[223] पद तो बस शास्त्रीय कल्पनाएँ हैं, जिन्हें वाक्य में से इसलिए निकालते हैं ताकि भाषा-शिक्षण (दूसरी भाषा सीखना) आदि लौकिक और तकनीकी व्यवहार सम्भव हो सकें। वे तो बस वाक्य और वाक्यार्थ तक पहुँचने के उपाय अथवा उपकरण मात्र हैं। भर्तृहरि के अनुसार उपाय उन्हें कहते हैं जो साध्य के सिद्ध होने तक ग्रहण किये जाते हैं फिर त्याग दिये जाते हैं। जब बुद्धि वाक्यार्थ तक पहुँच जाती है तो उस समय उसमें पदार्थों का कोई अंश भी बाक़ी नहीं रह जाता।[224] यह वक्ता अथवा श्रोता का असामर्थ्य है कि वे वाक्य को ध्वनियों के माध्यम से ही ग्रहण कर पाते हैं तथा वाक्य के ग्रहण के बाद अन्तरालवर्ती पदों या वर्णों को भी वास्तविक मानते हैं। पद अवास्तविक हैं क्योंकि उनका स्वरूप तथा अर्थ दोनों अनिश्चित और सन्दिग्ध होते हैं।[225] उदाहरण के लिए, अगर प्रकरण से विच्छिन्न करके Can शब्द को सामने रख दिया जाये तो कोई कैसे बता सकेगा कि यह सहायक क्रिया है अथवा कनस्तर का वाचक संज्ञा शब्द? पद वाक्यों के अतिरिक्त कहीं उपलब्ध नहीं होते। अगर हो भी जायँ तो उनके अर्थ का निर्णय किसी वाक्य के सापेक्ष ही हो पाता है–

न हि किञ्चित् पदं नाम रूपेण नियतं क्वचित्।
पदानां रूपमर्थो वा वाक्यार्थादेव जायते॥
(वा.प. 1.26 की स्वोपज्ञवृत्ति में संग्रह के नाम से उद्धृत।)

---

222. अविभक्तेऽपि वाक्यार्थे शक्तिभेदादपोद्धृते।
वाक्यान्तरविभागेन यथोक्तं न विरुध्यते॥ (*वाक्यपदीय* 2.88)

223. यथैक एव सर्वार्थप्रकाशः प्रविभज्यते।
दृश्यभेदानुकारेण वाक्यार्थप्रत्ययस्तथा॥ (*वाक्यपदीय* 2.7)

224. उपादायापि ये हेयास्तानुपायान् प्रचक्षते। (*वाक्यपदीय* 2.38)

225. असतश्चान्तराले याञ्छब्दानस्तीति मन्यते।
प्रतिपत्तुरशक्तिः सा ग्रहणोपाय एव सः॥ (*वाक्यपदीय* 1.85)

इसी कारण पद स्वतन्त्र व्यवहार के योग्य भी नहीं होते। ऐसे अवास्तविक पदों से वाक्य की संरचना नहीं हो सकती। वाक्य केवल उच्चरित और सुनाई पड़ने वाली सत्ता मात्र नहीं है, वह तो एकात्मक विचार है जिसका विभाजन स्वाभाविक रूप से असम्भव है। ध्वनियाँ विचार के स्तर पर स्थित वाक्य की अभिव्यञ्जक अथवा प्रकाशक मात्र हैं। वाक्य उच्चारण से पहले वक्ता एवं उसके बाद श्रोता की बुद्धि में अखण्डरूप से स्थित रहता है। यह वाक्य ही वाक्यार्थ का एकमात्र कारण है। भर्तृहरि ने *वाक्यपदीय* के वाक्यकाण्ड में वाक्य संरचना से सम्बन्धित विभिन्न आचार्यों के आठ प्रमुख मत बताए हैं। इनमें तीन मत **अखण्डवाक्यवाद** के हैं– संघातवर्त्तिनी जाति, एक अनवयव शब्द तथा बुद्ध्यनुसंहति। पाँचों विपक्षीय मतों का खण्डन करके भर्तृहरि ने अखण्डवाक्यवाद की स्थापना की है। वाचकता केवल अखण्डवाक्य में ही मानते हुए भर्तृहरि ने वाक्य को ही शब्द कह दिया है (एकोऽनवयवय: शब्द:)। वाक्य का इससे बड़ा माहात्म्य क्या होगा कि उसे ही शब्द के रूप में पहचान लिया जाये?

अर्थ का स्वरूप (प्रतिभा)

शब्द की ही भाँति अर्थ की सत्ता भी मानसिक ही है। जिस तरह ध्वनियों के संस्कारों से उपहित हुई बुद्धि ही वाचक शब्द है उसी प्रकार मन पर पड़ी बाह्य वस्तुओं की छाप, अथवा मानस में प्रतिबिम्बित बाह्य वस्तु का संस्कार ही वाच्य अर्थ है। मानस में वस्तु का जो चित्र छपता है वह प्राय: बाह्य जगत् से ही लिया गया होता है,[226] लेकिन बाहरी वस्तुओं को शब्द का अर्थ नहीं माना जा सकता। जैसा कि नैयायिक मानते हैं। अर्थ को यदि मानसिक न माना जाये, तो बहुत सारी ऐसी संकेत्य (रिफ़रेंट) वस्तुएँ जो बाहर नदारद हैं, उनकी प्रतीति का अभाव होने लगेगा, जैसे– 'खरगोश की सींग' या 'फ्रांस का राजा गंजा है' आदि। लेकिन ऐसा नहीं होता। भर्तृहरि भी कहते हैं कि अलातचक्र आदि वस्तुएँ जो वस्तुत: बाहर नहीं हैं उन शब्दों के उच्चारण से कुछ मानस चित्र उपस्थित होता ही है ('अत्यन्तासत्यपि ह्यर्थे ज्ञानं शब्द: करोति हि', *खण्डनखण्डखाद्य*)। इससे अर्थ का मनोगत होना (बुद्धिस्थता) सिद्ध हो जाता है–

---

226. यो वाऽर्थो बुद्धिविषयो बाह्यवस्तुनिबन्धन:।
स बाह्यं वस्त्विति ज्ञात: शब्दार्थ इति गम्यते॥ (*वाक्यपदीय* 2.132)

अत्यन्तमतथाभूते निमित्ते श्रुत्यपाश्रयात्।
दृश्यतेऽलातचक्रादौ वस्त्वाकारनिरूपणा॥

(*वाक्यपदीय* 1.142)

वाक्यपदीय के वाक्यकाण्ड में आचार्य भर्तृहरि ने पदार्थ के विषय में 12 विभिन्न मतों की चर्चा की है (वा.प.2.119 से 142)। इसमें सिद्धान्त पक्ष के रूप में उन्होंने अर्थ के मानस स्वरूप को ही समर्थित किया है (वही 2.132)। ध्यान रखना चाहिए कि भले ही अर्थ बुद्धि में स्थित हो फिर भी श्रोता मन में उसे ग्रहण करने के बावजूद उसे बाह्यतया ही ग्रहण करता है। अन्यथा लोक व्यवहार न चल सके (स बाह्यं वस्त्विति ज्ञातः)।

जिस प्रकार केवल वाक्य ही सम्प्रेषण में समर्थ भाषिक इकाई है ध्वनि, वर्ण या पद नहीं; उसी प्रकार अर्थ का वास्तविक स्वरूप भी वाक्यार्थ ही है, पदार्थ इत्यादि नहीं। हमें सम्प्रेषण के दौरान जो बोध होता है वह वाक्यार्थ के रूप में ही होता है। जैसे शब्द के लिए वैयाकरणों ने एक नया पारिभाषिक नाम–'स्फोट' दिया, उसी प्रकार अर्थ को भी वैयाकरणों ने 'प्रतिभा' इस पारिभाषिक शब्द से अभिहित किया है। इसकी दो व्युत्पत्तियाँ हैं। इन व्युत्पत्तियों के अनुसार अर्थ तथा उसकी प्रक्रिया दोनों को प्रतिभा कहा जा सकता है। अर्थ प्राप्ति की सामान्य प्रक्रिया को प्रतिभा कहा गया है इसके लिए भावप्रधान व्युत्पत्ति की जा सकती है– प्रतिभानं प्रतिभा (प्रतिभासित होने को प्रतिभा कहते हैं)। इस प्रक्रिया से प्राप्त अर्थ को भी प्रतिभा शब्द से ही पुकारा गया है। इसके लिए कर्तृप्रधान व्युत्पत्ति काम में लाई जायेगी– प्रतिभाति इति प्रतिभा (शब्द के उच्चारण के बाद जो कुछ मन में प्रतिभासित होता है वह प्रतिभा है।)। प्रतिभा का तात्पर्य अखण्डतया भासित होने से है। जब वक्ता वाक्य का प्रयोग करता है तो श्रोता को वाक्यार्थ क्रमशः न आकर बिजली की कौंध की तरह अखण्ड रूप में एक ही साथ प्रतिभासित हो जाता है। तात्पर्य यह है कि वाक्यार्थ पदार्थों के टुकड़ों से मिलकर नहीं बना होता, बल्कि इसके उलट पदार्थ ही विश्लेषण के द्वारा अखण्ड वाक्यार्थ में से निकाले जाते हैं। वाक्यार्थ की पूर्ण अभिव्यक्ति के पहले अनेक बार हमें लगता है कि उच्चारण के क्रम में कुछ आन्तरिक अर्थ भाग भासित हो रहे हैं। उन्हें पदार्थ कह दिया जाता है। लेकिन प्रतीत होने वाले इन अर्थ भागों की वास्तविक सत्ता नहीं होती–

विच्छेदग्रहणेऽर्थानां प्रतिभाऽन्यैव जायते।
वाक्यार्थ इति तामाहुः पदार्थैरुपपादिताम्॥

(*वाक्यपदीय* 2.144)

वैयाकरणों के पास पदार्थ की प्रातिभासिकता के लिए एक महत्त्वपूर्ण तर्क है। उनका कहना है कि अगर पदार्थों की सत्ता वास्तविक होती तो वे वाक्यार्थ के अवबोध के बाद भी हमारे मस्तिष्क में विद्यमान रहते। वे हमारे मस्तिष्क में पहले आते हुए से लगते तो हैं लेकिन बाद में वाक्यार्थ में ही विलीन हो जाते हैं। वाक्यार्थ के आने के बाद वाक्यार्थ के अन्तर्गत यदि हम उनका अर्थ निर्धारित करने का प्रयत्न भी करें तो भी पूरा वाक्यार्थ आने से पहले वाले उनके अर्थ की अपेक्षा उनका अर्थ बिलकुल अलग हो गया होता है।[227] उन आन्तरिक अर्थ भागों को हम अधिक से अधिक वाक्यार्थ तक पहुँचने का उपकरण भर मान सकते हैं। वे वाक्यार्थ के जनक क़तई नहीं माने जा सकते। वस्तुतः प्रतिभा हमारी शाब्द चेतना का अर्थ वाला आयाम है जिसे किसी बाहरी उत्तेजक की आवश्यकता नहीं है। मद्य बनाने की प्रक्रिया में घटक द्रव्यों में बाहर से किसी मादक शक्ति को डालने की आवश्यकता नहीं होती। वे तो एक प्रक्रिया विशेष से गुज़ारने पर स्वतः ही मादक हो जाते हैं। उसी प्रकार सम्प्रेषण तथा अवबोध की परिस्थिति घटित होने पर प्रतिभा स्वतः अपने आप को व्यक्त कर देती है।[228]

भर्तृहरि के अनुसार शब्द की ही भाँति अर्थतत्त्व भी सर्वव्यापक है। यह केवल प्रबुद्धजनों तक सीमित न होकर बच्चों, यहाँ तक कि प्राणिमात्र तक भी व्याप्त होता है। प्रतिभात्मक अर्थ तत्त्व का अनुभव सभी लोग अपने अन्दर निरन्तर करते हैं इसलिये इसको झुठलाना तो मानो अपने आपको ही झुठलाना है।

वाक्यार्थ के प्रतीत होने की वास्तविक प्रक्रिया अर्थात् प्रतिभा हमारी चेतना के साथ इतनी एकाकार होती है कि हम उसका न तो किसी दूसरे के प्रति इदमित्थं वर्णन कर सकते हैं न ही अपने लिए उस प्रक्रिया की व्याख्या कर सकते हैं।

> इदं तदिति सान्येषामनाख्येया कथञ्चन।
> प्रत्यात्मवृत्ति सिद्धा सा कर्त्रापि न निरूप्यते॥
>
> (*वाक्यपदीय* 2.144)

---

227. अन्यथा प्रतिपद्यार्थं पदग्रहणपूर्वकम्।
पुनर्वाक्ये तमेवार्थमन्यथा प्रतिपद्यते॥ (*वाक्यपदीय* 2.239)

228. यथा द्रव्यविशेषाणां परिपाकैरयत्नजाः।
मदादिशक्तयो दृष्टाः प्रतिभा तद्वतां तथा॥ (*वाक्यपदीय* 2.148)

हम प्रतिभा की परिभाषा नहीं कर सकते हैं लेकिन इसका तात्पर्य प्रतिभा का अभाव नहीं है। प्रतिभा तो चैतन्य के साथ एकमेक होने के कारण हमारे लिए इतनी अपरोक्ष होती है कि उसका कथमपि खण्डन नहीं किया जा सकता। प्रतिभा की सत्ता का अनुमान हम उसके कार्यों के आधार पर कर सकते हैं। यह प्रतिभा ही है जो वाक्यार्थ के आने से पहले असत् अर्थखण्डों को एकात्मक करके उन्हें एक सूत्र में बाँधती है तथा उन्हें व्यर्थ होने से बचाती है–

उपश्लेषमिवार्थानां सा करोत्यविचारिता।
सार्वरूप्यमिवापन्ना विषयत्वेन वर्तते॥

(*वाक्यपदीय* 2.145)

सम्प्रेषण के दौरान प्रयुक्त सारे शब्द चाहे वे ध्वन्यात्मक हों अथवा संकेतात्मक, वे सभी प्रतिभा के कारण होते हैं तथा अखण्ड वाक्यार्थ को ही उत्पन्न करते हैं। इसी नाते हमारा सम्प्रेषण सफल हो पाता है। शब्द प्रतिभा के हेतु बन पाये इसमें **अभ्यास** सहकारी होता है। विशेष अर्थ में शब्दों अथवा अन्य संकेतों के प्रयोग को बारम्बार देखने से उस व्यक्ति के प्रति शब्द प्रतिभा उत्पन्न करने में समर्थ हो पाते हैं।[229] प्रतिभा को उत्पन्न करने वाला यह अभ्यास मनुष्य की चेतना में प्रारम्भ से ही प्रदत्त होता है। जैसे कि मानव उसे पहले से ही लेकर इस दुनिया में आया हो। इसलिए भर्तृहरि इसे दो प्रकार का मानते हैं– इस जन्म में आहित अभ्यास, तथा पिछले जन्मों से चला आ रहा अभ्यास।[230] वस्तुतः प्रतिभात्मक अर्थ शब्दभावना का ही अंग है जो पिछले जन्म से चली आ रही होती है।

कोई भी चेष्टा करने से पहले प्राणी, चाहे वह मनुष्य हो या मनुष्येतर, निश्चित रूप से अपने मन में विद्यमान अर्थ तत्त्व का परामर्श करता ही है[231]। कोई कर्म चिन्तनविरहित नहीं होता। चिन्तन मानसिक अर्थ के अतिरिक्त और कुछ नहीं है। इसलिए संसार में सभी चेतन जीवों के पास यह प्रतिभात्मक अर्थ उपस्थित होता है।

---

229. अभ्यासात् प्रतिभाहेतुः सर्वः शब्दोऽपरैः स्मृतः। (*वाक्यपदीय* 2.117)

230. (क) अनागमश्च सोऽभ्यासः समयः कैश्चिदीर्यते॥ (*वाक्यपदीय* 2.117)
(ख) भावनानुगतादेतदागमादेव जायते।
आसत्तिविप्रकर्षाभ्यामागमस्तु प्रतीयते॥ (2.151)

231. प्रमाणत्वेन तां लोकः सर्वः समनुगच्छति।
समारम्भाः प्रतायन्ते तिरश्चामपि तद्वशात्॥ (*वाक्यपदीय* 2.147)

प्रतिभात्मक अर्थ को उत्पन्न करने वाला है स्फोटात्मक शब्द। इस प्रकार सिद्ध होता है कि प्राणिमात्र शब्द तथा अर्थ के सामर्थ्य से युक्त है।

शब्द-अर्थ सम्बन्ध

उपर्युक्त विवरण से स्पष्ट है कि शब्द तथा अर्थ में वस्तुतः कोई भेद नहीं है। वे दोनों एक ही तत्त्व के दो आयाम हैं। (*वा.प.* 2.31) ये दोनों आयाम बीज अथवा शक्ति के रूप में उस परम शब्द तत्त्व में अभिन्न होकर विद्यमान रहते हैं। वैसे ही जैसे मोरनी के अंडे के रस में उससे पैदा होने वाले बच्चे के चित्र विचित्र रूप एकमेक होकर सामर्थ्य के रूप में स्थित रहते हैं।[232] वाचक या संकेत होने की शक्ति (श्रुतिशक्ति, प्रकाशकत्व) तथा वाच्य या संकेतित होने की शक्ति (अर्थशक्ति, प्रकाश्य) शब्दतत्त्व में सदा समाहित रहती हैं।[233] हम जब कुछ कहने का प्रयत्न करते हैं तो यही शक्तियाँ मूर्त होकर अभिव्यक्त होती हैं आन्तरिक शब्द तत्त्व स्वयं इन दो रूपों (वाचक–वाच्य) में अभिव्यक्त हो रहा होता है–

> तत्र ह्यान्तरे तत्त्वे श्रुत्यर्थशक्ती संसृज्येते इति विवर्तदशायां श्रुत्यर्थशाखात्मना तस्यैव विकासाद् वाच्यवाचकरूपतया भेदावभासौ॥ (*वा.प.* 1, वृत्ति पृ. 102)

यद्यपि शब्द एवं अर्थ एक ही हैं और उनमें सम्बन्ध तादात्म्य अथवा अध्यास का ही हो सकता है, फिर भी सम्प्रेषण की दशा में जब शब्द तथा अर्थ परस्पर भिन्न भिन्न कार्यों को सम्पादित करते हैं तब उनमें कोई न कोई सम्बन्ध मानना ही पड़ता है। वैयाकरणों के अनुसार इन दोनों में दो प्रकार के सम्बन्ध माने जा सकते हैं– कार्यकारण सम्बन्ध तथा योग्यता सम्बन्ध ('कार्यकारणभावेन योग्यभावेन च स्थिता' वा.प. 1.25)। **योग्यता सम्बन्ध** (अथवा, प्रकाशक–प्रकाश्य सम्बन्ध) का मतलब है एक दूसरे के द्वारा नियमतः गृहीत होना। शब्द और अर्थ में एक दूसरे को ग्रहण करने की तथा एक दूसरे द्वारा गृहीत होने की स्वाभाविक क्षमता होती है। शब्द का कोई न कोई अर्थ होगा ही। शब्द निरर्थक नहीं हो सकता। इसी प्रकार हर प्रकार के अर्थ में शब्द के द्वारा कहे जाने की क्षमता (शब्दाभिलाप्यता) होती है (न सोऽस्ति प्रत्ययो लोके यः शब्दानुगमादृते)। यह योग्यता इन दोनों उतनी ही

---

232. आण्डभावमिवापन्नः यः क्रतुः शब्दसंज्ञकः।
वृत्तिस्तस्या क्रियारूपा भागशो लभते क्रमम्॥ (*वाक्यपदीय* 1.51)

233. प्रकाशकप्रकाश्यत्वं कार्यकारणरूपता।
अन्तर्मात्रात्मनस्तस्य शब्दतत्त्वस्य सर्वदा॥ (*वाक्यपदीय* 2.23)

स्वाभाविक होती है जितनी इन्द्रियों का उनके विषयों के साथ। आँख और दृश्य के सम्बन्धों को न तो कोई परिभाषित करता है और न ही दृश्य ग्रहण के लिए कोई आँख को सुशिक्षित करता है। ज्यों ही हम आँख खोलते हैं दृश्य गृहीत हो जाता है। शब्द तथा अर्थ में भी सम्बन्ध उतना ही स्वाभाविक है–

इन्द्रियाणां स्वविषयेष्वनादिर्योग्यता यथा।
अनादिरर्थैः शब्दानां सम्बन्धो योग्यता तथा॥

(*वाक्यपदीय* 3.3.29)

इसी सम्बन्ध को वाच्य–वाचकभाव सम्बन्ध भी कहते हैं। वैयाकरणों का सिद्धान्त है *'सर्वे सर्वार्थवाचकाः'* यानी सभी शब्द सभी अर्थों का वाचन करा सकते हैं। शब्दमात्र अर्थमात्र का बोध कराने की योग्यता रखते हैं। लेकिन व्यवहार में ऐसा होता इसलिए नहीं है क्योंकि संकेतग्रह शब्द की उपाधि बन जाती है। वह शब्द की वाचकता को अर्थविशेष में नियत कर देती है– इन्द्रियविषयवद्वा प्रकाश्यप्रकाशकभावेन समयोपाधिर्योग्यतासम्बन्धः। (*वा.प.*1.23 पर स्वो., पृ.49) संकेतग्रह उसी प्रकार सहायक है जैसे रूप का ग्रहण करने में आँखों को प्रकाश की सहायता अपेक्षित होती है।[234]

शब्द तथा अर्थ में इसके अलावा कार्य–कारण सम्बन्ध भी होता है। श्रोता की दृष्टि से शब्द अर्थ का कारण है जबकि वक्ता दृष्टि से अर्थ शब्द का कारण है। सम्बन्ध समुद्देश में भर्तृहरि ने कहा भी है–

शब्दः कारणमर्थस्य स हि तेनोपजन्यते।
तथा हि बुद्धिविषयादर्थाच्छब्दः प्रतीयते॥

(3.3.160)

शब्द तथा अर्थ की भाँति उन दोनों के सम्बन्ध भी नित्य हैं। यह सम्बन्ध शब्द तथा अर्थ व्यक्ति का न होकर शब्द तत्त्व के दो आयामों-वाचकता तथा वाच्यता का है। वे दोनों मूलतः एक ही हैं इसलिए उन दोनों के बीच जो भी सम्बन्ध लिया जाये वह नित्य ही है। यह नित्यता सम्बन्ध शब्द के दो आयामों वाचकता-वाच्यता

---

234. यथैव चक्षुरादयः सत्यामपि रूपप्रकाशनयोग्यतायां नानपेक्षितालोकसहाया रूपं प्रकाशयन्ति तथा शब्दाः सत्यामप्यर्थप्रकाशनयोग्यतायां समयसहाया एवार्थं प्रकाशयन्ति॥ (*वाक्यपदीय* 1.23, *अम्बाकर्त्री*, पृ.49)

के मध्य तो है ही, उसके अतिरिक्त लोक प्रयुक्त शब्दव्यक्ति तथा अर्थव्यक्ति को भी यदि हम लेते हैं तो उनकी भी नित्यता सिद्ध है। इसका बड़ा कारण अनादिता बताई गयी है। किसी ने सृष्टि के शुरू में 'गौः से गाय का अर्थ लिया जायेगा' इस प्रकार का कृत्रिम वाच्य-वाचक भाव शब्दार्थ के बीच में स्थापित किया होगा[235] इसमें प्रमाण नहीं है–

> 'नित्यः सम्बन्ध इत्यस्येदंभावे सति शब्दार्थयोः सोऽयमिति यः सम्बन्धः सोऽर्थादेशनस्य कर्तुमशक्यत्वात् औत्पत्तिकः स्वभावसिद्धः न केनचित् कर्त्रा कश्चित् प्रतिपत्तारं प्रत्यज्ञातपूर्वः तत्प्रथमं कृत इति। तस्मादनादिर्नित्यं प्राप्ताविच्छेदः शब्दार्थयोः सम्बन्धः'। (वा.प. 1.23, स्वो.वृ.)

वाणी का मौलिक स्वरूप : शब्दब्रह्म

शब्द तथा अर्थ जिस सूक्ष्म तत्त्व के स्थूल अवस्थान्तर बताए जाते हैं वह **परा वाक्** (अथवा, परपश्यन्ती)[236] मनुष्य की चेतना से अभिन्न है (तन्मात्रामव्यतिक्रान्तं चैतन्यं सर्वजातिषु-वा.प. 1.134)। इस चेतना में व्यक्तिगत भेद नहीं हैं। यह सभी चैतन्यवान् वस्तुओं के अन्दर स्थित है। भाषिक जगत् तथा ब्रह्माण्डीय जगत् दोनों की उत्पत्ति इसी परा वाक् से होती है। इसीलिए इसे **शब्दब्रह्म** भी कहते हैं। श्रुतियों में प्रसिद्ध ब्रह्म को शब्दात्मक सिद्ध करके भर्तृहरि ने भारतीय शब्द–दर्शन को एक बड़ा ही महत्त्वपूर्ण सिद्धान्त प्रदान किया है। इसकी हर जगह आलोचना भी हुई है। ब्रह्म के शब्दात्मक होने का कारण भर्तृहरि ने जगत् का शब्दात्मक होना बताया है। अद्वैत के ढाँचे में सभी कार्य कारणात्मक होते हैं क्योंकि उसके अनुसार कारण ही कार्य के रूप में विपरिणत हो जाया करता है। कार्य कारण का ही अवस्थान्तर है। जैसे घड़े में सर्वत्र उपलब्ध होने के कारण मिट्टी उसका कारण सिद्ध होती है,

---

235. सम्बन्धस्य न कर्तास्ति शब्दानां लोकवेदयोः।
शब्दैरेव हि शब्दानां सम्बन्धः स्यात्कृतः कथम्॥ (*वाक्यपदीय* 1.26 स्वो. वृ. में संग्रह के नाम से उद्धृत)

236. इस सम्बन्ध में पर्याप्त मतभेद है कि भर्तृहरि वैखरी, मध्यमा तथा पश्यन्ती के अतिरिक्त परा को भी स्वतन्त्र रूप से मानते हैं अथवा नहीं। माना जाता है कि काश्मीर शिवाद्वयवादियों ने परा को स्वतन्त्र महत्ता दी जिनसे प्रभावित होकर नागेश भट्ट आदि बाद के वैयाकरणों ने परा को भी वागवस्थाओं में स्थान दिया। प्रो. अशोक अक्लूजकर ने *वाक्यपदीय* (1.144) की वृत्ति के आधार पर पश्यन्ती के दो रूप माने हैं– पश्यन्ती तथा परपश्यन्ती।

उसी प्रकार संसार की समस्त वस्तुओं में अनुस्यूत होने के नाते शब्द ही संसार का कारण सिद्ध होता है–

'तत्तु भिन्नरूपाभिमतानामपि विकाराणां प्रकृत्यन्वयित्वाच्छब्दोपग्राह्यतया शब्दोपग्राहितया च शब्दतत्त्वमित्यभिधीयते'। (वा.प. 1.1, स्वो.वृ. पृ.3)

यदि संसारगत घट-पट आदि वस्तुएँ शब्दात्मक न होतीं तो शब्द से उच्चारण करने पर उनका ग्रहण कैसे होता। किसी अन्य के कथन से किसी अन्य का ग्रहण कहाँ होता है? इस तरह संसार के शब्दात्मक होने से शब्द जगत् का कारण सिद्ध होता है और विश्व का कारण ब्रह्म के अतिरिक्त कोई और नहीं है इस अप्रतिभट वेदान्ती तर्क के अनुसार शब्द ही ब्रह्म सिद्ध होता है।

शब्द की जगत्कारणता और उसके कारण की ब्रह्मरूपता भर्तृहरि की उच्छृंखल कल्पना नहीं है। यह सिद्धान्त श्रुतियों तथा स्मृतियों में भी बार बार आया है। इस अध्याय के प्रारम्भ में ही *ऋग्वेद* के वाक्सूक्त (10.125) को उद्धृत किया गया है जिसमें वाक् अपने आपको 'आरभमाणा भुवनानि विश्वा' कहती है। ब्राह्मणों में *वाग्वै ब्रह्म, वाग्वै समुद्रः* जैसी अभिव्यक्तियाँ अनेकशः आयी हैं। वेद जिसे ब्रह्म का शब्दात्मक रूप माना गया है उससे सृष्टि की उत्पत्ति[237] का वर्णन भी जगत्कारण ब्रह्म को शब्दात्मक सिद्ध करता है–

शब्दस्य परिणामोऽयमित्याम्नायविदो विदुः।
छन्दोभ्य एव प्रथममेतद्विश्वं व्यवर्तत॥

(*वा.प.*1.124)

संवर्त अवस्था में स्थित एकात्मक शब्दब्रह्म एक ओर शाब्द सृष्टि के रूप में अपने को व्यक्त करता है तो दूसरी ओर दृश्यमान स्थूल जगत् की सृष्टि में। सम्पूर्ण सृष्टि के विस्तार को भोक्ता, भोक्तव्य और भोग के रूप में देखा जा समझा जा सकता है। दृश्यमान क्रियात्मक जगत् में पौर्वापर्य की व्यवस्था शब्दब्रह्म अपनी काल नामक शक्ति से करता है। यह ब्रह्म की प्रधान शक्ति है जिसके अधीन बहुत सारी और शक्तियाँ होती हैं। जगत् की क्रम व्यवस्था काल शक्ति अपनी प्रतिबन्ध तथा अभ्यनुज्ञा इन दो शक्तियों के द्वारा करती है। वेद इस लोक में शब्द ब्रह्म का प्रतिनिधि है। इसके अतिरिक्त वेद के माध्यम से हम शब्दब्रह्म को प्राप्त भी कर सकते हैं। वेद को ठीक ठीक समझने के लिए वेदांगों का प्रणयन हुआ है जिसमें

---

237. वेदशब्देभ्य एवादौ पृथक्संस्थाश्च निर्ममे॥ (*मनुस्मृति* 1.21)

व्याकरण सबसे प्रमुख है। ये वेदाङ्ग भी शब्दात्मक ही हैं। इस तरह वैयाकरणों के दर्शन में साधन तथा साध्य दोनों का अद्वैत सिद्ध होता है।

शब्दयोग[238]

वाच्य-वाचक, संस्कृत-अपभ्रंश जैसे व्यावहारिक भेदों से भरी वैखरी वाणी से चलकर भेदरहित, चैतन्यस्वरूप परा वाक् (शब्दब्रह्म) तक की यात्रा संसार से मोक्ष तक की यात्रा भी है। इस साधना यात्रा में शब्द का एक सिरा (वैखरी) उपकरण है तो दूसरा सिरा (परा वाक्) प्राप्तव्य। इस तरह बन्ध-मोक्ष की हमारी सारी यात्राएँ शब्द के अन्दर ही गतिमान् होती हैं। हम मुक्त भी तब होते हैं जब हम अपने शुद्ध, असंकीर्ण चेतन शब्द स्वरूप का अनुभव कर पाते हैं। बन्ध-मुक्ति-मुक्तिसाधन ये सब शब्दात्मक हैं। वैयाकरण शब्द ब्रह्म की प्राप्ति की साधना को शब्दयोग नाम देते हैं जिसे आगे स्पष्ट किया जा रहा है।

बहुत से लोग केवल ध्वनि व्यवस्था मात्र को ही भाषा समझ लेते हैं लेकिन जो वाग्योग में प्रवीण होते हैं वे समझ पाते हैं कि वैखरी तो बस भाषा का चौथा हिस्सा है। वैखरी वाक् का स्थूलतम रूप है। हमें साधना वहीं से शुरू करनी होती है। साधना का प्रकार है व्याकरण की सहायता से वैखरी वाणी में विद्यमान अपभ्रंश रूपों से मुक्ति। वैखरी के शुद्ध होने से हमारी मध्यमा वाणी शुद्ध होती है। संसार के कारण के रूप में विद्यमान जो शब्दतत्त्व है, मध्यमा तथा वैखरी उसी के स्थूलतर–स्थूलतम रूप है। ये रूप हमें निरन्तर उपलब्ध हैं और हमारे अनुभव में आते हैं। साधन के रूप में इनका उपयोग करते हुए हम परम तत्त्व शब्दब्रह्म (परावाणी) तक पहुँच सकते हैं। इस उपलब्धि के साधन को वैयाकरणों ने **शब्दयोग**[239] अथवा **वाग्योग** नाम दिया है। शब्दयोग की परिधि को कहाँ से शुरू माना जाये, इस विषय में दो मत हैं। एक तो यह कि व्याकरण के उपयोग से उत्पन्न पुण्य द्वारा हम शब्दयोग पर आरूढ होते हैं और शब्दयोग हमें शब्दब्रह्म तक ले जाता है। दूसरा मत है कि

---

238. प्रस्तुत अंश संगीत नाटक अकादमी की पत्रिका 'योगपर्व' में स्वयं लेखक के एक लेख 'शब्दब्रह्म एवं शब्दयोग' की संक्षिप्त प्रस्तुति है।

239. भर्तृहरि ने मूल कारिका तथा अपनी वृत्ति में कुल मिलाकर पाँच स्थानों पर इस शब्द का प्रयोग किया है। हर स्थान पर उन्होंने 'शब्दपूर्वयोग' शब्द का ही प्रयोग किया है। फिर भी इस शब्द को पतञ्जलि के 'वाग्योग' का विकसित रूप मानने के कारण 'शब्दपूर्वयोग' के स्थान पर यहाँ 'शब्दयोग' का प्रयोग किया गया है।

व्याकरण ही हमें एकात्मता का दर्शन कराने में समर्थ है, इसलिए शब्दयोग की परिधि हमें व्याकरण से ही शुरू मान लेनी चाहिए। इसका समर्थन महाभाष्य के पहले आह्निक–पस्पशाह्निक में मिलता है। वहाँ उद्धृत एक कारिका में वाग्योग शब्द आया है– 'वाग्योग को जानने वाला जो कुशल व्यक्ति शब्दव्यवहार के समय ठीक ठीक शब्दों का प्रयोग करता है वह इहलोक में और परलोक में दोनों स्थानों पर कभी न समाप्त होने वाले उत्कर्ष को प्राप्त होता है।[240] पहले मत में व्याकरण मुक्ति का अप्रत्यक्ष साधन तथा शब्दयोग का प्रत्यक्ष साधन सिद्ध होता है जबकि दूसरे मत के अनुसार व्याकरण मुक्ति का प्रत्यक्ष साधन सिद्ध होता है क्योंकि वह भी वाग्योग की प्रक्रिया के अन्तर्गत आ जाता है। जैसा कि महाभाष्यकार ने भी 'महो देवो मर्त्या आ विवेश' मन्त्र की व्याख्या में कहा है– महता देवेन नः साम्यं स्यादित्यध्येयं व्याकरणम् (महान् शब्दब्रह्मात्मक देव के साथ हमारा एकीकरण हो जाये इसलिए हमें व्याकरण पढ़ना चाहिए। *(पस्पशाह्निक)*

हम जिस भी भाषा का प्रयोग भावों के सम्प्रेषण में करते हैं उसके मानक तथा अमानक कई रूप होते हैं। भाषा उसमें मिले हुए अपभ्रंश अथवा अमानक रूपों के कारण दूषित हो जाती है। अपभ्रंश को भाषा का तलछट और उसके साधु स्वरूप को वाणी का परमरस तथा दिव्य ज्योति कहा गया है।[241] इसलिए भाषिक योग का पहला सोपान होता है वैखरी भाषा में मिश्रित अमानक रूपों को दूर करके वाणी को पवित्र करना। इसके लिए हमें शुद्ध तथा अशुद्ध शब्दों की पहचान करनी होती है। इस काम में हमारा सबसे अधिक सहायक होता है व्याकरण शास्त्र। व्याकरण वाणी के दोषों की चिकित्सा करने वाला शास्त्र है।[242] व्याकरण शास्त्र की सहायता से हम साधु तथा असाधु शब्दों के मध्य भेद जान लेते है और अपने वाग्–व्यवहार में शुद्ध शब्दों का प्रयोग करते हैं। इसी कारण व्याकरण को मोक्ष का राजमार्ग कहा है–

इदमाद्यं पदस्थानं सिद्धिसोपानपर्वणाम्।
इयं सा मोक्षमाणानाम् अजिह्मा राजपद्धतिः॥

(वा.प. 1.16)

---

240. यस्तु प्रयुङ्क्ते कुशलो विशेषे शब्दान् यथावद् व्यवहारकाले।
सोऽनन्तमाप्नोति जयं परत्र वाग्योगविद् दुष्यति चापशब्दैः ।।
(*महाभाष्य,* पस्पशाह्निक : 32–33)

241. प्राप्तरूपविभागाया यो वाचः परमो रसः ।
यत्तत्पुण्यतमं ज्योतिस्तस्य मार्गोऽयमाञ्जसः ॥ (*वाक्यपदीय* 1.12)

242. वाङ्मलानां चिकित्सितम्। (*वाक्यपदीय* 1.14)

वस्तुत: हमारी भाषा में अपभ्रंशों का अनुपात इतना अधिक होता है कि जब हम उनसे बचने की चेष्टा करते हैं तो हमें निरन्तर सावधान होना होता है। यह सतत अवधान एक प्रकार के योग में परिणत होता है। यह प्रक्रिया एक तीव्र एवं गहन प्रकार की सावधानी की अपेक्षा रखती है। व्याकरण का अध्ययन तथा उसके द्वारा शुद्ध शब्दों का ज्ञान एवं प्रयोग, ये सब मिलकर तप के रूप में परिणत होते हैं ('तपसामुत्तमं तप:' वा.प.1.11)। इस तपस्या के परिणाम स्वरूप हमें जो पुण्य (अपूर्व) अर्जित होता है वह हमारे विचारों के स्तर पर विद्यमान वाणी– **मध्यमा वाक्शोधन** में प्रवृत्त होता है। मध्यमा के शुद्ध होने का तात्पर्य है मनोगत मलों का दूर होकर चित्त का नितान्त विशुद्ध हो जाना क्योंकि मध्यमा मानसिक भाषा का ही तो नाम है। अद्वैत की प्रणाली में मुक्ति, भेदों से पार जाने में तथा एकात्मकता को समझने में है। शब्दयोग भी हमें अनेक प्रकार के मिश्रणों, सखण्डताओं तथा क्रमों से एकात्मकता की ओर ले जाता है। उपर्युक्त वाक्शो-धन की प्रक्रिया से चलकर हम अन्तत: वाणी के उस मूल स्रोत का दर्शन कर पाते हैं जो वस्तुत: हमारा ही स्वरूप है। इसकी प्रक्रिया को भर्तृहरि ने *वा.प.* 1.14 कारिका पर अपनी वृत्ति में समझाया है। शुद्ध शब्द के ज्ञान तथा प्रयोग दोनों से पुण्य की उपलब्धि होती है (महाभाष्य, पस्पशाह्निक)। ज्ञान हो अथवा प्रयोग दोनों लाभ व्याकरण के द्वारा ही मिल पाते हैं। *वाक्यपदीय ब्रह्मकाण्ड* के प्रसिद्ध टीकाकार वृषभदेव ने अपनी टीका पद्धति में उपर्युक्त अंशों की व्याख्या की है, 'शुद्ध शब्दों के प्रयोग के ज्ञान से शब्द के भेद रहित स्वरूप का भान होता है जिससे क्रमसंहार घटित होता है। अर्थात् साधक में अवास्तविक भेदयुक्त विषयों की उलझनें समाप्त हो जाती हैं और उसके अन्त:करण की वृत्तियाँ एक वस्तु के प्रति उपसंहृत हो (सिमट) जाती हैं। इससे वह विशिष्ट प्रकार के योग को प्राप्त कर लेता है।'

उपर्युक्त वर्णनों से स्पष्ट है कि व्याकरण व्यक्ति को शब्दयोग में प्रतिष्ठित करने की ऊर्जा देता है तथा शब्दयोग उसे शब्दार्थतत्त्व की एकता का अनुभव करा देता है, जो शब्दब्रह्म के साक्षात्कार की स्थिति है।

इस प्रकार शब्दयोग, शब्दपूर्वयोग अथवा वाग्योग की प्राप्ति में सहायक होने के कारण व्याकरण मोक्षप्राप्ति का द्वार बन जाता है। बाह्य वैखरी की अशुद्धियों का अपसारण करने से व्यक्ति के मन का दर्पण भी निर्मल हो जाता है। उस मनोदर्पण में उसकी अपनी चेतना में स्थित शब्द प्रत्यक्ष हो पाता है। यह आन्तर शब्द ही शब्द

तत्त्व अथवा शब्दब्रह्म है जो हमारी अपनी चेतना से पृथक् नहीं है। इसके साथ एकमेक हो जाना जीवन का परम लक्ष्य मोक्ष है–

अपि प्रयोक्तुरात्मानं शब्दमन्तरवस्थितम् ।
प्राहुर्महान्तमृषभं येन सायुज्यमिष्यते ॥

(*वा.प.* 1.130)

भाषा के स्वरूप के प्रति भारतीयों के दृष्टिकोण से सम्बन्धित इस विशद विवरण से यह स्पष्ट हो जाता है कि शब्द के व्यापक स्वरूप की संकल्पना भारतीय ज्ञान-परम्परा के लिए आधार का काम करती है।

परिधि का संक्षेपण

शताब्दियों तक लोक में चलते हुए व्यवहार कई बार रूढियों का रूप ले लेते हैं। रूढियाँ अपने समकाल में उत्पादक न होने के कारण लोकोपयोगी नहीं रह जातीं फलतः उनमें लोक की अरुचि होने लगती है। परम्परा इस विषय में जागरूक रहती है। रूढि को दूर करने के लिए परम्परा अपनी परिधियों में संकोच करके उनका संक्षेपण शुरू कर देती है। संक्षेपण की प्रक्रिया में व्यवहारों का पूरी तरह से निषेध न करके केवल उसके कुछ अंश का ही त्याग होता है। यह इसी प्रकार होता है जैसे नाखून काटते हुए व्यक्ति उसके सजीव अंश को बचाते हुए निर्जीव हिस्से को काट फेंकता है। भारत में यह कार्य धर्म सुधार की क्रान्तियों के माध्यम से होता रहा है। इसके अतिरिक्त ज्ञान परम्परा को सुगम तथा सुव्यवस्थित करने के लिए भी संक्षेपण की प्रक्रिया अपनायी जाती रही है। इन परिधियों के संक्षेपण के पीछे तर्क यह होता है कि कोई कार्य जब विस्तार के बिना भी सम्भव है तो विस्तारजन्य गुरुता अनावश्यक है। आचारों अथवा शास्त्र का अनावश्यक विस्तार व्यर्थ प्रक्रिया-गौरव को जन्म देता है, इसलिए त्याज्य होता है। कई बार संक्षेपण विचार की परिपक्वता के कारण भी सम्भव होता है। इन संक्षेपणों में से अधिकतर का तात्पर्य परम्परा का त्याग नहीं होता बल्कि उसके लाभों को न छोड़ते हुए, परिवर्तित समय, समाज में लोगों की सुविधा के लिए उसका लघूकरण अथवा सान्द्रीकरण होता है। परम्परा के पास पूर्ववर्ती व्यवहारों के संक्षेपण की अनेक प्रविधियाँ हैं, जैसे– 1. पहले से चले आ रहे आचारों की व्यर्थता को सिद्ध करना, 2. उन आचरणों को किसी अन्य व्यवहार में गतार्थ मान लेना, 3. लाघव, सरलता तथा सुव्यवस्था (विशेषतः शास्त्रों

के प्रसंग में) आदि। परम्परा के अन्तर्गत संक्षेपण की प्रक्रिया के कुछ उदाहरण आगे दिये जा रहे हैं।

धार्मिक एवं नैतिक व्यवहारों का संक्षेपण

धार्मिक तथा नैतिक व्यवहारों के संक्षेपीकरण के उदाहरण भारत में हुई महान् धार्मिक क्रान्तियों से दिये जा सकते हैं। वेदों, उपनिषदों तथा धर्मसूत्रों के माध्यम से प्रचलित नैतिक व्यवस्थाओं तथा साधना पद्धतियों को मानते हुए भी श्रमण विचारधारा ने इस परम्परा के अनेक आचरणों तथा मान्यताओं को अनिवार्य न मानकर उन्हें अस्वीकार कर दिया। उदाहरण के लिए, बुद्ध ने अस्तित्व को मानते हुए भी उसको एक कूटस्थ, अपरिवर्तित तथा अविचल आत्मा के रूप में नहीं देखा। इसी प्रकार जैनों ने सभी पदार्थों को ऐकान्तिक रूप में नित्य अथवा अनित्य न मानकर नित्यता तथा अनित्यता आदि अगणित धर्मों से युक्त माना। धर्म तथा साधना के क्षेत्र में बौद्धों ने मूल तत्त्व को मानते हुए भी कुछ तत्त्वों का निराकरण कर उसका संक्षेपण किया। उदाहरण के लिए, बौद्ध दार्शनिक बुद्ध के वचनों को प्रमाण मानते हुए भी वेद के प्रामाण्य का निषेध करते हैं। कर्म और पुनर्जन्म में आस्था रखते हुए भी कर्माध्यक्ष अथवा जगत्कर्ता के रूप में ईश्वर को नहीं मानते हैं।[243] शुद्धि–अशुद्धि का सम्प्रत्यय रखते हुए भी किसी तीर्थ के जल–विशेष से स्नान द्वारा शुद्धि को अमान्य करते हैं साथ ही तीर्थाटन आदि का भी निषेध करते हैं।[244] इसी तरह के विचार जैन ग्रन्थों में भी मिलते हैं।[245] इस परिघटना को हम उस देशकाल में उपजे विचारक्रान्ति के अनुरूप परम्परा के संक्षेपण की प्रक्रिया ही कह सकते हैं। आस्तिक परम्परा में भी

243. दे. *ईश्वरसाधनदूषणम्* (रत्नकीर्ति), http://www.dsbcproject.org/canon-text/content/515/2433

244. वेदप्रामाण्यं कस्यचित् कर्तृवादः स्नाने धर्मेच्छा जातिवादावलेपः।
सन्तापारम्भः पापहानाय चेति ध्वस्तप्रज्ञाने पञ्चलिङ्गानि जाड्ये॥ (*प्रमाणवार्तिक* 3.340, स्वोपज्ञटीका, : 359)

245. *उत्तराध्ययनसूत्र* 12.46। तथा, शौचमाध्यात्मिकं त्यक्त्वा भावशुद्ध्यात्मकं शुभम्। जलादिशौचं यत्रेष्टं मूढविस्मापकं हि तत्॥ (उमास्वाति)॥ सूर्यार्घो ग्रहणस्नानं संक्रान्तौ द्रविणव्ययः। संध्यासेवाग्निसत्कारो गेहदेहार्चनो विधिः॥ नदीनदसमुद्रेषु मज्जनं धर्मचेतसा। तरुस्तूपाग्रभक्तानां वन्दनं भृगुसंश्रयः। गोपृष्ठान्तनमस्कारस्तन्मूत्रस्य निषेवणम्। रत्नवाहनभूयक्षशस्त्रशैलादिसेवनम्॥ समयान्तरपाखण्डवेदलोकसमाश्रयम्। एवमादिविमूढानां ज्ञेयं मूढमनेकधा॥ उपासकाध्ययन, कल्प 4, श्लोक139 -136॥

धर्मशास्त्रों तथा पुराणों ने विभिन्न कालों में लोगों के सामर्थ्य, रुचि तथा प्रवृत्ति को देखते हुए पहले से चले आ रहे व्यवहारों की परिधि को संक्षिप्त किया तथा कई बार दूसरे आचारों को प्राथमिकता दी।[246] इसी तरह भगवद्गीता में ज्ञान के अन्तर्गत सभी प्रकार के कर्मों को गतार्थ मान लिया गया है।[247] धर्मशास्त्रों में स्त्रियों के विषय में यज्ञोपवीत संस्कार, गुरुकुल गमन आदि को गृहकार्य तथा पति की सेवा द्वारा गतार्थ मान लिया गया है।[248] भक्तिकाल के ग्रन्थों में ऐसे बहुत से वचन मिल जाते हैं जो समस्त धार्मिक आचरणों का संक्षेपण और समाहार नाम–जप, संकीर्तन[249] अथवा गुरुभक्ति मात्र में कर देते हैं।[250] परवर्ती काल में आर्यसमाज आदि आन्दोलनों द्वारा संध्या, यज्ञ आदि संस्थाओं को मानते हुए भी उसके कुछ अंशों का संक्षेपण और सरलीकरण किया। इस आन्दोलन के महत्त्वपूर्ण सामाजिक सरोकार थे। स्मृतियों के जो वचन इन सरोकारों के अनुरूप न थे उनको इन्होंने प्रक्षिप्त मानते हुए स्वीकार नहीं किया गया। इन्हें न मानने के पीछे उनके अपने तर्क थे। इस आन्दोलन के नेताओं ने *मनुस्मृति* आदि ग्रन्थों का संक्षिप्त रूप ही मान्य किया जिसे वे *विशुद्ध मनुस्मृति* नाम देते हैं। परम्परा प्रायः संहिता तथा ब्राह्मण दोनों को वेद के रूप में मान्यता देती है।[251] आर्य समाज ने ब्राह्मण ग्रन्थों के वेद होने पर प्रश्न उठाया। यह प्रवृत्ति वेद की कोटि में विद्यमान ग्रन्थों की संख्या का संक्षेपण ही है। यह प्रवृत्ति परम्परा की ऊपर बतायी गयी पहली प्रवृत्ति विस्तारण के विपरीत है।

---

246. उदाहरण के लिए– *मनुस्मृति*– अन्ये कृतयुगे धर्मास्त्रेतायां द्वापरे परे। अन्ये कलियुगे नृणां युगह्रासानुरूपतः॥ 1.85,1.86 भी

247. 1. सर्वं कर्माखिलं पार्थ ज्ञाने परिसमाप्यते। ।।4.33।।
2. यावानर्थ उदपाने सर्वतः संप्लुतोदके।
तावान्सर्वेषु वेदेषु ब्राह्मणस्य विजानतः।। 2.46।।

248. वैवाहिको विधिः स्त्रीणां संस्कारो वैदिकः स्मृतः।
पतिसेवा गुरौ वासो गृहार्थोऽग्निपरिक्रिया॥ *मनु.* 2.67॥

249. कलिं सभाजयन्त्यार्या गुणज्ञाः सारभागिनः।
यत्र संकीर्तनेनैव सर्वः स्वार्थोऽभिलभ्यते॥ (*भागवतपुराण* 11.5.36), (*पद्मपुराण* .8–61.5)

250. 1. हरेर्नाम हरेर्नाम हरेर्नामैव केवलं।
कलौ नास्त्येव नास्त्येव नास्त्येव गतिरन्यथा॥ (*बृहन्नारदीयपुराण*)
2. कलिजुग केवल नाम अधारा। सुमिरि सुमिरि नर उतरहिं पारा॥ (*रामचरितमानस*)

251. मन्त्रब्राह्मणयोर् वेदनामधेयम्। *आपस्तम्बश्रौतसूत्र* 24.1.31

विशाल ग्रन्थों का संक्षेपण

परम्परा में अनेक ग्रन्थों के बारे में प्रसिद्धि है कि उनका कलेवर पहले बहुत बड़ा हुआ करता था। लोगों की सुविधा के लिए ऋषियों ने उन्हें संक्षिप्त किया। उदाहरण के लिए, पुराणों के बारे में जानकारी मिलती है कि वे पहले ब्रह्मलोक में थे और उनका परिमाण 100 करोड़ श्लोकों का था। व्यासदेव ने द्वापर में उनको बहुत संक्षिप्त करके 18 भागों में चार लाख श्लोकों का बना दिया।[252] *नाट्यशास्त्र* के बारे में *भावप्रकाशन* के लेखक शारदातनय की अवधारणा है कि यह मूलतः 12000 श्लोकों का था। विषय की सुगमता के लिए उसे केवल आधे अर्थात् 6000 श्लोकों में सीमित किया गया।[253] व्याकरणशास्त्र के विषय में भी कहा गया है कि महेश्वर का व्याकरण समुद्र की तरह विशाल था, बृहस्पति का व्याकरण उस सागर से लिये गये केवल आधे घड़े जैसा था, और उसका सौंवा हिस्सा ऐन्द्र व्याकरण था। पाणिनि का व्याकरण तो मानो उसमें से कुश के अगले भाग से गिरे हुए बूँद की तरह संक्षिप्त है।[254] पाणिनि परवर्ती वैयाकरणों ने भी अपने व्याकरण की रचना में संक्षिप्तता का विशेष ध्यान दिया है। *श्रीभाष्य*कार रामानुजाचार्य का कहना है कि उनकी व्याख्या उस बोधायन की विस्तृत वृत्ति पर आधारित है जिसका संक्षेपण पुराने आचार्यों द्वारा किया गया था।[255] परम्परा अपने आप को विस्तार से संक्षेप की ओर ले जाती है इसमें उसका लोकप्रिय तर्क यह होता है कि जैसे जैसे युग बीतते हैं वैसे वैसे मनुष्य की क्षमता कम होती जाती है।[256] यदि शास्त्र पहले की ही तरह विस्तृत रहे तो बदलते

---

252. अद्याप्यमर्त्यलोके तु शतकोटिप्रविस्तरम्।
तदर्थोऽत्र चतुर्लक्षः सङ्क्षेपेण निवेशितः॥ (*मत्स्यपुराण* 53.10,)

253. एवं द्वादशसाहस्रैः श्लोकैरेकं तदर्धतः।
षड्भिः श्लेकसहस्रैर्यो नाट्यवेदस्य संग्रहः॥ (*भावप्रकाशन* पृ. 287, उद्धृत– उपाध्याय 1969, 164)

254. समुद्रवद् व्याकरणं महेश्वरे तदर्धकुम्भोद्धरणं बृहस्पतौ।
तद्भागधेयाच्च शतं पुरन्दरे कुशाग्रबिन्दूत्पतितं हि पाणिनौ॥ (*सारस्वतभाष्य*)

255. विस्तीर्णां बोधायनवृत्तिं पूर्वाचार्याः सञ्चिक्षिपुः, तन्मतानुसारेण सूत्राक्षराणि व्याख्यास्यन्ते। (*श्रीभाष्य 1.1.1*)

256. जन्मसंस्कारविद्यादेः शक्तेः स्वाध्यायकर्मणोः।
ह्रासदर्शनतो ह्रासः सम्प्रदायस्य मीयताम्॥ *उदयनाचार्यकृत न्यायकुसुमाञ्जलिः* 2.3
प्रोग्रेसिव डिजेनरेसी के लिए देखें, पाण्डुरंग वामन काणे (1946), पूर्वोद्धृत : 886

समय में लोगों के लिए उनका अध्ययन कठिन हो जायेगा। इसे ध्यान में रखकर परवर्ती विद्वान् उसे इस तरह संक्षिप्त कर देते हैं कि उसका सार बचा भी रहे और लोगों के लिए उसका अध्ययन कठिन न हो जाये। बौद्धों के *प्रज्ञापारमिता* ग्रन्थ के 100,000, 25000, 8000, 2000, 700 श्लोकों के अनेक संस्करण विद्यमान हैं। इसके संक्षिप्त संस्करणों के नाम *वज्रच्छेदिका प्रज्ञापारमिता, अल्पाक्षर प्रज्ञापारमिता, प्रज्ञापारमिता हृदयसूत्र* आदि हैं। वैयाकरण नागेश भट्ट (1730-1810) ने अपने मञ्जूषा ग्रन्थ के तीन संस्करण बनाये– *मञ्जूषा, लघुमञ्जूषा, परमलघुमञ्जूषा।*

शास्त्रों में लाघव एवं अन्तर्भाव

विभिन्न दर्शन अपने मन्तव्यों के सम्यक् विवरण के लिए विविध कोटियों की कल्पना करते हैं। ये कोटियाँ प्रमाण, प्रमेय आदि भेदों से अनेक प्रकार की होती हैं। देखा जाता है कि दार्शनिक गण दूसरे विचारकों द्वारा उपस्थापित अतिरिक्त पदार्थों को अपनी कोटियों में अन्तर्भूत करने का प्रयास करते हैं। इसके पीछे उनका मुख्य तर्क लाघव होता है। लाघव के नाते शास्त्र की प्रक्रिया आसान होती है और ज्ञान की परम्परा सुव्यवस्थित होती है।[257] दर्शनों द्वारा विविध कोटियों के अन्तर्भाव के प्रयास किये गये हैं। उदाहरण के लिए नैयायिक मीमांसासम्मत अर्थापत्ति प्रमाण को नहीं मानते। वे इसे अनुमान (केवलव्यतिरेकी) में अन्तर्भूत कर देते हैं।[258] इसी प्रकार मीमांसकों द्वारा माने गये अभाव प्रमाण को भी वे प्रत्यक्ष प्रमाण में गतार्थ मान लेते हैं, क्योंकि उनके अनुसार वस्तु का अभाव भी उसी इन्द्रिय से गृहीत होता है जिससे वह वस्तु गृहीत होती है।[259] बौद्ध दार्शनिक सभी प्रकार के प्रमाणों को केवल दो (प्रत्यक्ष, अनुमान) में ही अन्तर्भावित सिद्ध करते हैं।[260] अन्तर्भाव अथवा संक्षेपण

---

257. कल्पनालाघवं यत्र तं पक्षं रोचयामहे।
कल्पनागौरवं यत्र तं पक्षं न सहामहे॥ (गोवर्धनकृत *तर्कभाषाप्रकाशिका* में वाचस्पतिमिश्र के नाम से उद्धृत, पृ.106)

258. इति केवलव्यतिरेकानुमानेनैव रात्रिभोजनस्य प्रतीयमानत्वात् किमर्थमर्थापत्तिः कल्पनीया। (*तर्कभाषा*, पृ.139)

259. यद्यत्र घटोऽभविष्यत्ततोऽद्रक्ष्यतेत्यादितर्कसहकारिणा अनुपलम्भसनाथेन प्रत्यक्षेणैवाभावग्रहणात्। (*तर्कभाषा*, पृ.143)

260. दे. *प्रमाणान्तर्भावप्रकरण* (रत्नकीर्ति) http://www.dsbcproject.org/canon-text/content/515/2437

की प्रक्रिया का उपयोग करके अपने मत को अधिक सरल, लघु तथा सुव्यवस्थित सिद्ध करना दार्शनिकों का लोकप्रिय व्यवहार है। रघुनाथ शिरोमणि (1550-1475) ने अपने ग्रन्थ *पदार्थतत्त्वनिरूपणम्* (*पदार्थखण्डनम्*) में न्याय द्वारा सम्मत बहुत से पदार्थों का अन्तर्भाव कर दिया है।[261] वैयाकरणों के यहाँ लाघव का महत्त्व बहुत अधिक है। यह व्याकरणिक ज्ञान को संक्षिप्त करके उसे सुव्यवस्थित करने की चेष्टा है। पाणिनि के सूत्रों को लघु करके देखना भी परवर्ती वैयाकरणों का एक महत्त्वपूर्ण बौद्धिक व्यायाम हो गया था, जिसके आधार पर व्याकरण विद्या में न्यास नामक परम्परा का विकास हुआ।[262] महाभाष्यकार पतञ्जलि पाणिनि के अनेक सूत्रों का खण्डन इस आधार पर करते हैं कि उनका अन्तर्भाव दूसरे सूत्रों में हो जायेगा।[263] इसी तरह वे अनेक स्थानों पर सूत्रों के काम को सूत्रों द्वारा ही सिद्ध करके वार्तिकों की आवश्यकता का भी निराकरण करते हैं।[264]

परम्परा विस्तार तथा संकोच की इन दोनों युक्तियों का समयानुकूल वरण करती रहती है। कई बार वह इन दोनों प्रवृत्तियों का एक साथ उपयोग कर रही होती है। कई बार तो एक ही प्रसंग में वह कभी विस्तार को प्राप्त होती है तो कभी संक्षेप को। पीछे हमने देखा कि कभी तो चारों मन्त्र संहिताओं के अतिरिक्त लौकिक ग्रन्थों को भी वेद का नाम देकर प्रामाणिकता का विस्तार किया जाता है और कभी सुधार की आवश्यकता होने पर स्वयं ब्राह्मणग्रन्थों को भी वेद मानने में संकोच किया जाता है।

---

261. उदाहरण के लिए उन्होंने काल, आकाश तथा दिशा को ईश्वर में अन्तर्भूत कर दिया है।

262. परिचय के लिए देखें, बलदेव उपाध्याय (1969), पूर्वोद्धृत।

263. एक उदाहरण यहाँ पर्याप्त होगा। पाणिनि ने *अष्टाध्यायी* 1.4.24 से 1.4.31 तक 8 सूत्रों द्वारा अपादान संज्ञा का विधान किया है। महाभाष्यकार पतञ्जलि ने *ध्रुवमपायेऽपादनम्* (1.4.24) के अतिरिक्त अन्य सभी सूत्रों का खण्डन कर दिया है। उनके अनुसार अन्य सभी सूत्रों के प्रयोजन पहले ही सूत्र से गतार्थ हो जायेंगे। कारण यह है कि बाक़ी सारे सूत्रों द्वारा उपस्थापित प्रसंगों में भी किसी न किसी तरह का विश्लेष व्यक्त हो ही रहा है, चाहे वह कायिक हो अथवा बौद्धिक भी। फलत: उन सूत्रों को अलग से पढ़ने की आवश्यकता नहीं हैं। (दे. *महाभाष्य* 1.4.25 से 1.4.31)। देवनन्दी ने महाभाष्यकार को परम प्रमाण मानते हुए *जैनेन्द्र व्याकरण* के अपादान प्रकरण में केवल एक ही सूत्र बनाया है तथा उसमें बुद्धि के अंश का स्पष्टत: निर्देश कर दिया है– ध्यपाये ध्रुवमपादानम् (*जैनेन्द्रव्याकरण* 1.2.110)।

264. उदाहरण के लिए *विप्रतिषेधे परं कार्यम्* (*अष्टा.* 1.4.2) सूत्र की सीमा से अतिव्याप्त होने वाली विधियों के लिए कात्यायन ने वार्तिकों की शृंखला बनायी है। इन सभी वार्तिकों का खण्डन महाभाष्यकार ने यह कहकर किया है कि सूत्र में पर शब्द इष्टवाची है।

वस्तुत:, समय की माँग के अनुकूल इन दोनों प्रवृत्तियों का उपयोग करके परम्परा अपना संस्कार करती है और पुरानी प्रणाली को नया और समकालीन बनाये रखती है। *चरकसंहिता* के प्रतिसंस्कर्ता चरक ने परम्परा के पुनर्नवीनीकरण की प्रक्रिया को इन सुन्दर शब्दों में बताया है–

विस्तारयति लेशोक्तं संक्षिपत्यतिविस्तरम्।
संस्कर्ता कुरुते तन्त्रं पुराणं च पुनर्नवम्॥

(*चरकसंहिता*, चिकित्सास्थान)

(संस्कार करने वाला कभी तो शास्त्र के सूत्र रूप में कही गयी चीज़ों को विस्तृत करता है, और कभी उसके अत्यन्त विस्तृत अंशों को संक्षिप्त कर देता है। इस तरह वह सारी पुरानी शास्त्र प्रणाली को फिर से नया बना देता है।)

कोटियों की पुनःपरिभाषा तथा उनका पुनर्व्यवस्थापन

लोक द्वारा अविच्छिन्न रूप से आचरित होते हुए विविध व्यवहार परम्परा का निर्माण करते हैं। परम्परा अपनी शक्ति लोक से ही प्राप्त करती है। इस कारण कोई व्यक्ति केवल अपनी वैयक्तिक रुचि अथवा अरुचि के आधार पर परम्परा का खण्डन नहीं कर सकता।[265] लेकिन कई बार परम्पराएँ रूढ़ियों में बदलने लगती हैं। तब उनका परिमार्जन आवश्यक हो जाता है। लोक में व्यवस्थापित परम्परा की कोटियों का परिमार्जन उसका पूर्णत: उच्छेद करके सम्भव नहीं होता, क्योंकि ऐसा करने से लोक में विद्वेष उत्पन्न हो सकता है। इसलिए उनके परिमार्जन की मृदुतम विधि यह होती है कि उन कोटियों की फिर से परिभाषा की जाये तथा उन्हें अभीष्ट अर्थों के साथ जोड़ दिया जाये। बड़े-बड़े सुधारकों तथा धार्मिक नेताओं ने यह कार्य इसी मृदु विधि का उपयोग करके किया। वे अपनी शक्ति को प्राय: व्यवस्था के उच्छेद में न लगाकर उसको पुनःपरिभाषित और पुनर्व्यवस्थापित करने में लगाते हैं। भारतीय परम्परा के पुनःसंस्कृत करने की यह एक लोकप्रिय प्रविधि है।

पूर्वप्रचलित कोटियों का परिमार्जन

आधुनिक विमर्शों में बुद्ध को सामान्यतया ब्राह्मण–विरोधी बताया जाता है, लेकिन

---

265. धर्मस्य चाव्यवच्छिन्ना: पन्थानो ये व्यवस्थिता:।
न ताँल्लोकप्रसिद्धत्वात् कश्चित् तर्केण बाधते॥ *वाक्य.* 1.31

मूल ग्रन्थों को देखने से यह बात स्पष्ट होती है कि महावीर अथवा बुद्ध संस्था के रूप में ब्राह्मणों का विरोध नहीं करते। उन्होंने इस कोटि को पुन:परिभाषित करते हुए तथा उसके साथ स्पृहणीय सद्गुणों को जोड़ते हुए इसके साथ लगी जन्म की शर्त को हटाया है।[266] *धम्मपद* के 26वें (ब्राह्मण) वर्ग की 38 गाथाओं में बुद्ध ने ब्राह्मण शब्द के साथ ऐसे सद्गुणों को जोड़ा है जो उनके अनुसार एक भिक्षु का भी आदर्श है। उन्होंने अपने भिक्षुओं को ब्राह्मण शब्द से सम्बोधित भी किया है।[267] उनका कहना है कि केवल ब्राह्मण कुल में जन्म लेने से, जटा बढ़ा लेने से कोई ब्राह्मण नहीं हो जाता। जो ध्यान करने वाला, रजोगुणरहित, स्थिर आसन वाला, कृतकृत्य, चित्तविकार से रहित है, जिसने पापों को नष्ट कर दिया है, क्षमा ही जिसका बल है, जो अक्रोधन, व्रतवान्, शीलवान्, सत्यभाषी, अनासक्त है उसे मैं ब्राह्मण कहता हूँ।[268] अश्वघोष से सम्बद्ध किये जाने वाले प्रसिद्ध ग्रन्थ *वज्रसूची* में भी इसी आशय का विमर्श प्रस्तुत किया गया है। इसके अनुसार शास्त्र, संस्कार, जन्म, कुल अथवा वेद के सम्बन्ध से ब्राह्मण होना सम्भव नहीं है। ब्राह्मण होने के लिए आवश्यक है कि व्यक्ति ममत्व, अहंकार, आसक्ति, परिग्रह तथा राग द्वेष से मुक्त हो।[269] इन ग्रन्थों से भी पहले रचित *भगवद्गीता* में वर्ण को गुण तथा कर्म के आधार पर निर्धारित करने की चर्चा आयी है।[270] स्पष्ट है कि इन सभी विचारकों ने समाज में पहले से प्रचलित बद्धमूल 'ब्राह्मण' नामक कोटि का उच्छेद न करके उस कोटि पर रूढ़ हो गयी दूषित मान्यताओं का परिमार्जन किया।

---

266. न जच्चा वसलो होति न जच्चा होति ब्राह्मणो।
कम्मुना वसलो होति कम्मुना होति ब्राह्मणो॥ (*सुत्तनिपात* 31.27, *उत्तराध्ययनसूत्र* 25.33 भी देखें)

267. यदा द्वयेसु धम्मेसु पारगू होति ब्राह्मणो।
अथस्स सव्वे संयोगा अत्थं गच्छन्ति जानतो॥ *धम्मपद*, ब्राह्मणवग्ग 384

268. *धम्मपद*, ब्राह्मणवर्ग (26), गाथा संख्या 383 से 423 तक।

269. ब्राह्मणत्वं न शास्त्रेण न संस्कारैर्न जातिभिः।
न कुलेन न वेदेन कर्मणा न भवेत्ततः॥ ... उक्तं हि–
निर्ममो निरहङ्कारो निःसङ्गो निष्परिग्रहः।
रागद्वेषविनिर्मुक्तस्तं देवा ब्राह्मणं विदुः॥ (13–14, : 18)

270. चातुर्वर्ण्यं मया सृष्टं गुणकर्मविभागशः।
तस्य कर्तारमपि मां विद्ध्यकर्तारमव्ययम्॥ 4.13

इसी तरह जैनों के मूलसूत्रों[271] में से एक *उत्तराध्ययनसूत्र* (अध्याय 25) में भी ब्राह्मण के लक्षण बताये हैं। इसके अनुसार जो कसौटी पर कसे हुए और अग्नि के समान स्वच्छ किये हुए सोने की तरह विशुद्ध है, जो राग, द्वेष और भय से रहित है, उसे हम ब्राह्मण कहते हैं।[272] जो क्रोध, हास्य, लोभ या भय से असत्य नहीं बोलता उसे हम ब्राह्मण कहते हैं।[273] जल में पैदा हुआ कमल जिस प्रकार जल से लिप्त नहीं होता, इसी प्रकार जो कामनाओं से अलिप्त है उसे हम ब्राह्मण कहते हैं।[274] केवल ओंकार का जप करने से ब्राह्मण नहीं हुआ जाता।[275] वेदों के विषय में भी इसी तरह का दृष्टिकोण मिलता है। हरिभद्रसूरि (छठी शताब्दी) तो बौद्धों के विरुद्ध आत्मा की सत्ता मानने के लिए वेदों को प्रमाण के रूप में प्रस्तुत करते हैं।[276] जिनसेनाचार्य द्वारा रचित *जिनसहस्रनामस्तोत्र* में तीर्थंकर के 1000 नामों की गणना में तीन नाम वेद से ही सम्बद्ध हैं- वेदाङ्ग (वेद के सहायक), वेदविद्वेद्य (वेद के जानकारों के द्वारा ज्ञेय) तथा वेदवेद्य (जिन्हें वेद द्वारा जाना जा सकता है)।[277]

'ब्राह्मण' की ही तरह '**यज्ञ**' नामक कोटि की भी पुनर्व्याख्या करते हुए उसे उसके द्रव्यमय स्वरूप से हटाकर आध्यात्मिक स्वरूप में सीमित किया गया है। उत्तराध्ययन सूत्र में ही कहा है कि 'जो पाँच संवरों से पूर्णतया संवृत होते हैं, इस मनुष्य जन्म में जीवन की आकांक्षा नहीं करते, शरीर की आसक्ति का परित्याग करते हैं, पवित्र तथा देहभाव से रहित हैं, वे ही श्रेष्ठ यज्ञ का अनुष्ठान करते

---

271. जैन आगम साहित्य को अंग, उपांग, मूल और छेद इन चार वर्गों में विभाजित किया गया है। (*ततोऽङ्गोपाङ्गमूलाख्यग्रन्थच्छेदकृतागमः, प्रभावकचरितम्*, आर्यरक्षितप्रबन्ध)

272. जायरूवं जहामट्ठं निद्धन्तमलपावगं।
राग‌द्दोसभयाईवं तं वयं बूम माहणं॥ (*उत्तराध्ययनसूत्र* 25.21)

273. कोहा वा जइ वा हासा लोहा वा जइ वा भया।
मुसं न वयई जो उतं वयं बूम माहणं॥ (*उत्तराध्ययनसूत्र* 25.24)

274. जहा पोमं जले जायं नोवलिप्पइ वारिणा।
एवं अलित्तो कामेहिं तं वयं बूम माहणं॥ (*उत्तराध्ययनसूत्र* 25.27)

275. न ओंकारेण बम्भणो (*उत्तराध्ययनसूत्र* 25.31[ख])

276. स्वयंज्योतिः सदैवात्मा तथा वेदेऽपि पठ्यते। (*शास्त्रार्थवार्तासमुच्चय* 1.87)

277. वेदाङ्गो वेदविद्वेद्यो जातरूपो विदांवरः।
वेदवेद्यः स्वसंवेद्यो विवेदो वदतां वरः॥ (*जिनसहस्रनाम* पञ्चम शतक, श्लोक सं.3)

हैं।'[278] इसी तरह आगे उल्लेख है– 'तपश्चर्या ही जिसकी ज्योति है, आत्मा ही जिसका अग्निकुण्ड है, योग ही जिसकी स्रुवा है, शरीर ही जिसका कण्डा है, कर्म ही जिसका ईंधन हैं, संयम जिसका शान्तिपाठ है, ऐसे ऋषि प्रशंसित यज्ञ को मैं करता हूँ।'[279] *दीघनिकाय* (1.5) में कथा है कि भगवान् बुद्ध भिक्षुसंघ के साथ यज्ञ मण्डप में गये थे, जहाँ उन्होंने कूटदन्त नामक ब्राह्मण को बहुत ही कम सामग्री में चार महान् यज्ञों का प्रतिपादन किया– 1. दानयज्ञ, 2. त्रिशरणयज्ञ, 3. शीलयज्ञ, 4. समाधियज्ञ। *उपासकाध्ययन* में सोमदेव का कहना है कि सभी प्राणियों के साथ मैत्री ही यज्ञ है और इस यज्ञ में जो संलग्न है उसे ही दीक्षित कहा जा सकता है, हर किसी को नहीं।[280] इसी तरह उन्होंने श्रोत्रिय, होता, अध्वर्यु, वेद, त्रयी, ब्राह्मण तथा ब्रह्मचारी, गृहस्थ, वानप्रस्थ आदि कोटियों को जैन अनुशासन के अनुकूल नये सिरे से पुनःपरिभाषित किया है। (दे. *उपासकाध्ययन* 44.871–886)।

जलती हुई चार अग्नि राशि के बीच बैठकर तपते हुए सूर्य पर ध्यान लगाना एक कठिन तप रहा है जिसे **पञ्चाग्नि साधना** कहा जाता है।[281] बाद में इसके आध्यात्मिक अर्थ लेने के कई उदाहरण मिलते हैं– *गरुड़पुराण* का कथन है कि जो अपने उदर में गार्हपत्य अग्नि को, मध्यदेश में दाक्षिणात्य अग्नि को, मुख में आहवनीय अग्नि को, सत्य तथा पर्व को सिर में स्थित समझता है, वही आहिताग्नि है।[282] सोमदेव ने अपने यशस्तिलक में कहा है– 'जो काम, क्रोध, मद, माया तथा लोभ की 5 अग्नियों को नियन्त्रित कर लेता है, वही पंचाग्निसाधक है।'[283] इसी

---

278. सुसंवुडो पंचहिँ संवरेहिं इह जीवियं अणवकंखमाणो।
वोसट्ठकाओ सुइचत्तदेहो महाजयं जयई जन्नसिट्ठं॥ (*उत्तराध्ययनसूत्र* 12.42)

279. तवो जोई जीवो जोइठाणं जोगा सुया सरीरं कारिसंगं।
कम्म एहा संजमजोग सन्ती होमं हुणामी इसिणं पसत्थं॥ (*उत्तराध्ययनसूत्र* 12.42)

280. अद्रोहः सर्वसत्त्वेषु यज्ञो यस्य दिने दिने।
स पुमान् दीक्षितात्मा स्यान्न त्वजादियमाशयः॥ (*उपासकाध्ययन* 44.879)

281. उदा. के लिए दे.–
शुचौ चतुर्णां ज्वलतां हविर्भुजां शुचिस्मिता मध्यगता सुमध्यमा।
विजित्य नेत्रप्रतिघातिनीं प्रभामनन्यदृष्टिः सवितारमैक्षत॥ (*कुमारसम्भव* 5.20)

282. उदरे गार्हपत्याग्निं मध्यदेशे तु दक्षिणः। आस्य आहवनोऽग्निश्च सत्यः पर्वा च मूर्धनि॥
यः पञ्चाग्नीनिमान् वेद आहिताग्निः स उच्यते॥ (*गरुडपुराण*)

283. कामः क्रोधो मदो माया लोभश्चेत्यग्निपञ्चकम्।
येनेदं साधितं स स्यात् कृती पञ्चाग्निसाधकः॥ (उपासकाध्ययन 40.871)

तरह, पञ्च मकार की साधना का उदाहरण दिया जा सकता है जो वाममार्गियों तथा तन्त्रयानी बौद्धों में प्रचलित थी।[284] इन परम्पराओं के क्षीण अथवा गर्हित हो जाने के बाद परवर्ती तन्त्र ग्रन्थों में तथा नाथ पन्थ जैसे निवृत्तिमार्गी हठयोगियों द्वारा इन्हीं पञ्चमकारों के यौगिक तथा आध्यात्मिक अर्थ किये गये। उनके अनुसार, **मद्य** का अर्थ शराब न होकर सहस्त्रार से स्त्रवित होने वाला मधु है[285], **मांस** पशुओं का गोश्त न होकर पाप और पुण्य दोनों का विनाश अथवा मौन की साधना है[286], **मत्स्य** भक्षण मछली खाना नहीं बल्कि श्वास प्रश्वास को रोकना है[287], आशा और तृष्णा ही **महामुद्राएँ** हैं, इनका भक्षण करना मुद्रा का सेवन करना है[288] तथा शिव एवं शक्ति की समरसता से उत्पन्न आह्लाद ही **मैथुन** है।[289] गोरखनाथ से सम्बद्ध माने जाने वाले *गोरक्षशतक* नामक ग्रन्थ के अन्त में भी इनके यौगिक आशय को प्रकट किया गया है।[290] उपासना के इन 5 उपकरणों का वर्गीकरण अधिकारी के भेद के अनुसार भी किया गया है।[291]

---

284. मद्यं मांसञ्च मत्स्यश्च मुद्रां मैथुनमेव च।
मकारपञ्चकं देवि देवताप्रीतिकारकम्॥ (*कुलार्णवतन्त्र* 10.5), (*महानिर्वाणतन्त्र* 5.22)

285. व्योमपङ्कजनित्यत्वं सुधापानरतो भवेत्।
मद्यपानमिदं प्रोक्तमितरे मद्यपायिनः॥

286. पुण्यापुण्यं पशुं हत्वा ज्ञानखड्गेन योगिवत्।
परे लयं नयेच् चित्तं मांसाशी स निगद्यते॥

287. गङ्गायमुनयोर्मध्ये मत्स्यौ द्वौ चरतः सदा।
तौ मत्स्यौ भक्षयेद् यस्तु स भवेद् मत्स्यसाधकः॥

288. आशा तृष्णा महामुद्रा ब्रह्माग्नौ परिपाचिता।
ऋषयोऽश्नन्ति नियतं चतुर्थी सैव कीर्तिता॥ (*कलातन्त्र* पटल 80)

289. सामरस्यहृतोल्लासं मैथुनं तत् सदाशिवम्॥ (उपर्युक्त 5 उद्धरण श्रीरामशर्मा आचार्य लिखित *तन्त्रमहाविज्ञान* से : 272–245)

290. 'हम बिन्दु नामक टपकते द्रव (बूँद) को पीते हैं, शराब को नहीं; हम पाँच इन्द्रियों के विषयों के त्याग का उपभोग करते हैं, मांस का नहीं; हम किसी प्रियतमा को नहीं बल्कि सुषुम्ना नाड़ी को गले लगाते हैं जिसका शरीर कुश घास की तरह घुमावदार है; यदि हमें संभोग करना ही है तो यह संभोग शून्य में विलीन मन में होता है, स्त्री की योनि में नहीं।' देखें, जेम्स मैलिंसन (2011), 'मूल गोरक्षशतक', डेविड गॉर्डन व्हाइट (सं.), *योग इन प्रैक्टिस*, प्रिंस्टन युनिवर्सिटी प्रेस : 272. इस सूचना के लिए मैं डॉ. अंजलि दूहन, रोहतक विश्वविद्यालय, हरियाणा का कृतज्ञ हूँ।

291. 'तान्त्रिक उपासना का सटीक वर्गीकरण उपासक भाव के अधिकार के अनुसार है। उपासना

पूर्ववर्ती व्यक्तित्वों तथा ग्रन्थों का आत्मसात्करण

परम्परा के विस्तृत प्रवाह में बहुत सी व्यवस्थाएँ बनती और लुप्त होती रहती हैं। लुप्त होती व्यवस्थाओं से परम्परा उपयोगी सामग्री का ग्रहण करती ही है। अनुकूल सामग्री का ग्रहण करते हुए वह उन्हें अपनी कोटियों में सम्मिलित करती है। अनेक बार वह भिन्न सम्प्रदाय के व्यक्तियों को भी परम्परा के अन्तर्गत शामिल कर लेती है। इसके लिए पहले वह उन्हें अपने अनुसार परिभाषित करती है। बाद में आने वाले सम्प्रदाय दूसरों को अपने अनुसार कर सकें और अपने आप को स्थापित सम्प्रदायों के अनुरूप कर सकें, इसके लिए यह एक प्रमुख प्रविधि है।[292] इसके कुछ रोचक उदाहरणों पर ध्यान दिया जाना चाहिए।

श्रमण आन्दोलनों के चलते बुद्ध एक महनीय व्यक्तित्व के रूप में स्थापित हो चुके थे। बाद में जब वैदिक धर्म का पुनरुत्थान हुआ तो परम्परा ने बौद्धों की प्रणाली से वैमत्य रखते हुए भी बुद्ध को विष्णु के नवें अवतार के रूप में परिगणित कर लिया। समस्या यह थी कि बुद्ध ने अनेक बातें वैदिक मार्ग के विरोध में भी कही थीं। इस परिस्थिति का समाधान यह कह कर किया गया कि उन्होंने इस प्रकार की बातें अधार्मिकों और म्लेच्छों को मोहित करने के लिए की थीं।[293] इसी प्रकार जैन पुराकथाओं ने राम तथा कृष्ण के भी जैन संस्करण प्रस्तुत किये। उनके अनुसार निरन्तर कालचक्र की प्रत्येक उत्सर्पिणी तथा अवसर्पिणी में 63 महापुरुष अथवा

तीन प्रकार की मानी गयी है, पशु–भाव की, वीर–भाव की, और दिव्य–भाव की। 'पशु' का अर्थ है पाशों से बँधा हुआ '। ... इनके लिए लोक–निषिद्ध द्रव्यों (मद्य, मांस आदि) का पूजा द्रव्यों के रूप में प्रयोग सर्वथा वर्जित है। वे साधक 'वीर' कहलाते हैं जिन्होंने इन पाशों से मुक्ति पा ली है। इन्हीं को वीर–भाव से उपासना का अधिकार होता है, और इसी भाव की उपासना में 'पञ्च मकार', अर्थात् मद्य–मांस–मीन–मुद्रा–मैथुन के पञ्चक का प्रयोग विहित है। 'दिव्य' साधक वे होते हैं जिन्होंने द्रव्य को द्रव्यात्मकता से मुक्त कर लिया है और केवल आन्तरिक भाव से पूजा करने में समर्थ हैं। इनकी उपासन 'अन्तर्याग' या 'महायाग' कहलाती है। (प्रो. वागीश शुक्ल के सद्य:प्रकाश्यमान लेख *'तान्त्रिक उपासना'* से साभार)

292. ईसाइयों द्वारा यहूदियों के ग्रन्थ को पुराना नियम (ओल्ड टेस्टामेंट) के रूप में ग्रहण करना और क़ुर्आन द्वारा मूसा तथा ईसा दोनों को इस्लाम का ही पैग़म्बर मानना इस प्रवृत्ति का रोचक उदाहरण है।

293. देवद्विषां निगमवर्त्मनि निष्ठितानां पूर्भिर्मयेन विहिताभिरदृश्यतूर्भिः।

लोकान् घ्नतां मतिविमोहमतिप्रलोभं वेषं विधाय बहु भाष्यत औपधर्म्यम्॥ *श्रीमद्भागवतम्* 2.7.37॥

शलाकापुरुष होते हैं। इनमें 24 तीर्थंकर (संघसंचालक), 12 चक्रवर्ती, नौ बलदेव, नौ वासुदेव (नारायण) तथा नौ प्रतिवासुदेव (प्रतिनारायण) होते हैं।[294] वैदिक तथा पौराणिक सरस्वती देवी का जैनीकरण इसी प्रकार का रोचक उदाहरण है। इन्द्र-इन्द्राणी आदि सहित सारा प्राचीन देवशास्त्र श्रमण परम्परा के ग्रन्थों में भी अनुकूल संस्करणों के साथ विद्यमान है।

आत्मसात्करण के उदाहरण केवल व्यक्तियों को लेकर ही नहीं अपितु ग्रन्थों के विषय में भी प्राप्त होते हैं। इसी प्रकार दक्षिणामूर्तिस्तोत्र जो कि अद्वैतमत में शंकराचार्य द्वारा रचित ग्रन्थ माना जाता है उसे काश्मीरशिवाद्वयवाद के विद्वान् अपने सम्प्रदाय से सम्बद्ध मानकर उसकी व्याख्या अपने अनुकूल करते हैं। इस ग्रन्थ पर शिवाद्वयवादियों का दावा इतना अधिक रहा कि स्वामी महेश्वरानन्द ने पिछली शताब्दी के अद्वैतशास्त्र के बड़े विद्वान् अनन्तकृष्णशास्त्री को इसके विरोध में पुनर्व्याख्या करने का आदेश दिया था। वैष्णवों के राधावल्लभ सम्प्रदाय के संस्थापक हितहरिवंश ने एक स्तुति ग्रन्थ लिखा है जिसका नाम *राधासुधानिधि* है। इसमें 270 पद्य हैं। सामान्य मान्यता यह है कि यह हितहरिवंश की रचना है।[295] लेकिन इसके 272 पद्यों वाले गौडीय संस्करण में इसका कर्ता प्रबोधानन्द सरस्वती को बताया जाता है। वे इसे अनेक प्रमाणों से इसे चैतन्य सम्प्रदाय का ग्रन्थ सिद्ध करते हैं।[296] उपनिषद्, ब्रह्मसूत्र,भगवद्गीता आदि ग्रन्थों के विभिन्न मतवादियों

---

294. तीर्थेशामपि चक्रेशां हलिनामर्धचक्रिणाम्।
त्रिषष्टिलक्षणं वक्ष्ये पुराणं तद्द्विषामपि॥ (जिनसेन, *महापुराण* 1.20)

ध्यान रहे, यहाँ बलदेव, वासुदेव आदि व्यक्तिवाचक न होकर श्रेणी अथवा कोटियों के नाम हैं। 9 बलदेव, 9 वासुदेव तथा 9 प्रतिवासुदेव हमेशा ही समकालीन होते हैं। बलदेव तथा वासुदेव किसी एक ही राजा के भिन्न भिन्न रानियों के पुत्र होते हैं। वासुदेव अपने बड़े भाई बलदेव के साथ प्रतिवासुदेव के साथ युद्ध करते हैं जिसमें प्रतिवासुदेव का वध हो जाता है। इसके बाद वे भरत खण्ड के तीन खण्डों पर अधिकार करके अर्धचक्रवर्ती बन जाते हैं। वासुदेव प्रतिवासुदेव के वध के कारण नरक में जाते हैं। बलभद्र अपने भाई की मृत्यु के कारण शोकग्रस्त होकर संसार का परित्याग करते हैं तथा जैन शासन के अनुसार साधना करते हुए मोक्ष की प्राप्ति करते हैं।

295. स्वामी करपात्री द्वारा इस स्तुति ग्रन्थ पर दिये गये व्याख्यान का नाम *श्रीराधासुधा* है। इसमें भी वे इसे हितहरिवंश की ही रचना मानते हैं। देखें, स्वामी करपात्री (2004), *श्रीराधासुधा,* राधाकृष्ण धनुका प्रकाशन संस्थान, मथुरा : 10.

296. अनन्तदास बाबाजी (2022), *श्री श्री राधारससुधानिधि,* श्रीकृष्ण चैतन्यशास्त्र मन्दिर, राधाकुंड : भूमिका।

द्वारा जो विविध व्याख्याएँ प्रस्तुत की गयी हैं वे सब वस्तुतः उन ग्रन्थों के अपने अपने सम्प्रदायों में आत्मसात्करण के प्रयास के रूप में देखी जा सकती हैं।

सूत्रों के पुनर्व्याख्यान की शास्त्रीय प्रविधियाँ

संस्कृत में विकसित ज्ञान परम्परा पहले से विद्यमान अपने शास्त्रों की व्याख्या परिवर्तित समय समाज के अनुकूल कर पाने के लिए अनेक शास्त्रीय प्रविधियों का उपयोग करती है। इनमें से कुछ प्रविधियों के उदाहरण ब्रह्मसूत्रों के परिप्रेक्ष्य में मिलते हैं। भारतीय चिन्तन प्रणाली तथा सामाजिक क्रान्तियों पर ब्रह्मसूत्र का बड़ा प्रभाव है। ब्रह्मसूत्र के व्याख्याताओं द्वारा अपनायी गयी कुछ प्रविधियाँ इस प्रकार हैं– 1. कई शास्त्रों को एक मान लेना (शास्त्रैकत्व), 2.शास्त्र के खण्डों (अधिकरणों[297]) की पुनर्व्यवस्था, 3.अनुवृत्ति, योगविभाग आदि। परवर्ती काल में न्याय तथा वैशेषिक दर्शनों का समन्वय, इसी तरह रामानुज द्वारा पूर्वमीमांसा एवं उत्तरमीमांसा को अखण्डशास्त्र मान लेना भी अपनी सीमाओं को दार्शनिकों आवश्यकताओं के अनुरूप विस्तृत करना ही था।[298] ध्यातव्य है कि वेदान्त सूत्रों के रचयिता बादरायण व्यास ने स्वयं उन्हें अधिकरणों में नहीं बाँटा है। अधिकरणों का विभाजन व्याख्या करने वाले आचार्यों ने अपने अपने मन्तव्यों के आधार पर कर लिया है। इससे सूत्र तो वही रहे लेकिन उनका प्रतिपाद्य बदल गया है क्योंकि उनकी एकवाक्यता किसी दूसरे सूत्र के साथ हो गयी है। 'एक भाष्यकार यदि किसी अधिकरण में पाँच सूत्र मानता है तो दूसरे व्याख्याकार उस अधिकरण की सीमा में संकोच अथवा विस्तार कर देते हैं इस तरह जो सूत्र एक भाष्यकार के अनुसार किसी एक विषय का प्रतिपादन करते हैं, वही दूसरों के अनुसार एक भिन्न ही विषय के प्रतिपादक हो जाते हैं। कभी-कभी स्थिति यह हो जाती है कि पूर्वपक्ष-सूत्र

---

297. मीमांसा तथा वेदान्त के सूत्रों में व्याख्या की सुविधा के अनुसार समान विषय वाले सूत्रों के खण्ड बना दिये जाते हैं। इन्हें ही अधिकरण कहा जाता है। इसकी परिभाषा है– विषयो विशयश्चैव पूर्वपक्षस्तथोत्तरम्। प्रयोजनं संगतिश्च प्राञ्चोऽधकरणं विदुः॥ (*भाट्टदीपिका की टीका भाट्टचिन्तामणि,* उ. पुरी 1943,2)

298. रामानुजाचार्य शंकराचार्य के विपरीत पूर्वमीमांसा तथा उत्तरमीमांसा (*ब्रह्मसूत्र*) दोनों को अलग शास्त्र न मानकर एक ही शास्त्र मानते हैं। दोनों शास्त्रों की एकता मानने से वे वेदान्तसूत्रों तथा मीमांसा सूत्रों के प्रयोजन, अधिकारी तथा जिज्ञास्य तीनों की एकता को स्वीकार कर पाते हैं, जो उनके भक्तिपरक वेदान्त के लिए आवश्यक है। (दे. अनन्तकृष्णशास्त्री *अद्वैतमञ्जरी*)

सिद्धान्त-सूत्रों और सिद्धान्त-सूत्र पूर्वपक्ष-सूत्रों के रूप में सरलता से परिवर्तित हो जाते हैं।'[299] अधिकरण भेद के अतिरिक्त अभीष्ट अर्थ लेने के लिए और भी कई तकनीकें अपनायी गयी हैं।[300] कई बार आचार्यों ने दो सूत्रों को मिलाकर एक मान लिया है (जैसे, वल्लभ 1.1.2 तथा 1.1.3 को एक ही सूत्र मानते हैं)।[301] कई बार कुछ आचार्य एक सूत्र को दो मान लेते हैं (2.4.13 में निम्बार्क, वल्लभ, बलदेव 'प्राणवता शब्दात्' इतने अंश को अधिक सूत्र मानते हैं)।[302] कई बार कुछ सूत्रों को अस्वीकार कर दिया गया है (जैसे, मध्व, वल्लभ, बलदेव ने सूत्र 1.1.9 को नहीं माना है)।[303] कहीं कहीं पाठभेद स्वीकार किया गया है (जैसे, 1.1.16 में वल्लभ ने 'गीयते' की जगह 'गम्यते' पाठ माना है)[304]। कई जगह सूत्रों के स्थान को परिवर्तित मान लिया गया है।[305] कहीं कुछ सूत्रों को अधिक माना गया है।[306] कहीं सूत्रों में विच्छेद अलग तरह से कर दिया गया है (जैसे, 2.4.26 *'गुणाद्वाऽऽलोकवत्'* को वल्लभ 'आलोकवत्' न पढ़कर 'लोकवत्' पढ़ते हैं)। इन सारी प्रविधियों के उपयोग से आचार्यों के प्रतिपाद्य भी भिन्न हो गये हैं, जैसा कि उनका अभीष्ट था।[307] इन परिवर्तनों और व्याख्याभेदों का प्रयोजन है आचार्यों द्वारा अपने सम्प्रदायों की सुरक्षा का प्रयत्न। श्रुतियों को शब्दशः मानते हुए भी आचार्यों ने उसके अर्थों को बिलकुल अलग ले लिया है। इनके इन सारे उद्योगों में व्याकरणशास्त्र ने अपनी प्रविधियों द्वारा उनकी सहायता की है।

---

299. (आचार्य 1960) : 42), वैष्णव भाष्यकारों में अधिकरण भेद के लिए देखें (आचार्य 1960, 353-422)

300. 1. मतान्तरेण सूत्राणां पाठभेदाः। 2. एकस्य सूत्रस्य द्विधाकरणम्, 3. सूत्रद्वयस्य एकीकरणम्, 4. अतिरिक्तसूत्रग्रहणम्, 5. गृहीतसूत्रवर्जनम्, 6. सूत्रक्रमस्य विपर्ययः॥ चिद्घनानन्द पुरी (1943), *ब्रह्मसाम्राज्य निर्णय* : श्री कृष्णसेवाश्रम, काशी : 85

301. दो सूत्रों को एक मानने की सूची के लिए दे. (उपरोक्त : 271–268)

302. सूत्रविभाग की सूची के लिए दे. (उपरोक्त : 274–271)।

303. सूत्रवर्जन के प्रसंगों के लिए दे. (उपरोक्त : 277–276)

304. पाठभेदों के संग्रह के लिए दे. (उपरोक्त : 267–241)

305. सूत्रक्रमविपर्यय के लिए दे. (उपरोक्त : 278–277)

306. अतिरिक्त सूत्रों की सूची के लिए दे. (उपरोक्त : 275–274)

307. भाष्यकारों के प्रतिपाद अभिप्राय भेद के संकलन के लिए देखें– (पुरी 1943) : 74-79)

ऊपर के उदाहरण में एक ही ब्रह्मसूत्र के विविध आचार्यों द्वारा अपने मतानुकूल की गयी भिन्न व्याख्याओं को प्रस्तुत करते हैं। इसके अतिरिक्त ऐसा उदाहरण भी मिल जाता है कि एक ही आचार्य ने एक ही ब्रह्मसूत्र ग्रन्थ की विविध दार्शनिक व्याख्याएँ प्रस्तुत हुई हो। यह विकल्पों के युगपत् प्रमाणन का अद्भुत निदर्शन है। उत्तर मध्य काल में भारतीय मेधा के उत्कृष्टतम निदर्शनों में से एक अप्पय दीक्षित (1520-1593) विविध शास्त्रों के विख्यात विद्वान् हुए हैं। दर्शन में उनका सिद्धान्त पक्ष अद्वैत वेदान्त दर्शन था। उन्होंने ब्रह्मसूत्र पर वाचस्पति मिश्र की *भामती* टीका पर अमलानन्द सरस्वती की *कल्पतरु* व्याख्या पर प्रसिद्ध व्याख्यान लिखा है। इसका नाम *परिमल* है।

इसके साथ ही उन्होंने *ब्रह्मसूत्र* पर आचार्य श्रीकण्ठ के शिवाद्वैतपरक परक *श्रीकण्ठभाष्य* पर *शिवार्कमणिदीपिका* टीका भी लिखी है। अपने इस उद्योग का समर्थन करते हुए उन्होंने कहा है कि यद्यपि सिद्धान्ततः अद्वैत ही परम निष्कर्ष है लेकिन अद्वैत में स्थिति भगवान् शिव के अनुग्रह के बिना नहीं हो सकती और शिव का अनुग्रह उन्हीं को प्राप्त हो सकता है जो उनकी चित् शक्ति के साथ उनका यथोचित ध्यान करते हैं। इस कारण व्यासदेव ने अपने सूत्रों में पार्वती सहित भगवान् शिव के सगुण रूप का भी निरूपण किया है। भगवान् व्यास के सूत्रों के अनेक पहलू हैं। उनसे कई प्रकार के अर्थ निकल सकते हैं। पाणिनि आदि महर्षियों ने यह शैली व्यास से ही पायी है।[308] सूत्र के लक्षण में असन्दिग्धता और सर्वतोमुखता दोनों अभिलक्षण अविरोधी रूप से समाविष्ट किये जा सके हैं क्योंकि भारतीय ज्ञान-परम्परा में एकमात्रता का आग्रह नहीं है। एक उक्ति एक साथ अनेक अर्थों को कह सकती है और वे सभी अर्थ एक साथ अवितथ हो सकते हैं।

पाणिनीय व्याकरण प्रणाली में सूत्रों की सर्वमुखता सबसे अधिक देखने को मिलती है। पाणिनि तथा पतञ्जलि के बीच के कालखण्ड में भाषा में जो भी विकास हुआ उसका अन्वाख्यान भी पाणिनीय परम्परा को ही करना था ताकि वह अद्यतन

---

308. तथा ऽप्यनुग्रहादेव तरुणेन्दुशिखामणेः। अद्वैतवासनापुंसामाविर्भवति नान्यथा॥
अनुग्रहश्च देवस्य शक्त्या चिद्रूपया सह। यथावत्तं परिज्ञाय ध्यायद्भिः समवाप्यते॥
इति भगवता वेदव्यासेन सूत्रयता परं सगुणमपि तत्साम्बं ब्रह्म न्यरूपि शिवाभिधम्।
यदनुकरणादर्थानन्येऽपि संजगृहुर्बहून् पणिनजमुखाः सूत्रैर्विष्वङ्मुखत्वविभूषणैः॥
(शिवार्कमणिदीपिका, मङ्लाचरण श्लोक)

बना रहे। पाणिनीय व्याकरण इतना संक्षिप्त, सुगठित, संश्लिष्ट तथा उपयोगी बन पड़ा था[309] कि शब्दान्वाख्यान के लिए किसी अन्य प्रणाली की कल्पना व्याख्याकारों को असह्य लगती थी।[310] इसी कारण वैयाकरण निकाय में एक प्रवाद चल पड़ा– सूत्रेष्वेव हि तत्सर्वं यद्वृत्तौ यच्च वार्तिके (अर्थात्, व्याख्याओं अथवा वार्तिकों के द्वारा जो कुछ भी जोड़ा गया है, वह सब कुछ पहले से ही सूत्रों में विद्यमान है)। अब हुआ यह कि सूत्र तो उतने ही रह गये थे जबकि भाषा के प्रयोग बदलते जा रहे थे। इस परिस्थिति को सन्तुलित करने के लिए व्याख्याकारों को सूत्रों का दायरा अनिवार्यत: बढ़ाना पड़ा। इसके लिए उन्होंने पाणिनीय शास्त्र में अनेक प्रविधियों का प्रयोग किया। कई जगह वे सूत्रों को दो भागों में तोड़ देते हैं। इसे योगविभाग कहते हैं।[311] कई जगह वे पाणिनि के सूत्रों से अप्रत्यक्ष रूप से अन्य तात्पर्यों का ग्रहण करते हैं, जिसे ज्ञापक कहा जाता है।[312]

इसके अतिरिक्त तन्त्र[313], अनुवृत्ति[314], अपकृष्टि इत्यादि अनेक प्रविधियाँ सूत्र के दायरे को बढ़ाने के लिए स्वीकृत की गयी हैं। इसका फल यह है कि अनेक नये शब्दों की सिद्धि हो जाती है जो सूत्र की पारम्परिक व्याख्या से सम्भव नहीं हो पाते हैं।

---

309. पाणिनीयं महत् सुविहितम् (*महाभाष्य*–4.3.66)।

310. देखें *महाभाष्य* का आवर्ती वचन–*'सिध्यत्येवं अपाणिनीयं तु भवति'*।

311. उदाहरण के लिए–*विभाषाऽपपरिबहिरञ्चवः पञ्चम्या* (*अष्टा.* 2.1.11) को महाभाष्यकार ने तोड़कर विभाषा को स्वतन्त्र सूत्र बनाया। इसे महाविभाषा कहते हैं और यह सूत्र समास के बाक़ी सभी सूत्रों में जाता है जिसके नाते समस्त पद के अतिरिक्त विग्रह वाक्य भी भाषा में मान्य हो जाते हैं। योगविभागों के विशद विवेचन के लिए देखें (किशोरचन्द्र पाढी (2001), *पाणिनीयव्याकरणे योगविभागविमर्शः,* भारतीय बुक कार्पोरेशन, दिल्ली)

312. उदाहरण के लिए–*लवणाट्ठञ्* (4.4.52) सूत्र में लवण शब्द में न का ण के साथ प्रयोग किया गया है। इस ज्ञापक के माध्यम बिना किसी निमित्त के भी न का ण मान लिया जाता है। ज्ञापकों के लिए नागेश भट्ट का *ज्ञापकसंग्रह* द्रष्टव्य है।

313. किसी शब्द की दो बार आवृत्ति करना तन्त्र कहलाता है। जैसे *हलन्त्यम्* (*अष्टा.* 1.3.3) सूत्र को दो बार आवृत्त माना जाता है।

314. अनुवृत्ति की विचित्रता से सूत्रों के अर्थ को विविध प्रकार से किया जाता है। उदाहरण के लिए *अनचि च* (*अष्टा.* 8.4.47) सूत्र में काशिकाकार स्थानिवत् की अनुवृत्ति लेते हैं जबकि कौमुदीकार न की अनुवृत्ति लेते हैं।

व्युत्पत्ति तथा व्याकरणशास्त्र का आश्रयण

परम्परा की पुनर्व्याख्या तथा पुन:परिभाषा करने में और ऐसा करके परम्परा के साथ अपने को जोड़े रखने में व्युत्पत्ति शास्त्र प्रमुख प्रविधि के रूप में सहायक है। वस्तुत: व्याकरण तथा व्युत्पत्ति भारतीय ज्ञान-परम्परा के स्वभाव में निहित विद्याएँ हैं। व्याकरणगत व्युत्पत्तियों को इस तरह का महत्त्व तथा सम्मान विश्व की किसी भी अन्य संस्कृति में दुर्लभ है। भारत में व्याकरण ज्ञान पर विशेषज्ञों का एकाधिकार नहीं था। इसका ज्ञान हर शिक्षित व्यक्ति के लिए सामान्य आधारभूत विरासत की तरह था।[315] माना जाता है कि यदि कोई व्यक्ति अथवा संस्था अपने नाम के अर्थ के अनुरूप काम नहीं कर रही हैं तो वह निश्चित रूप से अपने कर्तव्य से विचलित हो रही है। क्योंकि सामाजिक संस्थाओं के नाम प्राय: उनके सामाजिक प्रकार्यों के आधार पर विकसित हुए होते हैं।[316] इसलिए परम्परा रूढ़ होते हुए व्यवहारों को व्युत्पत्ति का आइना दिखाकर ठीक रास्ते पर लाने का प्रयास करती है। व्युत्पत्तियों द्वारा कर्मकाण्डों का आन्तरिक अर्थ बताने की शैली के लिए ब्राह्मण ग्रन्थ प्रसिद्ध हैं।[317] अनेक परवर्ती आचार्यों ने सामान्य उपयोग के अतिरिक्त व्याकरण को अपनी विचार प्रणाली की बारीकियों को समझाने में भी उपयोगी पाया है। प्राचीन काल से ही व्याख्याकार कई बार विषय की संगति लगाने के लिए, अपने विशेष मत के समर्थन के लिए तथा परम्परा की युगानुरूप व्याख्या करने के लिए व्युत्पत्तियों एवं व्याकरणशास्त्रीय कोटियों का आश्रय लेते रहे हैं। कुछ रोचक उदाहरण द्रष्टव्य हैं।

छान्दोग्योपनिषद् (6.8.7) में आरुणि उद्दालक द्वारा श्वेतकेतु को जो उपदेश दिया गया है उसमें '*आत्मातत्त्वमसि*' यह अंश आता है। इसे दो प्रकार से पढ़ सकते हैं। दो प्रकार के ये पाठ सन्धि विच्छेद की भिन्नता के आधार पर सम्भव हैं। पहला पाठ है *'आत्मा तत्त्वमसि'* (अर्थात्, हे श्वेतकेतु तू वही है, उससे अभिन्न है)। यह *'तत्त्वमसि'* महावाक्य अद्वैत वेदान्तियों के लिए उपजीव्य है। इसके अतिरिक्त यदि यहाँ दीर्घ सन्धि मानें तो इसे *'आत्मा अतत्त्वमसि'* (अर्थात्, हे श्वेतकेतु तू उससे भिन्न

315. राफ़ेल तोरेला (1987), *एक्ज़ाम्पिल्स ऑफ़ द इनफ़्लुएस ऑफ़ संस्कृत ग्रामर ऑन इण्डियन फ़िलॉस्फ़ी ऑफ़ ईस्ट ऐंड वेस्ट,* 37 : 152.

316. *निरुक्त,* प्रथम अध्याय।

317. 'हेतुर्निवचनं निन्दा प्रशंसा संशयो विधि:। परक्रिया पुराकल्पो व्यवधारणकल्पना।। उपमानं दशैते तु विधयो ब्राह्मणस्य तु।।'

है।) पाठ भी माना जा सकता है। यह पाठ भेदवादियों के लिए उपयोगी है। दीर्घ सन्धि के होने और उसके अभाव का निर्णय वैदिक स्वरांकन व्यवस्था से किया जा सकता है।[318] मध्वाचार्य ने अपने *ऋग्भाष्य* में निरुक्तिशास्त्र की पारम्परिक तथा नवीन दोनों प्रकार की प्रविधियों का उपयोग अपने द्वैत मत को पुष्ट करने में किया है। वे एक अप्रसिद्ध *व्यासनिरुक्ति* नामक ग्रन्थ के उद्धरण बार बार देते हैं। इसके माध्यम से वे *ऋग्वेद* के सभी देवतावाची पदों का तात्पर्य विष्णु में कर लेते हैं।[319]

जैन विद्वान् अपने ग्रन्थों में लोकप्रसिद्ध पूर्वप्रचलित 'ऋषि' आदि महनीय कोटियों का निषेध नहीं करते हैं बल्कि उनकी व्युत्पत्तियों को बदल कर उनका अर्थ अपने सम्प्रदाय के अनुकूल कर लेते हैं। प्रसिद्ध है कि '**ऋषि**' शब्द वैदिक परम्परा में आध्यात्मिक महापुरुषों के लिए प्रयुक्त है जो वेद के मन्त्रों का दर्शन कर सकते थे *(ऋषिर्दर्शनात्-निरुक्त)*। सोमदेव कृत *यशस्तिलक* ग्रन्थ में 'ऋषि' शब्द को एक भिन्न धातु √रिष् (रोकना) से व्युत्पन्न दिखाकर इसका अर्थ 'जैन यति' कर दिया है– 'क्लेशसमूह को रोकने के कारण विद्वान् लोग मुनि को ही '**ऋषि**' कहते हैं'।[320] 'अनूचान' शब्द वैदिक ग्रन्थों में उसे कहा गया है जो छहों अंगों सहित वेदों को जानता है।[321] सोमदेव के अनुसार जिसका चित्त ज्ञान, व्रत, ध्यान, संयम, नियम तथा यम के पालन में उच्च रहता है वह **अनूचान** है, जो वस्तुतः जैन मुनि है। आदिनाथ जैनों के प्रथम तीर्थंकर माने जाते हैं। *भक्तामरस्तोत्र* में मानतुंग आचार्य ने व्युत्पत्ति की कुशलता का प्रयोग करके उन्हें ब्रह्मा, विष्णु तथा शिव सिद्ध किया है। उनके अनुसार आदिनाथ **शंकर** हैं क्योंकि सम्पूर्ण विश्व का कल्याण (शम्+कर) करने वाले हैं। वे **ब्रह्मा** (विधाता) हैं क्योंकि कल्याणमार्ग को प्रवृत्त (विधान–वि+√धा) करने वाले हैं। वे ही **बुद्ध** हैं क्योंकि उनको समस्त वस्तुओं का बोध है। इस तरह

318. यथा उपनिषत्सु द्वैताद्वैतविशिष्टाद्वैतपरतया सर्वैर्व्याख्यातासु तात्पर्यनिर्णायकसाहाय्यमन्तरा कुत्र तासां तात्पर्यमिति निर्णयः दुर्लभः। तत्र स्वरैर्महानुपकारः सिद्ध्यति, यथा आत्मातत्त्वमसीति महावाक्ये तदिति पदं केचिच्छिन्दन्ति, अन्ये अतदिति। तत्र तकारश्चेदुदात्तः तत् इत्येव पदच्छेदः, स चेत् स्वरितः अतदित्येव च्छेदो युक्तः। एवमेव बहुत्र श्रुत्यर्थनिर्णयः स्वरायत्तो वर्तते॥ (*स्वरसिद्धान्तचन्द्रिका*, भूमिका : viii)

319. विस्तार के लिए देखें, वैलेरी स्टोकर (2007), पूर्वोद्धत।

320. रेषणात् क्लेशराशीनाम् ऋषिमाहुर्मनीषिणः। (44.861[क–ख])

321. अनूचानो विनीते स्यात् साङ्गवेदविचक्षणे। (*विश्वप्रकाश* 143[ग–घ])

सर्वदेवमय होने के कारण वे ही **विष्णु** भी हैं।[322]

स्वामी दयानन्द सरस्वती आधुनिक भारत में पुनर्जागरण के पुरोधा रहे हैं। उन्होंने अनेक प्रचलित मान्यताओं, विशेषत: ईश्वर की साकारता तथा मूर्तिपूजा का खण्डन किया है। उन्होंने अपने व्युत्पत्ति के कौशल से परम्परा में ईश्वर के सगुण नामों के रूप में प्रचलित शब्दों का निर्गुण ब्रह्मपरक अर्थ किया है। परम्परा में ईश्वर के जो नाम उसके सगुण रूपों या उसके पार्षदों के अर्थ में रूढ हो गये थे उन सबकी व्युत्पत्ति इस तरह दी कि उन सभी नामों का अर्थ एक निर्गुण निराकार ब्रह्म हो जाये। उन्होंने ईश्वर के एसे 100 नामों की व्याख्या की है। इस तरह के कुछ उदाहरण इस प्रकार हैं– गणेश या गणपति की व्युत्पत्ति उन्होंने की है कि 'जो प्रकृत्यादि जड़ और सब प्रख्यात जीवों का स्वामी वा पालनहारा है इससे उस ईश्वर का नाम *'गणेश'* वा *'गणपति'* है'।[323] इसी तरह अन्य नामों की व्युत्पत्ति है–जो सब जगत् के बनाने में समर्थ है वह ईश्वर ही **शक्ति** है।[324] जो चराचर जगत् को लक्षित करता है– देखता है वह ईश्वर ही **लक्ष्मी** है।[325] जिसको शब्द अर्थ सम्बन्ध प्रयोग का ज्ञान हो वह ईश्वर ही **सरस्वती** है।[326] कल्याण करने के कारण ईश्वर ही **शिव** है। सभी विद्वानों से भी अधिक विद्वान् होने के कारण वह ईश्वर ही **महादेव** है।[327] स्वयं उत्पन्न होने के कारण वही **स्वयंभू** ब्रह्मा भी है।[328]

---

322. बुद्धस्त्वमेव विबुधार्चितबुद्धिबोधात् त्वं शंकरोऽसि भुवनत्रयशंकरत्वात्।
धातासि धीर शिवमार्गविधेर्विधानात् व्यक्तं त्वमेव भगवन् पुरुषोत्तमोऽसि॥ (*भक्तामरस्तोत्र* 25)

323. 'ये प्रकृत्यादयो जडा जीवाश्च गण्यन्ते, संख्यायन्ते तेषामीशः स्वामी पतिः पालको वा'। (*सत्यार्थप्रकाश,* प्रथम समुल्लास : 20)

324. यः सर्वं जगत् कर्तुं शक्नोति स शक्तिः। (तत्रैव)

325. यो लक्षयति पश्यत्यङ्कते चिह्नयति चराचरं जगदथवा वेदैराप्तैर्योगिभिश्च यो लक्ष्यते स लक्ष्मीः सर्वप्रियेश्वरः। (तत्रैव)

326. सरो विविधं ज्ञानं विद्यते यस्यां चित्ते सा सरस्वती। (*सत्यार्थप्रकाश,* प्रथम समुल्लास : 21)

327. यो महतां देवः स महादेवः। (*सत्यार्थप्रकाश,* प्रथम समुल्लास : 23)। यद्यपि दयानन्द द्वारा प्रस्तुत यह विग्रह पाणिनि की दृष्टि से अशुद्ध है। पाणिनि के अनुसार महत् शब्द के अन्तिम त् के स्थान पर आ तभी हो सकेगा जब दोनों में समानाधिकरण्य समास अर्थात् कर्मधारय हो (दे. अष्टा. -6.3.46 *आन्महतः समानाधिकरणजातीययोः*)। यहाँ दयानन्द विग्रह षष्ठी तत्पुरुष का दिखा रहे हैं और कार्य कर्मधारय का प्राप्त करा रहे हैं!

328. यः स्वयं भवति स स्वयम्भूरीश्वरः। (*सत्यार्थप्रकाश,* प्रथम समुल्लास : 24)

स्वामी दयानन्द सरस्वती वेदों में ऐतिहासिक घटनाओं के होने की सम्भावना से इनकार करते हैं। वे ऐसा इसलिए करते हैं ताकि वेदों की नित्यता सिद्ध हो सके। उनकी मान्यता यह है कि वेद यदि किसी कालविशेष में हुई घटना का व्याख्यान करने लगेंगे तो वे काल में अवच्छिन्न होने के कारण नित्य नहीं रह जायेंगे। 'यास्क से लेकर सायण और मुद्गल पर्यन्त सभी आचार्य इतिहास को नकारते हुए भी किसी न किसी रूप में उसकी वास्तविकता को स्वीकार करते हुए दिखाई देते हैं। परन्तु दयानन्द एकमात्र ऐसे आचार्य रहे हैं, जिन्होंने एक भी स्थान पर वेद में इतिहास को वास्तविकता के रूप में स्वीकार नहीं किया है।'[329] ध्यातव्य है कि वेद में ऐसे अनेकानेक शब्द आते हैं जिनका स्पष्ट ऐतिहासिक सन्दर्भ है। दयानन्द ऐसे सभी स्थलों को शब्द की व्युत्पत्ति के बल पर यौगिक अर्थ लेते हुए इतिहास भिन्न अर्थ करते हैं और रूढ़ व्यक्तिवाचक संज्ञाओं का पूरी तरह से निषेध करते हैं। उदाहरण के लिए वेद (ऋ. 1.79.6) में आये 'अगस्त्य' शब्द का अर्थ जहाँ दुर्ग, वेंकटस्वामी, सायण सभी ऋषि विशेष लेते हैं वहीं दयानन्द व्युत्पत्ति के बल पर अर्थ निकालते हैं– 'धर्म का अतिक्रमण नहीं करने वाले 'अगस्ति' होते हैं और जो उनके अनुकूल है वह 'अगस्त्य' है' (ये धर्मादन्यत्र न गच्छन्ति तेऽगस्तयस्तेषु साधुः, द.भा.ऋ.1.179.6)। इसी शब्द का वे अन्यत्र अर्थ लेते हैं– 'अग अर्थात् अपराध। अपराध को निकाल फेंकने वाले हैं 'अगस्ति'। अगस्ति के अनुकूल जो है वह है 'अगस्त्य'' (अगमपराधमस्यन्ति प्रक्षिपन्ति तेषु साधुः, द.भा.ऋ. 1.80.8)। इस शब्द को अन्यत्र (ऋ. 7.33.10) अस्तदोष अर्थात् दोषरहित अर्थ में भी लेते हैं। इसी प्रकार उर्वशी का अर्थ अप्सरा न लेकर वे 'बहुत लोगों को वश में करने वाली वाणी अथवा बुद्धि' अर्थ लेते हैं (उरवो बहवो वशे भवन्ति यया सा वाणी। द.भा.ऋ. 5.41.19)। विश्वामित्र का अर्थ वे अन्य व्याख्याकारों की तरह ऋषि विशेष न लेकर वे उस व्यक्ति को लेते हैं जिसके सभी मित्र होते हों। (विश्वं सर्वं जगन्मित्रं येषान्तैः, द.भा.ऋ. 3.1.21; विश्वं मित्रं सुहृद् येषान्तेषु, द.भा.ऋ. 3.18.4)।[330] इस प्रकार

---

[329] ज्ञान प्रकाश शास्त्री (2012), *ऋग्वेद के भाष्यकार और उनकी मंत्रार्थदृष्टि*, महार्षि सान्दीपनी राष्ट्रीय वेद विद्या प्रतिष्ठान, उज्जयिनी : 708

[330]. यद्यपि यह बात पाणिनि के विरोध में है। पाणिनि का कहना है कि ऋषि अर्थ होने पर ही विश्व शब्द के अन्तिम अ को दीर्घ आ हो सकेगा–*मित्रे चर्षौ* (*अष्टा.* 6.3.130)। यह अर्थ विविक्षित न हो तो विश्वमित्र शब्द ही बनेगा।

स्वामी दयानन्द वेदों के प्रति अपनी विशेष दृष्टि को व्युत्पत्ति शास्त्र के बल पर समर्थित करते हैं। इसी प्रकार नीलकण्ठ नामक विद्वान् ने *ऋग्वेद* के 250 मन्त्रों की व्याख्या पर आधारित अपनी पुस्तक *मन्त्रभागवतम्* में श्रीकृष्ण की लीलाएँ बताने की चेष्टा की है। उदाहरण के लिए उन्होंने *ऋग्वेद* (1.1.19) के प्रसिद्ध मन्त्र 'गायन्ति त्वा गायत्रिणः', जो परम्परागत व्याख्याओं में इन्द्र की स्तुति से सम्बन्धित माना गया है, आदि में श्रीकृष्ण के वेणुवादन से सम्बन्धित मान लिया गया है।[331]

स्वामी दयानन्द द्वारा व्याकरण के इस विशिष्ट उपयोग द्वारा अपने मत को समर्थित करने का उपर्युक्त उपक्रम उनके बाद भी आर्यसमाज के विद्वानों द्वारा किया जाता रहा। वेदों के दयानन्द-सम्मत भाष्य क्षेमकरणदास त्रिवेदी (1848-1939) तथा ब्रह्ममुनि (1894-1977) आदि विद्वानों ने किये जिसमें उपर्युक्त प्रविधि का प्रयोग दिखायी देता है।

विष्णुसहस्रनाम पर आर्यसमाज-सम्मत अपने *सत्यभाष्य* में सत्यदेव वासिष्ठ ने भी व्युत्पत्ति कौशल का उपयोग करके भगवान् के प्रकटतः सगुण दिखने वाले नामों का निर्गुण परक अर्थ किया है। *सहस्रनाम* में जो राम, कृष्ण, शिव आदि नाम आये हैं उन्हें वे राम आदि अवतारों का नाम नहीं मानते अपितु उन सबका एकमात्र निर्गुण निराकार परमेश्वर अर्थ ही मानते हैं।[332] ध्यातव्य है कि *श्रीविष्णुसहस्रनाम* में अनेक नाम ऐसे हैं जिन्हें सरलता से निराकार ब्रह्मपरक माना जा सकता है (जैसे विश्व, विष्णु, भूतकृत्, भाव आदि आदि) लेकिन कई नाम ऐसे भी हैं जो भगवान् के सगुण स्वरूप से अथवा उनके विविध अवतारों से सम्बन्धित हैं और उन्हें आसानी से निर्गुणपरक नहीं कहा जा सकता। उदाहरण के लिए– नारसिंहवपु, केशव, पुष्कराक्ष, पद्मनाभ, माधव, मधुसूदन, उपेन्द्र, वासवानुज, स्कन्द, दामोदर, पुष्पहास आदि। सत्यभाष्य में विविध प्रविधियों का उपयोग करके उनका निर्गुण परक अर्थ समझाया गया है। उदाहरण के लिए नारसिंहवपुः (*विष्णुसहस्रनाम* 16) शब्द की व्याख्या उन्होंने इस प्रकार की है– नरस्य विचारपूर्विकाकार्यकरणशक्तिः, सिंहस्य च पराक्रमशक्तिर्लक्ष्यते यस्मिन् वपुषि, तद्वपुर्यस्य स नारसिंहवपुर्योगमायावी

331. अथ स्त्रीणामाकर्षणार्थं भगवता वंशीरवः कृतः। तं वर्णयत्यृषिर्द्वाभ्याम्। इत्यादि॥ (*मन्त्रभागवतम्*, मन्त्र 33)

332. दशरथात्मजो रामः सर्वथाभिन्नोऽस्ति, रामपदवाच्यादनन्तादीश्वरादिति स्वयं रामकृष्णादयस्तमच्युतं ध्यायन्ति स्म। सत्यदेव वासिष्ठ (1969), देवसदन, हिसार : 39.

वा (*वासिष्ठ* 1969, 74)। साथ ही उन्होंने नरसिंह अवतारपरक अर्थ करने का निराकरण भी किया है।[333] इसी तरह केशव (*विष्णुसहस्रनाम* 16) शब्द के पारम्परिक कृष्ण परक अर्थों को न देकर वे अनेक दूसरी व्युत्पत्तियाँ देते हैं, जैसे–1. क+ईश+व (जलसंसाधनों के स्वामित्व वाला परमेश्वर), 2. क+अ+ईश+व (ब्रह्मा, विष्णु तथा महादेव जिसके वश में हों वह परमात्मा)। साथ ही केशव शब्द से श्रीकृष्ण का अर्थ समझने का निराकरण भी करते हैं।[334] अन्य कुछ नामों की रोचक व्युत्पत्तियाँ इस प्रकार हैं– पद्मनाभ (1969, 115), माधव (पृ.1969, 139-141), मधुसूदन (1969, 142), दामोदर (1971, 174), राम (1971)

मध्यकाल में हम देखते हैं कि निर्गुण धारा के सन्तों-कवियों ने लोक में प्रचलित ईश्वर के सगुण परक नामों का निर्गुण ब्रह्म में तात्पर्य ग्रहण किया है। इसके लिए उन्होंने या उनके अनुयायियों ने अपने अनुसार युक्तियाँ दी हैं। उदाहरण के लिए कबीरदास के नाम से 'राम' के सम्बन्ध में लोक प्रचलित उक्ति सुनी जाती है– एक राम दसरथ का बेटा। एक राम हम घर घर देखा॥ इसका तात्पर्य यह है कि वे राम को हर घट वासी परब्रह्म के रूप में ले रहे हैं। सिख गुरुओं द्वारा बखान किये गये भगवान् के गोविन्द, गोपाल, नरसिंह, केशव आदि बहुत से सगुण नामों का उनके परवर्ती व्याख्याकारों ने केवल निर्गुण में समेटने का यत्न किया है।[335] इस प्रवृत्ति से निर्गुणी सन्तों के द्वारा लोक में बद्धमूल भगवान् के सगुण स्वरूप से लाभ लेकर उसे निर्गुण परक बनाने का उद्योग स्पष्ट होता है, साथ ही यह बात विशेष रूप से साफ़ होती है कि वे परम्परा की निरन्तरता में सम्मिलित रहना चाहते हैं। यदि ऐसा नहीं होता तो वे ईश्वर के केवल निर्गुणपरक नामों, जैसे- ब्रह्म, निरंजन, अलख आदि का ही प्रयोग करते। ऐसा करना उनके लिए अधिक स्पष्ट भी होता। लेकिन वे ऐसा नहीं करते।

---

333. यदि मन्येत भगवान् सर्वशक्तिमान् सन् नरसिंहात्मकं शरीरावयवं धारयितुं शक्नोति। तन्नैवं, कुत:? तथा सति अकायमजरममरमव्रणमित्यादीनि विशेषणानि मिथ्यात्वमापत्स्यन्ते। तथा च नरस्य सिंहशरीरस्य च निर्माणभेदात् स्वभावभेदाद् द्वयोर्योन्योर्मिथुनीभावोऽपि न प्रकृतिनियममनुसरतीति कृत्वा नरस्य सिंहस्य चावयवा यस्मिन् लक्ष्यन्ते तद्वपुर्यस्य स नारसिंहवपुरिति कल्पना भगवतो यशो नानुनयतीति कृत्वा नादृता॥ सत्यदेव वासिष्ठ (1969), पूर्वोद्धृत : 75.

334. न हि तेन कृष्णचन्द्रस्य प्रभुत्वाय कल्पनं भगवते यशसे युज्यते। कुत:? केशिनाम्नो राक्षसस्य वधकर्म मानुषं कर्म। न हि भगवानव्ययत्वाद् जन्म गृह्णाति। सत्यदेव वासिष्ठ (1969), पूर्वोद्धृत : 78.

335. *गुरु ग्रन्थ साहब* के प्रसिद्ध अनुवादक साहब सिंह (1977–1892) ने इस तरह के प्रयत्न किये हैं।

सिखों में ईश्वर के नाम के लिए 'वाहगुरु' शब्द का प्रयोग सर्वाधिक होता है, यद्यपि *गुरुग्रन्थसाहब* में इस नाम की अपेक्षा राम, गोविन्द आदि नाम अधिक बार आये हैं। पाँचवें गुरु श्री अर्जुनदेव के मामा गुरुदास जी ने अपने ग्रन्थ *'वाराँ'* में 'वाहगुरु' शब्द की व्युत्पत्ति प्रस्तुत की है। उनके अनुसार वाहगुरु का 'वा'-वासुदेव का वाचक है, 'ह'-हरि कृष्ण को कहता है, 'गु'-गोविन्द को बताता है और 'रु' का तात्पर्य राम से है।[336] निरुक्ति का यह प्रकार निरुक्तकार यास्क के बताये गये निर्वचन के प्रकारों में से तीसरा प्रकार है। इसके अनुसार किसी शब्द का निर्वचन हम वर्ण मात्र की समानता के आधार पर भी कर सकते हैं।[337] आवश्यक नहीं कि निर्वचन करते हुए अर्थगत और शब्दगत समानतायें आवश्यक रूप से हों, यद्यपि ये समानताएँ स्पृहणीय हैं। सामान्यतः निरुक्ति का तात्पर्य किसी शब्द के अर्थ के अनुरूप उसके मूल तक पहुँचना होता है। लेकिन जब निर्वचन केवल वर्णों के आधार पर किया जाता है तो इस निरुक्ति का क्या तात्पर्य होगा? वर्णों में तो अर्थ नहीं होते। अतः इस प्रकार के निर्वचन का तात्पर्य है पिछली सारी परम्परा के साथ अपने आपको जोड़ना। परम्परा के प्रवाह में विशिष्ट उपासना पद्धति के रूप में जो परमेश्वर का जो विशेष 'वाहगुरु' नाम प्रचलित हुआ गुरुदास जी उसे परम्परा से काट कर नहीं देख रहे हैं। वे चार युगों में ईश्वर के प्रसिद्ध नामों के साथ इसे सम्पृक्त करके परम्परा की सनातनता में शामिल होना चाहते हैं। गुरु गोविन्द सिंह के समय में विद्यमान भाई नन्द लाल गोया (1633-1720) ने इसी प्रकार अपनी किताब *गंजनामा* में गुरुओं के नामों की व्युत्पत्ति प्रस्तुत की है।

जैन धर्म यज्ञ में पशु-हिंसा का भी विरोध करता है। इसके साथ ही यह ध्यातव्य है कि जैनों ने यज्ञ शब्द पर आपत्ति नहीं की है। उन्होंने तो इस शब्द का यत्र तत्र प्रयोग भी किया है। जैन शास्त्रों में यज्ञ शब्द दान देना तथा देव और ऋषियों की पूजा करना आदि अर्थों में प्रयुक्त होता है। यज्ञ को अपने शास्त्रानुकूल अर्थ में समर्थित करने के लिए तथा पशुहिंसा में यज्ञ के तात्पर्य के विरोध के लिए जैन विचारक

---

336. सतिजुग वासदेव वावा विशना नाम जपावै। दुआपर सतिगुर हरीक्रिशन हाहा हरि हरि नाम धियावै॥
त्रेते सतिगुर राम जी रारा राम जपैसुख पावै। कलिजुग नानक गुर गोबिन्द गागा गोबिन्द नाम जपावै॥
चारे जागे चहु जुगी पंचाइण विच जाइ समावै। चारौ अच्छर इक कर वाहिगुरु मन्त्र जपावै॥
जहाँ ते उपजिआ फिर तहाँ समावै॥ (*बाराँ* 1.49)

337. अविद्यमाने सामान्येऽप्यक्षरवर्णसामान्यान्निर्ब्रूयात्। (*निरुक्त* 2.1)

व्याकरण का सहारा लेते हैं। आचार्य गुणभद्र *उत्तरपुराण* प्रश्न पूछते हैं कि यदि यज्ञ शब्द का अर्थ हिंसा मानें तो फिर धातुपाठ में अर्थ बताते हुए यज् धातु का अर्थ हिंसा क्यों नहीं बताया गया है?

हिंसायामिति धात्वर्थपाठे किं न विधीयते।
न हिंसा यज्ञशब्दार्थो यदि प्राणिवधात्मकम्॥

उत्तरपुराण 67.199

ध्यातव्य है कि धातुपाठ में स्थित धातुसूत्र यज देवपूजासंगतिकरणदानेषु (धा. पा. 1.30) के अनुसार यज् धातु 3 अर्थों में है जिसमें हिंसा अर्थ कहीं भी नहीं है। अतः यज्ञ के तात्पर्य में हिंसा को शामिल नहीं किया जा सकता।

याज्ञवल्क्यस्मृति पर *मिताक्षरा* नामक प्रसिद्ध व्याख्या के रचयिता विज्ञानेश्वर (11वीं सदी) ने *दायभाग* के महत्त्वपूर्ण अंश पर टीका लिखते हुए धर्मशास्त्रीय समस्या का व्याकरण शास्त्र के आधार पर अपूर्व निर्णय दिया है। समस्या है कि पुत्ररहित व्यक्ति के मर जाने पर उसके रिक्थ के भागी कौन हों? पत्नी तथा पुत्री के बाद याज्ञवल्क्य ने उस व्यक्ति के माता और पिता को उसके धन का भागी बताया है।[338] मूल ग्रन्थ में **पितरौ** शब्द दिया गया है, जिससे क्रम का पता नहीं चलता कि माता-पिता दोनों में से पहला रिक्थभागी कौन हो। विज्ञानेश्वर ने इस समस्या को सुलझाने के लिए व्याकरण का आश्रय लिया है। उनके अनुसार चूँकि 'पितरौ' के विग्रहवाक्य 'मातापितरौ' में माता शब्द का पूर्वनिपात होता है, इस कारण माता को ही दायहरण के क्रम में पहले रखना चाहिए।[339] अनेक स्मृतिकारों ने शब्दतः माता को पिता के बाद रिक्थ का अधिकारी माना है[340], लेकिन विज्ञानेश्वर ने

---

338. पत्नी दुहितरश्चैव पितरौ भ्रातरस्तथा। तत्सुता गोत्रजा बन्धुशिष्यसब्रह्मचारिणः॥
एषामभावे पूर्वस्य धनभागुत्तरोत्तरः। स्वर्यातस्य ह्यपुत्रस्य सर्ववर्णेष्वयं विधिः॥

(*याज्ञवल्क्यस्मृति* 2.135–136)

339. यद्यपि युगपदधिकरणवचनतायां द्वन्द्वस्मरणात् तदपवादत्वादेकशेषस्य धनग्रहणे पित्रोः क्रमो न प्रतीयते, तथापि विग्रहवाक्ये मातृशब्दस्य पूर्वनिपातादेकशेषाभावपक्षे च मातापितराविति मातृशब्दस्य पूर्वं श्रवणात् पाठक्रमादेवार्थक्रमावगमात् धनसम्बन्धेऽपि क्रमापेक्षायां प्रतीतक्रमानुरोधेन एव प्रथमं माता धनभाक् तदभावे पितेति गम्यते। (*मिताक्षरा* 136–2.135, पृ. 278)

340. मिताक्षरा संस्करण के टिप्पणीकार नारायणराम आचार्य ने विभिन्न स्मृतिकारों के मतों को संकलित कर विज्ञानेश्वर से उनका विरोध स्पष्ट किया है–
व्यवहारमयूखेऽपि–दौहित्राभावे पिता तदभावे माता। तथा च कात्यायनः–अपुत्रस्याप्यकुलजा पत्नी

व्याकरणिक विश्लेषण का प्रयोग करके अपुत्र व्यक्ति के पिता से पहले उसकी माता को सम्पत्ति का पहला अधिकार दिलाया है। विज्ञानेश्वर इसी तर्क को आगे निःसन्तान स्त्री के दायादों की चर्चा में *याज्ञवल्क्यस्मृति* के मूल (2.145[341]) श्लोक के 'पितृगामि' शब्द की व्याख्या करते हुए दोहराते हैं। आधुनिक समय में लिखित *उद्वाहसमयमीमांसा* नामक ग्रन्थ में अनेक व्याकरणशास्त्रीय प्रविधियों का उपयोग करते हुए बालविवाह का खण्डन किया गया है।

इस सारी चर्चा से यह भ्रम नहीं होना चाहिए कि विविध प्रकार की व्याख्याओं के आधार के रूप में मूलतः व्याकरण है तथा शास्त्रों की विविध व्याख्याओं से उपजे मतमतान्तर वैयाकरणों की शाब्दिक क्रीड़ा या कपटपूर्ण व्यवहार मात्र है। अथवा यह कि व्याख्याकार इन प्रामाणिक ग्रन्थों की मनमानी व्याख्या करते हैं। वास्तविकता यह है कि ये व्याख्याएँ युगद्रष्टा ऋषिकल्प लोगों के द्वारा युगानुकूल सार्वजनीन आवश्यकताओं के अनुरोध पर वैकल्पिक मार्गों के अन्वेषण को सम्बल देने के लिए की गयी हैं। इसके मूल में 'बहुजन हिताय' के अनुरूप जनाकाङ्क्षा के आदर की भावना कार्य करती है। शास्त्रों की व्याख्यापद्धति इन वैकल्पिक मार्गों को खोलने में सहायक होती है तथा उसे बौद्धिक स्तर पर व्यापक स्वीकार्यता दिलाती है, उसके रास्ते में रोड़े नहीं अटकाती।

प्रचलित आचारों की वर्जना

भारतीय ज्ञान-परम्परा में धर्म का महत्त्व सर्वोपरि है। संसार में जो कुछ भी है चाहे वह सजीव हो या निर्जीव, अपने विशेष धर्म के अधीन है। धर्म भी नितान्त अपरिवर्तनीय नहीं है। भारतीयों ने धर्म के दो रूपों को हमेशा से पहचाना था तथा उनके मध्य भेद किया था। ये दो रूप हैं– सार्वकालिक धर्म तथा कालसापेक्ष धर्म। धर्म का

दुहितरोऽपि तदभावे पिता माता भ्राता पुत्राः प्रकीर्तिताः ॥ विष्णुश्च–अपुत्रधनं पत्न्यभिगामि, तदभावे दुहितृगामि, तदभावे दौहित्रगामि, तदभावे पितृगामि, तदभावे मातृगामि, तदभावे भ्रातृगामि, तदभावे भ्रातृपुत्रगामि, तदभावे सकुल्य–गामि इति। यत्तु विज्ञानेश्वरः द्वन्द्वापवादके पितरावित्येकशेषे क्रमप्रतीतावपि तदर्थबोधके विग्रहवाक्ये मातृशब्दस्य पूर्वनिपातात् अपवाद्यद्वन्द्वात् क्रमानुसारात् पितुः पुत्रान्तरसाधारण्यात् मातुस्त्वसाधारण्याच्चादौ मातुस्तदभावे पितुर्धनग्रहणमूचे तदेतद्वचोविरोधादपास्तम्। (पृ. 243)

341. अप्रजस्स्त्रीधनं भर्तुर्ब्राह्मादिषु चतुर्ष्वपि।
दुहितॄणां प्रसूता चेच्छेषु पितृगामि तत् ॥2.145॥

सार्वकालिक एवं सार्वभौमिक स्वरूप वह है जो किसी भी देश या काल में परिवर्तित नहीं होता है। वह हर अवस्था में हमेशा आचरणीय होता है। मनु ने इसे धर्म के नियामक लक्षण के रूप में कहा है।[342] मनु के अनुसार ये संख्या में दस हैं– धैर्य, क्षमा, दम, अचौर्य, शुद्धता, इन्द्रियनिग्रह, धी (धारणाशक्ति), विद्या, सत्य तथा क्रोध न करना। पतञ्जलि ने अहिंसा, सत्य, अस्तेय, ब्रह्मचर्य तथा अपरिग्रह इन पाँच यमों को सार्वभौम महाव्रत कहते हुए इनके आचरण में जाति, देश, काल अथवा समय का बन्धन नहीं माना है।[343] बुद्ध ने आर्य अष्टांगिक मार्ग के माध्यम से तथा महावीर ने पञ्चशील के माध्यम से लगभग इन्हीं सदाचारों को दोहराया है। अन्य विविध धार्मिक ग्रन्थों में अनेक बार इनकी चर्चा आयी है। इन आचारों को कभी भी छोड़ा नहीं जा सकता क्योंकि ये आचरण धर्म के घटक तत्त्व हैं। इनमें से किसी के भी छोड़ने से वैयक्तिक तथा सामाजिक हानि अवश्यंभावी है। *अथर्ववेद* के पृथ्वीसूक्त के प्रथम मन्त्र में ही ऋत, सत्य, तपस्या, संकल्प आदि धर्म के सनातन तत्त्वों को पृथ्वी का धारण करने वाले तत्त्वों के रूप में बताया गया है (12.1)[344]। शास्त्रों में जब धर्म को अपरिहार्य, अत्याज्य और नित्य सेवनीय कहा जाता है[345] तो वहाँ तात्पर्य धर्म का यही सनातन स्वरूप होता है।

धर्म का दूसरा स्वरूप कालसापेक्ष है। समाज में कुछ आचार ऐसे होते हैं जिनका किसी काल विशेष में आचरण किया जाता है, जबकि अन्य काल में इसका पालन आवश्यक नहीं होता है, क्योंकि वे कालबाह्य हो जाते हैं। स्वयं शास्त्रकारों ने बार-बार ध्यान दिलाया है कि धर्म का स्वरूप हर युग में बदलता जाता है इसलिए जो विधियाँ पहले की जाती थीं वे बाद के युगों में नहीं की जातीं।[346] इसका

---

342. धृतिः क्षमा दमोऽस्तेयं शौचमिन्द्रियनिग्रहः।
धीर्विद्या सत्यमक्रोधो दशकं धर्मलक्षणम्।। (*मनुस्मृति* 6.92).

343. अहिंसासत्यास्तेयब्रह्मचर्यापरिग्रहा यमाः। जातिदेशकालसमयानवच्छिन्ना सार्वभौमा महाव्रतम्॥ (*योगसूत्र* 2.30-31)

344. सत्यं बृहदृतमुग्रं दीक्षा तपो ब्रह्म यज्ञः पृथिवीं धारयन्ति। (*अथर्ववेद* 12.1.1)

345. न जातु कामान्न भयान्न लोभाद् धर्मं त्यजेज्जीवितस्यापि हेतोः। *(महाभारत), धर्म एव हतो हन्ति धर्मो रक्षति रक्षितः* (*मनु.*)।

346. अन्ये कृतयुगे धर्मास्त्रेतायां द्वापरे परे। अन्ये कलियुगे नृणां युगह्रासानुरूपतः ॥ (*मनुस्मृति* 1.85), विधिर्योऽनुष्ठितः पूर्वं क्रियते नैव साम्प्रतम्॥ (*स्मृतिचन्द्रिका* 1.226, *मुक्ता.* 139, उ. *धर्मकोश*-v-ii : 781), यश्च कार्तयुगो धर्मः न कर्तव्यः कलौ युगे। (स्मृतिचन्द्रिका 1.29, *धर्मकोश*-v-ii, पृ.

कारण उन्होंने उन उन युगों की प्रकृति का बदलना बताया है। (*मनु.* 1.83-84) धर्म का कालानुगुण बदलता रूप प्रायः खान-पान, रहन–सहन या अन्य व्यवहारों से सम्बन्धित होता है। किसी काल विशेष में जब उसकी आवश्यकता होती है तब लोक उनका आचरण करता है। बाद में किसी कारणविशेष से परिवर्तितित समय और समाज के परिप्रेक्ष्य में लोक उन्हें व्यर्थ अथवा अनुत्पादक मानकर उनसे दूरी बनाना चाहता है। ऐसी स्थिति में वे धर्म की परिधि से बाहर चले जाते हैं। लोग उनका आचरण छोड़ देते हैं। अनेक आचरण जिन्हें धर्म की परिधि से बाहर कर दिया गया वे आवश्यक रूप से कुरीतियाँ ही हों ऐसा नहीं कही जा सकता। समय के बदलने के साथ, सभ्यता के तक़ाज़ों के अनुकूल न होने के कारण उन्हें छोड़ दिया जाता है। इसलिए परम्परा द्वारा छोड़े जाने वाले व्यहारों को भी दो वर्गों में बाँटा जा सकता है। पहले प्रकार के व्यवहार वे हैं जो आवश्यक रूप से अनाचार और अत्याचार के रूप में नहीं हैं। धर्मशास्त्रों में कलिवर्ज्य की सूची के अन्तर्गत ऐसे अनेक उदाहरण हैं जिन्हें कुरीति नहीं कहा जा सकता, परन्तु अनावश्यक तथा अनुत्पादक होने के कारण उनका परिहार किया गया है। परम्परा, चूँकि हमेशा अग्रगामी तथा उत्पादक होती है इसलिए वह इन रूढ़ियों को अपना हिस्सा नहीं बनने देती। समय के बदलने के साथ कुछ व्यवहारों का कालबाह्य होकर रूढ़ि में परिवर्तित हो जाना किसी भी जीवन्त परम्परा का प्रमुख अभिलक्षण है। परम्परा इन रूढ़ियों को छोड़ती है और इसी आधार पर उसकी जागरूकता और चैतन्य का निश्चय भी होता है। इस अर्थ में हेयतया उपयुक्त होकर रूढ़ियाँ भी परम्परा का उपकार करती हैं। पण्डित विद्यानिवास मिश्र का प्रेक्षण इस विषय में महत्त्वपूर्ण है–

> 'परम्परा सतत जागरूक रहती है, वह स्मृति की छँटाई भी है और स्मृति के बावजूद नया संकल्प भी। हमारा जातीय बोध परम्परा और रूढ़ि में इसी से अन्तर करता आया है। वह रूढ़ि की अपरिहार्यता स्वीकार करता है, क्योंकि रूढ़ि बनना स्वाभाविक है, सदा एक ही प्रकार की गतिशीलता नहीं रहती और रूढ़ि बनने से ही परम्परा गतिशील होती है, जागरूक होती है। परम्परा सिद्ध वस्तु नहीं है वह निरन्तर साध्य है।'[347]

943), *महाभारत* शान्ति. 232.27, 261.8, *पराशरस्मृति* 1.22 पा.वा. काणे (1946), *हिस्ट्री ऑफ़ धर्मशास्त्र*–प्रथम खण्ड, पुणे, भण्डारकर ओरियण्टल रिसर्च इंस्टिट्यूट : 892.

347. विद्यानिवास मिश्र (2019), पूर्वोद्धृत : 21-22.

इस वर्ग के परिहार्य व्यवहारों में कमण्डलु धारण आदि को एक उदाहरण के रूप में देखा जा सकता है, जिन्हें आगे के पृष्ठों में बताया गया है।

दूसरे प्रकार के व्यवहारों को हानिप्रद रूढ़ियाँ अथवा कुरीतियाँ कह सकते हैं। इस प्रकार के व्यवहार भारतीय समाज में किस परिस्थिति में प्रचलित हुए इसका पता लगाना कठिन है। सम्भवतः, समाज के अन्दर विद्यमान स्वार्थी तत्त्वों के कारण अथवा बाहरी जातियों के सम्पर्क से या बाहरी आक्रान्ताओं से आत्मरक्षा के लिए भारतीयों ने इन व्यवहारों को तात्कालिक समाधान के रूप में इन्हें अपनाया होगा और बाद में शास्त्रानुमोदन के कारण ये समाज में रूढ़ होने लगे होंगे। हम देखते हैं कि इन कुरीतियों के विरुद्ध भारतीय चेतना हमेशा से संघर्षशील रही है। प्रत्येक संस्कृति की यात्रा में जिस प्रकार गति होती है, गति के चरणों मे पड़ाव होते हैं, उसी प्रकार उसमें गति का निरोध भी उपस्थित होता है, जड़ता भी आती है, यहाँ तक की अगति भी आ जाती है।'ऐसा नहीं है कि भारतीय संस्कृति के अभिव्यक्ति-पक्ष में विकार न उत्पन्न हुए हों, जैसा कि किसी भी संस्कृति के जीवन-प्रवाह में होता ही रहता है। परन्तु भारतीयों ने ऐसे विकारों को 'स्वरूप' समझने की कभी भूल नहीं की है। भारतीय संस्कृति में ऐसे विकारों से उबरने की आत्मचेतना सदैव दिखाई पड़ती है'।[348] इससे भारतीय परम्परा का एक विशेष गुण बौद्धिक निर्भयता प्रकट होकर सामने आता है।

> यह परम्परा बानरी की तरह अपने बच्चे को चिपका कर अपना वात्सल्य नहीं दिखलाती, वह बाघिन की तरह अपने अपने बच्चे को दाँतों में लेकर चलती है। ... परम्परा के इस अतीत की उपेक्षा करने वाले पक्ष को आज बहुत कम पहचाना जाता है पर उसे पहचानना बहुत ज़रूरी हो गया है। पुनर्जागरण के स्वप्न में आविष्ट होकर हम अतीत के गौरव के मोह में हम आजकल फँस गये हैं। इससे हमारा उद्धार होना चाहिए। यह तभी होगा, जब हम इस विचार के लिए तैयार होंगे कि महाभाव के लिए रूढ़िवादी यथास्थिति वाली सामाजिक व्यवस्था घातक है।[349]

सती प्रथा के विशेष उदाहरण के माध्यम से हम इस बात को समझने का प्रयास करते हैं कि भारतीय परम्परा अनुत्पादक रूढ़ियों के विरोध में किस प्रकार सतत

---

348. शर्मा (2018, 61).

349. विद्यानिवास मिश्र (2019), पूर्वोद्धृत : 25

संघर्षशील रही है। इतिहास के किसी एक बिन्दु पर किन्हीं कारणों से प्रचलन में आयी इस कुरीति को धर्मशास्त्रियों ने किस प्रकार सहस्राब्दियों तक समाज से दूर करने के प्रयत्न किये, जबकि अनेक स्मृतियाँ इसका समर्थन तक कर रही थीं। पति के मरने के बाद उसकी चिता पर जल कर मर जाना मध्यकाल तथा आधुनिक काल में 'सती' के नाम से जाना जाता रहा है। इसका पुराना नाम 'अनुमरण' (अर्थात्, पति के बाद में मर जाना) अथवा अन्वारोहण (पति की चिता पर चढ़ जाना) है। अनेक धर्मशास्त्रों में पति की मृत्यु के बाद स्त्री के लिए अनुमरण का विधान किया गया है (सन्दर्भों के लिए दे.– *मिताक्षरा तथा अपरार्क* 1.86)। विदेशियों द्वारा इसे बड़े ही अजीब तरह से देखा गया और उसका चित्रण भी कुछ अतिरंजित तरीक़े से किया गया। फ़ारसी कविता[350] में इस प्रकार के अनेक संकेत मिलते हैं जिससे लगता है अथवा मुस्लिम देशों में यह समझा जाता रहा है कि पति की मृत्यु के बाद हिन्दू औरतों को आवश्यक रूप से जलकर मर जाना ही एक विकल्प होता है। अकबर के समय फ़ारसी की दो मसनवियाँ भी इस विषय में लिखी मिलती हैं। समाज में प्रचलन में आयी इस कुरीति के परिमार्जन के प्रमुख प्रयासों को हम आगे देखते हैं–

(क) भाष्यकारों के अनुसार *ऋग्वेद* (10/18/8) में मृत पति के साथ मरने की प्रवृत्ति को हतोत्साहित किया गया है। 13वीं सदी में हुए वेदों के महान् भाष्यकार सायण के अनुसार निम्नलिखित मन्त्र में विधवा स्त्री का देवर उसे समझाते हुए उसे अपने पति के साथ चिता पर चढ़ने से रोकता है। उन्होंने इसमें *आश्वलायनगृह्यसूत्र* (4.2) का प्रमाण भी दिया है, जो *ऋग्वेद* के कर्मकाण्डों को समझाने वाला ग्रन्थ है। मन्त्र और उसका अर्थ इस प्रकार है–

उदीर्ष्व नार्य॒भि जी॒वलो॒कं ग॒तासु॑मे॒तमुप॑ शेष॒ एहि॑ ।
ह॒स्त॒ग्रा॒भस्य॑ दिधि॒षोस्तवे॒दं पत्यु॑र्जनि॒त्वम॒भि सं ब॑भूथ ॥

(हे स्त्री, उठो और जीवित लोगों के संसार में जाओ; चलो, जिस आदमी के निकट तुम सोयी हुई हो तुम्हारे पास है वह निर्जीव है। जो तुम्हारा हाथ

350. उदाहरण के लिए निम्नलिखित फ़ारसी शेर जिसे अमीर ख़ुसरौ का कहा जाता है–
हमचू हिन्दूज़न बे कारे इश्क़ कस मर्दाने नीस्त
सूख़्तन बर शम्मे मुर्दे कारे हर परवाने नीस्त
(प्रेम के पन्थ में हिन्दू औरत की तरह कोई मर्द–दिल नहीं हो सकता।
बुझे हुए दिये पर मर मिटना हर परवाने का काम नहीं है॥)

पकड़ कर तुम्हें ले आया था उसकी पत्नी होने की भूमिका का निर्वाह तुम कर चुकी हो।)

ध्यान रखना चाहिए कि धर्म के विषय में सबसे अधिक प्रामाणिक वेद हैं। उसके बाद के सभी ग्रन्थ तभी प्रामाणिक माने जा सकते हैं जब वे वेद का अनुगमन करते हों।[351] परम्परा ने श्रुति प्रमाण को प्रत्यक्ष और स्मृति को अनुमान जैसा माना है। इसका कारण यह है कि श्रुति को प्रत्यक्ष की भाँति अपने प्रामाण्य के लिए किसी अन्य प्रमाण की आवश्यकता नहीं होती जबकि स्मृति को इसके लिए श्रुति की आवश्यकता होती है।[352] उपर्युक्त व्याख्या के द्वारा जब यह सिद्ध किया जा सकेगा कि वेद में स्वयं ही इस प्रवृत्ति का समर्थन नहीं है तो बाद में उत्पन्न कुछ प्रचलनों को प्रामाणिक नहीं माना जा सकेगा।

(ख) प्राचीनतम और सबसे अधिक प्रामाणिक माने जाने वाली *मनुस्मृति* में कहीं भी सती का ज़िक्र नहीं है। *मनुस्मृति* के प्राचीनतम व्याख्याकार मेधातिथि, जिनका समय सातवीं सदी के बाद का माना जाता है, उन्होंने मनु के एक प्रसंग (5.157) की व्याख्या में अनुमरण को अधार्मिक घोषित करते हुए उसका विरोध किया है। इसके लिए मेधातिथि का प्रमुख तर्क यह है कि आत्महत्या करना अथवा जीवन से बेज़ार होना[353] वेदों के अनुसार निषिद्ध है। इसके समर्थन में उन्होंने एक वेद-वाक्य उद्धृत किया है–*तस्मादु ह न पुरायुषः प्रेयात्* [354](मनुष्य को चाहिए कि वह अपनी आयु के समाप्त होने के पहले न मर जाये)। यह वाक्य पुरुष की तरह स्त्री को भी आत्महत्या से रोकता है। सती होना एक तरह से आत्महत्या ही है। उसके आचरण में वेद का उल्लंघन होता है इसलिए यह कदापि धर्म का हिस्सा नहीं हो सकता, चाहे इसके पक्ष में कितने भी स्मृति के वाक्य क्यों न हों।

---

351. धर्मं जिज्ञासमानानां प्रमाणं परमं श्रुतिः। तथा
श्रुतिस्मृत्योर्विरोधे तु श्रुतिरेव गरीयसी॥

352. प्रत्यक्षं श्रुतिरनपेक्षत्वात्। अनुमानं स्मृतिः अनुमीयमानश्रुतिसापेक्षत्वात्। (*मन्वर्थमुक्तावली,* मनु. 1.20, पृ. 85)

353. जिजीविषेच्छतं समाः। (*ईशोपनिषद्* 1[ख])

354. मेधातिथि, *मनु.* 5.157

अब मेधातिथि स्मृतियों के उन वचनों की ओर आते हैं जिनमें अनुमरण का विधान किया गया है। वे विशेष रूप से *आङ्गिरसस्मृति* को लेते हैं जिसमें कहा गया है– *पतिमनुम्रियेरन्* (पत्नी को चाहिए कि वे पति मरने पर मर जायें)। इस प्रश्न का समाधान वे शास्त्रीय ढंग से करते हैं। वे इस विधि की तुलना श्येन यज्ञ के साथ करते हैं। श्येन यज्ञ बहुत सारे वैदिक यज्ञों में से एक यज्ञ है। इस आभिचारिक यज्ञ को कोई व्यक्ति तब करता है जब उसे अपने शत्रु को मारना होता है। श्येन यज्ञ के अनुष्ठान से व्यक्ति का शत्रु तो मर जाता है लेकिन उससे उत्पन्न पाप के नाते वह व्यक्ति नरक जाता है। अन्ततः नरक ले जाने के कारण श्येन यज्ञ को धर्म नहीं कहा जा सकता है, क्योंकि धर्म वह है जो वेद में विहित होने के साथ साथ इष्टफल को पैदा करने वाला भी हो।[355] जैसे किसी शत्रु के प्रति अत्यन्त द्वेष के कारण अन्धा होकर व्यक्ति उसे मारने के लिए श्येन यज्ञ करता है लेकिन उस यज्ञ को धर्म नहीं कहा जा सकता। इसी तरह 'पति के साथ जल कर मरने से स्वर्ग मिलेगा', इस प्रकार की लालच में यदि कोई स्त्री सती होती है तो उसे धर्म नहीं कहा जा सकता। जिस तरह श्येन यज्ञ का निषेध है उसी प्रकार अनुमरण का भी निषेध है। यदि कोई स्त्री फिर भी ऐसा करती है तो वह शास्त्रीय नहीं कहा जा सकता।[356] ध्यान रखना चाहिए कि शास्त्रों में जो कुछ कहा गया है वह सभी करणीय नहीं है, क्योंकि सब कुछ धर्म की कोटि में नहीं आता। धर्म उसे ही कहा जा सकता है जो वेद में कहा भी गया हो और अनिष्टकारक भी न हो।[357]

---

355. दे. *अर्थसंग्रह* में धर्म का लक्षण– 'वेदप्रतिपाद्यः प्रयोजनवदर्थो धर्मः'।

356. पुंवत् स्त्रीणामपि प्रतिषिद्ध आत्मत्यागः। यदप्याङ्गिरसे 'पतिमनुम्रियेरन्', इत्युक्तं तदपि नित्यवदवश्यं कर्तव्यम्। फलस्तुतिस्तत्रास्ति। फलकामायाश्चाधिकारे श्येनतुल्यता। तथैव 'श्येनेन हिंस्याद् भूतानि' इत्यधिकारस्यातिप्रवृद्धतरद्वेषान्धतया सत्यामपि प्रवृत्तौ न धर्मत्वम्, एवमिहाप्यतिप्रवृद्धफलाभिलाषायाः सत्यपि प्रतिषेधे तदतिक्रमेण मरणे प्रवृत्त्युपपत्तेर्न शास्त्रीयत्वम्। अतोऽस्त्येव पतिमनुमरणेऽपि स्त्रियाः प्रतिषेधः। किंच 'तस्मादु ह न पुरायुषः प्रयादिति' प्रत्यक्षश्रुतिविरोधे स्मृतिरप्येषा अन्यार्था शक्या कल्पयितुम्। यथा 'वेदमधीत्य स्नायात्' इत्यध्ययनानन्तरमकृतार्थावबोधस्य स्नानस्मरणम्। (मेधातिथि 5.157)

357. तु. वेदप्रतिपाद्यः प्रयोजनवदर्थो धर्मः।

(ग) *मनुस्मृति* के अलावा हिन्दू व्यक्तिगत क़ानूनों का सबसे बड़ा स्रोत *याज्ञवल्क्यस्मृति* को माना जाता है। इसकी अलग अलग व्याख्याएँ देश में कानून के स्रोत के रूप में मानी जाती रही हैं। इनमें से एक बहुत ही महत्त्वपूर्ण व्याख्या है विज्ञानेश्वर की *मिताक्षरा*। विज्ञानेश्वर 12वीं शताब्दी में दक्षिण भारत में उत्पन्न हुए थे।

याज्ञवल्क्य ने पुत्रहीन विधवाओं के लिए पति की सम्पत्ति का सारा का सारा हिस्सा देने की वकालत की। समाज में इसका विरोध करने वाले तत्त्व भी थे जो विधवा को सारा हिस्सा नहीं दिलाना चाहते थे। उनका तर्क यह था कि विधवा के लिए धर्म यह है कि वह पति के साथ जल कर मर जाये। समाज में सती प्रथा के मूल में सम्भवतः यही मानसिकता रही होगी। विज्ञानेश्वर ने इस पक्ष का खण्डन करते हुए कहा है कि यदि यह मान भी लिया जाये कि सती होना स्त्री का धर्म है तो भी यह निकृष्ट कोटि का धर्म है। क्योंकि एक स्त्री यदि सती हो जाये तो वह अधिक से अधिक पति के साथ स्वर्ग लोक जा सकती है लेकिन उसका नितान्त मोक्ष तो नहीं हो सकता। सभी प्रकार के बन्धनों से छूटकर परम धाम को प्राप्त होना मानव जीवन का सबसे बड़ा लक्ष्य है और यही सबसे बड़ा धर्म भी है। इस धर्म के पालन के लिए आवश्यक है कि स्त्री मृत पति के शव के साथ मर न जाये बल्कि जीवित रहे और तपस्या आदि के द्वारा मोक्ष को प्राप्त करे और अपने जीवन के परम लक्ष्य को प्राप्त करे–' ... स्वर्गफलोद्देशेनायुषः प्रागायुर्व्ययो न कर्तव्यो मोक्षार्थिना आयुषः शेषे सति नित्यनैमित्तिकर्मानुष्ठा नक्षपितान्तःकरणकलङ्कस्य श्रवणमननिदिध्यासनसम्पत्तौ सत्यमात्मज्ञानेन नित्यनिरतिशयानन्दब्रह्म प्राप्तिलक्षणमोक्षसंभवः। तस्मादनित्याल्पसुखरूपस् वर्गार्थमायुर्व्ययो न कर्तव्य इत्यर्थः'।[358] (*मिताक्षरा* 1.86, पृ.43)[359]

(घ) राजा राम मोहन राय (1772-1833) ने प्रिवी कौंसिल के सामने सती प्रथा के विरोध में परम्परा से लेकर जिन तर्कों को दिया उनमें उपर्युक्त तर्क महत्त्वपूर्ण

---

358. *मिताक्षरा* 1.86-43

359. यद्यपि विज्ञानेश्वर तथा अपरार्क ने मेधातिथि के इस मत का खण्डन किया है कि 1. अनुमरण श्येनाभिचार की तरह धर्म की कोटि में नहीं आ सकता, 2. आयु पूरी नहीं होने पर मरने की जो श्रुति समर्थित बात है वह सामान्य श्रुति है इसके माध्यम से अनुमरणपरक विशेष स्मृतियाँ खण्डित नहीं हो सकतीं क्योंकि वह अपने मूलभूत विशेष श्रुति का स्मरण करा कर उससे बलवान् हो जायेगी।

था। इसके अतिरिक्त यह समझने की बात है कि यदि किसी विधवा के लिए पति के साथ केवल जल मरने का विधान रहा हो तो स्वयं धर्मशास्त्रों में पति की मृत्यु के बाद जो बहुत से अन्य विधान किये गये हैं वे व्यर्थ हो जायेंगे। उदाहरण के लिए, मृत व्यक्ति के जायदाद के बँटवारे के सम्बन्ध में चर्चा करते हुए कहा गया है कि यदि उस मृत व्यक्ति को कोई पुरुष सन्तान नहीं है तो सारा धन उसकी पत्नी को प्राप्त हो। पत्नी के नहीं रहने पर पुत्रियों को और पुत्रियों के भी नहीं रहने पर औरों को।[360] अगर पति की मृत्यु के बाद पत्नी के पास उसकी चिता के साथ जल मरने का केवल एक ही रास्ता होता तो धर्मशास्त्रों का उसे पति की सम्पत्ति में वारिस बनाया जाना व्यर्थ होता। जिसका मरना सुनिश्चित है उसे दायाद बनाकर क्या लाभ। धर्मशास्त्रों ने पत्नी को केवल पति की सम्पत्ति में वारिस ही नहीं बल्कि पूरी सम्पत्ति का वारिस बनाया। धर्मशास्त्रों की यह व्यवस्था इसमें प्रमाण है कि स्त्रियों का सती होना एक सामान्य अथवा अनिवार्य परिघटना कभी नहीं रही। ध्यातव्य है कि याज्ञवल्क्य स्मृति का समय ईसा की पहली से लेकर तीसरी सदी माना जाता है।

(ड़) हिन्दू स्त्रियों को कुछ विशेष परिस्थितयों में फिर से विवाह कर लेने की अनुमति थी। ये परिस्थितियाँ इस प्रकार गिनायी गयी हैं– नष्टे मृते प्रव्रजिते क्लीबे च पतिते पतौ। पञ्चस्वापत्सु नारीणां पतिरन्यो विधीयते॥ (पति के खो जाने, मर जाने, उसके नपुंसक साबित होने, उसके महापाप से ग्रस्त होने, इन पाँच परिस्थितियों में स्त्रियों के लिए दूसरा पति कर लेने की आज्ञा है।)

लेकिन अगर वह पति की सम्पत्ति में अधिकार पाना चाहती है अथवा वह पति के मर जाने पर मृत पति के प्रेम और सम्मान में दूसरा विवाह नहीं करना चाहती है तो फिर उसके लिए विधवा–जीवन का विधान धर्मशास्त्रों में किया गया है। धर्मशास्त्रों में विधवाओं के लिए बहुत से नियमों का विस्तार

360. पत्नी दुहितरश्चैव पितरौ भ्रातरस्तथा।
तत्सुता गोत्रजा बन्धु शिष्यसब्रह्मचारिणः ॥ 2.135 ॥
एषां अभावे पूर्वस्य धनभागुत्तरोत्तरः।
स्वर्यातस्य ह्यपुत्रस्य सर्ववर्णेष्वयं विधिः ॥ 2.136 ॥

पूर्वक वर्णन किया गया है। ध्यान देने की बात है कि यदि पति के मर जाने के बाद यदि पत्नी को आवश्यक रूप से मर ही जाना होता तो धर्मशास्त्रों मे विधवाओं के लिए नियमों पर इतने लम्बे चौड़े प्रकरण न लिखे गये होते। इसके अतिरिक्त विधवाओं के लिए नियोग की भी एक व्यवस्था थी जो बाद में कलिवर्ज्य के अन्तर्गत मानकर हटा दी गयी। इसमें पति की मृत्यु के बाद अथवा उसके अयोग्य होने पर पति के सन्निकटवर्ती सम्बन्धी, देवर आदि से धर्मसम्मत शारीरिक सम्पर्क करके पुत्र की उत्पत्ति कर ली जाती थी।

विधवा के पास यदि केवल अनुमरण का ही विकल्प होता तो नियोग की प्रथा का कोई तात्पर्य नहीं होता। प्राचीन ग्रन्थों में ऐसी घटनाएँ मिलती हैं जहाँ पत्नी प्रेम और दुःख के वशीभूत होकर मृत पति की चिता पर आरूढ़ होती है। उदाहरण के लिए– *रामायण* में वर्णित सत्यवती *महाभारत* में उल्लिखित माद्री। लेकिन हजारों ऐसे उदाहरण हैं जहाँ स्त्रियाँ सती नहीं हुईं, जैसे दशरथ की मृत्यु पर उनकी तीनों रानियों में से कोई भी सती नहीं हुई। इसके लिए उनकी कहीं निन्दा भी नहीं की गयी है। अनुमरण की छिटपुट घटनाओं का बाद में महिमामण्डन होने लगा होगा। इस कार्य में स्वार्थी तत्त्वों की उपस्थिति से इनकार नहीं किया जा सकता है जो विधवा स्त्री के सम्पत्ति में अधिकार को रोकने के लिए ऐसा करने लगे होंगे। साहित्य को देखने से यह पता चलता है कि प्राचीन काल से ही अनेक ग्रन्थों में पति के साथ जल मरने की इस प्रवृत्ति को घृणा की दृष्टि से देखा जाता रहा है, तथा इसकी निन्दा की जाती रही है। उदाहरण के लिए महाराज हर्ष के ज़माने (590-647) के कवि बाणभट्ट ने अपनी *कादम्बरी* में इस कृत्य को अत्यन्त व्यर्थ कार्य बताया है– यदेतत् अनुमरणं नाम तदतिनिष्फलम्। साहित्य जो कि समाज का दर्पण होता है इसमें कहीं भी सती होने का न तो समर्थन मिलता है और न ही विधान। इसके उलट बहुत स्थानों पर इसकी निन्दा मिलती है और इसको हतोत्साहित किया जाता रहा है।

निष्कर्ष के रूप में यह देखा जा सकता है कि पति के पीछे जल कर मर जाना भारतीय समाज में प्राचीन काल से कभी भी एक बहुत प्रचलित प्रथा के रूप में नहीं रही। छिटपुट घटनाएँ अवश्य देखी जा सकती हैं लेकिन उनके बरअक्स असंख्य उदाहरण हैं जो सती नहीं होने के हैं। साहित्य में कहीं भी इसकी प्रशंसा में वाक्य

प्राप्त नहीं होते बल्कि इसकी निन्दा में तथा इसे रोकने के प्रयत्न अवश्य मिलते हैं। फिर भी जितने अंशों में यह कुरीति समाज में व्यवहृत थी उतने अंशों में भी उसे हटाने के निरन्तर प्रयास होते रहे। आगे चल कर उपनिवेशकाल तथा उसके बाद विभिन्न सोपानों में पारित विधेयकों द्वारा इसे पूरी तरह से बन्द कराया जा सका (आगे देखिए, खण्ड 2.4.2)।

रूढ़ियों तथा कुरीतियों के सम्बन्ध में हमें एक बात बहुत ध्यान रखने की है कि परम्परा इन अनुत्पादक व्यवहारों के प्रति विवेकशील रहती है और इनकी उपेक्षा करने और इन्हें छोड़ देने को तैयार रहती है। लेकिन यह काम वह अपनी ज़मीन पर रह कर करती है। इसके लिए किसी 'दूसरी परम्परा की खोज' नहीं करती। अपनी संस्कृति में पैदा हुई रूढ़ियों से छुटकारा पाने का मार्ग यह नहीं है कि उससे उद्विग्न होकर पूरी परम्परा को ही अनुत्पादक सिद्ध किया जाये और किसी पराई रूढ़ि को ओढ़ लिया जाये। 'क्योंकि यदि रूढ़ि अपनी होती है तो गति रुक जाती है किन्तु अगति नहीं होती, पर पराई रूढ़ि अगर प्रगति के पथ पर सवार हो जाती हो तो अगति होती है।'[361] अपनी परम्परा में संशोधन न करके उसका पूर्णतः परित्याग दूसरे की ज़मीन पर घर बनाने जैसा है जिसमें न तो घर हमारा हो पाता है और न ही ज़मीन।[362] कोई व्यवहार किसी कालविशेष में व्यापक रूप से आचरण में था इसका यह तात्पर्य नहीं कि वह वर्तमान में भी उतना ही प्रामाणिक हो। उस पर विचार विमर्श की गुंजाइश हमेशा ही रहती है कि वह वस्तुतः अनुत्पादक है अथवा उत्पादक।

कलिवर्ज्य की यह प्रक्रिया भारतीय धर्मशास्त्र के युगानुरूप अनुकूलन का सबसे बड़ा अभिलक्षण माना जा सकता है। यह प्रक्रिया अत्यन्त स्वाभाविक है इसलिए शास्त्रों में तो इसका परिगणन है ही साथ ही साथ अर्वाचीन समय में आधुनिक विधायिका के माध्यम से भी इस प्रक्रिया की निरन्तरता को देखा जा सकता है। इन दो आधारों पर इसे दो प्रकारों में बाँट कर देखा जा सकता है।

361. विद्यानिवास मिश्र (2019), पूर्वोद्धृत : 23.

362. ईरान के प्रसिद्ध सूफ़ी सन्त रूमी का कथन है–
बर ज़मीने दीगरान् ख़ाना मकुन।
कारे ख़ुद कुन कारे बेगाना मकुन॥
(किसी दूसरे की ज़मीन पर घर मत बनाओ। अपना काम करो किसी दूसरे का काम न करो॥)

शास्त्रीय कलिवर्ज्य

मनुस्मृति (4.176³⁻⁴) का कहना है कि ऐसे धर्म को छोड़ देना चाहिये जिससे बाद में हानि की गुंजाइश हो और जो जनसाधारण में निन्दित हो।[363] धर्म के पाँच स्रोतों[364] में से एक महत्त्वपूर्ण स्रोत है– सत्पुरुषों के आचरण में होना। भारत में पुराने समय से चले आ रहे धर्माचरणों का निरन्तर परीक्षण होता है। जब कोई विधि कालबाह्य हो जाने के कारण अनुत्पादक (असुखोदर्क) हो जाती है तो उसका नितान्त त्याग करने का भी विधान है। धर्मशास्त्रकार जब देखता है कि लोग इन विधियों से विमुख हो रहे हैं तो वह भी लोक के स्वर में स्वर मिलाता हुआ इन्हें *'कलिवर्ज्य'* की श्रेणी में रख देता है। ये विधियाँ भले ही श्रुति तथा स्मृति में अनुमत रही हों लेकिन सत्पुरुष युगधर्म को देखते हुए उन्हें व्यवहार से बाहर कर देते हैं। उन्हें यह लगता था कि ये विधियाँ अगर पूर्ववत् व्यवहार में बनी रहीं तो उससे पाप और अनाचार बढ़ेगा।[365] *पराशरस्मृति* का कहना है कि भिन्न भिन्न युगों के धर्म कालानुरूप बदलते रहते हैं। इन बदले हुए धर्मों पर आक्षेप नहीं करना चाहिए।[366] इन्हें युग तथा देशाचार के अनुकूल ही ग्रहण करना चाहिए।[367] यह भी ध्यान रखना चाहिए कि कलिवर्ज्य का प्रकरण पुराने धर्मशास्त्रों में नहीं मिलता। इनकी सबसे पहली सूची *स्मृत्यर्थसार* और *स्मृतिचन्द्रिका* में मिलती है जो क्रमशः 12वीं और 13वीं सदी के ग्रन्थ हैं। इसका तात्पर्य यह है कि विदेशी आधिपत्य के चलते समाज की दशा में

---

363. धर्मं चाप्यसुखोदर्कं लोकविद्विष्टमेव च॥ (*मनु.* 4.176)

364. वेदोऽखिलो[1] धर्ममूलं स्मृति[2]शीले[3] च तद्विदाम्।
आचारश्चैव साधूनां[4] आत्मनस्तुष्टिरेव[5] च॥ (*मनुस्मृति* 2.6)

365. '... कुछ कार्यों को बुद्धिमानों ने धर्म की हानि के डर से आपस में एकमत होने के बाद छोड़ दिया यद्यपि यह छोड़ना श्रुति या स्मृति से प्रमाणित नहीं था। उन्होंने ऐसा इसलिए किया क्योंकि यदि वे जारी रहते तो धर्म की हानि होती क्योंकि कलियुग में उत्तम कोटि के लोगों का अभाव है।' देखें, पाण्डुरंग वामन काणे (1946), *हिस्ट्री ऑफ़ धर्मशास्त्र*, खण्ड 1, भण्डारकर ओरिएंटल रिसर्च इंस्टीट्यूट, पुणे : 930)

366. युगे युगे च ये धर्मास्तत्र तत्र च ये द्विजाः।
तेषां निन्दा न कर्तव्या युगरूपा हि ते द्विजाः॥ (*पराशरस्मृति* 1.33, *धर्मकोश* v-ii पृ.826)

367. युगधर्मः परिग्राह्यो वर्णैरेतैर्यथोचितम्।
देशाचारास्तथा ग्राह्याः स्मृतिधर्माविरोधतः॥
(*नारदपुराण* 1.24.11, उ. *धर्मकोश* v-ii, पृ. 904)

जो परिवर्तन आ गया था उसे ध्यान में रखते हुए धर्मशास्त्रों को कालानुकूल किया जा रहा था। धर्मशास्त्र के इतिहास से यह स्पष्ट होता है कि 'कलिवर्ज्यों' की संख्या पहले कम थी बाद में उनकी संख्या बढने लगी यहाँ तक की वर्जित विधियाँ पचास की संख्या में हो गयी।[368] धर्मशास्त्र के प्रख्यात वेत्ता पी.वी. काणे ने *धर्मशास्त्र का इतिहास* में 55 ऐसी विधियाँ गिनायी हैं जो कलिवर्ज्य के अन्तर्गत आती हैं। हम आगे कुछ उदाहरणों को देखते हैं जिनसे यह सिद्ध हो सकेगा कि भारतीय व्यवहार में कालानुकूल सुधारों की कितनी अधिक गुंजाइश है।

प्राचीन ग्रन्थों में प्रमाण मिलते हैं कि वेद विहित यज्ञों में हिंसा के अंश भी शामिल थे। श्रमण विचारधाराओं के लोक में स्वीकृत होने के बाद जनसामान्य से इस प्रकार के यज्ञों को समर्थन कम हो गया होगा।[369] बाद में यज्ञ सम्बन्धी हिंसा को वैदिक कर्मकाण्डों की मुख्यधारा से हटाकर कलिवर्ज्य की श्रेणी में रख दिया गया (*मार्कण्डेयपुराण, अपरार्क* पृ. 929 पर उद्धृत)।[370] इसी तरह नियोग प्रथा[371] से होने वाले भ्रष्टाचारों को देखते हुए इसे गर्हित मान कर धर्म की मर्यादा से बाहर कर दिया गया होगा। बड़े भाई को जायदाद का सबसे बड़ा हिस्सा देने (ज्येष्ठांश या उद्धारविभाग) से इसलिए रोक दिया गया कि कलियुग में नैतिकता की कमी के कारण अब ऐसे लोग नहीं रहे जो अपने छोटे भाइयों का अपने पुत्रों की तरह पालन करें। 12 दिन से लेकर 12 साल तक चलने वाले बड़े-बड़े यज्ञ जिन्हें सत्र कहते हैं, उनका अनुष्ठान भी कलियुग में छोड़ दिया गया। इन यज्ञों में लगने वाले खर्च और समय को अव्यावहारिक पाते हुए विचारशील लोगों ने उसे उपासना की सरलतर विधियों के साथ बदल दिया होगा।[372] धर्मशास्त्र की पुरानी पुस्तकों में एक स्नातक के लिए शौच कर्म हेतु जल के लिए कमण्डलु का धारण अनिवार्य किया

---

368. पाण्डुरंग वामन काणे (1946), पूर्वोद्धृत : 930

369. कुल्लूक भट्ट ने मनु. (4.176) में *लोकविक्रुष्ट* की व्याख्या करते हुए कलियुग में विविध प्रकार के यज्ञों में गोवध इत्यादि को उदाहरण के रूप में प्रस्तुत किया है– 'यथा कलौ मध्यमाष्टकादिषु गोवधादि:' : 339।

370. पाण्डुरंग वामन काणे (1946), पूर्वोद्धृत : 964

371. पुत्रविहीन मृत व्यक्ति की पत्नी का सम्बन्ध पति के भाई से कराकर पुत्रप्राप्ति को नियोग कहते हैं।

372. उपर्युक्त : 938-939.

गया है। लेकिन बाद में इसे ढोना भार की तरह लगा होगा और जल की अपर्याप्ति के कारण अशुद्धि भी बढ़ने लगी होगी इसलिए इस विधि को वर्जित कर दिया गया।[373] अनेक आचार ऐसे भी हैं जो कलियुग में ही व्यवहार में थे, लेकिन बाद में वे अनेक कारणों से वर्जित मान लिये गये, उदाहरण के लिए संन्यास के संबन्ध में *व्यासस्मृति* का कहना है कि कलियुग के 4400 सालों बाद संन्यास लेना वर्जित है।[374] इसके अतिरिक्त कुछ प्रमुख कलिवर्ज्य विधियाँ हैं– सपिण्ड तथा सगोत्र कन्या से विवाह, व्यभिचारिणी स्त्री का त्याग, पुरुषमेध, अश्वमेध, राजसूय आदि यज्ञप्रकार, आजीवन नैष्ठिक ब्रह्मचर्य अथवा दीर्घ ब्रह्मचर्य इत्यादि।[375] इनमें से अनेक विधियों को छोड़ने के स्वास्थ्यपरक तथा अन्य व्यावहारिक कारण हैं। अनेक विधियों को स्त्रियों तथा अन्य वर्गों के प्रति उदार और करुणापूर्ण दृष्टि के कारण कलिवर्ज्य घोषित किया गया है। अन्ततः, पी.वी.काणे के शब्दों में कहा जा सकता है–

> 'कलिवर्ज्य का प्रकरण उन लोगों के लिए एक बड़ा उत्तर हो सकता है जो पूरब को अपरिवर्तित मानते हैं। ... यह प्रकरण निश्चित रूप से यह बताता है कि समाज के प्रचलनों के अनुकूल न होने के कारण किस प्रकार वेदों तथा स्मृतिकारों के आदेशों को दरकिनार कर दिया गया था। कलिवर्ज्य उन लोगों के हाथों में एक बहुत बड़ा उपकरण देता है जो विवाह, दायविभाग, तथा भारतीय समाज से सम्बद्ध अन्य प्रथाओं में सुधार करना चाहते हैं।'[376]

अर्वाचीन कलिवर्ज्य

ऐसा नहीं समझा जाना चाहिए कि धर्मशास्त्रीय विधियों के पुनरावलोकन, सुधार और आंशिक त्याग की यह पुरानी शृङ्खला अब समाप्त हो चुकी है। अथवा इसका एकमात्र तरीक़ा संस्कृत के शास्त्रों के माध्यम से नियम बनाकर ही किया जाना है। परम्परा के अद्यतनीकरण की प्रकृत प्रविधि तो भारतीय ज्ञान-परम्परा में अन्तर्निहित है। इसके अनेक के उदाहरण अर्वाचीन काल में भी देखे जा सकते हैं। भारतीय

---

373. उपर्युक्त : 1946, 939.

374. उपर्युक्त : 1946, 927.

375. विशेष विवरण के लिए देखें– उपर्युक्त : 34 : 885-968.

376. पाण्डुरंग वामन काणे (1946), पूर्वोद्धृत : 967.

समाज इसके लिए जागरूक और तैयार रहता है। आगे कुछ ऐसी विधियों की चर्चा की जा रही है जिनका विधान पारम्परिक धर्मशास्त्र तो करता है लेकिन वर्तमान काल में विधायिका अथवा न्यायालय द्वारा उनमें परिवर्तन कर दिये गये हैं तथा ये परिवर्तन बिना किसी प्रबल विरोध के समाज द्वारा स्वीकृत भी हुए हैं। ध्यातव्य है कि अग्रलिखित सभी नियम प्राय: विधेयकों के माध्यम से अस्तित्व में आये हुए अवश्य हैं लेकिन इन सभी के पीछे समाज सुधार की लम्बी लड़ाई का हाथ है। इससे पता चलता है कि भारतीय समाज इन परिवर्तनों की आवश्यकता का अनुभव करते हुए संलग्नता से इसके लिए यत्नशील भी रहा है। साथ ही राज्य के द्वारा लागू किये जाने के कारण इन प्रसंगों में दण्ड का आवश्यक प्रावधान भी है। इससे इन निषिद्धाचरणों को रोकना सुनिश्चित होता है। इनमें से प्रमुख निम्नवत् हैं–

1. **सती प्रथा निवारक अधिनियम–** सती की कुरीति को समाज से हटाने के शास्त्रीय प्रयासों की चर्चा ऊपर की जा चुकी है। यद्यपि भारत में इस प्रकार घटनाएँ इतनी व्यापक नहीं रहीं कि उसे एक स्वीकृत प्रथा का दर्जा दिया जा सके फिर भी समाज इसका प्रचलन तो था ही। इसके प्रचलन में स्वार्थी तत्त्वों का हाथ था जिसके नाते इसके निवारण के लिए सदियों तक कठिन प्रयास करना पड़ा। अर्वाचीन काल में सबसे पहले इसे 1798 में बंगाल में रोका गया लेकिन आसपास के क्षेत्रों में यह कुरीति फिर भी चलती रही। यद्यपि अंग्रेज़ों ने पहले इसे हिन्दुओं का वैयक्तिक मामला मानते हुए इसमें हस्तक्षेप करने में अरुचि दिखाई थी, लेकिन राजा राम मोहन राय ने अनेक शास्त्रीय प्रमाणों के द्वारा सिद्ध किया कि प्राचीन शास्त्र हिन्दू विधवा के लिए सती होने को अनिवार्य आदेश के रूप में प्रस्तुत नहीं करते। उनके तथा विलियम बैंटिक के प्रयासों से 1829 में इसे ग़ैर क़ानूनी घोषित करते हुए फौजदारी अदालत के द्वारा दण्डनीय अपराध माना गया। भारत की सत्ता जब सीधे ब्रिटेन की रानी के अधीन हुई तो 1861 में विक्टोरिया ने पूरे भारत में सती के विरुद्ध एक सामान्य क़ानून की घोषणा कर दी। राजस्थान सरकार ने 1987 में सती निरोधक क़ानून को पारित किया। इसके अनुसार विधवाओं के जलाये अथवा दफ़नाने की ऐच्छिक अथवा बलात् कोई भी क्रिया, अथवा उसे महिमामण्डित करने की चेष्टा तथा सती सम्बन्धी समारोह में भाग लेना, सभी कृत्य दण्डनीय घोषित हुए। यह अधिनियम भारतीय संसद् के अधिनियम के रूप में 1988 में अस्तित्व में आया। इसके

अनुसार उपर्युक्त कृत्य में किसी भी प्रकार से शामिल होने पर मृत्युदण्ड, आजीवन कारावास तथा अर्थदण्ड के प्रावधान हैं। इस प्रकार आधुनिक भारत में सती की यत्किञ्चित् घटनाओं का भी अन्त कर दिया गया। इसे आधुनिक कलिवर्ज्य का उदाहरण मान सकते हैं।

2. **विधवा विवाह अधिनियम–** धर्मशास्त्रों में प्राचीनकाल से ही किसी विधवा के लिए पति के मर जाने के बाद आदर्श स्थिति यह रही है कि वह अपनी मर्यादा की रक्षा करते हुए शेष समय अविवाहित रहे और व्रतपूर्ण जीवन जिये। विधवा के अविवाह के पीछे यह तर्क प्रमुख था कुल की सम्पत्ति किसी अन्य परिवार में न जाये। धर्मशास्त्रों ने भी विधवा स्त्री को पति का हिस्से तभी दिया है जब वह अविवाहित अवस्था में मर्यादापूर्ण जीवन व्यतीत करे। फिर भी विधवा को विवाह से बलात् रोकना नीतिविरुद्ध आचरण है, यह प्राचीन काल से लोग समझते थे। इसलिए विधवा विवाह के प्रसंग प्राचीन काल से मिलते हैं। आधुनिक भारत में विधवाओं के विवाह से सम्बन्धित अधिनियम ईस्ट इण्डिया कंपनी ने 26 जुलाई, 1856 में लागू किया गया। इसे लॉर्ड डलहौज़ी ने तैयार किया तथा लॉर्ड कैनिंग ने पारित कराया। बंगाल के प्रमुख धर्मसुधारक पण्डित ईश्वरचन्द्र विद्यासागर ने इसके लिए उल्लेखनीय प्रयत्न किये। उन्होंने लेजिस्लेटिव कौंसिल में विधवा विवाह के पक्ष में याचिका दायर की लेकिन, राजा राधाकांत देव तथा धर्मसभा की ओर से इसके विरोध में चौगुने से अधिक हस्ताक्षरों के साथ एक प्रतियाचिका दाख़िल कर दी गयी। इसके बावजूद डलहौज़ी ने इस विधेयक को पारित किया। धर्मशास्त्रों में विहित विधवा-अविवाह के विरुद्ध इस अधिनियम को अर्वाचीन कलिवर्ज्य के अन्तर्गत रखा जा सकता है। वस्तुतः प्राचीन काल में यदि विधवा विवाह के प्रावधान क्षीण थे तो उसका कारण यह था कि उसकी आवश्यकता की आंशिक पूर्ति के लिए नियोग प्रथा समाज में प्रचलित थी। कलिवर्ज्य होने के कारण जब नियोग का आचरण समाप्त हो गया तो विधवा विवाह एक सामाजिक आवश्यकता बन गयी। इसके लिए समाज ने प्रयत्न किया और इसे क़ानून के रूप में आत्मार्पित किया।

3. **बालविवाह निरोधक अधिनियम–** धर्मशास्त्रों का अध्ययन करते हुए हमें ऐसे प्रचुर वाक्य मिलते हैं जिसमें यह स्पष्ट विधान मिलता है कि

कन्या का विवाह शीघ्रातिशीघ्र हो जाना चाहिए। बहुत स्थानों पर रजोदर्शन से पहले विवाह का आदेश दिया गया है। यद्यपि प्राचीनतर ग्रन्थों में यह संकेत मिलता है कि कन्या का विवाह भी ब्रह्मचर्य आश्रम के बाद ही हो,[377] लेकिन प्राय: मध्यकाल में विविध कारणों से बाल विवाह बहुत अधिक प्रचलित हो गया था। भारतीय मानस को यह बात निश्चित रूप से खटकी होगी। स्वातन्त्र्य पूर्व भारत में कई पण्डितों के प्रयास इस कुरीति को हटाने के लिए सामने आते हैं। उदाहरण के लिए राममिश्र शास्त्री नामक विद्वान् ने *उद्वाहसमयमीमांसा* नामक ग्रन्थ लिखा जिसमें उन्होंने वेदवाक्यों, धर्मशास्त्रों तथा *आयुर्वेद* आदि के आधार पर प्रमाणित किया कि बालविवाह समर्थनीय नहीं है। यह ग्रन्थ 1890 में काशी में प्रकाशित हुआ था। इसी व्यापक भावना के कारण विवाह की न्यूनतम सीमा को विविध अधिनियमों के द्वारा आगे ले आया गया। बालविवाह निरोधक अधिनियम को 28 सितम्बर, 1929 को पारित किया गया। इसमें लड़कियों के विवाह की उम्र 14 वर्ष जबकि लड़कों के विवाह की उम्र 18 वर्ष निश्चित की गयी। देश के स्वतन्त्र होने के बाद 1949 में इसमें सुधार करके लड़कियों के विवाह की न्यूनतम सीमा को बढ़ाकर 15 वर्ष कर दी गयी। 1978 में इसे क्रमश: 18 तथा 21 वर्ष कर दिया गया। यह विधेयक 'शारदा विधेयक' के नाम से लोकप्रिय है। 2006 में आये बाल विवाह निषेधक अधिनियम में न केवल बाल विवाह की रोकथाम की गयी है, बल्कि बाल विवाह की शिकार हुई, बच्ची या बच्चे की सुरक्षा तथा सहायता का प्रावधान भी है। यह अधिनियम बाल विवाह के लिए किसी भी रूप में उत्तरदायी व्यक्ति को दण्ड का प्रावधान भी करता है। उपर्युक्त अधिनियमों के माध्यम से बाल विवाह के निरोध को अर्वाचीन कलिवर्ज्य के अन्तर्गत रखा जा सकता है।

4. **हिन्दू विवाह अधिनियम–** परम्परागत धर्मशास्त्र में विवाह के अनेक नियम हैं अर्वाचीन युग में जिनमें परिवर्तन किया गया है और उनको जनसमर्थन भी मिला है। अथवा यह कहें कि जनसमर्थन के अनुरोध से ही उसमें परिवर्तन किया जा सका है। जनसामान्य की इच्छा क़ानून का स्रोत हुआ करती है।

---

377. उदाहरण के लिए, ब्रह्मचर्येण कन्या युवानं विन्दते पतिम्। (*अथर्ववेद* 11.05.18)

यदि हिन्दू जनमानस स्वाभाविक रूप से प्रगतिशीलता की ओर गतिमान् न होता तो इन सभी सुधारों को विधि का रूप दिया जा पाना कठिन होता। इसके अन्तर्गत बहुविवाह एक ऐसी ही प्रथा है। धर्मशास्त्र में इसका कहीं भी विरोध नहीं है। पुरुष को प्रारम्भ से ही अनेक विवाह की छूट थी। ब्राह्मण पुरुष को तो, सिद्धान्ततः ही सही, चार विवाह की छूट मानी गयी थी।[378] एकाधिक विवाह के उदाहरण हमें अनेकत्र मिलते हैं। स्त्री को एक समय एक ही विवाह तक सीमित रखना और पुरुष को अनेक विवाह की अनुमति देना स्वभावतः न्यायसंगत नहीं है, इसका अनुभव हिन्दू जनमानस हमेशा से करता रहा होगा। इसलिए समाज के कुछ वर्गों के अतिरिक्त बहुविवाह के उदाहरण बहुत कम मिलते हैं। हिन्दू चेतना की न्यायप्रियता तथा प्रगतिशीलता के नाते ही बहुविवाह के निषेध का नियम बन सका और प्रयोग में आ सका। यह एक तरह से धर्मशास्त्रों के द्वारा दिये गये अपने चिरन्तन अधिकारों को छोड़ने जैसा था। सबसे पहले 1860 में भारतीय दण्ड संहिता की धारा 494 के माध्यम से इसे दण्डनीय माना गया। इसे असंज्ञेय तथा ज़मानती अपराध माना गया जिसमें सात वर्ष तक की सज़ा या अर्थदण्ड हो सकते थे। 1955 में आये हिन्दू विवाह अधिनियम के द्वारा बहुविवाह को पूरी तरह से समाप्त कर दिया गया। इसकी धारा 5 (1) के अनुसार किसी विवाह को वैध होने के लिए चाहिए कि दोनों पक्षों का पहले से कोई जीवित दम्पती न हों। पुरुषों के बहुविवाह को जनसमर्थन द्वारा समाप्त किया जाना आधुनिक भारत में कलिवर्ज्य का प्रखर उदाहरण है, जो भारतीय समाज की प्रगतिशीलता का निदर्शन है।

5. **अस्पृश्यता निवारक क़ानून-** पारम्परिक धर्मशास्त्रों में शौचाशौच निर्णय के प्रसंगों में शूद्रों को निरवसित तथा अनिरवसित दो वर्गों में बाँटा गया है। इनमें से अनेक को अस्पृश्य माना गया है। देखा जाता है कि शूद्रों तथा अन्य पञ्चम वर्णों के प्रति समय बीतने के साथ साथ यह कठोर भाव बढ़ता गया। किसी भी प्रगतिशील समाज में केवल जन्म के आधार पर इस प्रकार का भेदभाव निन्दनीय है। गाँधीजी ने इसे मानवता के प्रति घृणिततम अपराध कहा है।

378. यद्यपि यह छूट देते हुए भी मनु इसके उदाहरण नहीं होने की बात कहते हैं। (मनु. 3.13-14)

स्वतन्त्रता के बाद से ही इस अमानवीय कृत्य के विरोध में नियम बनने लगे और वे कड़े से कड़े होते गये। भारतीय संविधान में मूल अधिकारों से सम्बन्धित अनुच्छेद 17 के अन्तर्गत सभी प्रकार की अस्पृश्यता के निवारण का प्रावधान किया गया है। इसके अनुसार अस्पृश्यता के कारण किसी व्यक्ति को अयोग्य घोषित करना एक अपराध है। 1 जून, 1955 को अस्पृश्यता का आचरण करने पर दण्ड का प्रावधान करने वाला 'अस्पृश्यता निवारक अधिनियम' लागू हुआ। इसके अन्तर्गत छह महीने की सज़ा और अर्थदण्ड का विधान है। आवश्यकता पड़ने पर इसे बढ़ाया भी जा सकता है। इसके अन्तर्गत किसी व्यक्ति विशेष को अस्पृश्यता के आधार पर मन्दिर अथवा किसी स्थल पर जाने से रोकने, जल स्रोतों से पानी लेने से रोकने तथा सार्वजनिक सुविधाओं के लाभ लेने से रोकने पर प्रतिबन्ध है। 2 सितम्बर, 1976 को इस अधिनियम में परिवर्तन करके इसका नाम नागरिक अधिकार सुरक्षा अधिनियम कर दिया गया। इसमें अस्पृश्यता को समाप्त करने के और भी कड़े प्रावधान किये गये हैं।

अनुसूचित जाति तथा अनुसूचित जनजाति के लोगों के लिए अन्य सभी प्रकार के अमानवीय अत्याचारों को रोकने के लिए भारतीय संसद् ने 1989 में अनुसूचित जाति तथा अनुसूचित जनजाति अधिनियम पारित किया। इसे 2015 में पूरी तरह से संशोधित करके और अधिक समर्थ बनाया गया।

6. **पुत्रियों को सम्पत्ति सन्दायिता का अधिकार–** हिन्दू उत्तराधिकार अधिनियम 1956 के लागू होने से पहले हिन्दू उत्तराधिकार विविध प्रकार के क्षेत्रीय और पारम्परिक विधियों द्वारा निर्धारित होता था। इस अधिनियम ने विभिन्न राज्यों के उत्तराधिकार अधिनियम को समरूप करने का कार्य किया। लेकिन इसके अन्तर्गत भी मिताक्षरा के उस सिद्धान्त को रहने दिया गया था जिसमें बेटियों को पिता की सम्पत्ति में सन्दायिता का अधिकार नहीं दिया गया था। इसके अनुसार बेटियों का बेटों की तरह पैतृक सम्पत्ति में बिना शर्त जन्मसिद्ध हिस्सा नहीं रहा। यद्यपि *मिताक्षरा*-कार विज्ञानेश्वर ने *याज्ञवल्क्यस्मृति* की व्याख्या में यह स्पष्ट किया है कि अपुत्र मृत व्यक्ति की अगर पत्नी भी न हो तो उसका सारा धन उसकी बेटी को ही मिलेगा

किसी और को नहीं।[379] यदि उसके कई बेटियाँ हों तो उनके बीच दाय का अधिकार अविवाहित को ही होता था विवाहित को नहीं। यदि दोनों विवाहित हों तो जो बेटी विपन्न अवस्था में हो या सन्तानहीन हो उसको दाय का अधिकार था।[380] साथ ही यदि दोनों प्रतिष्ठित (सम्पन्न) अथवा दोनों अप्रतिष्ठित हों तो दोनों को ही सम्पत्ति का अधिकार था। लेकिन ध्यातव्य है कि बेटियों को ये सारे अधिकार तभी थे जब उनके भाई न हों। यह प्रावधान उस समय क्रान्तिकारी रहा होगा जब अपुत्र व्यक्ति की सम्पत्ति के दावेदार उसके भतीजे आदि होते रहे होंगे। स्वतन्त्रता के बाद भारतीय संविधान द्वारा सभी नागरिकों को समानता का अधिकार दिये जाने के आलोक में यदि इस प्रावधान को देखें तो स्पष्ट होता है कि यह स्त्रियों के प्रति अन्याय है। 2005 में इस अधिनियम के अनुच्छेद छह में महत्त्वपूर्ण संशोधन किया गया। इसके अनुसार लड़कियों को भी लड़कों की ही तरह पैतृक सम्पत्ति में जन्मतः सान्दायिकता तथा सम्पत्ति के विभाजन की माँग करने का अधिकार भी दे दिया गया। विवाह के बाद यद्यपि कन्या पिता के घर की सदस्य नहीं रह जाती फिर भी उसकी सन्दायिता का अधिकार अक्षुण्ण रहता है। यह एक ऐतिहासिक क़ानून है।

उपर्युक्त उदाहरणों में हमने सर्वत्र देखा कि आधुनिक समय में किस प्रकार राजकीय क़ानूनों के माध्यम से प्रतिगामी व्यवहारों का निषेध किया जाता है। ये क़ानून लोक की सामान्य इच्छा के ही प्रतिनिधि हैं। यदि जनता का समर्थन नहीं होता तो ये विधि के रूप में नहीं आ सकते थे। इनमें से अनेक आचार अपने समय में प्रचलित रहे लेकिन समय बदलने के साथ इनकी प्रतिगामिता स्पष्ट होने लगी तथा लोग इन्हें नापसन्द करने लगे। लोकहित के विरुद्ध होने के कारण ये आचरण धर्म की परिधि से बाहर हो गये। धर्म की परिधि से बाहर होते हुए आचारों को विधायिका ने क़ानून बनाकर स्पष्टतया निषिद्ध घोषित कर दिया।

---

379. *याज्ञवल्क्यस्मृति* (2.135) की व्याख्या में विज्ञानेश्वर ने *बृहस्पतिस्मृति* (25.56) को उद्धृत किया है– अङ्गादङ्गात् सम्भवति पुत्रवद्दुहिता नृणाम्। तस्मात् पितृधनं त्वन्यः कथं गृह्णीत मानवः॥ (बेटी भी बेटे की ही भाँति व्यक्ति के अंग से उत्पन्न होती है। उसके रहते उसके पिता का धन कोई और व्यक्ति कैसे ले सकता है?)।

380. तत्र चोढानूढासमवायेऽनूढैव गृह्णाति।...तथाप्रतिष्ठिताप्रतिष्ठितानां अप्रतिष्ठिता तदभावे प्रतिष्ठिता। (*मिताक्षरा* : 278)

इन वर्जनीयताओं का निषेध विधायिका द्वारा बने क़ानूनों से हुआ, इसके कारण यह नहीं समझ लेना चाहिए कि ये व्यवहार धर्मशास्त्रीय कलिवर्ज्यों से अलग हैं, फलतः इन्हें कलिवर्ज्य नहीं माना जा सकता। इस मत के समर्थन में निम्नोक्त तर्क दिये जा सकते हैं–1. आधुनिक क़ानून जनता के समर्थन से बनते हैं जबकि धर्मशास्त्रों में दिव्य उत्पत्ति जैसा सिद्धान्त है। 2. विधि अथवा निषेध को लागू करने के लिए धर्मशास्त्र पुण्य-पाप जैसे अलौकिक प्रयोजकों को जोड़ देते हैं, जबकि आधुनिक निषिद्ध विधियों के साथ राजकीय दण्ड की शर्त जुड़ी हुई होती है, पुण्य या पाप की नहीं। इस आशंका पर सूक्ष्मता से विचार करना आवश्यक है ताकि यह बात स्पष्ट हो जाये कि जो भारतीय चेतना धर्मशास्त्रों के माध्यम से कार्यरत थी वही अर्वाचीन युग में विधायिका के माध्यम से प्रकट हो रही है–

(क) यदि हम भारत में विकसित धर्मशास्त्रीय विधियों की समीक्षा करें तो हमें स्पष्ट होगा कि प्राचीन काल से ही विधि निर्माण के मूल मैं जन समर्थन रहा है। विविध कालों में नयी स्मृतियों के द्वारा पहले से चली आ रही विधियों में जब परिवर्तन होता था तो वहाँ जनता का समेकित मत कार्यरत होता था। मनु ने धर्म के स्त्रोतों का वर्णन करते हुए विधियों के लिए विवेकवान् पुरुषों का आचरण (आचारश्चैव साधूनाम्)[381] तथा निषेधों के लिए 'जनता को रुचिकर प्रतीत नहीं होने' (लोकविक्रुष्टमेव च)[382] को प्रमुख स्त्रोत के रूप में माना है। धर्मशास्त्रों में हर जगह हमें यह पता चलता है कि विधियाँ जन सामान्य के समर्थन से निर्धारित होती रही हैं। सत्पुरुषों के आचार को हर जगह धर्म की उत्पत्ति का कारण बताया गया है।[383] ध्यान रखने योग्य बात यह है कि जब सदाचार को धर्म का स्त्रोत बताया गया है तो वहाँ उसके आचरण करने वालों में बहुवचन का प्रयोग किया गया है। इसका तात्पर्य यह है कि किसी एक

---

381. वेदोऽखिलो धर्ममूलं स्मृतिशीले च तद्विदाम्।
आचारश्चैव साधूनां आत्मनस्तुष्टिरेव च॥ (*मनुस्मृति* 2.6)

382. परित्यजेदर्थकामौ यौ स्यातां धर्मवर्जितौ।
धर्मं चाप्यसुखोदर्कं लोकविक्रुष्टमेव च॥ 4.176॥ (उन अर्थ और काम को छोड़ देना चाहिए जो धर्म से रहित हो। उस धर्म को भी छोड़ देना चाहिए जो भविष्यत् काल में सुख उत्पन्न करने वाला न हो। उस धर्म को भी छोड़ देना चाहिए जिसके विपरीत जनता आवाज उठाती हो।))।

383. *महाभारत*– 1. आचारसम्भवो धर्मो धर्मे वेदाः प्रतिष्ठिताः। (वनपर्व. 150.28)
2. आचारप्रभवो धर्मो धर्मस्य प्रभुरच्युतः। (*विष्णुहस्त्रनाम*)

सत्पुरुष के द्वारा स्थापित आचरण बिना परीक्षण और जनसमर्थन के धर्म की कोटि में नहीं आ सकता। *महाभारत* (वनपर्व, 313.117) के प्रसिद्ध श्लोक 'महाजनो येन गतः स पन्थाः'[384] में 'महाजन' शब्द की व्याख्या *व्यवहारमयूख* के लेखक नीलकण्ठ ने 'व्यापक जनसमूह' किया है। वहाँ तात्पर्य यह है कि व्यापक जनसमूह द्वारा अभिमत धर्ममार्ग का अनुसरण ही इष्ट है।[385] देवल का कहना है कि 'पण्डित व्यक्ति को चाहिए कि वह उन आचरणों को न करे जिन्हें सामान्य लोग अच्छा नहीं मानते हैं। उसे तो लोक के मार्ग का ही अनुसरण करना चाहिए'।[386] याज्ञवल्क्य का भी यही मत है कि वह व्यवहार जो बाद में कष्ट दे अथवा लोग जिसको अच्छा न मानें उसका आचरण नहीं करना चाहिए, चाहे वह (शास्त्रों में) धर्म के रूप में ही क्यों न वर्णित हो।[387]

धर्म की उत्पत्ति लोकव्यवहार से होती है इसलिए धर्म तथा अधर्म के बीच संदेह उपस्थित होने पर उसका निर्णय भी कोई एक व्यक्ति नहीं कर सकता। *बौधायनधर्मसूत्र* का कहना है कि एक व्यक्ति चाहे वह कितना ही विद्वान् क्यों न हो उसे अकेले धर्म के सम्बन्ध में निर्णय करने का अधिकार नहीं है, क्योंकि धर्म विभिन्न परिस्थितियों में विभिन्न रूपों में प्रकट होता है। उसकी गति बहुत ही सूक्ष्म है तथा उसका अनुसरण करना बहुत सावधानी की माँग करता है।[388] इसी कारण धर्मशास्त्रों में इस धर्म के निर्णय के लिए परिषद् की व्यवस्था की गयी है। किसी एक अकेले व्यक्ति का आचरण धर्म

---

384. पूरा श्लोक इस प्रकार है–

तर्कोऽप्रतिष्ठः श्रुतयो विभिन्ना नैको ऋषिर्यस्य मतं न भिन्नम्।
धर्मस्य तत्त्वं निहितं गुहायां महाजनो येन गतः स पन्थाः॥

385. तर्क इति अप्रतिष्ठः निर्णयशून्यः श्रुतयोऽपि विभिन्नाः परस्परविरुद्धार्थवादिन्यः मुनयोऽपि तद्व्याख्यातारस्तादृशा एव अतोऽनन्तासु धर्मशास्त्रादिविद्यासु श्रममकृत्वा बहुजनसंमतमेव मार्गमनुसरेदित्यर्थः॥ (नीलकण्ठ, उद्धृत : *व्यवहार मयूख या हिन्दू लॉ* (अंग्रेज़ी अनुवाद) (1982), विश्वनाथ नारायण पांडुलिक, एशियन पब्लिक सर्विसेज : xlvi

386. लोकद्विष्टं पण्डिता वर्जयन्ति दैवज्ञोऽतो लोकमार्गेण यायात्॥ (देवल, उद्धृत : उपर्युक्त)

387. अस्वर्ग्यं लोकविद्विष्टं धर्ममप्याचरेन्न तु। (*याज्ञ.* 1.156[क–ख])

388. बहुद्वारस्य धर्मस्य सूक्ष्मा दुरनुगा गतिः।
तस्मान्न वाच्यो ह्येकेन बहुज्ञेनापि संशये॥ (1.1.13)

के रूप में नहीं माना जा सकता है चाहे वह अवतार ही क्यों न हो। शास्त्रों ने बार-बार चेताया है कि हम ऐसे व्यवहारों को सम्मान की दृष्टि से तो देख सकते हैं लेकिन उनका आचरण हमारे लिए उचित नहीं है।[389]

(ख) अनेक राजाओं ने विवेकपूर्ण जनसमर्थन के आधार पर धर्मशास्त्रों की युगानुकूल व्याख्या की अथवा निबन्धकारों के माध्यम से करवाई है। *चतुर्वर्गचिन्तामणि* (हेमाद्रि पन्त) तथा *मदनरत्नप्रदीप* आदि ग्रन्थ इसके उदाहरण हैं। इन निषेधों के उल्लंघन में भी राजदण्ड की व्यवस्था उसी तरह से है जैसे आजकल विधायिका द्वारा लागू निषेधों (अर्वाचीन कलिवर्ज्यों) का उल्लंघन करने में है। क्योंकि राजा का यह कर्तव्य है कि वह राजदण्ड का प्रयोग करके धर्मशास्त्रीय व्यवस्थाओं को लागू करे।

(ग) सामान्यतः लोग धर्मशास्त्रों में विद्यमान सभी प्रकार की विधियों को एक ही प्रकार का मान कर उसे पुण्य तथा पाप की प्रविधि से प्रेरित मानने लगते हैं। जबकि स्वयं धर्मशास्त्रकार धर्मशास्त्रीय विषयों को आचार, व्यवहार तथा प्रायश्चित्त इन तीन प्रमुख वर्गों में विभाजित करके उनके अन्तर को स्पष्ट करते हैं। 'व्यवहार' का अर्थ अदालती कार्यवाही से है। बाक़ी दो विधियों (आचार तथा प्रायश्चित्त) से इसका अन्तर समझना आवश्यक है। धर्मशास्त्र के व्यवहार अंश में पुण्य और पाप का हस्तक्षेप बहुत ही नाम मात्र का होता है। माथुर (2019,37) ने इस बात को बहुत स्पष्टता से समझाया है–

'कार्य–कार्य की अव्यवस्था को राजशक्ति का प्रश्रय व समर्थन देनेवाली कानून व्यवस्था भी धर्म का महत्त्वपूर्ण भाग है। धर्म के इस पक्ष को व्यवहार के रूप में पृथक् मान्यता मिली है। व्यवहार के अन्तर्गत वे कृत्याकृत्य आते हैं जो राज्य अथवा राजा द्वारा नियमित होते हैं। इस प्रकरण में दण्डनीय कृत्यों का स्वरूप, न्याय सभा की संरचना, वाद, मुकदमे की स्थापना, साक्ष्य के नियम आदि का विधान है। सारा दीवानी व फ़ौजदारी का क़ानून, दण्ड प्रक्रिया, दीवानी प्रक्रिया, साक्ष्य की विधि, समस्त कानून ही व्यवहार के अन्तर्गत आ जाता है।'

धर्म के इस व्यवहारात्मक रूप का वर्णन धर्मशास्त्री प्रायः राजदण्ड की शब्दावली में करता है, पाप-पुण्य की शब्दावली में नहीं। इसलिए इन दोनों

389. *श्रीमद्भागवत,* (10.33.30-33)

को एक समझना उचित नहीं है। प्राचीन काल में भी राजा के अधिकार क्षेत्र-न्यायालय में आने वाली विधियों को पाप-पुण्य की अपेक्षा राजदण्ड का विषय माना जाता था, जिस प्रकार आज विधायिका द्वारा निर्मित विधियों में देखा जाता है। *मनुस्मृति* के भाष्यकार मेधातिथि ने 3/7 पर अपने भाष्य में अनेक युक्तियाँ देकर व्यवहार की धर्म से पृथक् रूप में स्थापना की है।

व्यवहार विधियों (दीवानी क़ानून) की प्रकृति ऐसी है कि वह अधिकतर लोकव्यवहार पर आधारित होती है। धर्मशास्त्र केवल लोकसिद्ध विधियों का अनुवाद करते हैं। इस कारण इनके सम्बन्ध में वे पुण्य तथा पाप का विधान भी नहीं करते, क्योंकि इस प्रकरण में विधियों के उल्लंघन के साथ राजदण्ड की व्यवस्था भी जुड़ी रहती है। धर्मशास्त्रों, टीकाओं तथा निबन्धों में यह बात बार बार स्पष्ट की जाती है कि व्यवहार की विधियाँ लोकसिद्ध होती हैं।[390]

(घ) पुण्य तथा पाप को विविध प्रकार की विधियों के प्रयोजक के रूप में स्वीकार करने को भी एक विशिष्ट प्रविधि के रूप में देखा जाना चाहिए। किसी विधि अथवा निषेध को पुण्य अथवा पाप के साथ जोड़ देने का बहुत बड़ा लाभ यह है कि व्यक्ति परलोक के भय से कुछ सीमा तक आत्मानुशासित हो जाता है। आत्मानुशासित होने से समस्या का समाधान व्यक्तिगत स्तर पर ही हो जाता है और राज्य का कार्य नहीं बढ़ता। आत्मानुशासन अनुशासन का सबसे प्रभावी उपाय है। धर्मशास्त्र की अधिकांश विधियाँ व्यक्ति में आत्मानुशासन की भावना का विनिवेश करती हैं।

स्वतन्त्रता के बाद भारत एक प्रबल राजनैतिक इकाई के रूप में उभर कर सामने आया है। इस नाते इसकी विधायिका के माध्यम से बनाये गये क़ानून पहले की अपेक्षा कहीं अधिक व्यापक और प्रभावी सिद्ध हो रहे हैं। इस प्रकार यह बात प्रकट होकर सामने आती है कि भारतीय जनमानस की पुरोगामिता तथा विधिशास्त्र

---

390. उदाहरण के लिए, *याज्ञवल्क्यस्मृति* (119–2.118) पर विज्ञानेश्वर कहते हैं– लोकसिद्धस्यानुवादकान्येव प्रायेणास्मिन् प्रकरणे वचनानि। (प्रायः इस [दायविभाग, उत्तराधिकार] के प्रकरण में जो विधियाँ बतायी गयी हैं वे लोक प्रसिद्ध विधियों का पुनःकथन मात्र है।) इसी प्रकार वीरमित्रोदय (1.164) में कहा गया है– प्रायेण व्यवहारस्मृतीनां लोकसिद्धार्थानुवादकत्वमिति सकलनिबन्धृभिरभिधानात्। (सभी निबन्धकार यह कहते हैं कि व्यवहार से सम्बन्धित स्मृतियाँ लोगों के द्वारा आचरण में आती हुई विधियों का पुनःकथन मात्र हैं।)

को उत्कृष्टता की ओर विकसित करने की जो प्रवृत्ति है वह अब भी लगातार जारी है। पिछले वर्षों में जनसंख्या के नियन्त्रण को लेकर जिस तरह जनसमर्थन बढ़ा है उससे बहुत सम्भव है कि इसे निकट भविष्य में विधि के स्तर पर भी इसे लागू कर दिया जाये। यदि ऐसा हुआ तो आश्चर्य नहीं कि अनियन्त्रित जनसंख्या का अनादिकालीन आचरण भी कलिवर्ज्य की सूची में आ जाये।

कलिवर्ज्य को परिहार्य आचरणों के रूप में देखते हुए इस तथ्य पर चर्चा करनी आवश्यक है कि ये सभी आचरण केवल शास्त्र में परिहार्यतया गिन लिये जाने मात्र से पूरी तरह से समाज से बाहर हो जाते हों, ऐसा नहीं है। लोगों की रुचियों तथा क्षेत्रों की विविधता के आधार पर ये व्यवहार कुछ अंशों में ही सही अब भी देखने को मिल जाते हैं। इस प्रकार इनका परिहार के साथ आचरण में बने रहना व्यवहार की वैकल्पिकता को समृद्ध करता है। उदाहरण के लिए, कलियुग के 4400 सालों बाद संन्यास लेना वर्जित है लेकिन इसके प्रचुर उदाहरण समाज में अब भी जहाँ-तहाँ देखने को मिलते ही हैं। यज्ञों में हिंसा भी कलिवर्ज्य के अन्तर्गत है लेकिन इसके भी प्रचुर उदाहरण हमें दिखाई देते हैं। नियोग प्रथा को कलियुग में वर्जित माना गया है लेकिन आर्यसमाज के अभ्युदय के साथ इसे सैद्धान्तिक मान्यता दे दी गयी थी,[391] यद्यपि यह पुनः आचरण में नहीं आ सका। इसी प्रकार दयानन्दजी ने सन्तान के परिवर्तन का एक प्रस्ताव सामने रखा था। वह यह था कि यदि शूद्र के घर कोई ब्राह्मण कर्म स्वभाव वाला बच्चा जनम जाये तो उसे ब्राह्मण को दे दिया जाये। इसी प्रकार अन्यान्य वर्गों में भी परिवर्तन किये जाये। परन्तु समाज में अस्वीकृत और नितान्त अव्यावहारिक होने के कारण यह कभी भी प्रयोग में न आ सका।

□□□

हमने देखा कि भारतीय ज्ञान-परम्परा ने उपर्युक्त चार मुख्य प्रविधियों का उपयोग करके अपने सातत्य को बनाये रखा तथा उसमें नयी नयी धाराएँ जोड़ीं। इन चार प्रविधियों के उपयोग से समाज में आचरणगत में विकल्पों की बहुलता आ सकी। अथवा यह कहें कि समाज में विविध क्षेत्रों में जो अनेक प्रकार के व्यवहार प्रचलित थे उन पर इन प्रविधियों के माध्यम से मुहर भी लगायी गयी। हम पाते हैं कि सामाजिक मर्यादाओं के पक्ष में शास्त्रीय विधान आश्चर्यजनक ढंग से लचीले हो जाते हैं। प्राचीन व्याख्याकारों के पास ऐसी पर्याप्त तकनीकें होती हैं जिनके द्वारा वे उन ग्रन्थों की लोकोपकारी ढंग से व्याख्या कर सकें। वेद सहित कोई भी प्रामाणिक

---

391. *सत्यार्थप्रकाश* : 73–79.

ग्रन्थ ऐसा नहीं है जिसे आवश्यकता पड़ने पर जनहित की तरफ़ न मोड़ा गया हो। यद्यपि सिद्धान्ततः वेदों की प्रामाणिकता अक्षुण्ण है और उनका स्वरूप अपरिवर्तनीय, लेकिन उनका तात्पर्य तो व्याख्यागम्य है। इसलिए उन्हें अनेक दिशाओं में मोड़ने की गुंजाइश हमेशा रहती है। अनेक प्रकार के ग्रन्थों में बलाबल का निर्णय भी लोकोपयोगी ढंग से ही किया जाता है। सामान्यतः प्रबल माने जाने वाले ग्रन्थों को उनकी प्रामाणिकता पर आघात किये बिना लोक हित के प्रयोजन अनेक शास्त्रीय उक्तियों की सहायता से सिद्ध किये जाते हैं। कुछ उदाहरण प्रस्तुत हैं–

(क) वेदों और वेदेतर ग्रन्थों के बीच यदि मतभेद हो तो वेदों को ही प्रामाणिक स्वीकार किया जाता है। फिर भी व्याख्याकार युगानुकूल अभीष्ट व्याख्याओं की सुरक्षा कर ही लेते हैं। हम जानते हैं कि वेदों के बाद उनकी प्रामाणिकता को स्वीकार करते हुए भी बहुत सी ऐसी स्मृतियाँ लिखी गयीं जिनका समर्थन करने वाले श्रुति वाक्य वेदों में कहीं भी नहीं मिलते। फिर भी उन स्मृतियों को इस सामान्य सिद्धान्त के आधार पर प्रामाणिक मान लिया जाता है कि 'स्मृतियाँ कभी भी वेदविरोधी नहीं हो सकतीं'। और स्मृतियों की रचना वेदों में प्राप्त संकेतों के आधार पर ही होती है।[392] इसलिए कोई स्मृतिवचन केवल इसलिए अप्रामाणिक नहीं माना जा सकता क्योंकि उसकी समर्थक उक्ति वेद में नहीं मिल पा रही है। हमें यह समझना चाहिए कि वेद में उसकी कोई न कोई समर्थक उक्ति कभी रही होगी जो कि कालक्रम से नष्ट हो गयी इस नाते अब नहीं मिल पा रही है। *आपस्तम्बधर्मसूत्र* (1.2.10) में बताया गया है कि श्रेष्ठ पुरुषों के सदाचार में विद्यमान कर्मकाण्ड पहले ब्राह्मण ग्रन्थों में दर्ज थे लेकिन वे लुप्त हो गये। अब उन पाठों का अनुमान सदाचारों से किया जाता है– ब्राह्मणोक्ता विधयस्तेषामुत्सन्नाः पाठाः प्रयोगादनुमीयन्ते। इस ग्रन्थ के टीकाकार हरदत्त ने बताया है कि ब्राह्मण ग्रन्थों के उन अंशों के लोप का कारण अध्येताओं की दुर्बलता है।[393] एक और प्रसंग का उदाहरण लेते हैं–ऊपर सती प्रथा के विरोध में मेधातिथि का मत बताया गया। उन्होंने सती प्रथा की समर्थक स्मृतियों को आत्महत्या की विरोधी श्रुति के सामने अप्रामाणिक पाया है। इसमें जिस सामान्य सी प्रविधि का प्रयोग है वह

---

392. स्मृतयो बहुरूपाश्च दृष्टादृष्टप्रयोजनाः।
तमेवाश्रित्य लिङ्गेभ्यो वेदविद्भिः प्रकल्पिताः॥ (*वाक्यपदीय* 1.7)

393. तेषामुत्सन्नाः पाठा अध्येतृदौर्बल्यात्। (*उज्ज्वला*, पृ. 94)

यह है कि– 'श्रुति के सामने स्मृतियाँ निर्बल होती हैं (श्रुतिस्मृत्योर्विरोधे तु श्रुतिरेव गरीयसी)'। लेकिन अपरार्क ने समझाया है कि यह आवश्यक नहीं कि हमेशा स्मृतियाँ श्रुतियों के सामने कमज़ोर ही पड़ जायें। उनके अनुसार यदि श्रुति सामान्य श्रुति है तो वह विशेषप्रकार की स्मृति पर प्रबल नहीं पड़ सकती। स्मृति होने के कारण वह अपनी श्रुति का अनुमान करायेगी। जिसका अनुमान हुआ है वह विशेष श्रुति, सामान्य श्रुति से प्रबल हो जायेगी, क्योंकि सामान्य की अपेक्षा विशेष बलवान् होता है। इस प्रकार अपने मौलिक श्रुति का अनुमान करके उसका सहारा लेने के कारण स्मृति होने पर भी वह श्रुति से बाधित न हो सकेगी।[394]

(ख) स्मृतियों में परस्पर भी बलाबल का निर्णय किया गया है। स्मृतियों को मुख्यरूप से दो प्रकार का बताया गया है। एक तो वे जिनके प्रयोजन दृष्ट अर्थात् प्रत्यक्ष हो और दूसरी वे जिनके प्रयोजन दृष्ट न हों *(दृष्टादृष्टप्रयोजना:, वाक्य. 1.7)*। उदाहरण के लिए चिकित्सा इत्यादि स्मृतियों का प्रयोजन स्पष्टत: दिखाई देता है। भक्ष्य-अभक्ष्य का निर्णय करने वाली स्मृतियाँ अदृष्टप्रयोजन हैं। इनका लाभ पुण्य अथवा पाप ही होता है। माना गया है कि यदि दो अदृष्ट प्रयोजन वाली स्मृतियाँ समान विषय में परस्पर विभिन्न मत रखती हों और दोनों में से किसी का भी प्रयोजन प्रत्यक्ष न हो, तो उन दोनों में विकल्प होगा। अर्थात् दोनों में से किसी का भी आचरण किया जा सकता है।[395] उदाहरण के लिए ब्रह्महत्या के लिए *गौतमधर्मसूत्र* में 12 वर्षों का प्रायश्चित्त कहा गया है जबकि *मनुस्मृति* में उस व्यक्ति को जलती आग में कूदने का प्रायश्चित्त बताया गया है। ये दोनों ही विधियाँ क) एक विषय की हैं, ख) परस्पर विरोधी मत रखती हैं, तथा ग) दोनों में किसी का भी प्रयोजन दृष्ट नहीं है। इसलिए इन दोनों विधियों में से किसी एक को पालने

394. इदं हि सामान्यविषयत्वाद् विशेषविषयया श्रुत्याऽन्वारोहणस्मृत्या तद्व्यतिरिक्तस्ववधनिषेधकत्वेन संकोच्यते इत्युक्तम्। न च सामान्यविषयश्रुतिविरुद्धा स्मृतिरप्रमाणमिति वाच्यम्। सामान्यविशेषरूपविषयभेदेन विरोधाभावात्। विषयाभेद एव हि विरोधो न तु विशेषविषयभेदे। ततश्च विशेषविषयया स्मृत्या स्वमूलभूता श्रुतिर्विशेषविषयैवानुमीयते। सा च सामान्यविषयश्रुतेर्बलीयसी सती तस्या संकोचहेतुर्भवति॥ (*अपरार्कटिप्पणम् याज्ञ.* 1.86, : 111-112)

395. अदृष्टप्रयोजना भक्ष्याभक्ष्यगम्यागम्यवाच्यावाच्यविषयास्तुल्ये विषये प्रसक्तविरोधा दृष्टप्रयोजनाभावे विकल्पिन्य:। (*वाक्यपदीयम्* 1.7, स्वोपज्ञवृत्ति:)

के लिए व्यक्ति स्वतन्त्र है।[396] यह वैकल्पिकता भारतीय आचारसंहिता की बड़ी विशेषता है। क्योंकि समय के बीतने के साथ युगानुकूल नयी स्मृतियों की रचना होती रही जिनमें पुण्य-पाप आदि अदृष्ट को लेकर नये नये नियम बनते रहे। नये नियमों तथा पुराने नियमों के बीच विकल्प की स्वतन्त्रता होने के नाते पुराने नियमों के प्रति आदर तो यथावस्थ रहा लेकिन नये नियमों को पालने की स्वतन्त्रता भी मिल गयी। साथ ही ऐसे क्षेत्र जहाँ पुराने नियम जैसे के तैसे चल रहे थे उनके आचरण की स्वतन्त्रता भी नये नियमों ने नष्ट नहीं की। पुरानी तथा नयी विधियों में विकल्प करके उनमें सामञ्जस्य रचना भारतीय विधिशास्त्र की अद्‌भुत विशेषता कही जा सकती है।

जब दो विधियों में विकल्प उपस्थित हो जाये तब यह प्रश्न बड़े महत्त्व का हो जाता है कि दोनों में से किस एक का चयन करके उस पर आचरण किया जाये। ऐसी स्थिति में शास्त्रों का यह निर्णय है कि तब व्यक्ति को उस आचार का चयन करना चाहिए जो उसके कुल में अविच्छिन्न रूप से चला आ रहा हो। कुलक्रम से आचरित व्यवहार शास्त्रों में वर्णित आचार से अधिक प्रामाणिक होता है।[397]

(ग) कल्पना करें कि दो स्मृतियाँ हों और दोनों में से एक दृष्ट प्रयोजन वाली हो और दूसरी अदृष्ट प्रयोजन वाली तो इन दोनों स्मृतियों में से यदि शिष्ट लोगों का मत दृष्ट प्रयोजन वाली स्मृति के विरोध में हो तो उसे अप्रामाणिक माना जाता है। उदाहरण के लिए हंस पक्षी को खाने के सम्बन्ध में दो विरोधी स्मृतियाँ मिलती हैं। एक का कहना है कि उसे खाना चाहिए जबकि दूसरे के अनुसार इसे नहीं खाना चाहिए। खाने का आदेश देने वाली स्मृति दृष्ट प्रयोजन है (क्योंकि उसमें प्रत्यक्ष स्वाद आदि का लाभ है) लेकिन शिष्टों का मत उसके विरोध में है। इसलिए यह स्मृति अप्रामाणिक मान ली जाती है। बहुत सम्भव है कि दृष्ट प्रयोजन वाला स्मृति वचन किसी ने व्यक्तिगत

---

396. दे. *गौतमधर्मसूत्र* 22.3 तथा *मनुस्मृति* 11.37, (*वाक्यपदीय* 1.7, स्वोपज्ञवृत्ति)

397. यत्र शास्त्रगतिर्भिन्ना सर्वकर्मसु भारत।
उदितेऽनुदिते चैव होमो भेदो यथा भवेत्॥
तस्मात्कुलक्रमायातमाचारं त्वाचरेद् बुधः।
स गरीयान् महाबाहो सर्वशास्त्रोदितादपि॥ (व्यवहार मयूख : xlvi. में वेङ्कनाथ के स्मृतिरत्नाकर के नाम से उद्‌धृत [सम्भवतः *महाभारत से*])

रुचि (जिह्वालौल्य आदि) के नाते स्मृतियों में घुसा दिया हो।[398] शिष्ट लोग स्मृति के जीवन्त रूप होते हैं इसलिए ऐसी स्मृतियों का पालन उनके निकष पर कस कर करके ही किया जाना चाहिए। इस निर्णय से स्मृति वचनों के व्यर्थ अन्धानुकरण के विरुद्ध जागरूकता देखने को मिलती है।

(घ) इसी तरह यदि दो स्मृतियाँ हों और दोनों दृष्टप्रयोजन वाली हों तथा विरुद्ध मत वाली हों साथ ही दोनों के प्रति शिष्टों का कोई विरोधी मत भी न हो तो दोनों में विकल्प होता है। उदाहरण के लिए मेंढक के मारने पर प्रायश्चित्त के रूप में कोई स्मृति कहती है कि दूध का भोजन करें जबकि दूसरी कहती है कि घी से मिला हुआ दही खाएँ। ऐसी स्थिति में प्रायश्चित्त का कोई भी तरीक़ा काम में लाया जा सकता है।[399]

इन्हीं स्वस्थ उपोद्बलनों के नाते भारतीय ज्ञान-परम्परा प्रारम्भ से अब तक जीवन्त रह सकी हैं तथा उसमें विकल्पों की बहुलता आ पायी। ध्यातव्य है कि इस परम्परा के अन्तर्गत पुनरन्वेषण, परिमार्जन, संक्षेपण, अनिष्टहान आदि इस कारण से हो पाये हैं क्योंकि इस परम्परा के उन्नायक, अवतारों, महर्षियों, पण्डितों तथा विद्वानों ने इसके लिए हमेशा से गुंजाइशें छोड़ रखीं थीं। 'मेरे द्वारा कही गयी बात ही परम सत्य है, इसमें सोचने-परखने की कोई आवश्यकता नहीं है', इस तरह के ऐकान्तिक दावे उन्होंने नहीं किये। इसके विपरीत लोगों को विचार स्वातन्त्र्य का उपयोग करते हुए तथा कही हुई बात को परीक्षणपूर्वक ग्रहण के लिए प्रोत्साहित किया गया है। तथागत बुद्ध का कहना है कि 'मेरे वचनों को परीक्षण के बिना, 'केवल मैं कह रहा हूँ', इस आदर के कारण स्वीकार मत करो'।[400] श्रीकृष्ण *गीता* के अन्त में अपने उपदेशों का महत्त्व बताने के बावजूद अर्जुन से कहते हैं कि

398. विरुद्धायाः शिष्टविप्रतिपत्तौ यथा हंसविषययोः भक्षणाभक्षणस्मृत्योः परस्परापाकरणेन विरोधे दृष्टप्रयोजनाया हंसभक्षणस्मृतेरप्रामाण्यम्, अतिलौल्यादपि स्मृत्युपनिबन्धसम्भवादभक्षणस्मृतिरेव प्रमाणम्। (*पद्धती,* 1.7 : 29)

399. यत्र स्मृत्यन्तर (अ) विरोधेन स्मृतिः प्रवर्तते यथा मण्डूकवधे प्रायश्चित्तं क्षीरभोजनमासक्तघृतं वा दधि। (*पद्धती,* 1.7 : 29)

400. तापाच्छेदाच्च निकषात् सुवर्णमिव पण्डितैः।

परीक्ष्य भिक्षवो ग्राह्यं मद्वचो न तु गौरवात्॥ (शान्तरक्षितकृत *तत्त्वसंग्रह*)। अंगुत्तरनिकाय के केसमुत्तिसुत्तं अथवा कालामसुत्तं (3.65) में भी ऐसी ही बातें हैं। इसको बुद्ध के मुक्त चिन्तन के लिए प्रमाण के रूप में प्रस्तुत किया जाता है।

'मेरे उपदेशों पर विचार–विमर्श करने के बाद तुम्हारी जैसी इच्छा हो वैसा करो'।[401] अनेक ग्रन्थकारों ने भी ये आशय व्यक्त किये हैं कि ग्रन्थ के परीक्षण के बाद जो कुछ सत्य और श्रेयस्कर हो उसे ही लिया जाये। वराहमिहिर ने *बृहत्संहिता* (105.5) में यह विज्ञापित किया है कि 'मेरे लिखे ग्रन्थों को प्रयोग में लाते समय जो कुछ अवैज्ञानिक लगे, या पाण्डुलिपि (लिखावट) में दोष के कारण जो कुछ त्रुटिपूर्ण जँचे, या मेरे द्वारा जो कुछ त्रुटिपूर्ण हो गया हो या अल्प रह गया हो या न हो सका हो, वह विद्वानों द्वारा राग का त्याग करके ठीक कर लिया जाना चाहिए'।[402]

अपने कथनों, सिद्धान्तों, ग्रन्थों को आलोचना के लिए खुला रखना भारतीय ज्ञान-परम्परा के विकास का एक महत्त्वपूर्ण कारण है। अन्त में इसे हम एक उदाहरण से समझ सकते हैं। सूत्र ग्रन्थों का समय काफ़ी पुराना माना जाता है। सूत्र अतीव संक्षिप्त होते हैं। उनको ठीक से समझाने तथा उन पर चर्चा करने के लिए वृत्तियाँ अर्थात् व्याख्याएँ लिखी गयीं। वृत्तियों के फलस्वरूप वार्तिक ग्रन्थों का उदय हुआ।[403] वार्तिक ग्रन्थ सूत्रों के साथ तीन प्रकार से बर्ताव करते हैं– 1. सूत्र ग्रन्थों में जो सिद्धान्त संकेत में कहे गये हैं वे उनकी विशद व्याख्या करते हैं, 2.जो उनमें नहीं कहा जा सका है उन आवश्यक बातों को वे उनमें जोड़ते हैं, 3. यदि कोई बात ठीक से नहीं कही गयी है वे उन्हें सुधारते भी हैं। शास्त्रों में वार्तिकों का लक्षण भी इसी प्रकार से दिया गया है।[404]

समस्त भारतीय ज्ञान-परम्परा अपने पूर्ववर्ती का अन्वेषण, संवर्धन तथा उपोद्बलन है। इस प्रकार यह बात प्रकट होती है कि भारतीय ज्ञान-परम्परा के निरन्तर नवीन और परिवर्धित होने में बड़ा कारण है– 'उसके परीक्षणीय होने के विकल्पों का खुला होना'।

---

401. विमृश्यैतदशेषेण यथेच्छसि तथा कुरु। (18.63)

402. ग्रन्थस्य यत्प्रचरतोऽस्य विनाशमेति लेख्याद् बहुश्रुतमुखाधिगमक्रमेण।
यद्वा मया कुकृतमल्पमिहाकृतं वा कार्यं तदत्र विदुषा परिहृत्य रागम्॥

403. वृत्तौ भवं वार्तिकम्। (दे. *अष्टा. तत्र भवः* 5.)

404. उक्तानुक्तदुरुक्तानां चिन्ता यत्र प्रवर्तते।
तं ग्रन्थं वार्तिकं प्राहुर्वार्तिकज्ञा मनीषिणः॥

द्वितीय परिच्छेद

अर्वाचीन विकास

अर्वाचीन विकास

प्रवेश

भारतीय परम्परा में शास्त्र में निबद्ध सिद्धान्त तथा लोकगत व्यवहार दोनों सहगामी हैं और एक दूसरे को प्रभावित करते हैं। ज्ञान तथा आचार दोनों में बिम्ब-प्रतिबिम्ब भाव का होना आवश्यक माना गया है। *(हतं ज्ञानं क्रियां विना)* इसलिए यदि कुछ लोग शास्त्र तथा लोक को परस्परविरोधी मानते हैं तो यह बात सही नहीं है। ऐसा इस नाते लगता है, क्योंकि वे लोग शास्त्र को अतीत में तथा लोकाचार को वर्तमान में देखते हैं। अर्थात्, काल को सनातनता में न देखकर उसे खण्डों में देखने के अभ्यासी हैं। भारतीय परम्परा में शास्त्र ही लोकाचार के रूप में पुनरुज्जीवित होता रहता है इसलिए उसे अतीत में देखना न्यायसंगत नहीं है। लोगों के व्यवहार ही शास्त्र के रूप में संहिताबद्ध होते हैं, इसलिए शास्त्र लोक के पीछे-पीछे चलता है[1]। लेकिन दोनों एक ही समय में होते हैं। शास्त्र संहिताबद्ध होकर जनसामान्य के आचरणों को निर्देशित करके उनकी सहायता करता है। परम्परा के द्वारा व्यवहार को अद्यतन करने के जितने भी साधन पिछले परिच्छेद में बताये गये हैं– ज्ञान का परिवर्तन, परिवर्धन तथा पुनरन्वेषण भी उन्हीं के द्वारा होता रहता है।

परम्परा में पूर्वोक्त सारी प्रक्रियाएँ हर युग में चलती ही रहती हैं। भूतकाल की तरह वर्तमान में भी ये प्रक्रियाएँ घटित हो रही होती हैं। बहुत बार वर्तमान में घटित हो रही ये प्रक्रियाएँ हमें समझ में नहीं आती हैं। जब हम अतीत को देखते हैं तो उसमें हुए परिवर्तनों तथा विचलनों के बिन्दु हमें स्पष्ट रूप से दिखाई देते हैं। उनके स्पष्ट दिखायी दे पाने का कारण यह होता है कि हम भूतकाल को संकुचित (सम्पिण्डित)

---

1. इस नाते महाभाष्यकार पतञ्जलि कहते हैं कि– 'हमें लोक के पीछे पीछे चलना है'– लोकः पृष्ठतोऽनुगन्तव्यः। (*महाभाष्य* 1.2.64)

रूप में अथवा एक कालखण्ड के रूप में एक साथ देख पाते हैं। वर्तमान में चूँकि हम स्वयं रहते हैं इसलिए उसके परिवर्तनों और उन परिवर्तनों की दिशाओं को स्पष्ट रूप से देख पाना कठिन होता है। यह वैसे ही होता है जैसे हम गाँव की किसी पगडंडी को देखते हैं। उस पगडंडी को जब हम दूर से देख रहे होते हैं तो उसके सभी मोड़ स्पष्टता से दिखाई देते हैं, लेकिन जैसे जैसे हम निकट आते जाते हैं वह सरल सीधा प्रतीत होता है। इसी तरह वर्तमान हमारे अतीव निकट होता है। इस कारण उसमें होने वाले परिवर्तनों का इदमित्थं आकलन करना हमारे लिए कठिन होता है।

एक बड़ा प्रश्न हमारे सामने यह उठता है कि माना भारतीय मनीषा अखण्ड है, लेकिन क्या हमारी ज्ञान परम्परा में अब भी उतना ही वेग, उतनी ही ऊर्जा अथवा उत्पादकता है जितनी कि पिछली शताब्दियों अथवा सहस्राब्दियों में रही है। इस प्रबन्ध में हम भारतीय परम्परा की निरन्तरता की चर्चा कर रहे हैं। लेकिन क्या केवल सातत्य मात्र से ही सन्तुष्ट हो जाना पर्याप्त है? जिस स्तर पर पाणिनि, भर्तृहरि, शंकराचार्य, वाचस्पति मिश्र, जयन्त भट्ट, अभिनव गुप्त ने योगदान दिये हैं, क्या परम्परा अपने सातत्य को उसी स्तर पर बनाये रख सकी है? यदि वर्तमान और अतीत की तुलना की जाये तो निश्चित तौर पर यह कहा जा सकता है कि इसमें क्षरण आया है। हमें यह निश्चित करना होगा कि जो ख़तरे हमारे सामने हैं उनका समाधान क्या हमारी क्षीणकाय निरन्तरता दे सकेगी? जिन साभ्यतिक कठिनाइयों से हम जूझ रहे हैं क्या उनका सम्यक् भान हमें है? यह प्रश्न महत्त्वपूर्ण इसलिए है क्योंकि जब हम अपने आक्रान्ता की प्रकृति को समझ जाते हैं तो हमारे प्रत्युत्तर की प्रकृति स्वतः नियत हो जाती है। कहीं ऐसा तो नहीं कि समस्या की भीषणता को बिना ठीक से समझे हम अपूर्ण अथवा असमर्थ उत्तर से अपने को दिलासा दे रहे होते हैं। परम्परा के सातत्य की चर्चा करते हुए ये प्रश्न आन्तरिक ईमानदारी के तक़ाज़े से उभरे हुए प्रश्न हैं। ये प्रश्न महत्त्वपूर्ण इसलिए हैं क्योंकि इनके उत्तर से वर्तमान समय-समाज में हमारा उत्तरदायित्व सुनिश्चित हो सकेगा। यह दायित्व बोध वर्तमान में हमारे प्रतिनिधित्व के अनुपात को निश्चित करेगा। इन सबके उत्तर में यदि पिछले अनुच्छेद की तरह यदि हम कहने लग जायें कि 'परम्परा में वह ऊर्जा अभी भी है लेकिन चूँकि हम वर्तमान में हैं इसलिए हमें वह ऊर्जा प्रतीत नहीं हो पा रही है' तो यह किसी आत्मतोषी तर्क जैसा लग सकता है।

ये प्रश्न प्रत्येक परम्परा के अन्वेषी के लिए बहुत महत्त्व के हैं। इन प्रश्नों के उत्तर कुछ बिन्दुओं में खोजने का यत्न किया जा रहा है–

1. यह बात सही है कि परम्परा की नदी में वेग, ऊर्जा और गम्भीरता का होना तो आवश्यक है ही, लेकिन उसके अस्तित्व के लिए सबसे महत्त्वपूर्ण है उसकी सततता। सातत्य उसका आधारभूत गुण है क्योंकि यही उसे वर्तमान के साथ सम्पृक्त करता है। इसी आधार पर हम कह सकते हैं कि परम्परा अभी भी जीवित है। उसकी निरन्तरता सुनिश्चित करने के बाद उसके विशेष गुणों के बारे में हम आगे विचार कर पाते हैं। इसी कारण जो परम्परा द्वेषी होते हैं वे सबसे पहले उसकी सततता के बारे में प्रश्न खड़ा करते हुए उसे सन्देह के घेरे में डाल देते हैं। उपनिवेशकों का सबसे बड़ा षड्यन्त्र यही होता है कि वे उपनिवेशित जनता की जातीय परम्पराओं को नष्ट अथवा कालबाह्य सिद्ध कर दें।
2. दूसरी बात यह है कि भारत सैकड़ों वर्षों तक विजातीयों के हाथों ग़ुलाम रहा और फिर उपनिवेशकों के दमनचक्र को सहता रहा। इस कारण उसमें अपनी ख़ुद की सृजनशीलता के विषय में पदे-पदे सन्देह करने की दुष्प्रवृत्ति उत्पन्न हो गयी है। यह प्रवृत्ति इस तरह व्याप्त है कि लोग स्वदेशी पाण्डित्य अथवा अपनी भाषा में होने वाले कार्यों के प्रति स्वाभाविक रूप से श्रद्धारहित हो चले हैं। यह चुप्पी सैकड़ों साल पुरानी है। विद्वानों का प्रेक्षण है कि पिछले तीन शतकों में भारतीय ज्ञान-परम्परा के मूल सर्जकों द्वारा प्रभूत मात्रा में महत्त्वपूर्ण और मौलिक विपुल ज्ञान की रचना की गयी। इस सृजित ज्ञान सम्पदा के सम्बन्ध में स्वयं भारतीय समाज में एक सुनियोजित प्रतिस्पन्दहीनता[2] रही है जिसके पीछे हमारी औपनिवेशिक शिक्षा-दीक्षा एक बड़े कारण के रूप में सामने आती है। इस चुप्पी के पीछे दूसरे कारण हैं– पश्चिम की विभाजनवादी, आधिपत्यवादी तथा एकतन्त्रात्मक दृष्टि, संकीर्ण साम्प्रदायिक सोच, अन्धानुकरण, अज्ञान और उपेक्षाबुद्धि। अपनी भूमि पर विकसित इस ज्ञान-निधि के विरुद्ध संवेदनहीनता ने उसका ठीक ठीक मूल्यांकन नहीं होने दिया। बहुत से विद्वान् तथा उनके ग्रन्थ असमीक्षित अवस्था में ही लुप्त हो गये। ऐसी स्थिति में बिना पूर्ण मूल्यांकन के परम्परा को अनुत्पादक कह देना ठीक नहीं।

---

2. प्रथित साभ्यतिक चिन्तक आचार्य राधावल्लभ त्रिपाठी इस प्रवृत्ति को 'चुप्पियों का षड्यन्त्र' के नाम से अभिहित करते हैं। आगे की पंक्तियाँ भी उन्हीं के चिन्तन से प्रेरित हैं।

3. तीसरी बात यह है कि यदि वस्तुतः हमें लगता है कि परम्परा कुछ अंशों में क्षीण होती जा रही है तो निरन्तर चलने वाली सनातन परम्परा के लिए बहुत आश्चर्यकारी या अद्‌भुत बात नहीं है। नदी जब बहती है तो उसके जल का प्रवाह समयानुसार कभी क्षीण होता है और कभी प्रचुर। सतत प्रवाह में यदि क्षीणता आती है तो प्रचुरता भी आती है।
4. हम देख सकते हैं कि भारतीय ज्ञान-परम्परा इस युग में विविध भाषाओं के माध्यम से अपना स्वर ही नहीं पा रही, बल्कि इसमें अभूतपूर्व लोकतन्त्रीकरण भी हुआ है। देश के अन्दर और बाहर जिस तरह इस पर विचार-विमर्श हो रहे हैं उस तरह शायद इतिहास में कभी भी नहीं हुआ रहा होगा। समय के बदलने के साथ सभ्यताएँ परिवर्तित होती हैं जिसके कारण ज्ञान के उपार्जन और सम्प्रेषण की शैली बदल जाती है। प्राचीन शैली का पंक्ति-पाण्डित्य अब चाहे कम हो गया हो, लेकिन आज के युग में ज्ञान का जो विस्तार हुआ है, नवीन वैज्ञानिक अनुशासनों के साथ परम्परा का जो समन्वय हुआ है, उसे भी परम्परा की समृद्धि ही समझना चाहिए। परम्परा अतीत में जिस प्रकार से विकसित हुई है सभी कालों में उसी रीति से विकसित और समृद्ध होती रहे यह आवश्यक नहीं है जैसे कि नदी यदि पहले वक्र गति से बह रही हो तो आगे भी वक्र गति से ही बहे यह आवश्यक नहीं है। वह ऋजु गति से भी बह सकती है।

भारतीय ज्ञान-परम्परा के वास्तविक स्वरूप को जाने बिना इसे क्षीण अथवा मृत कह देना वर्तमान काल में इसकी व्याप्ति का सम्यक् आकलन न कर पाना है। वस्तुतः, भारतीय ज्ञान-परम्परा पिछली सहस्राब्दियों की ही तरह वर्तमान काल में भी अपने आपको परिमार्जन, पुनरन्वेषण तथा मौलिकताओं के आधान के माध्यम से सतत नवीनतर बना रही है। इस बात को सिद्ध करने के लिए हम पिछली शताब्दी तथा वर्तमान समय की भारतीय ज्ञान-परम्परा में मौलिक शास्त्रीय विकास तथा महनीय ज्ञान पुरुषों के दिङ्मात्र निदर्शन से सिद्ध कर सकते हैं।

ध्यान रखना चाहिए कि इस परिच्छेद में अधिकतर उदाहरण संस्कृत ज्ञान परम्परा से दिये जा रहे हैं। इससे यह नहीं समझना चाहिए कि ये सारी प्रविधियाँ अन्य भाषाओं, साहित्य, कला अथवा दूसरे लोक व्यवहारों के सम्बन्ध में सही नहीं है। संस्कृत क्षेत्र से उदाहरणों को देने के कुछ अभिप्राय इस प्रकार से हैं–

1. संस्कृत एक ऐसी भाषा के रूप में भारत में रही है जिसका वाङ्मय प्राचीनतम अतीत से लेकर अर्वाचीनतम वर्तमान तक निरन्तर विद्यमान रहा है। इसकी

प्रवृत्तियों के निदर्शन से यह अधिक स्पष्ट हो सकेगा कि किस प्रकार परम्परा अतीत तथा वर्तमान दोनों में समन्वय साधती हुई चलती है। यह प्राचीनता की समृद्धि को बिना छोड़े अपने आप को वर्तमान की संवेदनाओं तथा समस्याओं के लिए उपयुक्त बनाती है।

2. संस्कृत में सृजित वाङ्मय औपनिवेशिक दुरभिसन्धियों के कारण सबसे अधिक उपेक्षा का शिकार भी हुआ है। इस दृष्टि से वह विविध भारतीय भाषाओं में उत्पादित ज्ञान परम्परा की सबसे उपयुक्त प्रतिनिधि है।
3. संस्कृत से उदाहरणों की अधिकता तथा दूसरे स्थानों से उदाहरणों के कम होने का कारण ग्रन्थ के विस्तार का भय और प्रबन्ध-लेखक की सीमा भी है।

इस सहस्राब्दी में संस्कृत की पाण्डित्य परम्परा किस तरह जीवित और अक्षुण्ण है इसे आगे के पृष्ठों में बताया जायेगा। लेकिन इस परिदृश्य को ठीक-ठीक हृदयंगम करने के लिए संस्कृत के अतीत का संक्षिप्त विहगावलोकन आवश्यक है। संस्कृत के समृद्ध स्वर्णिम अतीत से परिचय प्राप्त किये बिना वर्तमान युग के साथ उसके ऐकात्म्य और सातत्य को समझना कठिन होगा। इसलिए यहाँ पहले संस्कृत में विकसित ज्ञान परम्परा का संक्षेपण प्रस्तुत किया जा रहा है।

संस्कृत वाङ्मय : परिचय एवं विस्तार

भारतीय लोगों ने अभूतपूर्व ज्ञान सम्पदा का विकास बड़े पैमाने पर किया है। उनके इस कार्य में उनकी भाषाओं का बहुत बड़ा योगदान है। प्राचीन काल से ही भारत में एकाधिक भाषाएँ अस्तित्व में थीं, फिर भी धार्मिक, सांस्कृतिक आदि अनेक कारणों से सहस्राब्दियों तक भारतीय ज्ञान-विज्ञान का वाहक होने का श्रेय जिस भाषा को सर्वाधिक मिल सका वह है– संस्कृत। संस्कृत में रचित वाङ्मय में भारतीय ज्ञान-परम्परा के महत्त्वपूर्ण तत्त्व सुरक्षित हैं। इनमें से बहुतों की अभिव्यक्ति पहली बार संस्कृत में हुई। साथ ही सजातीय–विजातीय भाषिक परम्पराओं से लाकर दूसरी बहुत सारी सामग्रियाँ भी इसमें एकत्र कर दी गयीं। भारत के लोक तथा शास्त्र दोनों परम्पराओं को अबूझ होने से बचाने का और उन्हें सदियों तक सुरक्षित रखने का काम संस्कृत के माध्यम से होता रहा है। संस्कृत ने अपने अखिल भारतीय स्वरूप के कारण भारत के प्राय: सभी भूभागों की संस्कृति को अपने में प्रतिबिम्बित किया और भारत को एकीकृत करने का सांस्कृतिक सूत्र दिया। भारत में उत्पन्न और

अखिल भारतीय स्तर पर विकसित होने पर भी संस्कृत में निहित तत्त्व समस्त विश्व के लिए उपयोगी हैं। इस तरह संस्कृत का स्वर विश्वजनीन हित का स्वर है। यही कारण है कि यह भारत की विविध जातियों के एकीकरण में तथा समस्त विश्व के लोगों का ध्यान खींचने में समर्थ हो सकी है।

संस्कृत की भाषिकी तथा समाजभाषिकी

भाषाविज्ञान की दृष्टि से संस्कृत भाषा भारोपीय परिवार के सतम वर्ग क़ी भाषाओं के भारत–ईरानी परिवार से सम्बन्ध रखती है। संस्कृत भारोपीय परिवार की एक प्राचीन भाषा है। इसके आधार पर तुलनात्मक भाषाविज्ञान अस्तित्व में आ सका था। संस्कृत वाङ्मय प्राचीन, अविच्छिन्न तथा विपुल है इसलिए इसमें ऐतिहासिक भाषाविज्ञान के लिए उपयोगी सामग्री पर्याप्त मात्रा में प्राप्त होती है। भाषाविदों ने संस्कृत भाषा का मुख्य आधार लेकर मूलभारोपीय नामक एक काल्पनिक भाषा की संघटना की जिन्हें उन्होंने संस्कृत सहित सभी भारोपीय भाषाओं के मूल में माना।[3] इस कल्पित मूलभारोपीय भाषा (PIE) की ध्वनिपरक तथा पदरचनात्मक विशेषताएँ सबसे अधिक यहीं सुरक्षित हैं। इसका प्रचुर प्राचीन साहित्य तत्कालीन शब्दों के उदाहरणों को देखने में सहायक है। उदाहरण के लिए पदात्मक विभक्तियाँ, उदात्त आदि स्वर तथा अन्य व्याकरणिक कोटियाँ जितनी संस्कृत में सुरक्षित रह पायी हैं उतनी न तो यूनानी में और न ही लातीनी में। इसीलिए मैक्समूलर ने कहा था कि यह संस्कृत ही है जो तुलनात्मक भाषाशास्त्र के लिए एक सुदृढ़ भूमि प्रदान करती है।[4]

संस्कृत के दो रूप

संस्कृत भाषा का इतिहास इतना प्राचीन है कि हमें इस भाषा के ही दो कालकृत भेद मिलते हैं– वैदिक संस्कृत तथा लौकिक संस्कृत। ये दोनों भेद एक दूसरे से बहुत ही निकट हैं फिर भी इन दोनों रूपों में इतना भाषिक अन्तर अवश्य है कि इन्हें आसानी से अलग करके पहचाना जा सकता है। इन्हीं दो भाषिक रूपों के आधार पर सम्पूर्ण संस्कृत वाङ्मय को भी लौकिक तथा वैदिक दो प्रकारों में बाँट दिया जाता है। भाषा के अतिरिक्त वैदिक तथा लौकिक साहित्य में विषय, आकृति, अन्तस्तत्त्व आदि के

---

3. गजानन बालकृष्ण पळसुले (1961), पूर्वोद्धृत।

4. नारायण मूर्ति (1984), पूर्वोद्धृत : 320.

स्तर पर भी भेद देखे जा सकते हैं।[5] लौकिक संस्कृत जिस तरह मानकीकरण के दौर से गुज़री वह प्रसंग ऐतिहासिक कारणों से वैदिक भाषा के सामने उपस्थित नहीं हुआ था। संस्कृत के इन दोनों भाषिक रूपों में प्राप्त अन्तरों की तुलना हम जनभाषा तथा मानक भाषा के अन्तरों के साथ कर सकते हैं। यद्यपि संस्कृत भी देशभाषा रही[6] लेकिन बाद में उसका मानकीकरण पर्याप्त मात्रा में हुआ। जनभाषाओं में प्रयोग की विविधता एवं स्वच्छन्दता के कारण रूपों की बहुलता तथा समृद्धि होती है, जबकि मानक भाषा में रूपविशेष को मानक बना दिये जाने के कारण रूपों की कमी हो जाती है। इसके बदले विविध संस्कृतियों में योजक होने और अन्यान्य स्रोतों से शब्दों को उदारता पूर्वकग्रहण करने के कारण मानक भाषा में शब्दों की अधिकता एवं समृद्धि होती है।

वैदिक तथा लौकिक संस्कृत के बीच के अन्तर[7] को सबसे पहले स्वनिम के स्तर से ही प्रारम्भ करें। हम देखते हैं कि वेद में ऐसे अनेक स्वनिम हैं जो लौकिक संस्कृत भाषा में नहीं हैं। सबसे पहले यदि खण्डात्मक स्वनिम (सेगमेंटल फ़ोनम) की बात करें तो वेद में ळ ,ळ्ह ,तथा यम ध्वनियाँ हैं जो लौकिक संस्कृत में नहीं हैं। 'र' ध्वनि का उच्चारण स्थान वेद में दन्त है। 'ह' वर्ण वेद में अनेकशः 'भ' के रूप में मिलता है। वेद में स्वरभक्ति के उदाहरण पर्याप्त हैं, जैसे–स्वर्ण– सुवर्ण। पृथ्वी– पृथिवी। वेद में दो स्वर एक साथ आ सकते हैं, जैसे–प्रउग तथा तितउ। लौकिक संस्कृत में ऐसा नहीं हो सकता। अधिखण्डात्मक स्वनिमों (सप्रा सेगमेंटल फ़ोनेम) की बात करें तो वेद की सबसे बड़ी विशेषता है उसका उदात्त आदि स्वरों से युक्त होना। वेद के स्वर संगीतात्मक हैं और उनका स्वानिमिक महत्त्व भी है। स्वरों के आधार पर अर्थ बदल सकते हैं। वेद में अनुनासिक ध्वनियों की बहुलता देखी जा सकती है। लौकिक संस्कृत वे उतने अधिक नहीं हैं। अपभ्रंश काल में फिर से अनुनासिकों का आविर्भाव देखा जाता है। प्लुत स्वर जो वेद में बहुत अधिक थे, वे लौकिक संस्कृत में केवल सिद्धान्ततः शेष रह गये हैं। बाद में तो वे समाप्तप्राय ही

5. दे. बलदेव उपाध्याय (1958) *वैदिकसाहित्य एवं संस्कृति*, वाराणसी, शारदा मन्दिर : 355-358.

6. दीप्ति शर्मा त्रिपाठी (1981), *पाणिनिज़ ग्रामर ऐंड द कॉटेंपरेरी लैंग्वेज ऑफ़ मैन*, (सं.) रामकरण शर्मा दिल्ली, राष्ट्रीय संस्कृत संस्थान : 35-42.

7. महाभाष्यकार ने इन्हें निम्नोक्त कारिका में गिना है– सुप्-तिङ्-उपग्रह-लिङ्-नराणां काल-हल्-अच्-स्वर-कर्तृ-यङां च। व्यत्ययमिच्छति शास्त्रकृदेषां सोऽपि च सिद्ध्यति बाहुलकेन॥

हो गये हैं। वैदिक भाषा में सन्धि के नियमों की शिथिलता दिखाई देती है। लौकिक संस्कृत में वे अधिक दृढ और एकरूप हो गये हैं।

रूपरचना (मॉर्फ़ोलॅजी) की दृष्टि से यदि देखें तो लौकिक संस्कृत की अपेक्षा वेद में हर स्तर पर शब्द रूपों की समृद्धि देखी जा सकती है। इसे हम प्रातिपदिकों/सर्वनामों का बाहुल्य, प्रत्ययों का बाहुल्य, तिङन्तों की समृद्धि, कृदन्तरूपों की बहुलता, तद्धित रूपों की विशेषता आदि बिन्दुओं में देख सकते हैं। यह अन्तर हम वाक्य संघटना (सिंगटेक्टिक स्ट्रचर) के स्तर भी हम देख सकते हैं। वैदिक संस्कृत में उपसर्गों की सत्ता लगभग स्वतन्त्र थी। इसी नाते वे धातु के साथ बँध कर नहीं आते। वे क्रिया के पहले या बाद, या उसके बिना तीनों तरह से आ सकते हैं। इसी तरह मतुप्, तरप् आदि कई दूसरे प्रत्यय भी स्वतन्त्र सत्ता रखते हैं और वाक्य संरचना में उनका स्वतन्त्र स्थान पाया जाता है।

लौकिक भाषा में बहुत से वैदिक शब्दों का अर्थ परिवर्तन भी हो गया है। वेद में वे अपने मूल और पुराने अर्थ में आये हुए हैं। ये मूल अर्थ बहुत हद तक उनकी धातुओं से सम्बन्ध रखते हैं। क्रतु, अपस्, दम, असुर, भूमि, ऋत, वह्नि, केतु, कवि, ध्वज, असुर आदि बहुत से शब्द इस कोटि में रखे जा सकते हैं। बहुत से वैदिक शब्द प्रयोग बाह्य भी हो गये। अपस् (कर्म), अन्धस् (अन्न), अम (बल), अवट (झरना), आध्र (नीच), आपि (मित्र), इषिर (बलवान्) आदि कुछ ऐसे ही शब्द हैं।

लौकिक संस्कृत का विकास

भारतीयों में अपनी भाषिक पूँजी को बचाने की प्रबल प्रवृत्ति रही है। निरन्तर परिवर्तन के कारण एक ओर जहाँ भारत में देशभाषाओं का विकास हो रहा था वहीं संस्कृत को विभिन्न प्रविधियों के उपयोग द्वारा सुरक्षित करने का प्रयास भी होता रहा। ध्यातव्य है कि लौकिक संस्कृत को वरीयता देने का यह प्रयास कभी भी देशभाषाओं के स्वाभाविक विकास के मूल्य पर नहीं हुआ। विकसित होती लौकिक संस्कृत में नये अर्थों को कहने वाले बहुत से नये शब्द बनाये जाते रहे। सामासिकता की अपूर्व क्षमता तथा प्रकृति प्रत्यय पर आधारित व्युत्पादनात्मक व्याकरणिक प्रणाली के चलते हर युग में संस्कृत में बहुत से नये शब्द बने तथा प्रचलित हुए। इस नाते लौकिक संस्कृत के शब्द भण्डार में अपूर्व वृद्धि होती गयी। संस्कृत का जैसे जैसे सुदूर क्षेत्रीय भाषाओं के साथ सम्पर्क हुआ वैसे वैसे उन भाषाओं के शब्द तथा उनकी अभिव्यक्तियाँ संस्कृत में आने लगीं। इसके नाते भी लौकिक संस्कृत समृद्ध

होती गयी। साथ ही बहुत से पुराने वैदिक शब्दों को नये अर्थों में जोड़कर उन्हें नवीन आयाम दिया गया। 'दम' तथा 'क्षय' कुछ ऐसे ही शब्द हैं।

पाणिनीय व्याकरण ने संस्कृत के मानकीकरण में बड़ा योगदान दिया। पाणिनि की *अष्टाध्यायी* स्वयं तो जीवन्त भाषा का व्याकरण है, लेकिन अपने वैज्ञानिक गुणों के कारण वह इस प्रकार और भी स्वीकार्य हुई कि उसी के आधार पर संस्कृत का मानकीकरण हो सका। संस्कृत जब सामान्य बोलचाल की भाषा नहीं रह गयी तो भी संस्कृत का शिक्षण उसी के आधार पर होता रहा।

लौकिक संस्कृत में कविता की बहुलता तथा उसके साहित्य के छन्दोबद्ध होने ने भी इसकी शब्द समृद्धि में बहुत बड़ा योगदान दिया। छन्दों द्वारा वाक्य संरचना में एक प्रकार की संगीतात्मक सीमा उत्पादित की जाती है। यह सीमा बहुत बार नये और ताज़े मुहावरों और सामासिक पदों को प्रयोजित करती है। छन्दों के निर्वाह के लिए लेखक बहुत बार नये अछूते शब्दों की खोज करता है, और अनेक बार उसे ख़ुद बनाता भी है। लौकिक संस्कृत भाषा में पर्याय शब्दों, मुहावरों और अभिव्यक्ति प्रकारों की अभूतपूर्व समृद्धि का एक बड़ा कारण इसके वाङ्मय का अधिकांशत: छन्दोबद्ध होना है।

संस्कृत की समाजभाषिकी

परम्परा संस्कृत भाषा को देवभाषा मानती है। संस्कृत की दिव्यता को अक्षरश: लेते हुए भी उसके लाक्षणिक अर्थ को समझना चाहिए। संस्कृत की दिव्यता के अर्थवादात्मक महत्त्व को अस्वीकार नहीं किया जा सकता है। भारत के सांस्कृतिक एकीकरण में संस्कृत का महत्त्व सार्वकालिक है। भारत की भाषिक चर्या में उसका स्थान तथा महत्त्व केन्द्रीय रहा है। आज से कम से कम 2500 साल पहले रचित पाणिनि की *अष्टाध्यायी* से पता चलता है कि संस्कृत उस समय जनसामान्य की भाषा थी। सामाजिक आवश्यकताओं के चलते उसका मानकीकरण हुआ और वह सम्पूर्ण भारत की योजक भाषा बनी। योजक भाषा के रूप में वह हज़ारों वर्षों तक रही, उस समय भी जब वह लोकप्रचलित भाषा नहीं रह गयी थी। संस्कृत भाषा जब बोलचाल से बाहर हो गयी तब तो सम्भवत: उसके द्वारा और भी अधिक महत्त्वपूर्ण भूमिकाएँ निभाई गयीं। हज़ारों वर्षों तक इसका उपयोग भारत की सांस्कृतिक निधि तथा ज्ञान-विज्ञान को सुरक्षित रखने वाले भाषिक उपकरण के रूप में होता रहा। अपनी इस विशेष भूमिका द्वारा संस्कृत ने विविध संस्कृति तथा भाषा वाले इस देश

को शताब्दियों तक एक आत्मिक सूत्र में बाँधे रखा तथा एक समान सांस्कृतिक धारा प्रवाहित की। ध्यातव्य है कि संस्कृत ने यह कार्य किसी औपनिवेशिक या वर्चस्ववादी मनोवृत्ति के तहत नहीं किया तथा किसी भी अन्य भारतीय भाषा का अंग्रेज़ी आदि औपनिवेशिक भाषाओं की तरह शोषण करके नहीं किया। संस्कृत का हमेशा से ही दूसरी भारतीय भाषाओं के साथ पोष्य-पोषक भाव रहा। यदि ऐसा नहीं होता तो प्राचीन काल से ही हमें भारतीय भाषाओं के विकास के जो पहलू दिखायी देते हैं वे नहीं होते जिनमें पालि-प्राकृत-अपभ्रंश-अवहट्ठ तथा आधुनिक भारतीय भाषाएँ सम्मिलित हैं। भारतीय भाषाओं के विकास के हर क्रम में संस्कृत ने उनका साथ दिया और उन्हें पुष्ट किया। प्राकृत या अपभ्रंश आदि भाषाओं का प्रचार जब विरल होने लगा और उन्हें भी व्याकरण की आवश्यकता हुई तो उनके भी व्याकरण संस्कृत माध्यम से लिखे गये।

हम जानते हैं कि संस्कृत की भाषाओं को बचाने वाली यह विशेष भूमिका पालि, प्राकृत अथवा अपभ्रंश पर ही नहीं रुकी, बल्कि उसने आगे आने वाली क्षेत्रीय भाषाओं के अध्ययन को भी उपकृत किया। कलिकाल सर्वज्ञ हेमचन्द्र के प्राकृत तथा अपभ्रंश व्याकरण के बाद भी दामोदर पण्डित ने बारहवीं शताब्दी के पूर्वार्ध में *उक्तिव्यक्तिप्रकरण* नामक ग्रन्थ लिखा जो उक्ति अर्थात् कोसल देस की जनता की बोली द्वारा संस्कृत सिखाने वाली पुस्तक है।[8] संस्कृत की शास्त्रीय शैली का आश्रय लेकर लिखे गये इन व्याकरण ग्रन्थों का भारी लाभ यह हुआ है कि हमारी मध्यकालीन आर्यभाषाएँ अबूझ होने से बची हैं। संस्कृत द्वारा बोलियों एवं भाषाओं के व्याकरण लेखन की यह परम्परा आधुनिक युग तक चलती रही है। 1879 में कश्मीरी भाषा का व्याकरण *काश्मीरशब्दामृतम्* ईश्वर कौल द्वारा लिखा गया। पण्डित दीनबन्धु झा द्वारा लिखित मैथिली भाषा का व्याकरण *मैथिली भाषा विद्योतन* लिखा गया। ये सभी ग्रन्थ आधुनिक युग से सम्बद्ध हैं तथा पाणिनि की सूत्रात्मक पद्धति का अनुगमन करने वाले हैं। केवल भारतीय ही नहीं फ़ारसी जैसी विदेशी भाषा को भी सीखने के लिए भी संस्कृत की पद्धति उपयोगी रही। अकबर काल में बिहारीकृष्ण दास की *पारसीप्रकाश* तथा अर्वाचीन काल में कवि कर्णपूर द्वारा रचा गया *पारसीकविनोद* आदि ग्रन्थ हैं। संस्कृत शास्त्रों में विकसित शास्त्रीय शैली ने युगों

---

8. स्यादित्यादी वृत्वा श्रुत्वा लिङ्गानुशासनं किञ्चित्। उक्तिव्यक्तिं बुद्ध्वा बालैरपि संस्कृतं क्रियते॥ (*उक्तिव्यक्तिप्रकरण* 2)

युगों तक सहवर्ती भाषाओं को शब्दावली प्रदान करके उनकी सुरक्षा की। संस्कृत ने लोकप्रचलित भाषाओं को केवल दिया ही नहीं अपितु उनसे बहुत सारे शब्द, मुहावरे इत्यादि ग्रहण भी किये। संस्कृत की अलोकसामान्य समृद्धि का बड़ा कारण यह है कि उसने विशाल भाषिक इतिहास में भिन्न भिन्न क्षेत्रों की भाषाओं से बहुत सारे भाषिक तत्त्व ग्रहण किये। इनमें आर्य–अनार्य, सभ्य–वनवासी, देसी–विदेशी सभी तरह के स्रोत शामिल हैं। इस प्रकार भारत के भाषिक इतिहास में संस्कृत भाषा ने उस सूत्र की भाँति कार्य किया है जिसने सारे भारत को भावनात्मक तथा आत्मिक रूप से एक तथा अखण्ड रखा तथा अपने आपको भी समृद्ध किया। संस्कृत भाषा का योगदान अलोकसामान्य होने के कारण निःसंदेह दिव्य और अलौकिक है। इसी असामान्य भाषिक भूमिका के कारण ही भारतीयों ने उसे 'देव भाषा' कहकर पुकारा है।

संस्कृत वाङ्मय का विस्तार

समग्र संस्कृत वाङ्मय को हम दो मोटे भागों में बाँट सकते हैं– 1. वैदिक संस्कृत वाङ्मय तथा 2. लौकिक संस्कृत वाङ्मय। आगे संस्कृत वाङ्मय पर हम इन्हीं दो स्थूल शीर्षकों के अन्तर्गत दृष्टिपात करेंगे।

परम्परा का स्रोत : वैदिक वाङ्मय

वैदिक वाङ्मय 4 प्रमुख भागों में विभक्त है– 1. संहिता, 2. ब्राह्मण, 3. आरण्यक, तथा 4. उपनिषद्। इनमें से *ऋग्वेद* संहिता सबसे प्राचीन है इसलिए उसे पूर्ववैदिक काल की रचना माना जाता है, जबकि शेष वैदिक साहित्य को उत्तरवैदिक काल से सम्बन्धित कहा जाता है। आगे वैदिक वाङ्मय का संक्षिप्त विवरण दिया जा रहा है।

परम्परा के बीज : संहिताएँ

भारतीय वाङ्मय में सबसे प्राचीन ग्रन्थराशि वेद है। वेद का शाब्दिक अर्थ है ज्ञान। वेदों में प्राचीन आर्यों की उदात्ततम कृतियों का संग्रह है। भारतीय परम्परा में विकसित ज्ञान की सभी विधाओं, जैसे– धर्म, शास्त्र, दर्शन, विद्या, कला सबका स्रोत सिद्धान्ततः वेद को माना जाता है।[9] (*सर्वज्ञानमयो हि सः*) वेद केवल भारतीय धर्म–दर्शन के लिए ही नहीं बल्कि भारोपीय भाषा के सबसे प्राचीन ग्रन्थ होने

---

[9] *मनु.* 2.7

के कारण भाषाशास्त्र तथा देवशास्त्र की दृष्टि से सारी भारोपीय जनता के लिए आवश्यक है। वेदों की महत्ता को जानते हुए भारतीयों ने उसके प्रत्येक अक्षर को अब तक सुरक्षित रखा है। इनकी सुरक्षा के लिए अनेक प्रविधियाँ विकसित की गयीं, जिसमें अष्ट विकृतियाँ और विभिन्न प्रकार की अनुक्रमणियाँ[10] शामिल हैं। वेद पाठ की मौखिक पद्धतियों को यूनेस्को ने हाल ही में अमूर्त विरासत के रूप में मान्यता भी दी है।[11] माना जाता है कि प्रारम्भ में वेद एक और अखण्ड था। कर्मकाण्ड में उपयोग के लिए वेद व्यास ने उसे चार ऋत्विजों (होता, अध्वर्यु, उद्गाता तथा ब्रह्मा) के अनुसार चार भागों में बाँट दिया[12]। लेकिन वेदव्यास से भी बहुत पहले स्वयं वेद की संहिताओं में भी इन चारों नामों का उल्लेख मिलता है।[13] चार होने पर भी पद्य, गद्य तथा गीति शैलियों की दृष्टि से इन्हें तीन प्रकारों में विभाजित किया जाता है। इसलिए वेद को त्रयी भी कहते हैं। संहिता के मन्त्रों की व्याख्या तथा उनका कर्मकाण्डों में विनियोग बाद के ग्रन्थों में हुआ जिन्हें ब्राह्मण नाम दिया गया। परम्परा ब्राह्मण को भी संहिता के समान ही प्रामाणिक मानती है। (मन्त्रब्राह्मणयोर्वेदनामधेयम्)[14]

ऋग्वेद

ऋग्वेद वैदिक साहित्य का ही नहीं बल्कि विश्व का भी प्राचीनतम ग्रन्थ माना जाता है। पारम्परिक भारतीय मान्यता के अनुसार वेदों के आविर्भाव का काल निर्धारित करना असम्भव है। फिर भी अनेक पाश्चात्त्य तथा भारतीय विद्वानों ने विभिन्न आधारों पर इसके निर्धारण के विविध मत दिये हैं। वेदों के काल के विषय में ईसा पूर्व 1000 से लेकर 75000 तक का काल निर्धारण प्राप्त होता है। **मैक्समूलर** वेद की समय सीमा निर्धारित करने के लिए बुद्ध काल से लगा कर पीछे की ओर जाते हैं। वे बुद्ध काल से पीछे सूत्रकाल (ई.पू. 600–200), ब्राह्मणकाल (ई.पू. 800–600) तथा संहिताकाल (ई.पू. 1000–800) को दो-दो सौ वर्षों का समय देते

---

10. अनुक्रमणियों के बारे में विस्तार से जानने के लिए देखें (उपाध्याय (1958) : 446-456)

11. https://ich.unesco.org/en/RL/tradition-of-vedic-chanting-00062

12. *महाभारत* 1.63.89, *श्रीमद्भागवत* 12.6.

13. *वेदमीमांसा* : 65–68.

14. *आपस्तम्बश्रौतसूत्र* 24.1.31.

हुए वेद की अन्तिम समय सीमा ई.पू. 1200 से 1000 वर्षों में समेटना चाहते थे, लेकिन बाद में उन्होंने स्वयं ही इस मत का खण्डन कर दिया। **लोकमान्य तिलक** तथा **हरमन याकोबी** दोनों ने वेदों का समय निर्धारण नक्षत्रीय प्रमाणों के आधार पर किया। ग्रहों की गति को गिनकर इन विद्वानों ने निष्कर्ष निकाला कि यह समय ई.पू. 2500 वर्ष का ठहरता है। एक ही प्रकार के प्रमाण का प्रयोग करने के बावजूद याकोबी ने संहिता की रचना का समय 4500 से 2500 तक के बीच का माना है, जबकि तिलक ने ई.पू. 6000 वर्ष माना है। तिलक का मत विद्वानों में प्रायः मान्य है। **ह्यूगो विंक्लर** ने एशिया माइनर में तुर्की के बोग़ाज़ कोई नामक स्थान पर 1400 ई.पू. का शिलालेख प्राप्त किया है। इससे वहाँ 2000 ई.पू. से 2500 ई.पू. वेदों तथा वैदिक संस्कृति की सत्ता रही होगी, यह सिद्ध होता है। *ऋग्वेद* में विद्यमान भूगर्भीय परिघटनाओं (सरस्वती का विनशन आदि) के साक्ष्य आधार पर अविनाश चन्द्र दास ने अपनी पुस्तक *ऋग्वेदिक इण्डिया* में *ऋग्वेद* की रचना तथा तत्कालीन सभ्यता का समय 25000 वर्ष पूर्व माना है। **दीनानाथ शास्त्री चुलेट** ने जोतिष के आधार पर वेदों का समय तीन लाख वर्ष पूर्व सिद्ध किया है।

ऋग्वेद ऋचाओं का समूह है। देवताओं की स्तुतिपरक मन्त्रों को ऋचा कहते हैं। *ऋग्वेद* का विभाजन दो क्रमों में है–1. मण्डल (10)–अनुवाक (85)–सूक्त (1017), और 2. अष्टक (8)–अध्याय (64)–वर्ग (208)। इसमें सम्पूर्ण मन्त्रों की संख्या 10580 है। इस वेद के दूसरे मण्डल से लेकर सातवें मण्डल में एक ही वंश के ऋषियों के मन्त्र संगृहीत हैं। ये ऋषि क्रमशः हैं–2. गृत्समद 3. विश्वामित्र 4. वामदेव 5. अत्रि 6. भारद्वाज 7. वसिष्ठ। नवें मण्डल (पवमान मण्डल) में सोम नामक देवता से सम्बद्ध मन्त्र एकत्र किये गये हैं। विभिन्न ऋषियों ने अपने-अपने छात्रों को वेदों का अध्यापन कराया। अध्यापकों ने अर्थावबोध की सुविधा के लिए पाठान्तर मात्र करके, क्लिष्ट शब्दों के स्थान पर अधिक स्पष्ट शब्दों को रखा। इस कारण से अथवा भौगोलिक उच्चारण मात्र के विभेद से वेदों की अनेक शाखाएँ बनती गयीं[15]। पतञ्जलि ने महाभाष्य में *ऋग्वेद* की 21 शाखाएँ बताई हैं जिनमें से केवल दो शाखाएँ (शाकल तथा बाष्कल) प्राप्त होती हैं। बड़े हर्ष का विषय है कि तीसरी शाङ्खायन शाखा भी अब हाल ही में (बाँसवाड़ा, राजस्थान) में प्राप्त हो

15. चरणशब्दोऽध्ययनवचनः (कैयटः), पाठान्तरे पृथग्भूता वेदशाखाः। पदपाठमात्रेण वा॥ अनिर्वाण (2003), *वेदमीमांसा*, छविनाथ मिश्र (अनु.), नाग प्रकाशक, दिल्ली : 1.28-29.

गयी है।[16] *ऋग्वेद* तत्कालीन समाज तथा धर्म को जानने के लिए, नैतिक उपदेशों के लिए (10.34, 10.117), विभिन्न प्रस्थानों के दार्शनिक मूलों के ज्ञान के लिए (1.164, 10.121, 10.129,10.145, 10.190,), देवताओं के स्वरूप के निश्चय हेतु तथा वैदिक आर्यों के प्राक्तन इतिहास तथा संस्कृति (2.9, 10.15, 10.16, 10.85, 10.184) को समझने आदि के लिए महत्त्वपूर्ण सामग्री उपलब्ध कराता है। पारिवारिक, सामाजिक व्यवस्थाओं तथा संस्कारों के लगभग सभी सूत्र हमें इस आदिम ग्रन्थ में मिल जाते हैं। दान की महिमा का वर्णन *ऋग्वेद* के लगभग 22 सूक्तों में किया गया है। आज भी विवाह के समय *ऋग्वेद* के सूर्या सूक्त (10.85) के मन्त्र पढ़े जाते हैं। कर्म तथा नैतिकता का महत्त्व तथा कर्माध्यक्ष के रूप में ईश्वर (वरुण) का चित्रण ऋग्वैदिक धर्म की बड़ी विशेषतायें हैं। नासदीय सूक्त (10.129), अस्यवामीय सूक्त (1.164), पुरुष सूक्त (10.90) तथा वाक् सूक्त (10.125) सृष्टि संबन्धी दार्शनिक विचारों से ओत-प्रोत हैं।

यजुर्वेद

यजुर्वेद में यज्ञ कर्म के लिए उपयोगी मन्त्रों का समावेश है। *यजुर्वेद* दो प्रकार का है– 1. शुक्ल यजुर्वेद (वाजसनेयि) तथा 2. कृष्ण यजुर्वेद (तैत्तिरीय)। शुक्ल यजुर्वेद में केवल मन्त्रों का संग्रह है जबकि कृष्ण यजुर्वेद में उन मन्त्रों का विनियोग बताने वाले ब्राह्मण वाक्यों का भी समावेश है। महाभाष्यकार पतञ्जलि के विवरण के अनुसार यजुर्वेद की 101 शाखाएँ थीं जिनमें से अब केवल 7 शाखाएँ मिलती हैं। शुक्ल यजुर्वेद (वाजसनेयि) में 40 अध्याय, 303 अनुवाक तथा 1975 कण्डिकाएँ हैं। इसकी दो शाखाएँ–काण्व तथा माध्यन्दिन प्रसिद्ध हैं। कृष्ण यजुर्वेद की कठ, काठक, कपिष्ठल, कालापक (मैत्रायणी) तथा आपस्तम्ब ये शाखाएँ हैं।

सामवेद

सामवेद के 75 मन्त्रों को छोड़कर शेष सभी मन्त्र *ऋग्वेद* के ही हैं। इस वेद में *ऋग्वेद* के संगीतानुकूल मन्त्रों को एकत्र किया गया है। यज्ञ के समय इसका उपयोग उद्‌गाता नाम ऋत्विक् के लिए होता है। आजकल इसकी केवल तीन शाखाएँ कौथुमीय, राणायनीय तथा जैमिनीय शेष हैं। *सामवेद* पूर्वार्चिक तथा उत्तरार्चिक इन

---

16. http://vaidikabharata.org/#our-projects

दो खण्डों में बँटा हुआ है। इसमें ऋचाओं की कुल संख्या 1810 है। सामगान 5 प्रकार का होता है– प्रस्ताव, उद्गीथ, प्रतिहार, उपद्रव तथा निधान। सामगान पद्धति भारतीय संगीत के मूल में मानी जाती है।

अथर्ववेद

अथर्ववेद विषय की दृष्टि से अन्य वेदों से थोड़ा भिन्न है। इसमें केवल देवस्तुति परक तथा यज्ञसम्बन्धी मन्त्र न होकर समान्य लौकिक समस्याओं को विषय बनाने वाले मन्त्र भी पर्याप्त मात्रा में प्राप्त होते हैं। इस वेद में मुख्यतः दो ऋषियों– अथर्वा तथा अङ्गिरस् के मन्त्रों का संग्रह है। इसके प्रमुख विषय हैं– पौष्टिक, भैषज्य, प्रायश्चित्त, स्त्रीकर्म, राजकर्म, आभिचारिक, रोगनाशक, शत्रुनाशक, ब्रह्मण्य आदि। पतञ्जलि ने *अथर्ववेद* की 9 शाखाओं का उल्लेख किया है, जिनमें से अब केवल पैप्पलाद तथा शौनक ये दो शाखाएँ प्राप्त होती हैं। *अथर्ववेद* संहिता में 20 काण्ड, 34 प्रपाठक, 111 अनुवाक, 739 सूक्त तथा 5849 मन्त्र हैं।

परम्परा का अंकुरण : ब्राह्मण

ब्राह्मण ग्रन्थ भाषा तथा विषय की दृष्टि से संहिताओं से परवर्ती हैं। ब्राह्मण ग्रन्थों में संहिताओं के मन्त्रों, कर्मों तथा उनके विनियोगों की व्याख्या है।[17] ये ग्रन्थ वस्तुतः संहिताओं में विद्यमान मन्त्रों को समझाने के लिए हैं तथा विभिन्न कर्मों में उनके विनियोग की व्याख्या करते हैं। ये यज्ञों के वैज्ञानिक, आधिभौतिक तथा आध्यात्मिक रहस्य बताने वाले ग्रन्थ हैं। आजकल उपलब्ध ब्राह्मण ग्रन्थ हैं *ऋग्वेद*– 1. ऐतरेय ब्राह्मण (40 अध्याय), 2. शाङ्खायन ब्राह्मण (30 अध्याय), **शुक्लयजुर्वेद**– शतपथ ब्राह्मण (100 अध्याय), **कृष्णयजुर्वेद**–तैत्तिरीय ब्राह्मण (20 अध्याय), **सामवेद**–1. ताण्ड्य (पञ्चविंश) ब्राह्मण (25 अध्याय), 2.षड्विंश ब्राह्मण (5 प्रपाठक), 3. सामविधान ब्राह्मण, 4. आर्षेय ब्राह्मण (3 प्रपाठक), 5. दैवत ब्राह्मण (3 खण्ड), 6. उपनिषद् ब्राह्मण (10 प्रपाठक), 7. संहितोपनिषद् ब्राह्मण (5 खण्ड), 8. वंश ब्राह्मण (3 खण्ड), 9. जैमिनीय ब्राह्मण, 10. *अथर्ववेद*–गोपथ ब्राह्मण (11 अध्याय)। ब्राह्मण ग्रन्थों में वैदिक युग के क्रिया कलाप का अद्भुत तथा भव्य दृश्य तो मिलता ही है साथ ही पर्याप्त सांस्कृतिक सामग्री भी इनसे प्राप्त

---

17. ब्राह्मणं नाम कर्मणस्तन्मन्त्राणां च व्याख्यानग्रन्थः। *भट्टभास्कर* तै. सं 1.5.1 पर भाष्य

होती है। यज्ञ के वैज्ञानिक संस्था के रूप में निदर्शन, प्राचीन शब्दों की सांस्कृतिक निरुक्तियाँ, पुराणों में विकसित होने वाले आख्यानों का मूल स्वरूप तथा कर्म मीमांसा दर्शन का मूल रूप, इन सबको ठीक ठीक जानने के लिए ब्राह्मण वाङ्मय का परिशीलन आवश्यक है।

परम्परा का आत्मविमर्श : आरण्यक

वेदों के उपर्युक्त दो अंशों (संहिता+ब्राह्मण) को कर्मकाण्ड तथा शेष दो (आरण्यक+उपनिषद्) को सामान्यतया ज्ञानकाण्ड कहा जा सकता है। आरण्यक ग्रन्थ यज्ञीय कर्मकाण्डों के भीतर निहित आध्यात्मिक तथा दार्शनिक रहस्यों का प्रतिपादन करते हैं। आरण्यकों की शैली का परिपूर्ण विकास हमें आगे चल कर उपनिषदों में मिलता है। अरण्य अर्थात् जंगल के शान्त वातावरण में इनका प्रणयन तथा मनन हुआ इस कारण इन्हें आरण्यक कहा जाता है।[18] इनके मुख्य विषय हैं– प्राणविद्या, काल का पारमार्थिक तथा व्यावहारिक स्वरूप *(तै.आर.)*। *ऐतरेय* (5 आरण्यक) तथा *शाङ्खायन* (15 अध्याय) *ऋग्वेद* के दो आरण्यक हैं। *बृहदारण्यक शुक्लयजुर्वेद* का तथा *मैत्रायणीय* आरण्यक और *तैत्तिरीय आरण्यक कृष्णयजुर्वेद* से सम्बन्ध है। *सामवेद* का *आरण्यक तलवकार* है। *अथर्ववेद* का कोई आरण्यक नहीं है।

परम्परा का फल : उपनिषद्

उपनिषद् भारतीय वैदिक चिन्तन के शीर्ष पर विद्यमान हैं। वेदों के अन्तिम भाग अथवा सार रूप होने के कारण इन्हें वेदान्त भी कहा जाता है। इस प्रकार उपनिषद् समस्त वैदिक चिन्तन के फल के रूप में ठहरते हैं। उपनिषद् का शाब्दिक अर्थ रहस्य है। यह रहस्य शिष्यों ने गुरुओं के पास बैठ कर प्राप्त किया था, इस नाते अधिकतर उपनिषदों की शैली संवादात्मक है। भारत में विकसित आस्तिक ही नहीं नास्तिक दर्शन भी अपने स्रोत उपनिषदों में ढूँढने का प्रयत्न करते हैं। जीव, जगत्, आत्मा, परमात्मा आदि से सम्बद्ध आध्यात्मिक विद्याएँ इन ग्रन्थों के प्रमुख कथ्य हैं। सामान्यतः उपनिषदों की संख्या 108 मानी जाती है *(दे. मुक्तिकोपनिषद्)*। इन 108 उपनिषदों में *ऋग्वेद* से सम्बद्ध 10, शुक्लयजुर्वेद से 19, कृष्णयजुर्वेद से

---

18. अरण्याध्ययनादेतदारण्यकमितीर्यते।
अरण्ये तदधीयीतेत्येवं वाक्यं प्रचक्षते॥ (*तै.आ. भा.* 6)

12, सामवेद से 16 तथा *अथर्ववेद* से सम्बद्ध उपनिषद् 31 हैं। इनमें से भी उन 10 उपनिषदों को अत्यन्त प्राचीन और प्रामाणिक माना जाता है जिन पर आचार्य शंकर की व्याख्या प्राप्त होती है। ये हैं– ईश, केन, कठ, प्रश्न, मुण्डक, माण्डूक्य, तैत्तिरीय, ऐतरेय, छान्दोग्य तथा बृहदारण्यक। इनमें से *ईशोपनिषद्* अकेला एक ऐसा उपनिषद् है जो सीधे *शुक्लयजुर्वेदसंहिता* का अन्तिम (40वाँ) अध्याय है। *केन, कठ, प्रश्न, मुण्डक, माण्डूक्य, तैत्तिरीय, ऐतरेय, छान्दोग्य, बृहदारण्यक, श्वेताश्वतर, कौषीतकी तथा मैत्रायणी* अन्य प्रमुख उपनिषद् हैं।

परम्परा को समझने की प्रविधि : वेदाङ्ग साहित्य

समय बीतने के साथ जब वैदिक भाषा लौकिक संस्कृत में बदली तब वेदों के अर्थों तथा उनके विनियोगों को अच्छी तरह से जानने के लिए वेदाङ्ग वाङ्मय की रचना प्रारम्भ हुई।[19] अङ्ग शब्द का अर्थ है सहायक। इनकी उपेक्षा करके कोई वेद के तात्पर्य को ठीक ठीक नहीं जान सकता। इन्हीं वेदाङ्गों के माध्यम से विद्या के विविध प्रकार भारतवर्ष में विकसित हुए। मुख्यतः वेदों को विषय बनाने के बावजूद यह वाङ्मय लौकिक भाषा तथा सामान्य ज्ञान विज्ञान को भी विषय बनाता है। वेदाङ्ग संख्या में छह हैं। आगे इनका संक्षिप्त विवरण दिया जा रहा है।

त्रुटिरहित प्रस्तुति : शिक्षा तथा प्रातिशाख्य

शिक्षा वेदाङ्ग को वेदों की नाक कहा जाता है। इसका प्रमुख उद्देश्य है वेदों में स्थित उदात्त इत्यादि स्वरों तथा वर्णों के ठीक ठीक उच्चारण को सुनिश्चित करना[20]। जब भाषा में परिवर्तन होने लगता है तो उसके पुराने रूप को सुरक्षित रखने के लिए उच्चारण पर ध्यान दिया जाना आवश्यक होता है। *तैत्तिरीय उपनिषद्* में शिक्षा के 6 अंगों के नाम बताये गये हैं[21] 1. वर्ण, 2. स्वर (उदात्त आदि संगीतात्मक स्वर), 3. मात्रा (स्वरगत मात्राएँ), 4. बल (उच्चारण के स्थान और प्रयत्न), 5. साम (दोषरहित सुन्दर उच्चारण), 6. सन्तान (सन्धिकार्य)। वेदों की भिन्न भिन्न शाखाओं के उच्चारण आदि विशिष्टताओं का सूक्ष्मता से विवेचन करने के लिये शिक्षा ग्रन्थों

---

19. *निरुक्त* 1.6.20

20. स्वरवर्णाद्युच्चारणप्रकारो यत्र शिक्ष्यते उपदिश्यते सा शिक्षा। *ऋग्वेदभाष्यभूमिका*

21. शीक्षां व्याख्यास्यामः। वर्णः, स्वरः, मात्रा, बलम्, साम, सन्तानः। *तैत्तिरीयोपनिषद्* 1.2

की ही जाति की एक अन्य ग्रन्थ राशि का उद्‌भव हुआ जिसे **प्रातिशाख्य** नाम दिया गया। प्रातिशाख्य का अन्य नाम पार्षद या पारिषद सूत्र भी है। विजयपाल शास्त्री (1983, उपोद्घात:1-2) ने दूसरा मत देते हुए अनेक प्राचीन विद्वानों के उद्धरणों से सिद्ध किया है कि प्रातिशाख्यों का सम्बन्ध वेद की शाखाओं से नहीं अपितु चरणों से है (*पदप्रकृतीनि सर्वचरणानि पार्षदानि–निरुक्तम्* 1–17)। शैली तथा भाषा की दृष्टि से प्रातिशाख्य ग्रन्थ शिक्षा ग्रन्थों से अधिक प्राचीन सिद्ध होते हैं, यही कारण है कि प्राचीन ध्वनिविज्ञान का परिचय प्राप्त करने तथा आधुनिक भाषा विज्ञान में उनके उपयोग के लिये प्रातिशाख्य ग्रन्थों का महत्त्व शिक्षा ग्रन्थों की अपेक्षा अधिक माना जाता है। ध्वनिशास्त्रीय विषयों की बहुलता के कारण इन्हें प्रायः शिक्षा वेदाङ्गों के अन्तर्गत रखा जाता है। विविध वेदाङ्गों के द्वारा वेद के ध्वनि, छन्द तथा व्याकरण के अन्तर्गत होने वाली विधियों का सामान्य रूप से वर्णन किया गया है। प्रातिशाख्य बताता है कि ये विधियाँ किस किस शाखा से सम्बद्ध हैं।

ऋक्प्रातिशाख्य का सम्बन्ध *ऋग्वेद* की संहिता से है। सामवेद के चार प्रातिशाख्य ग्रन्थ हैं–*ऋक्तन्त्र, सामतन्त्र, अक्षरतन्त्र* तथा *पुष्पसूत्र*। यजुर्वेद से सम्बद्ध प्रातिशाख्य हैं– *तैत्तिरीयप्रातिशाख्य* तथा *शुक्लयजुर्वेदप्रातिशाख्य*। अथर्ववेद का प्रातिशाख्य *चतुरध्यायिका* नाम से प्रसिद्ध है। शिक्षा ग्रन्थों में *ऋग्वेद* से सम्बन्धित *पाणिनीयशिक्षा* पर्याप्त प्रसिद्ध है। *याज्ञवल्क्यशिक्षा* का सम्बन्ध *शुक्लयजुर्वेद* की वाजसनेयि संहिता से है। अन्य उल्लेखनीय शिक्षा ग्रन्थों के नाम हैं– *वासिष्ठी शिक्षा, अमोघानन्दिनी शिक्षा, पाराशरी शिक्षा, माण्डव्य शिक्षा माध्यन्दिनी शिक्षा, वर्णरत्नप्रदीपिका, केशवी शिक्षा, मल्लशर्म शिक्षा, स्वरांकुश शिक्षा, षोडशश्लोकी शिक्षा, अवसाननिर्णय शिक्षा, स्वरभक्तिलक्षण शिक्षा, प्रातिशाख्यप्रदीप शिक्षा, नारदीय शिक्षा (सामवेद), माण्डूकी शिक्षा* आदि।[22]

सिद्धान्त से प्रयोग की ओर कल्पसूत्र

वेद में बताये गये कर्मों का क्रमपूर्वक व्यवस्थापन करने वाले शास्त्र को कल्प कहते हैं *(वेदविहितानां कर्मणाम् आनुपूर्व्येण कल्पनाशास्त्रम्)*। प्रायः सूत्र शैली में लिखित होने के कारण इन्हें सूत्र के नाम से जाना जाता है। कल्पसूत्र चार प्रकार के हैं– श्रौतसूत्र, गृह्यसूत्र, धर्मसूत्र तथा शुल्बसूत्र।

---

22. विशेष विवरण हेतु देखें, बलदेव उपाध्याय (1958), पूर्वोद्धृत : 359-382.

श्रौतसूत्र

श्रौतसूत्र का मुख्य विषय है वेदों में प्रतिपादित मुख्य यागों (जैसे– दर्श, पूर्णमास, पिण्डपितृयाग, आग्रयणेष्टि, चातुर्मास्य, निरूढपशु, सोमयाग, गवामयन, वाजपेय, राजसूय, सौत्रामणी, अश्वमेध, पुरुषमेध, एकाहयाग, अहीन) का क्रमबद्ध वर्णन। *ऋग्वेद* के 1. *आश्वलायन* तथा 2. *शाङ्खायान* दो श्रौत सूत्र हैं। *शुक्लयजुर्वेद* के *कात्यायनश्रौतसूत्र* में 26 अध्याय है। इस पर कर्काचार्य का विस्तृत भाष्य उपलब्ध है। *कृष्णयजुर्वेद* से सम्बन्धित 6 श्रौतसूत्र मिलते हैं–1. *बौधायन,* 2. *आपस्तम्ब,* 3. *हिरण्यकेशी* (सत्याषाढ) 4. *वैखानस,* 5. *भारद्वाज,* तथा 6. *मानव*। इनमें से पहले 5 का सम्बन्ध तैत्तिरीय शाखा से है जबकि अन्तिम मैत्रायणी शाखा से सम्बन्धित है। सामवेद से सम्बद्ध सूत्र हैं *आर्षेय (मशक) कल्पसूत्र, लाट्यायन श्रौतसूत्र, द्राह्यायण श्रौतसूत्र* तथा *जैमिनीय श्रौतसूत्र। अथर्ववेद* से सम्बद्ध श्रौतसूत्र है *वैतान।* यह अपेक्षाकृत नवीन माना जाता है।

गृह्यसूत्र

गृह्यसूत्र में पारिवारिक स्तर पर होने वाले तर्पण, जनेऊ, विवाह, श्राद्ध आदि संस्कारों का विशद वर्णन मिलता है। इसके अतिरिक्त गृह्य अग्नि में होने वाले यागों का वर्णन भी यहाँ प्राप्त होता है। *ऋग्वेद* के गृह्य सूत्र हैं– 1. *आश्वलायन* तथा 2. *शाङ्खायान* तथा 3. *कौषीतकी*। *शुक्लयजुर्वेद* का गृह्यसूत्र *पारस्करगृह्यसूत्र* के नाम से जाना जाता है। *कृष्णयजुर्वेद* से सम्बद्ध गृह्यसूत्र हैं–*मानव* तथा *काठक* (लौगाक्षि) गृह्यसूत्र। *सामवेद* के गृह्यसूत्र हैं *गोभिलगृह्यसूत्र* (कौथुमशाखा), *खादिरगृह्यसूत्र* तथा *जैमिनीयगृह्यसूत्र*। *कौशिकगृह्यसूत्र अथर्ववेद* का एकमात्र गृह्यसूत्र है।

धर्मसूत्र

धर्मसूत्र प्राचीन भारत में नैतिकता तथा धर्म की अवस्था को जानने के आदिम साधन हैं। परवर्ती विशाल स्मृति वाङ्मय इन्हीं धर्मसूत्रों का विकास है। *सामवेद* से सम्बद्ध गौतम धर्मसूत्र (600 से 400 ई.पू.), *कृष्णयजुर्वेद* से सम्बन्धित बोधायन धर्मसूत्र (500 से 200 ई.पू.) तथा आपस्तम्ब धर्मसूत्र (600 से 300 ई.पू.) धर्मसूत्रों में प्रमुख हैं। *हिरण्यकेशी धर्मसूत्र* तथा *विष्णु धर्मसूत्र* ये दोनों अन्य महत्त्वपूर्ण धर्मसूत्र हैं।

शुल्बसूत्र

शुल्बसूत्रों में यज्ञ की विविध आकार की वेदियों के निर्माण का विशेष रूप से प्रतिपादन किया गया है। भारतीयों के ज्यामिति सम्बन्धी प्राचीन गणनाओं के कारण इसका वैज्ञानिक महत्त्व अत्यधिक है। *बोधायनशुल्बसूत्र* इस विधा का एक प्रमुख ग्रन्थ है।

भाषा का चिरनवीनीकरण : व्याकरण

शब्दार्थ सम्बन्धी वेदांगों में आगे चलकर जिसका सर्वाधिक विकास हुआ वह है व्याकरणशास्त्र। व्याकरणशास्त्र प्रकृति तथा प्रत्ययों का विश्लेषण करके किसी भी शब्द की शुद्धता अथवा अशुद्धता का निर्णय करने वाला शास्त्र है *(व्याक्रियन्ते शब्दा अनेनेति व्याकरणम्)*। विश्व में संस्कृत की तरह बहुत कम भाषाएँ ऐसी होंगी जिनमें विपुल साहित्य के साथ सूक्ष्म व्याकरणात्मक विश्लेषण की इतनी सुदीर्घ एवं समृद्ध परम्परा हो। व्याकरणिक विश्लेषण की दृष्टि से प्राचीन काल में यूनान तथा रोम के वैयाकरण विशेष रूप से उल्लेखनीय हैं, लेकिन वे भी भारतीय शब्दशास्त्रियों के विश्लेषण की सूक्ष्मता तक नहीं पहुँच सके हैं।[23] आधुनिक व्याकरणिक प्रविधियों की संरचना में, चाहे वे अंग्रेज़ी, फ्रेंच आदि हों अथवा अरबी फ़ारसी, संस्कृत वैयाकरणों की संरचनात्मक प्रविधियों ने सहायता की है। शब्द के स्वरूप का निश्चय कराने वाला शास्त्र व्याकरणशास्त्र है। इसलिए यह सभी शास्त्रों का उपकारक है।[24] भाषा के शिक्षण एवं सुरक्षा में इस प्रक्रिया को कारगर समझ कर विद्वानों ने सहस्राब्दियों तक अक्लान्त श्रम करके इसे सूक्ष्मतम तथा समर्थतम बनाया। संस्कृत भाषा के पास स्वयं को विश्लेषित करने का एक सुसंघटित एवं सुविचारित मॉडल उपलब्ध रहा है। इस मॉडल ने सहस्राब्दियों तक संस्कृत को विश्लेषित एवं सुरक्षित रखा है साथ ही इसका अनुप्रयोग दूसरी सहवर्ती भाषाओं के विश्लेषण के लिए भी प्रयुक्त होता रहा है। भारत का समृद्ध व्याकरण वाङ्मय 3 भागों में बाँटा जा सकता है– 1. पाणिनिपूर्व व्याकरण, 2. पाणिनीय व्याकरण तथा 3. पाणिनि के पश्चात् का व्याकरण।

---

23. 'भारतीय व्याकरणिक परम्परा न केवल यूनानी-रोमन परंपरा से स्वतंत्र है, बल्कि उनसे बहुत पहले भी, अपनी अभिव्यक्तियों में अधिक विविधतापूर्ण और अपनी उपलब्धियों के नाते कई मामलों में उनसे श्रेष्ठ है।' देखें, श्रीमन्नारायण मूर्ति (1984), *एन इंट्रोडक्शन टू संस्कृत लिंगिस्ट्विक्स*, डी.के. पब्लिकेशंस, दिल्ली : 321.

24. सदोपभुक्तं सर्वाभिरन्यविद्याकरेणुभिः। *काव्यालंकार* 6.2

पाणिनीय व्याकरण

पाणिनि (कम से कम 500 ई.पू.) द्वारा रचित *अष्टाध्यायी* भारत की सहस्राब्दियों तक व्याप्त भाषिक विश्लेषण की प्रविधियों का सिरमौर है। इसकी रचना को संस्कृत के सुदीर्घ जीवन में एक बड़ा पड़ाव माना जाता है। इसके सूक्ष्मतम विवरणों के आधार पर यह स्वीकार किया गया है कि मानव जाति के इतिहास में अब तक कोई भाषा संस्कृत की तरह परिपूर्णता से व्याख्यात नहीं हो सकी है। व्युत्पादनात्मक व्याकरण[25] होने के कारण *अष्टाध्यायी* ने इस प्राचीन भाषा को व्युत्पन्न करने के लिए आवश्यक रूपपरक मॉडल प्रस्तुत किया है। अनावश्यक विस्तार से बचते हुए पाणिनि ने सूक्ष्म विश्लेषणों का आश्रय लिया है। यद्यपि उनके विश्लेषण का विषय भाषा-विशेष संस्कृत है फिर भी पाणिनि भाषा सामान्य के अनेक रहस्यों को खोलने में समर्थ हो सके हैं। *अष्टाध्यायी* में विद्यमान लगभग 4000 सूत्रों में भाषिक विश्लेषण इतनी सूक्ष्मता के साथ किया गया है कि उसमें वर्णित अनेक व्याकरणिक कोटियाँ आश्चर्यजनक रूप से सार्वभौमिक सिद्ध होती हैं। पाणिनीय शास्त्र पर पाणिनि के बाद से लेकर आज तक व्याख्याओं तथा उपव्याख्याओं के रूप में विपुल साहित्य की रचना हुई। पाणिनि ने स्वयं *अष्टाध्यायी* के परिशिष्ट के रूप में 1. धातुपाठ, 2. गणपाठ, 3. उणादिसूत्र, 4. लिङ्गानुशासन की रचना की थी। इन सभी को मिलाकर पञ्चाङ्ग व्याकरण कहा जाता है। पाणिनि के व्याकरण को दो मुनियों कात्यायन (400 ई.पू.) तथा पतञ्जलि (200 ई.पू.) ने अद्यतन किया तथा उसे सरल बनाया। पहले ने उस पर 4000 वार्तिकों की रचना कर उसे अनद्यतन होने से बचाया तो दूसरे ने उस पर गौरवपूर्ण *महाभाष्य* लिखा। महाभाष्य पर कैयट (10वीं सदी) ने प्रदीप तथा नागेश भट्ट (17वीं सदी) ने *उद्द्योत* नामक टीकाएँ लिखीं। छठी सदी के प्रारम्भ में विद्यमान वामन तथा जयादित्य ने इस पर *काशिका* नामक वृत्ति (व्याख्या) लिखी जिसकी सहायता से *अष्टाध्यायी* को सरलता से समझा जा सकता है। काशिका पर *न्यास* (जिनेन्द्रबुद्धि, 700 ई.) तथा *पदमञ्जरी* (हरदत्त, 1200 ई.) नामक दो महत्त्वपूर्ण व्याख्याएँ लिखी गयीं। 11वीं सदी में धर्मकीर्ति के *रूपावतार* के

---

25. '... पाणिनि के व्याकरण को इस प्रकार के 'उत्पादक व्याकरण' के एक उदाहरण के रूप में देखा जा सकता है, वह भी इस पारिभाषिक शब्द के समकालीन मूल तात्पर्य में।' देखें, नोम चॉम्स्की (1965), *आस्पेक्ट्स ऑफ़ थियरी ऑफ़ सिंटेक्स,* एमआईटी प्रेस, कैम्ब्रिज और मैसाचुसेट्स : प्रस्तावना।

साथ पाणिनीय व्याकरण की प्रक्रिया पद्धति का सूत्रपात हुआ। इसी क्रम में 15वीं सदी में रामचन्द्र (1400–1350 ई.) ने *प्रक्रियाकौमुदी*, नारायण भट्ट (1625–1575 ई.) ने *प्रक्रियासर्वस्व* तथा 17वीं सदी में भट्टोजि दीक्षित (1610–1560ई.) ने *सिद्धान्तकौमुदी* लिखी। *सिद्धान्तकौमुदी* पाणिनीय प्रक्रिया का सर्वोत्कृष्ट ग्रन्थ है। भट्टोजि के बाद नागेश भट्ट महान् वैयाकरण हुए जिनकी प्रतिभा सर्वतोमुखी थी।

भाषा के रूपात्मक विश्लेषण के साथ ही व्याकरण परम्परा में व्याकरण दर्शन का भी विकास हुआ। इसके अन्तर्गत ऐसे तत्त्व खोजे गये जिनका सम्बन्ध भाषामात्र से था। छठी सदी में आचार्य भर्तृहरि ने व्याकरण दर्शन का सर्वाङ्गपूर्ण ग्रन्थ *वाक्यपदीय* लिखा। इसके प्रमुख प्रमेयों का वर्णन प्रथम परिच्छेद में आ चुका है। मण्डन मिश्र द्वारा लिखित *स्फोटसिद्धि*, कौण्डभट्ट कृत *वैयाकरणभूषण* तथा *वैयाकरणभूषणसार*, नागेशभट्ट कृत मञ्जूषा तथा *स्फोटवाद* आदि व्याकरण दर्शन के महत्त्वपूर्ण ग्रन्थ हैं।

पाणिन्युत्तर व्याकरण

पाणिनि के बाद भी संस्कृत सीखने की युगानुकूल आवश्यकताओं की पूर्ति के लिये अनेक व्याकरण रचे गये थे। पाणिन्युत्तर व्याकरणों के प्रयोजन निम्नवत् थे– सरलता की प्रवृत्ति, सूत्रों में स्पष्टता ले आना, संग्रहण की वृत्ति, लाघव की प्रवृत्ति, वैदिक भाषा का अन्वाख्यान न करने के नाते सरलता का आपादन, साम्प्रदायिक हितों की पूर्ति, कतिपय नवीन शब्दों का अन्वाख्यान, तथा प्रविधियों की भिन्नता। पाणिनि के बाद लिखित व्याकरणों में शर्ववर्मा (तृतीय शताब्दी ईस्वी) का कातन्त्र व्याकरण, चन्द्रगोमी (पञ्चम शताब्दी ई. से पूर्व) का चान्द्र व्याकरण प्रसिद्ध तथा प्रचलित हैं। जैन वैयाकरणों में पूज्यपाद देवनन्दी (5वीं सदी ई.) का *जैनेन्द्रव्याकरण*, शाकटायन (924–871 ई.) का *शाकटायनव्याकरण*, बुद्धिसागर सूरि (1085 वि.सं.) का *बुद्धिसागर* अथवा *पञ्चग्रन्थी* व्याकरण, हेमचन्द्रसूरि (1088 ई.) का *सिद्धहैमशब्दानुशासन*, मलयगिरि (1188–1250 वि.) का *शब्दानुशासन* प्रसिद्ध हैं। महाराज भोज (1010–1055 ई.) ने *सरस्वतीकण्ठाभरण* नामक विशाल एवं सर्वाङ्गपूर्ण व्याकरण की रचना की। 1250 के आसपास में क्रमदीश्वर ने *संक्षिप्तसार* या *जौमर* नामक व्याकरण लिखा। अनुभूतिस्वरूपाचार्य (12 वीं सदी का मध्यभाग) प्रणीत *सारस्वतव्याकरण* तथा बोपदेवकृत (13वीं सदी) *मुग्धबोध* पिछली शताब्दी तक बहुत ही लोकप्रिय रहे हैं। 14वीं सदी के अन्तिम चरण में पद्मनाभदत्त

ने *सुपद्मव्याकरण* की रचना की। विनयसागर (1650–1700) ने अपने आश्रयदाता भुजनगर के राजा भोज को प्रसन्न करने के लिये *भोजव्याकरण* नामक ग्रन्थ लिखा था। गौडीय वैष्णवाचार्य रूप गोस्वामी ने *हरिनामामृतव्याकरण* लिखा। तेरापन्थ धर्मसंघ के अष्टमाचार्य कालूगणि के शिष्य चौथमल ने 1980 से 1988 विक्रमसंवत् के मध्य एक नवीन *भिक्षुशब्दानुशासन* व्याकरण की रचना की। इस तरह संस्कृत व्याकरण की रचना परम्परा अभी भी चल रही है।

परम्परा की सार्थकता का विमर्श : निरुक्त

जिस प्रकार शिक्षा वेद के वर्णों को तथा व्याकरण शब्दों को विषय बनाता है उसी प्रकार निरुक्तशास्त्र वेद के शब्दों के वास्तविक अर्थों को जानने का प्रयत्न करता है। वेद के कतिपय महत्त्वपूर्ण शब्दों का संकलन *निघण्टु* में किया गया है। निरुक्त इसी शब्दकोष की व्याख्या है। *निरुक्त* की ही भाँति *निघण्टु* भी यास्क की ही रचना है या नहीं इस विषय में मतभेद है। निघण्टु के पाँच अध्यायों में से पहले तीन अध्याय नैघण्टुक काण्ड कह जाते हैं जिसमें पर्यायवाची शब्दों का संग्रह है। यास्क (7-8 ई.पू.) कृत निरुक्त में 14 अध्याय हैं। इस पर दुर्गाचार्य तथा स्कन्द महेश्वर की टीकाएँ उपलब्ध होती हैं। निघण्टुगत शब्दों की व्याख्या प्रारम्भ करने से पहले यास्क ने अर्थविज्ञान सम्बन्धित बहुत से महत्त्वपूर्ण विषयों पर चर्चा की है। इनमें से कुछ हैं– शब्द की नित्यता-अनित्यता, शब्दों का विभाग, उपसर्गों की वाचकता, वैदिक मन्त्रों की सार्थकता, क्या सभी शब्दों का उद्गम धातुएँ हैं, निर्वचन के क्या सिद्धान्त हैं, आदि। वेद की व्याख्या में भी यास्क का अमूल्य योगदान है।

सांगीतिकता की सुरक्षा : छन्द

छन्दों का सम्यक् ज्ञान किये बिना वेदों का उचित रीति से पाठ नहीं किया जा सकता। इस नाते यह नियम बनाया गया है कि छन्द (ऋषि तथा देवता) के ज्ञान के बिना वेदों से सम्बन्धित कोई भी विनियोग निष्फल हो जाता है। वेदों में प्रयुक्त प्रमुख छन्दों के नाम वेदों में ही उपलब्ध हो जाते हैं जिससे पता चलता है कि छन्द सम्बन्धी विचार मन्त्रकाल जितना ही पुराना है। इस वेदांग का सूत्रबद्ध ग्रन्थ है– *छन्दःसूत्र*, जिसके रचयिता आचार्य पिङ्गल का समय निश्चित नहीं है। वे कम से कम ईसा से 200 वर्ष पहले तो हैं ही। छन्दःशास्त्र के आठ अध्यायों में प्रारम्भिक सात अध्याय वैदिक छन्दों से सम्बन्धित हैं तथा आठवें में लौकिक छन्द वर्णित है।

लौकिक छन्दःशास्त्रकारों में भरत मुख्य हैं जिन्होंने *नाट्यशास्त्र* के 15वें तथा 16वें अध्याय में नाट्योपयोगी छन्दों का वर्णन किया है। जनाश्रय (580–620) की *छन्दोविचिति* छह अध्यायों में विभक्त है। इसमें पिङ्गल के तीन अक्षरों वाले आठ गणों की बजाए 18 गणों द्वारा लौकिक छन्दों का लक्षण किया गया है। जयदेव (नवम सदी का अन्तिम चरण) ने *जयदेवच्छन्दः* लिखा। इन्होंने लौकिक छन्दों का लक्षण छन्दों में ही दिया। 1000 ई. में वर्तमान जयकीर्ति ने *छन्दोऽनुशासन* में लौकिक संस्कृत के साथ कन्नड छन्दों का भी विवरण दिया है। किसी अज्ञात विद्वान् ने *रत्नमञ्जूषा* नामक ग्रन्थ लिखा जो लगभग 11वीं सदी का है। केदारभट्ट का *वृत्तरत्नाकर* अत्यन्त प्रसिद्ध ग्रन्थ है। कालिदास की रचना के रूप में प्रसिद्ध *श्रुतबोध* में छन्दों का लक्षण गणों के द्वारा न देकर लघु गुरु के निर्देश के द्वारा दिया गया है। हेमचन्द्र के *छन्दोऽनुशासन* में लौकिक छन्दों के साथ प्राकृत तथा अपभ्रंश के छन्दों का लक्षण निर्देश भी किया गया है। गङ्गादास (1300-1500 के बीच) उड़ीसा के विद्वान् थे जिन्होंने लोकप्रिय *छन्दोमञ्जरी* ग्रन्थ की रचना की है। *वृत्तमौक्तिक* की रचना चन्द्रशेखर नामक विद्वान् ने 1620 में की थी।

समय की सूक्ष्मता का चिन्तन : ज्योतिष

वेदों में प्रतिपादित यज्ञों का अनुष्ठान नक्षत्र, तिथि, पक्ष, मास, संवत्सर तथा ऋतु, आदि अनेकविध कालखण्डों की अपेक्षा रखता है, इसलिए उनके सम्पादन में समय की सुनिश्चितता बहुत महत्त्व रखती है। इसके लिए ज्योतिष शास्त्र का ज्ञान आवश्यक है। इसी नाते ज्योतिष शास्त्र को वेदाङ्ग का स्थान प्राप्त है। वेदों में प्रयुक्त होने वाला ज्योतिष मूल रूप से गणित ज्योतिष अथवा खगोल शास्त्र से सम्बन्धित है। बाद में फलित ज्योतिष के रूप में इसका ख़ूब अधिक विकास हुआ। *वेदाङ्ग ज्योतिष* के दो प्रकार याजुष ज्योतिष (43 श्लोक) तथा आर्च ज्योतिष (36 श्लोक) प्राप्त होते हैं। इसके लेखक का नाम लगध था। इस कारण इसे लगध ज्योतिष भी कहते हैं। शंकर बालकृष्ण दीक्षित के अनुसार इसकी रचना 1400 ई.पू. की है।

परम्परा का विस्तार : लौकिक वाङ्मय

लौकिक संस्कृत में लिखा गया वाङ्मय भाषा, शैली तथा विषय की दृष्टि से आश्चर्यजनक रूप से विशाल है। इस वाङ्मय को समग्रता में देख सकने वाला कोई भी व्यक्ति इसे एक जाति, एक वर्ग अथवा एक सम्प्रदाय से नहीं जोड़ सकता।

यह विशाल वाङ्मय तो प्राचीन तथा मध्यकालीन भारत में विकसित हुए हर धर्म, हर समाज और ज्ञान तथा कला की प्रायः हर शाखा को स्वर देने वाला वाङ्मय है। मूल ग्रन्थों की रचना, उनकी व्याख्या, टीका, उपटीकाओं द्वारा उनका विस्तार, खण्डन, मण्डन सभी के प्रमाण इस वाङ्मय ने सँजोकर रखे हैं। मोक्षशास्त्र से लेकर कामशास्त्र, अध्यात्मवाद से लेकर निरे भौतिकवाद तक सबको इस वाङ्मय और इस भाषा ने समान रूप से शरण दिया है। इसके चयनित वाङ्मय पर एक दृष्टि डालने से भारतीय ज्ञान-परम्परा के विस्तार को समझना सरल हो जायेगा।

ज्ञान तथा उसके विमर्श की प्रविधि : विविध दर्शन

भारतीय मानस का विकास जिस विचार परम्परा में हुआ है वह हमेशा से संश्लेषणात्मक तथा सहिष्णु रही है। इसमें पारस्परिक मतवैभिन्न्य को सह्य ही नहीं अपितु बुद्धि विकास के लिये स्पृहणीय यहाँ तक कि अनिवार्य भी माना गया है। साथ ही निजी अनुभव और प्रत्यक्ष ज्ञान को भी पर्याप्त आदर दिया गया है। सुदीर्घ विचार परम्परा के द्वारा समृद्ध भारतीय दर्शनों में केवल वेदान्त तथा न्याय जैसे ईश्वरवादी दर्शन ही नहीं अपितु बौद्ध, जैन तथा चार्वाक जैसे निरीश्वरवादी दर्शनों की भी सत्ता और महत्ता है। लगभग सभी दर्शन प्रस्थानों ने विमर्श हेतु अपनी प्रविधियाँ विकसित की हैं। हर दर्शन में विमर्श का प्रकार कमोबेश उनका निजी है, तथा विमर्श के परिणामस्वरूप जो कुछ प्राप्त होता है उसका स्वरूप भी विविध दर्शनों में भिन्न भिन्न है। सम्यक् ज्ञान की प्राप्ति के लिए आवश्यक है कि ज्ञान की प्राप्ति के साधन भी दोषविहीन हों। सभी दर्शनों ने अपने प्रमेयों के अनुकूल प्रमाणों को तराशा है। इनका थोड़े में परिचय प्रस्तुत है।

भाषिक विश्लेषण का विज्ञान-मीमांसा शास्त्र

वेदों की व्याख्याएँ वैदिक (विशेषतः, ब्राह्मण ग्रन्थों तथा उपनिषदों के) वाक्यों के विश्लेषण की प्रक्रियाएँ हैं जिन्हें प्रकारान्तर से भाषिक विश्लेषण का सिद्धान्त भी माना जा सकता है। वेदार्थ की सूक्ष्म चर्चा करने के लिए जो दर्शन प्रवृत्त हुआ उसे मीमांसा दर्शन कहा गया। इसके दो भाग हैं– पूर्वमीमांसा तथा उत्तरमीमांसा।

पूर्वमीमांसा

पूर्वमीमांसा में वैदिक कर्मकाण्डीय वाक्यों के सूक्ष्म विश्लेषण के अतिरिक्त नास्तिक दर्शनों ने वेद की प्रामाणिकता में जो सन्देह उठाये हैं उनके निवारण के लिए अपने

प्रमाणशास्त्र का निर्माण भी किया गया है। धर्म, कर्मकाण्ड, देवता, विधिवाक्य आदि की सूक्ष्म चर्चाओं में मीमांसा शास्त्र सबसे आगे है। मीमांसा (भाट्ट) 6 प्रमाणों (प्रत्यक्ष, अनुमान, उपमान, शब्द, अर्थापत्ति, अनुपलब्धि) को स्वीकार करता है। इसमें शब्द प्रमाण बहुत महत्त्वपूर्ण है। उन्होंने वेद के विषयों को 5 भागों में विभाजित किया है और इसी आधार पर उसमें 5 प्रकार के वाक्य निदर्शित किये हैं– 1.विधि, 2. मन्त्र, 3. नामधेय, 4. निषेध तथा 5.अर्थवाद। पदों से पदार्थ तथा वाक्य से वाक्यार्थ किस प्रकार प्राप्त होते हैं इसके लिए उन्होंने अभिहितान्वय वाद तथा अन्विताभिधान वाद प्रस्तावित किये। मीमांसा सूत्रों के प्रणेता जैमिनि (300 ई.पू.) ने 16 अध्याय में मीमांसा दर्शन रचा है जिस पर शबर स्वामी (200) ने भाष्य की रचना की। आगे चलकर मीमांसा दर्शन का तीन विशिष्ट धाराओं में विकास हुआ– भाट्ट मत (कुमारिल भट्ट), गुरु मत (प्रभाकर मिश्र) तथा मुरारि मत (मुरारि मिश्र)। मीमांसकों ने बौद्धों से लोहा लिया। इसमें सबसे प्रमुख कुमारिल भट्ट (800–700 ई.) थे जिन्होंने *श्लोकवार्तिक* (मीमांसासूत्रों के प्रथम अध्याय के तर्कपाद का पद्यमय व्याख्यान), तन्त्रवार्तिक (मी.सू. 1.2–3 की गद्यव्याख्या) तथा *टुप्टीका* (शेष नौ अध्यायों पर संक्षिप्त टिप्पणी), ये तीन महत्त्वपूर्ण ग्रन्थ लिखे। कुमारिल की धारा में उत्पन्न प्रमुख विद्वान् हैं– 1. मण्डन मिश्र *(विधिविवेक, भावनाविवेक, विभ्रमविवेक, तथा मीमांसानुक्रमणी)*, 2. पार्थसारथि मिश्र *(तर्करत्न, न्यायरत्नाकर, न्यायरत्नमाला, तथा शास्त्रदीपिका)*, 3. माधवाचार्य *(जैमिनीयन्यायमालाविस्तर, तथा मीमांसापादुका)*, 4. खण्डदेव *(भाट्टकौस्तुभ, भाट्टदीपिका, भाट्टरहस्य)*। प्रभाकरमिश्र ने *शाबरभाष्य* पर दो टीकाएँ *बृहती* तथा *लघ्वी* की रचना की है। शालिकनाथ *(ऋजुविमला, दीपशिखा तथा प्रकरणपञ्चिका)*, भवनाथ *(नयविवेक)*, तथा नन्दीश्वर *(प्रभाकरविजय)* इस सम्प्रदाय के अन्य विद्वान् हैं।

उत्तरमीमांसा

उत्तरमीमांसा मुख्य रूप से उपनिषदों (वेदान्त)[26] के वाक्यों को अपने सिद्धान्तों का आधार बनाता है इस नाते उसे वेदान्त दर्शन कहा जाता है। यह दर्शन भी मूलत: उपनिषद् के वाक्यों में दिखाई देने वाले सिद्धान्तों के पारस्परिक विरोधों का

---

26. इसके अतिरिक्त *ब्रह्मसूत्र* तथा *भगवद्गीता* इसके अन्य उपजीव्य हैं। इन तीनों को मिलाकर प्रस्थानत्रयी कहते हैं।

समाधान करता है। इसका आधार बादरायण द्वारा चार अध्यायों में विभाजित 550 सूत्रों में निर्मित *ब्रह्मसूत्र* है जिसकी रचना का समय छठी शताब्दी ई.पू. बताया जाता है। इन्हीं ब्रह्मसूत्रों पर आचार्य शंकर (788–820 ई.) से लेकर आधुनिक समय तक आचार्यों ने अपने समयानुकूल सिद्धान्तों को स्थापित करने के लिए अनेक प्रकार के भाष्य रचे। वेदान्तसूत्रों की सबसे लोकप्रिय व्याख्या आचार्य शंकर की है। इन्होंने *ब्रह्मसूत्र* के अतिरिक्त *गीता,* 11 *उपनिषदों, माण्डूक्यकारिका* आदि पर भाष्यों तथा अनेक छोटे बड़े प्रकरण ग्रन्थों के द्वारा अपने सिद्धान्त को सुप्रतिष्ठित कर दिया। इनके मत में आने वाले अन्य विद्वानों में से प्रमुख हैं सुरेश्वराचार्य *(उपनिषद्भाष्यवार्तिक, नैष्कर्म्यसिद्धि),* पद्मपाद *(पञ्चपादिका),* वाचस्पति मिश्र *(भामती),* श्रीहर्ष *(खण्डनखण्डखाद्य),* आनन्दबोध *(न्यायमकरन्द),* चित्सुख *(तत्त्वदीपिका),* विद्यारण्य *(पञ्चदशी),* मधुसूदन सरस्वती *(अद्वैतसिद्धि, वेदान्तकल्पलतिका, सिद्धान्तबिन्दु, गीताभावार्थदीपिका),* अप्पय्य दीक्षित *(सिद्धान्तलेशसंग्रह)* आदि आदि।

अगली शताब्दियों में शंकर-दर्शन का वैष्णव दार्शनिकों से बड़ा मुक़ाबला हुआ। ये सभी दार्शनिक प्रायः ज्ञान पर भक्ति को वरीयता देते थे तथा मध्यकाल में भक्ति आन्दोलन के सूत्रधार थे। अद्वैत का सबसे प्रबल प्रतिपक्ष रामानुज (1037–1137) ने प्रस्तुत किया। उनके ग्रन्थ हैं– ब्रह्मसूत्र पर *श्रीभाष्य, वेदार्थसंग्रह, वेदान्तसार, वेदान्तदीप, गद्यत्रय, तथा गीताभाष्य।* मध्वाचार्य (1303–1199) ने ब्रह्मसूत्रों पर पूर्णप्रज्ञभाष्य लिख कर द्वैतवाद का प्रतिपादन किया। इनके अन्य ग्रन्थ हैं– *अनुव्याख्यान, उपनिषद्भाष्य, गीताभाष्य, भागवततात्पर्यनिर्णय, महाभारततात्पर्यनिर्णय, विष्णुतत्त्वनिर्णय, प्रपञ्चमिथ्यात्वनिर्णय* तथा *तन्त्रसारसंग्रह* आदि। द्वैत वेदान्त से सम्बन्धित अन्य विद्वान् हैं– जयतीर्थ (14वीं सदी), व्यासतीर्थ (15वीं सदी, न्यायामृत, तर्कताण्डव, भेदोज्जीवन आदि), रघूत्तमतीर्थ (16वीं सदी) आदि। निम्बार्काचार्य ने ब्रह्मसूत्रों पर वेदान्तपारिजातसौरभ नामक टीका लिखी थी जो द्वैताद्वैत का प्रतिपादन करती है। वल्लभाचार्य (जन्म : 1479) का मत शुद्धाद्वैत अथवा पुष्टिमार्ग कहलाता है। ब्रह्मसूत्र पर अणुभाष्य तथा श्रीमद्भागवत पर लिखी इनकी सुबोधिनी व्याख्या प्रसिद्ध है। इसके अतिरिक्त भास्कर, विज्ञान भिक्षु (अविभागाद्वैत), बलदेव विद्याभूषण (गोविन्दभाष्य, अचिन्त्यभेदाभेदवाद) आदि ने ब्रह्मसूत्रों पर भाष्य लिखे। ये भाष्य समय तथा क्षेत्र की आवश्यकताओं का प्रतिबिम्बन भी हैं। कहा जा सकता है कि मीमांसा, वेदान्त

दर्शन तथा इसके विकसित रूपों ने समाज से सम्पृक्त रहते हुए जनसामान्य की आवश्यकताओं की जितनी चिन्ता की है सम्भवत: किसी अन्य दर्शन ने उतना नहीं किया।

ज्ञान, उसके साधन तथा विचार विमर्श की प्रविधियाँ : न्याय वैशेषिक

विभिन्न प्रमाणों द्वारा वस्तु की सत्यता का परीक्षण न्याय कहलाता है *(प्रमाणैरर्थपरीक्षणं न्याय:)*। इसके दूसरे नाम आन्वीक्षिकी, वादविद्या अथवा तर्कविद्या भी हैं। पारम्परिक ज्ञान (श्रुति) के अतिरिक्त मानवीय बुद्धि के अनुकूल तर्क (अनुमान आदि) भी ज्ञान तक पहुँचने के महत्त्वपूर्ण साधन हैं। न्याय दर्शन ज्ञान के इन्हीं साधनों की निर्दुष्टता पर ज़ोर देता है। साथ ही वह तत्त्व तक पहुँचने के लिए पक्ष तथा प्रतिपक्ष के मध्य विचार-विमर्श के सिद्धान्तों को भी विकसित करता है। इसमें तर्क की तरह दीखने वाले कुतर्कों को पकड़ने की अनेक प्रविधियाँ भी शामिल हैं। अक्षपाद गौतम (चौथी सदी ई.पू.) ने पाँच अध्यायों में विभक्त अपने ग्रन्थ न्यायसूत्र में 16 पदार्थों की चर्चा की। प्रथम सदी के वात्स्यायन ने इस पर भाष्य की रचना की। उद्योतकर (छठी सदी, न्यायवार्तिक), वाचस्पति मिश्र (नौवीं सदी, *न्यायवार्तिकतात्पर्यटीका*), जयन्त भट्ट (नौवीं सदी, *न्यायमञ्जरी*), भासर्वज्ञ (दसवीं सदी, *न्यायसार*) तथा उदयनाचार्य (10वीं सदी, *न्यायकुसुमाञ्जलि, आत्मतत्त्वविवेक*) प्राचीन न्याय के अन्य बड़े विद्वान् हैं। 13वीं सदी के प्रारम्भ में गंगेश उपाध्याय ने *तत्त्वचिन्तामणि* के माध्यम से न्याय के पदार्थशास्त्र को प्रमाण शास्त्र का रूप देकर नव्यन्याय का प्रवर्तन किया जो आगामी शताब्दियों से लेकर अब तक छाया हुआ है। इस धारा में वर्धमान उपाध्याय (13वीं सदी), रघुनाथ शिरोमणि (16वीं सदी), मथुरानाथ (16वीं सदी), जगदीश भट्टाचार्य (17वीं सदी) तथा गदाधर भट्टाचार्य (17वीं सदी) बड़े पण्डित हुए। कणाद (तीसरी सदी ई.पू.) वेदान्त के विपरीत जगत् को परमाणुओं से बना मानते हैं। उनका *वैशेषिकसूत्र* दस अध्यायों में विभक्त है जिसमें छह पदार्थों की चर्चा है। इस पर प्रशस्तपाद का *पदार्थधर्मसंग्रह* नामक भाष्य प्रसिद्ध है। इन सूत्रों पर व्योमशिवाचार्य की *व्योमवती*, उदयन की *किरणावली*, श्रीधर की *न्यायकन्दली* तथा वल्लभ की *न्यायलीलावती* आदि भी प्रसिद्ध हैं। शिवादित्य (दसवीं सदी, *सप्तपदार्थी*), शंकर मिश्र (15वीं सदी, *उपस्कारटीका*), विश्वनाथ (17वीं सदी, *भाषापरिच्छेद*) आदि वैशेषिक के अन्य प्रमुख विद्वान् हैं।

भारतीय मानसशास्त्र : योग तथा सांख्य

सांख्य दर्शन प्रकृति को जगत् का कारण मानता है। अनासक्त पुरुष तथा जड़ प्रकृति का संयोग किस प्रकार संसार को पैदा कर सकता है इसके लिए दोनों की मिलन स्थली के रूप में उन्होंने बुद्धि तत्त्व तथा उसके बाद मानस तत्त्व का बहुत सुविचारित वर्णन किया है। पुरुष जब अपने को मानसिक वृत्तियों की लहरों के पार देख पाता है तब जाकर उसे अपना वास्तविक स्वरूप प्रकट होता है। सांख्य के इस सैद्धान्तिक ज्ञान का प्रायोगिक पक्ष योग है। इसी कारण ये दोनों समानतन्त्र माने जाते हैं। योग दर्शन में चित्त का स्वरूप, उसकी वृत्तियाँ, उन्हें रोकने के आठ अंगों में वर्णित उपाय आदि का विशद वर्णन किया गया है। इन विधियों की व्याप्ति शरीर–मन–बुद्धि से लेकर आत्मा तक है। योगसूत्रों की रचना पतञ्जलि (दूसरी सदी ई.पू.) ने की थी। इसमें चार पाद तथा 195 सूत्र हैं। पतञ्जलि के इन सूत्रों पर व्यास (तीसरी सदी) का भाष्य प्राप्त होता है जिसे वाचस्पति मिश्र (*तत्त्ववैशारदी*), विज्ञानभिक्षु (*योगवार्तिक*) तथा भोज (*राजमार्तण्ड*) आदि ने अपनी व्याख्याओं से विभूषित किया है। योग का दार्शनिक धरातल सांख्य दर्शन से लिया गया है। सांख्य जहाँ 25 तत्त्वों को मानता है (एक प्रकृति, 16 विकृति, सात प्रकृति–विकृति, एक अंसग पुरुष) योग वहीं एक ईश्वर को जोड़कर 26 तत्त्व मानता है। प्रकृति–पुरुष द्वैतवाद, पुरुष की बहुलता, सत्कार्यवाद, प्रकृति के तीन गुण (सत्त्व, रजस्, तमस्), ज्ञान के तीन साधन (प्रत्यक्ष, अनुमान, शब्द), प्रकृति तथा पुरुष की नितान्त भिन्नता को जानने के बाद अपवर्ग की प्राप्ति, ये सांख्य दर्शन के प्रमुख सिद्धान्त हैं। इसके प्रवर्तक कपिल मुनि हैं। इसके अन्य आचार्य हैं– आसुरि, पञ्चशिख, ईश्वरकृष्ण (प्रथम सदी), विन्ध्यवासी तथा विज्ञानभिक्षु आदि।

वैकल्पिक मार्गों की खोज : श्रमण पद्धतियाँ

जैन विचार पद्धति–जैन विचार पद्धति उनके 24 तीर्थंकरों के उपदेशों पर आधारित है। इनमें से दो तीर्थंकर पार्श्वनाथ तथा महावीर निश्चित रूप से ऐतिहासिक हैं। प्राचीन से अर्वाचीन काल तक जैन धर्म को सुव्यवस्थित करने वाले विद्वानों में उमास्वाति *(तत्त्वार्थसूत्र)*, कुन्दकुन्दाचार्य *(नियमसार, पञ्चास्तिकायसार, समयसार, प्रवचनसार)*, समन्तभद्र (चौथी सदी, *आप्तमीमांसा, युक्त्यनुसन्धान*), सिद्धसेन दिवाकर (पाँचवीं सदी, न्यायावतार, *सन्मतितर्क*), हरिभद्रसूरि (आठवीं सदी,

षड्दर्शनसंग्रह, अनेकान्तविजयपताका), अकलङ्क (आठवीं सदी, *राजवार्तिक, अष्टशती*), विद्यानन्द (नौवीं सदी, *तत्त्वार्थश्लोकवार्तिक*), वादिराजसूरि (नौवीं सदी, *न्यायविनिश्चयनिर्णय*), हेमचन्द्र (12वीं सदी, *प्रमाणसमुच्चय*), मल्लिषेणसूरि (13वीं सदी, *स्याद्वादमञ्जरी*) तथा यशोविजय (17वीं सदी का पूर्वार्ध, *जैनतर्कभाषा*) आदि प्रमुख हैं।

बौद्ध मार्ग–गौतम बुद्ध 448 ई.पू. कपिलवस्तु में उत्पन्न हुए। बोधगया में ज्ञान की प्राप्त करके उन्होंने सारनाथ में धर्मचक्र प्रवर्तन करके संघ की स्थापना की। पालि के बाद बौद्धों ने अपने विचारों के प्रचार के लिए संस्कृत का भरपूर उपयोग किया। वैभाषिक मत के प्रमुख विद्वान् वसुबन्धु (280–360) ने *अभिधर्मकोश* की रचना की। सौत्रान्तिक मत के विद्वानों में से कुमारलात (दूसरी–तीसरी सदी, *कल्पनामण्डितिका*) श्रीलात, धर्मत्रात, बुद्धदेव, यशोमित्र प्रमुख हैं। विज्ञानवाद के विद्वान् ग्रन्थकारों में से हैं– मैत्रेय *(मध्यान्तविभाग, अभिसमयालङ्कार, सूत्रालङ्कार, महायान उत्तरतन्त्र)*, असङ्ग *(महायानसंपरिग्रह, महायानधर्मसंगीतिशास्त्र, योगाचारभूमिशास्त्र, अभिसमयालङ्कारटीका)*, स्थिरमति, दिङ्नाग (345–425, *प्रमाणसमुच्चय, न्यायप्रवेश, न्यायमुख, आलम्बनपरीक्षा*), धर्मकीर्ति (635-650, *प्रमाणवार्तिक, न्यायबिन्दु, हेतुबिन्दु, प्रमाणविनिश्चय, वादन्याय, सम्बन्धपरीक्षा, सन्तानान्तरसिद्धि*), नागार्जुन (*माध्यमककारिका, प्रज्ञापारमिता, दशभूमिविभाषाशास्त्र*), आर्यदेव (*चतुःशतक*), बुद्धपालित, भव्य (*प्रज्ञाप्रदीप, मध्यमहृदयकारिका, मध्यमार्थसंग्रह, हस्तरत्न*), चन्द्रकीर्ति (*माध्यमिकावतार, प्रसन्नपदा, चतुःशतकवृत्ति*), शान्तरक्षित (आठवीं सदी, तत्त्वसंग्रह) इस मत के प्रमुख आचार्यों में से हैं।

व्यक्तिगत तथा सामाजिक व्यवहार प्रकार : धर्मशास्त्र

हमारा सामाजिक स्वास्थ्य इस बात पर निर्भर करता है कि हम समाज के अन्य सदस्यों के साथ कैसा आचरण करते हैं। सम्पूर्ण स्मृति साहित्य का लक्ष्य हमें यह सिखाना है कि हम समाज में धर्मानुकूल व्यवहार किस तरह करें। परम्परा ने इन विविध विषयों को जिस वाङ्मय प्रकार में सुरक्षित किया उसे धर्मशास्त्र अथवा स्मृति की संज्ञा दी गयी है। विभिन्न युगों तथा क्षेत्रों की आवश्यकताओं के अनुसार धर्मशास्त्र निरन्तर लिखे जाते रहे। धर्मशास्त्र को विषय बनाने वाले साहित्य को कालानुसार तीन भागों में बाँटा जा सकता है– 1. सूत्र वाङ्मय (600 ई.पू. से 100), 2. स्मृति वाङ्मय (100 से 800 तक), तथा 3. निबन्ध ग्रन्थ (700 से 1900 तक)।

स्मृतिवाङ्मय

स्मृति ग्रन्थों में सबसे प्राचीन मनुस्मृति (200 ई.पू. से 200) है। प्राचीनता, विषय की सम्पूर्णता और अन्य स्मृतियों के लिए आधार स्वरूप होने के कारण इसका बड़ा महत्त्व है। इसमें 12 अध्याय तथा 2694 श्लोक हैं। *याज्ञवल्क्यस्मृति* (100 से 300) मनु की अपेक्षा अधिक *प्रणालीबद्ध*, संक्षिप्त तथा दोहरावों से रहित है। इसके बाद पराशरस्मृति (100–500) महत्त्वपूर्ण है जिसका समय 100 से लेकर 500 तक के बीच का है। इसमें 12 अध्याय तथा 592 श्लोक हैं। अन्य कुछ महत्त्वपूर्ण स्मृतियाँ इस प्रकार हैं–*नारदस्मृति, बृहस्पतिस्मृति* तथा *कात्यायनस्मृति* तथा *दक्षस्मृति*। पितामह, पुलस्त्य, प्रचेतस्, प्रजापति, मरीचि, यम, लौगाक्षि, विश्वामित्र, व्यास, संवर्त, हारीत आदि ने भी स्मृतियाँ लिखीं हैं। धर्मशास्त्र के बहुत सारे विषयों में राजशास्त्र प्रमुख विषय है। इसे स्वतन्त्र रूप से विषय बनाने वाला शास्त्र कौटिल्य का *अर्थशास्त्र* (300 ई.पू.) है। इसमें 15 अधिकरण, 150 अध्याय तथा 180 विषय हैं।

व्याख्याग्रन्थ तथा निबन्ध वाङ्मय

धर्मशास्त्रों की टीकाएँ सामान्य टीका ग्रन्थों की तरह केवल श्लोकों के अर्थ मात्र नहीं बतातीं, बल्कि युगानुकूल आवश्यकताओं को पूरा करने के लिए विविध स्मृतियों के विरोधों का कुशलतापूर्वक परिहार करके धर्म का निर्णय भी करती हैं। 12वीं सदी के बाद विद्वानों में टीकाओं को न लिख कर भिन्न-भिन्न धर्मशास्त्रीय विषयों पर विविध स्मृतिकारों के मतों का संश्लेषण करने की प्रवृत्ति दिखायी देती है। इन ग्रन्थों को 'निबन्ध' कहते हैं। टीकाओं तथा निबन्धों का यह कालखण्ड 600 से लेकर 1900 तक है। *नारदस्मृति* पर असहाय की टीका (600 से लेकर 750) सबसे प्राचीन है। *याज्ञवल्क्यस्मृति* पर विश्वरूप की टीका (*बालक्रीडा, 800 से 850*) *मनुस्मृति* पर मेधातिथि की टीका (825 से 900), विज्ञानेश्वर की *मिताक्षरा* टीका (1070 से 1000) प्रमुख टीका ग्रन्थ हैं। जीमूतवाहन (1090 से 1130) बंगाल की ओर से सबसे प्राचीन धर्मशास्त्रीय निबन्धकार हैं। इनके ग्रन्थ हैं *कालविवेक, दायभाग तथा व्यवहारमातृका*। बंगाल क्षेत्र के विरासत के विभाजन से सम्बन्धित नियम इनके दायभाग पर आधारित हैं। *याज्ञवल्क्यस्मृति* के टीकाकार अपरार्क की टीका का समय लगभग 1125 है। धर्मसूत्रों के प्रसिद्ध भाष्यकार हरदत्त का समय 1100 से लेकर 1300 के बीच का है। इसके अतिरिक्त प्रमुख संग्रह तथा

निबन्ध ग्रन्थ हैं–श्रीधर का *स्मृत्यर्थसार* (1150 से 1200) अनिरुद्ध की *हारलता* (12वीं सदी का तृतीय चतुर्थांश), बल्लालसेन के *दानसागर, आश्चर्यसागर* तथा *प्रतिष्ठासागर*, देवण्णभट्ट की *स्मृतिचन्द्रिका* (1150 से लेकर 1225), लक्ष्मीधर की *कल्पतरु* (1100-1150), *हेमाद्रि* (1260 से 1270) की *चतुर्वर्गचिन्तामणि*, श्रीदत्त उपाध्याय (1275 से 1310) के *आचारादर्श, छन्दोगाह्निक, पितृभक्ति, श्राद्धकल्प, समयप्रदीप, चण्डेश्वर* (1314) का *स्मृतिरत्नाकर*, वाचस्पति मिश्र (15वीं का उत्तरार्ध) का *विवादचिन्तामणि, आचारचिन्तामणि*, माधवाचार्य (1330-1385) का *कालमाधव* तथा *पराशरमाधवीय*, विश्वेश्वर (1400) का *मदनपारिजात*, रुद्रधर का *शुद्धिविवेक, श्राद्धविवेक, व्रतपद्धति, वर्षकृत्य*, शूलपाणि (1375-1460) का *स्मृतिविवेक*, प्रतापरुद्रदेव (1497-1539) का *सरस्वतीविलास*, रघुनन्दन (1490-1570) का *स्मृतितत्त्व*, गोविन्दानन्द (1500-1560) का *दानकौमुदी, शुद्धिकौमुदी, वर्षकृत्यकौमुदी*, टोडरमल (1565-1589) का *टोडरानन्द*, कमलाकरभट्ट (1615 से 1645) का *निर्णयसिन्धु* तथा *शूद्रकमलाकर*, नीलकण्ठ (1615-1645) का *संस्कारमयूख*, मित्रमिश्र (1610 से 1640) का *वीरमित्रोदय*, अनन्तदेव (1650 से 1680) का *संस्कारकौस्तुभ* । *स्मृतिमुक्ताफल* के लेखक वैद्यनाथ 1686 के आसपास विद्यमान थे। *प्रायश्चित्तेन्दुशेखर, तीर्थेन्दुशेखर, श्राद्धेन्दुशेखर* आदि ग्रन्थों के लेखक महावैयाकरण नागेश भट्ट का समय है 1700 से 1750। महाराष्ट्र के विद्वान् काशिनाथ उपाध्याय ने 1790 में *धर्मसिन्धु(सार)* ग्रन्थ की रचना की। बंगाल पर अंग्रेज़ों के क़ब्ज़े के बाद उन्होंने विवादों के निपटारे के लिए अनेक धर्मशास्त्रीय ग्रन्थों का संकलन करवाया। इसमें सबसे प्रसिद्ध जगन्नाथ तर्कपञ्चानन का *विवादभङ्गार्णव* है।

परिष्कृत अनुभवों की पहचान : साहित्यालोचन

भारतीय साहित्यशास्त्र में कविता के सौन्दर्याधायक तत्त्वों की सूक्ष्मता से पड़ताल की गयी है। बीतते युगों के साथ आचार्यों ने सौन्दर्य के विविध कारक तत्त्व निश्चित किये। साहित्यशास्त्र का विकास भी इन तत्त्वों के पारस्परिक सम्बन्ध तथा उनमें तारतम्य निश्चित करने की दिशा में हुआ। काव्यशास्त्र के आदि आचार्य भरत ने स्वयं रस से लेकर अलंकार तथा औचित्य आदि सभी तत्त्वों की उपस्थापना की। बाद के आचार्यों ने उन तत्त्वों की सांगोपांग व्याख्या तथा काव्य सौन्दर्य के प्रति उनके के योगदान पर चर्चाएँ प्रस्तुत कीं।

नाट्यशास्त्र एक विश्वकोशीय ग्रन्थ है। इस ग्रन्थ में 36 अध्यायों तथा लगभग 5000 श्लोकों में नाटक तथा उससे सम्बन्धित आनुषंगिक कलाओं का सांगोपांग विवेचन है। यह नाट्य सम्बन्धी विद्याओं के अतिरिक्त छन्द, अलंकार, संगीत आदि प्राय: सभी ललित कलाओं का आकर ग्रन्थ है। वर्तमान नाट्यशास्त्र का समय ई.पू. दूसरी सदी से लेकर दूसरी सदी तक माना जाता है। अभिनवगुप्त ने इस पर महत्त्वपूर्ण टीका अभिनवभारती की रचना 11वीं सदी के अन्तिम चरण में की थी। अलंकार प्रस्थान एक बहुत बड़े कालखण्ड तक काव्यशास्त्रीय जगत् में छाया रहा है। भामह का समय 400 के लगभग का है। इनका ग्रन्थ काव्यालंकार छह परिच्छेदों में विभाजित है। दण्डी (सातवीं सदी का उत्तरार्ध) के सुप्रसिद्ध काव्यादर्श में तीन परिच्छेद तथा 660 श्लोक हैं। इन दोनों ने अलंकार के सम्प्रत्यय को विस्तृत स्वरूप दिया। भामह, दण्डी तथा उद्‌भट (नौवीं सदी का पूर्वार्ध, अलंकारसारसंग्रह) आदि ने रस, भाव आदि को रसवत्, प्रेय, ऊर्जस्वी आदि अलंकारों में अन्तर्भूत करके रस को अलंकार की अपेक्षा गौण बना दिया। आचार्य रुद्रट (9वीं सदी का आरम्भ) ने अपने *काव्यालंकार* में अलंकारों को चार भागों में (वास्तव, औपम्य, अतिशय, श्लेष) बाँट कर देखा। रुय्यक (1135-1150) द्वारा अलंकारसर्वस्व में अलंकारों का बहुत वैज्ञानिक विभाजन किया गया जो बाद के काव्यशास्त्रियों के लिए आदर्श बना। जयदेव (13वीं सदी का मध्यभाग, *चन्द्रालोक*), तथा अप्पय्यदीक्षित (17वीं का अन्त 18वीं का आदि, *चित्रमीमांसा, कुवलयानन्द, वृत्तिवार्तिक*) ध्वन्युत्तर काल के बड़े अलंकारवादी आचार्य हुए हैं। आचार्य वामन (800) ने *काव्यालंकारसूत्र* में विशिष्ट–पद–रचना को काव्य में सर्वोपरि मानते हुए उसी को आत्मा का स्थान दिया है। वामन की दृष्टि में रस रीति के प्रति गौण है। रीति जो विशिष्ट पद रचना है, उसका प्रधान तत्त्व गुण है। काव्य में प्रयुक्त उक्तियों की विचित्रता को वक्रोक्ति नाम देते हुए आचार्य कुन्तक (11वीं सदी का आरम्भ) ने वक्रोक्तिजीवित में इसे कविता के जीवनाधायक तत्त्व के रूप में प्रतिष्ठित किया। काव्य निर्माण करने की अपूर्व कुशलता द्वारा अलौकिक चमत्कार का उत्पादन करने वाला कथन प्रकार ही वक्रोक्ति है। *औचित्य* का तात्पर्य है कि जिस तत्त्व का जहाँ विनियोग काव्योचित हो वहीं उसका विनियोग किया जाये। औचित्य तत्त्व अन्य सभी काव्य तत्त्वों की सहायता करता है। आचार्य क्षेमेन्द्र (11वीं सदी का उत्तरार्ध) ने औचित्य सिद्धान्त के लिए सबसे अधिक सामग्री तथा साधन पद्धति को ध्वन्यालोक से ग्रहण किया है। *ध्वन्यालोक* के कर्ता आनन्दवर्धन (नौवीं सदी का मध्य) ने

काव्यशास्त्रीय तत्त्वों के पारस्परिक गौण–मुख्य भाव सम्बन्ध को निश्चित करके अलंकारशास्त्र का मार्ग सदा के लिए व्यवस्थित कर दिया। इनके अनुसार काव्य के शरीर में आत्मा का स्थान ध्वनि का ही है। शेष तत्त्व उसके प्रति गौण हैं। 11वीं सदी के प्रारम्भ में विद्यमान महनीय आचार्य अभिनवगुप्त ने ध्वन्यालोक पर लोचन नामक टीका की रचना करके ध्वनिसिद्धान्त को और अधिक सुदृढ कर दिया। मम्मट (11वीं सदी का उत्तरार्ध, काव्यप्रकाश), विश्वनाथ (1300-1350, *साहित्यदर्पण*) तथा पण्डितराज जगन्नाथ (17वीं सदी का मध्यभाग, *रसगङ्गाधर*) ने आनन्दवर्धनोत्तर काल में ध्वनि सिद्धान्त पर होते हुए आक्षेपों का कुशलता से खण्डन करके इसकी पुन: प्रतिष्ठापना की। इन महनीय सम्प्रदायों के अतिरिक्त कुछ दूसरे बड़े आलंकारिक हुए जिनमें राजशेखर (880-920) ने *काव्यमीमांसा,* मुकुलभट्ट (9वीं का प्रारम्भ तथा दसवीं सदी का आरम्भ) ने *अभिधावृत्तिमातृका,* धनञ्जय (दसवीं सदी का उत्तरार्ध) ने *दशरूपक,* महिमभट्ट (11वीं सदी का आरम्भ) ने *व्यक्तिविवेक,* भोजराज (11वीं का पूर्वार्ध) ने *सरस्वतीकण्ठाभरण, शृङ्गारप्रकाश,* हेमचन्द्र (1088-1172) ने *काव्यानुशासन,* विद्याधर (13–14वीं सदी) ने *एकावली,* विद्यानाथ ने *प्रतापरुद्रयशोभूषण,* रूपगोस्वामी (15वीं का अन्त 16वीं सदी का आदि) ने *नाटकचन्द्रिका, भक्तिरसामृतसिन्धु* तथा *उज्ज्वलनीलमणि* की रचना की।

वैज्ञानिक वाङ्मय

आयुर्वेद

जीवन को रोगरहित बनाने, स्वस्थ बनाये रखने और आयुवृद्धि का भारतीय विज्ञान *आयुर्वेद* कहलाता है। भारतीय परम्परा ने बाह्य तथा आन्तरिक स्वास्थ्य की सर्वव्यापी व्यवस्था को केवल मनुष्यों तक ही नही सीमित रखा बल्कि इसमें पशुओं तथा वृक्षों तक को शामिल किया गया है। वेदों के समय से ही वैद्यक के उल्लेख मिलते हैं। *आयुर्वेद* को *अथर्ववेद* का उपांग भी माना गया है। *आयुर्वेद* के इतिहास को तीन कालखण्डों में बाँटा जा सकता है– 1. संहिताकाल (5वीं सदी ई.पू. से छठी सदी तक), 2. व्याख्याकाल (सातवीं सदी से 15वीं सदी तक), तथा 3. विवृतिकाल (14वीं सदी से लेकर आधुनिक काल तक)। चरक, सुश्रुत तथा वाग्भट के ग्रन्थ संहिताकाल के अन्तर्गत हैं। *चरकसंहिता* का उपदेश आत्रेय पुनर्वसु ने किया। उनके शिष्य अग्निवेश ने इसका प्रणयन किया तथा चरक ने इसका प्रतिसंस्कार किया और दृढबल ने इसे परिवर्धित किया। चरक का समय ईसा से 200 वर्ष पूर्व माना जाता है।

सुश्रुतसंहिता भी चरक की ही भाँति प्राचीन है। इसमें छह स्थान तथा 120 अध्याय हैं। डल्लण का *निबन्धसंग्रह* इस पर प्रसिद्ध टीका है। वाग्भट नवम शताब्दी के मध्य में हुए विद्वान् थे जो सिन्ध प्रदेश के वासी थे। इनकी *अष्टाङ्गसंग्रह, मध्यसंहिता, अष्टाङ्गहृदय* तथा *रसरत्नसमुच्चय* ये 4 प्रख्यात रचनाएँ हैं। शाङ्गर्धर 13वीं सदी के विद्वान् हैं जिन्होंने *शाङ्गर्धरसंहिता* नामक ग्रन्थ लिखा। रोगों के कारणों का पता लगाने वाला प्रसिद्ध ग्रन्थ *माधवनिदान (रुग्विनिश्चय)* माधव (कर) ने छठीं तथा सातवीं शताब्दी के बीच लिखा। चरक तथा सुश्रुत के ग्रन्थों के साथ इसका अरबी अनुवाद ख़लीफ़ा हारूनुर्रशीद के समय (773 ई.) में हुआ था। 11वीं सदी के मध्य में बंगाल के चक्रपाणि ने *चक्रदत्त* तथा *द्रव्यगुणसंग्रह* ग्रन्थ लिखे। अन्य प्रसिद्ध आयुर्वेदीय ग्रन्थ हैं–*चिकित्साकलिका* (तीसटाचार्य, 12वीं सदी) *चिकित्सासंग्रह* (बंगसेन, 14वीं सदी), *शतश्लोकी* (बोपदेव, 1309), *ज्वरतिमिरभास्कर* (चामुण्ड, 1489), *भावप्रकाश* (भावमिश्र, 16वी सदी), *वैद्यजीवन* (लोलम्बिराज, 17वीं सदी), *आयुर्वेदप्रकाश* (माधव, 1786), *योगतरंगिणी* (त्रिमल्ल, 1761), *भैषज्यरत्नावली* (गोविन्ददास, 18वीं सदी)।

ज्योतिष तथा गणित

गणित तथा ज्योतिषशास्त्र दोनों सहोदर विद्याएँ हैं। सिद्धान्त ज्योतिष हो अथवा फलित वह पूरी तरह से गणित पर आधारित है। अनेक जगह दोनों को पर्यायवाची के रूप में भी प्रयुक्त किया जाता है। भारत में गणित के तीनों विषय–अंकगणित (पाटीगणित या व्यक्तगणित), बीजगणित (अव्यक्तगणित) तथा रेखागणित विकसित हुए थे। *वेदाङ्गज्योतिष* से लेकर वराहमिहिर तक का युग 'सिद्धान्त युग' के नाम से जाना जाता है। आर्यभट का जन्म 476 में पटना में हुआ था। उनका ग्रन्थ *आर्यभटीयम्* चार खण्डों में विभाजित है जिसमें 121 श्लोक हैं। वराहमिहिर (6ठी शती का पूर्वार्ध) के ग्रन्थ हैं– *पञ्चसिद्धान्तिका, बृहत्संहिता, बृहज्जातक* तथा *लघुजातक*। ब्रह्मगुप्त (सप्तम शती) ने *ब्रह्मस्फुटसिद्धान्त* तथा *खण्डखाद्यक* ग्रन्थ लिखे जो खगोलशास्त्र के ग्रन्थ हैं। *ब्रह्मस्फुटसिद्धान्त* का दूसरा तथा बारहवाँ अध्याय शुद्ध गणित के सम्बन्ध में है। कल्याणवर्मा (578) ने यूनानियों के होराशास्त्र का सार *सारावली* नामक ग्रन्थ में दिया है। आठवीं सदी में उत्पन्न श्रीधर का *त्रिशती* ग्रन्थ अंकगणित से सम्बन्धित है। लल्ल (748) ने खगोल सम्बन्धी *शिष्यधीवृद्धितन्त्र* लिखा। महावीर (9वीं सदी का पूर्वार्ध) ने *गणितसारसंग्रह* नामक ग्रन्थ लिखा। आर्यभट द्वितीय (950)

के *महासिद्धान्त* में ज्योतिष तथा गणित दोनों का समावेश है। भट्टोत्पल (966) ने वराहमिहिर के ग्रन्थों *बृहत्संहिता, बृहज्जातक, लघुजातक* तथा ब्रह्मगुप्त के *खण्डखाद्यक* तथा *षट्पञ्चाशिका* की टीकाएँ की। *श्रीपति* (1040) ने *गणिततिलक, बीजगणित, सिद्धान्तशेखर, पाटीगणित* आदि बहुत से ग्रन्थ लिखे। भास्कराचार्य (जन्म 1114) ने *सिद्धान्तशिरोमणि, लीलावती, बीजगणित* तथा *करणकुतूहल* नामक ग्रन्थ लिखे। नारायणपण्डित (1356) की गणितकौमुदी का विषय अंकगणित है। बाद में आने वाले ज्योतिषियों में प्रमुख हैं– बल्लालसेन (1168, *अद्‌भुतसागर*), महेन्द्रसूरि (1292 शक सं., *यन्त्रराज*), गणेशदैवज्ञ (*ग्रहलाघव*), नीलकण्ठ (1587, *ताजिकनीलकण्ठी*), कमलाकर (जन्म 1608, *सिद्धान्ततत्त्वविवेक*), आदि। आधुनिक युग के ज्योतिषियों-गणितज्ञों में बापूदेव शास्त्री , शंकरबालकृष्ण दीक्षित, बालगंगाधर तिलक तथा सुधाकर द्विवेदी आदि प्रमुख हैं।

भारत का जातीय इतिहास- *रामायण, महाभारत, पुराण*

कालिक प्राचीनता, भौगोलिक उच्चावच तथा जातीय विभिन्नता के कारण भारतवर्ष में इतिहास–संकलन की विशिष्ट प्रविधियाँ विकसित हुई हैं। यूरोपीय इतिहासकारों द्वारा तय की गयी सीमाएँ भारतीय ऐतिहासिक स्रोतों पर नहीं लगती। भारत का इतिहास बोध ऐतिहासिक स्मृति नहीं है जिसे संग्रहालयों में तो रखा जाये और उससे वर्तमान को सम्बोधित न किया जा सके। भारतीय परंपरा के महाकाव्य-*रामायण* और *महाभारत* इतिहास के सार्वदेशिकीकरण और सार्वकालिकीकरण के सबसे अच्छे उदाहरण हैं। *रामायण* तथा *महाभारत* लम्बे समय तक वाचिक परम्परा में रहने के कारण बढ़ते ही गये हैं इसलिए इन्हें विकसनशील महाकाव्य कहते हैं। वैदिक साहित्य के बाद देशभाषा में रचित पहला ग्रन्थ होने के कारण *रामायण* को आदिकाव्य कहते हैं। वाल्मीकि कृत इस प्रथम *रामायण* के बाद भारत तथा उसके बाहर इससे प्रभावित संस्कृत तथा क्षेत्रीय भाषाओं में सैकड़ों *रामायण* प्राप्त होते हैं। *रामायण* में सात काण्ड (बाल, अयोध्या, अरण्य, किष्किन्धा, सुन्दर, युद्ध तथा उत्तर) तथा 24000 श्लोक हैं। *रामायण* अनेक शताब्दियों तक वाचिक परम्परा में रहा है जिसके कारण विभिन्न क्षेत्रों में इसकी अलग-अलग शाखाएँ बन गयीं, जो मुख्यत: 4 हैं– उत्तर भारतीय संस्करण, बंगीय संस्करण, कश्मीरी संस्करण तथा दक्षिण भारतीय संस्करण। *रामायण* पर बहुत सारी टीकाएँ हैं जिसमें *भूषण* (1550), *तिलक* (1300) तथा *शिरोमणि* (1865) बहुत प्रसिद्ध हैं। *रामायण* में

पात्रों का चित्रण आदर्श के रूप में हुआ है जो युगों युगों तक मानव समाज के लिए अनुकरणीय बने रहे हैं। वाल्मीकि संस्कृत साहित्य के सबसे बड़े उपजीव्य कवि हैं। उनकी कविता भाषा, भाव, कला सभी उपादानों की दृष्टि से प्राथमिक ही नहीं श्रेष्ठ भी है। बाद की कविता और काव्यशास्त्र दोनों ने उन्हें अपना आदर्श माना है।

विषयों की समृद्धि तथा परिपूर्णता, ग्रन्थ की विपुलता तथा विस्तार के कारण *महाभारत* को भारत के सभी पारम्परिक ज्ञान–विज्ञान का स्रोत माना जाता है (*महत्त्वाद् भारतवत्त्वाच्च महाभारत उच्यते*)। 100000 श्लोकों के साथ यह विश्व का सबसे बड़ा महाकाव्य है। अनेक साहित्यिक, शिलालेखीय, ऐतिहासिक प्रमाणों के आधार पर सिद्ध होता है कि *महाभारत* का समय 600 ई.पू. से प्राचीन ही होना चाहिए। *महाभारत* अनेक कालखण्डों में विकसित एक महाआख्यान है, जिसमें व्याख्यान के तीन स्तर हैं– जय, भारत तथा *महाभारत*। इसकी पाठ परम्पराओं को मुख्य रूप से उत्तरी तथा दक्षिणी पाठ परम्पराओं के रूप में पहचाना गया है। *महाभारत* 18 पर्वों में विभाजित है। *महाभारत* में दर्शन, धर्म, एवं अध्यात्म की दृष्टि से–*श्रीमद्‌भगवद्‌गीता, सनत्सुजातीय, पराशरगीता, हंसगीता, अनुगीता, ब्राह्मणगीता, विदुरगीता* आदि अंश, राजनीति तथा नीति की दृष्टि से–विदुरनीति, अनुशासनपर्व, शान्तिपर्व आदि अंश, उपाख्यानों की दृष्टि से– ययात्युपाख्यान, शकुन्तलोपाख्यान, मत्स्योपाख्यान, रामोपाख्यान, शिवि उपाख्यान, सावित्री उपाख्यान तथा नलोपाख्यान हमारे कथा साहित्य के प्रमुख स्रोतों में से हैं। *महाभारत* पर लिखी गयी 36 टीकाओं का पता लगा है, जिसमें से नीलकण्ठ (1650) की *भारतभावदीप* सबसे अधिक उपयोगी है।

समस्त भारत में विविध प्रकार की विषमताओं के होने पर भी मूल में जो एक समान साँस्कृतिक धारा बह सकी है उसमें पुराणों का बड़ा योगदान है। पुराण के कर्ताओं तथा उसके प्रवाचकों ने पुरातन ज्ञान को नवीन सन्दर्भों, सुगम भाषा, रोचक शैली में प्रस्तुत करके जन सामान्य के लिए सुलभ तथा सुप्राप्य बनाया। पुराणों के वर्ण्य विषय पाँच हैं– सर्ग (सृष्टिप्रक्रिया), प्रतिसर्ग (प्रलय), वंशवर्णन (देवता या ऋषियों के वंश का वर्णन), मन्वन्तर (मनुओं के शासन काल) तथा वंशानुचरित (क्षत्रिय राजाओं के वंश का वर्णन)। सामान्यत: इनकी रचना का काल 600 ई.पू. से लेकर 500 तक माना गया है। पुराणों के कर्ता वेदव्यास माने जाते हैं लेकिन उनका प्रवचन सूत जी ने किया है। पुराणों की संख्या 18 है। इनके अतिरिक्त 18 ही उपपुराण हैं। आर. सी. हाजरा के अनुसार कालक्रम से रचित पुराण इस प्रकार

हैं– *विष्णुपुराण* (3–4 सदी), *मार्कण्डेय* तथा *ब्रह्माण्ड* 3–5वीं सदी), *वायुपुराण* (पाँचवीं सदी), *भागवतपुराण* (600), *ब्रह्मवैवर्त* तथा *कूर्म* (700), *अग्नि, स्कन्द, गरुड़ तथा ब्रह्म* (8वीं सदी), *नारदीय* (10वी सदी)। इसके अतिरिक्त मत्स्य, पद्म, वराह, वामन, लिंग, भविष्य पुराणों को अर्वाचीन माना जाता है।

पुरुषार्थों का सरल मार्ग : काव्य साहित्य

समस्त भारतीय वाङ्मय को काव्य तथा काव्येतर दो भागों में बाँटा जा सकता है। कविता का भाषा के अन्य प्रकारों से अन्तर यह है कि इसमें सूचना की प्रधानता न होकर रस की प्रधानता होती है। संस्कृत का काव्य साहित्य प्राचीन, विशाल तथा अतीव उपयोगी है। लौकिक काव्य साहित्य को महाकाव्य, नाटक, खण्डकाव्य, मुक्तक, गद्यकाव्य (कथा-आख्यायिका) में बाँटकर देखा जा सकता है। **महाकाव्य** एक लम्बी कथा होती है जिसका विभाजन सर्गों में होता है। पाणिनि *(जाम्बवतीजय)* तथा कात्यायन *(स्वर्गारोहण)* प्राचीनतम महाकाव्यकार माने जाते हैं। कालिदास (प्रथम शताब्दी ई.पू. से चतुर्थ शताब्दी) के दो महाकाव्य– *रघुवंश* तथा *कुमारसम्भव* अतीव प्रसिद्ध हैं। अश्वघोष एक बौद्ध कवि हैं जिन्होंने बुद्ध के उपदेशों को प्रसारित करने के लिए दो महाकाव्यों बुद्धचरित तथा *सौन्दरनन्द* की रचना की। भारवि (615–550) का *किरातार्जुनीय* अर्जुन तथा किरातवेशधारी शिव के मध्य युद्ध का वर्णन है। माघ (675) ने *शिशुपालवध* महाकाव्य को *किरातार्जुनीयम्* से श्रेष्ठ बनाने का यत्न किया है। रत्नाकर (नवम शती) के *हरविजय* में 50 सर्ग तथा 4321 पद्य हैं। श्रीहर्ष का नैषध महाकाव्य काव्यकला का सर्वोत्कृष्ट उदाहरण है। इनके अतिरिक्त अन्य उल्लेखनीय महाकाव्य हैं– अभिनन्द (नवम शतक) का *रामचरित*, लक्ष्मीधर का *चक्रपाणिविजय*, हरिचन्द्र (1050) का *धर्मशर्माभ्युदय*, मंख (1140) का *श्रीकण्ठचरित*। अर्वाचीन काल के कुछ उल्लेखनीय महाकाव्य हैं– *यादवाभ्युदय* (वेदान्तदेशिक 1369–1268), *बालभारत* (अमरचन्द्रसूरि), *चैतन्यचरितामृत*, *पारिजातहरण* (कवि कर्णपूर 1524), *गंगावतरण*, *शिवलीलार्णव*, *मुकुन्दविलास* (नीलकण्ठ दीक्षित 17वीं सदी), *ईश्वरविलासमहाकाव्य* (श्रीकृष्णभट्ट, 18वीं सदी) आदि॥

खण्डकाव्यों, गीतिकाव्यों, मुक्तकों में अधिकांश संख्या श्रृंगारपरक रचनाओं की है। इनके अतिरिक्त अनेक उल्लेखनीय संग्रह नीतिपरक भी हैं। उदाहरण के लिए भर्तृहरि (7 वीं शती से पहले) का *नीतिशतक* तथा *वैराग्यशतक*। *भल्लटशतक* (भल्लट–8वीं शती), *शिल्हणशतक* (शिल्हण–13वीं सदी), *शान्तिशतक*, *वैराग्यशतक* (नीलकण्ठदीक्षित), दृष्टान्त*शतक* (कुसुमदेव) आदि

अन्य प्रमुख मुक्तक हैं। शतकों के अतिरिक्त इस कोटि की अन्य रचनाओं में क्षेमेन्द्र के *चतुर्वर्गसंग्रह, चारुचर्या, दर्पदलन, सेव्यसेवकोपदेश, समयमातृका, देशोपदेश, नर्ममाला एवं नीतिकल्पतरु* उल्लेखनीय हैं। 12वीं सदी के कवि गोवर्धन की *आर्यासप्तशती* में नीति आदि मूल्यों से मिश्रित बहुत से विषय बेबाक तरीक़े से वर्णित हैं।

भारत वर्ष कथाओं की उद्गमभूमि है। प्राचीन भारत के **कथा साहित्य** ने सम्पूर्ण विश्व का भ्रमण किया है। इन कथाओं को 4 प्रकारों में बाँट सकते हैं– लोककथा, नीतिकथा, पशुकथा तथा मुग्धकथा। ईसा की पहली शताब्दी के लगभग रची गयी गुणाढ्य नामक कवि की रचना *बृहत्कथा* (बड्ढकहा) अब तो नहीं है लेकिन उनकी प्रसिद्धि हर जगह सुनाई–दिखाई पड़ती है। संस्कृत में *बृहत्कथा* के कम से कम तीन संस्करण हैं। सोमदेव (11वीं सदी) का कथासरित्सागर, क्षेमेन्द्र (11वीं सदी) की *बृहत्कथामञ्जरी* तथा बुधस्वामी (नौवीं सदी) का *बृहत्कथाश्लोकसंग्रह।* सोमदेव तथा क्षेमेन्द्र दोनों 11वीं सदी के कश्मीर में विद्यमान थे लेकिन दोनों के द्वारा प्रयुक्त बृहत्कथा के संस्करण भिन्न भिन्न हैं। बुधस्वामी 9वीं या दसवीं सदी में नेपाल क्षेत्र के विद्वान् थे। *पञ्चतन्त्र* एक ऐसा भारतीय ग्रन्थ है जिसके 50 भाषाओं में लगभग 200 संस्करण उपलब्ध हैं । *पञ्चतन्त्र* का सम्भवतः सबसे प्राचीन स्वरूप *तन्त्राख्यायिका* है। जैनों के कथा साहित्य में पञ्चतन्त्र की कहानियाँ 1199 ई. में विद्यमान जैनाचार्य **पूर्णभद्र** के *पञ्चाख्यान* नामक परिवर्धित संस्करण में प्राप्त होती हैं। पञ्चतन्त्र का सबसे नवीन तथा परिवर्तित एवं परिवर्धित संस्करण नारायण पण्डित (1373 ई.) का *हितोपदेश* है। *वेतालपञ्चविंशति* शिवदास द्वारा 15वीं सदी में निर्मित किया गया। *सिंहासनद्वात्रिंशिका* (12वीं सदी) 32 कहानियों का संग्रह है जिसके संस्कर्ता क्षेमेन्द्र नामक जैन मुनि कहे जाते हैं। *शुकसप्तति* चिन्तामणि भट्ट की रचना मानी जाती है। *पुरुषपरीक्षा* में विद्यापति ने 41 कथाओं का संयोजन किया है। इसके अतिरिक्त अन्य उल्लेखनीय कथा ग्रन्थ हैं–*भरटकद्वात्रिंशिका* (देवसुन्दर, 1339–40ई.), *भोजप्रबन्ध* (बल्लालसेन) आदि।

संस्कृत वाङ्मय का सातत्य

अर्वाचीन युग के महनीय ज्ञान पुरुष (पण्डित)

भारतीय ज्ञान-परम्परा पण्डितों की परम्परा रही है। इन्हीं शास्त्रमूर्ति विद्वानों के माध्यम से परम्परा निरन्तर जीवित रही है। जानना चाहिए कि भौतिक या अभौतिक किसी भी पूँजी की सुरक्षा तीन प्रकारों से की जा सकती है–1. मूल की पूर्णतः सुरक्षा,

2. मूल में और अधिक वृद्धि तथा 3. बढ़े हुए का योग्य पात्रों में निवेश।[27] अर्वाचीन युग में उत्पन्न ये विद्वान् न केवल पूर्वसञ्चित ज्ञान-निधि की सुरक्षा करते रहे हैं बल्कि उसमें अनेक नवीन आयाम जोड़कर तथा ज्ञान निधि की नवीन व्याख्याएँ करते हुए उन्हें और विस्तृत भी करते रहे हैं। वे अपनी बृहत् शिष्य मण्डली भी तैयार करते रहे हैं जो आगे इस परम्परा के वाहक बन सकें। इसके साथ ही वे आधुनिकता के साथ संवाद भी करते रहे हैं। वर्तमान का ठीक से आकलन न कर पाने के कारण अल्पदृष्टि वाले कुछ लोगों का कहना है कि पिछली शताब्दियों में संस्कृत गत पाण्डित्य का क्षरण हो गया।[28] वस्तुतः भारतीय मेधा ने इस काल में जो नये नये रूप धारण किये हैं उनका ठीक ठीक आकलन नहीं हो सका है।[29] इसके पीछे कारण है वर्तमान का सम्यक् आकलन करने में होने वाली स्वाभाविक कठिनाई[30] तथा भारतीय मेधा के प्रति दुर्भाग्यपूर्ण ईर्ष्या जो औपनिवेशिक और यूरोपीय श्रेष्ठता के भाव से उपजी है। यदि हम शोधपूर्ण दृष्टि से देखें तो पिछली शताब्दियों में हमें भारतीय ज्ञान-परम्परा का पाण्डित्य निरन्तर परिवर्धमान दिखाई देता है, और यह दुष्प्रचार कि 'बारहवीं शताब्दी के पश्चात् संस्कृत की परम्पराएँ छीजती चली जाती हैं', निःसार हो जाता है। जैसा कि राधावल्लभ त्रिपाठी का मानना है– 'वस्तुतः उन्नीसवीं और बीसवीं शताब्दियों में पाण्डित्य का अभूतपूर्व विकास रुका नहीं है। इन शताब्दियों में लगभग ऐसे सैकड़ों पण्डितों के नाम गिनाये जा सकते हैं, जिनका असाधारण ज्ञान और चिन्तन कपिल, कणाद और गौतम के चिंतन के धरातलों का स्पर्श करता है। अपने अध्ययन, मनन, चिंतन और जीवन व्यवहार में वे प्राचीन काल के ऋषियों जैसे ही लगते हैं।' इन महनीय विद्वानों में वैदिक विज्ञान का दार्शनिकीकरण करने वाले मधुसूदन ओझा (1866–1939), नवीन दर्शन प्रस्थान की स्थापना करने वाले रामावतार शर्मा (1877–1929), अकेले वाचस्पत्य जैसा

---

27. तु. अलब्धं चैव लिप्सेत लब्धं रक्षेदवेक्षया।
रक्षितं वर्धयेन्नित्यं वृद्धं पात्रेषु निक्षिपेत्॥ (*मनुस्मृति* 7.100)

28. राधावल्लभ त्रिपाठी (2018), 'पण्डितों का संसार : संसार में पण्डित', प्रतिमान समय समाज संस्कृति, नयी दिल्ली : 111-148 में यत्र तत्र इस अवधारणा का खण्डन किया गया है।

29. पूर्वोद्धृत में पिछली शताब्दियों में उद्भूत पण्डितों की सात कोटियों की पहचान की गई है। इसमें पहले (पारम्परिक पण्डित) को छोड़कर शेष सभी कोटियों अर्वाचीन काल में उद्भूत हैं। इससे पता चलता है कि ज्ञान परम्परा अपने वाहकों को विविध नये रूपों में आकर्षित कर रही है।

30. देखें, उपरोक्त : 191-190.

विश्वकोशीय ग्रन्थ की रचना करने वाले तारानाथ तर्कवाचस्पति (1812–1885) अग्रगण्य हैं। पण्डितों की यह परम्परा केवल श्रीमन्तों के दरबारों अथवा शैक्षणिक संस्थानों तक ही सीमित नहीं थी। बहुत से विद्वान् किसी भी प्रकार की वृत्ति को बिना स्वीकारे स्वयं कार्य करते हुए, गृहस्थ रहकर कम से कम संसाधनों पर जीवन गुजारते रहे। इसके अतिरिक्त मठों अथवा मन्दिरों में रहने वाले यति, संन्यासी शास्त्र की जीवन्त मूर्ति की भाँति अब भी हमारे बीच विद्यमान हैं। ये स्थान अभी भी संस्कृत विद्या के उद्दीप्त केन्द्र हैं। दर्शन तथा धर्म सम्बन्धी शास्त्रीय परम्पराओं में दक्ष साधु संन्यासी ज्ञान की चर्चाओं में संलग्न दिखाई देते हैं। यद्यपि समाज तथा शासन व्यवस्था बदलने के कारण इनमें क्षीणता भी आयी है।

उपनिवेशकाल की विषम परिस्थिति में भी भारतीय पाण्डित्य परम्परा का क्षय नहीं हुआ। इतना सत्य अवश्य है कि औपनिवेशिक कुचक्रों के कारण भारत का जो आत्मखण्डन हुआ उसकी शिकार भारतीय जनता ने पण्डितों के द्वारा किये गये कार्यों को उतना महत्त्व नहीं दिया और धीरे धीरे उन्हें व्यर्थ भी समझा जाने लगा। यह कार्य मैकॉले द्वारा षड्यन्त्रपूर्वक किया गया। इसके अन्तर्गत संस्कृत के पण्डितों को आर्थिक तथा गौरव दोनों प्रकार की हीनता के द्वारा लुंज पुंज कर दिया गया।[31] इस कारण उनके द्वारा किये गये महत्त्वपूर्ण कार्यों का न तो संज्ञान लिया गया और न ही वे अच्छी तरह प्रकाशन और प्रसार में आ सके। बाद में, जब यह अपप्रचार समाज में बहुत अधिक बद्धमूल हो गया तो बहुत से पण्डित ख़ुद ही आत्महीनता के शिकार हो गये और उन्होंने अपने लिखित ग्रन्थों अथवा ग्रन्थों के लेखन की उपेक्षा की। स्वतन्त्रता के बाद दो कारणों से संस्कृत विद्या का भारी नुकसान हुआ। उसमें से पहला है संस्कृत की पारम्परिक तथा आधुनिक दो रीतियों से शिक्षा का प्रारम्भ,

---

31. 'मैकॉले ने देश की शिक्षा व्यवस्था को व्यावसायिकता की जिस दौड़ में ढकेल दिया था, उसमें पलट कर देखना असम्भव हो गया। पण्डितों के मन में यह भय छाने लगा था कि अंग्रेज़ी शिक्षा उनके ज्ञान की सारी धरोहर को विस्थापित ही नहीं छिन्न भिन्न कर देगी। 18वीं शताब्दी तक पण्डित नयी टीकाएँ या ग्रन्थ लिखकर अपने ज्ञान के विस्तार और सृजन की सम्भावनाएँ साकार करते आ रहे थे, उनके लिए पुरानी पोथियाँ सँभाल कर रखना कठिन होता जा रहा था। अंग्रेज़ या युरोप के लोग इन्हें ले जा रहे थे। पण्डितों की अंग्रेज़ीदाँ सन्तानें या तो पुरानी पोथियों को अपने लिए बेकार मानकर उन्हें नष्ट हो जाने दे रही थीं, फेंक रही थीं, या विदेशियों के हाथों सौंप रही थीं। पण्डित को अपने ही घर में विस्थापित किया जा रहा था, अपनी विपन्नता में भी जिस सम्मान के बल पर वह ठाठ से रह सकता था, वह भी उससे छिनता जा रहा था।' देखें, राधावल्लभ त्रिपाठी (2018), पूर्वोद्धृत : 143.

तथा दूसरा त्रिभाषा सूत्र जिसके अन्तर्गत संस्कृत की जान बूझ कर उपेक्षा की गयी।[32] धयातव्य है कि संस्कृत विद्या के क्षय का सीधा अर्थ है– भारतीय ज्ञान-परम्परा के मूल स्रोतों का सूख जाना।

'संस्कृत के आधुनिक पण्डित अपने आप में बड़ी संस्था बनकर अपने जीवन काल में सक्रिय रहे।...उनके अवदान से संस्कृत की ज्ञान–परम्परा ही नहीं, भारतीय साहित्य और भारतीय समाज भी वैचारिक दृष्टि से सम्पन्नतर बना।[33]' ये पण्डित संस्कृत शिक्षण पद्धति में जमे ज़रूर रहते थे लेकिन उनका लाभ सारे समाज को मिलता था। इसलिए पण्डितों की परम्परा की सुरक्षा केवल संस्कृत विद्या की सुरक्षा नहीं, बल्कि भारतीय ज्ञान-परम्परा की सुरक्षा भी है। लेकिन भारतीय ज्ञान-परम्परा की वारिस पण्डित मण्डली भारत से समाप्त हो गयी है, यह नहीं समझना चाहिए। वह देश और काल के अनुसार अनेकानेक रूप धारण करके सामने आ रही है। आज के युग में आवश्यक नहीं है कि पण्डित पुरानी वेश भूषा से युक्त ही मिलें। हमें पण्डितों की पुरानी अवधारणा को बदलना चाहिए क्योंकि उनकी कार्य शैली बदल चली है। तकनीकों के आगमन से शायद ग्रन्थधारण की वैसी आवश्यकता न रही हो लेकिन ग्रन्थों के मर्म को समझने वाले तथा उस आधार पर समाज में सार्थक हस्तक्षेप करने वाले भारतीय ज्ञान-परम्परा में निष्ठ विद्वानों की आशा से भरी एक नयी पीढ़ी आ चुकी है। ये पारम्परिक पण्डितों की विपन्नता की स्थिति के आगे घुटने टेकने वाले नहीं हैं क्योंकि इनमें से बहुत से लोग अपनी जीविका आधुनिक व्यवसायों से ग्रहण करने वालो में से हैं। विद्वानों की यह पीढ़ी सर्वथा समर्थ है।

शास्त्रों का अर्वाचीन विकास

भारतीय ज्ञान-परम्परा जिन शास्त्रों में निवास करती है उनका इतिहास तो हज़ारों वर्ष पुराना है। सौभाग्य है कि अर्वाचीन काल में न केवल उन शास्त्रों की सुरक्षा हुई है बल्कि उनमें अनेक नये आयाम भी जोड़े गये हैं। आधुनिक युग में यह कार्य जितना संस्कृत भाषा के माध्यम से हुआ है उससे कहीं अधिक देसी भाषाओं के माध्यम से हुआ है। विभिन्न शास्त्रों का संरक्षण तथा उनका निरन्तर विकास इस

---

32. एक्सेल माइकेल्स (2001), 'ट्रेडिशनल संस्कृत लर्निंग इन कॉंटेम्परेरी इण्डिया, *पंडित : ट्रेडिशनल स्कालरशिप इन इण्डिया,* एक्सेल माइकेल्स (सं.), न्यू दिल्ली : मनोहर पब्लिशर्स।

33. राधावल्लभ त्रिपाठी (2018), उपर्युक्त : (130).

बात को स्पष्ट करता है कि भारतीय ज्ञान-परम्परा में जीवन्त निरन्तरता है। इस बात को व्यक्त करने के लिए अर्वाचीन युग में हुए विशेष शास्त्रों के विकास की चर्चा प्रासंगिक प्रतीत होती है।

वेदव्याख्या

पीछे चर्चा आ चुकी है कि किस प्रकार प्रत्येक युग में भारतीय मनीषा वेदों के अर्थ जानने के प्रति प्रयत्नशील रही है। आधुनिक युग, जिसमें नवजागरण भी सम्मिलित है, में धर्म के मूल स्वरूप को जानने-समझने के लिए भारतीयों की चेतना विशेष रूप से वेदों की ओर उन्मुख हुई। आर्यसमाज के संस्थापक स्वामी दयानन्द सरस्वती ने 'वेदों की ओर लौटो' का नारा देकर अपने समस्त तर्कों को वेदों तथा वेदसम्मत शास्त्रों पर आधारित बताया। उन्होंने वेदों का आधार लेकर सामाजिक रूढ़ियों पर प्रहार किया। इसके लिए उन्होंने स्वयं वेदों का भाष्य करना प्रारम्भ किया। उनके मत से असन्तुष्ट मुख्य धारा के सनातनी विद्वान् प्रतिक्रिया में ही सही, वेदार्थ की ओर उन्मुख हुए। उन्होंने भी वेदों का भाष्य करना शुरू किया। इस बीच पश्चिमी विद्वानों ने भी वेदों की व्याख्या के प्रति विशेष रुचि दिखायी। इन सभी विद्वानों की वेदार्थ के प्रति अपनी दृष्टियाँ थीं। कुल मिलाकर आधुनिक युग में भी वेदों के तात्पर्य को समझने की ओर एक समृद्ध प्रयास दिखायी पड़ा जो अब भी जारी है।

दयानन्द सरस्वती (1824–1883) आधुनिक युग में वैदिक पुनर्जागरण के अग्रदूत रहे हैं। उन्होंने समस्त *यजुर्वेद* तथा *ऋग्वेद* के सातवें मण्डल तक व्याख्या प्रस्तुत की। उनकी मान्यता एकेश्वरवाद की थी जिसके आलोक में उन्होंने मन्त्रों के अर्थ प्रस्तुत किये हैं। उनके अनुसार अग्नि, मरुत्, विष्णु, इन्द्र, आदि को स्वतन्त्र देवता न मानते हुए उन्हें एक ही परमेश्वर की विविध शक्तियों के रूप में स्वीकार किया है। वे वेदों को अनादि मानते हैं इसलिए वेदों में ऐतिहासिक घटनाओं की स्थिति उन्हें स्वीकार्य नहीं है। जिन मन्त्रों में उन्हें प्रत्यक्षतः आख्यान दीखता है उनकी व्याख्या वे व्युत्पत्ति के बल पर दूसरे प्रकार से कर देते हैं। उनकी व्याख्याओं के आधार *शतपथ ब्राह्मण* आदि ब्राह्मण ग्रन्थ तथा निरुक्त आदि वेदांग हैं। उन्होंने शब्दों की व्युत्पत्ति के लिए व्याकरण शास्त्र का भी पर्याप्त आश्रय लिया। स्वामीजी से प्रेरणा लेकर अनेक आर्यसमाजी विद्वानों ने भी इसी पद्धति से मन्त्रार्थ चिन्तन जारी रखा। इनमें से क्षेमकरणदास त्रिवेदी (1848–1939), ब्रह्मदत्त जिज्ञासु (1882–1964), युधिष्ठिर मीमांसक (1909–1994), गंगाप्रसाद उपाध्याय

(1881–1968), स्वामी सत्यप्रकाश सरस्वती (1905–1995), आर्यमुनि (जन्म 1862), जयदेव विद्यालंकार (1892–1961), सत्यकाम विद्यालंकार तथा रामनाथ विद्यालंकार (1914–2014) आदि विद्वानों के नाम विशेष रूप से उल्लेखनीय है।

केवल संहिताओं को वेद मानने वाले स्वामी दयानन्द के प्रमुख प्रतिपक्ष के रूप में 'कृत्स्नवेदवादी' विद्यावाचस्पति मधुसूदन ओझा (1866-1939) को रखा जा सकता है। ओझा जी ने वेदसंहिताओं, ब्राह्मण ग्रन्थों, आरण्यकों और उपनिषदों की समष्टि को कृत्स्न (समग्र) वेदशास्त्र के रूप में स्थापित किया। उन्होंने अपने ग्रन्थ *शारीरकविमर्श* में संकेत किया है कि वेद दो प्रकार के हैं–ब्रह्म तथा ब्राह्मण। ब्रह्म मन्त्रात्मक भाग हैं और ब्राह्मण ग्रन्थ के अन्तर्गत तीन पर्व भाग हैं–विधिकाण्ड, आरण्यकाण्ड और उपनिषत् काण्ड। ओझा जी ने यद्यपि किसी संहिता भाग की व्याख्या नहीं लिखी है लेकिन वेदों में निहित विज्ञान को समझाने तथा उसके सम्बन्ध में फैली विविध प्रकार की भ्रान्तियों के निवारण के लिए उन्होंने संस्कृत में 108 ग्रन्थों की रचना की है।[34] स्वामी दयानन्द के विपरीत वे पुराणों को वेदार्थ के उपबृंहक में मानते हैं। उनके बाद इस कार्य को महामहोपाध्याय गिरिधर शर्मा चतुर्वेदी, मोतीलाल शर्मा तथा अन्य ने आगे बढ़ाया। स्वामी दयानन्द के वेदसम्बन्धी विचारों का प्रबल खण्डन करते हुए स्वामी करपात्री (1907-1982) ने *वेदार्थपारिजात* लिखा। इसमें उन्होंने *सत्यार्थप्रकाश* में वर्णित स्वामी दयानन्द के विचारों के निराकरण के अतिरिक्त भगवद्दत्त, ब्रह्मदत्त जिज्ञासु तथा युधिष्ठिर मीमांसक जैसे अन्य आर्यसमाजी विद्वानों का खण्डन भी प्रस्तुत किया है। *वेदार्थपारिजात* के दो प्रस्तावनात्मक खण्डों के अतिरिक्त उन्होंने *शुक्लयजुर्वेद* पर भी इसी नाम से भाष्य प्रस्तुत किया है। इसमें भी उन्होंने दयानन्द जी के मत का स्थान स्थान पर खण्डन किया है।

श्री अरविन्द (1872–1950) ने वेद मन्त्रों की आध्यात्मिक व्याख्या प्रस्तुत की। वे समन्वय योग के महान् साधक थे। उनके अनुसार 'वेद के मन्त्र मेरी आध्यात्मिक अनुभूतियों को प्रकाशित करते हैं'। श्री अरविन्द विविध देवताओं को भी विचार के स्तर पर समझते हैं। उदाहरण के लिए इन्द्र उनके अनुसार प्रबुद्ध मन के देवता हैं, वृत्र अज्ञान अथवा अविद्या का प्रतीक है, इन्द्र से सम्बद्ध गायें आत्मिक प्रकाश की द्योतक हैं, इन्द्र के विरोधी दस्यु तमस् की शक्तियाँ हैं तथा सरस्वती सत्य वचनों

---

34. प्रो. गणेशीलाल सुथार का लेख– https://rajasthansanskritacademy.com/madhusudan-ojha-2022/

की प्रेरक हैं, आदि।[35] उन्होंने वेद व्याख्या के अपने सिद्धान्तों तथा वैदिक मन्त्रों की व्याख्या को *'आन द वेदाज़'* तथा *'हिम्स टू द मिस्टिक फ़ायर'* नामक ग्रन्थों में निबद्ध किया है। उनके कार्य को टी. वी. कपालिशास्त्री (1886-1953) ने *सिद्धाञ्जन* नामक भाष्य लिखकर आगे बढ़ाया है। कपालिशास्त्री मन्त्रों में विद्यमान शब्दों के दो अर्थ स्वीकार करते हैं–एक बाह्य और दूसरा आन्तरिक। बाह्य प्रतीक से अभिव्यक्त होते हुए दूसरे आन्तरिक अर्थ की उपलब्धि के बिना पूर्णता का अनुभव नहीं होता। दूसरा अर्थ ही मुख्य और ऋषि का मन्तव्य होता है।[36] अनिर्वाण (1896-1978) नामक विशिष्ट वेदविद्वान् ने *वेदमीमांसा* लिखकर वेदों के विषय में व्यापक छानबीन प्रस्तुत की है। उन्होंने कुछ संहिताओं के अनुवाद भी प्रस्तुत किये हैं। श्रीपाद दामोदर सातवळेकर (1867-1968) ने वेद की संहिताओं का सम्पादन करके उनका जनसुलभ संस्करण प्रकाशित कराया साथ ही उन पर सुबोध भाष्यों की रचना की। वेदों की व्याख्या में उन्होंने राष्ट्रवादी दृष्टिकोण को प्रमुखता दी है। *अथर्ववेद* के पृथ्वीसूक्त पर भाष्य लिखने के कारण अंग्रेज़ी शासन ने उन्हें जेल में डाल दिया था। उन्होंने वेद से सम्बन्धित 100 से अधिक पुस्तकें लिखीं जिनके प्रमुख विषय राष्ट्र रक्षा के उपाय, दासता से मुक्ति, परतन्त्र राष्ट्र का पुनर्निर्माण, रामराज्य की स्थापना, वैदिक प्रजातन्त्र आदि हैं।

पिछली शताब्दी में श्रीराम शर्मा आचार्य (1911-1990) ने 'युग निर्माण योजना' के माध्यम से वैचारिक क्रान्ति का प्रारम्भ किया। उन्होंने सभी वेदों का प्रकाशन कराया तथा उन पर सुगम भाष्य लिखे। वैदिक ज्ञान का उपयोग उन्होंने समाज सुधार में किया। सारे उत्तर भारत में उनके बहुत से अनुयायी हैं। उन्होंने वर्तमान समय में वेदों के माध्यम से सामाजिक क्रान्ति की है, ऐसा माना जाना चाहिए। इन विशिष्ट वेदश्रमियों के अतिरिक्त दूसरे अनेक विद्वानों ने वेदार्थ के विषय में विस्तृत चिन्तन प्रस्तुत किया है। इनमें गंगेश्वरानन्द (1981-1992), वासुदेवशरण अग्रवाल (1904-1967), गोविन्द चन्द्र पाण्डेय (1911-1923) आदि प्रमुख हैं। गंगेश्वरानन्द वेदों की अपनी व्याख्या में पौराणिक प्रतीकात्मकता को बहुत महत्त्व देते हैं तथा पुराणों की

35. ओमप्रकाश पाण्डेय (2012), *वेदानुशीलन का अतीत और अनागत,* महर्षि सान्दीपनि राष्ट्रीय वेद विद्या प्रतिष्ठानम् उज्जयिनी : 26-27.

36. ज्ञानप्रकाश शास्त्री (2012), पूर्वोद्धृत : 783-784.

कथाओं को वेदों से सिद्ध करना चाहते हैं।[37] गोविन्द चन्द्र पाण्डेय (1923-2011) की वेदव्याख्या में पारम्परिक दृष्टि के साथ ऐतिहासिक तथा पुरातात्त्विक तथ्यों का समन्वय भी मिलता है, जो प्राय: भारतीय वेदार्थ चिन्तकों में कम देखने को मिलता है। उन्होंने अपनी व्याख्या में यत्र तत्र वेद का काव्यात्मक मूल्यांकन भी किया है।

इस प्रकार के प्रयास प्राय: सभी भारतीय भाषाओं में अविच्छिन्न रूप से निरन्तर चल रहे हैं। साथ ही दयानन्द तथा श्रीराम शर्मा आचार्य जैसे समाज सुधारकों के कार्यों से यह सिद्ध होता है कि वेदार्थ चिन्तन केवल बौद्धिक कल्पना के विषय नहीं है बल्कि उनसे समाज कल्याण भी सम्भव है। वेदार्थ के चिन्तन के प्रति प्रयत्नशील इन विद्वानों को जनता वेदमूर्ति, युग-ऋषि, ऋषि आदि कह कर सम्मानित करती है तथा उनकी परम्परानुकूल नवीन उद्भावनाओं का स्वागत भी करती है।

व्याकरणशास्त्र

आधुनिक युग में पाणिनि की प्रक्रिया को वैज्ञानिक रखते हुए सरल बनाने का बड़ा ही महत्त्वपूर्ण कार्य किया गया है। आधुनिक प्रक्रिया चिन्तकों ने सूत्रक्रम एवं प्रक्रियाक्रम दोनों का एक साथ समावेश करके व्याकरण शिक्षण हेतु नवीन प्रविधियाँ विकसित की हैं। ये प्रविधियाँ प्रचलित प्रविधियों से भिन्न होने के कारण व्याकरण-शिक्षण हेतु तृतीय प्रकार के एक नये दृष्टिकोण को प्रस्तुत करती हैं। राजराज वर्मा (1863-1918, *लघुपाणिनीयम्*) गोपालशास्त्री दर्शनकेसरी *(पाणिनीयप्रबोध)* दोनों ने व्याकरण के प्रारम्भिक अध्येताओं को दृष्टि में रखकर प्रक्रियाग्रन्थ रचे हैं। इनमें सूत्रों को इस प्रकार सँजोया गया है कि पूर्वसूत्र से उत्तरसूत्र में अनुवृत्ति स्वयं आ सके। *लघुपाणिनीयम्* में ग्रन्थकार प्रत्येक व्याकरणिक कार्य का कौमुदी क्रम के विपरीत अगल-अलग खण्ड में विचार करते हैं। राजराज वर्मा ने संस्कृत सिखाने के लिए प्रारम्भिक ग्रन्थ *मणिदीपिका* लिखी। इसके बाद पाणिनि का अनुगमन करते हुए उन्होंने *लघुपाणिनीयम्* की रचना की। इस पुस्तक की प्रशंसा जैकोबी, आर.सी.

---

37. उदा. के लिए 1. उन्होंने *ऋग्वेद* के पहले मन्त्र–*अग्निमीळे पुरोहितम्* आदि में अग्नि का अर्थ हनुमान् लगाया है। उनका तर्क है कि सृष्टि के वैदिक क्रम में अग्नि वायु से उत्पन्न है। वायुपुत्र हनुमान् ही है इसलिए वायु से उत्पन्न अग्नि हनुमान् हैं। 2. हवन का एक मन्त्र है– अग्निर्वर्चो ज्योतिर्वर्च: स्वाहा। उनके अनुसार यहाँ अग्नि का अर्थ कृष्ण तथा ज्योति का अर्थ राधा है। इस मन्त्र का तात्पर्य है कि कृष्ण ही राधा हैं और राधा ही कृष्ण हैं। देखें, स्वामी विद्यानन्द सरस्वती (1988), *वेदार्थ भूमिका*, इंटरनैशनल आर्यन फाउंडेशन, मुम्बई : 21.

रानाडे जैसे विद्वानों ने की है।[38] गोपालशास्त्री दर्शनकेसरी ने सूत्रपाठ, धातुपाठ, गणपाठ, उणादि तथा लिङ्गानुशासन का *ऋजुपाणिनीयम्* में संक्षिप्त संकलन किया है। आधुनिक प्रक्रिया चिन्तकों में सर्वाधिक उल्लेखनीय विचार पुष्पा दीक्षित (जन्म, 1942) के हैं। इन्होंने पाणिनीय सूत्रों में विद्यमान सूक्ष्म संकेतों के आधार पर धातुपाठ को प्रकिया के अनुसार आकारान्त, इकारान्त आदि तेरह भागों में वर्गीकृत किया है। इस नवीन मार्ग से अंगकार्य करने में सरलता होती है। इन्होंने सार्वधातुक व आर्धधातुक संज्ञाओं को आधार बनाकर धातु प्रक्रिया का विवेचन किया है। सार्वधातुक प्रत्ययों के लिये गणाधारित धातुपाठ बनाया तथा आर्धधातुक प्रत्ययों के लिये गण रहित धातुपाठ बनाया है। इन्होंने प्रकृति तथा अंगकार्यों के पृथक् वर्ग बनाकर प्रत्येक की विशिष्ट व्याख्या की है तथा लौकिक एवं वैदिक प्रयोगों को एक साथ सिद्ध किया है। आचार्य वीरभद्र मिश्र (1942–2000) ने भी आधुनिक युग में पाणिनीयव्याकरण के परिष्कार का महान् उद्योग किया था। आप संस्कृत पत्रिका *सर्वगन्धा* का सम्पादन करते थे। इसके अंकों में इन्होंने *अष्टाध्यायी* तथा *सिद्धान्तकौमुदी* में परिष्कारों को सुझाते हुए क्रमशः दो स्तम्भ *भद्रपाणिनीयम्* तथा *भद्रकौमुदी* का लेखन प्रारम्भ किया था। इसमें उन्होंने प्रक्रिया के एक नवीन मार्ग का उद्घाटन किया था। इसके अतिरिक्त उन्होंने *संस्कृतव्याकरणे विहगावलोकनम्* नाम से एक विशद निबन्ध की रचना की थी जिसमें संस्कृत व्याकरण के वर्ण से लेकर वाक्य तक के विविध विषयों पर मौलिक चिन्तन प्रस्तुत किया था। आपके इस प्रयास की सराहना बड़े मूर्धन्य विद्वानों ने भी की।[39] इन सभी प्रयासों का एकत्र प्रकाशन तथा सम्यक् मूल्यांकन अभी शेष है जो उनके अस्वास्थ्य एवं असामयिक देहावसान के कारण नहीं हो सका था।

प्रक्रिया के अतिरिक्त अर्वाचीन युग में सूत्रार्थ को सम्यक् रीति से समझाने के लिए संस्कृत व्याकरण की परम्परा में दो नयी शैलियों का आविष्कार हुआ–न्यास तथा परिष्कार (अर्थप्रणाली)। पाणिनि के किसी सूत्र को लेकर उसमें लाघव के लिए

38. के.एम. जॉर्ज (अनु.) (1980), माहेश्वर 1980, ए.आर. राजराज वर्मा, साहित्य अकादेमी, दिल्ली : 40.

39. उदाहरण के लिए पिछली सदी के महान् भाषाविद् बच्चूलाल अवस्थी 'ज्ञान' का इनके विषय में अनुशंसा इस प्रकार है–

'दाक्षीसुतग्रथितशास्त्रमुपास्य सम्यग्यः प्रक्रियानिगमनं स्वयमुज्जहार।
तं वीरभद्र इति सार्थकनामधेयं ब्राह्मीसुतश्रुतमुदारधियं नमामः ॥'

परिवर्तन करने के प्रयत्न को पारिभाषिक रूप से 'न्यास' कहा जाता है। इन परिवर्तनों को किया जाय तो कौन सी कठिनाइयाँ आ सकती हैं और उन प्रसक्तियों को कैसे दूर किया जाये, इत्यादि सूक्ष्म विषयों पर चामत्कारिक ढंग से विचार किया जाता है। ये युक्तियाँ पहले केवल गुरु-शिष्य परम्परा से जानी जा सकती थीं। अब इनको बताने वाले क्रोडपत्र भी प्रकाशित हो गये हैं। सूर्यनारायण शुक्ल (1895-1944) पिछली सदी में इस विधा के पारंगत महान् विद्वान् थे।[40] वे अखिल भारतीय पण्डित परिषद् के संस्थापक थे। उन्होंने इस विषय पर *वादरत्न* नामक ग्रन्थ लिखा।

व्याकरण दर्शन व्याकरण की एक प्रमुख धारा है जो भारतीय भाषिक चिन्तन को सार्वभौमता प्रदान करती है। रघुनाथ शर्मा द्वारा समस्त *वाक्यपदीय* की *अम्बाकर्त्री* टीका इस युग की महान् उपलब्धि है। रामप्रसाद त्रिपाठी का ग्रन्थ '*पाणिनीयव्याकरणे प्रमाणसमीक्षा*' पाणिनीय शास्त्र के लिए स्वतन्त्र प्रमाणशास्त्र को उपस्थापित करता है। इसके लिए उन्होंने आधुनिक अनुसन्धान शैली तथा प्राचीन विचार विधि दोनों का उपयोग किया है। 'स्फोट' वैयाकरणों का एक सुप्रसिद्ध सिद्धान्त है (दे. प्रथम परिच्छेद, पृ. 110-120) जिसकी स्थापना यह बताने के लिए की गयी है कि सम्प्रेषण की प्रक्रिया में अर्थ का वाचक तत्त्व कौन होता है? कौण्ड भट्ट ने *स्फोटनिर्णय* में स्फोट के आठ भेद बताये हैं। इस शताब्दी के मूर्धन्य वैयाकरण आचार्य रामाज्ञा पाण्डेय ने कौण्डभट्ट द्वारा कल्पित स्फोट–भेदों को शाब्दिकों के सिद्धान्त के विरुद्ध बताते हुए उसकी नयी संकल्पना प्रस्तुत की है।[41] उन्होंने कौण्डभट्ट सम्मत 'वर्णस्फोट' का खण्डन किया है तथा स्फोट के 16 भेद गिनाये हैं। इनके मत का खण्डन आचार्य बदरीनाथ शुक्ल ने किया। रामाज्ञा पाण्डेय के मत का समर्थन आचार्य रामप्रसाद त्रपाठी ने किया। उन्होंने स्फोट के 16 भेदों को उपलक्षण मात्र मानते हुए इन्हें और आगे ले जाकर 32 भेदों वाला बना दिया।[42] युधिष्ठिर मीमांसक (1909-1994) पिछली सदी के महान् वैयाकरण तथा इतिहासकार थे। उन्होंने *व्याकरण शास्त्र का इतिहास* नामक अपनी कृति द्वारा बहुत महत्त्वपूर्ण खोजों को सबके सामने रखा।

---

40. ... पूर्वं व्याकरणशास्त्र एव न्यासपरिष्कारभेदेन भागद्वयं निर्माय सर्वेषां संस्कृतविदुषां दृष्टिपथमवतारितवान्। (*पाणिनिव्याकरणे वादरत्नम्* पृ.1)

41. रमाकान्त पाण्डेय (2006), 'स्फोट सिद्धान्त की अर्वाचीन पुन:रचना', अम्बिकादत्त शर्मा (सं), भारतीय दर्शन के *पचास वर्ष*, विश्वविद्यालय प्रकाशन, सागर : 278.

42. रमाकान्त पाण्डेय (280), पूर्वोद्धृत : 280-281.

पिछले वर्ष 2022 के अन्त में वैश्विक स्तर पर एक ऐसी घटना घटी जिसने संस्कृत शास्त्रों के सामाजिक सरोकार और उसकी जीवन्तता को सबके सामने रख दिया। हुआ यह कि ऋषि राजपोपट नामक एक अध्येता ने कैम्ब्रिज विश्वविद्यालय में एक शोध प्रबन्ध प्रस्तुत किया जिसका शीर्षक था *इन पाणिनि वी ट्रस्ट : डिस्कवरिंग द एलोगरिदम फ़ॉर रूल कांफ़्लिक्ट रिज़ोल्यूशन इन द अष्टाध्यायी*। इस प्रबन्ध में पाणिनि के महत्त्वपूर्ण परिभाषा सूत्र विप्रतिषेधे परं कार्यम् (अष्टा. 1.4.2) की नयी व्याख्या प्रस्तुत करके उसके माध्यम से पाणिनीय शास्त्र के अवबोध में क्रान्ति का दावा किया गया है। साथ ही 'पूर्ववर्ती विद्वत्परम्परा ने पाणिनि को ठीक से नहीं समझा', यह बात भी की गयी है। यह आशय समाचार के रूप में देश विदेश के संचार तन्त्र में कई सप्ताहों तक चलता रहा। विद्वानों ने इसका संज्ञान लिया। देशविदेश के अनेक पारम्परिक एवं आधुनिक अध्येता इस प्रबन्ध के खण्डन-मण्डन में उतरे। सारा विद्वज्जगत् थोड़े समय के लिए ही सही आन्दोलित सा हो गया। यहाँ उस व्याकरणिक गुत्थी पर जाने का अवसर नहीं है, लेकिन यह घटना कम से कम इस बात का प्रखर प्रमाण अवश्य है कि 2500 साल पहले के व्याकरण शास्त्र का सरोकार समाज में अब भी है।

भाषाविज्ञान

संस्कृत वाङ्मय प्राचीन, अविच्छिन्न तथा विपुल है। इस कारण इसमें ऐतिहासिक भाषाविज्ञान के लिए उपयोगी सामग्री पर्याप्त मात्रा में प्राप्त होती है। पाश्चात्त्य विद्वानों ने जब संस्कृत का अध्ययन किया तब उन लोगों में भाषाओं के प्रति एक तुलनात्मक दृष्टिकोण का विकास हो सका। इसी से तुलनात्मक भाषाशास्त्र नामक एक नये अनुशासन का उदय हो सका। रामकृष्ण गोपाल भाण्डारकर (1837–1925) ने अपने लेखों तथा भाषणों के माध्यम से संस्कृत भाषा विज्ञान के अध्ययन की नींव डाली। पाण्डुरंग दामोदर गुणे ने अपनी *रचना एवं इंट्रोडक्शन टू कॉम्परेटिव फ़िलोलॅजी* में और गजानन बा. पळसुले *ने युभात: संस्कृतं प्रति में* इस कार्य को जारी रखा। सुमित्र मंगेश कत्रे (1906–1998) ने भारतीय आर्य भाषाओं तथा पाणिनि पर विशेष कार्य प्रस्तुत किये। सुनीति कुमार चटर्जी (1890–1977, हिन्दी, बांग्ला), बाबूराम सक्सेना, उदयनारायण तिवारी (भोजपुरी) आदि ने भारत की अन्य भाषाओं का भाषावैज्ञानिक अध्ययन प्रस्तुत किया। इसके साथ ही संस्कृत के साथ इसकी विदेशी सजातीय भाषाओं के सम्बन्धों का अध्ययन भी ख़ूब

हुआ। अवेस्ता, प्राचीन फ़ारसी[43], लैटिन, यूनानी आदि के साथ आधुनिक भाषाओं के साथ भी संस्कृत के सम्बन्ध को रेखांकित किया गया। भाषागत साम्य के इस अध्ययन के ऐतिहासिक तथा सांस्कृतिक महत्त्व भी बहुत अधिक रहे।

पिछली शताब्दी में महत्त्वपूर्ण चर्चा इस बात पर भी हुई कि भारतीय व्याकरण लेखन ने समस्त विश्व में व्याकरण की संरचनाओं को किस तरह प्रभावित किया। इस प्रकार संस्कृत व्याकरण का आधमर्ण्य स्वीकार करने की प्रवृत्ति भी विद्वानों में देखी गयी है।

व्याकरणिक विश्लेषण की दृष्टि से प्राचीन काल में यूनान तथा रोम के वैयाकरण विशेष रूप से उल्लेखनीय हैं, लेकिन वे भी भारतीय शब्दशास्त्रियों के विश्लेषण की सूक्ष्मता तक नहीं पहुँच सके हैं। भारतीयों के साथ ग्रीक एवं रोमन विद्वानों के भाषिक विश्लेषण की पारस्परिक तुलना करते हुए श्रीमन्नारायणमूर्ति का कहना है– भारतीय व्याकरणिक परम्परा न केवल ग्रीक रोमन परम्पराओं से स्वतन्त्र है अपितु प्राचीनतर एवं अपनी प्रस्तुतियों में विविधता लिए हुए तथा अनेक आयामों में महत्तर उपलब्धियों वाला है।'[44] आधुनिक व्याकरणिक प्रविधियों की संरचना में, चाहे वे अंग्रेज़ी, फ्रेंच आदि हों अथवा अरबी फ़ारसी, संस्कृत वैयाकरणों की संरचनात्मक प्रविधियों ने बहुत सहायता की।

ई. एलेगार्ड ने शब्दों की रूप परक संरचना के विश्लेषण में यूरोपियों की अपेक्षा भारतीयों की श्रेष्ठता को धातुओं की खोज के सन्दर्भ में बहुत ही सुन्दर रीति से दर्शाया है। उन्होंने दिखाया है कि धातुओं की यह कल्पना तथा उसमें होने वाले परिवर्तनों का वैज्ञानिक रीति से वर्णन ही था जिसके फलस्वरूप भारतीय विद्वान् संस्कृत शब्दों के निर्माण के लिए एक व्युत्पादनात्मक व्याकरण (जेनरेटिव ग्रामर) का आविष्कार करने में सफल हो सके[45]।

---

43. अवेस्ता, प्राचीन फ़ारसी तथा उसके साथ संस्कृत के सम्बन्धों के अध्ययन सम्बन्धी पूर्व में हुए कुछ प्रमुख प्रयासों को यहाँ एकत्रित किया गया है–http://www.avesta.org/

44. 'भारतीय व्याकरणिक परम्परा न केवल यूनानी-रोमन परंपरा से स्वतंत्र है, बल्कि उनसे बहुत पहले भी, अपनी अभिव्यक्तियों में अधिक विविधतापूर्ण और अपनी उपलब्धियों कई मामलों में उनसे श्रेष्ठ है।' देखें, श्रीमन्नारायण मूर्ति (1984), *एन इंट्रोडक्शन टू संस्कृत लिंग्विस्टिक्स*, डी.के. पब्लिकेशंस, दिल्ली : 321.

45. 'लेकिन इन सबसे अधिक, शब्दों की रूपात्मक संरचना का विश्लेषण करने में भारतीय विद्वान्, यूरोपीय लोगों से कहीं बेहतर थे। उन्होंने धातुगत मूल को मूल इकाई माना। निःसंदेह मूल शब्द

वाक्य में पद तथा पद में धातु आदि की कल्पना किस तरह की गयी है, वैयाकरणों ने इसकी ओर संकेत दिया है। इस कल्पना का आधार अन्वय–व्यतिरेक की प्रक्रिया है[46]। यह अन्वयव्यतिरेक (आवाप–उद्धाप) वाक्यार्थ तथा वाक्यार्थ से प्राप्त पदार्थों के अनुसार किया जाता है। 'जो सार्थक स्वनिक इकाई अनेक प्रकार के प्रत्ययों के लिए प्रकृति का कार्य करती है तथा उसके फलस्वरूप समान शब्दों का समूह निष्पन्न हो पाता है उसे धातु कह दिया गया है।[47]' मूलधातुओं से प्रक्रिया के साध्य तक पहुँचने के सोपानों के रूप में भारतीय भाषावैज्ञानिक अपने प्रेक्षणात्मक प्रयत्नों पर आधारित अनेक ध्वनिवैज्ञानिक तथा रूपवैज्ञानिक सिद्धान्त प्रस्तुत कर पाये। इससे भाषा का व्याकरणिक विश्लेषण तो हुआ ही साथ ही अनेक भाषावैज्ञानिक सिद्धान्त भी सामने आ सके। इनमें से अनेक सिद्धान्त अब भी आधुनिक भाषाशास्त्रियों के लिए पथप्रदर्शक सिद्ध होते हैं। ध्यातव्य है कि भारतीय चिन्तकों ने धातुओं की यह कल्पना (उत्तर–)वैदिक काल में ही कर ली थी जबकि पाश्चात्य जगत् में यह विचार इसके हज़ारों वर्षों बाद 19वीं शताब्दी के अन्तिम चरण में आ सका।[48] प्रसिद्ध भारतविद् जे. ई. एम. हूबन पाश्चात्य वैयाकरणों द्वारा

की तुलना में धातुगत मूल अधिक अमूर्त प्रकार की इकाई है, क्योंकि यह सामान्यत: स्वतन्त्र रूप में नहीं पाई जाती है। मूल को अलग करके पहचान लेने से उन महत्त्वपूर्ण विविधताओं की खोज करना संभव हो गया था जिनसे शब्द संरचना गुजर सकती थी– जिसमें सबसे महत्त्वपूर्ण है अपश्रुति (स्वर श्रेण्यन्तर) की परिघटना जो भारत-यूरोपीय भाषाओं में बहुत महत्वपूर्ण है, जैसे कि अंग्रेजी में– स्पिन-स्पैन-स्पन, में। इसके अलावा मूल की अलग से पहचान प्रत्ययों की पहचान को भी सम्भव बनाता है। इसकी सहायता से उपसर्गों, व्युत्पन्न प्रत्ययों और विभक्ति प्रत्ययों का सटीक वर्णन किया गया और उनके कार्यों को परिभाषित किया गया। भारतीयों ने यह ठीक ठीक बताकर कि किन परिस्थितियों में धातु मूल बदल गया और प्रत्ययों का उपयोग किया गया, और उनमें क्या संशोधन हुए, वास्तविक अर्थों में संस्कृत शब्द निर्माण के लिए एक व्युत्पादक व्याकरण तैयार किया था।' देखें, ए. एलगार्ड (1973), 'स्टडी आफ़ लैंग्वेज', फ़िलिप पी. वीनर द्वारा सम्पादित *डिक्शनरी आफ़ हिस्ट्री ऑफ़ आइडियाज़,* न्यूयार्क, खण्ड 2 : 670.

46. ... *अन्वयव्यतिरेकेण* ... । (नागेश, परम लघुमञ्जूषा)

47. धातु की कल्पना के लिए वैयाकरणों द्वारा स्वीकृत नियमों के लिए दे. ग.बा. पळसुले (1961), *संस्कृत धातु पाठाज़ : अ क्रिटिकल स्टडी पुणे,* डेकन कॉलेज पोस्टग्रेजुएट ऐंड रिसर्च इंस्टीट्यूट : अध्याय 7.

48. '...उन्नीसवीं शताब्दी के अंतिम चरण में 'धातुमूल' की अवधारणा में एक क्रांति देखी जाने लगी थी। उस सदी के आरंभिक भाषाविज्ञानियों का मानना था कि 'धातुमूल' वास्तविक जैसे थे

पाणिनि के धातु-सिद्धान्त के उपयोग पर निम्नवत् दृष्टि डालते हैं[49]–

'इस (भारतीय व्याकरणिक परम्परा) के विपरीत, डायोनीसियस थ्रैक्स (ई.पू. द्वितीय शताब्दी में विद्यमान यूनानी वैयाकरण) का यूनानी तथा हेलेनिक (प्राचीन यूनानी) व्याकरण प्रपञ्च, जो कि वस्तुतः अपने भाषिक विश्लेषणों में (भारतीय व्याकरणों की) अपेक्षाकृत बहुत ही कम गम्भीर एवं पूर्ण था, में प्राचीन यूनानी भाषा के विश्लेषण हेतु कभी भी क्रियामूलों का उपयोग नहीं किया गया था। यह कार्य 19वीं सदी में फ्रांज़ बॉप तथा अन्य भाषाविदों के द्वारा भारतीय वैयाकरणों के धातु से प्रेरित होकर किया गया, जिसमें भी यद्यपि पाणिनि-सुलभ सूक्ष्मताएँ नहीं थीं...'।

ह्विटनी आदि कई पाश्चात्त्य विद्वानों ने पाणिनि द्वारा की गयी धातु–व्यवस्था की आलोचना भी की है। पळसुले (1961) ने प्रतिपादित किया है कि भारतीय भाषाशास्त्रियों द्वारा अन्वेषित क्रियामूलों की कल्पना बड़े हद तक पाश्चात्त्य जगत् में हुए आधुनिक भाषाविज्ञान के विकास के मूल में है। इस स्थिति में वे उनकी आलोचना को 'दादा के कन्धे पर चढ़ कर किसी पोते द्वारा अपनी लम्बाई पर किये जाने वाले गर्व' कहा है[50]।

व्याकरण का सम्बन्ध मुख्यतः रूपविज्ञान के साथ होता है। पाश्चात्त्य व्याकरण की कोटियों को सुनिश्चित करने में सहायता के अतिरिक्त पश्चिम में ध्वनिवैज्ञानिक अध्ययन के विकास में भी प्राचीन भारतीय वैयाकरणों का बड़ा योगदान है[51]। सर विलियम जोन्स (1746-1794) द्वारा पाश्चात्त्य जगत् को संस्कृत से परिचित कराने से पाश्चात्त्य जगत् में भाषावैज्ञानिक अध्ययन को अपूर्व लाभ हुआ। संस्कृत भाषा की संरचना के अतिक्त विलियम जोन्स उसकी ध्वनि प्रणाली की ख़ूबियों से भी अच्छी तरह से परिचित थे। उनके ग्रन्थ– *डिज़र्टेशन ऑन*

और प्रागैतिहासिक काल में बहुत सीमा तक केवल इन 'धातुमूलों' का ही अस्तित्व था।' देखें, गणेश बालकृष्ण पळसुले (1961), *युभातः संस्कृतम प्रति*, राष्ट्रियसंस्कृतसंस्थानम, नवदेहली, प्रस्तावना.viii.

49. एक्सेल माइकेल तथा क्रिस्टोफर वुल्फ द्वारा सम्पादित शीघ्रप्रकाश्य ग्रन्थ *साइन्टिफिकेशन आफ़ साइंटिज़्म इन द ह्युमैनिटीज़* में सम्मिलित जे.ई.एम. हूबेन के लेख 'आर्ट आफ़ ग्रामर' से।

50. देखें, गजानन बालकृष्ण पळसुले (1961), प्रस्तावना, पूर्वोद्धृत : 9.

51. 'प्राचीन भारतीय भाषाशास्त्र तथा आधुनिक पाश्चात्य भाषाविज्ञान के सम्प्रदाय व्याकरण की अपेक्षा ध्वनिशास्त्र में अधिक निकट हैं।' देखें, डब्ल्यू.एस. एलेन (1953) पूर्वाद्धृत : 3.

ओथॅग्राफी ऑफ़ एशीयोटिक वर्ड्स इन रोमन लेंटर्स में स्वीकृत साधन क्रम तथा वर्णनात्मक तकनीकें, सभी भारतीय प्रतिदर्श पर आधारित हैं। सर विलियम जोन्स के योगदान के विषय में अपने एक शोधपत्र द *इंग्लिश स्कूल ऑफ़ फ़ोनेटिक्स* में प्रो. जे. आर. फ़र्थ ने कहा है–

> भारतीय वैयाकरणों अथवा ध्वनिवैज्ञानिकों के बिना, जिनका परिचय तथा जिनकी संस्तुति उन्हों– (सर विलियम जोन्स) ने हमसे करायी, 19वीं सदी के हमारे ध्वनिवैज्ञानिक सम्प्रदाय की कल्पना करना ही कठिन है।[52]

प्राय: यह समझा जाता है कि दर्शन तथा चिकित्साशास्त्र इत्यादि विद्यास्थानों की तरह अरबों ने अपने व्याकरण के प्रतिदर्श तथा तकनीकें यूनानी अथवा लातीनी ग्रन्थों तथा विद्वानों से अनुवादों के माध्यम से अथवा सीधे प्राप्त किये थे। पाश्चात्त्य विद्वानों ने इस बात को सिद्ध करने के लिए कई ग्रन्थ भी लिखे हैं। परन्तु वास्तविकता इससे भिन्न ही है। प्रसिद्ध ईरानी भारतविद् प्रो. फ़त्हुल्लाह मुज्तबाई (ज. 1927) ने अपनी पुस्तक *'नह्वे हिन्दी व नह्वे अरबी : हमानन्दी–हा दर ता,रीफ़ात, इस्तिलाहात व तरहे क़वायद' (भारतीय तथा अरबी व्याकरण : पारिभाषिक, शब्दावलीगत तथा नकनीकी समानताएँ*[53] *)* में पाश्चात्त्य विद्वानों की इस धारणा का बहुत सारे शोधपूर्ण तर्कों के द्वारा खण्डन किया है। उनके अनुसार अरबी भाषा के पहले व्याकरण उन ईरानी विद्वानों के द्वारा लिखे गये हैं जो ईरान के सीमावर्ती ख़ुरासान प्रान्त के रहने वाले थे तथा भारतीय व्याकरण की प्रविधियों से वाक़िफ़ थे। यह सब उन्होंने संस्कृत तथा अरबी व्याकरण शास्त्रों को उनके मूलरूप में अध्ययन कर सुनिश्चित किया है, जो पुस्तक के अध्ययन से स्पष्ट दृष्टिगोचर होता है।

दर्शनशास्त्र

रामावतार शर्मा (1877–1928) ने *परमार्थदर्शनम्* के माध्यम से छह दर्शनों से भिन्न एक नये दर्शन का प्रस्ताव दिया। इसमें उन्होंने 'सर्वात्मकतावाद', 'विश्ववैचित्र्यवाद' तथा 'देहात्मवाद' जैसे तीन नये सिद्धान्त प्रस्तावित किये। बदरीनाथ शुक्ल ने न्यायदर्शन के अन्तर्गत 'नव्यदेहात्मवाद' तथा 'मुक्ति के आनन्द स्वरूप' की सम्भावनाएँ खोजने का यत्न किया। उनके अनुसार मन के सहयोग से शरीर को ही

---

52. डब्ल्यू.एस. एलेन (1953) : पूर्वोद्धृत : 3 पर उद्धृत।

53. 1383 चान्द्र हिजरी में तेहरान–ईरान से नश्रे कारनामे नामक प्रकाशक द्वारा प्रकाशित।

आत्मा मान लेना सम्भव है। आत्मा को अलग से तत्त्व मानने की आवश्यकता नहीं है। देह और मन के द्वारा ही आत्मा से सिद्ध होने वाले प्रयोजनों का निर्वाह शक्य है। इस मत में प्रत्यक्ष योग्य गुणों– बुद्धि, सुख, दुःख, इच्छा, द्वेष, प्रयत्न इनका आश्रय देह को मान लिया जाना चाहिए, जबकि प्रत्यक्ष न होने वाले धर्म, अधर्म, भावना का आश्रय मन को। इस तरह आत्मा को मानने की आवश्यकता नहीं होगी।[54] ऐसा करने से आत्मा को मानने वाले व्यक्ति में अकर्मण्यता आदि अनेक दोष नहीं आ सकेंगे। गोपीनाथ कविराज (1887-1976) तन्त्र तथा अन्य भारतीय दर्शन परम्पराओं के प्रखर अध्येता थे। अपने अध्ययन का आत्मज्ञान के लिए उपयोग करते हुए उन्होंने जिस सिद्धान्त को प्रवर्तित किया उसे 'अखण्ड महायोग' कहते हैं। इसे वे 'पूर्ण अद्वैतवाद' का नाम भी देते हैं। इस सिद्धान्त में सामूहिक मुक्ति और सामूहिक साधना की नवीन कल्पनाएँ हैं। उन्होंने 'प्रिंसेस आफ वेल्स सरस्वती भवन टेक्स्ट्स', 'प्रिंसेस आफ वेल्स सरस्वती भवन स्टडीज' तथा 'योगतन्त्र सीरीज' जैसी शृंखलाओं का संपादन करके अनेक दुर्लभ पांडुलिपियों को तथा उन पर शोधों को प्रकाशित किया। कविराज जी ने सिद्धों तथा नाथों की परंपरा, शैवदर्शन और शाक्तदर्शन पर आधारभूत कार्य किये हैं।

गोविन्द चन्द्र पाण्डेय ने अपने ग्रन्थ *सौन्दर्यदर्शनविमर्शः* में सौन्दर्य के सिद्धान्तों की व्याख्या वेदान्त के अध्यासवाद और अभिनवगुप्त के आभासवाद पर की है। *भक्तिदर्शनविमर्शः* नामक ग्रन्थ में उन्होंने शास्त्र के साथ तर्क का आश्रय लेकर भक्ति की व्याख्या की है। पिछले दशकों में मौलिक चिन्तन करने वाले आचार्यों तथा उनके वादों में से कुछ नाम इस प्रकार हैं– यशदेवशल्य (1928-2021) का 'चिदद्वैतवाद'[55], गोविन्द चन्द्र पाण्डेय (1923-2011) का 'संस्कृतिदर्शन', दयाकृष्ण (1924-2007) का 'सामाजिक दार्शनिक विमर्श', संगमलाल पाण्डेय (1928-2002) की 'गहनज्ञानमीमांसा'।[56] इन सभी आधुनिक दार्शनिकों के विमर्श के मूल में भारतीय ज्ञान-परम्परा स्पष्ट रूप से परिलक्षित होती है।

अद्वैत का क्षेत्र भारत में निरन्तर समृद्ध होता रहा है। पिछली शताब्दी

---

54. बलिराम शुक्ल (2006), 'आचार्य बदरीनाथ शुक्ल का देहात्मवाद', अम्बिकादत्त शर्मा (सं), पूर्वोद्धृत : 214.

55. अम्बिकादत्त शर्मा (2006), 'यशदेव शल्य के दर्शन में तत्त्व मीमांसा का औचित्य', उपर्युक्त : 125-134.

56. विशिष्ट विवरण के लिए देखें, उपर्युक्त।

में साधु निश्चलदास (1791-1863) का *विचारसागर* तथा *वृत्तिप्रभाकर* हिन्दी में शास्त्रीय शैली तथा प्रमेयों से संवलित होने के कारण उल्लेखनीय कृति है। इनके अन्य ग्रन्थ हैं– *विचारचन्द्रिका, युक्तिप्रकाश* तथा *तत्त्वसिद्धान्त*। स्वामी सच्चिदानन्देन्द्र सरस्वती (1880-1975) पिछली शताब्दी के महान् वेदान्ती हुए हैं। उन्होंने कर्नाटक के हासन जिले में अध्यात्मकार्यालय की स्थापना की थी। अपने प्रसिद्ध ग्रन्थ *मूलाविद्यानिरासः* के माध्यम से अद्वैतवेदान्तियों में प्रचलित मूल-अविद्या[57] के सम्प्रत्यय का सफलतापूर्वक खण्डन किया है। इस ग्रन्थ का दूसरा नाम *शंकरहृदयम्* है। यह सम्प्रत्यय अद्वैत वेदान्तियों में 1000 वर्षों से प्रचलित था।[58] यद्यपि सच्चिदानन्देन्द्र जी का मत परम्परागत अद्वैतियों को ग्राह्य नहीं है।

2007 में स्वामिनारायण द्वारा प्रवर्तित नवीन वेदान्त के अनुरूप साधु भद्रेशदास (जन्म : 1966) ने प्रस्थानत्रयी (*ब्रह्मसूत्र, भगवद्गीता,* उपनिषद्) पर स्वामिनारायण भाष्यों की रचना पूरी की है। यह दर्शन रामानुज के विशिष्टाद्वैत से प्रभावित होते हुए वल्लभ के शुद्धाद्वैत से भी प्रेरणा ग्रहण करता है, साथ ही दोनों से भिन्न भी है। इस दर्शन के अनुसार तत्त्व पाँच हैं– जीव, माया, ईश्वर, अक्षरब्रह्म तथा परब्रह्म। भारत भर के संस्कृत विद्वानों ने इस भाष्य की मौलिकता की प्रशंसा की है। 2017 में इन्होंने ही *स्वामिनारायणसिद्धान्तसुधा* नामक ग्रन्थ की भी रचना की है। स्वामिनारायण सम्प्रदाय विश्व भर में अपने लोकोपकारी कार्यों के लिए जाना जाता है। उसका समर्थन करने वाला यह भाष्य भारतीय ज्ञान-परम्परा के जीवन्त प्रवाह का प्रमाण तो प्रस्तुत करता ही है, साथ ही यह उसकी लोकोपयोगिता तथा लोकोपकारिता को भी स्पष्ट करता है।

---

57. अद्वैतवेदान्ती जगत् को सत्य न मानकर भ्रम मानते हैं जो एकमात्र सत्य वस्तु ब्रह्म पर वैसे ही आरोपित है जैसे कोई सीपी को चाँदी समझ बैठे। उन्होंने अस्तित्व के तीन स्तरों की कल्पना की है– प्रातिभासिक, व्यावहारिक तथा पारमार्थिक। सीपी को चाँदी समझ लेना प्रातिभासिक प्रत्यय अर्थात् भ्रम है। लेकिन चाँदी को चाँदी समझना भी अन्ततः भ्रम ही है, क्योंकि वह वस्तुतः तो ब्रह्म पर आरोपित है। सीपी को चाँदी समझ लेना, रस्सी को साँप समझ लेने जैसे भ्रम जो वैयक्तिक होते हैं और सीमित समय के लिए होते हैं इस नाते उन अज्ञानों को अद्वैत वेदान्ती 'तूलाविद्या' (छोटी अविद्या) कह देते हैं। इन सारे अज्ञानों का मूल कारण जो अज्ञान है, जिसके नाते ब्रह्म जगत् के रूप में भासित होता है उस ब्रहमविषयक अज्ञान का नाम 'मूलाविद्या' रखा गया है। सच्चिदानन्देन्द्र सरस्वती स्वामी इसी मूलाविद्या का खण्डन करते हैं।

58. 'मूलाविद्या–निरास का अर्थ मूल अज्ञान नामक एक सम्प्रत्यय का खण्डन है, जो किसी भ्रान्त धारणा के नाते प्रचलित हो गयी थी और पिछले 1000 सालों से इससे उबर पाने की अक्षमता के कारण उसका समर्थन होता आ रहा है।' देखें, *मूलाविद्यानिरास* : 8.

कश्मीर शिवाद्वयवाद

अभिनवगुप्त तथा उनके द्वारा संश्लेषित प्रत्यभिज्ञा त्रिक दर्शन की कड़ी जो कश्मीर की विषम परिस्थितियों के कारण पिछली सदियों में टूट सी गयी थी आधुनिक काल में पुनः जागृत हो गयी है। राजानक लक्ष्मणजू (1907-1991) जैसे महान् साधकों और अनेक उत्तम विद्वानों के अध्यवसाय से यह शास्त्र आज भारतीय विद्या के सबसे लोकप्रिय अनुशासनों में से एक बन गया है। अकादमिक जगत् में कश्मीर शिवाद्वयवाद का परिचय 20 वीं सदी में छोटे छोटे टुकड़ों में होता है। गोपीनाथ कविराज (1887-1976) ने सबसे पहले इस क्षेत्र में क़दम बढ़ाया। कान्तिचन्द्र पाण्डेय (1898–1974) ने अभिनवगुप्त को बीसवीं शताब्दी में भारतीय दर्शन और काव्यचिन्तन के केन्द्र में रखा। काश्मीर शिवाद्वयवाद को एक सुसम्बद्ध दर्शन के रूप में सामने ले आने का श्रेय उन्हीं को है। उन्होंने भारतीय सौन्दर्यशास्त्र पर भी महत्त्वपूर्ण कार्य किये। 1911 से काश्मीर संस्कृत सिरीज़ के प्रकाशनों में इस दर्शन का लगभग 20 प्रतिशत साहित्य प्रकाशित हुआ। बलजिन्नाथ पण्डित ने *स्वातन्त्र्यदर्पण* नामक नवीन मौलिक ग्रन्थ की रचना की। इसमें उन्होंने मुक्ति के सम्प्रत्यय तथा उसके प्रकारों की नयी व्याख्या की। इसमें राष्ट्रमुक्ति भी एक प्रकार है।[59] रामेश्वर झा ने *पूर्णताप्रत्यभिज्ञा* नामक मौलिक ग्रन्थों की रचना करके इस दर्शन में नये आयाम जोड़े। नवजीवन रस्तोगी ने शिवाद्वयसम्मत प्रमाणशास्त्र के पुनर्व्यवस्थापन का महनीय कार्य किया है। देश-विदेश के अनेक उत्साही नवीन शोधकर्ता इसकी ओर संरम्भ से लग रहे हैं। खड़ी बोली में जयशंकर प्रसाद (1890-1937) द्वारा लिखे गये महाकाव्य *कामायनी* पर इस दर्शन का बड़ा प्रभाव है।[60] इसके माध्यम से भी शिवाद्वयवाद के लोकप्रिय होने में सहायता मिली है।

अभी हाल में ही एक उत्साही खोजी चेतन पाण्डेय (जन्म : 1978) को उत्पलदेव द्वारा रचित *ईश्वरप्रत्यभिज्ञाविवृति* के कुछ और अप्रकाशित हिस्से मिले हैं। सूचना है कि प्रो. रस्तोगी इसका सम्पादन करेंगे। अभी भी देश में कितने ही ग्रन्थ उचित रखरखाव की कमी के कारण विपन्न अवस्था में है तथा ज्ञान का बहुत सारा अंश अभी भी सामने नहीं आ सका है। भारत विद्या के कितने अध्याय अब भी खुलने शेष हैं।

---

59. राधावल्लभ त्रिपाठी (2016), पूर्वोद्धृत : 136.

60. देखें, भँवरसिंह जोशी (1968), *कश्मीर शैव दर्शन और कामायनी*, चौखम्भा संस्कृत सीरीज़, वाराणसी।

धर्मशास्त्र

भारतीय धर्मशास्त्र की युगानुकूलता की चर्चा ऊपर हो चुकी है। वर्तमान शताब्दी में भी इस शास्त्र ने समाज की आवश्यकताओं की पूर्ति करने में कोई कसर नहीं छोड़ी। इसकी मूल सामग्री में तो बदलाव नहीं हुआ लेकिन नये युग की समस्याओं के अनुकूल इसकी शैली तथा उपागम में पर्याप्त समायोजन किये गये हैं। 19वीं सदी के निबन्धकारों ने शताब्दियों पहले रचे गये मूल ग्रन्थों को वर्तमान समस्याओं के समाधान में प्रमाण के रूप में देखा।[61] धर्मशास्त्रों के इस प्रकार के उपयोग को ज्ञान परम्परा की जीवन्तता का बड़ा उदाहरण माना जा सकता है। 1674ई. में गागाभट्ट (मूल नाम विश्वेश्वर भट्ट) द्वारा छत्रपति शिवाजी के राज्याभिषेक की विधि के लिए एक नवीन ग्रन्थ ही लिख दिया गया। 1775 से 1875ई. के मध्य तैयार कराये गये तन्त्र ग्रन्थ *महानिर्वाणतन्त्र* में स्त्रीशिक्षा, घरेलू हिंसा निषेध[62] जैसे कुछ उदार सामाजिक विषय भी ग्रहण किये गये हैं।[63] वारेन हेस्टिंग्स (1732–1818) ने बंगाल का गवर्नर जनरल बनने के बाद जगन्नाथ तर्कपञ्चानन आदि पण्डितों की सहायता से न्याय कार्य में सुविधा के लिए *विवादार्णवसेतु* नाम के एक बृहद् ग्रन्थ का संकलन कराया। सर विलियम जोंस (1746–1794) ने बिहार के पण्डित सरवर तिवारी से इसका संक्षिप्त रूप *विवादसारार्णव* तैयार कराया।[64] इसमें 50 प्राचीन स्मृतियों के उद्धरण दिये गये हैं। तारानाथ तर्कवाचस्पति ने स्त्रीशिक्षा, विधवाविवाह तथा विदेशयात्रा के समर्थन में धर्मशास्त्रों का अनुकूल प्रयोग किया। राममिश्र शास्त्री नामक विद्वान् ने 1890 में काशी से प्रकाशित *उद्वाहसमयमीमांसा* नामक ग्रन्थ के माध्यम से वेदवाक्यों, धर्मशास्त्रों तथा *आयुर्वेद* आदि के आधार पर प्रमाणित किया कि बालविवाह शास्त्र सम्मत नहीं है। पाण्डुरंग वामन काणे (1880–1972) की *हिस्ट्री आफ़ धर्मशास्त्र* धर्मशास्त्र तथा उसके सम्बन्धित विषयों का अद्वितीय विश्वकोशात्मक ग्रन्थ है। वे स्वयं अपने आपको पारम्परिक अर्थों में निबन्धकार

---

61. जे.डी.एम. डेरेट (1973), 'धर्मशास्त्राज़ ऐंड जुरिडिकल लिटरेचर', जान गोंडा (सं.), *अ हिस्ट्री ऑफ़ इण्डियन लिटरेचर* : 6.

62. न भार्यां ताडयेत् क्वापि मातृवत् पालयेत् सदा।
    न त्यजेत् घोरकष्टेऽपि यदि साध्वी पतिव्रता।। *महानिर्वाणतन्त्र,* 8.39

63. राधावल्लभ त्रिपाठी (2018), पूर्वोद्धृत : 136

64. राधावल्लभ त्रिपाठी (2022), पूर्वोद्धृत : 5

मानते हैं। इस ग्रन्थ में यत्र तत्र जिस प्रकार से उन्होंने परम्परा की वैज्ञानिक टिप्पणियों के साथ व्याख्या की है वह अपूर्व है। पण्डित विश्वेश्वर नाथ रेऊ (1880-1947) एक इतिहासकार थे। इन्हें संस्कृत और अंग्रेज़ी भाषा का अच्छा ज्ञान था। उन्होंने इतिहास के क्षेत्र में कर्नल जेम्स टॉड से प्रेरणा ली थे। इन्हें इतिहासकार गौरीशंकर हीराचंद ओझा का भी सान्निध्य मिला जिनसे आपने डिंगल भाषा का ज्ञान प्राप्त किया। इन्होंने एक नवीन स्मृति का प्रणयन किया जिसका नाम *विश्वेश्वरस्मृति* रखा है। जयपुर के विद्वान् नारायणशास्त्री कांकर (1930-) ने एक नयी *राष्ट्रस्मृति* का प्रणयन किया है। उनके अनुसार मानसिक प्रदूषण ही सब प्रकार के अनर्थों का मूल है। उसी को उखाड़ फेंकने की दिशा में इस *'राष्ट्र-स्मृति'* की अवतारणा हुई है। ऋषि-मुनि-प्रणीत स्मृतियों की शृङ्खला में यह एक नयी कड़ी है। *धर्मकोश* का सम्पादन तथा प्रकाशन धर्मशास्त्र के क्षेत्र में वर्तमान युग की अपूर्व घटना है। इसके अनेक भाग प्रज्ञा पाठशाला मण्डल से तर्कतीर्थ लक्ष्मण शास्त्री जोशी (1901–1994 ई.) के सम्पादकत्व में प्रकाशित हुए। यह अपने आप में एक बड़ा ही विशाल कार्य है जो अभी तक अनेक सम्पादकों के निरन्तर श्रम से प्रकाशित हो रहा है। पिछले 17 अगस्त, 2022 को इसके पाँचवें खण्ड-वर्णाश्रमधर्मकाण्ड का आठवाँ भाग कविकुलगुरु कालिदास संस्कृत विश्वविद्यालय के आर्थिक सहयोग से प्रकाशित होकर लोकार्पित किया गया। इस भाग का सम्पादन विदुषी सरोजा भाटे ने किया है। तर्कतीर्थ लक्ष्मण शास्त्री जोशी परम्परा तथा आधुनिकता के अपूर्व समन्वय थे। उन्होंने धर्म का आधार तर्क को मानते हुए हिन्दू समाज में उत्पन्न हुई रूढ़ियों और अन्धविश्वासों की पुनःपरीक्षा की। पिछली सदी के प्रसिद्ध विद्वान् पी. रामचन्द्रुडु (1927–2015) ने 2004 ई. में *कौण्डिन्यस्मृति* नामक एक नवीन स्मृति संस्कृत में लिखी तथा उसका स्वयं अंग्रेज़ी अनुवाद किया। 2009 में उन्होंने इसका तेलुगु अनुवाद भी प्रस्तुत किया। धर्म सम्बन्धी अपने अध्ययनों के लिए समस्त विश्व में विख्यात प्रो. अरविन्द शर्मा (जन्म : 1940) ने *मानवस्मृति* नामक बारह अध्यायों में एक नवीन स्मृति का संग्रह किया है। यह स्वतन्त्र तथा स्वोपज्ञ ग्रन्थ न होकर विभिन्न स्मृतियों तथा सुभाषित ग्रन्थों से लिए गये सर्वांगीण विषयों का संग्रह है। यह ग्रन्थ अभी प्रकाशनाधीन है।

पिछली शताब्दियों में भारतीय धर्मों का सम्पर्क प्रसारवादी अब्राहमी धर्मों विशेषतः इस्लाम तथा ईसाइयत से हुआ। इन धर्मों के प्रसारवादी होने के ऐतिहासिक एवं समाजशास्त्रीय कारण हैं। ये दोनों एकेश्वरवादी हैं तथा विश्वास करते हैं कि

इनके द्वारा प्राप्त नियम विश्व के लिए अन्तिम हैं। इस कारण इनसे पहले के धर्म के पास जो नियम हैं वे सब कालबाह्य हो गये हैं। अत: वे आदिम धर्मों को अपने मत में परिवर्तित करने को वैध धार्मिक कर्तव्य मानते हैं। यह मान्यता विश्व में धार्मिक, राजनैतिक तथा साभ्यतिक संकटों को उत्पन्न करने का भारी कारण है। भारत में मूल निवासियों के साथ इन धर्मों के प्रचारकों का जब सम्पर्क हुआ तब (विशेषकर) ईसाई मिशनरियों ने हिन्दू धर्म का अध्ययन करके उसकी बुरी छवि प्रस्तुत करनी शुरू की। उनके प्रयासों से बहुत से धर्म परिवर्तन भी होने लगे। हिन्दू पण्डितों ने इनसे वैचारिक स्तर पर लोहा लेने के लिए अपने तर्क तेज़ करने प्रारम्भ कर दिये। इस विषय में अनेक ग्रन्थ लिखे गये जिनमें पादरियों द्वारा हिन्दू धर्म में उद्भावित दोषों की असारता व्यक्त की गयी साथ ही साथ ख्रीष्टीय धर्म के दोषों को भी बताया गया। वैसे यह कार्य बहुत पहले ही प्रारम्भ हो गया था। भविष्यपुराण में इस्लाम तथा उसके पैगम्बर मुहम्मद का मिथकीय शैली में उल्लेख करके उनके मत का खण्डन प्रस्तुत किया गया है।[65] बाद में लिखे गये ग्रन्थों में से दो विशेष रूप से उल्लेखनीय हैं। पहला *मतपरीक्षा* नामक ग्रन्थ है। इसका प्रकाशन 1852 में मिर्ज़ापुर से हुआ था। दूसरा है नीलकण्ठ द्वारा लिखित *शास्त्रतत्त्वविनिर्णय* जिसका प्रकाशन 1951 में सिन्धिया ओरियेंट इंस्टीट्यूट, उज्जैन से हुआ था तथा दूसरा

श्रीराम शर्मा आचार्य (1911-1990) स्वातन्त्र्योत्तर युग में बहुत प्रखर समाज सुधारक हुए हैं। उन्होंने धार्मिक मान्यताओं को तर्क तथा विज्ञान की कसौटी पर कसने को वरीयता दी है। वेदों तथा वैदिक संस्कृति को जनसामान्य तक सुलभ बना कर उसकी कुप्रवत्तियों को दूर करने का जो सफल यत्न उन्होंने किया है वह प्रशंसनीय है। उन्होंने भारत के प्राचीन वाङ्मय का सुगम हिन्दी अनुवाद करके उसके जनसुलभ संस्करण तो प्रकाशित ही किये साथ उन्होंने लोकशिक्षा के लिए *प्रज्ञापुराण* नामक नवीन उपदेशात्मक शास्त्र भी पुराण शैली में लिखा।

---

65. इस सन्दर्भ को स्वातन्त्र्यपूर्व काल में अहमदिया मुस्लिम सम्प्रदाय के अध्येता अब्दुल हक़ विद्यार्थी (1888–1977) (https://www.abdulhaq.info/english/muslim-revival-june1933.pdf) और हाल में ही ज़ाकिर नाइक (1965–) आदि मुस्लिम अध्येताओं ने हिन्दू ग्रन्थ में पैगम्बर मुहम्मद के आगमन की सूचना के तौर पर इस्तेमाल किया है। अत्यन्त अर्वाचीन होने और निन्दास्पद रीति से खण्डनात्मक होने के कारण इसे प्रमाण के रूप में प्रस्तुत करना स्वयं इन अध्येताओं के विरोध में जाता है लेकिन फिर भी वे लोगों को भ्रमित करने के लिए धर्मान्तरण के औजार के रूप में इसका उपयोग करते ही हैं।

यह ग्रन्थ संस्कृत श्लोकों में निबद्ध है जिसकी हिन्दी व्याख्या स्वयं आचार्य जी ने की है। इसके चार खण्डों की विषयवस्तु को देखने से इस ग्रन्थ की युगानुकूलता, जनोन्मुखता तथा सार्वजनीनता का पता चलता है। इसका पहले खण्ड के प्रकरण इस प्रकार से हैं–लोककल्याण जिज्ञासा प्रकरण, अध्यात्मदर्शन प्रकरण, अजस्रानुदान उपलब्धि प्रकरण, कर्तव्यपरायणता प्रकरण, उदार भक्तिभावना प्रकरण, सत्साहस संघर्ष प्रकरण तथा युगान्तरीय लीला सन्दोह प्रकरण। इसके दूसरे खण्ड का नाम है महामानव खण्ड जिसके प्रकरण हैं देवमानव समीक्षा प्रकरण, धर्मविवेचन प्रकरण, सत्यविवेक प्रकरण, संयमशीलता कर्तव्यपरायणता प्रकरण, अनुशासन अनुबन्ध प्रकरण, सौजन्यपराक्रम प्रकरण, सहकार परमार्थ प्रकरण। इसका तीसरा खण्ड परिवार खण्ड है जिसके प्रकरण हैं–परिवार–व्यवस्था प्रकरण, गृहस्थ जीवन प्रकरण, नारी माहात्म्य प्रकरण, शिशुनिर्माण प्रकरण, वृद्धजन माहात्म्य प्रकरण, सुसंस्कारिता संवर्धन प्रकरण तथा विश्वपरिवार प्रकरण। इसका चतुर्थ खण्ड है देवसंस्कृति खण्ड जिसके प्रकरण हैं–देवसंस्कृति-जिज्ञासा प्रकरण, वर्णाश्रमधर्म प्रकरण, संस्कारपर्वमाहात्म्य प्रकरण, तीर्थदेवालय प्रकरण, मरणोत्तर जीवन प्रकरण, आस्थासंकट प्रकरण, प्रज्ञावतार प्रकरण।

कविता

किसी भी भाषा और परम्परा की जीवन्तता का बड़ा प्रखर लक्षण है उसमें उसकी भावनाओं के साथ संवलित कविता का जीवित रहना तथा उसमें नये प्रयोगों का होते रहना। इसका कारण यह है कि कविता सर्जनात्मकता का सबसे उत्कृष्ट तथा प्रबल उदाहरण होती है। पिछली शताब्दियों को पश्चिमी आलोचकों ने संस्कृत कविता का अपकर्ष काल कहा है, लेकिन वस्तुतः विधाओं की विभिन्नता, अस्पृष्ट विषयों का परिग्रहण, प्रचुर साहित्य सृजन, आदि विशेषताओं के कारण 1200ई. के बाद का अर्वाचीन काल संस्कृत साहित्य के विस्तार का काल है।[66] आधुनिक कवियों में जो पाण्डित्य तथा नवीनता के लिए जाने जा सकते हैं उनमें से

---

66. सुप्रसिद्ध आलोचक राधावल्लभ त्रिपाठी ने संस्कृत साहित्य के विभागों को निम्नलिखित नाम दिये हैं– 1. उद्भवकाल (प्रागैतिहासिक काल से लेकर पहली सहस्राब्दी ईसापूर्व) 2. स्थापनाकाल (ईसापूर्व पहली सहस्राब्दी), 3.समृद्धिकाल (ईसा का 1200 वर्ष), 4. विस्तारकाल (1200 से आजतक)। देखें, राधावल्लभ त्रिपाठी (2007), *संस्कृत साहित्य का अभिनव इतिहास*, विश्वविद्यालय प्रकाशन, वाराणसी।

अत्यन्त अर्वाचीन कुछ कवि इस प्रकार हैं– गुमानी पन्त (जन्म : 1891), गलगलि रामाचार्य, गंगाधरशास्त्री, भट्टमथुरानाथ शास्त्री (जन्म : 1889), रामावतारशर्मा, पण्डिता क्षमाराव आदि। वर्तमान इक्कीसवीं शताब्दी में भी 5 पीढ़ियों के संस्कृत कवि एक साथ अपनी रचना की छटा बिखेर रहे हैं।[67] इनमें केवल कुछ के नाम उनकी प्रमुख रचनाओं के साथ इस प्रकार हैं– वासुदेव द्विवेदी शास्त्री (1913–2004, *अद्यापि*), महाप्रज्ञ (1920–2010, *अश्रुवीणा*), बच्चूलाल अवस्थी (1918–2005, *योषासप्ततिका*), शंकरदेव अवतरे (1920–, *नारीगीतम्*), गोविन्दचन्द्र पाण्डेय (1923–2010, *भागीरथी, अस्ताचलीयम्*), प्रभाशंकर जोशी (1925–, *भीमायनम्*), परमानन्दशास्त्री (1926–, *आनन्दगालिबीयम्*), रामकरण शर्मा (1927–2019, *कविता*), सत्यव्रत शास्त्री (1930–2021, *रामकीर्तिमहाकाव्यम्*), जगन्नाथ पाठक *(मृद्वीका)*, रेवा प्रसाद द्विवेदी (1935–2021, *स्वातन्त्र्यसम्भवम्, कुमारविजयम्*), रमाकान्तशुक्ल (1940-2022, *भाति मे भारतम्*), भास्कराचार्य त्रिपाठी (1942–2008, *मृत्कूटम्*), रव्वा श्रीहरि (1943–, मातृगीतम्), अभिराज राजेन्द्रमिश्र (1943–, *अरण्यानी, मधुपर्णी, मत्तवारणी*), राधावल्लभ त्रिपाठी (1949–, *सन्धानम्, धीवरगीतम्*), हर्षदेव माधव (1954–, *तव स्पर्शे स्पर्शे, बुद्धस्य भिक्षापात्रे*), विन्ध्येश्वरी प्रसाद मिश्र (1956–, *सृजति शङ्खनादं किल कविता*), महराजदीन पाण्डेय (*काक्षेण वीक्षितम्, मध्ये यक्षमेघयोः*), इच्छाराम द्विवेदी (1961–2019, *प्रश्नचिह्नम्*), शतावधानी रा. गणेश (1962, *साप्तपदीनम्, कवितावनितोत्सवः*), शंकर राजारामन् (1978 – *चित्रनैषधम्, भारावतारस्तवः, निपुणप्राघुणम्*)।

काव्यशास्त्र

नवीन काव्यशास्त्र की आवश्यकता हमेशा विशेष प्रकार की कविता की प्रचुर रचना के बाद ही होती है। आधुनिक युग में संस्कृत में जो नवीन अलंकारशास्त्र उद्भूत हुए हैं वे उसकी साहित्यिक जीवन्तता के पुष्ट प्रमाण प्रस्तुत करते हैं। 10वीं सदी में ध्वनि सिद्धान्त के आने के बाद गौणतर हो गया अलंकार सिद्धान्त आधुनिक काव्यशास्त्र के माध्यम से पुनराविष्कृत हुआ है। रेवा प्रसाद द्विवेदी ने

---

67. सम्पूर्ण विवरण राधावल्लभ त्रिपाठी (2014[ख]), 'संस्कृत साहित्य यात्रा : इक्कीसवीं सदी की ओर', *समकालीन भारतीय साहित्य* : जनवरी-फ़रवरी।

'एक काव्यचिन्तक तथा सौन्दर्यशास्त्री के रूप में कविता के अहम्–आगम का आविष्कार किया। उनके अनुसार अलंभाव या सौन्दर्य की समग्रता ही अलंकार है। अलंकार का यदि पूर्णांगभाव हो तो रस भाव आदि की अपेक्षा नहीं रह जाती। उनके अनुसार अर्थ ही काव्य है। वे शब्दवृत्तियों के सारे सिद्धान्तों को तिरस्कृत करते हैं, इनके स्थान पर द्विवेदीजी काव्यरचना प्रक्रिया की वाणी के चार सोपानों पर व्याख्या करते हैं।[68]' 2004 में डा. रामप्रताप वेदालंकार का *चमत्कारविचारचर्चा* काव्य शास्त्र का नवीन ग्रन्थ आया। राधावल्लभ त्रिपाठी ने *अभिनवकाव्यालंकारसूत्र* (2005) में रस, रीति, गुण, वृत्ति, ध्वनि आदि सभी घटकों को अलंकार कहते हुए उसे शब्दार्थ तक सीमित न करते हुए प्रबन्ध स्तर तक व्यापक माना है। 2006 में प्रकाशित *अभिराजयशोभूषण* में अभिराज राजेन्द्रमिश्र ने अर्वाचीन काव्यशास्त्रियों द्वारा ध्वनि के स्थान को विस्थापित करने के प्रयत्न का खण्डन करते हुए उसे पुन:प्रतिष्ठित किया। हर्षदेव माधव का *वागीश्वरीकण्ठसूत्र* (2011) काव्यचिन्तन को मैत्री, मुदिता, करुणा, उपेक्षा–इन चार वासनाओं के आलोक में रखता है। लक्ष्मीनारायण भट्ट की साहित्यवल्लरी भी काव्यशास्त्र का नवीन ग्रन्थ है। रहसबिहारी द्विवेदी की *नव्यकाव्यतत्त्वमीमांसा* की कारिकाएँ उनके लेखों में प्रकाशित हुईं। 2018 में चित्रकवि शतावधानी रा. गणेश (1960–) *वर्णनेतिवृत्तमीमांसा* ने लिखा है। इसमें उन्होंने इतिवृत्त तथा वर्णन की एक-दूसरे से अनुरूपता पर ज़ोर दिया है। अर्वाचीन काव्यशास्त्र में कविता सम्बन्धी नये पश्चिमी वादों तथा नयी काव्यविधाओं की चर्चाएँ विशेष रूप से समाविष्ट हुई हैं।

काशी के दु:खभञ्जन शुक्ल ने *वाग्वल्लभः* नामक छन्द शास्त्र संस्कृत में लिखा। उनके पुत्र देवीप्रसाद शुक्ल जो *सुप्रभातम्* पत्रिका के सम्पादक भी थे, ने इस पर *वरवर्णिनी* नामक टीका लिखी। इस ग्रन्थ में हिन्दी, ब्रजभाषा आदि के अनेक क्षेत्रीय छन्दों के लक्षण तथा उदाहरण देकर उनका संस्कृतीकरण किया है। इस ग्रन्थ का प्रकाशन 1933 में बनारस से हरिकृष्णदास गुप्त ने किया था। पण्डित मधुसूदन ओझा (1866–1939) ने छन्दों के सूक्ष्म विवेचन पर आधारित अपने ग्रन्थ *छन्द:समीक्षा* में अनेक नवीन रीतियों का आश्रय लिया है। इसमें प्रमुख नवीनता यह है कि उन्होंने संस्कृत वृत्तों का लक्षण देते हुए पारम्परिक लक्षण ग्रन्थों के विपरीत वर्णगणों के अतिरिक्त मात्रा गणों का उपयोग भी किया है। उनका यह उपक्रम

---

[68]. राधावल्लभ त्रिपाठी (2018), पूर्वोद्धृत : 124.

केवल लक्षणों को सूत्रात्मक रूप से संक्षिप्त करना मात्र ही नही है। अपितु इसके द्वारा उन्होंने संस्कृत छन्द:शास्त्र की युगों से चली आ रही अल्पताओं को दूर करने का प्रयास भी किया है।[69] अभिराजराजेन्द्र मिश्र का ग्रन्थ *छन्दोऽभिराजीयम्* 2021 में राष्ट्रिय संस्कृत संस्थान से प्रकाशित होकर आया है। सेडियाप्पु कृष्णभट्ट ने पिछली शताब्दी में कन्नड भाषा में संस्कृत के छन्दों के रहस्य का निरूपण करने वाला अपूर्व ग्रन्थ छन्दोगति लिखा है। इस ग्रन्थ को शतावधानी रा. गणेश ने छन्दशास्त्र के सूक्ष्म विवेचन में *ध्वन्यालोक* की कोटि का माना है। इसका संस्कृत अनुवाद बेंगलूरु के बी.एन. शशिकिरण ने किया है। यह ग्रन्थ कुवेम्पु भाषा भारती (कर्नाटक सरकार) से 2022 में प्रकाशित हुआ है।

शिक्षण प्रविधि

भारतीय ज्ञान-परम्परा की सबसे समर्थ वाहक होने के कारण संस्कृत भाषा के प्रति भारतीय मनीषा का स्वाभाविक पक्षपात हमेशा से रहा है। और इस नाते हर काल में उसे सीखने की नयी नयी प्रविधियों का आविष्कार किया जाता रहा है। वर्तमान युग में औपनिवेशिक मनोवृत्ति आदि अनेक परम्परा विरोधी कारणों से संस्कृत भाषा अन्य युगों की अपेक्षा कुछ अधिक ही निशाने पर दीखती है। उसके प्रति हताशा का भाव, उसकी समाप्ति की घोषणा आदि इस प्रकार की उपेक्षाओं में से प्रमुख है। वर्तमान काल में संस्कृत के बारे में निराशा प्रकट करने वाले लोग अनेक प्रकार के हैं।

पहली तरह के लोग संस्कृत को बिना जाने ईर्ष्या के कारण ऐसा करते हैं। भारतवर्ष विविधतापूर्ण राष्ट्र है। यहाँ लोगों को एक दूसरे से पृथक् करने के कारक बहुत अधिक हैं और जोड़ने के सूत्र बहुत कम। हमारी संस्कृति और राष्ट्रीयता कुछ एकाध ऐसे सूत्र हैं जो भारत की एकता का प्रतिपल भान कराते हैं। संस्कृत एक भाषा और संस्कृति के रूप में हमेशा से भारतीयता का पर्याय रही है। इसलिए संस्कृत के साथ द्वेष एक तरह से भारत के साथ द्वेष जैसा है। वैसे आवश्यक नहीं कि सभी संस्कृत द्वेषी भारत द्वेषी ही हों। कुछ मूर्खतावश भी ऐसा करते हैं।

संस्कृत के प्रति निराशा प्रकट करने वाले दूसरे तरह के लोग वे हैं जो विदेश या स्वदेश में स्थित औपनिवेशिक इन्द्रजाल से ग्रसित हैं या स्वयं औपनिवेशिक

---

69. विस्तृत विवेचन के लिए देखें, बलराम शुक्ल (2020), 'छन्द समीक्षागत लक्षणों की नवीनता एवं उसके निहितार्थ', राधावल्लभ त्रिपाठी (सं.), सारस्वतसाधना के आयाम (आचार्य गोकुल प्रसाद त्रिपाठी स्मृति ग्रंथ), न्यू भारतीय बुक कॉरपोरेशन, नयी दिल्ली : 608-623.

मनोवृत्ति के हैं। जो भारतीय चैतन्य के पुनरुत्थान की सम्भावना से इनकार करते हैं। नवीन भारत में संस्कृत के समुन्मीलन से वे इसलिए व्यथित हैं क्योंकि इसमें बहुत सारे तथ्य ऐसे हैं जो उनकी छद्म जातीय श्रेष्ठता के विपरीत जाने वाले हैं और उसे नुकसान पहुँचाने वाले हैं।

तीसरी तरह के लोग स्वयं पिछली पीढ़ी के संस्कृतज्ञ लोग हैं। उनकी निराशा सहानुभूति से उत्पन्न है। उन्होंने संस्कृत के वैभव का वह दौर देखा है जब गाँव गाँव में संस्कृत पाठशालाएँ थीं, हर जगह बड़े बड़े पण्डित दिखाई देते थे। संस्कृत एक अद्‌भुत और दिव्य वस्तु की तरह सम्मान्य थी। ब्रिटिश सरकार के षड्यन्त्रों के कारण चरमराती शताब्दियों पुरानी संस्कृत शिक्षा व्यवस्था स्वतन्त्रता के बाद की सरकारी अपनीतियों के कारण और ढह गयी। इसे देखकर पुरानी पीढ़ी के लोगों का दु:खित और निराश होना स्वाभाविक है।

नैराश्य के वाहक पहले और दूसरे प्रकार के (जो क्रमशः ईर्ष्यालु और षड्यन्त्रकारी कहे जा सकते हैं) लोगों का उपचार क्रमशः उपेक्षा करना और प्रबल तर्कों से उनका खण्डन करना है। तीसरे प्रकार के लोगों को संस्कृत में वर्तमान समय में आ रही क्रान्ति यह समझाने में समर्थ है कि आधुनिक समय में संस्कृत अध्ययन का लोकतान्त्रिकीकरण और सार्वजनिकीकरण हो रहा है। अब संस्कृत पहले की तरह अद्‌भुत और पारलौकिक नहीं रही। अब वह अधिक सुलभ होकर आ रही है। संस्कृत की पुरानी शिक्षा प्रणाली कमो–बेश पुराने और अलग तरह की आर्थिक व्यवस्था पर आश्रित थी। पुरानी व्यवस्था के समाप्त होने से शिक्षण की उस प्रणाली का मन्द होना स्वाभाविक था। लेकिन शिक्षण के तरीके के कमरंग होने का तात्पर्य विद्या की समाप्त नहीं है। भारतीय ज्ञान-परम्परा और उसकी वाहक संस्कृत भाषा तो भारतीयों की चेतना का पर्याय है और उसकी संघटना करने वाली है। जब भी भारतीय अपनी अस्मिता के प्रति सचेत होंगे तब वे उसका पुन:परामर्श करेंगे ही और फलतः संस्कृत का विकास होगा ही। अगर यह काम पुरानी रीति से नहीं होता तो उसके लिए नये तरीके निकलेंगे। आधुनिक युग में संचार क्रान्ति ने इस तरह के बहुत से नये मार्ग निकाल कर दिये हैं। इससे बहुत से संस्कृतेतर लोग संस्कृत से जुड़ने में समर्थ हो पा रहे हैं। संस्कृत की पारम्परिक शिक्षा भी इससे परिपोषित हुई है।

संस्कृत की युवा और युवतर पीढ़ी कई मामलों में पिछली पीढ़ी से अधिक समर्थ है। यह सही है कि पिछली पीढ़ियों में जो महनीय पण्डित परम्परा गुज़री है

उसके ज्ञान की गम्भीरता का प्रतिद्वन्द्वी मिलना कठिन है। लेकिन आज की पीढ़ी का ज्ञान अनेक मामलों में विस्तृत और अधिक उपयोग योग्य है। नयी तकनीकों के विनियोग के कारण वे अधिक दक्ष हैं और जनसामान्य को अधिक प्राप्य हैं। सामाजिक माध्यमों ने इन्हें अत्यन्त निकट भी ला दिया है। आज की संस्कृत पीढ़ी का एक महत्त्वपूर्ण अभिलक्षण संस्कृत सम्भाषण भी है। पिछले दशकों में संस्कृत बोलना सिखाने वाली स्वयंसेवी संस्थाओं के अथक प्रयासों से संस्कृत के क्षेत्र में एक अभूतपूर्व परिघटना हुई है– संस्कृत का बोलचाल में उपयोग। संस्कृत का नया वर्ग गतानुगतिक नहीं है। इसमें किसी भी स्वस्थ समूह की भाँति पारस्परिक मतभेद भी हैं। संस्कृत रचनाकर्म को ही ले लें। इसमें शुद्ध परम्परावादी भी हैं जो उत्कृष्ट कोटि की रचनाएँ कर रहे हैं और नवीन विमर्शों के प्रयोग का समर्थन करने वाले भी हैं। उनकी रचनाएँ भी पढ़ी-सराही जाती हैं। एक वर्ग है जो सम्भाषण संस्कृत को संस्कृत की गिरावट मानता है और उसके वास्तविक अभिप्रायों पर सन्देह करता है, तो दूसरी ओर बहुत बड़ा वर्ग इसके लाभों को समझता है और इसका समर्थन करता है। संस्कृत हमेशा से एक विस्तृत संसार की तरह विविधताओं, विषमताओं से भरा रहा रहा है। संस्कृत का यह स्वरूप अब भी न केवल अक्षुण्ण है बल्कि उसमें और नये आयाम भी जुड़ रहे हैं। संस्कृत के लिए यह समय निश्चित रूप से आशाओं से भरा है।

संस्कृत सिखाने की प्रविधियों में हुए नवाचारों को अर्वाचीन युग का एक महत्त्वपूर्ण विकास माना जा सकता है। पिछले दो हज़ार वर्षों के सांस्कृतिक इतिहास को 'संस्कृत को सरलता से सिखाने की प्रविधियों के अन्वेषण का इतिहास' के रूप में भी देखा जा सकता है। पाणिनि के बाद बने विविध व्याकरण तथा शास्त्रकाव्य इसके प्रमाण हैं। संस्कृत सिखाने की व्याकरण के अतिरिक्त भी अनेक विधियों का अन्वेषण प्राचीन समय से होता रहा है। उदाहरण के लिए 12वीं शताब्दी में कौशली (अवधी) के माध्यम से बोलचाल की संस्कृत सिखाने के लिए *उक्तिव्यक्तिप्रकरण* की रचना की गयी। भट्टोजिदीक्षित के शिष्य वरदराज ने संस्कृत व्यवहार के लिए सरल सम्भाषणों पर आधारित एक पुस्तक *गीर्वाणपदमञ्जरी* की रचना की थी। इनका समय 17वीं शताब्दी है। विजयनगर के शासक विजयराम गजपति के सभा में विद्यमान आशुकवि तथा वैयाकरण नडमिंटि सर्वमंगलेश्वर शास्त्री (1759-1839) ने संस्कृत सिखाने के लिए अनेक पुस्तकों की रचना की जिनमें *शब्दमञ्जरी, विभक्तिविलासम्, समासकुसुमावलिः तथा श्रीरामायणसंग्रहः* प्रसिद्ध हैं।

आधुनिक काल में इस प्रवृत्ति में और वृद्धि हुई। वस्तुतः नवजागरण तथा स्वतन्त्रता आन्दोलन के समानान्तर संस्कृत के प्रति बहुत सारे लोगों की रुचियाँ जगीं। भारतीयों में एक सामान्य समझ रही है कि संस्कृति तथा इसकी ज्ञान परम्परा को जानने के लिए संस्कृत का अध्ययन आवश्यक है। अस्तु, जनसामान्य के संस्कृत सीखने की ललक को पूरा करने के लिए अनेक स्वदेशी तथा विदेशी विद्वानों ने ग्रन्थ लिखे। इन ग्रन्थों के माध्यम से अनगिनत लोगों ने संस्कृत सीखे। इस क्रम में तारानाथ तर्कवाचस्पति *(आशुबोध व्याकरण, वाक्यमञ्जरी)*, जीवानन्द विद्यासागर (*संस्कृतशिक्षामञ्जरी*–4 भाग), स्वामी दयानन्द सरस्वती (*संस्कृत वाक्य प्रबोध*), ईश्वरचन्द्र विद्यासागर (*संस्कृत ब्याकरणेर उपक्रमणिका*), रामकृष्ण गोपाल भाण्डारकर (फर्स्ट/सेकंड बुक ऑफ़ संस्कृत), राजराज वर्मा (*मणिदीपिका*, 1908), वामन शिवराम आप्टे (1818-1892) *स्टूडेंट गाइड टु संस्कृत कम्पोज़ीशन*, कमलाशंकर त्रिवेदी (*संस्कृत टीचर*–2 भाग) श्रीपाद दामोदर सातवळेकर (*संस्कृतस्वयंशिक्षक*), राहुल सांकृत्यायन (*संस्कृतपाठमाला–5 भाग*) के प्रयत्न श्लाघनीय हैं। व्याकरण के अतिरिक्त कथा इत्यादि के माध्यम से भी इस दिशा में अनेकानेक लोगों ने भारत के हर कोने में प्रयत्न किये हैं जिनकी गणना सम्भव नहीं। उदाहरण के लिए, पण्डित अम्बिकादत्त व्यास (1858–1900) ने *कथाकुसुमम्* लिखा जिसमें छोटी छोटी कहानियों के माध्यम से संस्कृत सिखाने का प्रयोग है। अभी 2022 ही में संस्कृत के युवा विद्वान् नित्यानन्द मिश्र (ज.1982) ने इसका परिवर्धन करके हिन्दी-संस्कृत-अंग्रेज़ी में अनेक व्याख्याओं तथा भाषाशिक्षण संसाधनों के साथ संवलित करके *कथाकुसुमसौरभम्* के नाम से पुनःप्रकाशित किया है। इनके अतिरिक्त पाश्चात्त्य विद्वानों ने संस्कृत सीखने के लिए बड़े पैमाने पर प्रारम्भिक पुस्तकें लिखीं जिसमें चार्ल्स रॉकवेल लैनमैन, जे. आर. बैलेंटाइन, ई.डी. पेरी, व्हिटनी आदि प्रमुख हैं। वर्तमान काल में भी इस विषय पर बहुत सारी पुस्तकें लिखी जा रही हैं। इन पाठमालाओं से अनगिनत लोगों ने संस्कृत सीखी है।

शिक्षण किस प्रकार सुगम, प्रभावी और सुसंगत हो इसके लिए हर युग में नये तरीक़े से विचार करना होता है क्योंकि हर नयी पीढ़ी बदली हुई होती है और उसके लिए पुराने, अनुपयोगी, अपरीक्षित प्रविधियों का उपयोग नहीं किया जा सकता। हमारा देश विश्व के कई अन्य देशों की तरह उपनिवेशीकरण के कठिन दौर से निकलकर आया हुआ एक देश है जो उपनिवेशीकरण की अनन्तरभावी प्रक्रिया-यूरोपीयकरण से बुरी तरह से आक्रान्त है। यह प्रक्रिया सीधे देशज भाषाओं और

संस्कृतियों पर आघात कर रही है। भारत में यह प्रक्रिया पिछले दशकों में और बढ़ गयी है। संस्कृत चूंकि देशज संस्कृतियों की रक्षक और देशज भाषाओं की सुरक्षा की प्रतिभूति है इसलिए पाश्चात्त्य दबावों से सबसे पहला और अधिक दुष्प्रभाव उसी पर पड़ता दीख रहा है। इस नाते संस्कृत का शिक्षण पहले की अपेक्षा और चुनौतीपूर्ण होता जा रहा है। यह उसी अनुपात में कठिन हुआ है जिस अनुपात में अन्य भारतीय भाषाओं का अध्यापन कठिन हुआ है। एक उदाहरण लें, आजकल की हिन्दी में अवांछित रूप से बढ़ते हुए अंग्रेज़ी के शब्दों के कारण संस्कृत पढ़ाते समय उन तत्सम शब्दों के बारे में छात्रों को नये सिरे से बताने का श्रम करना पड़ता है जो कुछ समय पहले तक हिन्दीभाषियों (या अन्य क्षेत्रीय भाषा वालों) के लिए सहज-सुलभ थी। यही दशा अन्य सांस्कृतिक तथा दार्शनिक संप्रत्ययों के शिक्षण की भी है। बदलते हुए समय में लोगों की प्राथमिकताएँ बदल गयी हैं क्योंकि उनकी समस्याएँ बदल चुकी हैं। इन बदलते मूल्यों वाले परिवारों में पले-बढ़े छात्र जब शिक्षकों के सामने आते हैं तो वे बिलकुल नये होते हैं। उन्हें पुरानी तकनीकों से नहीं पढ़ाया जा सकता। उनके लिए नयी प्रविधियों का अन्वेषण करना ही होता है। इस कारण आधुनिक भारत में संस्कृत सिखाने के लिए नयी नयी प्रविधियों के खोजने का कार्य अब और भी तीव्र हो गया है।

किसी भी भाषा को सीखने का सरलतम तथा जीवन्ततम उपाय उसे दैनन्दिन व्यवहार में ले आना होता है। संस्कृत जब भारत में बोलचाल की भाषा नहीं रही तब भी सांस्कृतिक आवश्यकताओं के कारण उसकी अनिवार्यता बनी रही। उन युगों में भी संस्कृत को सिखाने के लिए सम्भाषण शैली की उपयोगिता को विद्वान् समझते थे। इसका प्रमाण हमें मध्यकाल में बालावबोध शृंखला की पुस्तकों के माध्यम से मिलता है। इसमें एक उदाहरण 12 वीं शताब्दी के पूर्वार्ध में दामोदर पण्डित का लिखा *उक्तिव्यक्तिप्रकरण* नामक ग्रन्थ है जो कोसल देस की जनता की बोली द्वारा संस्कृत सिखाने वाली पुस्तक है[70]। बाद के युग में *गीर्वाणपदमञ्जरी* (वरदराज, 17वीं सदी) आदि ग्रन्थ लिखे जाते रहे जिनका सम्बन्ध शास्त्रीय संस्कृत से न होकर रोज़मर्रा के व्यवहार में बोले जाने वाले संस्कृत से है। अर्वाचीन काल में यह प्रयत्न और सघन हुआ है। संस्कृत भारती, देशभाषा प्रचार समिति, सार्वभौम संस्कृत प्रचार

---

70. स्यादित्यादी वृत्वा श्रुत्वा लिङ्गानुशासनं किञ्चित्।
उक्तिव्यक्तिं बुद्ध्वा बालैरपि संस्कृतं क्रियते॥ (*उक्तिव्यक्तिप्रकरण* 2)

संस्थान आदि अनेक संस्थाओं ने इस क्षेत्र में अभूतपूर्व नवाचार किया है। इनकी कार्य प्रणाली में उपयोगी पुस्तकों का प्रकाशन, जनसम्पर्क तथा सम्भाषण शिबिरों का आयोजन आदि प्रमुख हैं। संस्कृत भारती का कार्य भारत में तो अत्यन्त सघन है ही, विदेशों में भी इसके प्रचार कार्य चल रहे हैं। पिछले दशकों में संस्कृत के इन सम्भाषण आन्दोलनों के नाते संस्कृत क्षेत्र में एक उल्लेखनीय उत्क्रान्ति आयी है। ग्रन्थ मात्र में सीमित हज़ारों साल पुरानी एक भाषा, जिस पर प्राचीनता का गहरा ठप्पा लगा हो, उसे जब कोई प्रशिक्षु सामान्य बोल-चाल में प्रयुक्त करने लगता है तो उसे असीमित ऊर्जा और उत्साह का अनुभव होता है। यह संस्कृत के क्षेत्र की एकदम नयी घटना है। ज्ञान-विज्ञान सम्बन्धी शास्त्रार्थ तो संस्कृत माध्यम से सदा होते रहे हैं लेकिन दैनन्दिन जीवन में संस्कृत का प्रवेश इन्हीं आधुनिक आन्दोलनों द्वारा होने लगा है। आजकल हमें जगह-जगह कई लोग संस्कृत बोलते हुए दीख जाते हैं उनमें से अधिकतर संस्कृत सम्भाषण के इन आन्दोलनों के पुरुषार्थ का सुफल है।

धर्मानन्द कोसंबी (1876–1947) तथा राहुल सांकृत्यायन (1893–1963) ने पालि तथा बौद्ध अध्ययन को पुनरुज्जीवित करने के लिए महान् कार्य किये। नव नालन्दा महाविहार से भिक्षु जगदीश कश्यप (1908–1976) ने त्रिपिटकों का उद्धार किया। इन्होंने पालि सीखने के लिए भी पाठमालाएँ रचीं। इसी तरह प्राकृत के पुनरुज्जीवन के लिए भी अनेक महत्त्वपूर्ण कार्य हुए। प्राकृत भाषा के पुनरुत्थान के लिए संलग्न विद्वानों में मुनि जिनविजय (1888-1976), आदिनाथ नेमिनाथ उपाध्ये (1906–1976), परशुराम लक्ष्मण वैद्य (1891–1978), हीरालाल जैन आदि अग्रगण्य रहे हैं।

18वीं सदी में पण्डित परम्परा में एक नवाचार क्रोडपत्र लेखन के रूप में सामने आया।[71] मिथिला तथा दक्षिण के पण्डितों में इसका विशेष प्रचलन हुआ। क्रोडपत्र पुरानी पोथियों के हाशिये पर योग्य पण्डितों द्वारा लिखी गयी टिप्पणियों को कहते हैं। अलग से टिप्पणियों के रूप में भी क्रोडपत्र निर्मित हुए।[72] क्रोडपत्र की

---

71. प्रहलादा चार (2004), 'ऑन द क्रोडापत्रज़ : अ न्यू ज़ोनर ऑफ़ फ़िलोसॅफ़िकल राइटिंग्ज़ इन इण्डिया', डिस्कशन ऐंड डिबेट इन इण्डिया फ़िलोस्फ़ी : इश्यूज़ इन वेदांत, मीमांसा ऐंड न्याय, आईसीपीआर, नयी दिल्ली : 354-412.

72. राधावल्लभ त्रिपाठी (2018), पूर्वोद्धृत : 135.

परम्परा पहले नव्यन्याय में प्रारम्भ हुई। 18 वीं सदी में गदाधर भट्टाचार्य, जगदीश तर्कालंकार तथा रघुनाथ तर्कशिरोमणि आदि की दुर्गम तथा सूक्ष्म व्याख्याओं से छूटी हुई अथवा अल्पव्याख्यात शास्त्रीय बिन्दुओं की गम्भीर चर्चा की ओर विद्वानों का ध्यान गया। इसके फलस्वरूप पेचीदा प्रविधियों का उपयोग करके इन समस्याओं पर विशद रूप से विचार करने के लिए क्रोडपत्रों की शैली का विकास हुआ। नव्यन्याय के वाङ्मय में कालीशंकर सिद्धान्तवागीश, चन्द्रनारायण भट्टाचार्य, संगमेश्वर शास्त्री तथा रामशास्त्री के लिखे क्रोडपत्र प्रसिद्ध हैं। क्रोडपत्रों की यह पद्धति मूल या व्याख्या दोनों प्रकारों से भिन्न एक स्वतन्त्र ही शैली है। इसमें पूर्ववर्ती विद्वानों के ग्रन्थों (उदा. के लिए *जागदीशी, गादाधरी, दीधिति, माथुरी, शक्तिवाद, व्युत्पत्तिवाद* आदि) से केवल कुछ यादृच्छिक पङ्क्तियों को लेकर उनकी आलोचनात्मक परीक्षा की जाती है। विद्वान् इस रचना के अन्तर्गत विषय-वस्तु में गम्भीर अवगाहन कर उसमें आ सकने वाली शंकाओं को उठाता है तथा अपनी विदग्धता से उनका समाधान देता है। ऐसा करते हुए वह मूल ग्रन्थ में दिये गये विचारों में महत्त्वपूर्ण परिष्कारों को भी सुझाता है। अन्त में वह अपने निर्णय से अवगत कराता है। यह निर्णय प्राय: मूलग्रन्थकार के अनुकूल होता है। ग्रन्थ रूप में न होने के कारण ही इन रचनाओं को सम्भवत: (क्रोड)पत्र कहा गया होगा। मूल ग्रन्थ के बीच में या गोद (क्रोड) में हाशिए पर लिखे जाने के कारण इन्हें क्रोडपत्र की संज्ञा मिली होगी। एस. शंकरनारायणन् ने इन्हें क्रोडपत्र कहे जाने के 3 और कारण सुझाए हैं–1. स्वतन्त्र ग्रन्थ तथा व्याख्या ग्रन्थ के दो प्रकारों के बीच (क्रोड) में होने के कारण इस रचना प्रकार को क्रोडपत्र कहा गया होगा। 2. गोद में लेने का तात्पर्य सभी बिन्दुओं को समेटना भी होता है (जैसे, क्रोडीकृत्य, इस अभिव्यक्ति में)। इसलिए ग्रन्थ की किसी पंक्ति विशेष से सम्बन्धित सारे परिप्रेक्ष्यों पर विचार कर लेने के कारण इस यह नाम मिला होगा। 3. क्रोड शब्द का अर्थ संस्कृत में सुअर होता है। सुअर अपने भोज्य मूल आदि को खोजने के लिए धरती में गहरे तक ख़ुदाई करता है। विषय वस्तु के गम्भीर उत्खनन के कारण इस रचनाविशेष को क्रोडपत्र नाम दे दिया गया होगा (एन. शौरिराजन् 2007, viii)।

व्याकरण शास्त्र में भट्टोजिदीक्षित द्वारा *कौमुदी* की रचना के बाद इस प्रौढ ग्रन्थ की सूक्ष्म व्याख्याओं के माध्यम से क्रोडपत्रों के लिखने का प्रचलन बढ़ा। इस सन्दर्भ में वैयाकरणों ने नैयायिकों से प्रेरणा ली हो इस विषय में निश्चित कुछ कहना कठिन है। 1909-10 में तिरुचिरापल्ली के सुप्रसिद्ध वैयाकरण वी.आर. कृष्णमाचार्य

ने व्याकरण सम्बन्धी 30 क्रोडपत्रों को दो खण्डों में *पाणिनितन्त्रक्रोडपत्राणि* के नाम से प्रकाशित किया था। इनका समय 17वीं से 19 वीं शताब्दी तक निश्चित किया जा सकता है। ये सभी तमिलुनाडु क्षेत्र से हैं। पाण्डुलिपि संग्रहों में सघन खोज से और भी क्रोडपत्रों की प्राप्ति सम्भव है। ग्रन्थरचना तथा टीका सम्पादन की ही भाँति यह अर्वाचीन पद्धति भारतीय शास्त्रीय ज्ञान परम्परा के आधुनिक काल में हुए विकास का एक महत्त्वपूर्ण निदर्शन है।[73]

योग विज्ञान

पिछली शताब्दियों में जिस भारतीय पारम्परिक विद्या का वैश्विक स्तर पर सबसे अधिक विकास हुआ है वह योग है। अनेक योग गुरुओं के माध्यम से यह विद्या विविध दिशाओं और आयामों में विस्तारित हुई है। इन योग गुरुओं ने बदलते समय-समाज की समस्याओं और आवश्यकताओं को ध्यान में रखते हुए योग की अपनी विशिष्ट शैलियाँ विकसित की हैं। साथ ही वे सभी मूल परम्परा से जुड़े हुए हैं और जुड़े रहना चाहते हैं। योग वैयक्तिक अभ्यास की परिधि से निकल कर स्कूलों, महाविद्यालयों के पाठ्यक्रमों तथा उच्चस्तरीय शोधों में भी अपना स्थान बना चुका है। पिछली तथा वर्तमान शताब्दी में योग में हुए प्रमुख विकास का प्रादेशिक आधार पर संक्षिप्त विवरण प्रस्तुत है[74]।

माना जाता है कि दक्षिण भारत में भारतीय संस्कृति अपने मूल रूप में अधिक सुरक्षित रह सकी है। इसका कारण उसका विदेशी आक्रमणों से देर तक बचे रह पाना है। योग के पितामह के रूप में प्रसिद्ध योगाचार्य कृष्णमाचार्य (1888–1989) कर्नाटक के मैसूरु में इस विद्या के महान् गुरु थे। परम्परावादी होते हुए भी उनका ज़ोर योग को वैयक्तिक स्तर अनुकूलित करने पर था। उनके पुत्र तथा शिष्य टी.के.वी. देशिकाचार ने चेन्नैयी में कृष्णमाचार्य योगमन्दिरम् की स्थापना की तथा योग को वैयक्तिक स्तर पर ढालने के लिए 'विनियोग' नामक प्रणाली विकसित की। संस्कृत के मन्त्रों का उच्चारण इस पद्धति की विशेषता है। कृष्णमाचार्य के

73. यह समस्त विवरण एन. शौरिराजन (2007) में एस. सुन्दरराजन द्वारा लिखित पुरोवाक् से साभार।

74. इस अनुच्छेद की अधिकांश सामग्री आनंद बालयोगी भवनानी (2011), 'अ ब्रीफ़ जियोग्राफ़िकल हिस्ट्री ऑफ़ योगा इन मॉडर्न इण्डिया', *इंटरनैशनल जर्नल ऑफ़ योगा ऐंड एलाइड साइंसेज़*, खण्ड 1, से ली गयी है।

दूसरे शिष्य पट्टाभि जोइस (1915-2009) ने 'अष्टांग विन्यास योग प्रणाली' को विकसित किया जो उनके अनुसार किसी प्राचीन योगशास्त्रीय ग्रन्थ पर आधारित है। पश्चिम में यह पद्धति पर्याप्त लोकप्रिय हुई। प्रसिद्ध योगगुरु पद्मभूषण बी. के. एस. आयंगर (1918-2014) भी इन्हीं के शिष्य थे। उन्होंने पुणे को अपना केन्द्र बनाया तथा पश्चिमी भारत को प्रभावित किया। उनकी पद्धति 'आयंगर योग' के नाम से प्रसिद्ध है। बेंगलूरु के श्री श्री रविशंकर (1956-) महर्षि महेश योगी (1918-2008) के शिष्य हैं। श्वास प्रश्वास पर आधारित उनकी 'सुदर्शन क्रिया' भारत के सम्भ्रान्त लोगों में प्रचलित हो चली है। उनके 'आर्ट आफ़ लिविंग' के पाठ्यक्रम भारत सहित सारे विश्व में लोकप्रिय हैं। केरल में 'भक्तियोग आन्दोलन' का प्रचार स्वामी रामदास ने विशेष रूप से किया। उन्होंने 1928 में आनन्दाश्रम की स्थापना की। उनके शिष्य स्वामी सच्चिदानन्द 1947 से इस आश्रम का संचालन कर रहे हैं। स्वामी शिवानन्द के शिष्य स्वामी विष्णुदेवानन्द ने केरल में शिवानन्द आश्रम की स्थापना की। यह संस्था नायर बाँध के अपने क्षेत्र में योग प्रशिक्षण देती रही है। पाण्डिचेरी श्री अरविन्द (1872-1950) के कारण सर्वत्र प्रसिद्ध है। उन्होंने श्री माँ (मीरा अल्फ़ासा) के साथ मिलकर विश्वप्रसिद्ध अरविन्द आश्रम की स्थापना की थी। उनके 'समग्रयोग' तथा 'अतिमानव' तथा 'अतिमानस' के सम्प्रत्ययों ने विश्व भर से साधकों का ध्यान आकर्षित किया है। यहीं पर स्वामी गीतानन्द ने 1968 में 'आनन्द आश्रम' तथा बाद में 'अन्तर्राष्ट्रीय योग शिक्षण तथा शोध केन्द्र' की स्थापना की। इसके माध्यम से पाण्डिचेरी तथा विश्व के अनेक लोग योग से जुड़े हैं। स्वामी गीतानन्द के 'योग–खेल' का विचार राष्ट्रीय और अन्तर्राष्ट्रीय स्तर पर स्वीकृत हो रहा है। स्वामी विवेकानन्द योग अनुसन्धान केन्द्र का संचालन बेंगलूरु में डा. एच. आर. नागेन्द्र तथा उनकी बहन डा. आर. नागरत्न द्वारा किया जा रहा है। योग सम्बन्धी शोध तथा योग चिकित्सा से सम्बन्धी उनके कार्य पिछले कुछ दशकों में योग के प्रति लोगों में वैज्ञानिक दृष्टिकोण को विकसित करने में महत्त्वपूर्ण रहे हैं। योग को बढ़ावा देने के लिए प्रतिवर्ष एक संगोष्ठी तथा योग–खेल के लिए हिमालय योग ओलम्पियाड का आयोजन इसके द्वारा होता है। आन्ध्र प्रदेश में योगी सीतारामैया तथा योगी बालै कोवुरु के प्रयासों से योग की एक लहर देखी गयी है। इसके अतिरिक्त राजलक्ष्मी देवी बहादुर ने भी आन्ध्र के अनेक स्थलों पर योग सम्बन्धी जागरूकता फैलाई। सद्गुरु जग्गि वासुदेव (1957-) का 'ईश संस्थान' विश्व भर में अत्यन्त लोकप्रिय हो रहा है। इसके माध्यम से उन्होंने आध्यात्मिक, यौगिक, पर्यावरणीय तथा शैक्षणिक जागरूकता फैलाई हैं।

पश्चिमी भारत में योग साधना ब्रह्मा कुमारी के ईश्वरीय विश्वविद्यालयों के माध्यम से तीव्रतर हुआ है। इसकी स्थापना ब्रह्मा बाबा (1880-1969) ने 1930 में की थी।

सूर्य नमस्कार इस युग की लोकप्रिय यौगिक क्रिया है। बहुतों को नहीं पता है कि अनेक यौगिक आसनों को एक साथ ले आकर उन्हें सूर्य नमस्कार के रूप में विकसित करने का श्रेय औंध रियासत के राजा भवानराव श्रीनिवासराव पन्त प्रतिनिधि (1868-1951) को है। महाराष्ट्र में ही स्वामी कुवलयानन्द (1883-1966) ने लोनावला में कैवल्यधाम की स्थापना की। उन्होंने योग के प्रति वैज्ञानिक दृष्टि विकसित करने तथा योग को स्कूलों, विश्वविद्यालयों के पाठ्यक्रम में लगाने में महत्त्वपूर्ण भूमिका अदा की। श्री योगेन्द्र जी ने सान्ताक्रुज में योग संस्थान की स्थापना की तथा उसके माध्यम से गृहस्थों के लिए योग पर ज़ोर दिया। महर्षि महेश योगी (1918–2008) ने भावातीत ध्यान को लोकप्रिय बनाया तथा इसके लगभग 40000 शिक्षकों को तैयार किया जिनके माध्यम से 50 लाख लोगों को इसका प्रशिक्षण दिलवाया। उन्होंने इसके लिए हजारों शिक्षण केन्द्र खोले। निर्मला देवी (1923–2011) ने सहज योग की स्थापना की तथा आत्मबोध के लिए अनेक तकनीकों का प्रचार किया। आचार्य रजनीश (1931–1990) जो ओशो के नाम से प्रसिद्ध हुए वे क्रान्तिकारी विचारक रहे। उन्होंने योग तथा तन्त्र के सम्मिश्रण से ध्यान की 100 तकनीकों का विकास किया।

स्वामी शिवानन्द के शिष्य स्वामी सत्यानन्द ने 1960 में मुंगेर में बिहार योग विद्यालय की स्थापना की। इसकी शाखाएँ विश्व भर में हैं। इस पद्धति में योग, वेदान्त तथा तन्त्र तीनों का समन्वय है। स्वामी सत्यानन्द ने **योगनिद्रा** की पद्धति का विकास किया जो मानसिक एवं शारीरिक विश्राम की अद्‌भुत विधि है। स्वामी योगानन्द की पद्धति **क्रियायोग** है जिसके प्रशिक्षण से उन्होंने देश तथा विदेश की जनता को लाभान्वित किया। उनकी संस्था का नाम 'योगदा सत्संग सोसाइटी' है। अमेरिका के प्रसिद्ध योग शिक्षक बिक्रम चौधरी इसी संस्था से निकले हैं।

स्वामी रामकृष्ण परमहंस के शिष्य स्वामी विवेकानन्द (1902–1863) ने अपने सहयोगियों के साथ मिलकर **रामकृष्ण मिशन** की स्थापना की। उन्होंने वेदान्त, योग तथा सेवा को अपने मिशन में समाहित किया। विश्व धर्म संसद् में अपने प्रतिनिधित्व के माध्यम से उन्होंने पूरे विश्व में योग की ध्वजा फहराई। उनके द्वारा स्थापित रामकृष्ण मिशन ने योग, वेदान्त तथा सेवा के कार्यों से देश तथा विदेश

को लाभान्वित किया है। भारतीय संस्कृति सम्बन्धी वाङ्मय का अनुवाद, प्रकाशन तथा उस पर लेखन मिशन का अन्यतम महत्त्वपूर्ण कार्य है।

स्वामी शिवानन्द सरस्वती मूलतः तमिळुनाडु के डाक्टर थे जो संन्न्यास लेकर ऋषिकेश में स्थित हो गये थे। उन्होंने 1932 में शिवानन्द आश्रम तथा 1936 में **दिव्य जीवन समिति** की स्थापना की। योग वेदान्त फारेस्ट अकेडमी के माध्यम से उन्होंने सैकड़ों लोगों को प्रशिक्षित किया। स्वामीजी ने योग तथा वेदान्त के सम्प्रत्ययों को आधुनिक जनता के लिए सरल करने का प्रयास किया। उनके अनेक शिष्यों ने उनके सन्देशों को विश्व भर में फैलाया जिनमें स्वामी चिन्मयानन्द (चिन्मय मिशन), स्वामी विष्णुदेवानन्द, स्वामी चिदानन्द, स्वामी सच्चिदानन्द, स्वामी ज्योतिर्मयानन्द, स्वामी सत्यानन्द (बिहार योग विद्यालय) तथा स्वामी कृष्णानन्द प्रमुख हैं। स्वामी रामदेव (1965-) ने योग के साथ *आयुर्वेद* का जन सामान्य में विपुल प्रचार किया है। हरिद्वार में स्थित उनके पतञ्जलि योगपीठ, पतञ्जलि *आयुर्वेद* तथा भारत स्वाभिमान ट्रस्ट ने इस क्षेत्र में क्रान्ति कर दी है।

योग तथा प्राकृतिक चिकित्सा केन्द्रीय शोध परिषद् (सीसीआरवाइएल) भारत में योग तथा प्राकृतिक चिकित्सा का प्रसार करने वाली उच्चतम संस्था है जो पिछले कुछ दशकों से इन विद्याओं के प्रसार में बहुत योग दे रही है। प्रारम्भ में इसके निदेशक स्वामी धीरेन्द्र ब्रह्मचारी थे उसके बाद डॉ. नरेश कुमार ब्रह्मचारी ने इसका अभूतपूर्व विकास किया। स्वामी धीरेन्द्र ब्रह्मचारी प्रसिद्ध योगविद् थे जिन्होंने दिल्ली में विश्वायतन योगाश्रम की स्थापना की थी। उनकी मृत्यु के बाद सरकार ने इसे अधिगृहीत करके मोरारजी देसाई राष्ट्रीय योग संस्थान के रूप में विकसित किया।

2014 में भारत के प्रयासों से संयुक्त राष्ट्र की सामान्य समिति ने 21 जून को अन्तर्राष्ट्रीय योग दिवस के रूप में मान्यता दी। भारत के द्वारा प्रस्तुत इस आशय के प्रस्ताव को 175 राष्ट्रों का समर्थन मिला। तबसे लेकर इस वर्ष तक दस अन्तर्राष्ट्रीय योग दिवस मनाये जा चुके हैं। विश्व के अनेक देशों में इस दिन योगाभ्यास सम्बन्धी विविध कार्यक्रमों के माध्यम से योग के प्रति जागरूकता पैदा की जाती है। हर वर्ष भारत सरकार इस दिन के लिए एक उद्देश्य वाक्य निश्चित करती है तथा विदेश में भारतीय दूतावास आदि के माध्यम से योग के प्रति जागरूकता का प्रसार करती है। इन वर्षों में देखा गया है कि इस दिवस के माध्यम से विश्व भर में योग के प्रति आकर्षण बढ़ा है। इस आकर्षण के मूल में उपर्युक्त योग गुरुओं का महान् योगदान है जिन्होंने पूरे विश्व में योग के प्रति लोगों की ललक बढ़ाई है।

तृतीय परिच्छेद

पुनरुत्थान के वर्तमानकालिक आयाम

पुनरुत्थान के वर्तमानकालिक आयाम

देशभाषाओं में रूपान्तरण

भारत में प्राचीन काल से संस्कृत तथा देशभाषाओं में परस्पर पोष्य-पोषक सम्बन्ध रहा है। यह सम्बन्ध भाषा तथा साहित्य दोनों स्तरों पर देखने को मिलता है। दोनों भाषिक परम्पराओं ने समान सांस्कृतिक चेतना के संवहन का दायित्व निभाया है। बहुत पहले से दोनों प्रकार के साहित्य एक दूसरे में रूपान्तरित होते रहे हैं। एक शिष्ट योजक भाषा (संस्कृत) के साथ भारतवर्ष में देशभाषाएँ हमेशा से बोलचाल और साहित्य के स्तर पर रही हैं। इसलिए कुछ लोगों का यह कहना कि अन्यान्य देशों की भाँति भारत में क्षेत्रीय भाषाओं का उदय ईसा की प्रथम सहस्राब्दी के बाद का है, ग्राह्य नहीं है। प्राचीन काल में देशभाषाओं की बहुत सारी सामग्री रूपान्तरित होकर संस्कृत में आयी। *कथासरित्सागर, बृहत्कथामञ्जरी, धूर्ताख्यान, कुवलयमालाकथा* आदि ग्रन्थ मूलतः प्राकृत में थे जिन्हें संस्कृत ने आत्मसात् किया।[1] बाद में भी इस प्रकार के रूपान्तर होते रहे। मुनि देवसूरि ने 1383 के आसपास जैनेन्द्र मुनि द्वारा प्राकृत में रचित *शान्तिनाथचरित* काव्य का संस्कृत में रूपान्तरण किया। 1478 में शान्तिसूरि की प्राकृत रचना *पुहईचंदचरिअं* का सत्यराज ने संस्कृत में *पृथ्वीचन्द्रचरितम्* नाम से अनुवाद किया।[2] मध्यकाल में तेलुगु आदि

---

1. पार्जिटर की महत्त्वाकांक्षी मान्यता तो यह है कि मत्स्य, वायु तथा ब्रह्माण्ड पुराण मूलतः प्राकृत भाषा में थे बाद में उन्हें संस्कृत में किया गया।

2. राधावल्लभ त्रिपाठी (2018क), *संस्कृत साहित्य का समग्र इतिहास-तृतीय खण्ड*, न्यू भारतीय बुक कॉरपोरेशन, नयी दिल्ली।

दक्षिण भारतीय भाषाओं के ग्रन्थों का संस्कृत में अनुवाद होता रहा। इनमें से कुछ तो अब केवल संस्कृत में ही बचे रह गये हैं। संस्कृत के टिकाऊपन के कारण इन ग्रन्थों की भी सुरक्षा हुई है। प्राचीन काल से लेकर आज तक क्षेत्रीय भाषाओं की सामग्री बिना किसी रुकावट के संस्कृत में आती रही है।[3] संस्कृत की सामग्री का भी इसी तरह देशभाषाओं में रूपान्तरण होता रहा।

संस्कृत भारत के किसी एक क्षेत्र विशेष तक सीमित भाषा नहीं रही। वह देश के सभी क्षेत्रों में व्याप्त थी। संस्कृत के रचनाकार निश्चित रूप से किसी न किसी क्षेत्र विशेष से सम्बद्ध होते थे। इस कारण क्षेत्रीय भाषाओं की संवेदनाएँ संस्कृत साहित्य में आ जाया करती थीं। जैसे ही क्षेत्रीय सामग्री संस्कृत में आती थी वैसे ही (संस्कृत में रचित होने के कारण) उसका प्रसार अखिल भारतीय स्तर पर हो जाया करता था। इस विशेष प्रक्रिया से छोटे से छोटे स्थान की सामग्री समस्त बृहत्तर भारत में फैल जाया करती थी। उसके बाद भिन्न-भिन्न क्षेत्र के लोग संस्कृत की सामग्री (जो मूलतः क्षेत्रीय सामग्री ही होती थी) को अपनी भाषा में प्रसारित करते थे। यह प्रक्रिया शताब्दियों तक निरन्तर चलती रही थी। फलतः समस्त भारत में सघन भावात्मक एकता व्याप्त हो गयी थी। यह एकता विभिन्न साहित्यिक कृतियों, विधाओं, सूक्तियों, मुहावरों आदि के माध्यम से देखी जा सकती है। पूरे भारत में इस तरह की भावात्मक सघनता का बहुत बड़ा कारण भाषाओं की यह पारस्परिकता थी जिसमें संस्कृत ने केन्द्रीय भूमिका निभाई थी। यही भावात्मक सघनता भारतीय संस्कृति का मूल स्वरूप है। इसने भारतवर्ष को भौगोलिक, भाषिक, जातीय विविधताओं के बावजूद एक किये रखा है।

अर्वाचीन काल में क्षेत्रीय भाषाओं के उन्नायक तथा उसके व्याकरणकार प्रायः संस्कृतज्ञ रहे हैं। यदि हिन्दी की बात करें तो इसके मानकीकरण के प्रमुख योगदानकर्ताओं में भारतेन्दु हरिश्चन्द्र और महावीरप्रसाद द्विवेदी संस्कृत के बड़े विद्वान् थे। बाङ्ला के शुरुआती व्याकर्ताओं में मृत्युञ्जय विद्यालंकार, ईश्वरचन्द्र विद्यासागर आदि बाङ्ला के साथ साथ संस्कृत व्याकरण के लेखकों के रूप में भी प्रसिद्ध हैं। मलयालम में तो राजराज वर्मा (1918-1863) 'केरलपाणिनि' के नाम से ही प्रसिद्ध हैं। इन्हें यह नाम 1896 में प्रकाशित मलयालम व्याकरण की उनकी प्रसिद्ध कृति *केरलपाणिनीयम्* के लिए गौरवपूर्वक दिया गया था।

---

3. आधुनिक काल में हुए अनुवाद कार्यों के लिए देखें, उपर्युक्त : परिशिष्ट 1 : (संस्कृत में अनूदित साहित्य)

राजराज वर्मा ने अपने से पहले के व्याकरण सम्बन्धी कार्यों का सम्यक् अध्ययन करके मलयाळम का एक सर्वांगपूर्ण व्याकरण लिखा। इसमें उन्होंने पाणिनीय व्याकरण परम्परा की सूत्र-वृत्ति शैली का उपयोग करते हुए संक्षिप्त नियम तथा उसकी व्याख्या, दोनों को एक साथ लिखा। लगभग दो दशक तक इस व्याकरण का उपयोग होता रहा। इसके बाद लेखक ने इसे संशोधित व्याकरण के रूप में ढाला जो 1917 में पुनः प्रकाशित हुआ। 'पिछले 60 वर्षों से यह कृति आधिकारिक मानी जाती है और भविष्य में भी इससे बेहतर पुस्तक आने की सम्भावना कम ही है।...*केरलपाणिनीयम्* मलयालम व्याकरण के सभी ग्रन्थों से श्रेष्ठ है और छह दशकों से आज भी सर्वोच्च शिखर पर मौजूद है[4]।' मराठी में इसके उदाहरण 'मराठी के पाणिनि' के रूप में ख्यात दादोबा पांडुरंग तर्खडकर (1819-1882) हैं। इसलिए यह सोचना और कहना मूर्खतापूर्ण है कि क्षेत्रीय भाषाओं का उत्थान संस्कृत सम्बन्धी अज्ञान अथवा उसके प्रति ईर्ष्या के कारण हुआ।[5] वस्तुतः संस्कृत और क्षेत्रीय भाषाओं का विद्वत्समूह हमेशा से एक रहा है। संस्कृत के पण्डित क्षेत्रीय भाषाओं में आपादमस्तक निमग्न रहते थे। उनमें क्षेत्रीय भाषाओं के प्रति हीन भावना नहीं देखी गयी है। क्षेत्रीय भाषाओं के व्याकरणों का निर्माण और उसमें साहित्य संवर्धन प्रायः संस्कृत के विद्वानों द्वारा संस्कृत के पुराने साहित्य का देशीकरण करके हुआ है। यह काम बहुत पहले से चला आ रहा था। प्राकृत के बहुत से ग्रन्थ संस्कृत में लाकर सुरक्षित तथा प्रचलित किये गये। इसलिए अर्वाचीन काल में क्षेत्रीय भाषाओं तथा साहित्य के उन्नयन को संस्कृत के क्षय के रूप में नहीं देखा जाना चाहिए।[6] इस परिघटना को भारतीय ज्ञान-परम्परा की क्षीणता के रूप में तो बिलकुल नहीं देखा जा सकता।

---

4. के.एम.जॉर्ज (1980), पूर्वोद्धृत : 35-38.

5. यह बात तो शेल्डन पोलोक (2001), पूर्वोद्धृत : 415 को भी माननी पड़ी है–

'सम्प्रेषणगत अक्षमता जिसने, कम से कम, नौवीं शताब्दी से लैटिन को कमजोर करना शुरू कर दिया था संस्कृत की साहित्यिक संस्कृति उससे कभी दुष्प्रभावित नहीं हुई। देशभाषाकरण की प्रक्रिया भारत में, कई मायनों में यूरोप से तुलनीय अवश्य थी, लेकिन यहाँ यह कहीं भी संस्कृत की बढ़ती अज्ञानता का परिणाम नहीं थी। जिन बुद्धिजीवियों ने परिवर्तन को बढ़ावा दिया वे स्वयं संस्कृत के विशिष्ट अध्येता थे।'

6. 'संस्कृत सीखने की प्रक्रिया को सबसे बड़ा धक्का देशभाषीकरण के दौरान नहीं बल्कि, औपनिवेशीकरण के दौरान अंग्रज़ीकरण के कारण लगा'। राजकुमार (2014), 'क्या अनुवाद की कोई भारतीय पद्धति थी?' *प्रतिमान समय समाज संस्कृति,* 2 : 581-590.

ध्यातव्य है कि यह संस्कृत की ज्ञान सम्पदा (जो वस्तुतः भारत की विविध क्षेत्रीय भाषाओं की भावनाओं का समेकित रूप था) का रूपान्तरण अनुवाद के रूप में नहीं हुआ जैसा कि पश्चिमी विद्वान् अपने चश्मे से देखते हैं,[7] बल्कि यह रूपान्तरण एक तरह से पुनर्रचनाएँ थीं। अनुवाद की बजाय भारत में रूपान्तरण की प्रमुखता होने का कारण था संस्कृत की सर्वदा उपस्थिति। लोक में उसका पठन-पाठन अविच्छिन्न रूप से होता था। उसका शब्दानुवाद करके कोई अतिरिक्त लाभ नहीं होना था। प्राचीन तथा अविच्छिन्न भारतीय भाषिक परम्परा में संस्कृत पालि के साथ भी है और प्राकृत के साथ भी। कहीं हम संस्कृत को अपभ्रंश के साथ देखते हैं तो कहीं अवधी, ब्रज अथवा भोजपुरी के साथ। इस प्रकार भारतवर्ष की भाषिक परम्परा को अखण्डतः देखने से हमें स्पष्ट होता है कि संस्कृत तथा देशज लोक भाषाएँ हमेशा से भाषिक अन्तर्धारा के रूप में विद्यमान रहीं तथा एक दूसरे का पोषण करती रहीं। अर्वाचीन काल की प्रसिद्ध उक्ति–*संसकिरत है कूपजल भाखा बहता नीर*[8] में प्राप्त रूपक द्वारा, तथा तुलसीदास के प्रसिद्ध कथन *का भाखा का संसकिरत प्रेम चाहिए सांच*[9] भी इसे प्रमाणित करती है। ऐसा होने से, संस्कृत ग्रन्थों के शब्दशः अनुवाद से कुछ अतिरिक्त सिद्ध होने जैसा नहीं था। हाँ, संस्कृत ग्रन्थों पर टीकाएँ अवश्य लिखी जाती रहीं ताकि उसे मूल में समझा जा सके। भारतीय ज्ञान-परम्परा में हर नया रूपान्तरित ग्रन्थ युगीन सन्दर्भों और कालिक आवश्यकताओं से संवलित होकर उसकी ताज़ी प्रस्तुति की तरह होता है। *रामायण, महाभारत* ख़ुद में ही विकसनशील ग्रन्थ हैं, उनके रूपान्तरणों की नवीनता के बारे में तो कहना ही क्या।[10] तुलसीदास का *रामचरितमानस* अपने काल तक *रामायण* के हुए सभी विकासों का संवलित रूप है। इसमें धार्मिक ग्रन्थ, काव्यात्मक ग्रन्थ[11], लोक मान्यताएँ सभी अंश

7. उपर्युक्त : 581.

8. यह उक्ति सर्वत्र कबीरदास के नाम से प्रचलित तो है लेकिन प्रकाशित संस्करणों में यह प्राप्त नहीं होती।

9. *दोहावली* दो.सं. 572

10. *रामायण* के विकसित रूपान्तरणों के लिए फ़ादर कामिल बुल्के (1950), *राम-कथा : उत्पत्ति और विकास*, हिन्दी परिषद, प्रयाग विश्वविद्यालय को देखा जा सकता है।

11. उपजीव्य ग्रन्थों के काव्यात्मक रूपान्तरण के अन्तर्गत तो रसानुकूल रूपान्तरण शास्त्रसम्मत है। दे. दशरूपक– यत्स्यादनुचितं वस्तु नायकस्य रसस्य वा। विरुद्धं तत् परित्याज्यमन्यथा वा प्रकल्पयेत्॥

सम्मिलित हैं।[12]

इतिहास तथा भूगोल को लेकर भारतीय परम्परा की दृष्टि विशेष प्रकार की है। भारतीय जन अपने ग्रन्थों को सुदूर अतीत में ठहरा हुआ नहीं मानते। उनके इतिहास और भूगोल अपने काल में स्थित होते हुए भी भारतीयों में साँस लेते हैं। इस कारण वे दोनों वर्तमान के सरोकारों के साथ अनिवार्यतः सम्बद्ध होते हैं। इस प्रक्रिया में भारतीय ग्रन्थ विशेष देश या विशेष काल की परिधि का अतिक्रमण करते हैं। 'भारतीय परम्परा में स्वदेश के भूगोल और इतिहास का विस्मरण नहीं है, पर भूगोल और इतिहास से ग्रस्तता अवश्य नहीं है।' (मिश्र 2019, 28) यह एक प्रकार का सार्वदेशिकीकरण और सार्वकालिकीकरण है जो ग्रन्थों के शब्दानुवादों के माध्यम से सम्भव नहीं होता। उसके लिए तो उनके सांस्कृतिक रूपान्तरण अथवा आत्मसातीकरण की आवश्यकता होती है। संस्कृति की अखण्डता और विकासशीलता के कारण हमारे ग्रन्थ नदियों की भाँति अपने उद्गम की अपेक्षा क्रमशः बृहत् से बृहत्तर और अधिकाधिक समावेशी होते चलते हैं। ईसा से लगभग 2000 साल पहले कभी कुरुक्षेत्र में घटित हुई *गीता* पर जब 13वीं सदी में सन्त ज्ञानेश्वर भाष्य लिखते हैं तब वह इसे अपने समय और अपने क्षेत्र में घटा हुआ अनुभव करते हैं। तभी तो *ज्ञानेश्वरी* में अर्जुन श्रीकृष्ण से कहते हैं– 'आपकी उलझी भाषा मुझे समझ में नहीं आ रही। आप मुझे सरल मराठी में इसे समझाइये।'[13] यह *गीता* अथवा ये अर्जुन–कृष्ण 5000 साल पहले के कुरुक्षेत्र के होने के साथ साथ 13वीं सदी के महाराष्ट्र के भी हैं। यह ग्रन्थ संस्कृत की आत्मा को साथ लिए मध्यकालीन मराठी की संवेदनाओं से भी परिपूर्ण है। कुछ लोगों ने इन प्रसंगों में केवल इस बात को देखना चाहा है कि इन ग्रन्थों में संस्कृत की सामग्री से कितना विचलन है ।[14] वास्तविकता यह है कि स्वयं इन ग्रन्थों के रूपान्तरकार संस्कृत से दूर नहीं जाना चाहते। उनकी विशिष्टता यह है कि वे संस्कृत की सामग्री को पूरी तरह से सुबोध रीति से प्रस्तुत कर रहे हैं, ताकि सिद्धान्त ठीक-ठीक समझ में आ सकें, जो भाषा की दूरी के कारण कठिन होते जा रहे हैं। ज्ञानेश्वरी के 11वें अध्याय में ज्ञानेश्वर

12. स्वयं तुलसीदास का कहना है– नानापुराणनिगमागमसम्मतं यद् रामायणे निगदितं क्वचिदन्यतोऽपि॥ (बालकाण्ड. 7)

13. म्हणोनि आइकें देवा। हा भावार्थ आता न बोलावा। मज विवेकु सांगावा। मर्हाटा जी॥ (*ज्ञानेश्वरी* 3.17)

14. राज कुमार (2014), पूर्वोद्धृत में पोलोक का उद्धरण।

इस बात को सुन्दर उपमा के साथ स्पष्ट करते हैं। वे कहते हैं कि '*भगवद्गीता* रूपी तीर्थ में अवगाहन कठिन हो गया था क्योंकि घाट संस्कृत का था, इसलिए मेरे गुरु निवृत्तिनाथ ने मेरे माध्यम से उसमें थोड़ा परिवर्तन करके मराठी भाषा की पैड़ियों का घाट बनवा दिया।'[15] यह उपमा बड़े महत्त्व की है। यह ध्यान रखना चाहिए कि नदी में नहाने की सुविधा के लिए पैड़ियाँ बनवानी हों तो किनारे की ज़मीन को तोड़ा नहीं जाता बल्कि उसी का आधार लेकर, कुछ सामग्री और जोड़कर उसका निर्माण किया जाता है। इसका एक उदाहरण स्वयं *ज्ञानेश्वरी* से दिया जा सकता है। *गीता* के छठें अध्याय आत्मसंयम योग पर अपनी टीका में ज्ञानेश्वर ने पूर्ववर्ती सामग्री में नाथपन्थ, शैव पन्थ और वैष्णव भक्ति इन तीनों परम्पराओं का समावेश किया है। जगह जगह वे हठयोग परक शब्दावली का प्रयोग करते हैं जो उनके समय में लोकप्रचलित था। ध्यातव्य है कि मध्यकाल में बौद्ध और हिन्दू परम्पराओं में कुण्डलिनी योग का प्रारम्भ दिखाई देता है। कुण्डलिनी योग को हठयोग के साथ मिलाकर इसका प्रवेश नाथपन्थ में हुआ। उस समय तक नाथपन्थ का प्रभाव अनेक प्रादेशिक हिन्दू परम्पराओं पर गहराई से होने लगा था।[16]

इस प्रकार संस्कृत भाषा से देशभाषा में हुए रूपान्तर भी उसके विपरीत या उसके विरोध में नहीं हुए थे बल्कि उसका पूर्णतः आधार लेकर उसे सुगमतर और सांस्कृतिक रूप से समृद्धतर बनाने के लिए किये गये थे।

अर्वाचीन शताब्दियों में संस्कृत के बहुत से ग्रन्थ देशभाषाओं में रूपान्तरित हुए। ऐसे रूपान्तरणों द्वारा भारतीय ज्ञान सम्पदा का लोक में और अधिक गहन अनुप्रवेश हो सका। इस अनुप्रवेश के नाते भारतीय संस्कृति को बल मिला। इन ग्रन्थों में धार्मिक पुस्तकें तो हैं ही साथ ही साथ काव्यात्मक विधाओं के बहुत से ग्रन्थ स्थानीय संवेदनाओं और पारम्परिक विकास से संवलित होकर स्थानीय भाषाओं के अन्तर्गत रूपान्तरित हुईं हैं। उपनिवेश काल में अंग्रेज़ी के अतिप्रभाव के कारण संस्कृत शिक्षण की दुरवस्था हुई और इसी के बाद संस्कृत ग्रन्थों के अनुवादों का

---

15. तीरे संस्कृताची गहने। तोडोनि मर्हाटिया शब्दसोपाने। रचिली धर्मनिधाने। निवृत्तीदेवे॥ (*ज्ञानेश्वरी* 11.9)

16. विशेष विवरण के लिए देखें, माधव देशपाण्डे (2021), 'ज्ञानदेव एवं निवृत्तिनाथ की योग पद्धति का सामाजिक समरसता में योगदान', *हिमांजलि*, अंक-24, भारतीय उच्च अध्ययन संस्थान, शिमला : 25-28

सघन दौर प्रारम्भ हुआ। पिछली शताब्दी में यह काम हिन्दी तथा अन्य भारतीय भाषाओं में गीताप्रेस, खेमराज श्रीकृष्ण दास, बेलवीडियर प्रेस, चौखम्बा संस्कृत सिरीज़ तथा रामकृष्ण मठ आदि संस्थाओं के माध्यम से हुआ।

आधुनिक काल में रूपान्तरण का यह कार्य देशभाषाओं की ओर से संस्कृत भाषा में भी हुआ। इन कार्यों को दो भागों में बाँट सकते हैं। पहले प्रकार के अनुवाद वे थे जो बहुत पहले स्वयं संस्कृत से देशभाषाओं में रूपान्तरित और अपने क्षेत्रों में अत्यन्त प्रसिद्ध हो गये थे। उन्हें फिर से संस्कृत में लाया गया। दूसरे प्रकार के अनुवाद वे थे जो नये सिरे से संस्कृत में रूपान्तरित हुए, जिनका मूल संस्कृत में ग्रन्थों के रूप में नहीं था। देशभाषाओं के महनीय ग्रन्थों के संस्कृत-अनुवाद के पीछे अनुवादकों की मनीषा यह रही कि इन ग्रन्थों में आये ज्ञान के नवीन विकास को सभी लोगों तक पहुँचाया जाये।[17] मूल संस्कृत के ज्ञान ग्रन्थों के देशभाषाओं में जो अवतार हुए उन्हें फिर से संस्कृत में पहुँचाने से साहित्य के रूपान्तरण का एक वृत्त पूरा हो जाता है। संस्कृत रूपान्तरणों से दो बातें सिद्ध होती हैं। पहली यह कि पहले स्तर पर मूल संस्कृत से देशभाषाओं में जिन ग्रन्थों का रूपान्तरण हुआ था वे केवल शब्दशः अथवा भावशः अनुवादमात्र नहीं थे, बल्कि सांस्कृतिक पुनर्निर्मिति थे। यदि वे ग्रन्थ केवल अनुवाद ही होते तो उनके पुनः संस्कृतीकरण का कोई तात्पर्य नहीं होता। दूसरी बात यह कि विद्वान् इस शताब्दी में भी संस्कृत की इस क्षमता से परिचित थे कि संस्कृत में अनूदित होने से देशभाषाओं की सामग्री पूरे भारत के लिए सुलभ हो जायेगी।[18] साथ ही वे विश्वास करते थे कि संस्कृत के कलेवर में ले आने से यह सामग्री हमेशा के लिए सुरक्षित हो जायेगी।[19] 13वीं शताब्दी के महान सन्त ज्ञानेश्वर द्वारा रचित गीता के मराठी काव्यात्मक भाष्य *(ज्ञानेश्वरी)* का संस्कृत अनुवाद पुणे के संस्कृत अध्यापक महादेव पाण्डुरंग ओक ने किया। छह अध्यायों वाले इसके प्रथम खण्ड का अनुवाद 1929 में स्वयं लेखक द्वारा पुणे से प्रकाशित हुआ था।

---

17. उदाहरण के लिए श्री ओक ने ज्ञानेश्वरी के संस्कृत अनुवाद के बारे में यह चर्चा की है– सोऽयं निर्जरसा वाचा मया यत्नादनूद्यते। आराधनाय सर्वेषां गीताग्रन्थविमर्शिनाम्॥ निवेदना पद्य 3॥ संस्कृतज्ञानेश्वरी पृ.।

18. जनार्दन गंगाधर रटाटे (1981), *मानसभारती* (*रामचरितमानस* का संस्कृत पद्यानुवाद), भुवनवाणी ट्रस्ट, लखनऊ : 16-ग।

19. 'यदि किसी भी विषय को अथवा ग्रन्थ को संस्कृतभाषा–रूप अविनाशी पात्र में रख दिया जाय तो, उसकी शास्त्रीयता, अविनाशिता और सुस्थिररूपता सिद्ध होती है।' उपर्युक्त : 16–ग।

अभी 2022 में कविकुलगुरुकालिदास संस्कृत विश्वविद्यालय, रामटेक (नागपुर) के प्रो. मधुसूदन पेन्ना ने एक नवीन संस्कृत अनुवाद प्रस्तुत किया है। इसमें *ज्ञानेश्वरी* की ही भाँति 9000 श्लोक हैं। इसका प्रकाशन भी उपर्युक्त विश्वविद्यालय से ही हुआ है। समर्थ स्वामी रामदास के *मनाचे श्लोक (मनोबोध)* का भी संस्कृत में अनुवाद किया गया।

मराठी पण्डित काव्य के प्रखर स्वर मोरोपन्त (1620-1682) की केकावली का संस्कृत में अनुवाद *गीर्वाणकेकावली* नाम से डी.टी. साकुरीकर ने किया। *श्रीरामचरितमानस* के अनेक संस्कृत पद्यानुवाद प्राप्त हैं। डॉ. जनार्दन गंगाधर रटाटे ने *मानसभारती* नाम से किया जो 1981 में भुवनवाणी ट्रस्ट, लखनऊ से प्रकाशित हुआ। इस पुस्तक की भूमिका में उन्होंने तीन पूर्ववर्ती अनुवादों की चर्चा की है।[20] पं. प्रेमनारायण द्विवेदी (2006-1922) ने मानस का अनुवाद 1977 में पूरा किया जिसका प्रकाशन 2005 में हुआ। *गुरुग्रन्थ साहिब* के प्रमुख अंश *जपुजी साहिब* के कई संस्कृत अनुवाद प्राप्त होते हैं। इसका संस्कृत तथा हिन्दी भाषा में अनुवाद हरिप्रसाद वैदिक मुनि ने किया था जो बाम्बे मैशीन प्रेस, लाहौर से 1933 ई. में प्रकाशित हुआ था। *जपुजी साहिब* पर प्रौढ दार्शनिक टीका संस्कृत में पंजाब विश्वविद्यालय के पाण्डुलिपि विभाग (संख्या 1369) में अप्रकाशित स्थिति में हैं।

अनेक ऐसे ग्रन्थ भी संस्कृत में अनूदित किये गये जिनके मूल संस्कृत ग्रन्थ नहीं हैं। इनमें से केवल कुछ ग्रन्थों की सूचना यहाँ दी जा रही है।[21] *तिरुक्कुरळ* का संस्कृत अनुवाद श्री एस.एन. श्रीरामदेशिकन् ने 1961 में प्रकाशित किया। श्रीरामदेशिकन् ने *शिलप्पदिगारम्, तिरुप्पावै, कम्बरामायणम्, नालादियार, एट्टुतोगै, पट्टुपाट्टु* आदि प्राचीन तमिल ग्रन्थों का भी संस्कृत में अनुवाद किया।[22] *कुरलकाव्य* के नाम से *तिरुक्कुरळ* का ही अनुवाद गोविन्द जैन शास्त्री ने भी किया। मिर्ज़ा ग़ालिब के उर्दू दीवान के कम से कम दो अनुवाद उपलब्ध हैं। जगन्नाथ पाठक ने आर्या छन्दों में बहुत ही सुन्दर अनुवाद *गालिबकाव्यम्* के नाम से किया है। परमानन्द शास्त्री (2007-1926) के अनुवाद का नाम है *आनन्दगालिबीयम्*। तुकाराम के चयनित

---

20. उपर्युक्त : 17-18.

21. संस्कृत की अनुवाद परम्परा के लिए आचार्य राधावल्लभ त्रिपाठी के ग्रन्थ *अनुवादशास्त्रम्* तथा डॉ. नारायण दास की कृति द्रष्टव्य है।

22. http://sriramadesikan.com/

अभंगों का अनुवाद *तुका वक्ति* के नाम से ग.बा. पळसुले ने किया। मैथिलीशरण गुप्त के *पञ्चवटी* का अनुवाद राधावल्लभ त्रिपाठी ने किया। मिर्ज़ा हादी रुस्वा के उपन्यास *उमराव जान अदा* का अनुवाद श्वेतकेतु ने सन् 2016 में किया।[23]

संस्थागत उन्नयन के यत्न

भारतीय ज्ञान सम्पदा की मूर्तिमान् प्रतीक है भारत की पाण्डुलिपि निधि। एक आकलन के अनुसार भारत में एक करोड़ पाण्डुलिपियाँ विद्यमान हैं, जो विश्व के किसी भी देश की पाण्डुलिपि संग्रह से बहुत अधिक है।[24] भारत में केवल संस्कृत आदि देशी भाषाओं की ही नहीं बल्कि अरबी-फ़ारसी के भी सबसे अधिक संकलन विद्यमान हैं। देश में अकेले फ़ारसी की पाँच लाख पाण्डुलिपियाँ मौजूद हैं। पिछली शताब्दियों में सरकारी तथा व्यक्तिगत प्रयासों में देश के विविध भागों में पाण्डुलिपि संग्रहों की स्थापनाएँ हुईं। इनमें से अनेक संग्रह देसी रियासतों के अधीन थे। देश के स्वतन्त्र होने के बाद ये संग्रह राज्य सरकारों अथवा केन्द्र सरकार के अधीन हो गये। बाद में बहुतों को निकटतम विश्वविद्यालयों से सम्बद्ध कर दिया गया। इनमें बड़ौदा, मैसूर, तिरुअनन्तपुरम्, तंजौर, वाराणसी, दरभंगा आदि प्रमुख हैं। भण्डारकर प्राच्य विद्या प्रतिष्ठान (29,000 पाण्डुलिपियाँ) तथा एशियाटिक सोसायटी जैसे कुछ स्वतन्त्र ग्रन्थागार अभी भी हैं जिनमें प्रचुर ग्रन्थराशि विद्यमान है। प्रायः सभी ग्रन्थागारों ने अपने यहाँ विद्यमान पोथियों की सूचना के लिए विवरणात्मक सूचीपत्र प्रकाशित किये हैं। इस उपक्रम से भारतीय ज्ञान-परम्परा की बहुत सी भूली-बिसरी सामग्री सामने आयी है। ग्रन्थागारों का आलोडन करते हुए उसके ग्रन्थों की सूची बनाने के इस काम ने भारतीय ज्ञान-परम्परा की निधि का पुनरुद्घाटन किया। आगे केवल कुछ महत्त्वपूर्ण ग्रन्थगारों तथा उनकी सूचियों की चर्चा की जा रही है।[25]

वाराणसी में गवर्नमेंट संस्कृत कॉलेज (जिसे पहले बनारस पाठशाला कहा जाता था) के एक अंग के रूप में **सरस्वती भवन पुस्तकालय** 1791 से कार्यरत

---

23. इस प्रकार के ग्रन्थों की सूचना आचार्य राधावल्लभ त्रिपाठी के *अनुवादशास्त्रम्* के नवम अध्याय में देखी जा सकती है।

24. दीप्ति त्रिपाठी (2018), 'रिफ़्लेक्शंस ऑन मनुस्क्रिप्टोलॅजी : फ़ोरेज़ इनटू इण्डियन पेराडाइम ऑफ़ नॉलेज मैनेजमेंट,' *सम्बोधि* XLI : 1-10.

25. पाण्डुलिपि संग्रहालयों के सम्पूर्ण विवरण के लिए देखें–https://www.namami.gov.in/manuscript-resourcecentres

रहा। कालक्रम से इसके अन्तर्गत पाण्डुलिपियों की संख्या बढ़ती गयी और साथ साथ सूचियाँ भी बनती गयीं। धीरे धीरे पाण्डुलिपियाँ बहुत अधिक होती गयीं और सूचियाँ अनद्यतन रहती गयीं। 1940 में इसका नये सिरे से सूचीकरण हुआ। 1791 से लेकर 1950 तक प्राप्त पाण्डुलिपियों की सूचियों का प्रकाशन 12 खण्डों में *अ डिस्क्रिप्टिव कैटालॉग ऑफ़ द संस्कृत मैन्युस्क्रिप्ट* नाम से कराया गया। इसके 12वें खण्ड में 13 विविध विषयों के 2650 ग्रन्थ सूचीकृत हैं। वर्तमान में इस पुस्तकालय में संस्कृत की लगभग एक लाख पाण्डुलिपियाँ संगृहीत हैं।[26]

राजेन्द्रलाल मित्र (1822-1891) ने बंगाल सरकार के आदेश पर नोटिसेज़ ऑफ़ संस्कृत एमएसएस. नाम से कई भागों में सूची तैयार की जिसे कोलकाता में बैप्टिस्ट मिशन प्रेस में 1874 में प्रकाशित किया गया। इसके अगले भागों का सम्पादन हरप्रसाद शास्त्री (1931-1853) ने किया। उन्होंने पाण्डुलिपियों की खोज में महत्त्वपूर्ण योगदान दिया। बाँग्ला भाषा के प्राचीनतम नमूने वाली पाण्डुलिपि *चर्यागीति* उन्होंने ही खोज निकाली थी। उन्होंने चिन्ताहरण चक्रवर्ती आदि कुछ अन्य लोगों की सहायता से एशियाटिक सोसायटी की सूची भी तैयार की जिसमें 10,000 पाण्डुलिपियाँ शामिल थीं।

तंजौर का **महाराजा सर्फोजी सरस्वती महल पुस्तकालय** 16वीं शताब्दी में तेलुगु नायक राजाओं के समय में प्रारम्भ हुआ जिन्होंने तेलुगु लिपि में लिखी संस्कृत पाण्डुलिपियाँ एकत्र की थीं। 17वीं सदी में मराठाओं के अधीन हो जाने के बाद इस पुस्तकालय का निरन्तर विकास हुआ। इसकी सर्वाधिक समृद्धि तंजौर के महाराजा सर्फोजी (1832-1777) के काशी प्रवास (1830-1820) के दौरान हुई। इसके सार्वजनिक सम्पत्ति घोषित हो जाने के बाद बहुत से व्यक्तिगत पुस्तक संग्रह भी इसे प्राप्त हुए। इस पुस्तकालय में लगभग 49000 पाण्डुलिपियाँ है जिनमें से अधिकतर संस्कृत की ही हैं। संस्कृत के ग्रन्थों को 21 विषयों में विभाजित किया गया है। 1928 से 1931 तक इसके 13 खण्ड अ डिस्क्रिप्टिव कैटालॉग ऑफ़ संस्कृत मैन्युस्क्रिप्ट्ज़ इन द तंजोर महाराजा सरफ़ाजीज़ सरस्वती महल लाइब्रेरी के नाम से निकल चुके थे। इसके खण्डों का सम्पादन पी.पी.एस. शास्त्री ने किया है।[27] आड्यार पुस्तकालय, मद्रास की पाण्डुलिपियों की वर्णानुक्रम सूची सी. कुन्हन

26. https://www.ssvv.ac.in/about-library

27. पी.पी.एस. शास्त्री (1930), *अ डिस्क्रिप्टिव कैटालॉग ऑफ़ संस्कृत मैन्युस्क्रिप्ट्ज़ इन द तंजौर महाराजा सरफ़ोजीज़ सरस्वती महल लाइब्रेरी,* श्री वाणी विलास प्रेस, श्रीराम : iii-vi.

राजा के निरीक्षण में वी. कृष्णमाचार्य, के. रामचन्द्रशर्मा तथा के. माधव कृष्ण शर्मा के संयुक्त प्रयास से निर्मित हुई। इसका प्रकाशन आड्यार पुस्तकालय से 1944 में अल्फ़ाबेटिकल इंडेक्स ऑफ़ संस्कृत मैन्युस्क्रिप्ट्ज़ इन द आड्यार लाइब्रेरी नाम से हुआ।[28] इसकी सूची 13 भागों में डिस्क्रिप्टिव कैटलॉग आफ संस्कृत मैन्युस्क्रिप्ट्स के नाम से अलग से प्रकाशित हुई है। मैसूर के **ओरिएंटल रिसर्च इंस्टीट्यूट** से संस्कृत की पाण्डुलिपियों को A Descriptive Catalogue of Sanskrit Manuscripts के नाम से 17 भागों में प्रकाशित किया गया। इसके अन्तर्गत 65,000 पाण्डुलिपियों की सूचनाएँ एकत्रित हैं। वेद से सम्बद्ध इसका पहला खण्ड 1937 में एम.एस. बसवलिंगय्या के सम्पादन में प्रकाशित हुआ जबकि तन्त्र मन्त्र शास्त्र से सम्बद्ध 17वाँ खण्ड का सम्पादन करके के. राजगोपालाचार ने 1990 में प्रकाशित किया।[29]

1910 में पुणे में **भारत इतिहास संशोधक मण्डल** की स्थापना हुई। इसका लक्ष्य था भारत के सर्वांगपूर्ण इतिहास के लिए उपकरणों को जुटाना और उसका संरक्षण करना। इसके ग्रन्थागार में लोगों के द्वारा स्वेच्छा से दिये गये ग्रन्थों का संग्रह किया गया। यहाँ संस्कृत, मराठी तथा फ़ारसी आदि के ग्रन्थ 40 वर्गों में विभाजित हैं। इन सूचियों की अनुक्रमणिका का प्रकाशन 1960 में गणेश हरि खरे के सम्पादन में *भारत-इतिहास-मण्डलस्थ-हस्तलिखितग्रन्थानुक्रमणिका* के नाम से हुआ।[30] वर्तमान में यहाँ 27000 पाण्डुलिपियाँ हैं। भण्डारकर ओरिएंटल रिसर्च इंस्टीट्यूट में विद्यमान पाण्डुलिपियों के 18 भागों का प्रकाशन 1910 से लेकर 1948 तक पूरा हो गया था। इसके अलग अलग खण्डों का सम्पादन जिन विभिन्न विद्वानों ने किया था उसमें से हैं एस.के. बेलवल्कर (व्याकरण), एस.एम. कत्रे (वेदान्त), हीरालाल कापड़िया (जैनागम, प्राकृत), आदि। बड़ौदा के केन्द्रीय पुस्तकालय के सूचीपत्र का प्रथम (वेदसम्बद्ध खण्ड) 1925 में गजानन के. शिरगाँवकर तथा के.एस. रामस्वामीशास्त्री शिरोमणि के संयुक्त प्रयास से हुआ।

---

28. वी. कृष्णमाचार्य (1944), *अ डिस्क्रिप्टिव कैटलॉग ऑफ़ संस्कृत मैन्युस्क्रिप्ट्ज़ इन द अड्यार लाइब्रेरी चेन्नै,* द अड्यार लाइब्रेरी : v-vi.

29. के. राजगोपालाचार (1990), *डिस्क्रिप्टिव केटालॉग ऑफ़ संस्कृत मैन्युस्क्रिप्ट्ज़,* ओरिएंटल रिसर्च इंस्टीट्यूट, मैसूर विश्वविद्यालय : xi-xii.

30. गणेश हरि खरे (1960) *भारत इतिहास-मण्डलस्थ-हस्तलिखित ग्रन्था क्रमाणीका,* भारत भारत-इतिहास-मण्डल, पुणे।

मुनि जिनविजय (1888–1976) ने संस्कृत, प्राकृत, अपभ्रंश, गुजराती और राजस्थानी की कई प्राचीन कृतियों के अन्वेषण, पाठालोचन और सम्पादन किये। ये ग्रन्थ सिंघी जैन ग्रन्थमाला और राजस्थान पुरातन ग्रन्थमालाओं के अन्तर्गत प्रकाशित हुए। इनमें से *प्रबन्धचिन्तामणि,* प्रबन्धकोश, प्रभावकचरित, विविधतीर्थकल्प, *धूर्ताख्यान, सन्देशरासक, पउमचरिउ, कुवलयमाला, बृहत्कथाकोश* आदि प्रमुख हैं।[31] उन्होंने राजस्थान प्राच्य संशोधन संस्थान, जोधपुर से अ कैटालॉग ऑफ़ संस्कृत ऐंड प्राकृत मैन्युस्क्रिप्ट्स के अनेक खण्डों का सम्पादन तथा प्रकाशन कराया। इसका दूसरा खण्ड 1964-1965 में तीन खण्डों में प्रकाशित हुआ जिसमें कुल 7508 पाण्डुलियों का विवरण है। इस ग्रन्थागार में 48000 पाण्डुलिपियाँ हैं। लालचन्द्र भगवानदास गाँधी ने पाटन के जैन भण्डारों की सूची निर्मित की। इसका पहला खण्ड 1937 में ओरियंटल इंस्टीस्ट्यूट, बड़ौदा से प्रकाशित हुआ। इससे प्राकृत तथा जैनागमों की महत्त्वपूर्ण सामग्री प्रकट हो सकी। डेक्कन कॉलेज पुणे की पाण्डुलियों की सूची का पहला खण्ड 1916 में गवर्नमेंट आफ़ मुम्बई द्वारा प्रकाशित हुआ। कीलहॉर्न और ब्यूल्हर के प्रयासों से जुटाये गये इस ग्रन्थागार की सूची डेक्कन कॉलेज के अध्यापकों ने तैयार की थी। संस्कृत कॉलेज, कलकत्ता (अब, संस्कृत कॉलेज ऐंड युनिवर्सिटी, कोलकाता) की पाण्डुलिपियों का विवरण दो भागों में विराजमोहन तर्कतीर्थ तथा जगदीश चन्द्र तर्कतीर्थ द्वारा 1963 और 1965 में प्रकाशित किया गया। विश्वेश्वरानन्द संस्थान, होशियारपुर की पाण्डुलिपियों का प्रकाशन 1965 में विश्वबन्धु के सम्पादकत्व में दो खण्डों में किया गया है।

इन प्रमुख सूचियों के अतिरिक्त छोटे बड़े पुस्तकालयों ने अपनी सूचियाँ बनायीं हैं। इनमें कुछ हैं– आचार्य श्री कैलाशसूरि ज्ञानमन्दिर, कोबा, गुज़रात (पाण्डुलिपि संख्या 2,50000), लालभाई दलपतभाई इंस्टीट्यूट आफ इंडोलोजी, अहमदाबाद (80,000), गंगानाथ झा शोध संस्थान जो अब राष्ट्रीय संस्कृत विश्वविद्यालय का प्रयागराज परिसर है (45,000), कलकत्ता विश्वविद्यालय (38,000), प्राच्य संशोधन संस्थान, वडोदरा (28,000), बंगीय साहित्य परिषद् कलकत्ता (22,000), *अ डिस्क्रिप्टिव कैटालॉग ऑफ़ संस्कृत* रामचंद्र दास और हरभट्ट शास्त्री (1927), *मैन्युस्क्रिप्ट्स इन प्राइवेट कलेक्शन ऑफ़ राजा हरीसिंह* आदि।

---

31. विशेष विवरण, माधव हाड़ा (2016), *मुनि जिनविजय,* साहित्य अकादमी, नयी दिल्ली।

संस्कृत, प्राकृत तथा अन्य श्रेण्य भारतीय भाषाओं के उपर्युक्त ग्रन्थागारों के अतिरिक्त भारत में फ़ारसी, अरबी आदि भाषाओं की पाण्डुलिपियों का विशाल संग्रह भी है। इन ग्रन्थागारों में रामपुर रज़ा पुस्तकालय (रामपुर, उ.प्र., 18,000), ख़ुदाबख़्श पुस्तकालय (पटना, 28,000), सवाई मानसिंह द्वितीय संग्रहालय-जयपुर, मौलाना आज़ाद अरेबिक-पर्शियन रिसर्च इंस्टीट्यूट-टोंक, नूर माइक्रोफ़िल्म सेंटर, ईरान सांस्कृतिक भवन, नयी दिल्ली आदि प्रमुख हैं।

विविध ग्रन्थागारों की सूचियों के आधार पर विद्वानों ने संग्रहात्मक अथवा विषयवार स्वतन्त्र सूचियाँ बनाने का काम भी किया है। थियोडोर आफ्रेक्ट (1822-1907) ने विविध सूचियों को एकत्रित करके एक विशाल सूची का निर्माण *कैटालोगस कैटालोगोरम* (1891-1903 के बीच प्रकाशित) के नाम से जर्मन ओरिएंटल सोसायटी के तत्त्वावधान में कराया। इस कार्य को वी. राघवन् (1908-1979) ने मद्रास विश्वविद्यालय के तत्त्वावधान में *न्यू कैटालोगस कैटालोगोरम* नाम से जारी रखा, जो अभी भी चल रहा है। डेविड पिंग्री अपने *सेंसस ऑफ़ द एक्जेक्ट साइंसिस इन संस्कृत* (पाँच खण्ड, 1970) में खगोलशास्त्र तथा गणित से सम्बन्धित पाण्डुलिपियों की जानकारी देते हैं। हाल में ही पुणे के आनन्दाश्रम संस्थान ने गणित तथा खगोलशास्त्र से भिन्न वैज्ञानिक सामग्री से सम्बन्धित पाण्डुलिपियों की सूची तैयार की है। इसे 80 पाण्डुलिपि सूचियों के आधार पर बनाया गया है।[32]

इन्दिरा गाँधी राष्ट्रीय कला केन्द्र के अन्तर्गत बहुत से पाण्डुलिपि ग्रन्थागारों की पाण्डुलिपि-सूचियों को एक साथ रखा गया है तथा उनकी पाण्डुलिपियाँ भी यथासम्भव देखने के लिए स्कैन कर के रख दी गयी हैं। यह एक महत्त्वपूर्ण कार्य है।[33]

ग्रन्थों का उद्धार एवं पुनः प्रवर्तन

पाण्डुलिपि विज्ञान नामक नये अनुशासन के अभ्युदय ने आधुनिक युग में भारतीय ज्ञान-परम्परा का महान् उपकार किया है। बहुत से ग्रन्थ जो लुप्त हो जाने के कारण पिछली कई शताब्दियों से अध्ययन अध्यापन की परम्परा से बाहर हो चले थे, उनकी खोज हुई। उन्हें फिर से सम्पादित करके प्रकाशित किया गया। उन पर

32. दीप्ति त्रिपाठी (2018), पूर्वोद्धृत : 8.

33. विशेष विवरण के लिए देखें, http://ignca.gov.in/online-digital-resources/manuscripts/

अध्ययन प्रस्तुत किये गये। उन्हें पाठ्यक्रमों में स्थान मिला। इन सब उपक्रमों से भारतीय ज्ञान-परम्परा को एक नयी स्फूर्ति मिली। ऐसे ही कुछ महनीय ग्रन्थों के समुद्धार का विवरण आगे दिया जा रहा है–

चारुदेव शास्त्री (1887-1896), गौरीनाथ शास्त्री, को.अ. सुब्रह्मण्य अय्यर (1980-1896) आधुनिक काल में *वाक्यपदीय* के अध्ययन को जीवन्त करने वाले आचार्यों में से हैं। उन्होंने *वाक्यपदीय* का सम्पादन, प्रकाशन तथा अनुवाद किया तथा उस पर अनेक विनिबन्धों को प्रकाशित किया। गौरीनाथ शास्त्री की *द फिलासफी आफ वर्ड ऐंड मीनिंग* तथा को.अ. सुब्रह्मण्य अय्यर (1896–1980) का *भर्तृहरि (अ स्टडी आफ द वाक्यपदीय इन द लाइट आफ ऐंशियेंट कॉमेंटेटर्स)* ये दोनों पुस्तकें वर्तमान युग में भर्तृहरि के अध्ययन की आधारभूत समझ बनाती हैं। रघुनाथ शर्मा ने सम्पूर्ण *वाक्यपदीय* पर संस्कृत भाषा में पारम्परिक रीति की *अम्बाकर्त्री* नामक टीका लिख कर भर्तृहरि को समझने योग्य बनाया। *वाक्यपदीय* के क्षेत्रीय भाषाओं में हो रहे अनुवादों के लिए यह टीका उपजीव्य है। यह 1963 से 1996 के बीच आठ खण्डों में सम्पूर्णानन्द संस्कृत विश्वविद्यालय, वाराणसी से प्रकाशित हुई। इस तरह भर्तृहरि के अध्ययन की परम्परा शताब्दियों बाद एक बार फिर जीवित हो उठी। अशोक अक्लूजकर, मिथिलेश चतुर्वेदी आदि अनेक विद्वान् आज भी इस ग्रन्थ पर अध्ययन प्रस्तुत करते हुए नवीन दृष्टियों को उजागर करने में लगे हुए हैं।

राजनीतिक तथा सामाजिक परिस्थितियों के कारण *नाट्यशास्त्र* जैसे महनीय ग्रन्थ का प्रयोग तथा अध्यापन दोनों पिछली सहस्राब्दी में नष्ट हो चुके थे। 1865 में एडवर्ड हाल ने दशरूपक के साथ इसके कुछ अध्याय पहली बार प्रकाशित किये। इसके बाद 1880 में पाल रेनो तथा 1888 में जान ग्रोसे ने क्रमशः इसका 17वाँ और 28वाँ अध्याय प्रकाशित करवाया। *नाट्यशास्त्र* का सम्पूर्ण प्रकाशन 1894 में काव्यमाला शृंखला के अन्तर्गत तथा 1929 में हुआ। 40 पाण्डुलिपियों के आधार पर *नाट्यशास्त्र* का प्रामाणिक संस्करण 1926 से 1964 के बीच बड़ौदा से *अभिनवभारती* टीका के साथ प्रकाशित हुआ। *नाट्यशास्त्र* की पुनः उपलब्धि के साथ ही इस शताब्दी में कला, रंगमंच, साहित्य से जुड़े लोगों का ध्यान इस ओर गया और *नाट्यशास्त्र* के महत्त्व को समझा जाने लगा। वर्तमान शताब्दी में कमलेशदत्त त्रिपाठी तथा राधावल्लभ त्रिपाठी *नाट्यशास्त्र* के प्रयोग तथा अध्ययन दोनों पक्षों का नेतृत्व करने वाले महनीय आचार्य हैं।

लगभग 2400 वर्ष पहले लिखी गयी पुस्तक *अर्थशास्त्र* लगभग 12वीं शताब्दी से लुप्तप्राय हो चुकी थी। 1905 में शामशास्त्री को मैसूर ओरिएंटल पुस्तकालय की पाण्डुलिपियों का सूचीकरण करते हुए इसकी पूरी पाण्डुलिपि प्राप्त हुई। इसे उन्होंने 1909 में प्रकाशित किया। इसका अंग्रेज़ी अनुवाद 1915 में प्रकाशित हुआ। महामहोपाध्याय टी. गणपतिशास्त्री ने त्रिवेन्द्रम संस्कृत सिरीज़ से अपनी संस्कृत टीका *श्रीमूला* के साथ इसे प्रकशित कराया। राजेश्वर शास्त्री द्राविड ने भारतीय अर्थशास्त्र तथा पश्चिमी राजनीतिशास्त्र का तुलनात्मक अध्ययन प्रस्तुत किया। अर्थशास्त्र पर उनकी *वैदिकसिद्धान्तरक्षिणी* तथा *जयमंगला* टीकाएँ मौलिक अवदान कही जा सकती हैं।

राहुल सांकृत्यायन ने बौद्धधर्म की अनेक संस्कृत पुस्तकों को तिब्बत तथा मध्य एशिया से पुनः प्राप्त किया था। इनमें से कुछ ग्रन्थ हैं– ज्ञानश्रीमित्र की *योगाचारभूमि, श्रावकभूमि, प्रत्येकबुद्धभूमि, अपोहप्रकरण, ईश्वरदूषण, अद्वैतबिन्दु; अश्वघोष की त्रिदण्डमाला* और *परिकथा;* मैत्रेयनाथ की *मध्यान्तविभागकारिका, अभिसमयालंकार* आदि।[34] ये ग्रन्थ विदेशी आक्रमणों से बौद्ध धर्म के नष्ट होने के साथ बौद्ध भिक्षुओं द्वारा तिब्बत आदि स्थानों पर ले जाये गये थे और भारत में अनुपलब्ध थे। वर्तमान में 1967 में वाराणसी में केन्द्रीय उच्च तिब्बती शिक्षा संस्थान की स्थापना हुई। इसके प्रत्यावर्तन विभाग का ध्येय ही है तिब्बती भाषा में विद्यमान भारतीय विज्ञान तथा साहित्य के ग्रन्थों का मूल संस्कृत में पुनः ले आना। विश्वविद्यालय ने अब तक 60 ग्रन्थों को संस्कृत में प्रत्यावर्तित किया है। प्रत्यावर्तन के साथ में इनका अनुवाद तथा आलोचनात्मक संस्करण भी किया गया है।[35]

इसी प्रकार शताब्दियों से लुप्तप्राय अनेक काव्यग्रन्थों के प्रकाशन तथा अध्ययन भी प्रारम्भ हुए। अश्वघोष का *बुद्धचरित* तथा *शारिपुत्रप्रकरण* अपूर्ण अवस्था में प्राप्त हुए थे। भास के 13 नाटक टी. गणपति शास्त्री को प्राप्त हुए थे। आधुनिक काल में शताब्दियों से लुप्त इन ग्रन्थों के अध्ययन, अध्यापन, शोध की फिर शुरुआत हुई।

---

34. राहुल सांकृत्यायन (1938), 'सर्च फॉर संस्कृत एसएसएम इन तिब्बत', *जर्नल ऑफ़ बिहार ऐंड ओडिशा रिसर्च सांसाइटी,* खण्ड XXIV भाग IV : 137-165.

35. सम्पूर्ण विवरण के लिए देखें, https://web.archive.org/web/20190914070436/ http://www.cuts.ac.in/index.php?urlcontent/r1rd

पाश्चात्य सम्पर्क

पश्चिमी विद्वानों द्वारा संस्कृत के अध्ययन का क्रम उपनिवेश काल के दौरान शुरू हुआ। यह उपक्रम प्रारम्भ में भारतीय समाज को समझने के लिए हुआ था ताकि भारत भूमि पर अपने उपनिवेश को अधिकाधिक समय तक क़ायम रखा जा सके। इस क्रम में अनेक बार विसंवाद की परिस्थितियाँ भी आयीं। इसी कारण सबसे पहले धर्मशास्त्रीय (क़ानूनी) ग्रन्थों पर उनका ध्यान गया। अंग्रेज़ों ने पण्डितों के माध्यम से *विवादार्णवसेतु, नव्यधर्मदीपिका* (कृपाराम), *विवादभङ्गार्णव* (जगन्नाथ पण्डित), *व्यवहारशतश्लोकी* (श्रीधर) आदि ग्रन्थ तैयार कराये जिनके अंग्रेज़ी अनुवाद भी कराये गये। बाद में अंग्रेज़ विद्वानों का ध्यान भारतीय विद्या के अन्य क्षेत्रों में लिखे ग्रन्थों पर भी गया। जैसे जैसे उनका इससे परिचय बढ़ा वैसे वैसे उनका आश्चर्य बढ़ता ही गया। फिर तो विदेशी विद्वानों की पूरी एक पीढ़ी ही अध्यवसाय पूर्वक संस्कृत तथा अन्य प्राचीन भाषाओं में लिखे गये ग्रन्थों के अध्ययन, सम्पादन, अनुवाद आदि में लग गयी। उनके प्रयत्नों से भारतीय ज्ञान-परम्परा को बहुत विशेष लाभ यह हुआ कि उसका परिचय पूरे विश्व को होने लगा। सम्पादन आदि की नवीन प्रविधियों तथा प्रकाशन की उत्तम व्यवस्था के कारण भारतीयों को भी ये ग्रन्थ सुलभ होने लगे। विदेशियों के इन शोधों ने भारत के वर्तमान और भविष्य को बदल दिया।[36] उनके अध्ययन के तुलनात्मक होने के कारण ज्ञान के क्षेत्र में तुलनात्मक भाषाशास्त्र, तुलनात्मक पुराकथाशास्त्र और तुलनात्मक धर्म जैसे नये अनुशासनों का विकास हुआ। यद्यपि इन प्रस्तुतियों में औपनिवेशिक पूर्वाग्रह मौजूद थे, जिनकी चर्चा ऊपर आ चुकी है। जिन प्रमुख विद्वानों ने इस क्षेत्र में सर्वप्रथम कार्य शुरू किये उनमें से कुछ महत्त्वपूर्ण नाम हैं– चार्ल्स विल्किंस (*गीता का अनुवाद,* 1785), सर विलियम जोंस (*अभिज्ञानशाकुन्तलम्* का अनुवाद 1789), आर्थर वेनिस (*मीमांसापरिभाषा तथा वेदान्तमुक्तावली* के अनुवाद), म्यूर, ए.एच. विल्सन (*मेघदूत* का अनुवाद 1814) आदि। मैक्सम्यूलर (1900-1823) ने 1849 से 1875 के मध्य *ऋग्वेद* के सभी मण्डलों का 4 खण्डों में प्रकाशन किया। इसके बाद उन्होंने *सैक्रेड बुक्स आफ़ द ईस्ट* इस शृंखला के अन्तर्गत भारतीय विद्या से सम्बन्धित ग्रन्थों के सम्पादन और अनुवाद का कार्य प्रारम्भ किया। इसके अन्तर्गत

---

36. मैक्समूलर ने अपनी पत्नी जॉर्जिया को अपने *ऋग्वेद* के संस्करण के बारे में लिखा था, 'मेरा पूरा विश्वास है कि *ऋग्वेद* का यह संस्करण और उसका अनुवाद आगे जाकर भारत की नियति को निर्धारित करेगा। यह उनके धर्म का मूल है..।' राधावल्लभ त्रिपाठी (2014क) में उद्धृत : 51.

भगवद्गीता, धम्मपद, अवेस्ता जैसे 50 ग्रन्थ प्रकाशित हुए। विदेशी विद्वानों ने भारत विद्या के लगभग सभी भागों को उपकृत किया। पाण्डुलिपि विज्ञान, मुद्रा शास्त्र, पुरातत्त्व शास्त्र आदि अनेक अनुशासन तो ऐसे हैं जिनका परिचय उन्होंने कराया। उन्होंने संस्कृत सीखने की पद्धतियाँ विकसित कीं, बड़े बड़े कोश बनाये, विदेशी विश्वविद्यालयों में भारतीय विद्या से सम्बद्ध विभागों को खोलने में मदद की। रूस, जर्मनी, ब्रिटेन, अमरीका सहित अनेक महाद्वीपों में भारतीय ज्ञान-परम्परा के विषयों का अध्यापन होने लगा। इन देशों में अब भी इस प्रकार के अध्ययन जारी हैं।

पाश्चात्य अध्येताओं द्वारा किये जाने वाले इन कार्यों से परतन्त्र भारत, जिसका आत्मसम्मान नष्टप्राय हो चुका था, में एक नयी चेतना आयी। वह अपने खोये हुए आत्मगौरव को पुन: प्राप्त करने के लिए तैयार हुआ। भारत के अनेक जननायक इन पाश्चात्त्य भारतविदों से प्रभावित थे तथा उनके माध्यम से भारत तथा भारतीय धर्म के प्रति प्रेम को पुष्ट करते थे।[37] इस तरह औपनिवेशिक काल में भारतीय विद्या ने पश्चिमी विद्वानों के माध्यम से भारत में अपनी खोती हुई ज़मीन फिर से प्राप्त की।

प्रकाशन अभियान

छापाख़ाने का प्रचुर प्रचार न होने तक पुस्तकें अपने पास रख पाना एक विशेषाधिकार हुआ करता था। सभी लोग इसका लाभ नहीं उठा पाते थे। पिछली शताब्दियों में मुद्रणालयों के स्थापित होने का सबसे पहला लाभ जिसे हुआ वह संस्कृत विद्या थी। ये मुद्रणालय सरकारी तथा वैयक्तिक दोनों प्रकार के प्रयासों से लगवाये गये थे। इन मुद्रणालयों से ग्रन्थों की अनेक शृंखलाएँ प्रकाशित हुईं। इस उपक्रम से संस्कृत विद्या का सार्वजनिकीकरण हुआ तथा भारतीय ज्ञान-परम्परा में अभूतपूर्व उत्क्रान्ति आयी। सालों पहले प्रकाशित हुए और अब दुर्लभ हो चुके इन ग्रन्थों को हाल के वर्षों में विभिन्न संस्थाओं तथा व्यक्तिगत प्रयासों से स्कैन करके अन्तर्जाल पर उपलब्ध करा दिया गया है, जिससे उन्हें नि:शुल्क प्राप्त करना बहुत ही सरल हो चुका है।[38]

---

37. उदाहरण के लिए 'गांधी जी ने अपनी आत्मकथा में मैक्समूलर की पुस्तक *ह्वाट इण्डिया कैन टीच अस की* सराहना की, जिसके माध्यम से उन्होंने हिन्दू धर्म के सौन्दर्य का अपने भीतर अनुभव किया।' उपर्युक्त : 58.

38. इंटरनेट पर इस प्रकार की एक बड़ी साइट है, https://archive.org/। यहाँ ग्रन्थों को बिना शुल्क डाउनलोड किया जा सकता है। ऐसे प्रयासों और साइटों की संख्या दिन-ब-दिन बढ़ रही है।

बिब्लोथेका इण्डिका सिरीज़ 1849 में रॉयल एशियाटिक सोसायटी द्वारा स्थापित किया गया था। यह भारतविद्या के प्रकाशन की सम्भवतः सबसे प्राचीन शृंखला है। इस सिरीज़ में भारतविद्या से सम्बन्धित अनेक दुर्लभ तथा अप्रकाशित पुस्तकें प्रकाशित हुईं जिनमें मूलपाठ, अंग्रेज़ी अनुवाद, व्याकरण, कोश, ग्रन्थसूची तथा अन्य अध्ययन शामिल हैं। संस्कृत के अतिरिक्त प्राकृत, फ़ारसी तथा अन्य भारतीय भाषाओं की पुस्तकें भी इसके अन्तर्गत मुद्रित हुईं। 1953 तक इस शृंखला में कुल 277 पुस्तकें प्रकाशित हुईं।[39] इसके अन्तर्गत राजेन्द्रलाल मित्र (1822-1891), सत्यव्रत सामश्रमी, सतीशचन्द्र विद्याभूषण (1879-1920), महेशचन्द्र न्यायरत्न (1836-1906), विधुशेखर भट्टाचार्य, हरप्रसाद शास्त्री (1853-1931), गंगानाथ झा (1872-1941), मनमोहन घोष, नलिनाक्ष दत्त (1893-1973), बिमल चरण ला (1892-1969), सुनीति कुमार चटर्जी (1890-1977) आदि विद्वानों ने अनेक ग्रन्थों का सम्पादन किया था।

19वीं सदी के अन्त तथा 20वीं के प्रारम्भ में मुम्बई में स्थित **निर्णय सागर प्रेस** के माध्यम से **काव्यमाला सिरीज़** की पुस्तकें निकलीं। इस प्रेस की स्थापना जावजी दादाजी चौधरी (1839-1892 के लगभग) ने 1876 में की थी जिसे उनके बाद उनके पुत्रों तुकाराम जावजी तथा पाण्डुरंग जावजी ने उत्साह तथा परिश्रम से सफलता के शिखर तक पहुँचाया। उन्होंने देवनागरी की सबसे सुन्दर, स्वच्छ तथा सुरुचिपूर्ण 'अखण्ड' नामक टाइप का उपयोग किया, जिसका अब तक कोई प्रतिद्वन्द्वी नहीं हुआ। हाल ही में कुछ तकनीकविदों ने टंकण के लिए निर्णयसागर के अक्षरों की ढलाई पर आधारित फ़ांट विकसित किया है जिसका नाम आदिशिला रखा गया है।[40] 1886 में प्रारम्भ की गयी इस सिरीज़ में मुख्यतः काव्य और काव्यशास्त्रीय ग्रन्थों के विद्वत्तापूर्ण सम्पादन तथा सुरुचिपूर्ण प्रकाशन किये गये। इसमें काव्यमाला सिरीज़ के अन्तर्गत 95 एकल पुस्तकें तथा काव्यमाला गुच्छक के अन्तर्गत प्राचीन काव्यों के 14 खण्ड प्रकाशित हुए थे।[41] काव्यमाला की इन दो ग्रन्थावलियों के अतिरिक्त भी

---

39. ये ग्रन्थ निम्नलिखित संकेतों पर उपलब्ध हैं, https://archive.org/details/Bibliotheca_Indica_Series

40. https://adishila.com/fonts/

41. इन दोनों ग्रन्थावलियों के प्रायः सभी ग्रन्थ यहाँ उपलब्ध हैं–
http://www.sanskritebooks.org/2011/08/complete-collection-of-kavyamala-series-of-books-of-nirnaya-sagar-press/

निर्णयसागर प्रेस से भारतविद्या से सम्बन्धित अनेक अन्य ग्रन्थ प्रकाशित हुए जिसमें वेदान्त, धर्मशास्त्र, कर्मकाण्ड, तथा पुराण प्रमुख हैं। यहाँ से प्रकाशित काव्यमाला सिरीज़ के ग्रन्थों के विद्वान् सम्पादकों में से–वासुदेव लक्ष्मण शास्त्री पणशीकर, पण्डित दुर्गादास, काशिनाथ पाण्डुरंग परब, भट्ट मथुरानाथ शास्त्री आदि प्रमुख थे। अपने जीवनकाल में जावजी दादाजी ने संस्कृत की 193 पुस्तकें, मराठी की 228 पुस्तकें और हिन्दी-गुज़राती की 15 पुस्तकें प्रकाशित कीं।[42]

19वीं शताब्दी में *वाचस्पत्यम्* तथा *शब्दकल्पद्रुम* 2 विश्वकोश संगृहीत तथा प्रकाशित हुए। ये दोनों कोश अनेक भागों में पर्याप्त उद्धरणों और सूक्तियों के साथ तैयार किये गये। *शब्दकल्पद्रुम* को राजा राधाकान्तदेव के निर्देश पर कई बंगाली विद्वानों ने 5 भागों में सम्पादित किया। *वाचस्पत्यम्* का संग्रह तथा प्रकाशन तारानाथ तर्कवाचस्पति ने किया। छह भागों में प्रकाशित इस कोश में कुल 5442 पृष्ठ हैं।

20वीं सदी के प्रारम्भ में टी. गणपतिशास्त्री (1860-1926) के नेतृत्व में त्रिवेन्द्रम पाण्डुलिपि पुस्तकालय के माध्यम से **त्रिवेन्द्रम संस्कृत सिरीज़** (अनन्तशयन संस्कृत ग्रन्थावली) के अन्तर्गत प्राचीन, दुर्लभ तथा अप्रकाशित संस्कृत ग्रन्थों का प्रकाशन कराया गया। 1905 से 1925 के मध्य इस ग्रन्थमाला में लगभग 100 पुस्तकें प्रकाशित हुईं। इस शृंखला के प्रकाशन का कार्य अभी भी जारी है। महाकवि भास के सभी नाटक इसी ग्रन्थावली के अन्तर्गत प्रकाशित हुए थे। इसके अन्य महत्त्वपूर्ण प्रकाशन हैं *मञ्जुश्रीमूलकल्प, मयमतम्, ईशानशिवगुरुदेवपद्धति, व्यक्तिविवेक, दुर्घटवृत्ति, सिद्धान्तसिद्धांजन, महार्थमञ्जरी, सरस्वतीकण्ठाभरण, प्रक्रियासर्वस्व* आदि।

पुणे की **आनन्दाश्रम संस्था** की स्थापना महादेव चिमणाजी आप्टे ने 4 नवंबर, 1887 को की थी। आनन्दाश्रम संस्कृत ग्रन्थावली के अन्तर्गत 1888 से लेकर 1942 के मध्य 144 प्राचीन पुस्तकें प्रकाशित की गयीं। इनमें वेद, आरण्यक, ब्राह्मण, उपनिषद्, श्रौतसूत्र, गृह्यसूत्र, मीमांसा, पुराण, काव्य तथा व्याकरण आदि सम्मिलित हैं।[43] अब तक संस्था ने कुल 26 विषयों पर 195 खण्ड प्रकाशित किये हैं। संस्था के

---

42. dharmadispatch.in/history/nirnayasagar-press-a-forgotten-national-treasure

43. इस ग्रन्थावली के अधिकतर ग्रन्थ निम्नोक्त संकेत पर उपलब्ध हैं– https://archive.org/download/Anandashram_Samskrita_Granthavali_Anandashram_Sanskrit_Series/

पास 15000 पाण्डुलिपियाँ भी संरक्षित हैं।[44] **श्रीवेंकटेश्वर प्रेस** की स्थापना चूरू के दो मारवाड़ी भाइयों गंगाविष्णु तथा खेमराज बजाज ने 1893 में मुम्बई में की थी। इन्होंने संस्कृत तथा हिन्दी की अनेक महत्त्वपूर्ण पुस्तकें प्रकशित कीं। मुरादाबाद के पण्डित ज्वाला प्रसाद की अनेक पुस्तकें यहाँ से प्रकाशित हुईं। इनके प्रकाशन अभी भी जारी हैं। **चौखम्बा संस्कृत सिरीज़ आफिस** की स्थापना हरिदास गुप्त द्वारा 1892 में की गयी थी। इस संस्था से अनेक दुर्लभ पुस्तकों का पहली बार प्रकाशन हुआ। अनेक ग्रन्थमालाओं के साथ अभी तक इसके प्रकाशन का अनवरत इतिहास है। *काशीविद्यासुधानिधिः* अथवा पण्डित पत्रिका संस्कृत की पहली पत्रिका मानी जाती है। इसका प्रकाशन **बनारस संस्कृत कॉलेज** की ओर से जून 1866 ई. में प्रारम्भ हुआ था। इसके अन्तर्गत अनेक प्राचीन ग्रन्थ (जैसे, *पदमञ्जरी, काव्यप्रदीप, शास्त्रदीपिका, खण्डनखण्डखाद्य,* आदि) क्रमशः मुद्रित हुए तथा उनके प्रकाशनों के सम्बन्ध में जनसामान्य को सूचनाएँ दी गयीं। यह पत्रिका 1917 तक प्रकाशित हुई।[45] इसके कुछ भागों का पुनर्मुद्रण सम्पूर्णानन्द संस्कृत विश्वविद्यालय से पण्डित विद्यानिवास मिश्र के कुलपतित्व में *पण्डितपरिक्रमा* के नाम से हुआ था।

गीताप्रेस की स्थापना 1923 में जयदयाल गोयन्दका द्वारा कोलकाता में की गयी जो बाद में गोरखपुर स्थानान्तरित हुआ। गीताप्रेस ने भारतीय संस्कृति से सम्बन्धित धार्मिक ग्रन्थों के सानुवाद, शुद्ध, सुन्दर संस्करण लागत से भी कम मूल्य पर जनता को उपलब्ध कराये। संस्कृत के ग्रन्थों के संस्करण तथा प्रामाणिक अनुवाद में गीताप्रेस का सहयोग पाण्डेय रामनारायण शास्त्री तथा शान्तनुविहारी द्विवेदी आदि विद्वानों ने किया। बाद के वर्षों में गीताप्रेस की पुस्तकें धार्मिकता का पर्याय ही बन गयीं। बिना किसी आर्थिक सहयोग अथवा विज्ञापन के अब तक (लगभग सौ वर्षों तक) गीताप्रेस द्वारा धार्मिक पुस्तकों को प्रकाशित करने का सबसे लम्बा रिकॉर्ड है। इसके द्वारा विभिन्न संस्करणों में अब तक कुल प्रकाशित प्रतियों की संख्या 68 करोड़ 28 लाख है। इसके कुल प्रकाशन 1927 हैं जिसमें 877 संस्कृत तथा हिन्दी के तथा शेष अन्य भारतीय भाषाओं के हैं। संस्था द्वारा *कल्याण, युग कल्याण* हिन्दी में तथा *कल्याण कल्पतरु* अंग्रेज़ी में मासिक

---

44. https://www.aanandashram-sanstha.org/

45. विजयदत्त श्रीधर (2008), *भारतीय पत्रकारिता कोश,* वाणी प्रकाशन, दिल्ली : 177.

पत्रिकाएँ निरन्तर प्रकाशित होती हैं।[46] इसी वर्ष इसके शताब्दी वर्ष में से गाँधी शान्ति पुरस्कार से पुरस्कृत किया गया। **कश्मीर संस्कृत सिरीज़ आफ टेक्स्ट ऐंड स्टडीज़** के नाम से कश्मीर के महाराजा के निर्देश से प्रकाशित ग्रन्थमाला में कश्मीर शिवाद्वयवाद से सम्बन्धित बहुत सारे ग्रन्थ सामने आये। इसके सम्पादक मण्डल में मधुसूदन कौल शास्त्री, जगदीशचन्द्र चट्टोपाध्याय, हरभट्ट शास्त्री जैसे शैव शास्त्र के महापण्डित सम्मिलित थे। इस ग्रन्थमाला के अन्तर्गत *ईश्वरप्रत्यभिज्ञाविवृतिविमर्शिनी* (अभिनवगुप्त, 1943), *सिद्धित्रयी* (उत्पलदेव,1921), *शिवसूत्रविमर्शिनी* (क्षेमराज, 1911), *तन्त्रालोक* (अभिनवगुप्त), *प्रत्यभिज्ञाहृदयम्* (क्षेमराज, 1911), *बोधपञ्चदशिका, परमार्थचर्चा* (अभिनवगुप्त, 1947) आदि अनेक महत्त्वपूर्ण ग्रन्थ प्रकाशित हुए। इनमें से अनेक ग्रन्थों को राष्ट्रीय संस्कृत संस्थान ने 1991 में पुनर्मुद्रित किया है।

कई विद्वानों ने अकेले अनेक ग्रन्थों के सम्पादन, संशोधन, अनुवाद तथा प्रकाशन किये। इनमें कुछ उल्लेख्य विद्वान् निम्नवत् हैं। जीवानन्द विद्यासागर (जन्म 1844) तारानाथ तर्कवाचस्पति के पुत्र थे। वे अपने पिता की ही तरह सभी विद्याओं में पारंगत लेखक और प्रकाशक थे। उन्होंने कुल 200 प्रकाशन किये। 107 संस्कृत ग्रन्थों पर तो उन्होंने स्वयं टीकाएँ लिखीं और उन्हें स्वयं प्रकाशित किया। इसमें उन्हें 22 वर्ष का समय लगा। उन्होंने *कथासरित्सागर* का 1400 श्लोकों में संक्षेप प्रस्तुत किया तथा अनेक कठिन संस्कृत ग्रन्थों के सरल रूप सामने रखे। देश विदेश में उनकी टीकाएँ इतनी अधिक ग्राह्य हुईं कि स्वयं उनके जीवनकाल में इन ग्रन्थों के 5–6 पुनर्मुद्रण हुए। जॉन वुडरफ़ (1865–1936) ने **आगमानुसन्धान समिति** के माध्यम से 'तान्त्रिक टेक्स्ट सिरीज़' के अन्तर्गत अनेक तन्त्र ग्रन्थों को सम्पादित एवं प्रकाशित किया। इसमें *महानिर्वाणतन्त्र, चिद्गगनचन्द्रिका, कुलार्णवतन्त्र, ताराभक्तिसुधार्णव, कामकलाविलास, तन्त्रराज* आदि उल्लेख्य हैं।

46. https://www.gitapress.org/an-introduction/

चतुर्थ परिच्छेद

परम्परा के प्रायोगिक प्रमाण

परम्परा के प्रायोगिक प्रमाण

प्रवेश

किसी भी व्यवहार के मृत होने में तर्क है उसका अनुत्पादक हो जाना। यदि वर्तमान के साथ उसका सरोकार नहीं है तो वह अनुपस्थित जैसा ही है। भारतीय ज्ञान-परम्परा के साथ ऐसा नहीं है। वह अपने अनुपालन और धारण करने वालों को निरन्तर लाभान्वित करती रही है। उसके माध्यम से प्राप्त किये जाने वाले लाभ उसके अद्यतन होने में प्रमाण के रूप में उपस्थापित किये जा सकते हैं। पिछली शताब्दी में भारतीय ज्ञान-परम्परा की प्रायोगिक सफलता के दो सबसे ज्वलन्त उदाहरण हैं भारत का नवजागरण तथा स्वतन्त्रता के समर में देश की सफलता। इन दोनों आन्दोलनों में संलग्न छोटे-बड़े नेता भारतीय ज्ञान-परम्परा से उद्‌भूत विचारों से प्रेरित थे। इन्होंने इस परम्परा को प्रत्यक्षतः, संस्कृत माध्यम से अथवा अप्रत्यक्षतः, देशज भाषाओं के माध्यम से ग्रहण किया था तथा उसका उपयोग देश के राजनैतिक, आध्यात्मिक तथा सांस्कृतिक उन्नयन में किया।

ध्यातव्य है कि भारतीय समाज की सामूहिक चेतना में भारतीय ज्ञान-परम्परा हमेशा से उपस्थित रही है। 'आम लोगों का जीवन दर्शन जिससे प्रभावित हो उसे समझे बिना उनसे संवाद करना सम्भव नहीं हो सकता है। इसमें कोई शक नहीं है कि इसकी समझ स्वतन्त्रता संग्राम के चिन्तकों को थी। तभी 1835 से 1935 तक के सौ वर्षों के दौरान शायद ही कोई चिन्तक था जिसने गीता पर कुछ न लिखा हो। ... चिन्तकों के इसी गुण ने शायद जनता को आन्दोलित करने में उन्हें सहायता दिलायी।'[1] परम्परा का वर्तमान में उपयोग उन नायकों की कोई कूटनीति नहीं थी

1. मणीन्द्रनाथ ठाकुर (2022), पूर्वोद्‌धृत : XVII-XVIII.

बल्कि एक स्वाभाविक आवश्यकता थी जिसे वे भलीभाँति जानते थे और परम्परा के अन्तर्भूत होने के कारण वे इसे आसानी से बरत सकते थे। वे परम्परा का उपयोग करके वर्तमान समस्याओं के निस्तारण के लिए एक देशज उपागम की खोज करना चाह रहे थे, क्योंकि वे जानते थे कि 'यदि हम अपने शासकों की समझ से अपने आपको समझने लगें तो फिर हम उनके वर्चस्व को स्वीकार कर लेंगे और हमारी गुलामी बनी रहेगी। इसलिए उन्होंने अपने समाज को समझने के लिए (पाश्चात्त्य प्रणाली की अपेक्षा) नये उपागमों की खोज कर दी। दर्शन, धर्म , विज्ञान, साहित्य लगभग सब कुछ का पुन:पाठ शुरू हो गया। धर्मसुधार आन्दोलन हुए, राजनीतिज्ञ गीता जैसे ग्रन्थ पर भाषण दिया करते थे, प्रार्थना सभाएँ राजनीतिक सभाओं में बदल जाती थीं। लोक परम्परा, लोकगीत, लोकदर्शन आदि को भी खंगाला जाने लगा था, ताकि अपने आप को समझने के लिए उपागम खोजे जा सकें।'[2]

राष्ट्रीय तथा सांस्कृतिक सुधारवादी आन्दोलनों के नेताओं का भारतीय ज्ञान-परम्परा तथा संस्कृत भाषा के साथ घनिष्ठ सम्बन्ध रहा। अनेक लोगों ने प्राचीन शैली में संस्कृत भाषा में ग्रन्थ लिखे। (जैसे, स्वामी दयानन्द सरस्वती, श्री अरविन्द, नारायण गुरु आदि)। अनेकों ने परम्परा के महनीय ग्रन्थों पर आधुनिक भाषा में तथा आधुनिक समझ के साथ भाष्य लिखे (जैसे, तिलक तथा गाँधी ने गीता पर)। कई को उनके सम्प्रदाय के अनुयायियों द्वारा संस्कृत में सूत्रबद्ध किया गया (जैसे विवेकानन्द के दर्शन को स्वामी हर्षानन्द द्वारा *श्रीविवेकानन्दकर्मयोगसूत्रशतकम्* में सूत्रबद्ध किया)।

कुछ लोगों को यह संशय भी हो सकता है कि नवजागरण तथा स्वराज के प्रति भारत का जागरण उसकी अपनी परम्परा के सम्यक् अवगमन से प्राप्त माँग थी या पाश्चात्त्य संस्कृति से सम्पर्क तथा अंग्रेज़ी के अध्ययन से जन्मी चेतना का फल थी। अंग्रेज़ी के प्रति दासोचित बहुमान के कारण बहुत से लोगों का यह मानना हो सकता है कि हमारे नेताओं का सम्पर्क यदि पाश्चात्त्य चिन्तन प्रणाली अथवा अंग्रेज़ी भाषा के साथ नहीं होता तो भारत में नवजागरण अथवा स्वतन्त्रता के आन्दोलन प्रारम्भ नहीं हो सकते थे। इस विषय में महात्मा गाँधी हमारा उत्तम रीति से मार्गदर्शन करते हैं। 'गाँधी नहीं मानते हैं कि स्वराज्य की चेतना अंग्रेज़ी शिक्षा की देन है, अपितु वह यह मानते हैं कि कोई भौगोलिक प्रदेश अपने विचारों की मौलिकता से राष्ट्र बन

---

2. मणीन्द्र नाथ ठाकुर (2022), पूर्वोद्धृत : XXXI-XXXII.

सकता है, पराये विचारों के अनुवचनों से नहीं।[3]' गाँधीजी के शब्द इस विषय में नि:संशय हैं। उन्होंने अंग्रेज़ी की उच्चता ग्रन्थि के विपक्ष में जो कहा है वह बहुत ही शिक्षाप्रद है–

> राम मोहन राय को यदि अँगरेज़ी में सोचने और अपने विचार व्यक्त करने का झंझट न होता तो वे और भी बड़े सुधारक बन सकते थे, यही बाधा तिलक के आड़े न आती तो वे और भी बड़े विचारक सिद्ध होते।...कोई भी देश अनुवादों की भरमार करके राष्ट्र नहीं बन सकता। मैं यह मानने को तैयार नहीं कि राजा राम मोहन राय और लोकमान्य तिलक ने जो विचार व्यक्त किये वे उनके दिमाग़ में अँगरेजी शिक्षा के बिना आ ही नहीं सकते थे। भारत देश जितने भी अन्धविश्वासों से पीड़ित है उनमें सबसे बड़ा यही है कि स्वातन्त्र्य-परक विचारों को प्रेरित करने और वैचारिक सुस्पष्टता पैदा करने के लिए अँगरेजी भाषा का ज्ञान आवश्यक है।

अस्तु, आधुनिक भारत का निर्माण करने वाली ये दोनों घटनाएँ किस प्रकार भारतीय ज्ञान-परम्परा से प्रसूत थीं तथा उसके जीवन्तता का प्रतीक थीं, यह आगे उदाहरणों द्वारा प्रस्तुत है।

नवजागरण तथा अन्य सांस्कृतिक-आध्यात्मिक आन्दोलन

भारतीय नवजागरण पाश्चात्त्य सम्पर्क के कारण भारतीय समाज के द्वारा अनुभव किये जा रहे सुधारों की आवश्यकता का फल अवश्य था,[4] लेकिन यह बहुत सीमा तक भारतीय ज्ञान-परम्परा पर आधारित था। भारत में बौद्धिक जागरण की निरन्तरता हमेशा से थी यह कोई ऐसी वस्तु नहीं थी जिसे भारतीयों ने अज्ञान की निद्रा के बाद प्रबोध के रूप में प्राप्त किया था। इस नाते कई विद्वान् पुनर्जागरण

---

3. प्रवीण पण्ड्या (2022), *समकालिक काव्य शास्त्र एवं विमर्श*, राष्ट्रीय संस्कृत साहित्य केंद्र, जयपुर : 113.

4. 'चार्ल्स विल्किंस, विलियम जोंस, नथनिएल हालहेड आदि ने संस्कृत विद्या की जिस निधि को सामने रखा उससे भारतीयों के बीच पुनरुत्थानवादियों की एक जमात पैदा हुई जो ख़ुद को हीन समझने वाली दब्बू भारतीयों की वृत्ति के विपरीत अपनी संस्कृति और पुरानी थाती पर गर्व करने के मामले में अति के दूसरे छोर पर पहुँच गयी थी। पर इस पुनरुत्थानवादी मनोवृत्ति की उन्नीसवीं शती के नवजागरण में महती भूमिका रही है। उसके माध्यम से भारत की अस्मिता के अन्वेषण की प्रक्रिया तेज हुई और हमारे चिन्तन ने नयी करवटें लीं'। राधावल्लभ त्रिपाठी (2022), पूर्वोद्धृत : 8.

जैसे शब्दों और उससे प्राप्त सम्प्रत्ययों को पाश्चात्त्य सम्पर्क से प्रभावित मानते हैं।[5] स्वयं पाश्चात्त्य पुनर्जागरण भी, जैसा कि मैक्सम्यूलर के मत को उद्धृत करते हुए द *इण्डियन मिरर* के सम्पादक का कहना है, पश्चिमी विद्वानों के द्वारा संस्कृत भाषा के ज्ञान के कारण हो सका।[6] भारतीय नवजागरण भारतीय ज्ञान-परम्परा द्वारा अपने उज्ज्वल एवं अग्रगामी आयामों को आगे करके अपनी युगानुकूलता सिद्ध करने का महान् उदाहरण था। बंगाल में ब्रह्मसमाज, महाराष्ट्र में प्रार्थना समाज तथा देश के अनेक भागों में आर्य समाज ने जो विधवा विवाह आदि का समर्थन किया उसमें उन्होंने तर्क के साथ-साथ भारतीय शास्त्रीय परम्परा से समर्थक वाक्य भी उद्धृत किये।

राजा राममोहन राय (1772-1833) भारतीय नव जागरण के पुरोधा थे। वे भारतीय ज्ञान-परम्परा का अग्रगामी उपयोग करने वाले विद्वान् थे। भारतीय शास्त्रों में उनकी निष्णातता का पता इसी से लग सकता है कि उन्होंने मद्रास के सुब्रह्मण्य शास्त्री को शास्त्रार्थ में पराजित कर दिया था। उन्होंने शास्त्रों से सती प्रथा के विरुद्ध प्रमाण जुटाये। तारानाथ तर्कवाचस्पति (1812-1885) ईश्वरचन्द्र विद्यासागर के गुरु थे। वे कन्या शिक्षा तथा विधवा विवाह से सम्बन्धित समर्थक धर्मशास्त्रीय उद्धरण विद्यासागर को देते थे तथा उनके आन्दोलन में निरन्तर उनके साथ रहे। विद्यासागर भी अपने गुरु के बड़े प्रशंसक थे।[7] वे स्वयं संस्कृत के प्रकाण्ड पण्डित थे। उन्होंने 1854 में विधवा विवाह के समर्थन में संस्कृत में एक पुस्तिका प्रकाशित कराई जिसके माध्यम से इस विषय पर एक लम्बी बहस का प्रारम्भ हुआ। स्वामी दयानन्द सरस्वती (1824-1883) के द्वारा स्थापित आर्य

---

5. वागीश शुक्ल ने अपने अप्रकाशित लेख *'भारतीय पेगन परम्परा : जागरण और सुषुप्ति'* में इस शब्द को भारतीय चेतना के अननुकूल कहा है। अन्यत्र (दे. *धर्मक्षेत्रे कुरुक्षेत्रे*) भी उनका यह मानना है कि '... उन्नीसवीं सदी के प्राय: सभी चर्चित नवजागरण आन्दोलन हिन्दुओं को पेगन चेतना से दूर और ग़ैर पेगन चेतना के क़रीब लाने के ही आन्दोलन थे ...।' जो भी हो इन आन्दोलनों का वितान भारतीय ज्ञान-परम्परा का सहारा लेकर ही किया गया था। हो सकता है कि यह सहारा चुनिन्दा क़िस्म का रहा हो।

6. 'हमें यह जान लेना चाहिए कि हमारी राष्ट्रीय मुक्ति संस्कृत भाषा के धातुमूलों और विभक्तियों के अध्ययन की ऋणी है...संस्कृत की खोज के कुछ ही वर्षों के भीतर तुलनात्मक विज्ञान के इतिहास में एक क्रांति आ गई...।' (नीरद सी. चौधरी : 318, राधावल्लभ त्रिपाठी (2022) : 7 पर उद्धृत)

7. राधावल्लभ त्रिपाठी (2021) : 119.

समाज भारत की ज्ञान परम्परा के शुद्ध रूप के पुनरन्वेषण पर ज़ोर देता है। इसके लिए उन्होंने वेद, वेदांग तथा आर्ष ग्रन्थों को आधार बनाया। अनेक सामाजिक रूढ़ियों और बन्धनों को सारहीन सिद्ध कर देने के कारण स्वामी जी के अनुयायियों की संख्या पर्याप्त हो गयी। उन्होंने ज्ञान परम्परा को उन वर्गों की ओर भी प्रवाहित किया जो अन्यथा इससे विमुख थे अथवा विमुख कर दिये गये थे। अपने प्रसिद्ध ग्रन्थ *सत्यार्थप्रकाश* में उन्होंने जो पाठ्यक्रम बनाया है वह भारतीय ज्ञान-परम्परा पर आधारित है। आर्यसमाजी गुरुकुलों में इसे बहुत सीमा तक क्रियान्वित किया गया। इसके परिणाम स्वरूप उनसे बड़े बड़े विद्वान्, सुधारक, राष्ट्रीय आन्दोलन के नेता, देशभक्त, समाजसेवक तथा शिक्षाविद् उत्पन्न हुए। उन्नीसवीं तथा बीसवीं सदी के विषम काल में संस्कृति की सुरक्षा तथा उसके प्रचार में स्वामी जी तथा उनके आर्यसमाज आन्दोलन का बड़ा हाथ था। उसी समय बंगाल में उभरे आन्दोलन भी भारतीय परम्पराओं के शुद्ध रूप का आग्रह करते थे। रूढ़ियों के खण्डन के लिए उन्होंने शास्त्र सम्मत तर्कों का आश्रय लिया। इसलिए यह कहा जा सकता है कि ये आन्दोलन भारतीय ज्ञान-परम्परा के सम्बल से विकसित हुए थे। विवेकानन्द (1863-1902) श्रीरामकृष्ण (1836-1886) से प्रभावित थे। उनका नववेदान्तीय दर्शन पूर्णतः उपनिषदों तथा अद्वैत पर आधारित होता हुआ भी कर्म तथा सेवा के समन्वय का एक नया दृष्टिकोण प्रस्तुत करता है। वे संस्कृत वाङ्मय के प्रखर अध्येता थे। उनके बनाये संस्कृत स्तोत्र अब भी रामकृष्ण मिशन के मठों में गाये जाते हैं। स्वामी जी राष्ट्रवादी चेतना के प्रसार के कारण भी आधुनिक भारत में अत्यन्त ग्राह्य हुए। आनन्दराम बरुवा (1850-1889) देश के पहले आइ.सी. एस. अधिकारी थे। वे संस्कृत के परम विद्वान् थे तथा भारत की आत्मगौरव के पुनःस्थापन के लिए संस्कृत की महत्ता को समझते थे। उन्होंने नोवाखाली में कन्या महाविद्यालय की स्थापना की तथा उसमें संस्कृत विद्या के अध्ययन की विशेष व्यवस्था के लिए उन्होंने उस समय के प्रख्यात पण्डित अन्नदाचरण तर्कचूडामणि को इसका प्रधानाध्यापक बनाया।[8]

19वीं सदी के संस्कृत साहित्य पर यदि दृष्टिपात करें तो उसमें नवजागरण की प्रवृत्तियाँ बहुत स्पष्ट दिखाई देती हैं।[9] त्रिपाठी (2022, अध्याय 1) में इस पर विशद ढंग से प्रकाश डाला गया है। उससे कुछ उदाहरण द्रष्टव्य हैं। रामनारायण

8. राधावल्लभ त्रिपाठी (2022, 21)

9. राधावल्लभ त्रिपाठी (2022), पूर्वोद्धृत : अध्याय 1.

तर्करत्न ने *कुलीनसर्वस्वम्* (1854) नाटक में कुलीन स्त्रियों की दुर्दशा, श्यामाचरण ने *बालोद्वाह:* (1860) में बालविवाह, तथा बिहारीलाल नन्दी ने *विधवापरिणयोत्सव:* (1857) में विधवाविवाह को विषय बनाया। रामनाथ तर्करत्न ने अपने *वासुदेवविजय* तथा *आर्यालहरी* में अंग्रेज़ी शासन द्वारा भारतीय चेतना के लोप का प्रत्यक्ष, अप्रत्यक्ष रूप से विरोध किया। महेशचन्द्र ने 1896 में *भूदेवचरितम्* का प्रणयन किया जिसमें नायक को ईसाई धर्म के प्रचारकों के प्रखर तर्कों से उद्वेलित होकर वैचारिक संघर्ष करते हुए दिखाया गया है। रामावतार शर्मा (1877-1929) ने भारतीयों को उद्‌बोधित करते हुए *भारतगीतिका* नामक काव्य लिखा है जिसकी तुलना मैथिलीशरण गुप्त की भारत-भारती से की जा सकती है। उपर्युक्त कृतियों के अतिरिक्त ताराचरण भट्टाचार्य की *भारतभूधरासान्त्वनम्* उल्लेखनीय है।

इसी समय नवजागरण के सुधारवादी दृष्टिकोण का प्रतिकार करने वाले समूह भी भारत में युगपत् सक्रिय हुए। भारतीय परम्परा और उसमें विकसित सभी मोड़-पड़ावों पर समेकित तथा अखण्ड दृष्टि रखने वाले विद्वानों ने सुधारवादियों का विरोध किया। इन विद्वानों में स्वामी करपात्री जी (1907-1980) प्रमुख हैं। स्वामी दयानन्द के वेद भाष्य पद्धति का विरोध करते हुए उन्होंने स्वयं *वेदार्थपारिजात* नाम से वेदभाष्य का प्रयास किया। इसके अतिरिक्त इनके ग्रन्थ हैं–*वेदस्वरूपविमर्श:, वेदप्रामाण्यमीमांसा, भक्तिरसार्णव:* आदि। आज भी सनातनियों पर स्वामी करपात्री का प्रभाव स्पष्ट उपलक्षित होता है। उनके द्वारा स्थापित की गयीं धर्मसंघ की शाखायें देश के विभिन्न भागों में जनसामान्य को धर्म की ओर उन्मुख करने में प्रयासरत हैं।

श्री अरविन्द (1950-1872) ने एक दार्शनिक योगी की भूमिका में अपनी तत्त्वदृष्टि, इतिहास-दर्शन और संस्कृति दर्शन तथा योग समन्वय के द्वारा भारतीय सभ्यता बोध को दुनिया के समक्ष जिस 'कॉस्मिक टेलियॉलजी' के साथ प्रस्तुत किया था, वह जितना मौलिक था वह उतना ही प्रयोगधर्मी और सार्वभौतिक चरित्र वाला था।[10] उन्होंने एक सभ्यता दर्शन एवं विकास दर्शन तथा अतिमानस के रूप में एक नया मनोविज्ञान दिया। श्री अरविन्द संस्कृत, लैटिन आदि भाषाओं के प्रकाण्ड विद्वान् थे। संस्कृत के असाधारण ज्ञान के बल पर ही उन्होंने वेदों की आध्यात्मिक व्याख्या की। उन्होंने संस्कृत में एक पद्यात्मक ग्रन्थ *भवानी भारती* लिखा है।

---

10. अम्बिकादत्त शर्मा (2018), पूर्वोद्धृत : 61.

नारायण गुरु (1928-1856) केरल के महत्त्वपूर्ण सुधारक थे। उन्होंने जातिप्रथा की बुराइयों को दूर करने के लिए आवश्यक प्रयत्न किये। शूद्र वर्ग से होते हुए उन्हें वेदादि शास्त्रों के अध्ययन का अवसर मिला जिसका बड़ा उपयोग उन्होंने सामाजिक परिवर्तन में किया। उन्होंने मलयालम तथा तमिल के अतिरिक्त संस्कृत में 18 रचनायें कीं। इनमें से *दर्शनमाला, ब्रह्मविद्यापञ्चकम्, निवृत्तिपञ्चकम्, श्लोकत्रयी, वेदान्तसूत्रम्, नारायणस्मृति* आदि प्रमुख हैं।

भारतीय ज्ञान-परम्परा तथा संस्कृत विद्या से सम्पृक्त अनेक विद्वान् ऐसे भी हुए जिन्होंने समाज के निर्माण में महत्त्वपूर्ण भूमिका निभायी। समाज को दिये गये उनके महत्त्वपूर्ण योगदान में उनकी सनातन ज्ञान परम्परा का बड़ा हाथ है। पण्डिता रमाबाई (1858-1922) ने द *हाई कास्ट हिन्दू वूमॅन* लिखकर समाज में स्त्रियों की दशा पर ज्वलन्त प्रश्न खड़े किये। श्रीपाद दामोदर सातवळेकर (1867-1968) को *वैदिक राष्ट्रवाद* नामक पुस्तक लिखने पर अंग्रेज़ सरकार द्वारा जेल में बन्द कर दिया गया था। रामकृष्ण गोपाल भाण्डारकर, बालगंगाधर तिलक, पाण्डुरंग वामन काणे, लक्ष्मण शास्त्री जोशी, गोपीनाथ कविराज, महापण्डित राहुल सांकृत्यायन, संस्कृत तथा अध्यात्म की दृढभूमि में प्रशिक्षित थे और साथ ही उसके पार और विपरीत दिखने वाले क्षेत्रों की यात्रा करने वाले पुरुषार्थी विद्वान् थे। आधुनिक भारत की वैज्ञानिक दृष्टि के निर्माताओं में इनका नाम अग्रगण्य है। विनोबा भावे (1895-1982) ने *ईशोपनिषद्, भगवद्गीता* तथा अन्य धर्मों के ग्रन्थों के संकलन प्रकाशित किये तथा उनका उपयोग करके समाज सुधार की प्रक्रिया तेज़ की। उन्होंने *गीता* का समश्लोकी मराठी अनुवाद गीताई नाम से भी किया। *साम्यसूत्रम्* नाम से उन्होंने एक नये शास्त्र का प्रणयन भी किया जो सूत्रों में लिखा गया है तथा संस्कृत भाषा में है। भीमराव अम्बेडकर (1891-1956) ने जो सामाजिक क्रान्ति पैदा की उसका दृढ आधार उन्होंने पूर्वपक्ष के रूप में ही सही, परम्परा से लिया। उन्होंने जातिप्रथा के विरोध में अपनी लड़ाई के लिए संस्कृत शास्त्रों का अध्ययन किया और उसकी परम्परानिष्ठ आलोचना की। उनकी परम्परानिष्ठता का एक बहुत बड़ा प्रमाण यह भी है कि उन्होंने जब जीवन के अन्त में हिन्दू धर्म से खिन्न होकर धर्मान्तरण का मन बनाया तो बौद्ध धर्म को चुना, जबकि अनेक इब्राहीमी धर्मों के दरवाज़े उनके लिए अधिक सरलता से खुले हुए थे।

वर्तमान युग में वेदान्त का सबसे नवीन लोकोपकारी प्रयोग सम्भवत: स्वामिनारायण सम्प्रदाय द्वारा हुआ है। इसके संस्थापक सहजानन्द स्वामी

(स्वामिनारायण, 1781-1830) हैं। विशिष्टाद्वैत तथा वल्लभवेदान्त के संश्लेषण से उन्होंने एक अलग मत चलाया जिसमें परब्रह्म तथा अक्षरब्रह्म दोनों के अस्तित्व को अलग स्वीकार किया गया है। इस नाते इस मत को अक्षरपुरुषोत्तम दर्शन भी कहते हैं। स्वामिनारायण ने जाति पर आधारित भेदभाव का विरोध किया तथा अनेक दुर्भिक्षों के अवसर पर उन्होंने स्वयं मानवसेवा का आदर्श सामने रखा। उन्होंने पुष्टिमार्ग के अनैतिक हो चले क्रियाकलापों का विरोध भी किया। आज स्वामिनारायण सम्प्रदाय समस्त विश्व में सेवा कार्यों में अग्रणी है। इसकी सर्वप्रमुख शाखा– 'बी.ए.पी.एस.' को गुज़रात के भूकम्प (2001) के दौरान 15 गाँवों तथा 39 स्कूलों के पुनर्निर्माण के विशिष्ट कार्यों को देखते हुए संयुक्त राष्ट्र के आर्थिक तथा सामाजिक परिषद् में सलाहकार का स्थान दिया गया है। पांडुरंग शास्त्री आठवले (1920-2003) द्वारा चलाया गया स्वाध्याय आन्दोलन महाराष्ट्र तथा गुजरात में पर्याप्त लोकप्रिय हुआ है। यह समाज सुधार में आन्दोलन मुख्यतः भगवद्गीता की शिक्षाओं पर आधारित है।

स्वतन्त्रता आन्दोलन

भारतीय राष्ट्रीय आन्दोलन नायक मुख्यतः क्रान्तिकारी और राजनीतिक स्तर पर कार्य करने वाले नेता थे। दोनों प्रकार के नायक निरपवाद रूप से भारतीय ज्ञान-परम्परा में दीक्षित थे। स्वातन्त्र्य समर में भारत की विजय प्रकारान्तर से उसकी युगों प्राचीन ज्ञान परम्परा के पुनरुन्मेष की भी विजय थी। इस विजय के द्वारा भारतीय परम्परा की जीवन्तता तथा उत्पादकता स्पष्ट हो जाती है।

राष्ट्रीय आन्दोलन में भारतीय अशान्ति के जनक बाल गंगाधर तिलक (1856-1920) कांग्रेस के गरम दल के सबसे प्रभावी नेता थे। उनकी प्रारम्भिक शिक्षा दीक्षा पारम्परिक संस्कृत रीति से हुई थी। उन्होंने भगवद्गीता की प्रचलित अद्वैत परक व्याख्या से भिन्न व्याख्या प्रस्तुत की जो कर्मयोग के अनुकूल है। उस समय जनता को प्रोत्साहित करने के लिए यह आवश्यक था। अपनी व्याख्या का नाम उन्होंने *गीतारहस्य* रखा है। उन्होंने शंकराचार्य के खण्डन में केवल पारम्परिक तरीक़ों का उपयोग न करके पाठ सम्बन्धी और प्रसंग-परक नये तर्कों को सामने रखा है।[11] तिलक एक बड़े गणितज्ञ तथा इतिहासविद् भी थे। *ओरायन, आर्कटिक होम आफ*

---

11. माधव देशपाण्डे (2001), पूर्वोद्धृत : 131.

द *वेदाङ्ग* तथा *वेदाङ्ग ज्योतिष* जैसे ग्रन्थ इसमें प्रमाण हैं। वेदों के समय निर्धारण में उनका मत आज भी सबसे अधिक तर्कसम्मत है। राजनैतिक और सामाजिक मोर्चों पर यदि उन्होंने लोगों को अंग्रेज़ी सत्ता के विरुद्ध उकसाया तो साथ ही विद्वत्तापूर्ण ग्रन्थों के माध्यम से बौद्धिक स्तर पर भारतीयों को आत्मगौरव का भान कराया। स्वतन्त्रता आन्दोलन के क्रान्तिकारी योद्धा श्यामजी कृष्ण वर्मा (1875-1930) पेशे से वकील तथा पत्रकार थे। उन्होंने लन्दन में 'इण्डियन होमरूल सोसायटी' तथा 'इण्डिया हाउस' की स्थापना की थी। वे संस्कृत तथा भारतीय भाषाओं के विशिष्ट विद्वान् थे। काशी के विद्वानों ने 1877 में उन्हें पण्डित की उपाधि दी। वे स्वामी दयानन्द के शिष्य थे तथा उनके स्वराज्य सम्बन्धी विचारों से प्रेरित थे। वे इंग्लैण्ड में मोनियर विलियम्स के सहायक भी रहे।

गाँधीजी के विचारों में भारत का सनातन सत्य अपनी सोलहों कलाओं के साथ अवतरित होकर युगानुरूप नवीकृत हुआ था।[12] गाँधी जी भारतीय ज्ञान-परम्परा के मूर्तिमन्त प्रायोगिक रूप थे। उन्होंने अपने प्रयोगों के द्वारा सत्य को फिर से अभिज्वलित किया और शास्त्रों के चिरन्तन सिद्धान्तों को किताबों में बन्द हो जाने से बचाया। उन्होंने लोगों का विश्वास उन सिद्धान्तों पर फिर से दृढ किया। साथ ही 'गाँधी के विचारों में सम्प्रेषण की क्षमता का कारण भी था सामाजिक चेतना और जनमानस में उपस्थित दर्शन और सैद्धान्तिक अवधारणाओं पर उनकी पकड़।'[13] संस्कृत की बहुत सी चिरन्तन सूक्तियों का उन्होंने इस तरह से अपने जीवन में प्रयोग किया कि आज उनमें से बहुतों को हम गाँधी जी के नाम से उद्धृत करते हैं।[14] उनके जीवन पर भगवद्गीता का अत्यधिक प्रभाव था। वे उसे माँ का दर्जा देते थे। उन्होंने *भगवद्गीता* का अनुवाद *अनासक्तियोग* नाम से किया था। *रामायण, महाभारत* आदि ग्रन्थों को ऐतिहासिक न मानते हुए भी उन्होंने उनके उपदेशों को अपने जीवन में उतारा था। गाँधीजी संस्कृत केवल समझते ही नहीं थे, अपितु उन्होंने अपनी

---

12. अम्बिकादत्त शर्मा (2018), पूर्वोद्धृत : 61.

13. मणीन्द्रनाथ ठाकुर (2022), पूर्वोद्धृत : 99.

14. उदाहरण के लिए *महाभारत* का यह श्लोक–यत् पृथिव्यां व्रीहियवं हिरण्यं पशवः स्त्रियः। *नालमेकस्य तत् सर्वमिति मत्वा शमं व्रजेत्* ॥ द्रोणपर्व 63/9 (पृथ्वी पर जितने धान, जौ, सोना, पशु, स्त्रियाँ हैं वह एक–लोभी व्यक्ति के लिए पर्याप्त नहीं है, यह समझकर हमें शान्त हो जाना चाहिए।), इसे *सम्पूर्ण गाँधी वाङ्मय,* खण्ड 13, पृ.232 पर देखा जा सकता है।

जीवनदृष्टि के 11 सिद्धान्तों को दो अनुष्टुप् छन्दों में स्वयं लिखा भी था।[15] *मॉडर्न रिव्यू* में 'कॉल आफ ट्रुथ' नाम से छपे अपने लेख में रवीन्द्रनाथ ठाकुर गाँधी के सामने जो प्रश्न रखे थे उनके उत्तर में गान्धी जी श्रीमद्भगवद्गीता के तीसरे अध्याय के आठ से सोलह तक के श्लोक उद्धृत करते हुए 'एवं *प्रवर्तितं चक्रम् (3.16)*' श्लोक के माध्यम से स्वदेशी की धुरी में स्थित चरखे को समर्थित किया।[16] भारतीय जीवन दृष्टि के समर्थन में तथा पाश्चात्त्य दृष्टि के खतरों के बारे में जो उन्होंने *हिन्द स्वराज* में लिखा था वह युगों युगों तक मानवीय चेतना को सनातनी सभ्यता–दृष्टि से संस्कारित कर पायेगी।

स्वातन्त्र्य समर के उपर्युक्त महानायकों के अतिरिक्त अनेक ऐसे विद्वान् थे जो मूलतः संस्कृत शास्त्रों के विद्वान् थे। उन्होंने अपने तपःपूत श्रमशील जीवन से समाज में अपना लोकप्रिय स्थान बनाया था। उनके लेखनों ने लोगों को विदेशी सत्ता के षड्यन्त्रों के प्रति जागरूक किया। इनमें से कुछ नायकों ने स्वाधीनता के आन्दोलन में सीधे भाग भी लिया था जिनका परिचय निम्नवत् है।

वेदों के परम विद्वान् श्रीपाद दामोदर सातवळेकर (1867-1968) प्रारम्भ में आर्यसमाज तथा थियोसोफिकल सोसाइटी के प्रभाव में रहे। 1905 में उन्होंने *अथर्ववेद* के पृथ्वीसूक्त (12.1)पर आधारित अपना लेख मराठी पत्रिका में प्रकाशित किया। अंग्रेज़ी शासन ने इसे सरकार विरोधी मानते हुए पत्रिका के सम्पादक, प्रकाशक तथा सातवळेकर तीनों पर राजद्रोह का मुक़द्दमा दायर कर दिया थे। 1906 में सातवळेकर ने इसे *वैदिक राष्ट्रगीत* के नाम से मराठी में पुस्तकाकार प्रकाशित किया। पुस्तक की 2000 प्रतियाँ मुद्रित की गयीं जिनमें केवल 500 वितरित हो पायीं। शेष शासन ने ज़ब्त कर लीं। इसके हिन्दी अनुवाद की 3000 प्रतियों को भी सरकार ने ज़ब्त कर लिया था।[17] इस सिलसिले में सातवळेकर को डेढ़ वर्ष की क़ैद की सज़ा भी मिली। 1907 में सातवळेकर सूरत कांग्रेस के

---

15. अहिंसा सत्य अस्तेय ब्रह्मचर्य अपरिग्रहः।
शरीरश्रम अस्वादः सर्वत्र भयवर्जनम्॥
सर्वधर्मसमानत्वं स्वदेशी स्पर्शभावना।
ह्येकादशभिः सेवाभिः नम्रत्वं व्रतनिश्चये॥ देखें, राधावल्लभ त्रिपाठी 'गांधी हमसे कितने दूर, हमारे कितने पास', *हिमांजलि,* शिमला : 20.

16. प्रवीण पण्ड्या (2022), पूर्वोद्धृत : 108.

17. राधावल्लभ त्रिपाठी (2022), पूर्वोद्धृत : 4.

अधिवेशन में बाल गंगाधर तिलक के साथ थे। कांग्रेस के मुंबई(1914), लखनऊ (1916), मद्रास (1925) आदि अधिवेशनों में भी उन्होंने भाग लिया तथा लाला लाजपत राय जैसे जननायकों के सम्पर्क में आये। डेढ़ साल जेल काटकर वे हैदराबाद से औंध रियासत आये। वहाँ उन्होंने स्वाध्याय मण्डल की स्थापना की तथा भारत मुद्रणालय के नाम से अपना प्रेस भी डाला। नवजागरण के समय में संस्कृत के ग्रन्थों को जनसामान्य तक पहुँचाने में इसकी बहुत बड़ी भूमिका रही। यहीं से 1819 में उन्होंने *वैदिक-धर्म* नामक एक मासिक पत्रिका भी निकाली। 1920 में उन्हें सातारा में कांग्रेस का अध्यक्ष चुना गया। गांधीजी के उदय के बाद उन्होंने पूरी तरह से राजनीतिक परिदृश्य में उनके मार्ग को अपना लिया। 1905 से 1945 की अवधि में सावळेकर ने कांग्रेस के खुले अधिवेशनों में व्याख्यान दिये, वैदिक वाङ्मय पर सैकड़ों लेख लिखे। उन सब में स्वाराज्य, स्वदेशी, मातृभूमि, देशसेवा आदि शब्दों का ख़ूब प्रयोग हुआ है। स्वाधीनता संग्राम के सन्दर्भ में वेद के मन्त्रों का विनियोजन करने वाले कदाचित् केवल सातवळेकर ही थे।[18]

आधुनिक युग के महान् तत्त्वदर्शियों में से एक गोपीनाथ कविराज (1887-1976) राष्ट्रीय आन्दोलन के विचारकों से बहुत प्रभावित थे। कविराज जी जब कलकत्ता से वाराणसी आये तो उनके घर में क्रान्तिकारी छिपने के लिए आया करते थे। 'यह सत्य है कि कविराज जी ने स्वाधीनता संग्राम में सीधे भाग नहीं लिया, पर उनका सारा चिन्तन और लेखन भारत के नवजागरण और भारत के स्वात्म के उद्‌बोध के लिए है, जो उस समय उतना ही आवश्यक था, जितना आज़ादी की लड़ाई में शारीरिक स्तर पर अपनी आहुति देना।'[19] त्र्यम्बक भण्डारकर (1897-1975) बचपन से ही स्वतन्त्रता संग्राम की गतिविधियों में सम्मिलित थे। पन्द्रह वर्ष की आयु में उन्होंने अंग्रेजों के विरुद्ध *बम* नाम की एक हस्तलिखित पत्रिका निकालनी शुरू की थी। स्वाधीनता संग्राम में भागीदारी के कारण उन्हें शासकीय शिक्षण संस्थाओं में प्रवेश नहीं दिया गया। गाँधी जी के असहयोग आन्दोलन में भाग लेने के लिए उन्होंने क्वींस कॉलेज तथा उसे प्रतिष्ठित छात्रवृत्ति का त्याग कर दिया था। *आत्मचरितम्* नाम से उनकी आत्मकथा के माध्यम से उनके राष्ट्रीयता सम्बन्धी

18. उपर्युक्त : 49.

19. उपर्युक्त : 51.

विचारों और सक्रियता का पता चलता है।[20] प्रभुदयाल अग्निहोत्री (1913-2005) ने गाँधीजी की इच्छानुसार महाविद्यालय की सेवा को छोड़कर विद्यामन्दिर में प्राचार्य का दायित्व स्वीकार कर लिया था। आप 1942 के भारत छोड़ो आन्दोलन में सक्रिय रहते हुए स्वामी श्रद्धानन्द, लाजपत राय तथा मोतीलाल नेहरू जैसे राष्ट्रनेताओं के सम्पर्क में आये। 1930 में उन्हें कठोर कारावास की सज़ा हुई।

उपर्युक्त नायकों के अतिरिक्त अनेक विद्वानों, लेखकों, सम्पादकों तथा कवियों ने अपने विचारों, लेखों तथा कविताओं के माध्यम से जनता में राष्ट्रवाद की भावना को उज्जीवित करने में महान् योगदान दिये।[21] ये विद्वान् सीधे संस्कृत के क्षेत्र से जुड़े हुए थे। इन में से कुछ प्रमुख हैं– ताराचरण भट्टाचार्य *(भारतवसुन्धरासान्त्वनम्)*, परशुराम नारायण अप्पासाहेब पाटणकर (ज.1860), विद्यानिधि पाण्डेय (ज.1925) आदि। करुणासिन्धु दाश ने अपनी पुस्तक में केवल बंगाल से ऐसे 12 पण्डितों का विवरण दिया है जो स्वाधीनता संग्राम में सक्रियता से लगे थे। संस्कृत पत्रकारिता का देश के स्वाधीनता संग्राम में बहुत बड़ा योगदान रहा है। राष्ट्रवादी विचारधारा से संवलित पत्रिकाओं में 19वीं सदी के सातवें, आठवें और नवें दशकों में *आर्यविद्यासुधानिधि, श्रुतिप्रकाशिका, आर्यसिद्धान्तः, मञ्जुभाषिणी* आदि प्रमुख रहीं। 1893 ई. में कलकत्ता से एक महत्त्वपूर्ण पत्रिका *संस्कृतचन्द्रिका* निकाली गयी जिसे बाद में अप्पाशास्त्री राशिवडेकर ने महाराष्ट्र (वाई) से निकालना शुरू किया। उन्होंने *सूनृतवादिनी* नाम से संस्कृत का पहला अख़बार निकालना प्रारम्भ किया था जिसे ब्रिटिश शासन के विरुद्ध सामग्री के प्रकाशन के कारण अंग्रेज़ी शासन ने बन्द करा दिया था। इन पत्रिकाओं के अतिरिक्त राजनीतिक तथा सामाजिक विषयों पर क्रान्तिकारी विचारों को फैलानी वाली कुछ संस्कृत पत्रिकाओं के नाम हैं–*सहृदया, विद्योदयः, सुप्रभातम्, सूर्योदयः, विज्ञानचिन्तामणिः।* बीसवीं सदी में भारतधर्मः (1901), *श्रीकाशीपत्रिका* (1907), *विद्या* (1913), *संस्कृतसाकेतम्* (1920), *श्रीः*, आदि पत्रिकाओं ने राष्ट्रीय भावना के उद्वेलन में महत्त्वपूर्ण योगदान किया। *भारतश्रीः* तथा *ज्योतिष्मती* जैसी पत्रिकाओं में सरकार विरोधी बातें पर्याप्त मात्रा में होती थीं। *ज्योतिष्मती* का तो मुद्रण और वितरण भी चोरी छिपे होता

---

20. उपर्युक्त : 51-52.

21. विशेष विवरण के लिए देखें (उपर्युक्त : अध्याय 3 से 5)। प्रस्तुत अंश मुख्यतः इसी पुस्तक पर आधारित है।

था। इन पत्र पत्रिकाओं में तथा स्वतन्त्र रूप से छपी अपनी रचनाओं के माध्यम से अनेक कवियों-लेखकों ने विदेशी सत्ता के विरुद्ध देश को उद्वेलित किया। इनमें से कुछ विशेष उल्लेखनीय कवि तथा उनकी कृतियाँ इस प्रकार हैं– लोकरत्न पन्त 'गुमानी' (1790-1886) के *अंग्रेजराज्यवर्णनम्* तथा *अंग्रेजधिक्कृतिः* काव्य, श्रीधर पाठक (1859-1928) की *गोखलेप्रशस्तिः*, 'केरलपाणिनि' राजराज वर्मा (1863-1918)[22] का *आङ्ग्लसाम्राज्यम्*, श्री अरविन्द (1872-1950) की *भवानीभारती*, अप्पाशास्त्री राशिवडेकर (1973-1913) के *तिलकमहाशयस्य कारागृहनिवासः*, *पञ्जरबद्धः शुकः*, भगवदाचार्य (1880-1977) का *श्रीमहात्मगान्धिचरितम्*, शिवकुमार शास्त्री (1885-1950) का *श्रीवीरकुवरसिंहचरितम्*, पण्डिता क्षमाराव (1890-1953) के *सत्याग्रहगीता, उत्तरसत्याग्रहगीता, स्वराज्यविजय काव्य*, *दत्त दीनेशचन्द्र* (1891-) के *भारतगाथा, सुभाषगौरवम्*, गलगलि रामाचार्य (1893-) का *स्वराज्यरत्नाकरः*, राहुल सांकृत्यायन (1893-1963) की *तिलकस्मृतिः*, जानकीवल्लभ शास्त्री (1916-2011) का *बन्दीमन्दिरम्* इत्यादि।

इस अंश में संस्कृत के कवियों विचारकों का विशेष रूप से वर्णन केवल दिङ्मात्र निर्देश के लिए किया गया है। संस्कृत वाङ्मय के रचनाकार भारत के हर कोने से आते हैं, इसलिए उसकी चर्चा करने से सारे भारत का प्रतिनिधित्व एक साथ हो जाता है। इस दौर में भारत की किसी भी भाषा में जो सामग्री विदेशी शासन के विरोध में सृजित हुई उन सबमें भारतीय ज्ञान-परम्परा महत्त्वपूर्ण आधार के रूप में रही है। उपर्युक्त विवरण से यह स्पष्ट हो जाता है कि हमारा यह स्वातन्त्र्य आन्दोलन देसी चिन्तन प्रणाली पर आधारित तथा उससे परिपोषित था। स्वतन्त्रता आन्दोलन के व्यापक प्रभाव तथा अखिल भारतीय स्तर पर सफलता का कारण उसका भारतीय देशज परम्पराओं से उत्पन्न होना था। दुःखद है कि इस ज्ञान परम्परा में दीक्षित तथा उसके मूर्तिमन्त प्रायोगिक रूप नेताओं तथा विद्वानों के योगदान से प्राप्त स्वतन्त्रता का उपभोग करने वाले देश में इन मनीषियों की आधारभूत ज्ञान परम्परा को भुला दिया गया। 'इससे ज़्यादा भयंकर और त्रासद घटना क्या हो सकती है कि जिस राष्ट्रीय चेतना को गाँधीजी, श्री अरविन्द, तिलक और विवेकानन्द जैसे

22. राजराज वर्मा अपने समय में संस्कृत तथा मलयाळम दोनों भाषाओं के अभूतपूर्व विद्वान् थे। उनकी संस्कृत कविताओं की चर्चा दूर दूर तक थी। देखें, के.एम. जॉर्ज (1980) (अनु.), माहेश्वर 1980. ए.आर. राज राजवर्मा, साहित्य अकेडमी, नयी दिल्ली : 61.

मनीषियों ने धर्म का आधार बनाया था उन्हीं को एक ऐसे समय में भुला दिया गया जब भारत एक विशिष्ट सांस्कृतिक हैसियत से पश्चिम की स्वार्थग्रस्त भौतिक सभ्यता को चुनौती दे सकता था'।[23] हमारे युग की यह आवश्यकता है कि उन्हें पुनः यथेष्ट मान्यता दी जाये।

औपनिवेशिक शासन की ख़ामियाँ समझते हुए संस्कृत के अनेक विद्वानों, रचनाकारों ने उसके विरुद्ध साहित्य का सृजन किया। पता लगते ही उनमें से अनेकों को अंग्रेज़ सरकार ज़ब्त कर लिया करती थी। संस्कृत विद्वानों द्वारा किये गये ऐसे महत्त्वपूर्ण हस्तक्षेप वर्तमान में उनकी सहभागिता के द्वारा भारत के स्वर्णिम इतिहास के निर्माण में उनकी साझेदारी का सबूत है। यह घटनाक्रम इस धारणा का भी प्रबल रीति से खण्डन करता है कि 1800 के बाद संस्कृत चिन्तन पद्धति में इतिहास बनाने भर की क्षमता नष्ट हो चली थी।[24]

23. निर्मल वर्मा (2001), *आदि, अंत और आरम्भ,* राजकमल प्रकाशन, नयी दिल्ली : 94.

24. शेल्डन पोलोक के अनुसार, 'हालाँकि, यूरोपीय शक्ति के प्रसार के साथ, यह गतिशीलता इतनी कम हो गई कि 1800 तक, संस्कृत विचार प्रणाली में इतिहास बनाने की क्षमता गायब हो गई।' देखें, शेल्डन पोलोक (2001), 'द डेथ ऑफ़ संस्कृत', *कॉम्परेटिव स्टडीज़ इन सोसाइटी ऐंड हिस्ट्री,* खण्ड 43, अंक 2 : 394.

पञ्चम परिच्छेद

भारतीय परम्परा की विश्वदृष्टि

भारतीय परम्परा की विश्वदृष्टि

प्रवेश

वर्तमान विश्व में गलाकाट प्रतिस्पर्धाओं, युद्धों, विभीषिकाओं का विषम काल चल रहा है। उसे दृष्टि में रखते हुए समस्त वैश्विक बिरादरी को इस बात पर विचार करना चाहिए कि मानव के विचार तथा व्यवहार में कहीं न कहीं बड़ी ख़ामी है। मनुष्य प्रकृति से तालमेल बिठाने में नितान्त असफल रहा है। ऐसा क्यों हुआ है? इसके मूल में प्रकृति के प्रति उसकी दृष्टि रही है। उसकी इस मन्द दृष्टि ने प्रकृति के शोषण को प्रेरित किया है। और भी आगे बढ़कर विचार करें तो हम देख सकेंगे कि इसके मूल में आधुनिक मनुष्य का भौतिकतामय जीवन तथा आत्मकेन्द्रित स्वार्थपूर्ण विमर्श है। यही आत्मकेन्द्रित विचार समष्टि के स्तर पर उग्र राष्ट्रवाद के रूप में आकर संसाधनविहीन व्यक्तियों और देशों को त्रास देता है। इसके नाते परिवार, समाज, देश और विश्व के स्तर पर अव्यवस्था तथा अशान्ति फैल रही है।

भारतीय ज्ञान-परम्परा में जीवन के प्रति एक समेकित दृष्टिकोण विकसित हुआ है।

भौतिक स्तर पर अस्तित्वमात्र के साथ उदारतापूर्ण साहचर्य बनाये रखना तथा आत्मिक स्तर पर अपने आप में सन्तुष्ट रहने का प्रयास करना इसकी दो बड़ी विशेषतायें हैं। भारतीय परम्परा की ये दोनों विशेषताएँ जीवन के प्रति उसके साहचर्यपूर्ण सम्बन्ध को प्रकट करती हैं। 'भारतीय ज्ञान-परम्परा में प्राणिमात्र के सामने आ सकने वाली सभी प्रकार की समस्याओं पर विचार भी किया है। यथासम्भव उनके उत्तर भी दिये गये हैं जिन पर ध्यान देना मनुष्यता के लिए आवश्यक होगा'।[1]

---

[1] मैक्समूलर, राधावल्लभ त्रिपाठी (2012) पूर्वोद्धृत में उद्धृत : 67.

आगे के पृष्ठों में हम इसकी कुछ विशेषताओं की ओर ध्यान आकर्षित करेंगे जिनके सफल प्रयोग इस देश में शताब्दियों तक किये गये हैं। भारतीय ज्ञान-परम्परा के ये प्रायोगिक विचार समस्त विश्व और मानवता की सुरक्षा तथा कल्याण के लिए महत्त्वपूर्ण हो सकते हैं।

समस्त अस्तित्व की पारस्परिक समानता (आत्मवत् सर्वभूतेषु)

भारतीय विचार पद्धति की बड़ी विशेषता यह है कि इसमें अस्तित्व की दृष्टि से मनुष्य तथा शेष प्राणियों में भेद नहीं किया गया है। अधिक चेतन होने के कारण मनुष्य में विकास की (भोग की नहीं!) सम्भावनायें अवश्य अधिक हैं, लेकिन सभी में आत्मा का समान रूप से निवास होने के कारण मनुष्य तथा मनुष्येतर के बीच महत्त्व का पौर्वापर्य अथवा तारतम्य नहीं है। यह बात केवल लुभावने सिद्धान्त के स्तर पर नहीं है अपितु भारतीयों की जीवन दृष्टि का हिस्सा भी है। कर्म के आधार पर उच्चावच योनियों में पुनर्जन्म का सिद्धान्त इसकी सम्भावना दृढ़ करता है कि मनुष्य किसी कालविशेष में वनस्पति, सरीसृप, कीट, जन्तु आदि भी रहा है, अथवा इन रूपों में उसका आना हो सकता है। इसलिए इनमें और मनुष्य में बहुत अधिक पार्थक्य नहीं है। श्रीमद्भागवत में यह महत्त्वपूर्ण बात कही गयी है कि 'हमारे घर में रहने वाले हमारे बच्चों और सरीसृपों, जानवरों, बन्दरों के बीच तात्त्विक अन्तर नहीं है? इसलिए उन्हें भी अपने बच्चों की भाँति ही देखना चाहिये।'[2] जीव जगत् के प्रति इस प्रकार का दृष्टिकोण रखने के कारण भारतीय संस्कृति में अन्य संस्कृतियों की तरह मनुष्य को सृष्टि के शेष सभी जीवों का स्वामी (अशरफ़-उल्-मख़लूक़ात) अथवा यथेष्ट उपभोक्ता नहीं माना गया है। पश्चिमी परम्परा की विचार प्रणाली मानवकेन्द्रित है। उसके नैतिक ढाँचे में प्राकृतिक जगत् को मनुष्य के उपभोग तथा लाभ के लिए उत्पन्न माना गया है तथा केवल मनुष्य को ही इस जगत् में नैतिक दृष्टि से महत्त्वपूर्ण स्वीकार किया गया है। वहाँ प्रकृति स्वयं में मूल्यवान् नहीं है और इस प्रकार जब तक पशुओं एवं पौधों के विनाश से मानवहित प्रभावित न हो, उन्हें नष्ट करना न तो अशुभ है और न ही अनैतिक। आधुनिक मानवकेन्द्रित नैतिकता के विपरीत प्राचीन काल से भारतीय धर्म दर्शन एवं संस्कृति के अन्तर्गत समष्टिवादी नैतिकता की स्थापना की गयी जिसमें प्रकृति पर मनुष्य के शासन

---

2. मृगोष्ट्रखरमर्काखुसरीसृप्खगमक्षिकाः।
आत्मनः पुत्रवत्पश्येत् तैरेषामन्तरं कियत्॥ *श्रीमद्भागवतम्* 7.14.9 ॥

अथवा नियन्त्रण को स्वीकृति नहीं प्रदान की गयी है। भारतीय परम्परा में प्रकृति एवं मनुष्य के समन्वय, सहयोग एवं सामञ्जस्य की संस्तुति की गयी है। भारतीय दर्शन की आध्यात्मिकतावादी दृष्टि में सबको एक ही तत्त्व से उत्पन्न माना गया है। एक ही परमेश्वर समस्त संसार के रूप में प्रकट हुआ है इसलिए अस्तित्व के घटकों में तात्त्विक अन्तर नहीं है। *पुरुषसूक्त, यजुर्वेद* नमकाध्याय, *विष्णुसहस्रनाम, देव्यथर्वशीर्ष* आदि कितने ही ग्रन्थों द्वारा ईश्वर की विश्वरूपता का वर्णन किया गया है। इन सबका प्रभाव है कि हम देखते हैं कि वनस्पतियों से पत्ता तोड़ते हुए भी हिन्दू व्यक्ति उनसे प्रार्थना करता हुआ उनकी अनुज्ञा लेता है। अथवा रात के समय उनके पत्तों को तोड़ना या उन्हें स्पर्श करना भी निषिद्ध करता है क्योंकि उसकी मान्यता है कि इस समय वे सो रहे होते हैं।

भारतीय ज्ञान-परम्परा यह मानती है कि सबकी उत्पत्ति एक ही तत्त्व से हुई है इसलिए जीवों के मध्य वास्तविक पौर्वापर्य नहीं है। अद्वैतवाद को मानें तो समस्त विश्व एक ही आत्मा का विस्तार है, और अगर विशिष्टाद्वैत को मानें तो ईश्वर समस्त जगत् का आत्मा है और जगत् उसका शरीर है। इसलिए हम सब एक दूसरे के अंग–प्रत्यंग है। इसलिए सबकी भलाई में ही अपनी भलाई निहित है। एक अंग को कष्ट होने पर दूसरे अंग भी अनिवार्यतः कष्ट पाते हैं। किसी भी अन्य को कष्ट पहुँचा कर अपनी प्रसन्नता की चाहना करना असंवेदनशीलता है। इस तरह, भारतीय परम्परा में मनुष्य और प्रकृति दो विरोधी सत्ताओं में विभाजित नहीं हैं बल्कि वे एक ही अद्वैतिक चेतना में अन्तर्निहित होती हैं।[3] इसी आधार पर वह सबके कल्याण की बात भी निष्ठापूर्वक कर पाती है– *सर्वे भवन्तु सुखिनः सर्वे सन्तु निरामयाः। सर्वे भद्राणि पश्यन्तु मा कश्चिद् दुःखभाग् भवेत्॥* यहाँ 'सर्व' में केवल मनुष्य जाति ही शामिल नहीं है बल्कि अस्तित्वमात्र सम्मिलित है। भारतीय परम्परा ने यह रहस्य बताया है कि स्वयं प्रसन्न रहने, शोकविहीन होने और अज्ञान से छूटने का एक ही उपाय है 'सर्वात्मभाव'। जब मनुष्य समस्त जगत् को अपना स्वरूप समझ लेता है तभी वह इन समस्याओं से छुटकारा पा सकता है। अपने को जगत् से विशिष्ट अथवा महत्त्वपूर्ण समझकर अहंकार ग्रस्त होने से नहीं– *यस्मिन् सर्वाणि भूतानि आत्मैवाभूद् विजानतः। तस्य को मोहः कः शोक एकत्वमनुपश्यतः॥*[4]

---

3. निर्मल वर्मा (2001), पूर्वोद्धृत : 51.

4. ईशावास्योपनिषद् 7

प्रकृति को अपने ही रूप का विस्तार नहीं समझने के कारण आज का मनुष्य प्रकृति के प्रति एक प्रकार का अस्वीकार भाव रखता है। वह जब तक यह विवेक विकसित नहीं कर पायेगा कि प्रकृति का शोषण एक प्रकार से अपनी क्षमताओं का ही शोषण है तब तक इस भयानक रोग की चिकित्सा नहीं हो सकती। *कठोपनिषद्* के बालक नचिकेता के पास यह विवेक था। जब यम ने उसे सुख-सुविधाओं का प्रलोभन दिया तो उसका उत्तर था कि ये सब उसे नहीं चाहिए क्योंकि ये सबके भोग में उसी की इन्द्रियों का क्षरण होगा।[5] भोग की भूख आत्महन्ता भूख है। पण्डित विद्यानिवास मिश्र (2019,25) ने इसे बहुत सूक्ष्मता से इन शब्दों में समझाया है–

> हम यह पहचानने लगें कि कितना भी बुद्धिपूर्वक उपयोग हम प्राकृतिक संसाधनों का क्यों न करें, उपयोग का भाव ही असन्तुलन लाने के लिए काफ़ी है। आदमी जब तक यह पहचानना नहीं शुरू करेगा कि हम प्रकृति का नहीं अपना दोहन कर रहे हैं, हम लकड़ी नहीं जला रहे हैं, अपनी हड्डी जला रहे हैं, वह सन्तुलन नहीं रख सकता। हम अपने अस्तित्व की रक्षा कर ही नहीं सकते जब तक सम्पूर्ण अस्तित्व 'हम' न हो जाये। इस पहचान के न होने की दशा में कोई भी परिवेश विज्ञान और उसकी तरकीब कामयाब या कारगर नहीं होंगे ...।

भारतीय परम्परा में प्रकृति को कभी भी भोग्य अथवा मिल्कियत की तरह नहीं देखा गया। बहुत बार तो उसे मनुष्य से बढ़ कर देवता का स्थान दिया गया। इस चिन्तन द्वारा भौतिक स्तर पर पारिस्थितिकी की रक्षा को तो सुनिश्चित किया ही गया इसके साथ ही आध्यात्मिक स्तर पर मनुष्य की चेतना को उदात्त बनाने का कार्य भी किया गया। '... भारतीय संस्कृति में धरती पर मनुष्य अकेला निवास नहीं करता, वह अनेक जीव जन्तुओं और देवी देवताओं के सान्निध्य में प्रकृति के साथ एक आत्मीय सम्बन्ध बनाकर जीवन यापन करता है। मनुष्य का सम्बन्ध मनुष्येतर जगत् के साथ इतना सघन और सजीव होता है, कि दोनों के बीच किसी तरह की विभाजन-रेखा खींचना असम्भव है। मनुष्य की चेतना केवल मानवीय लोक तक

5. श्वोभावा मर्त्यस्य यदन्तकैतत् सर्वेन्द्रियाणां जरयन्ति तेजः।
अपि सर्वं जीवितमल्पमेव तवैव वाहास्तव नृत्यगीते॥ (*कठोपनिषद्* 1.1.26)

सीमित न रहकर तीनों लोकों में स्वतन्त्र विचरण करती है।'[6] 'भारतीय दर्शन, धर्म और नीति इत्यादि के द्वारा मनुष्य और प्रकृति, मानवीय तथा मानवेतर संसार के बीच के सम्बन्धों के रहस्यों को खोलने के बहुविध प्रयास किये गये हैं। 'देवो भूत्वा यजेद्देवम्' से लेकर 'आत्मवत् सर्वभूतेषु' के आदर्शों में यही भाव गहरे में प्रतिध्वनित होता है। प्रत्येक भारतीय के लिए अपने जीवन में ऋणत्रय चुकाना और प्रतिदिन पञ्च महायज्ञों का कर्तव्य विधान मानवीय संसार और मानवेतर संसार के मध्य आत्मीय सम्बन्ध बनाये रखने का ही तो विधान है। ... *ऐतरेय उपनिषद्* (1.2.4) में मनुष्य और प्रकृति, बाह्य और आन्तर की स्वभावगत एकता को ही तो यह कहते हुए प्रतिध्वनित किया गया है कि– अग्निर्वाग् भूत्वा मुखं प्राविशत्। वायुः प्राणो भूत्वा नासिके प्राविशत्। आदित्यश्चक्षुषी भूत्वाक्षिणी प्राविशत्। दिशः श्रोत्रं भूत्वा कर्णौ प्राविशत्। औषधिर्वनस्पतयो भूत्वा त्वचि प्राविशन्। चन्द्रमा मनो भूत्वा हृदयं प्राविशत्। मृत्युरपानो भूत्वा नाभिं प्राविशत्। आपो रेतो भूत्वा शिश्नं प्राविशत्।'[7] प्रकृति भी चेतन है, इस बात को *महाभारत* के शान्तिपर्व के 177 वें अध्याय मे बड़े ही वैज्ञानिक प्रमाणों के साथ भृगु तथा भारद्वाज के मध्य संवाद के द्वारा प्रमाणित किया गया है। *मनुस्मृति* में वृक्ष को हानि पहुँचाने पर दण्ड की व्यवस्था की गयी है।

अस्तित्व की एकता को इस प्रकार समझ सकने के कारण अस्तित्व के बीच यह पारस्परिकता सहिष्णुता मात्र नहीं रह जाती बल्कि अपने अतिरिक्त दूसरे हर प्राणी को अपने अस्तित्व के पूरक के रूप में देखना आवश्यकता जैसी बन जाती है। 'मानवमात्र में अन्यता का अभाव – एक प्राचीन वट-वृक्ष की तरह भारतीय संस्कृति ने अपनी छाया तले सैकड़ों जातियों, जनजातियों, धार्मिक समुदायों को वह पवित्र अवकाश प्रदान की थी, जहाँ वे मुक्त हवा में साँस ले सकें। यह केवल सहिष्णुता की बात नहीं थी, जहाँ 'अन्य' को अपने से अलग मानकर उसे सहन किया जाता था, बल्कि इसके पीछे कहीं यह मान्यता काम करती थी कि विभिन्न विश्वासों के बीच सत्य की सत्ता समान रूप से क्रियाशील रहती है ... अपने में अखण्डित और अपरिवर्तनशील। भारतीय सभ्यता को अपनी यह अनमोल अन्तर्दृष्टि स्वयं अपनी आध्यात्मिक परम्परा से प्राप्त हुई थी, जहाँ 'आत्म' और 'अन्य' के बीच का भेद अविद्या का लक्षण था, सत्य का नहीं'।[8]

---

6. निर्मल वर्मा (2001), पूर्वोद्धृत : 85.

7. अम्बिकादत्त शर्मा (2018), पूर्वोद्धृत : 65-66.

8. निर्मल वर्मा (2001), पूर्वोद्धृत : 14.

वस्तुत: मनुष्य का अन्य प्राणियों के साथ अस्तित्व इतना परस्पर संघनित है कि इसे एक दूसरे के सहयोग के अतिरिक्त सुचारु सहजीवन का अन्य कोई मार्ग नहीं है। आधुनिक विश्व को यह बात यथाशीघ्र समझ लेनी होगी।

लोभ का निरसन

समस्त अस्तित्व में जब हम अपना स्वरूप देख पाते हैं तब हम स्वाभाविक रूप से उसके प्रति उदार बनते जाते हैं। हमारी क्रियाओं का लक्ष्य तब केवल अकेले हम नहीं रह जाते। हम समस्त विश्व के बारे में सोचने लगते हैं। इस तरह अपरिग्रह अपने आप सधने लगता है। हम लोभरहित हो जाते हैं। भारतीय जीवन पद्धति में विहित दान तथा यज्ञ की भावना उस आत्मकेन्द्रितता को दूर करती है जो सभी समस्याओं की जड़ है। *केवलाघो भवति केवलादी*[9] (ऋ. 10.117.1), *भुञ्जते ते त्वघं पापा ये पचन्त्यात्मकारणात्॥*[10] (*गीता* 3.13) आदि वाक्यों द्वारा शास्त्र अकेले भोग करने को एक स्वर से गर्हित मानते हैं। लोभ को सभी पापों का कारण कहा गया है *(लोभ: पापस्य कारणम्)*। *भगवद्गीता* ने इसे नरक के 3 दरवाज़ों में से एक माना है (*भगवद्गीता* 16.21)। भारतीय परम्परा की शिक्षा है कि हम चाहे जितना उपार्जित कर लें, हमारा वैध अधिकार केवल उतने अंश पर है जितने से हमारा पेट भर जाता है। बाक़ी संसाधनों पर यदि कोई अधिकार जताता है तो वह चोर हैं।[11] मनुष्य लोभवश भोग की सामग्रियाँ एकत्रित करता रहता है ताकि उसकी तृष्णाएँ पूरी हो जायें। उसे लगता है कि तृष्णाओं के पूर्ण होने से उसे सुख प्राप्त हो जायेगा। लेकिन सुख तो तृष्णा के पूर्ण होने में नहीं है अपितु उसके विगलित होने में है। क्योंकि पूर्ण हुई तृष्णाएँ और अधिक तृष्णाओं को उत्पन्न करती हैं और हमें भोगों के पीछे भगाकर थकाती रहती है।[12] तृष्णा के नष्ट होने और सन्तोष के उत्पन्न होने पर जो सुख होता है वह सुख किसी भी भोग विशेष के प्राप्त होने पर

---

9. अकेला खाने वाला केवल पापी ही होता है।

10. जो पापी लोग अपने लिए भोजन बनाते हैं वे पाप का भोजन करते हैं।

11. यावद्भ्रियेत जठरं तावत् स्वत्वं हि देहिन:।
अधिकं योऽभिन्येत स स्तेनो दण्डमर्हति॥ *श्रीमद्भागवत* 7.14.8

12. न जातु काम: कामानामुपभोगेन शाम्यति।
हविषा कृष्णवर्त्मेव भूय एवाभिवर्धते॥ *मनुस्मृति* 2.49

नहीं हो सकता।[13] भौतिकता से प्रेरित आज का विश्व वैभव के पीछे पड़ा हुआ है। इसके लिए वह विविध उद्योगों को लगाकर अधिकाधिक उत्पादन करता है तथा विज्ञापनों द्वारा लोगों में उसकी कृत्रिम ज़रूरत पैदा करता है। इसके लिए वह प्राकृतिक स्रोतों का भी अन्धाधुन्ध दोहन करता है। प्रकृति के इस अविवेकपूर्ण शोषण से वैश्विक ताप, अनियन्त्रित बाढ़ आदि अनेक पर्यावरणीय समस्याएँ आये दिन देखने को मिल रही हैं। इस व्यापार प्रधान दृष्टिकोण के कारण विश्व में धनी लोग और धनी होते जा रहे हैं तथा ग़रीब जन पहले से अधिक संसाधन विहीन। विश्व के अधिकतम संसाधानों पर कुछ देश के कुछ ही लोगों का क़ब्ज़ा हो चला है। आर्थिक सुविधाओं का समान वितरण न हो पाने के कारण अधिकांश मानव अभाव के नाते दु:खित हैं और शेष साधन सम्पन्न लोग तृष्णा का पीछा करते हुए विक्षुब्ध हैं। इन सब अव्यवस्थाओं के पीछे मनुष्य का लोभ कार्यरत है जो विकराल रूप लेकर, राष्ट्रीय लोभों में बदलकर निर्धन और निर्बल राष्ट्रों को पीडित कर रहा है। फलत: विश्व में आन्तरिक तथा बाह्य दोनों प्रकार की अशान्ति हो चली है। इससे छूटने का एक मात्र उपाय है लोभ का त्याग करना और सन्तोष की शरण लेना।

धर्मानुकूल आचरण

भारतीय ज्ञान-परम्परा में कुछ ऐसे सार्वभौम नियमों को पहचाना गया है जिसके ठीक ठीक आचरण से समाज में पारस्परिकता तथा सौहार्द की वृद्धि होती है। इन नियमों को 'धर्म' के नाम से जाना गया है। सबके हित में ही अपना हित हो सकता है, इसलिए धर्म के ये नियम केवल सामूहिक हित के लिए ही नहीं बल्कि व्यक्तिगत हित के लिए भी अनिवार्य हैं। इन नियमों को 'धर्म' इसीलिए कहते हैं क्योंकि ये समाज तथा व्यक्ति को धारण करते हैं। ध्यातव्य है कि भारतीय परम्परा में धर्म का तात्पर्य मज़हब, दीन अथवा रिलिजन से कहीं भिन्न और उदात्त है। इनमें से सर्वमान्य नियम हैं– अहिंसा, सत्य, अस्तेय (चोरी न करना), शौच (विचार तथा कर्म की शुद्धता), इन्द्रियनिग्रह, दान, दया, दम, सन्तोष, क्षमा, विद्या तथा ज्ञान आदि। इन

---

13. (क) यच्च कामसुखं लोके यच्च दिव्यं महत्सुखम् ।
तृष्णाक्षयसुखस्यैते नार्हत: षोडशीं कलाम् ॥ (*महाभारत, शान्तिपर्व 282.6*)
(ख) संतोषं परमास्थाय सुखार्थी संयतो भवेत्।
संतोषमूलं हि सुखं दु:खमूलं विपर्यय:॥ (*मनुस्मृति* 4.12)

नियमों का पालन केवल इसलिए आवश्यक नहीं है कि इनका उपदेश धर्मग्रन्थों में किया गया है बल्कि इसलिए भी कि समाज और व्यक्ति के मध्य परस्पर सहयोग बाधित न हो। *मनुस्मृति* (8.15) का कहना है कि यदि व्यक्ति इन सार्वभौम नियमों का पालन नहीं करेगा तो इन नियमों का नहीं पालन करना ही उसको नष्ट कर डालेगा– *धर्म एव हतो हन्ति धर्मो रक्षति रक्षितः।* आज के समय में विश्व में जो भी सामाजिक, पारस्परिक समस्याएँ आ रही हैं उनके मूल में कहीं न कहीं इन सार्वभौमिक नियमों के उल्लंघन ही कारण हैं।

विकल्पों की बहुलता

पुस्तक के पहले परिच्छेद में स्थान-स्थान पर यह दर्शाया गया है कि परम्परा वर्तमान काल में अपने को सुसंगत बनाने के लिए विविध प्रविधियों का उपयोग करके अपने में परिवर्तन करती है। ये प्रविधियाँ हैं– व्यवहार का विस्तार, संक्षेपण, पुनःपरिभाषण तथा परित्याग। ध्यातव्य है कि पारम्परिक व्यवहार जब वर्तमान में नया रूप धारण करते हैं तो पुराने व्यवहार कालबाह्य न होकर साथ बने रहते हैं और आवश्यकतानुसार कालभेद अथवा क्षेत्रभेद से उनका व्यवहार होता रहता है। एक ही काल में विद्यमान दो जनसमूह किसी विधि के विकल्पों अथवा दो रूपों का अलग अलग प्रयोग अपनी रुचि अथवा आवश्यकता के अनुसार कर रहे होते हैं। यह सहवर्तिता बहुवैकल्पिकता को पैदा करती है।

उदाहरण के लिए, भारत में इस समय अपने को सनातनी कहने वाला वर्ग यदि पुराणों को भी पाँचवाँ वेद मानकर बड़ी ही श्रद्धा से उनकी विधियों पर आचरण कर रहा होता है तो वहीं दूसरी तरफ़ आर्यसमाज से सम्बद्ध व्यक्ति केवल संहिताओं को ही वेद मानता हुआ ब्राह्मण सहित सभी अनन्तरभावी ग्रन्थों को वेद की भाँति प्रामाणिक नहीं मानता। इस प्रकार परम्परा में अतीत तथा वर्तमान की सारी विधियाँ एक साथ विद्यमान रहती हैं जिसके कारण यहाँ विकल्पों की बहुलता हो जाती है। विकल्पों की बहुलता व्यक्ति को चुनने की स्वतन्त्रता देता है। वह अपनी रुचि, सामर्थ्य और मनःस्थिति के अनुसार अपने व्यवहार, शास्त्र, देवता और पूजा पद्धतियाँ चुन सकता है। इससे व्यक्ति के पूर्ण विकास का अवसर मिलता है। सभी शास्त्र अपने अपने मतों की प्रशंसा करते हुए तथा उसे पूर्णतः समर्थ बताते हुए भी बार बार इस तथ्य पर ज़ोर डालते हैं कि व्यक्ति किसी भी मार्ग का सम्यक् अनुष्ठान

करे तो वह सिद्धि को प्राप्त कर सकता है।[14] ध्यान रखने की बात है कि ज़ोर विकल्पों के तारतम्य पर नहीं है बल्कि उनके निष्ठापूर्वक निर्वाह पर है।

विकल्पों तथा रुचियों की स्वाभाविक स्वीकृति भारतीय समाज में इस कारण रही है क्योंकि भारतीय दर्शन में मनुष्य के स्वभाव को बहुआयामी माना जाता है। इससे समाज की जटिलता को अच्छी तरह समझा जा सकता है और विकल्पों की बहुलता को चिन्तन और व्यवहार दोनों धरातलों पर वैधानिकता दी जा सकती है। मनुष्य स्वभाव के एकल आयाम को लेकर जिस प्रकार पाश्चात्त्य दर्शन में समाज को समझने का प्रयास किया गया है वे सीमाएँ भारत को व्याहत नहीं करती हैं[15]।

बहुवैकल्पिकता, सभी विकल्पों की समकक्षता और उन सब विकल्पों में से किसी एक के या किन्हीं एकाधिक के एक साथ या बारी बारी चयन की स्वतन्त्रता 'एकमात्रता' के हठ को दूर करती है। सभी विकल्पों को समकक्ष मानने की यह पद्धति अपने द्वारा न चुने गये विकल्पों को भी आदर का पात्र बनाती है। एकमात्रता का हठ मानव समाज के बड़े दुश्मनों में से एक है। एकमात्रता के हठ ने मानव समूहों, उनकी कलाओं उनके द्वारा उपार्जित ज्ञान विज्ञान का यथासम्भव नाश किया है। हमें अब्राहमी समूहों द्वारा 'अब्राहमेतर सभ्यताओं के पुस्तकालयों के विनाश, और ज्ञान सम्पदाओं तथा ज्ञान परम्पराओं के उच्छेद की भी अल्पचर्चित किन्तु इतिहास टंकित घटनाओं का स्मरण करना चाहिए जो इसी एकमात्रता के हठ से

---

[14] कुछ उदाहरण प्रस्तुत हैं–

1. मम वर्त्मानुवर्तन्ते मनुष्याः पार्थ सर्वशः *(भगवद्गीता 4.11)*
   हे अर्जुन, सभी मनुष्य मेरे ही रास्ते पर चलते हैं।
2. एकमप्यास्थितः सम्यगुभयोर्विन्दते फलम् *(भगवद्गीता 5.4)*
   (सांख्य और योग में से) व्यक्ति यदि एक भी रास्ते पर ठीक से स्थित रहे तो दोनों का फल प्राप्त लेता है।
3. यत्सांख्यैः प्राप्यते स्थानं तद् योग़ैरपि गम्यते *(भगवद्गीता 5.5)*
   जो उपलब्धि सांख्य मार्ग से होती है वही योग मार्ग से भी।
4. रुचीनां वैचित्र्यादृजुकुटिलनानापथजुषां नृणामेको गम्यस्त्वमसि पयसामर्णव इव। *(शिवमहिम्नःस्तोत्र 7)*
   (अपनी रुचियों की विविधता के कारण व्यक्ति सीधे और टेढ़े रास्तों को चुनता है लेकिन सबके गन्तव्य, हे शिव, तुम्हीं हो। जैसे सभी जलस्रोत समुद्र में लीन होते हैं।)

[15] मणीन्द्र नाथ ठाकुर (2022), पूर्वोद्धृत : 76.

प्रेरित रही हैं। स्वयं बाइबिल और क़ुर्आन का उपलब्ध स्वरूप उनके विविध पाठों को नष्ट करके ही प्राप्त किया जा सका है।'[16] भारत की बहुवैकल्पिक चेतना इस प्रवृत्ति को हतोत्साहित करती है।

शास्त्र विकल्पों के उन बीजों की भी सुरक्षा करते हैं जिनके विषय में लगता है कि उनका आचरण समाप्त हो गया है और वे अब निरर्थक हैं। समय के प्रवाह में परिस्थितियों के बदलने के साथ परम्परा कभी भी जनहित में उनका प्रयोग कर सकती है। उदाहरण के लिए 12वीं शताब्दी के बाद से भारत में बौद्धमत लगभग समाप्त हो चुका था लेकिन पिछली शताब्दी में उसका आश्रय लेकर डॉ. अम्बेडकर ने एक बहुत बड़ी धार्मिक-सामाजिक क्रान्ति को खड़ा किया। दलित आन्दोलन आज के समय में नव-बौद्ध-आन्दोलन के पर्याय के रूप में देखा जाता है जो कि इतिहास में अपूर्व है। परम्परा द्वारा वैकल्पिक आचरणों के बीजों को बचाए रखने के कारण ही यह बात सम्भव हो सकी थी।

भिन्न भिन्न रूप में दीख पड़ने वाले आचार कई बार तो भिन्न जनसमूह और भिन्न काल- क्षेत्र में न होकर एक ही समय में एक ही व्यक्ति में दीख पड़ते हैं। यह अविरोध की पराकाष्ठा है। उदाहरण के लिए, शैव, वैष्णव, शाक्त आदि सम्प्रदाय भारत में स्वतन्त्र अस्तित्व रखते हैं तथा इन सम्प्रदायों तक ही सीमित होकर कड़ाई से पालन करने वालों की संख्या भी कम नहीं है। लेकिन औसत हिन्दुओं की स्थिति यह है कि वे एक ही समय अथवा विशेष पर्वों के समय स्वयं ही शिव, विष्णु अथवा शक्ति की आराधना एकनिष्ठता से करते हुए शैव, वैष्णव तथा शाक्त की भाँति दीखते हैं। इस सम्बन्ध में एक सुन्दर पद्य परम्परा में प्रचलित है–*अन्तःशाक्ता बहिः शैवाः सभामध्ये तु वैष्णवाः। नानारूपधराः कौला विचरन्ति महीतले॥*

ज्ञान तन्त्र की स्थापना

ऊपर जितनी भी मूल्यपरक उदात्त बातें आयी हैं वे सब एक विचारप्रधान समाज में ही लागू हो सकती हैं। इसके लिए आवश्यक है कि समाज में ज्ञान को वरीयता दी जाये। भारतीय परम्परा में ज्ञान को सम्पत्ति तथा शक्ति दोनों की अपेक्षा अधिक महत्त्व दिया गया है। वैदिक ऋषियों की प्रार्थना है कि हमें विकसित करने वाला और हमें दबाकर न रखने वाला ज्ञान-प्रवाह विश्व की समस्त दिशाओं से हमारी

---

16. वागीश शुक्ल (2024), पूर्वोद्धृत : 137.

ओर आये–*आ नो भद्रा: क्रतवो यन्तु विश्वत:।*[17] मनुष्य का जीवन केवल सम्पत्ति के उपार्जन अथवा उसके उपभोग के लिए नहीं है, और न ही शक्ति का सन्धान करके, कमज़ोरों को पीडित करके अपनी अहंमन्यता सिद्ध करने के लिए है। शक्ति और सम्पत्ति दोनों जीवन को सरल करने के साधन हो सकते हैं, मानव के वास्तविक गन्तव्य के उपकरण नहीं। नि:स्वार्थ ज्ञान ही वह उपकरण है जिससे हम समाज में सुख शान्ति लेकर आ सकते हैं। इसलिए भारत में ज्ञान को सबसे बड़ा उपकरण माना गया है–*ज्ञानात् परतरं न हि।* ज्ञान की इसी अपूर्व उपासना के कारण भारतवर्ष शताब्दियों से विश्व भर की ज्ञान परम्पराओं का संश्लेषणात्मक केन्द्र बना रहा है। उसका विश्वगुरु होना इस नाते भी है कि यहाँ पर समस्त विश्व के विद्यास्थानों का अध्ययन, अध्यापन और पोषण होता रहा है। यदि भारत का सभ्यताबोध और सांस्कृतिक परम्पराएँ आज भी मौजूद हैं, तो उसका मुख्य कारण वह केन्द्रीय आध्यात्मिक तत्त्व है, जिसमें इतनी क्षमता और ऊर्जा थी कि इतिहास के निर्मम थपेड़ों के बावजूद वह समस्त प्रभावों को अपने भीतर समाहित कर सका। अंग्रेज़ी मार्क्सवादी इतिहासकार ई.पी. टॉम्सन के शब्दों में– 'भारत सिर्फ़ महत्त्वपूर्ण ही नहीं, दुनिया का शायद सबसे महत्त्वपूर्ण देश है, जिस पर सारी दुनिया का भविष्य निर्भर करता है। भारतीय समाज में दुनिया की विभिन्न दिशाओं से आते प्रभाव एक दूसरे के साथ मिलते हैं ... पूर्व या पश्चिम का कोई ऐसा विचार नहीं, जो भारतीय मनीषा में क्रियाशील न हो'।[18]

वैचारिक एकाधिपत्य का निरादर

भारतीय मनीषा की गौरवशाली परम्परा रही है कि उसमें जहाँ विश्वासों, मतों और विचारों के भेद को स्वीकार किया गया है, वहीं इस धारणा को हमेशा से अस्वीकृत किया गया है कि किसी एक विशेष धार्मिक अथवा राजनैतिक सम्प्रदाय के सिद्धान्त स्वयं में इतने श्रेष्ठ और उत्तम हैं कि वे दूसरे सम्प्रदायों पर अपना प्रभुत्व आरोपित कर सकें। दूसरे शब्दों में भारतीय विचार यह है कि किसी सम्प्रदाय को यह नैतिक अधिकार नहीं है कि वह अपने समाज की विविध बहु–आयामी अनेकधर्मा जीवन प्रणाली को खण्डित करके किसी एक विश्वास अथवा मत की सार्वभौम सत्ता को स्थापित करने का दावा करे। अत: साम्प्रदायिकता की भावना इसलिए उत्पन्न

---

17. *ऋग्वेद* 01.79.01

18. निर्मल वर्मा (2001), पूर्वोद्धृत : 15 पर उद्धृत।

नहीं होती कि हमारा समाज अनेक सम्प्रदायों में आबद्ध है ... वह इस दर्पपूर्ण, अहंकेन्द्रित पूर्वग्रह से उत्पन्न होती है कि किसी एक सम्प्रदाय को इतनी श्रेष्ठता स्वतः प्राप्त है कि वह अन्य सम्प्रदायों को बलपूर्वक, अपने विश्वासों का अनुयायी बनाये। जब किसी सम्प्रदाय के प्रतिनिधि दूसरे सम्प्रदाय के सदस्यों को धर्म परिवर्तन के लिए विवश करते है तो उसके पीछे 'श्रेष्ठता' की यही (हीन–) भावना काम कर रही होती है।[19] भारतीय विचार पद्धति बलपूर्वक अथवा लोभ दिखाकर किसी के मत के परिवर्तन का बिलकुल समर्थन नहीं करती। इसका कारण यह है कि वह पूजा की पद्धतियों की विविधता को मान्यता देती है। मतान्तरण की इस प्रक्रिया में कहीं न कहीं यह भावना कार्य करती है कि हमारा मत बाक़ी सभी लोगों से उत्तम है। इसमें दूसरे धर्मों के प्रति हीनता की भावना भी जुड़ी हुई होती है। 'हमारा धर्म सबसे अच्छा है', इस मान्यता का मूल्य इससे अधिक कुछ भी नहीं है कि कोई व्यक्ति यह कहे कि मेरी माँ दुनिया की सबसे सुन्दर स्त्री है। अपनी माँ तो सबसे सुन्दर लग सकती है लेकिन वह वस्तुतः सबसे सुन्दर हो यह ज़रूरी नहीं। अपने से सम्बद्ध वस्तु को श्रेष्ठ मानते हुए किसी अन्य को हीन मानना एक प्रकार की मानसिक ग्रन्थि है, जो धार्मिक श्रेष्ठता के विषय में और घातक होकर उभरती है। विश्व के इतिहास का हर दौर इस विभीषिका का साक्षी रहा है। *भगवद्गीता* (4.11) में श्रीकृष्ण ने *गीता* के सन्देश को श्रद्धालु, शुश्रूषु लोगों तक पहुँचाने की बात करते हुए भी यह स्पष्ट किया है संसार में सभी लोग मेरे ही मार्ग का अनुगमन कर रहे हैं–*मम वर्त्मानुवर्तन्ते मनुष्याः पार्थ सर्वशः ॥* इसलिए किसी के मतान्तरण का जबरिया प्रयास मूर्खता के अतिरिक्त और कुछ नहीं है।

मनुष्य के द्वारा उपास्य परम तत्त्व के स्वरूप को भी भारतवर्ष में उसके यथासम्भव विपुल आयामों के साथ पहचाना गया है। इससे उपासकों की विविध रुचियों का परिपोषण हो जाता है। भारतीय शास्त्रों में ईश्वर के बारे में बात करते हुए उसके निर्गुण-सगुण, एकत्व-अनेकत्व वाले सभी स्वरूप एक साथ पहचाने जाते हैं। यह बात किसी भी स्तुति में, किसी भी वर्णन में देखी जा सकती है। उदाहरण के लिए *विष्णुसहस्रनाम* में भगवान् के स्वरूप का वर्णन करते हुए आया है कि 'वह एक मूर्तिवाला है, महान् मूर्ति वाला है, समस्त विश्व ही उसकी मूर्ति (स्वरूप) है और वस्तुतः वह किसी रूप वाला नहीं है'–*एकमूर्तिर्महामूर्तिर्विश्वमूर्तिरमूर्तिमान्।* यह बात सामने आती है कि परमार्थ तत्त्व इतना विस्तृत है कि उसके विविध आयाम

---

19. निर्मल वर्मा (2001), पूर्वोद्धृत : 56-57.

स्वाभाविक हैं। ये आयाम परस्पर एक दूसरे के विरोधी नहीं हैं। ये सब साथ रह सकते हैं। इनमें से जितने अधिक आयामों को हम मान्यता देंगे हम सत्य के उतने ही निकट होंगे। इन सबको एक साथ सहवर्ती रूप में देख पाना भारतीय दृष्टि है।

आज विश्व में राष्ट्रों के प्रति परस्पर द्वेष के कई कारणों में अपने धर्म की स्वयंप्रचारित श्रेष्ठता को मानना भी एक है। भारत में प्राचीन काल से अनेकानेक धर्मों, मतों, विचारधाराओं का एकत्र आत्मिक भाव से सह-अस्तित्व रहा है। विश्व यदि भारत के इस व्यवहार से कुछ सीखता है तो संसार में वैयक्तिक और अन्तर्राष्ट्रीय स्तर पर कटुता और हिंसा बहुत सीमा तक कम हो सकती है।

मनुष्य के लिए उच्चतम सम्भावना की तलाश

भारतीय ज्ञान-परम्परा मनुष्य तथा अन्यान्य प्राणियों के बीच तात्त्विक समानता को मान्य करते हुए भी मनुष्य को असीम सम्भावनाओं से युक्त मानती है। इसी कारण *महाभारत* में कहा गया है मनुष्यता से श्रेष्ठ और कुछ नहीं है–*न मानुषाच्छ्रेष्ठतरं हि किञ्चित्।* इसका कारण यह है कि मनुष्य मननशील है। भूत भविष्य के दुःखों और उसके कारणों पर विचार करके उससे पार जाने की क्षमता उसमें होती है। उसे *अमृतस्य पुत्राः (श्वेताश्वतर 2.5)* कहकर सम्बोधित करते हुए उसमें यह सम्भावना व्यक्त की गयी है कि वह संसार के मूल रहस्य तक पहुँचने में सक्षम है। संसार के समस्त प्राणियों के साथ समत्व का व्यवहार करते हुए, अपने सभी कर्तव्यों का पालन करते हुए वह कर्मों से छूट सकता है। इसके लिए आवश्यक है कि वह अन्तर्मुख हो। केवल भौतिकता में रमकर वह अपने सीमित समय को नष्ट न कर दे। लोभ तथा मोह के वश में न आये। तब वह जान सकेगा कि समस्त सृष्टि के मूल में क्या है? विश्व को आज इस प्रकार की आध्यात्मिकता की अत्यधिक आवश्यकता है। बढ़ती हुई भौतिकता ने मनुष्य को स्वार्थी बना दिया है। जानना चाहिए कि सारा अस्तित्व परस्पर इस तरह अवलम्बित है कि दूसरे का अहित अन्ततः अपना भी अहित हो जाता है। दूसरे के हित को छीनकर व्यक्ति सोचता है कि 'मैं सुखी होउंगा', जबकि ऐसा बिलकुल नहीं हो सकता। दानशीलता, उदारता आदि कुछ ऐसे गुण है जिनसे व्यक्ति भौतिकता की जड़ता से मुक्त हो सकता है तथा अपने अन्दर विद्यमान अपार आध्यात्मिक सम्भावनाओं की तलाश कर सकता है। *उद्यानं ते पुरुष नावयानम् (अथर्ववेद 8.1.6, ऊपर बढ़ते रहना है तुम्हें, हे मानव, नीचे नहीं जाना है।)* यह भारतीय ज्ञान-परम्परा का वास्तविक स्वर है तथा मानवमात्र के लिए सर्वदा स्पृहणीय।

परिशिष्ट

संस्कृत और हमारी संस्कृति

पण्डित विद्यानिवास मिश्र

प्रस्तुत पुस्तक में संस्कृत भाषा के प्रसंगों को जगह-जगह पर भारतीय ज्ञान परम्परा के उदाहरण के तौर पर रखा गया है। इसके पीछे यह समझ रही है कि संस्कृत भारत की ज्ञानमूलक संस्कृति का सबसे सटीक प्रतिनिधित्व करती है। संस्कृत और संस्कृति की पर्यायता को और अधिक उद्‌घाटित करते हुए पण्डित विद्यानिवास मिश्र (1926-2005) के अन्तःदृष्टि सम्पन्न विचार नीचे दिये जा रहे हैं। यह सामग्री प्रसार भारती में दिये गये पण्डित जी के एक व्याख्यान की अविकल प्रस्तुति है। इसके लिए प्रसार भारती के प्रति हृदय से आभार। -लेखक

संस्कृत और संस्कृति एक दूसरे के पर्याय अनायास नहीं बने। हिन्दुस्तान के सोचने–समझने के तरीक़े में यह बात सबसे ऊपर रही है कि वाणी परिशुद्ध हो। वाणी की परिशुद्धि भीतर से भी हो, केवल बाहर से नहीं। भीतर से परिशुद्धि बिना सच्चाई के साथ जुड़े नहीं आती। बिना मन को एक लक्ष्य के लिए ठीक तरह से साधे नहीं आती। भाषा के लिए 'संस्कृत' नाम पाणिनि के बाद प्रयोग में आया। सबसे पहले वाल्मीकि में 'संस्कृत' शब्द भाषा के विशेषण के रूप में प्रयुक्त मिलता है।

परन्तु वहाँ भी किसी भाषा विशेष से स्पष्ट तात्पर्य प्रमाणित नहीं होता। *ऋग्वेद* में ही परिशुद्ध वाक् का महत्त्व प्रतिष्ठापित हो गया था। उसका एक मन्त्र बार-बार उद्धृत होता है हमारे भाषा चिन्तन में–

सक्तुमिव तितउना पुनन्तो यत्र धीरा मनसा वाचमक्रत।
अत्रा सखायः सख्यानि जानते भद्रैषां लक्ष्मीर्निहिताधि वाचि॥

(ऋग्वेद 10.71.2)

एकाग्र ध्यान करने वाले ऋषियों ने परिशुद्ध मन से छान कर वाणी की सृष्टि की– नव सृष्टि की। जैसे महीन चलनी से सत्तू बारीक छाना जाता है और अन्न का केवल सार तत्त्व छन कर नीचे चला आता है। उसी तरह ऋषियों ने अपने एकाग्रचित्त को चलनी बनाया। एकाग्र का अर्थ था समष्टि चित्त के साथ एकाकार और उस एक की ओर अग्रसर। इस वाणी में यह क्षमता है कि इसके माध्यम से एक मनुष्य दूसरे मनुष्य के विचार को समझ सकता है और उसके साथ एकचित्त हो सकता है, एकमन हो सकता है। इसके कारण मनुष्यों के परस्पर भाषा-व्यवहार में एक श्री-सम्पन्नता आती है, ख़ूबसूरती आती है। वैदिक संस्कृति का मुख्य आधार मन्त्र है। मन्त्र ही ब्रह्म है। वही फैलाता है। वही देवता और मनुष्य के बीच सेतु है। वह मनुष्य के भीतर के सोये हुए देवत्व को जगाता है। वह मनुष्य को मनुष्य से गहरे भाव से जोड़ता है। इसलिए मन्त्र रचता है– मनुष्य को भी, विश्व को भी।

वाक्सूक्त में वाणी के मुख से ही कहलाया गया है–

अहमेव वात इव प्रवाम्यारभमाणा भुवनानि विश्वा।
परो दिवा पर एना पृथिव्यैतावती महिना सम्बभूव॥

(*ऋग्वेद* 10.71.8)

'मैं समस्त भुवनों की रचना करती हुई प्राणवायु की तरह बहती रहती हूँ। मेरी महिमा आकाश और पृथ्वी दोनों का अतिक्रमण करती रहती है।' इस उद्घोषणा का भी यही तात्पर्य है कि मनुष्यों के परस्पर सम्बन्ध को अधिक समरस और सद्भावपूर्ण बनाने के उद्देश्य से ही छान्दस वाणी की रचना हुई है। आज संस्कृति के बारे में सर्वमान्य अवधारणा है कि मनुष्य समुदाय की सर्जनात्मक शक्ति संस्कृति है।

इस अवधारणा की तुलना जब वैदिक वाक् की अभी-अभी वर्णित अवधारणा से करते हैं तो स्पष्ट हो जाता है कि यह वाक् ही संस्कृति है। उसका नाम 'संस्कृत' बिल्कुल यथार्थ है। 'संस्कृत' का अर्थ कुछ लोगों ने 'कृत्रिम' या 'गढ़ा हुआ',

'बनाया हुआ' किया है। पर वे संस्कार का अर्थ नहीं जानते। संस्कार का अर्थ 'पॉलिश' या 'मुलम्मा' नहीं है। उसका अर्थ है– 'भीतर के गुण को उभार कर ऊपर लाना', ऊपर से कोई गुण आरोपित करना नहीं है। ऐसे ही 'सयाने' लोगों ने कहा कि इस देश में संस्कृत कभी बोली नहीं जाती थी। बोली जाती थी प्राकृत। वही प्राकृतिक सहज भाषा थी। उन्हें मालूम नहीं कि सबसे पहले प्राकृत के वैयाकरण वररुचि ने साफ़-साफ़ कहा कि– 'प्रकृतिः संस्कृतं तस्मादुद्भूतं प्राकृतम्।' संस्कृत ही प्रकृति है। उससे निकली है इसलिए इस भाषा को प्राकृत कहते हैं। यह अवश्य है यह संस्कृत इस देश के प्राणों की भाषा रही है। वह भी सधे हुए प्राणों की। इसीलिए जिन धर्म प्रचारकों ने ईसा पूर्व चौथी-पाँचवी शताब्दी में प्राकृत भाषाओं का उपयोग किया उनके वचनों के मर्म की बात उन्हीं के अनुयायियों ने संस्कृत में कही। केवल इसलिए नहीं कि संस्कृत में कहने से उस बात का महत्त्व होगा, उसकी प्रतिष्ठा होगी; बल्कि इसलिए कि संस्कृत में कहने का संकल्प लेते ही उसमें एक अखण्डता आ जाएगी। सबकी बात होने की क्षमता आ जायेगी और उसकी विशेषता चमकने लगेगी। भदन्त नागार्जुन ने भगवान् बुद्ध की देशना को, उमा स्वाती ने भगवान् महावीर के उपदेश को दर्शन के रूप में जब गुम्फित किया तो संस्कृत का सहारा लिया। इसके पीछे उनका एकमात्र उद्‌देश्य यही था कि यह चिन्तन समग्र भारत का चिन्तन बन जाये, किसी एक वर्ग का चिन्तन बनकर न रह जाये। और उनके उद्‌देश्य की पूर्ति हुई भी। भगवान् बुद्ध और भगवान् महावीर के चिन्तन का तत्त्व समग्र भारतीय संस्कृति का मर्म बन गया और करुणा की, अहिंसा की चरम मूल्यवत्ता हमारी संस्कृति का प्राण बन गयी। संस्कृत अपनी इस उदारता और व्यापकता के कारण ही बिना प्राकृत या अपभ्रंश या बाद की आधुनिक भाषाओं से प्रतिस्पर्धा किये चिन्तन की भाषा के रूप में विकसित होती रही। 19वीं सदी के अन्त में यह संस्कृत के केन्द्र काशी में ही सम्भव था कि पण्डितों की सभा डार्विन के सिद्धान्त पर विचार करे या यह आवश्यक समझे कि पश्चिम के चिन्तन को संस्कृत में लाया जाये। अमेरिका में तो 20वीं सदी के मध्यकाल तक डार्विन का नाम लेना भी कहीं-कहीं कुफ्र था। संस्कृत और संस्कृति का सम्बन्ध इसी उदारता और व्यापकता की धुरी पर टिका हुआ है।

संस्कृत भाषा के सांस्कृतिक अवदान का लेखा-जोखा लेने जब हम बैठते हैं तो तीन बातें सबसे ऊपर आती हैं। पहली बात तो यह कि संस्कृत में खुला मन मिलता है। ज्ञान के प्रत्येक स्रोत को, प्रत्येक प्रवाह को उसने पवित्र माना है। संस्कृत में यवन ज्योतिष के सिद्धान्त आये, रोम ज्योतिष के सिद्धान्त आए। उत्तरवर्ती काल में अरबी

गणित ज्योतिष 'हायत' का संस्कृत में अनुवाद हुआ। यह खुलापन भिखमंगेपन से कुछ अलग है। संस्कृत का लेने वाला हाथ दाता हाथ था। वह लेता था और लेते समय छोटा बनता था, वामन बनता था तो इसलिए कि भीतर से विराट् था। वह केवल तथाकथित बड़प्पन का अहंकार तोड़ना चाहता था।

संस्कृत वाङ्मय में बड़प्पन की केवल एक कसौटी है– 'शील'। उसके साहित्य के जितने धीरोदात्त नायक हैं वे उद्धत नहीं हैं। न जीवन से थक कर विश्राम लेने वाले प्रशान्त हैं। वे युधिष्ठिर हैं– युद्ध में स्थिर हैं। वे राम हैं– सब में रमे हुए हैं। और उनमें सभी आबालवृद्ध रमे हुए हैं। उसका प्रयोजन भी यही है कि बड़प्पन का अहंकार टूटे और यह पहचान हो कि बड़प्पन भीतर का भाव है। वह अपने को छोटा करने से, समस्त सृष्टि के प्रति विनत करने से आता है, मन को किसी लक्ष्य पर स्थिर करने से आता है। और जब आता है तो हाथ में लेते ही पत्थर फूल बन जाता है। पार पहुँचाने वाली नाव ही गंगा बन जाती है।

शून्यता और विराट्ता दोनों एक दूसरे को बुलाते रहते हैं। यह हमारी संस्कृति के चकई-चकवा हैं। दक्षिण-पूर्व एशिया में यात्रा करते समय मुझे संस्कृत और संस्कृति के माध्यम से यात्रा करने वाली संस्कृति की इस विशेषता का साक्षात् अनुभव हुआ। इन देशों की राम कथाओं में राम की अयोध्या वहीं बस गयी। उनका वनवास भी उन्हीं के जंगलों में हुआ। वहाँ राम पहुँचे तो अपनी राजधानी अयोध्या को भूल कर, खो कर पहुँचे। दूसरे शब्दों में हमने सांस्कृतिक उपनिवेश नहीं बनाये। यह तो उपनिवेशवादी राजनीति के शिकार होने का शोचनीय परिणाम था कि हमने यवद्वीप, सुमात्रा, चम्पा, आधुनिक वियतनाम और कम्बोज को भारत की संस्कृति की विजय यात्रा के रूप में देखा। वस्तुतः ऐसा कोई संकल्प था ही नहीं। इन देशों के किसी भी शिलालेख में या किसी भी प्राचीन ग्रन्थ या शिल्प में यह संकेत नहीं मिलता कि ये देश भारत के किसी भी राजवंश के अधीन थे। या इन देशों की धार्मिक व्यवस्था का संचालन, किसी भी प्रकार की व्यवस्था के संचालन भारत में स्थित किसी व्यक्ति या संस्था द्वारा होता था।

भारतीय मूल के लोग वहाँ गए। वहीं के होकर रह गये। उनमें मिल गये। उन्होंने उनके भाव का विस्तार किया। उन्हीं के तौर तरीक़ों से, उन्हीं की प्रतिभा से बोरोबुदूर और प्रांवनन की स्थापत्य रचना, हिन्द–एशिया में और अंकोरवाट की स्थापत्य रचना कंबोडिया में वहीं की देशी प्रतिभा की देन है। भारत में तो वैसी कोई भी रचना नहीं है। हाँ, भाव के स्तर पर एक साझेदारी है। और वह साझेदारी ही हमारी संस्कृति की मुख्य पहचान है।

'मैं' नहीं 'हम' यह भाव है, तो समझना चाहिए कि संस्कृत भाषा का कहीं संस्कार हमारे भीतर है। संस्कृति का संस्कार कहीं भीतर है। वह नहीं है तो बस एक विडम्बनामात्र है। संस्कृत के शास्त्रकार– हमारी संस्कृति के व्याख्याता कभी नहीं कहते कि यह मेरी बात है। वे यही कहते रहते हैं कि यह पहले कहा जा चुका है। इस प्रकार की उद्घोषणा का ग़लत अर्थ यह लगा लिया जाता है कि संस्कृत और भारतीय संस्कृति रूढ़िवादी है, अपरिवर्तनशील है, लोग ये भूल जाते हैं कि सूत्र की भूमिका माणियों के भीतर पैठने तक सीमित नहीं रहती। उसके आर-पार निकलने तक भी नहीं। वह मणियों को निरन्तर एक माला के रूप में गूँथता रहता है। और हर एक नयी मणि को गूँथने के बाद एक नई माला रचता जाता है। हाँ, वह स्वयं नहीं टूटता। मौलिकता का अर्थ मूल को छोड़ना नहीं है। उसका अर्थ मूल का विस्तार है– निरन्तर विस्तार। मूल का अतिक्रमण है, निरन्तर अतिक्रमण। उसका अर्थ विच्छिन्नता नहीं है निरन्तरता है। और निरन्तरता में परिवर्तन अपने आप असंलक्ष्य हो जाता है। नदी में परिवर्तन नदी के प्रवाह के साथ चलते हुए नहीं दिखता। तब दिखता है जब नदी के उद्गम को आदमी देखे और बीच में कुछ न देखे, उसके संगम को देखे। पर, तब नदी को देखना नहीं होता है।

संस्कृति और संस्कृत के दूसरे संयोजक गुण पर मैं अब आता हूँ– वह इसी उदारता से ही निकला है। वह गुण है– ऐतिहासिकता से मुक्ति। प्राय: इसे दोष माना जाता है कि हमारे पुराने लोगों को इतिहास का बोध नहीं था। हमारा शिक्षित मन इतिहास की बीमारी से रुग्ण है। वह और रुग्ण होता जा रहा है। इसीलिए हर वर्ग एक अलग इतिहास का उत्तराधिकारी बनना चाहता है। संस्कृत साहित्य के दोनों महान् ग्रन्थों– रामायण और महाभारत के रचयिता अतीत की घटना के रूप में कहानी नहीं कहते। वे अपनी आँखों-देखी बात कहते हैं। हमारी सांस्कृतिक आचार-पद्धति में इसीलिए देश-काल का पग-पग पर अनुस्मरण किया जाता है। पर यह देश-काल जुड़ा हुआ देश-काल होता है। प्रत्येक संकल्प में सृष्टि के आदि से जुड़ा हुआ (समय) समझा जाता है। समस्त भूमण्डल से जुड़ा हुआ स्थान आता है और गोत्र के प्रवर्तक ऋषि से जुड़ा हुआ व्यक्ति आता है। एक पूरी श्रृंखला आती है। इतिहास से मुक्त होकर मनुष्यमात्र के साथ ही क्यों, जीवमात्र, जीवन मात्र से जुड़ने का एक सही रास्ता हमारी संस्कृति में मिलता है, हमारे वाङ्मय में मिलता है। वह रास्ता आज की छोटी अस्मिताओं, छोटी गुटबाज़ियों, छोटी राष्ट्रियताओं से, छोटे इतिहासों के छोटे अभिमानों से बँधे हुए मनुष्य के लिए और अधिक प्रासंगिक हो गया है।

अन्त में मैं संस्कृत और संस्कृति के योजक तीसरे गुण की चर्चा से अपनी बात समेटना चाहूँगा। यह तीसरा गुण है 'पर' को 'आत्म' मानना। परमात्मा और आत्मा को एक मानना। दूसरे शब्दों में अपने भीतर के आत्मभाव को पूरी तरह निकाल कर नैरात्म्य साधना। कैवल्य प्राप्त करना। संस्कृत में 'पर' का एक अर्थ है 'दूसरा'। दूसरा अर्थ है 'उत्तरवर्ती', 'दूरवर्ती', *तीसरा* अर्थ है 'श्रेष्ठ'। हमारी संस्कृति निरन्तर इस 'पर' को साधती रहती है। कोई दूसरा कैसे रहने पाएगा? कोई दूर कैसे रह सकेगा? और, कोई हमारे बाद क्यों होगा? हम अपने पुत्र-पौत्र-प्रपौत्र सबको सन्तान के रूप में, अपने ही पूर्णतर विस्तार के रूप में देखते हैं। अपने से अलग नहीं, अपने से श्रेष्ठतर, अपने ही विकास के रूप में देखते हैं।

'वसुधैव कुटुम्बकम्' को जिस तरह हमने खोखला नारा बना रखा है, (यह) वैसा भाव नहीं है; बल्कि वह भाव जो सम्पूर्ण जीवन में परार्थ साधन करते हुए भी यह जब अनुभव करे– "यह तो अहंकार की ही साधना हुई"। तिल-तिल उसे गलाने के लिए हिमालय की ओर प्रस्थान कर दे। स्वर्गारोहण और कुछ नहीं (बल्कि) शरीर के अहंकार को गला कर इसे भावशरीर बनाना है। रोम-रोम को, रक्त की बिन्दु-बिन्दु को भाव बनाना है। इसके लिए अकेला हो जाना पड़े सारी पृथ्वी से अकेला हो जाना पड़े तो संकल्प के लिए तैयार रहना चाहिए– 'आत्मार्थे पृथिवीं त्यजेत्'।

वसुधैव कुटुम्बकम् की वास्तविक सिद्धि राम, युधिष्ठिर, श्रीकृष्ण, और बुद्ध के विराट् अकेलेपन से होती है। क्योंकि जिस समय वे अकेले होते हैं उस समय अपने प्राणों को चीर रहे होते हैं। कोई ममता नहीं, कोई अहंता नहीं। पूर्णतर होने के लिए ख़ालीपन ज़रूरी है। एक राम, एक युधिष्ठिर, एक कृष्ण, एक बुद्ध से कुछ नहीं होता, कुछ नहीं होगा। संस्कृत साहित्य के इस पक्ष को कम समझा गया है या ग़लत समझा गया है। समझा गया है कि वह सुखवादी है, आनन्दवादी है। पर वास्तविकता यही है प्रत्येक संसिद्धि के बाद रीतापन अनुभव करना क्योंकि वह संसिद्धि सबकी नहीं। यह करुण-बोध कि 'मेरी बात कोई नहीं सुनता (न च कश्चित् श्रृणोति माम्)– चिल्ला रहा हूँ बाँह उठा-उठा कर'– संस्कृत साहित्य, दर्शन और भारतीय संस्कृति का चरमबोध है।

यूट्यूब पर इस व्याख्यान की कड़ी– https://youtu.be/SFzlUCG7sls?si=qi27s-fE-TB4A0dW

सन्दर्भ

मूल स्रोत-

1. *अथर्ववेद* (हिन्दी अनुवाद) पं. दामोदर सातवलेकर (1947), *स्वाध्याय मण्डल,* पारडी : 52.
2. *अष्टाध्यायीसूत्रपाठः* पाणिनीयः, सं. ब्रह्मदत्त जिज्ञासु (2014), *रामलाल कपूर ट्रस्ट,* सोनीपत.
3. *उक्तिरत्नाकर* साधुसुन्दर गणी विरचित [ग्रन्थ के अन्त में अज्ञात विद्वानों की दो और औक्तिक रचनाएँ *उक्तीयक* तथा *औक्तिकपदानि* मुद्रित हैं] सं.मुनि जिनविजय (1957), संचालक, राजस्थान प्राच्यविद्या प्रतिष्ठान, जोधपुर.
4. *उक्तिव्यक्तिप्रकरण* दामोदरविरचित. सं. मुनि जिनविजय (1953), सिंघी जैन शास्त्र शिक्षापीठ, भारतीयविद्याभवन, बं(मुं)बई.
5. *उपासकाध्ययन* (सोमदेवकृत यशस्तिलकचम्पू के अन्तिम 3 आश्वास) सं. अनु. कैलाशचन्द्र शास्त्री (1964), भारतीय ज्ञानपीठ, वाराणसी.
6. *उत्तराध्ययनसूत्र* अनु. आदि राजेन्द्रमुनि शास्त्री (1991), श्री आगमप्रकाशनसमिति, ब्यावर.
7. *ऋग्वेद संहिता.* (स्कन्दस्वामी तथा वेंकटमाधव के भाष्य के साथ) (1942), संस्कृत सिरीज़, त्रिवेन्द्रम.
8. *ऋग्वेदसंहिता.* (हिन्दी अनुवाद). पं. दामोदर सातवलेकर (1947), स्वाध्याय मण्डल, पारडी : 52.
9. *ऋग्वेद* (अनुवाद) ग्रिफ़िथ (1920), चौखम्बा संस्कृत सिरीज़: वाराणसी.
10. *काव्यमीमांसा* राजशेखरप्रणीता. सं. सी.डी. दलाल तथा आर.ए. शास्त्री (1934), गायकवाड ओरियंटल सिरीज़, बड़ौदा.
11. *काव्यप्रकाश*–आचार्य मम्मट (व्या. विश्वेश्वर, 1960), ज्ञानमण्डल लिमिटेड, वाराणसी।
12. *काव्यादर्श*–आचार्य दण्डी. संस्कृतहिन्दीव्याख्या–रामचन्द्र मिश्र (1958), चौखम्बा विद्याभवन–वाराणसी.

13. *कुमारसम्भवम्* कालिदासकृतम् मल्लिनाथकृतसञ्जीवनीसहितम्. सं. वासुदेवलक्ष्मण पणशीकर. निर्णयसागर प्रैस, मुंबई : 1927.
14. *कुलार्णवतन्त्र* अनु. रामकुमार राय (1985), प्राच्य प्रकाशन वाराणसी.
15. *गौरगणोद्द्देशदीपिका.* कविकर्णपूररचिता. (सं.) (2008), भक्तिवेदान्त नारायण गोस्वामी. गौडीय वेदान्त प्रकाशन, मथुरा.
16. *चौरासी वैष्णवन की वार्ता.* नाथद्वारा : श्रीविद्याविभाग. 2027 वि. सं..
17. *धर्मकोश:* (वर्णाश्रमधर्मकाण्डम्, द्वितीयो भागः), सं. गोविन्दशास्त्री केळकर. प्रज्ञापाठशाला मण्डल, वाई. 2000.
18. *धम्मपद (धर्मपद).* सं.द्वारिकादास शास्त्री (2005) चौखम्बा संस्कृत सीरीज़ आफिस, वाराणसी.
19. *ध्वन्यालोक*–आनन्दवर्धन (1965), हिन्दी व्याख्या–जगन्नाथ पाठक. चौखम्बा विद्याभवन. वाराणसी.
20. *निरुक्तम्* निघण्टुसमन्वितम् यास्कविरचितम्. सं. लक्ष्मण सरूप. दिल्ली: मोतीलाल बनारसीदास, 1998[1920].
21. *न्यायकोश:.*भीमाचार्यझळकीकरः.(संशोधकः) (2015), वासुदेवशास्त्री अभ्यंकर. वाराणसी चौखम्बा सुरभारती प्रकाशन. (पुनर्मुद्रण)
22. *परात्रीशिका* अभिनवगुप्तकृततत्त्वविवेकटीकोपेता. (सं.) मुकुन्दरामशास्त्री. कश्मीर सिरीज आ□फ़ टेक्स्ट ऐंड स्टडीज़ 1918 ,18-, (पुनः.) अरोमा पब्लिशिंग हाउस, नयी दिल्ली 1991.
23. *पद्धती* वाक्यपदीयब्रह्मकाण्डे श्रीवृषभस्य व्याख्या. पुणे: दक्कन कॉलिज. 1966.
24. *पाणिनिव्याकरणे वादरत्नम्.* सूर्यनारायणशुक्लः. (सं.) रामगोविन्दशुक्ल. बनारस : जयकृष्णदास हरिकृष्णदासगुप्त (द्वि.सं.) 1949.
25. *प्रज्ञापुराण* (भाग 1). श्रीरामशर्मा आचार्य (2012), युगनिर्माण योजना. (पुन.) मथुरा.
26. *प्रज्ञापुराण* (भाग 2). श्रीरामशर्मा आचार्य (2012), युगनिर्माण योजना. (पुन.) मथुरा.
27. *प्रज्ञापुराण* (भाग 3). श्रीरामशर्मा आचार्य (1999), युगनिर्माण योजना, मथुरा.
28. *प्रज्ञापुराण* (भाग 4). श्रीरामशर्मा आचार्य (1998), युगनिर्माण योजना. मथुरा.
29. *प्रत्यभिज्ञाहृदयम्.* क्षेमराज (जयदेव सिंह कृत हिन्दी अनुवाद) (1973), मोतीलाल बनारसीदास, दिल्ली.
30. *प्रमाणवार्तिकम्* धर्मकीर्तिविरचितम् (स्वोपज्ञवृत्तिमनोरथनन्दिकृतप्रमाणवार्तिकवृत्तिभ्यां सहितम्). (सं.) रामचन्द्र पाण्डेय (1989), मोतीलाल बनारसीदास, दिल्ली.
31. *भक्तमाल.* नाभादास (2006), श्रीमलूकपीठ पुस्तकालय, वृन्दावन.

32. *भगवद्गीता* यथारूप. (व्या.)प्रभुपाद, ए.सी. भक्तिवेदान्त स्वामी. मुम्बई : भक्तिवेदान्त बुक ट्रस्ट. 1990
33. *मनुस्मृतिः* मन्वर्थमुक्तावलीसहिता. (सं.) शिवराज आचार्य कौण्डिन्न्यायन (2014), चौखम्बाविद्याभवन, वाराणसी.
34. *महाभाष्यम्* पतञ्जलिविरचितम्. प्रथम भाग संशोधक– भार्गवशास्त्री, चौखम्बा संस्कृत प्रतिष्ठान. दिल्ली (पुनः.) 2014.
35. *महाभाष्यदीपिका* भर्तृहरिकृता प्रथममाह्निकम्, (सं.) जोहानस् ब्रोंन्खा□र्स्ट (1987), भाण्डारकर–प्राच्यविद्यासंशोधनसंस्थान, पुणे.
36. *मालविकाग्निमित्रम्* कालिदासविरचितम् काटयवेमभूपतिकृतकुमारगिरिराजीयव्याख्योपेतम्.(सं.) काशिनाथ पाण्डुरंग परब. 1846 शक सं., निर्णयसागर, मुम्बई.
37. *मूलाविद्यानिरासः* अथवा *शंकरहृदयम्.* सच्चिदानन्देन्द्रसरस्वती (2009), अध्यात्मप्रकाशकार्यालय. (द्वि.सं.) होलेनरसीपुर.
38. *यजुर्वेद संहिता.* (सायणभाष्य सहित).पं. दामोदर सातवलेकर (1942), स्वाध्याय मण्डल, पारडी.
39. *योगसूत्रम्* आफ़ पतञ्जलि (सं.) जे. आर. बैलेण्टाइन (1985), पायस बुक कॉर्पोरेशन, दिल्ली.
40. *राधारससुधानिधि.* प्रबोधानन्द सरस्वती. मथुरा श्रीकृष्ण चैतन्य शास्त्र मन्दिर–राधाकुण्ड.
41. *रामचरितमानस* गोस्वामी तुलसीदास. (अनु.) हनुमान प्रसाद पोद्दार (2073), (पाँचवाँ पुनर्मुद्रण) गीताप्रेस, (सं.) गोरखपुर.
42. *रामायण* (गोविन्दराजीय आदि 4 व्याख्याओं के साथ) (1935), लक्ष्मी वेंकटेश्वर प्रैस, मुम्बई.
43. *याज्ञवल्क्यस्मृतिः* अपरार्कटीकासहिता (प्रथम भाग). पुणे: आनन्दाश्रम मुद्रणालय. 1903.
44. *याज्ञवल्क्यस्मृतिः* मिताक्षरासहिता. (सं.) गंगासागर राय (2015), चौखम्बा संस्कृतप्रतिष्ठान. दिल्ली.
45. *वज्रसूची उपनिषद्.* आचार्य अश्वघोषकृत अनु. भन्ते ग. प्रज्ञानन्द. गौतम बुक सेंटर. दिल्ली, 1990.
46. *वाक्यपदीयम्* भर्तृहरिविरचितम्. सं. के. वी. अभ्यंकर तथा वी. पी. लिमये. पुणे: भाण्डारकर ओरियेंटल रिसर्च इंस्टीट्यूट, 1965.
47. *वाक्यपदीयम्* ब्रह्मकाण्डम्. रघुनाथशर्मविरचितया अम्बाकर्त्र्या सहितम्. सम्पूर्णानन्दसंस्कृतविश्वविद्यालयः, वाराणसी. 2006.

48. *विश्वेश्वरस्मृतिः*.विश्वेश्वरनाथ रेऊ. (सं.) प्रभाकर शास्त्री (2011), राजस्थान संस्कृत अकादमी. (द्वि.सं.) जयपुर.
49. *विष्णुसहस्रनामस्तोत्रम्* (सत्यभाष्यार्यभाषानुवादसहितम्) प्रथमो भागः. (व्या.) सत्यदेवो वासिष्ठः, (हिन्दी अनु.) मुंशीराम शास्त्री. हिसार : सत्यदेव वासिष्ठ, देवसदन-भिवानी. 1969.
50. *विष्णुसहस्रनामस्तोत्रम्* (सत्यभाष्यार्यभाषानुवादसहितम्) द्वितीयो भागः. (व्या.) सत्यदेवो वासिष्ठः, (हिन्दी अनु.) मुंशीराम शास्त्री. हिसार : सत्यदेव वासिष्ठ, देवसदन-भिवानी. 1971.
51. *वैयाकरणसिद्धान्तमञ्जूषा* नागेशकृता.(सं.) शुक्ल, कालिकाप्र.. सम्पूर्णानन्द संस्कृत विश्वविद्यालयः, वाराणसी. 1977.
52. *संस्कृतज्ञानेश्वरी* (प्रथम खण्ड) (अनु.) महादेव पाण्डुरंग ओक. पुणे एम.पी. ओक, 1929.
53. *साहित्यदर्पण*–विश्वनाथ कविराज (लक्ष्मी संस्कृत व्याख्या–कृष्णमोहनशास्त्री,), चौखम्बा संस्कृत सिरीज़ आफ़िस, बनारस, 1955.
54. *सत्यार्थप्रकाशः* स्वामी दयानन्द सरस्वती, सार्वदेशिक आर्य प्रतिनिधि सभा, दिल्ली, (वि.सं.) 2022, *व्यवहारमयूख या हिन्दू लॉ.* (अंग्रेज़ी अनुवाद). विश्वनाथ नारायण मांडलिक. (पुनः) 1982, एशियन पब्लिकेशन सर्विसेज़, न्यू दिल्ली।
55. *सवृत्तिवाक्यपदीयद्वितीयकाण्डम्* भर्तृहरिविरचितं पुण्यराजटीकोपेतम्. (सं.) सुब्रह्मण्य अय्यर, को.अ. (1983). मोतीलाल बनारसीदास, दिल्ली.
56. *स्फोटवादः* नागेशभट्टकृतः. वी.कृष्णमाचार्यरचित 'सुबोधिनी'सहितः. मद्रपुरी : द आड्यार लाइब्रेरी. 1946
57. *स्फोटसिद्धिः* मण्डनमिश्रकृता. ऋषिपुत्रपरमेश्वरकृतगोपालिकोमेता. मद्रपुरी : मद्रपुरीयविश्वविद्यालयः. 1931
58. *स्वरसिद्धान्तचन्द्रिका* कृष्णयज्वभिः प्रणीता (सं.) शिवरामकृष्ण शास्त्री. अण्णामलैविश्वविद्यालयसंस्कृतग्रन्थावलिः–1936 .4.
59. *शृङ्गारप्रकाशः* भोजराजकृतः, प्रथम भाग (सं.–वी. राघवन्,). संस्कृत तथा भारतीय अध्ययन विभाग, हार्वर्ड वि.वि..1998.
60. *श्रीभाष्यम्.* रामानुजाचार्याणाम्. संसत्–संशोधकाः. संस्कृतसंशोधनसंसत्, यावाद्रिः (मेलुकोटे) 1995.
61. *श्रीमस्तनाथचरितम्.* हरदत्त शास्त्री. रोहतक : चाँदनाथ योगी, अस्थल बोहर, 1999.
62. *(श्री) विष्णुसहस्रनाम* [शांकरभाष्य-हिन्दी-अनुवादसहित]. अनु. भोला. गीताप्रैस, गोरखपुर (पुनर्.) 2077.

63. *ज्ञानेश्वरी.* संत ज्ञानेश्वररचित (मूल पारायण प्रत).गोरखपुर : गीताप्रेस, (पुनर्मुद्रण) 2071 संवत्।

अन्य स्रोत–

1. अंजलि दुहन गुलिया (2019), 'द नाथ योगीज़ आफ़ बाबा मस्तनाथ मोनास्ट्री : देयर रिलीजन ऐंड आर्ट', *आर्कियालजी ऐंड हेरिटेज : हरयाणा करेंट ट्रेंड्स* में (सं.) जगदीश प्रसाद, दिल्ली : बी.आर. पब्लिशिंग कॉर्पोरेशन।
2. अनन्तदास बाबाजी (2022) *श्रीश्रीराधासुधानिधि,* राधाकुंड : राधाकुंड : श्री कृष्ण चैतन्य शास्त्रमन्दिर।
3. अनिर्वाण (2003), *वेद मीमांसा,* (अनु.) छविनाथ मिश्र, दिल्ली : नाग प्रकाशक।
4. ओम्प्रकाश पाण्डेय (2012), *वेदानुशीलन का अतीत और अनागत,* उज्जयिनी : महर्षि सान्दीपनिराष्ट्रियवेदविद्याप्रतिष्ठानम्।
5. आनन्द बालयोगी भावनानी (2011), 'ए ब्रीफ़ जियोग्राफ़िकल हिस्ट्री इन मॉडर्न इण्डिया', *इंटरनेशनल जर्नल आफ़ योग ऐंड एलायड साइंसेज़,* खण्ड 1, अंक 2 में, 156-168.
6. अम्बिकादत्त शर्मा (2006), 'यशदेवशल्य के दर्शन में तत्त्वमीमांसा का औचित्य'. *भारतीय दर्शन के 50 वर्ष में.* अम्बिकादत्त शर्मा (सं.) 125-134 सागर : विश्वविद्यालय प्रकाशन।
7. अम्बिकादत्त शर्मा (2018), 'भारतीयमानस का वि–औपनिवेशीकरण' *प्रतिमान समय समाज संस्कृत,* (जुलाई–दिसम्बर 53-68) दिल्ली : विकासशील समाज अध्ययन पीठ।
8. उदयप्रताप सिंह (2021), *श्री वल्लभाचार्य,* दिल्ली : साहित्य अकादमी।
9. एक्सेल माइकेल्स (2001), 'ट्रेडिशनल संस्कृत लर्निंग इन काँटेम्पोरेरी इण्डिया', *पंडित : ट्रेडिशनल स्कॉलरशिप इन इण्डिया* में, (सं.) एक्सेल माइकेल्स: 3-16. न्यू दिल्ली: मनोहर पब्लिशर्स।
10. एम. हिरियन्न चयन (2018), द *बेस्ट आफ़ हिरियन्न,* बेंगलूरु : प्रेक्षा प्रतिष्ठान।
11. एन. शौरिराजन् (सं.) (2007), रामभद्रदीक्षितरचित *तरप्तमपौघक्रोडार्थवाद,* चेन्नै : द अड्यार लाइब्रेरी ऐंड रिसर्च सेंटर।
12. कपिल कपूर, अवधेश कुमार सिंह (2005), *इण्डियन नॉलेज सिस्टम* (2 खण्ड), शिमला: भारतीय उच्च अध्ययन संस्थान।
13. करपात्र स्वामी (2004), *श्रीराधासुधा.* मथुरा राधाकृष्ण धानुका प्रकाशन संस्थान।
14. के.एम. जॉर्ज (अनु.) माहेश्वर (1980), *ए.आर. राजराज वर्मा.* दिल्ली : साहित्य अकादेमी।

15. को.अ. सुब्रह्मण्य अय्यर (1969), भर्तृहरिः *अ स्टडी आफ़ वाक्यपदीय इन द लाइट आफ़ ऐंशियंट कॉमेंट्रीज़,* पुणेः दक्कन कॉलेज।
16. के. राजगोपालाचार (1990), *डिस्क्रिप्टिव कैटेलॉग आफ़ संस्कृत मैन्युस्क्रिप्ट्स, मैसूर* : ओरियंटल रिसर्च इंस्टीट्यूट, यूनिवर्सिटी आफ़ मैसूर।
17. गणेश हरि खरे (1960), *भारत-इतिहास-मण्डलस्थ-हस्तलिखितग्रन्थानुक्रमणिका* पुणे : भारत भारत-इतिहास-मण्डल।
18. गयाचरण त्रिपाठी (2012), 'द ग्लोबल विज़न आफ़ संस्कृत', कल्याण कुमार चक्रवर्ती द्वारा सं. *संस्कृत फ़ार ह्यूमन सर्वाइवल* में : 67-72. राष्ट्रिय संस्कृत संस्थान, नयी दिल्ली।
20. गजानन बालकृष्ण पळसुले (1961) *संस्कृत धातु पाठाज़ : अ क्रिटिकल स्टडी,* पुणे : डेकन कॉलेज ग्रेजुएट ऐंड रिसर्च इंस्टीट्यूट।
20. गजानन बालकृष्ण पळसुले (2011), *युभातः संस्कृतं प्रति,* नवदेहलीः राष्ट्रियसंस्कृतसंस्थानम्।
21. गोविन्दचन्द्रः पॉण्डेयः (1991), *भक्तिदर्शनविमर्शः,* वाराणसीः सम्पूर्णानन्द संस्कृतविश्वविद्यालयः।
22. गोविन्दचन्द्र पाण्डेय (1993), *भारतीय परम्परा के मूल स्वर,* नयी दिल्लीः नेशनल पब्लिशिंग हाउस।
23. गिरीश्वर मिश्र (सं. 2009), *द स्ट्रक्चर आफ़ इण्डियन माइंड,* न्यू दिल्ली, श्री लाल बहादुरशास्त्री राष्ट्रिय संस्कृत विद्यापीठ।
24. गीति सेन, (1913), *पर्सीविंग इण्डिया : इनसाइट ऐंड इनक्वाइरी,* न्यू दिल्लीः सेज पब्लिकेशन।
25. चिद्घनानन्द पुरी (1943), *ब्रह्मसूत्रभाष्यनिर्णयः.* काशी : श्रीरामकृष्णसेवाश्रम।
26. जे.डी.एम. डेरेट (1973), 'धर्मशास्त्र ऐंड ज्युरिडिकल लिटरेचर'. *अ हिस्ट्री आफ़ इण्डियन लिटरेचर* में. खण्ड 5 (सं.) जाँ खोंदाः 2-79.
27. जे. ब्रोंकहॉर्स्ट (1995), '*ग्रामर ऐज़ अ डोर टु लिबरेशन*', ऐनल्स आफ़ द भंडारकर ओरियंटल रिसर्च इंस्टीट्यूट, 76: 97-106.
28. जॉर्ज वेस्टन ब्रिग्स (1938), *गोरखनाथ ऐंड कनफटा योगीज़,* लन्दनः आक्सफ़ोर्ड युनिवर्सिटी।
29. जिनविजय मुनि (1965), *अ कैटेलॉग आफ़ संस्कृत ऐंड प्राकृत मैन्युस्क्रिप्ट्स,* जोधपुर, : द राजस्थान ओरिएंटल रिसर्च इंस्टीट्यूट।
30. ज्येष्ठ वर्मन (1987), 'फ़ंडामेंटल प्रिंसिपल्स आफ़ वेदिक इंटरप्रेटेशन्स' *गुरुवेदज्योति (स्वामी गंगेश्वरानन्द उदासीन अभिनन्दन ग्रन्थ)* में, (सं.) नवल किशोर कांकर, 339-351, मुम्बईः सद्गुरु गंगेश्वरानन्द वेद मिशन।

31. वैलेरी स्टोकर (2007), *वैदिक लैंग्वेज ऐंड वैष्णव थियोलजी : माध्वज़ यूज़ आफ निरुक्त इन हिज़ ऋग्भाष्य*, जर्नल आफ़ इण्डियन फ़िलॉसफ़ी खण्ड 35 में: 169-199.
32. डेविड क्रिस्टल (2000), *लैंग्वेज डेथ*, लंदन : आक्सफ़ोर्ड युनिवर्सिटी प्रैस।
33. सुशील कुमार डे (हिन्दी अनु.), मायाराम वर्मा (1988) *संस्कृत काव्यशास्त्र का इतिहास.* बिहार हिन्दी ग्रन्थ अकादमी।
34. डी. प्रह्लादाचार (2004), 'आन द क्रोडपत्राज– अ न्यू ज़ोनर आफ़ फ़िलसॉफ़िकल राइटिंग्स इन इण्डिया', *डिस्कशंस ऐंड डिबेट इन इण्डियन फ़िलॉसफ़ी : इश्यूज़ इन वेदान्त, मीमांसा ऐंड न्याय* ग्रन्थ में, 354-412. न्यू दिल्ली : आइ.सी.पी.आर.।
35. थियोडोर डे बरे (द्वि.सं. 1963), सोर्सेज़ आफ़ इण्डियन ट्रैडिशन. दिल्ली: मोतीलाल बनारसीदास।
36. दीप्ति त्रिपाठी (2018), 'रिफ्लेक्शंस आन मैन्युस्क्रिप्टोलॉजी रिफ़्लेक्शंस आन मैन्युस्क्रिप्टोलॉजी: फ़ोरेज़ इंटू इण्डियन पेराडाइम्स आफ़ नॉलेज मैनेजमेंट' सम्बोधि 41 : 1-10.
37. दीप्ति शर्मा त्रिपाठी (1981) 'पाणिनिज़ ग्रामर ऐंड द कॉटेंपरेरी लैंग्वेज आफ़ द कॉमन मैन', *प्रोसीडिंग्स आफ़ द फ़र्स्ट इंटरनेशनल संस्कृत कॉन्फ़रेंस* में (सं.) रामकरण शर्मा 42-35, दिल्ली : राष्ट्रिय संस्कृत संस्थान।
38. नागेन्द्रनाथ उपाध्याय (द्वि.सं.) (2009), *गोरखनाथ-नाथसम्प्रदाय के परिप्रेक्ष्य में.* वाराणसी : विश्वविद्यालय प्रकाशन।
39. नित्यानन्द मिश्र (2022), *कथाकुसुमसौरभम्*, वाराणसी : चौखम्बा क्लासिका।
40. नारायण मूर्ति (1984), *ऐन इंट्रोडक्शन टु संस्कृत लिंग्विस्टिक्स*, दिल्ली: डी. के. पब्लिकेशन्स।
41. निर्मल वर्मा (1981), *भारत और यूरोप : प्रतिश्रुति के क्षेत्र.* नयी दिल्ली : राजकमल प्रकाशन।
42. निर्मल वर्मा (2001), *आदि, अन्त और आरम्भ.* नयी दिल्ली : राजकमल प्रकाशन।
43. निर्मल वर्मा (2006), *शताब्दी के ढलते वर्षों में.* दिल्ली : ज्ञानपीठ प्रकाशन।
44. विनोबा, (पुनः) 2011. *वेदामृत*, पवनार : परंधाम प्रकाशन।
44. पा.वा. काणे (1946), *हिस्ट्री आफ़ धर्मशास्त्र–प्रथम खण्ड*, पुणे: भण्डारकर ओरियण्टल रिसर्च इंस्टीट्यूट।
45. फ़ादर कामिल बुल्के (1950), *राम-कथा (उत्पत्ति और विकास)*, प्रयाग : हिन्दी परिषद् प्रयाग विश्वविद्यालय।

46. बलदेव उपाध्याय (1958) *वैदिक साहित्य एवं संस्कृति*, वाराणसी : शारदा मन्दिर, बलदेव उपाध्याय (1963), *श्रीशंकराचार्य. प्रयागराज :* हिन्दुस्तानी अकेडमी।

47. बलदेव उपाध्याय (1969), संस्कृत शास्त्रों का इतिहास. काशी : शारदामन्दिर।

48. बलराम शुक्ल (2016), 'अपोहस्तदपोहनंच', *काश्मीर शैव व बौद्धदर्शन मीमांसा*, हरेराम त्रिपाठी (सं.) : 190-196, दिल्ली : श्री लालबहादुर शास्त्रीराष्ट्रीय संस्कृतविद्यापीठम्।

48. बलराम शुक्ल (2019), '*शब्दब्रह्म एवं शब्दयोग*', *योगपर्व*, अंक–4, जून 2019, दिल्ली: संगीत नाटक अकादमी।

49. बलराम शुक्ल (2020), 'छन्द : समीक्षागत लक्षणों की नवीनता एवं उसके निहितार्थ'. *सारस्वतसाधना के आयाम (आचार्य गोकुलप्रसाद त्रिपाठी स्मृति ग्रन्थ)*, राधावल्लभ त्रिपाठी (सं.), 623–608. न्यू भारतीय बुक कॉर्पोरेशन, दिल्ली।

47. बलराम शुक्ल (2022), 'व्यञ्जनाया: सर्ववाक्यसाधारणत्वम्', *'शब्दानुगम:'* (सं.) पीटर शार्फ़, सं.रा. अमेरिका, द संस्कृत लाइब्रेरी : 583-600.

50. बलिराम शुक्ल (2006), 'आचार्य बदरीनाथ शुक्ल का देहात्मवाद'. *भारतीय दर्शन के 50 वर्ष* में. अम्बिकादत्त शर्मा (सं.). 224–213. सागर : विश्वविद्यालय प्रकाशन.

51. माथुर, आशुतोष दयाल (2019), 'भारतीय धर्मशास्त्र तथा उसकी प्रगतिशीलता', हिमांजलि (भारतीय उच्च अध्ययन संस्थान कीअर्धवार्षिक पत्रिका) 21:36-41

52. भँवरलाल जोशी (1968), *काश्मीर शैवदर्शन और कामायनी*. वाराणसी. चौखम्बा संस्कृत सिरीज़।

53. मणीन्द्र नाथ ठाकुर (2022), *ज्ञान की राजनीति : समाज अध्ययन और भारतीय चिन्तन*. दिल्ली : सेतु प्रकाशन।

54. माधव देशपाण्डे (2001), 'पण्डित ऐंड प्रोफ़ेसर : ट्रांसफ़ॉर्मेशन इन द नाइंटींथ सेंचुरी महाराष्ट्र'. द *पण्डित: ट्रेडिशनल स्कॉलरशिप इन इण्डिया* में. (सं.) एक्सेल माइकेल्स. 119-153, नई दिल्ली: मनोहर पब्लिशर्स।

53. माधव देशपाण्डे (2021), 'ज्ञानदेव एवं निवृत्तिनाथ की योगपद्धति का सामाजिक समरसता में योगदान', *हिमांजलि* में अंक 24, 25-28. शिमला भारतीय उच्च अध्ययन संस्थान।

54. माधव हाडा (2016), *मुनि जिनविजय*, दिल्ली : साहित्य अकादमी।

55. योगेन्द्र सिंह (1994), *मॉडर्नाइज़ेशन आफ़ इण्डियन ट्रेडिशन*, जयपुर: रावत पब्लिकेशन।

56. प्रवीण पण्ड्या (2022), *समकालिक संस्कृत काव्यशास्त्र एवं विमर्श*, जयपुर: राष्ट्रीय संस्कृत साहित्य केन्द्र।

57. भक्तिवेदान्त स्वामी प्रभुपाद (1989), *भगवान् श्रीचैतन्य महाप्रभु का शिक्षामृत. मुम्बई :* भक्तिवेदान्त बुक ट्रस्ट।
58. पी.टी. राजू (1985), *स्ट्रक्चरल डेप्थ आफ़ इण्डियन थॉट,* न्यू दिल्ली : साउथ एशिया पब्लिशर।
59. पी.पी.एस. शास्त्री (1930) *अ डिस्क्रिप्टिव कैटेलॉग आफ़ संस्कृत मैन्युस्क्रिप्ट इन द तंजौर महाराजा सर्फ़ोजीज़ सरस्वती महल लाइब्रेरी,* श्रीरंगम: श्रीवाणी विलास प्रेस।
60. वी.एम. कुलकर्णी (1990), द *स्टोरी आफ़ राम इन जैन लिटरेचर,* अहमदाबाद: सरस्वती पुस्तक भण्डार।
61. विद्यानिवास मिश्र (सं.) गिरीश्वर मिश्र (2019), *भारत की पहचान,* नयी दिल्ली: राष्ट्रीय पुस्तक न्यास।
62. *व्यवहारमयूख या हिन्दू लॉ* (अंग्रेज़ी अनुवाद) विश्वनाथ नारायण मांडलिक, (पुन:) 1982, न्यू दिल्ली : एशियन पब्लिकेशन सर्विसेज़।
64. वागीश शुक्ल (2024) *आहोपुरुषिका,* दिल्ली : सेतु प्रकाशन।
63. वागीश शुक्ल *धर्मक्षेत्रे कुरुक्षेत्रे* (अप्रकाशित लेख)
64. वागीश शुक्ल (2022) *भारत की पेगन चेतना,* समास अंक 22:1-56.
65. वागीश शुक्ल *'भारतीय पेगन परम्परा : जागरण और सुषुप्ति'* (अप्रकाशित लेख)
66. विजयदत्त श्रीधर (2008), *भारतीय पत्रकारिता कोश,* दिल्ली : वाणी प्रकाशन।
67. विद्यानिवास मिश्र, गिरीश्वर मिश्र (सं.) (2016), *विद्यानिवास मिश्र रचना–संचयन,* नयी दिल्ली : साहित्य अकादमी।
64. विद्यानिवास मिश्र (सं.) गिरीश्वर मिश्र (2019), *भारत की पहचान,* नई दिल्ली : राष्ट्रीय पुस्तक न्यास।
68. विजयपाल सिंह (2049), गोरक्षदर्शन, गोरखपुर : गोरखनाथ मन्दिर।
69. सुनीति कुमार चटर्जी (1951), *किरात–जन–कृति द इण्डो मंगोलाइड: देयर कॉण्ट्रीब्यूशन टु द हिस्ट्री एण्ड कल्चर आफ़ इण्डिया कलकत्ता:* रॉयल एशियाटिक सोसायटी आफ़ बंगाल।
70. रबींद्रनाथ टैगोर (अनु. शिवेश भट्टाचार्य एवं सुमिता भट्टाचार्य) (2003), *विज़न ऑफ़ हिस्ट्री,* शिमला :इण्डियन इंस्टिट्यूट ऑफ़ एडवांस्ड स्टडी. 28.
71. राधावल्लभ त्रिपाठी (2007 [2001]) संस्कृत साहित्य का अभिनव इतिहास. वाराणसी: विश्वविद्यालय प्रकाशन।
72. राधावल्लभ त्रिपाठी (2014क), 'अथ मोक्षमूलरकथा'. *नया ज्ञानोदय (भारतीय ज्ञानपीठ की मासिक पत्रिका)* दिसम्बर: 60–49.
73. राधावल्लभ त्रिपाठी (2014ख), 'संस्कृत साहित्ययात्रा -- इक्कीसवीं शताब्दी की ओर', *समकालीन भारतीय साहित्य (साहित्य अकादमी की द्वैमासिक पत्रिका)* जनवरी-फरवरी

74. राधावल्लभ त्रिपाठी (2018), 'पण्डितों का संसार संसार में पण्डित'.*प्रतिमान विकासशील समाज अध्ययन पीठ की अर्धवार्षिक पत्रिका)* 148–111 :2.
75. राधावल्लभ त्रिपाठी (2018क), *संस्कृत साहित्य का समग्र इतिहास-तृतीय खण्ड* दिल्ली न्यू भारतीय बुक कॉर्पोरेशन।
76. राधावल्लभ त्रिपाठी (2018ख), *संस्कृत साहित्य का समग्र इतिहास–चतुर्थ खण्ड,* दिल्ली न्यू भारतीय बुक कॉर्पोरेशन।
77. राधावल्लभ त्रिपाठी (2019), 'गाँधी हमसे कितने दूर, हमारे कितने पास'. *हिमांजलि (भारतीय उच्च अध्ययन संस्थान, शिमला की अर्धवार्षिक पत्रिका)* 2: 17–21.
78. राजेन्द्रलाल मित्र (1874), *नोटिसेज़ आफ़ संस्कृत मैन्युस्क्रिप्ट्स,* कलकत्ता (कोलकाता) : गवर्नमेंट आफ़ बंगाल।
79. राधावल्लभ त्रिपाठी (2020), 'तारानाथ तर्कवाचस्पति का जीवनचरित'.*मधुमती (राजस्थान साहित्य अकादमी, जयपुर की मासिक पत्रिका)* जून: 135–107.
80. राधावल्लभ त्रिपाठी (2022), *स्वतन्त्रता संग्राम और संस्कृत.* दिल्ली न्यू भारतीय बुक कॉरपोरेशन।
81. राफ़ेल तौरेला (1987), *एक्ज़ांपल्स आफ़ दि इंफ़्लुएंस आफ़ संस्कृत ग्रामर आन इण्डियन फ़िलॉसफ़ी.* ईस्ट ऐंड वेस्ट–37. 151–164.
82. रमाकान्त पाण्डेय (2006), 'स्फोटसिद्धान्त की अर्वाचीन पुनःरचना', *भारतीय दर्शन के 50 वर्ष* में, अम्बिकादत्त शर्मा (सं.), 271-288, सागर : विश्वविद्यालय प्रकाशन।
83. राजीव मल्होत्रा एवं सत्यनारायण बाबाजी (2020), *संस्कृत नॉन ट्रांसलेटेबल्स : दि इंपार्टेंस आफ़ संस्कृताइज़िंग इंग्लिश,* एमेरिलिस।
84. रटाटे, जनार्दन गंगाधर (1981), *मानसभारती* (रामचरितमानस का संस्कृत पद्यानुवाद). लखनऊ: भुवनवाणी ट्रस्ट।
85. राज कुमार (2014), 'क्या अनुवाद की कोई भारतीय पद्धति थी?'. *प्रतिमान (विकासशील समाज अध्ययन पीठ की अर्धवार्षिक पत्रिका)* में 590–581 :2.
86. राफ़ेल तोरेला (1987), *एक्ज़ाम्पल्स आफ़ द इन्फ़्लूएंस आफ़ संस्कृत ग्रामर आन इण्डियन फ़िलॉसफ़ी,* ईस्ट ऐंड वेस्ट 37, 151-164.
87. रणजीत साहा (2003), (पुन.) 2011, *महामति प्राणनाथ,* दिल्ली : साहित्य अकादमी।
88. राहुल सांकृत्यायन (1938), 'सर्च फ़ार संस्कृत मैन्युस्क्रिप्ट इन तिब्बत', *जर्नल आफ द बिहार ऐंड उड़ीसा रिसर्च सोसायटी,* खण्ड 24, भाग 4, 137-163.
89. शेल्डन पोलोक (2001), 'द डेथ् आफ़ संस्कृत' *कॉम्पेरेटिव स्टडीज़ इन सोसायटीज़ ऐंड हिस्ट्री* में, खण्ड 43, अंक 2: 392-426.

90. शेल्डन पोलोक (2006), *द लैंग्वेज आफ़ गॉड्स इन द वर्ल्ड आफ़ मेन,* दिल्ली: पर्मानेंट ब्लैक।

91. संजय शुक्ल (2006), 'अनुप्रयुक्त नीतिशास्त्र'. *भारतीय दर्शन के 50 वर्ष* में. अम्बिकादत्त शर्मा (सं.). 360–341. सागर : विश्वविद्यालय प्रकाशन।

92. स्वामी हर्षानन्द (2011), *श्रीविवेकानन्दकर्मयोगसूत्रशतकम्,* बेंगलूरु : रामकृष्ण मठ।

93. स्वामी विद्यानन्द सरस्वती (1988), *वेदार्थ-भूमिका,* मुम्बई : इंटरनेशनल आर्यन फाउंडेशन।

94. हरिहरनाथ त्रिपाठी (1977), *भारतीयविचारदर्शनम्.* वाराणसी : सम्पूर्णानन्द संस्कृत विश्वविद्यालयः।

95. त्रिपाठी, राधावल्लभ. (2014) 'फिर से नाट्यशास्त्र'. *प्रतिमान (विकासशील समाज अध्ययन पीठ की अर्धवार्षिकपत्रिका)* 532–511 :2.

96. श्रीराम शर्मा आचार्य (पुन.) (2022), *हमारी वसीयत और विरासत.* मथुरा : युग निर्माण योजना विस्तार ट्रस्ट।

97. श्रीश्यामलाल हकीम (1985) *महाप्रभु श्रीगौराङ्ग (स्मारिका),* वृन्दावन : श्रीहरिनाम संकीर्तन मण्डल।

98. ज्ञानप्रकाश शास्त्री (2012), *ऋग्वेद के भाष्यकार और उनकी मन्त्रार्थदृष्टि.* उज्जयिनी : महर्षि सान्दीपनि राष्ट्रिय वेदविद्या प्रतिष्ठानम्।

अन्तर्जालीय सामग्री–

ईश्वरसाधनदूषणम् (रत्नकीर्ति), http://www.dsbcproject.org/canon-text/content/2433/515

प्रमाणान्तर्भावप्रकरण (रत्नकीर्ति) http://www.dsbcproject.org/canon-text/content/2437/515

काणे, पाण्डुरंग वामन (1935), *हिन्दूधर्मशास्त्राचा इतिहास,* (https://archive.org/details/in.ernet.dli.2015.310249/mode/2up?viewtheater)

https://adishila.com/fonts/

https://archive.org/details/Bibliotheca_Indica_Series (08.07.2021 को देखा गया)

http://www.sanskritebooks.org/12/2015/bibliotheca-indica-series/ (08.07.2021 को देखा गया)

https://archive.org/download/Anandashram_Samskrita_Granthavali_Anandashram_Sanskrit_Series/ (08.07.2021 को देखा गया)

dharmadispatch.in/history/nirnayasagar-press-a-forgotten-national-treasure (08.07.2021 को देखा गया)
https://web.archive.org/web/20190914070436/http://www.cuts.ac.in/index.php?urlcontent/r1rd (15.07.2021 को देखा गया)
https://www.aanandashram-sanstha.org/ (17.07.2021 को देखा गया)
https://www.ssvv.ac.in/about-library (17.07.2021 को देखा गया)
https://www.namami.gov.in/manuscript-resource-centres (17.07.2021 को देखा गया)
http://ignca.gov.in/online-digital-resources/manuscripts/ (17.07.2021 को देखा गया)
https://rajasthansanskritacademy.com/madhusudan-ojha23.08.2022) /2022- तक)
https://www.abdulhaq.info/english/muslim-revival-june1933.pdf (29.08.2022 तक)
https://vedabase.io/en/library/sb/31.08.2022) /34/5/11 तक)
https://www.gurugranthdarpan.net/hindi/0013.html (31.08.2022 तक)
http://www.avesta.org/ (02.10.2022 तक)
https://archive.org/details/Svara-Siddhanta-Chandrika-Of-Srinivasa-Yajva-Sivaramakrishna-Sastri-1936-Annamalai-University/mode/2up (23.06.2023 तक)

अनुक्रमणिका

अ

आ

इ

ई

उ

ऋ

ए

ओ

क

ख

ग

घ

च

ट

ड

त

थ

प

फ

ब

भ

म

य

र

ल

व

श

ह

त्र

ज्ञ

ഈ പുസ്തകത്തെ സ്തുതിച്ചുകൊണ്ട്!

“നെഗറ്റീവുകളെ എങ്ങനെ പോസിറ്റീവുകളാക്കി മാറ്റാമെന്നും ആരോഗ്യകരവും പ്രതിഫലദായകവും സംഭാവന നൽകുന്നതുമായ ജീവിതം നയിക്കാമെന്നതിന്റെ ഒരു റോഡ് മാപ്പ് ബ്രയാൻ ട്രേസി നൽകുന്നു.”

— **പട്രീഷ്യ ഫ്രിപ്പ്,** ദേശീയ സ്പീക്കേഴ്സ് അസോസിയേഷൻ മുൻ പ്രസിഡന്റും *ഗെറ്റ് വാട്ട് യൂ വാണ്ട്* എന്നതിന്റെ രചയിതാവും

“നെഗറ്റീവുകൾ ഉപേക്ഷിക്കാനും എല്ലാ സാഹചര്യങ്ങളിലും പോസിറ്റീവ് കണ്ടെത്താനും ശുഭാപ്തിവിശ്വാസമുള്ള, ഉയർന്ന പ്രകടനമുള്ള വ്യക്തിയാകുന്നത് എങ്ങനെയെന്ന് ഈ പുസ്തകം നിങ്ങളെ കാണിക്കുന്നു.”

— **ജാക്ക് കാൻഫീൽഡ്,** സിഇഒ, ജാക്ക് കാൻഫീൽഡ് കമ്പനികൾ

“ബ്രയാൻ ട്രേസി വീണ്ടും അത്ഭുതം ചെയ്തു! *കിസ് ദാറ്റ് ഫ്രോഗ്!* നെഗറ്റീവുകളെ പോസിറ്റീവുകളാക്കി മാറ്റുന്നതിനെക്കുറിച്ചുള്ള ഒരു ക്ലാസിക് ആണ്. ജീവിതം മാറ്റിമറിക്കുന്ന ഒരു വായനയ്ക്ക് തയ്യാറാകൂ.”

— **പാറ്റ് വില്യംസ്,** സീനിയർ വൈസ് പ്രസിഡന്റ്, ഒർലാൻഡോ മാജിക്, *ലീഡർഷിപ്പ് എക്സലൻസ്* എന്നതിന്റെ ലേഖകൻ

“അത്ഭുതകരവും ഉന്നമനം നൽകുന്നതുമായ ഈ പുസ്തകം നിഷേധാത്മകത എങ്ങനെ ഒഴിവാക്കി പൂർണ്ണമായും പോസിറ്റീവ് വ്യക്തിയായി മാറുന്നുവെന്ന് കാണിക്കുന്നു.”

— **ഹാർവെ മക്കെ,** ന്യൂയോർക്ക് ടൈംസ് ബെസ്റ്റ് സെല്ലർ *സ്വിം വിത് ദി ഷാർക്സ് വിതൗട് ബിയിംഗ് ഈറ്റൻ എലൈവ്* എന്നതിന്റെ ലേഖകൻ

“നിങ്ങളുടെ ഇന്നലത്തെ ഓർമ്മകൾ നാളെയെക്കുറിച്ചുള്ള നിങ്ങളുടെ സ്വപ്നങ്ങളേക്കാൾ കൂടുതലാണെങ്കിൽ, ഈ പുസ്തകം വായിച്ച് പുനരുജ്ജീവനം അനുഭവിക്കുക, കൂടുതൽ സന്തോഷവും ആനന്ദവും അനുഭവിക്കുക.”

— **ടോഡ് ഡങ്കൻ,** ടൈം ട്രാപ്സിന്റെ *ന്യൂയോർക്ക് ടൈംസ്* ബെസ്റ്റ് സെല്ലിംഗ് രചയിതാവ്

“പരിമിതികളിൽ നിന്ന് മോചനം നേടാൻ ശരിക്കും ആഗ്രഹിക്കുന്ന ആളുകൾക്കും അവരുടെ സ്വപ്നങ്ങളുടെ ജീവിതത്തിലേക്ക് നീങ്ങുക എന്നാഗ്രഹിക്കുന്ന ആളുകൾക്കുമുള്ളതാണ് ഈ പുസ്തകം! ചിന്തോദ്ദീപകവും പ്രചോദിപ്പിക്കുന്നതും – ഈ പുസ്തകം വായിച്ച് ഈ മഹത്തായ പഠിപ്പിക്കലുകൾ പ്രയോജനപ്പെടുത്തുക!”

— **ജോൺ അസറഫ്,** ഏറ്റവും കൂടുതൽ വിറ്റഴിക്കപ്പെടുന്ന എഴുത്തുകാരനും സംരംഭകത്വ പരിശീലകനുമാണ്

“ബ്രയാൻ ട്രേസിയിൽ നിന്ന് മറ്റൊരു നേട്ടം! വിജയം കൈവരിക്കുന്നതിനുള്ള വ്യക്തിപരമായ ഉത്തരവാദിത്വത്തിനുള്ള ഒരു കൈപ്പുസ്തകമാണിത്. ഇത് വായിക്കുക. നിങ്ങൾ പഠിക്കുന്നത് നടപ്പിലാക്കുക. നിങ്ങളുടെ ഭാവിയെക്കുറിച്ച് ആത്മവിശ്വാസം പുലർത്തുക.”

— **ബിൽ ബച്റാച്ച്,** CSP, CPAE, *വാല്യൂസ് ബേസ്ഡ് ഫിനാൻഷ്യൽ പ്ലാനിംഗ്*-ന്റെ രചയിതാവും *ഹൈ-ട്രസ്റ്റ് ലീഡർഷിപ്പ്*-ന്റെ സഹ-രചയിതാവുമാണ്

“ഓരോ ദശാബ്ദമോ മറ്റോ, ജ്ഞാനത്തിന്റെ ഒരു കേവല രത്നം അച്ചടിയിൽ പ്രത്യക്ഷപ്പെടുന്നു. സാഹചര്യങ്ങൾ കണക്കിലെടുക്കാതെ, ജീവിതത്തെ മാറ്റിമറിക്കുന്ന ജീവിത തത്വങ്ങൾ വാഗ്ദാനം ചെയ്യുന്ന വിലമതിക്കാനാകാത്ത ഒരു സമ്മാനം ബ്രയാനും ക്രിസ്റ്റീനയും വെട്ടി മിനുക്കി. അവർ അഗാധമായ, ഒന്നിനെ ലളിതവും അസാദ്ധ്യമായതിനെ പ്രാവർത്തികവുമാക്കുന്നു”

— **ഡെനിസ് വെയ്റ്റ്ലി,** *സീഡ്സ് ഓഫ് ഗ്രേറ്റ്നെസ്*-ന്റെ രചയിതാവ്